Reisen in Zambia und Malawi

Ilona Hupe Verlag

München

REISEN IN

Zambia

und

Malawi

alle
Nationalparks

interessante
Allradstrecken

wertvolle
GPS-Daten

Ein Reisebegleiter für Natur und Abenteuer

Ausführliche Reiseinformationen, detaillierte Streckenbeschreibungen, Landeskunde und aktuelle Reisetipps

Mit 73 Landkarten und Plänen, 71 Farbbildern und 304 s/w-Fotos

Ilona Hupe Verlag

Bibliografische Information der Deutschen Bibliothek

Die Deutsche Bibliothek verzeichnet diese Publikation in der
Deutschen Nationalbibliografie: Detaillierte bibliografische Daten sind
im Internet abrufbar über http://dnb.ddb.de

10. Auflage 2009

Impressum

© 1996-2009 Ilona Hupe Verlag, München

Volkartstraße 2, D – 80634 München
Tel. 089/16783783 Fax 089/1684474
e-mail: info@hupeverlag.de
Internet: www.hupeverlag.de

Text: Ilona Hupe, Manfred Vachal
Fotos: Manfred Vachal, Ilona Hupe u. a. (s. S. 350)
Karten & Grafiken: Manfred Vachal
Layout, Satz: Ilona Hupe
Druck: Grafik + Druck, München

Printed in Germany

ISBN (13)   978-3-932084-41-6   [2490]

Inhaltsverzeichnis

Teil 1:   Geschichte und Landeskunde

Teil 2: Reisebeschreibungen

Sambia: LUSAKA und Umgebung

Sambia: DER SÜDEN – Viktoriafälle und Sambesi

Sambia: DER WESTEN – Sambias wilder Westen

Sambia: DER NORDEN – im Copperbelt

Sambia: DER NORDOSTEN – Land der Wasserfälle

Sambia: DER OSTEN – im Luangwa Valley

Teil 3: Service: Reisetipps & Infos

Kurz-Essays

Verwendete Abkürzungen und Begriffe (s. auch Glossar S. 385)

P. O. Box	= Postfach
h	= Stunde / Uhrzeit
Rd.	= Road (Straße)
GPS	= Satellitennavigationsgerät
ZAWA	= Nationalparkbehörde von Sambia (früher NPWS)
GMA	= Game Management Area (Sambia) sambische Jagdgebiete/Schutzzonen
Gate	= Eingangstor
Game Drive	= Pirschfahrt
Roadblock	= Straßensperre, Polizeikontrolle
Campsite	= Campingplatz
Dam	= Stausee, Wasserreservoir
Trail	= Fuß- bzw. Wanderpfad
BSAC	= British South Africa Company
NP	= Nationalpark
B&B	= Bed and Breakfast (Frühstückspension)
US$	= US-Dollar
ZMK/MWK	= Zambia-Kwacha, Malawi-Kwacha
Euro/DZpP	= Preis pro Person im DZ
Euro pro DZ	= Doppelzimmerpreis komplett
Rondavel	= runde Hütte/Ferienhaus
endemisch	= ausschließlich hier vorkommend

Info: "Sambia" – "Zambia" : Für den Titel dieses Reiseführers haben wir den sambischen Eigennamen "Zambia" gewählt; im Text behalten wir jedoch die deutsche Schreibweise "Sambia" bei.

Liebe Afrikafreunde, liebe Leser

Danke, dass Sie unseren Reiseführer ausgewählt haben, der nun schon in der 10. aktualisierten und erweiterten Auflage erschienen ist.

Bitte schreiben Sie uns, wenn Ihnen Veränderungen und Korrekturen auffallen, gerne auch Tipps und Verbesserungsvorschläge, damit dieser Reiseführer auch künftig aktuell und leserfreundlich bleibt.

Alle Angaben in diesem Reiseführer wurden auch für diese 10. Neuauflage wieder mit größt möglicher Sorgfalt zusammengetragen und in wochenlanger Arbeit vollständig recherchiert. Dennoch: Preisangaben und Fahrpläne ändern sich in Afrika schnell, und die Preise unterliegen zusätzlich den Währungsschwankungen. Sie sollten deshalb stets als Richtwerte angesehen werden. Ebenso rasch ändern sich wetterbedingt und wartungsabhängig die Straßenbedingungen tropischer Entwicklungsländer. Auch der Zustand von Unterkünften unterliegt durchaus Schwankungen, z. B. bei einem Besitzerwechsel (siehe auch S. 364f, S. 392 und S. 414). Bitte bedenken Sie bei Ihren Reiseplanungen und unterwegs, dass Sie sich in Zambia und Malawi abseits des Massentourismus in das "echte Afrika" begeben, und hier viele Dinge mehr Zeit benötigen und größere Gelassenheit und Flexibilität erfordern als anderswo.

Wir wünschen Ihnen viel Spaß beim Lesen und Reisen!

Die Stärken der Hupe-Reiseführer

· **Wissensvorsprung:** 27 Jahre des Reisens und Arbeitens in Afrika lassen eine Menge Detailwissen und Erfahrung in unsere Bücher fließen. Wir verzichten auf eine "Lodge-zu-Lodge-Recherche", bereisen alle Landesteile stets selbständig, unabhängig und intensiv. Rund 400 000 Kilometer afrikanische Pisten und Straßen haben wir daher inzwischen "auf dem Buckel".

· **Spezialisierung:** Wir beschränken uns auf wenige afrikanische Länder, die wir dafür hervorragend kennen und weiterhin permanent bereisen.

· **Neutralität:** Wir werden nicht gesponsert und vertreten auch keine fremden Interessen. Sie dürfen unsere Angaben, Tipps und Infos daher als wirklich neutral und ehrlich ansehen. Aus dem gleichen Grund verzichten wir auch auf Werbung in unseren Büchern.

· **Aktualität:** Wir berücksichtigen bis wenige Tage vor dem Druck eines Reiseführers alle Neuigkeiten. Anschließend veröffentlichen wir alle wichtigen News auf unserer Website www.hupeverlag.de.

· **Alles aus einer Hand:** Recherche, Manuskript, alle Grafiken und Fotos – alles wird vom gleichen Team erstellt. Ohne den "Wasserkopf" großer Verlagshäuser gehen uns so auch keine wichtigen Informationen an den Schnittstellen verloren.

· **Service & Kommunikationsbereitschaft:** Wir sind ein kleines Team mit orts- und fachkundigen Ansprechpartnern. Ergänzende Anregungen, Verbesserungsvorschläge und Aktualisierungen nehmen wir gerne entgegen (möglichst per E-mail oder Fax, siehe S. 4). Auf unserer Website **www.hupeverlag.de** bieten wir einen **kostenlosen News-Service**, veröffentlichen umgehend alle relevanten Neuigkeiten und Updates zu unseren Büchern, nennen sinnvolle Links zu anderen Websites, veröffentlichen diverse Reiseberichte, Beiträge zu Fachthemen und vieles mehr.

Sambias Geschichtsentwicklung vor Ankunft der Weißen

Das alte Vorurteil, Schwarzafrika sei ein geschichtsloser Kontinent, stützt sich hauptsächlich auf den Mangel an "Geschichtsschreibung". Die neuere Forschung widerlegt dieses Vorurteil jedoch gründlich. Es hat in Afrika mächtige Königreiche, verschiedenste Kultur- und Kunstentwicklungen und riesige Völkerwanderungen gegeben. Weil aber die Geschichte lange Zeit nur mündlich überliefert wurde, bleibt bis heute vieles im Dunkeln.

Die Wiege der Menschheit

Nach heutiger Erkenntnis gilt der schwarze Kontinent als Wiege der Menschheit. Hier scheint sich der entscheidende Evolutionsschub vom Affen zum Menschen vollzogen zu haben. Vor fast 6 Mio. Jahren spalteten sich die Vorfahren der Hominiden von denen der Schimpansen ab, es entstanden der noch eher affenähnliche „Millenium-Mensch" (*Orrorin tugensis*) und nachfolgend der erste sog. Vormensch (*Australopithecus*). Aus diesem ging im südlichen Afrika vor rund 2,5 Mio. Jahren der Frühmensch der Gattung „Homo" hervor, der sich durch zunehmende Gehirngröße, die Fortbewegungsart am Boden und seine Werkzeugkultur auszeichnete. *Homo habilis* war **der erste Frühmensch** und breitete sich in mehreren geographischen Varianten bis Ostafrika aus (z. B. *Homo rudolfensis*). Die Weiterentwicklung der Hominiden, u. a. die Kräftigung und Vergrößerung von Skelett und Schädelknochen, schufen vor 2 Mio. Jahren den „aufgerichteten Menschen" *Homo erectus*. Spätestens ihm gelang eine Ausbreitung von Afrika bis nach Asien und Europa, wobei ihm seine anatomischen Veränderungen, wie der starke Knochenbau, behilflich waren. Gleichzeitig setzten Entwicklungsschritte ein, die für eine erfolgreiche Auswanderung notwendig sind: Die Nutzbarmachung des Feuers und der Einsatz von Jagdtechniken. Vor etwa 500 000 Jahren, als im eiszeitlichen Europa der kräftige Neandertaler (*Homo neandertalensis*) in Erscheinung trat, schlug in Afrika die Geburtsstunde des **„modernen Menschen"** (*Homo sapiens*), unseres direkten Vorfahren. Biologisch betrachtet war er vor 200 000 Jahren ausgereift und hielt sich im südlichen und östlichen Afrika auf. Von hier aus eroberte er schließlich in einem beispiellosen Feldzug die restliche Welt.

"Broken Hill Man", 1921 in Kabwe von Tom Zwigelaar entdeckt, war der erste Fund eines menschlichen Fossils in Afrika, und der wissenschaftliche Nachweis des Homo Rhodensiensis

Früheste Spuren menschlichen Lebens

Die ältesten Funde aus der Region des heutigen Sambia lassen sich auf die Steinzeit datieren und stammen aus dem Sambesital. Hier gefundene Werkzeuge sind bis zu 300 000 Jahre alt. An den Kalambo Falls, ganz im Norden Sambias, wurden Relikte freigelegt, die wohl auf eine Siedlung des *Homo Habilis* zurückzuführen sind. Von großer wissenschaftlicher Bedeutung ist der berühmte "**Broken Hill Man**" von Kabwe, dem Schädel eines *Homo Rhodensiensis* aus der frühen Steinzeit (vor 50 000 Jahren).

Oben: Broken Hill Man

Vor etwa 50 000 Jahren wagten sich die Bewohner von den Flusstälern in die höher gelegenen Regionen und besiedelten dort vorwiegend Höhlen. Mit zunehmender Bevölkerung entwickelte sich die **Sangon-Kultur**. Alle Funde aus dieser Epoche belegen eine vielfältige Verwendung von Werkzeugen. Unklar bleibt, ob diese Menschen eher ein Buschmannvolk oder negroid waren. Die **späte Steinzeit** setzte vor 15 000 Jahren ein. Jagd wurde nun mit Pfeil und Bogen betrieben; die Menschen fertigten Werkzeuge aus Knochen. Ab ca. 5000 v. Chr. haben Buschleute im sambischen Hochland gelebt und etwa 2000 v. Chr. erreichten die Vorfahren der Tonga das Land. Um Christi Geburt folgten weitere afrikanische Völker (Bantu).

Der Wechsel von der Steinzeit zur Eisenzeit vollzog sich regional zu unterschiedlichen Zeitpunkten. Bei Sesheke ausgegrabene Tonscherben aus der frühen Eisenzeit (um 100–200 n. Chr.) zeugen von einer Kultur in den Jahrhunderten vor Chr., die nicht mehr allein von der Jagd und dem Nomadentum lebte. Vielmehr wurden feste Dörfer errichtet und Ackerbau und Viehzucht betrieben. Etwa zeitgleich mit der Entdeckung und Verwendung des Eisens kam es zu großen Einwanderungen von Bantu-sprechenden Volksstämmen. Diese gewaltige Immigration scheint sich in vier Wellen aus drei Richtungen vollzogen zu haben. Die ersten Einwanderer zogen in den drei Jahrhunderten vor Chr. von Osten den Sambesi entlang weiter westlich. Die zweite Besiedlungswelle folgte im 6. Jh. von Norden. Beide Gruppen brachten Vieh mit sich. Der dritte Zustrom erfolgte im 9. Jh. aus dem Kongobecken. Diese Völker waren ohne Vieh gekommen, assimilierten sich jedoch schnell mit den ansässigen Volksstämmen, bzw. eroberten viele Regionen. Kaum 200 Jahre nach ihrer Ankunft stellten sie bereits die Mehrheit im Lande.

Übergang zur Eisenzeit

Die ersten Ankömmlinge folgten den großen, immer Wasser führenden Flüssen nach Süden

In der späten Eisenzeit, ca. 1100 bis 1400 n. Chr., bestanden entlang des Sambesi feste **Handelsrouten zur Ostküste Afrikas**. Weitreichende Handelskontakte führten zu einer Blüte der Tonga im Gwembetal. Die bekannteste damalige Siedlung, Ingombe Ilede ("Wo die Kuh schläft"), betrieb Handel mit der Außenwelt bis hin nach Indien und Fernost.

Blütezeit der Tonga

Im 17. Jh. zogen erneut Bantuvölker aus dem Kongogebiet nach Süden. Es waren versprengte Gruppen des im Niedergang begriffenen Lunda-Luba-Reiches. Unter ihnen waren auch die Rozwi (Barotse), die nun das Reich Lozi in Südwestsambia gründeten. Diese neuen Einflüsse veränderten die politischen Strukturen. Neben dem traditionellen *Chieftainship* entstanden jetzt auch Königreiche mit zentraler politischer Verwaltung. Die Buschleute hingegen wurden durch die Neuankömmlinge in die Trockengebiete der Kalahari abgedrängt.

Königreich Lozi

Zu Beginn des 19. Jh., kurz vor den großen Invasionen aus dem Süden (*Difaqane* bzw. *Mfecane*), stellte sich die Situation so dar: Das Lundareich hatte sich einerseits im Westen bis in die Barotseebene und außerdem im Nordosten entlang dem Luapulabecken ausgeweitet. Aus dem Lubareich kamen die Kaonde, Lala, Lamba, Lenje, Soli, Mambwe, Bisa und Lungu und besiedelten die zentrale Hochebene vom heutigen Lusaka bis an den Tanganjikasee. Sie gelten allgemein als Bembavölker.

Bemba-Völker breiten sich im Hochland aus

Die als *Difaqane* oder *Mfecane* bezeichnete Epoche großer Umwälzungen und **Völkerverschiebungen** (ca. 1820–1840 n. Chr.) nahm ihre Anfänge bei den Zulu in Natal/Südafrika. Das Vordringen der Buren, die sich im Land der Zulu niederließen, führte zu Bevölkerungsdruck und Landknappheit. Was mit Plünderungen und Raubzügen um Vieh und Land begann, weitete sich 1818 zu einem großen Stammeskrieg der Ngoni-Zulu aus. Der grausame Herrscher **Shaka Zulu**, der als genialer Kampfstratege in die Geschichte einging, führte völlig neue Kriegstechniken und Waffen ein. Unter seiner Führung wurde der Zulustaat die mächtigste Militärmacht im südlichen Afrika, die sich allerdings bald aufspaltete und die ganze Region in ein blutiges Chaos stürzte. Vor diesem verheerenden Krieg flohen immer mehr Menschen nach Norden und Westen. Auf ihrer Flucht formierten sie sich zu

Das chaotische "Zeitalter des Zermalmens"

Einwanderungen der verschiedenen Volksgruppen

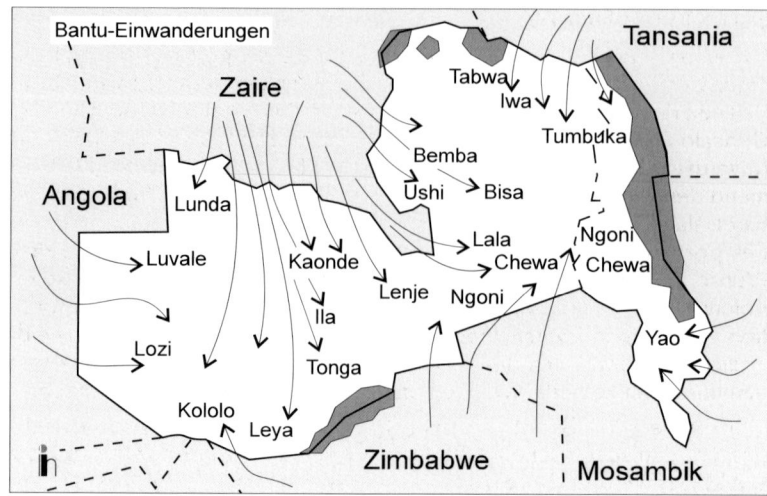

Krieg und Plünderungen im südlichen Afrika

neuen Einheiten, die Krieg und Plünderung weitertrugen. In mehreren Wellen fegten in den nächsten 20 Jahren verschiedene marodierende Volksgruppen über das südliche Afrika hinweg. Die Ausläufer dieser Völkerverschiebungen waren bis Ostafrika spürbar, und so wurden auch die Völker auf dem Gebiet des heutige Sambia davon betroffen. Unter Führung Zwangendabas überschritten die Ngoni im November 1835 den Sambesi und annektierten in den nächsten Jahren weite Teile des Hochlands im heutigen Sambia, Malawi und Tansania. Die Kololo, ein Sotho-Volk, fielen wenig später unter König Sebitwane von Süden im Barotseland ein und übernahmen dort die Macht. Doch bereits um 1850 erreichten die Araber von Osten kommend das Gebiet und mit ihnen kam der Sklavenhandel.

Die grausame Periode des Sklavenhandels

Von Westen stießen die portugiesischen **Sklavenjäger** aus der Kolonie Angola vor, im Südosten rückten sie von Mosambik aus näher und direkt von Osten drangen Araber vor. Alle großen Handelsstraßen, die quer durch den Kontinent liefen und die die Herrscher der Lunda und Luba errichtet hatten, wurden nun zu blutigen Einfallstraßen der Sklavenjäger. Eine Route führte von der Angolaküste bis an den Mwerusee und weiter nach Quelimane, der Mündung des Sambesi in den Indischen Ozean. Vom Königreich Kazembe am Mwerusee gab es auch Straßen bis Sansibar und an den Malawisee. Eine andere Route führte von Angola entlang der Wasserscheide zwischen Sambesi und Kongo bis tief ins Innere Afrikas.

Die schlimmsten Verwüstungen fanden in Zentralafrika um 1880 statt, als der Sklavenhandel an den Küsten bereits aufgehoben war. Da die Sklaven dadurch deutlich an Verkaufswert verloren hatten, verschlimmerte sich ihre Situation drastisch. Augenzeugen berichteten, "ganz Zentralafrika sei in Blut getränkt". Die grausame Periode des Sklavenhandels erschütterte Afrikas Strukturen und entvölkerte ganze Landstriche. Zugleich verhinderte sie eine weitere gesellschaftliche Entwicklung durch das permanente Ausbluten ganzer Völker.

Sambia und die Europäer

Die ersten Europäer gelangten als Teilnehmer einer portugiesischen Expedition bereits um 1514 ins Sambesital. Danach blieb die Region aber lange Zeit von den Forschungsreisenden verschont. Erst 1793 reiste der Goanese Goncalo Pereira bis in die Region des Königreichs Kazembe, südlich des Mwerusees. Zwei portugiesische Händler folgten 1795 von Angola kommend den Sambesi flussabwärts und erreichten dabei die Flutebenen des Barotselandes. Diese ersten Berichte aus Innerafrika weckten das Interesse des portugiesischen Gouverneurs von Mosambik, **Lacerda**. Von dem Wunsch beseelt, eine Verbindung zwischen den beiden portugiesischen Kolonien Angola und Mosambik zu schaffen, rüstete er 1798 eine Expedition in das noch immer unerforschte Königreich Kazembe aus. Lacerda erreichte Kazembe und den Mwerusee, starb aber dort. Von Portugal wurden daraufhin keinerlei weitere Forschungsreisen mehr unternommen.

Portugals glücklose Expedition

Im Jahre 1851 betrat der erste Brite sambischen Boden. Es handelte sich um den schottischen Arzt, Forschungsreisenden und Missionar Dr. **David Livingstone**. Er verbrachte viel Zeit bei den Kololo, rüstete seine Expeditionen bevorzugt mit Angehörigen dieses Volkes aus und beschrieb den König als ausgesprochen weise, umsichtig und charakterstark. 1855 besuchte Livingstone die Kololo ein zweites Mal, wo inzwischen Sebitwanes Sohn Sekeletu regierte. Dieser führte David Livingstone am 16. November 1855 als ersten Weißen zu den Viktoriafällen. Die Berichte Livingstones lenkten nun auch das Interesse anderer europäischer Nationen, allen voran der Engländer, auf diese Region. Nach Livingstones Tod nahmen die Forschungs- und Jagdreisen nördlich des Sambesi deutlich zu. Auch die Kirche entdeckte das riesige Betätigungsfeld im "unzivilisierten" Zentralafrika und gründete 1884 im Barotseland die erste Missionsstation.

David Livingstone: ein Missionar und Arzt öffnet den Weg nach Zentralafrika

Info: weitere Texte zu Livingstone: S. 49ff, 215, 331

Ein zweiter berühmter Mann ist untrennbar mit Sambias Geschichte verbunden: **Cecil Rhodes**, der dynamische und skrupellose Brite, der der Kolonie seinen Namen gab. Cecil John Rhodes wurde 1853 bei London geboren und kam als Sechzehnjähriger ins südafrikanische Natal. Börsen- und Minenspekulationen machten ihn reich. Er gründete die noch heute existierende *De Beers Consolidated Mining Company* und kontrollierte bald zwei Drittel der Welterzeugung an Diamanten. Wirtschaftlich und politisch wurde er zunehmend mächtiger, 1884 stieg er zum Finanz- und 1890 zum Premierminister der Kapkolonie auf. Rhodes hatte die Vision einer Bahnverbindung vom Kap bis Kairo, und er versuchte zeitlebens das britische Einflussgebiet zu vergrößern. 1889 erhielt er von der britischen Krone eine Charta für seine private Kolonisationsgesellschaft zugesprochen. Diese finanzierte er mit seinen beiden hochprofitablen Firmen *De Beers* und *Goldfields*. Er wollte von der Kapprovinz nach Norden expandieren, wobei die Nordgrenze seiner Unternehmungen offen blieb. Zu dieser Zeit war bereits der schmale Landstreifen entlang des Nyasasees (heute Malawi) von schottischen Händlern, die die *African Lakes Company* gegründet hatten, besetzt worden. Die Gesellschaft befand sich in einem bedauerlichem Zustand. Sie wurde durch die Portugiesen im Süden und die Araber im Osten wirtschaftlich stark gebremst und war nahezu bankrott. Cecil Rhodes

Cecil Rhodes

Die britische Königin berechtigt Rhodes zur Kolonisierung und Landnahme

schien die Antwort auf ihre Gebete zu sein. Mit Billigung des Auswärtigen Amtes bat die African Lakes Company Rhodes um Hilfe. Dieser war begeistert und machte kein Geheimnis um seine wahren Absichten, sich die gesamte Region zwischen dem Sambesi und dem Kongostaat einzuverleiben. Der Zeitpunkt war bestens gewählt, denn gleichzeitig hatte der Lozikönig Lewanika um britischen Schutz vor seinen afrikanischen Feinden, den Ndebele, gebeten. Sollten die Briten hier nicht intervenieren, würden mit Sicherheit die Portugiesen von Angola ihre Macht ins Barotseland ausweiten. Rhodes eilte also dem Barotseland "zu Hilfe"!

Lewanika bittet um britischen Schutz

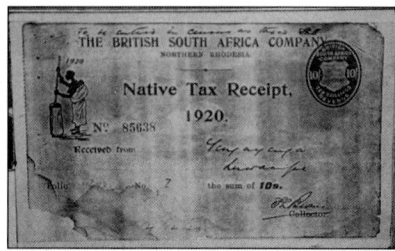

Er schickte Frank Lochner, einen Privatmann, der sich als Gesandter der britischen Krone ausgab, nach Lealui, der Hauptstadt des Barotselandes. König Lewanika ließ sich täuschen und akzeptierte noch im gleichen Jahr, 1890, das Protektorat der Rhodes-Gesellschaft. Damit standen die Briten in Sambia.

Am 17. Oktober 1890 teilten auf der Berliner Konferenz die europäischen Kolonialmächte Afrika vertraglich unter sich auf. Hierbei wurde der britische Anspruch auf die unbesetzten und noch unbekannten Regionen nördlich des Sambesi bestätigt. Vier Jahre später einigten sich die Briten mit dem belgischen König über den nördlichen und östlichen Grenzverlauf zu Belgisch-Kongo; die Grenze zu Angola wurde erst 1904 festgelegt.

Afrika wird aufgeteilt

Schon in den 1890er Jahren weitete die *British South Africa Company (BSAC)*, Rhodes' Kolonisationsgesellschaft, ihre Macht über das Barotseland kontinuierlich aus. **Nordost-Rhodesien** bildete ein Territorium mit Fort Jameson (Chipata) als Hauptstadt. Ebenso wurden das Barotseland und die restlichen Regionen Sambias zu **Nordwest-Rhodesien** mit Kalomo als Hauptstadt deklariert. 1907 löste Livingstone Kalomo als Hauptstadt ab. Beide BSAC-Territorien wurden 1911 zum Protektorat Nordrhodesien vereinigt. Gleichzeitig entstanden mehr und mehr Missionsstationen, z. B. am oberen Sambesi, die zu Wegbereitern nachrückender Siedler und Händler wurden.

Die BSAC übernimmt die Macht

Die Kolonialzeit

Als eine der ersten Aktionen führten die Kolonialherren eine **Hüttensteuer** ("Musonko") ein, zu deren Zahlung jeder männliche Afrikaner verpflichtet wurde. Auf diese Weise zwang man die arbeitsunwilligen Einheimischen zur schlecht bezahlten **Lohnarbeit** in den Minen der Kolonie bzw. auf den europäischen Farmen. Wer die Steuer nicht zahlen konnte, dem drohten Enteignung, Haft und **Zwangsarbeit** ("Chibalo"). Die weiße Elite sicherte sich so den Arbeitskräftenachschub, während die BSAC mit den Steuereinnahmen der Schwarzen die Kosten für den Eisenbahnbau erwirtschaftete. Zehntausende Männer wurden zum Abwandern in die Minen der Kolonie oder nach Südafrika gezwungen, zurück blieben die Frauen, Alten und Kinder. Die Weißen verankerten die Bevormundung und Diskriminierung der schwarzen Bevölkerung alsbald in ihrer Rechtsprechung. Das extrem dualistische Wirtschaftssystem jener Zeit führte zu einer nachhaltigen Schwächung der ländlichen Gebiete.

Festigung der weißen Vorherrschaft

Schon gewusst?
Der Name Rhodesia tauchte erstmals 1891 auf und benannte einen einsamen britischen Posten bei Chiengi am Lake Mweru

Schicksale aus den frühen Jahren europäischer Besiedlung

Nachträglich konnten bis einschließlich 1902 insgesamt 874 Einwanderer oder Besucher des heutigen Gebietes von Sambia nachgewiesen werden. Die älteste Datierung stammt aus dem Jahr 1796. 16 Personen, alle Portugiesen, sind bis 1850 genannt. 1851 betrat Dr. David Livingstone sambischen Boden. Mrs. Reader, Frau eines Händlers, die 1862 die Viktoriafälle besuchte, gilt als die erste weiße Frau, die das Land betrat und die Fälle sah. In den frühen 70er Jahren kamen deutlich mehr Händler, größtenteils unter der Führung von George Westbeech, der von 1871 bis zu seinem Tod 1888 vom heutigen Zimbabwe aus mehrere Transportzüge organisierte. Den Weg ins unbekannte Sambia öffnete er auch für den Missionar Coillard, der später den König Lewanika zu einer Einigung mit der BSAC führte. Die große Flut der Einwanderungen begann gegen Ende des letzten Jahrhunderts.

Die Statistik verrät interessante Zahlen:

Unter den 874 Personen, die bis 1902 nach Sambia kamen, waren 752 Männer, 74 Frauen und 48 Kinder. Bis 1902 starben davon vor Ort 86 Erwachsene und 16 Kinder, die meisten an Fieberkrankheiten. Das entspricht über 10 % der Erwachsenen und 33,3 % der Kinder.

Die Einwanderer hatten sehr unterschiedliche Nationalitäten. Nach der vorliegenden Liste sind 19 Deutsche und 9 Österreicher beteiligt gewesen, außerdem werden 30 Schweizer, 24 Italiener, 36 Franzosen und 54 Portugiesen genannt. 674 Personen hatten britische und südafrikanische Nationalität.

Auch die Beweggründe waren unterschiedlich: 212 Menschen kamen in Missionsdiensten nach Sambia, 55 waren Forschungsreisende, 208 gehörten zur BSAC und 131 kamen im Auftrag anderer Firmen. Den Großteil bilden mit 268 Personen die Kaufleute, Jäger und Unbekannte.

Das romantische Bild der Abenteurer- und Entdeckerzeit ist sicherlich verklärt. Für viele dieser Menschen bedeutete die Reise ein hartes Los voller Entbehrungen, manch einer bezahlte schon nach kurzer Zeit mit seinem Leben...

Von der Missionarsfamilie Boiteux ist überliefert: Boiteux, Rev. Emile. Schweizer P.M.S. Missionar. Kam 1895 von Süden ins Barotseland mit Frau. Tochter Marie, geb. 1896. Tochter Jeanne, geb. 1898, gest. 1898 in Kazungula.

Tochter Helene, geb. 1899, gest. 1900 in Senanga. Sohn Albert, geb. 1901, gest. 1901 in Senanga.

Ähnlich ist das Schicksal der Familie Buckenham: Buckenham, Rev. Henry. Methodistischer Missionar. Erreichte das Land mit seiner Familie 1890. Gründete die erste Missionsstation bei Nkala im Batokaland. Starb 1896 bei Kazungula. Tochter Elsie Marie starb als Siebenjährige im Februar 1896 in Nkala. Die Witwe verließ das Land im selben Jahr.

Der portugiesische Armeeoffizier Dyonisio starb gleich an seinem Ankunftstag, der britische Major Gibbons kehrte nach Europa zurück, indem er 1899 die Strecke von Sambia bis zum Nil zu Fuß zurücklegte.

Der Angestellte Hugo Genthe besuchte 1897 das Grab Dr. Livingstones – und wurde anschließend am Luapula von einem Elefanten getötet.

Der tschechische Geograph und Entdeckungsreisende Emil Holub wurde mit seiner Frau 1886 am Ufer des Kafue von Mashukulumbwe überfallen. Beide überlebten. Ihr österreichischer Begleiter Oswald Söllner wurde dabei getötet. Selbst der berühmte Großwildjäger F. C. Selous verlor bei einem Überfall 1888 bei Magoye 12 Männer und flüchtete nach Süden.

(Quelle: They came to Northern Rhodesia/ Sampson, Richard, 1956)

Bis 1910 waren die **Bahnlinie zu den Katanga-Kupferminen** verlängert und eine Blei- und Zinnmine bei Kabwe eröffnet worden. Entlang der Bahnlinie hatten sich zahlreiche europäische Siedler niedergelassen. Der Erste Weltkrieg dämpfte die wirtschaftliche Entwicklung vorübergehend. Nordrhodesien wurde zum Schauplatz des Krieges; als sich der deutsche General von Lettow-Vorbeck mit seiner Kompanie bis zur Kapitulation Deutschlands ungeschlagen im Nordosten der Kolonie aufhielt. (siehe auch S. 227). Zehntausende Afrikaner hatten in diesem Krieg auf Seiten der Briten gekämpft bzw. als Träger und Läufer gedient.

Die Jahre vor dem Ersten Weltkrieg

Cecil Rhodes – Portrait einer außergewöhnlichen Persönlichkeit

*Cecil Rhodes wird am 5. Juli 1853 in einer Kleinstadt bei London geboren. Mit neun Geschwistern ist er ein typischer Sprössling der britischen Mittelschicht und durchlebt eine unauffällige Kindheit. Als 16-jähriger wird Cecil lungenkrank, die Ärzte empfehlen einen sofortigen Klimawechsel, und so wird der Jüngling nach Südafrika geschickt, wo er sich auf der Baumwollfarm seines älteren Bruders Herbert erholen soll. Im Juni 1870 betritt er erstmals afrikanischen Boden und lebt sich rasch bei seinem Bruder ein. Die Farm läuft nicht gut, und als 1871 in Kimberley **Diamanten** entdeckt werden, das Diamantenfieber ausbricht und im Nu 10 000 Glücksritter nach Kimberley strömen, sind auch die beiden Rhodes-Brüder mit von der Partie. Herbert kauft drei Claims in New Rush, die sich als sehr ergiebig erweisen. Cecil handelt mit Lebensmitteln, Werkzeug, Büchern und spekuliert an der Börse. Die beiden beweisen guten Instinkt und werden wohlhabend. Privat haben sie weniger Glück. Ein Herzanfall zwingt den 19-jährigen Cecil, kürzer zu treten, und wenig später verliert er seinen Bruder Herbert durch einen tödlichen Unfall während einer längeren Jagdreise. Cecil Rhodes schließt sich danach mit dem jungen Diamantenspekulanten Charles Rudd zusammen. 1873 scheinen die Diamantenfelder von Kimberley ausgelaugt zu sein und die meisten "Digger" verscherbeln ihre Claims. Rhodes und Rudd pokern hoch, sie kaufen möglichst viele Anteile auf, und tatsächlich zeigt sich bald, dass in Kimberley noch immense Diamantenfelder lagern. Mit 20 Jahren hat Cecil Rhodes finanziell bereits ausgesorgt, doch anstatt den Erfolg zu genießen, treibt ihn sein Ehrgeiz zurück nach England, wo er sich mit einem Studium in Oxford den passenden Grundstock für eine politische Laufbahn erwerben will. Doch schon im ersten Semester erleidet er einen zweiten Herzanfall und seine Ärzte geben ihm nur noch wenige Monate zu leben. Rhodes unterbricht das Studium und kehrt zurück nach Kimberley, wo er sich allen Prophezeiungen zum Trotz wieder erholt. Geschickt spielt er hier um Macht und Geld, agiert mit Korruption und Intrigen und laviert sich durch **mehrere Skandale**. Dabei stellt er erstmals seine Kunst, Gegner zu überzeugen und "zu kaufen", unter Beweis. Zwischen 1876 und 1881 vollendet er sein Studium in Oxford, während Charles Rudd die Geschäfte in Kimberley organisiert. Nach seiner Rückkehr in Afrika wendet sich Rhodes endgültig der Politik zu und wird in Kapstadt sesshaft.*

Zu dieser Zeit verursacht Rhodes einen medizinischen Skandal, und hierbei taucht erstmals der Name Dr. Leander Starr Jameson auf: Es bricht eine Pockenepidemie aus, die sich wie ein Lauffeuer in der Kapprovinz ausbreitet. Rhodes befürchtet eine Fluchtwelle Tausender Tagelöhner und Arbeiter aus Kimberley, wenn bekannt würde, dass die Seuche auch die Diamantenminen erreicht hat. Trotz besseren Wissens beharrt Rhodes darauf, dass Kimberley pockenfrei sei. Es bleibt schwer verständlich, wie es dem Spekulanten gelingt, den befreundeten, wohlhabenden Arzt Dr. Jameson dazu zu überreden, falsche Totenscheine auszustellen. Fakt ist, dass Jameson der Bitte nachkommt, alle Pockenfälle vertuscht und damit zum ersten Mal kriminelle Taten auf Cecil Rhodes' Geheiß unternimmt. Als der Skandal aufgedeckt und 1885 endlich auch zugegeben wird, sind hunderte Menschen unnötig an den Pocken gestorben.

*Mit enormem Eifer verfolgt Rhodes seine hochgesteckten Ziele, Macht und Einfluss zu erringen. 1884 wird der Millionär **Finanzminister der Kapprovinz**. 1886 wird in Witwatersrand Gold entdeckt – Rhodes investiert und gründet die 'Consolidated Goldfields of South Africa'. 1887 kämpft Rhodes mit Barney Barnato um das Monopol im Diamantengeschäft – und beherrscht bald weltweit den Diamantenhandel. Zur selben Zeit beginnt er, seine ehrgeizigen Pläne, das britische Einflussgebiet auszuweiten und eine **Bahnlinie vom Kap bis Kairo** zu errichten, mit Nachdruck zu forcieren. Er intrigiert und manipuliert, macht potentielle Gegner durch finanzielle Geschenke mundtot und bereitet sorgsam den Boden für den geplanten Expansionskurs. Mit dem Moffat Treaty und der Rudd Concession setzt er 1888 den ersten Fuß ins Matabeleland. Ein Jahr später weitet er seinen Einfluss geschickt nach Norden aus, indem er dem Lozikönig von Barotseland Schutzverträge gegen die Ndebele aufschwatzt. In Nyasaland bietet er der maroden African Lakes Company seine Unterstützung an. Die weiteren Geschehnisse bis zum Einmarsch der Pionierkolonne in die spätere Kolonie Rhodesien sind nur nachvollziehbar, wenn man Rhodes' durchdachtes Pokerspiel, seine mitreißende Ausstrahlung und seine tiefe Überzeugung berücksichtigt, dass jeder Mann seinen Preis habe. Die wenigen, die Rhodes nicht kaufen kann, überzeugt er als Visionär. In Kürze beseitigt er alle Widerstände gegen seinen Invasionsplan. Es gelingt ihm, der britischen Krone eine "Royal Charta" abzuschwatzen, obwohl die Königin und Mitarbeiter des Auswärtigen Amtes Rhodes misstrauen. Basierend lediglich auf der Bereitschaft des Ndebelekönigs Lobengula, den Briten mäßigen Abbau von Bodenschätzen in seinem Land zu genehmigen, stellt die britische Krone schließlich einen Freibrief zur Eroberung und Inbesitznahme des souveränen Gebietes aus. Noch wenige Monate zuvor hat sich die britische Königin in einem Schreiben an den Ndebelekönig Lobengula besorgt gezeigt, zu viel Macht in die Hände eines einzelnen (britischen) Handelspartners zu legen. Jetzt berechtigt sie denselben Mann, vor dem sie gewarnt hat, das riesige, autarke Königreich auszubeuten, zu kolonisieren und zu regieren.*

*Die Folgen sind bekannt – Rhodes, inzwischen zum Premierminister der Kapprovinz aufgestiegen, gründet die BSAC (**British South Africa Company**) und lässt die Pionierkolonne ins Mashonaland einmarschieren. Finanziell verausgabt er sich dabei, dafür steht er jetzt auf dem Höhepunkt seiner Macht. Rhodes regiert über ein 1 143 000 km² großes Gebiet (fünfmal so groß wie sein Mutterland). Den Überfall auf das Matabeleland plant Rhodes von langer Hand und verkauft den Gewaltakt im heimatlichen empörten England als Akt der Notwehr. Er versteht es, die Presse für sich einzunehmen und bestimmt so die öffentliche Meinung. Nach der Vernichtung des Ndebelestaates lässt sich Rhodes als Held und Imperator feiern. Südlich und nördlich des Sambesi installiert er die BSAC-Verwaltung, riesige Gebiete werden von nun an zwangskolonisiert. Fast scheint es, alles verwandle sich zu Gold, was Cecil Rhodes anpackt, da wendet sich sein Schicksal plötzlich. Vom Erfolg verwöhnt verliert er den Sinn für die Realität, als er mit einigen Verschwörern den Plan aushecht, mit einem Blitzüberfall unter Dr. Jamesons Kommando den Burenstaat unter Paul Krüger zu annektieren. Wieder fungiert Rhodes als Drahtzieher im Hintergrund, spricht sich heimlich mit dem britischen Kolonialminister Chamberlain ab und stellt eine Kampftruppe zusammen. Doch diesmal entgleiten ihm die Zügel, er kann die unterschiedlichen Verschwörer nicht einigen und sieht sich gezwungen, den Überfall im letzten Moment abzublasen. Doch Jameson,* der mit der kampfbereiten Truppe im Landesinneren ausharrt, erreicht das Telegramm von Cecil Rhodes nicht, und er überfällt den Burenstaat weisungsgemäß zum verabredeten Zeitpunkt. Der glücklose Jameson wird von den Buren-Streitkräften schon empfangen, weil die Sache inzwischen durchgesickert ist, und muss kapitulieren. Der Fall ist ein **internationaler Skandal**, eine Blamage für Großbritannien, der Ruin für Cecil Rhodes. Er muss sofort alle politischen Ämter niederlegen, während der britische Minister Chamberlain in London seine Unschuld zu beteuern versucht und jede Mitwisserschaft abstreitet. Doch Rhodes übernimmt auch jetzt nicht die Verantwortung, sondern überlässt es seinem Freund Jameson, für die Tat geradezustehen. Dieser wird als alleiniger Initiator des Überfalls in England zu einer kurzen Haftstrafe verurteilt, wodurch Cecil Rhodes seine Königliche Charter retten kann. Als politisch geächteter Privatmann, der von der Macht und dem Schicksalsspielen nicht lassen kann, engagiert er sich anschließend im Matabeleaufstand in Südrhodesien. In den Matobobergen handelt er mit den aufständischen Ndebele einen **Friedensvertrag** aus und verschafft sich dabei den Ruf eines mutigen Friedensstifters. Es ist das erste Mal in seinem Leben, dass er etwas wirklich Gutes tut. Nicht, dass er nach seinen Rückschlägen etwa geläutert wäre – sein Engagement für den Frieden deckt sich zufällig mit seinen Privatinteressen, denn der BSAC droht der finanzielle Ruin, je länger der Aufstand andauert. Außerdem bereichert sich der Patriarch bei den Verhandlungen geschickt und nennt anschließend in Rhodesien riesige Ländereien sein eigen. Eine charakterliche Wendung bleibt dagegen aus und den Shona-Aufstand lässt er anschließend brutal und rücksichtslos niederschlagen.

Gesundheitlich wirkt Cecil Rhodes nach den turbulenten 90er Jahren schwer angeschlagen. Der Raubbau, den er in all den Jahren mit seinem zeitlebens von Lungen- und Herzproblemen geschwächten Körper betrieben hat, rächt sich nun. Geistig ist er fit und voller Elan, doch sein Körper verfällt von Tag zu Tag. Die letzten Wochen verbringt er zurückgezogen in seinem Landhaus bei Kapstadt. Am 26. März 1902 stirbt er. Dr. Jameson, der alte Kamerad und Begleiter, der ihm so viele Steine aus dem Feuer geholt und sich dabei immer wieder strafbar gemacht hat, ist in der letzten Stunde bei ihm. Später wird Jameson erzählen, Rhodes letzte Worte lauteten "So little done. So much to do". Doch Vertraute Jamesons berichten, dieser habe sich diese Worte selbst erdacht, um die 'Legende Rhodes' gebührend zu untermauern.

Vieles an Cecil Rhodes' Persönlichkeit bleibt unverständlich, so z. B. seine Einstellung zu Frauen. Das weibliche Geschlecht scheint für ihn nicht zu existieren. Niemals lässt er sich auf Affären oder Bekanntschaften ein, nur jugendliche Männer dürfen in seinem Haushalt arbeiten, und verheirateten Genossen bleibt die Karriere verwehrt. Er selbst wendet auch nie rohe Gewalt an und gilt sogar als wehleidig, während er skrupellos Tausende Menschen seinen ehrgeizigen Zielen opfert. Er glaubt an Ehre und Moral, und verrät doch seinen engsten Freund Dr. Jameson nach dem Jameson Raid. Er wird einer der reichsten Männer seiner Zeit, und trotzdem scheint Geld für ihn immer nur das Mittel zum Zweck zu sein. Er mobilisiert die Massen, liebt es, im Rampenlicht zu stehen, und hat zeitlebens doch nur sehr wenige Vertraute. Er betrügt die Ndebele, missbraucht ihr Vertrauen und kolonisiert sie gewaltsam, und dennoch wird er nach seinem Tode von ihnen verehrt. Trotz all dieser negativen geschichtlichen Fakten, die heute im Zusammenhang mit Cecil Rhodes bekannt sind, wird sein Ansehen erstaunlicherweise noch immer hochgehalten – im südlichen Afrika wie auch in Großbritannien, wo die Universität Oxford sog. "Cecil Rhodes-Stipendien" vergibt.

Briefmarke von 1905 zur Eröffnung der Brücke an den Viktoriafällen

Nach Ende des Krieges mehrte sich der Unmut der Siedler. Die meisten wollten nicht länger von einer Privatfirma, der BSAC, verwaltet werden. Mit dem Selbstbewusstsein erfolgreicher Siedler und Farmer wurden Forderungen nach Selbstbestimmung laut. 1923 setzte die weiße Minderheit Südrhodesiens (heute Zimbabwe) die Selbstverwaltung durch. Gleichzeitig ging Nordrhodesien in eine direkte britische Kolonialverwaltung über und wurde 1924 zur Kronkolonie. Bis dahin hatte die BSAC zwar das Ende von Sklaverei und Stammeskriegen erreicht und einige Eisenbahnen gebaut, ansonsten aber nur wenig für die Entwicklung des Landes unternommen. Aus der Sicht der Afrikaner hatte die BSAC viel genommen, aber kaum etwas investiert. Als Untertanen der britischen Krone genossen sie dennoch kaum Verbesserungen, denn die **Rassendiskriminierung** wurde keinesfalls aufgehoben.

Die BSAC wird abgewählt

In den nächsten Jahren wurde die Wirtschaft angekurbelt. Intensiver Kupferabbau setzte ein und zugleich strömten verstärkt Siedler in das Land. Durch diese Entwicklung erschien Livingstone als administratives Zentrum verkehrstechnisch ungünstig und es wurde nach einer neuen Hauptstadt gesucht. Obwohl Lusaka lediglich eine unbedeutende Bahnstation ohne größere Wasservorkommen war, wurde es seines angenehmen Klimas wegen gewählt. Ab 1930 begann der Umzug, und nach intensiven städtebaulichen Maßnahmen wurde Lusaka 1935 offiziell zur neuen Hauptstadt erklärt.

Suche nach der neuen Hauptstadt

In den Minen des Copperbelt waren 1940 bereits 30 000 Arbeiter beschäftigt. Die meisten Männer arbeiteten als Pendler, da sie durch die von Süden vordringenden Siedler ihr Land verloren hatten und durch die Steuergesetze zur Lohnarbeit gezwungen wurden. Ihre Frauen übernahmen als alleiniger Familienvorstand Haushalt, Feldarbeit, Kinder- und Altenversorgung. Zugleich dienten diese vernachlässigten ländlichen Regionen als Auffangbecken für Sozial- und Krankenfälle.

Die Kolonie spart sich die Sozialfürsorge für die afrikanische Bevölkerung

Erste Unruhen brechen aus

Das ungerechte System, welches den Afrikanern kaum eine Chance auf Verbesserung ihrer Lebensumstände einräumte und der Zweite Weltkrieg, in dem Tausende scheinbar gleichberechtigt mit den Briten an der Front (zumeist in Burma) kämpfen mussten, weckten schließlich das afrikanische Nationalbewusstsein. Zwar hatten sich schon seit 1912 erste afrikanische Widerstände gegen die Kolonialmacht mobilisiert, doch erst zwischen 1935 und 1940 kam es zu Streikwellen der Bergwerksarbeiter. Eine Steuererhöhung löste 1935 Unruhen in den Minenzentren aus. Die Kolonialregierung griff hart zu, und in Luanshya gab es auf afrikanischer Seite Tote und Verletzte. Dennoch wuchs das afrikanische Selbstbewusstsein nun zu einer Kraft, die die Weißen nicht mehr lange ignorieren konnten.

Roy Welenskys Autonomiepläne

Nach dem zweiten Weltkrieg versuchte zunächst der Großgrundbesitzer **M. Roy Welensky**, die Autonomie für Nordrhodesien durchzusetzen. Doch während seiner Verhandlungen mit der britischen Regierung ließ er sich davon überzeugen, dass der Gedanke an eine Föderation von Nord- und Südrhodesien und Nyasaland eine viel einfachere und effektivere Lösung darstellte: Man würde die moderne Industrie und Wirtschaft Südrhodesiens mit den Bodenschätzen Nordrhodesiens und den Arbeitskräften Nyasalands vereinen. Bei diesen Überlegungen wurden die Afrikaner aller drei Kolonien von Anfang an ausgeklammert; weshalb sie der Idee auch sehr skeptisch gegenüberstanden.

Zentralafrikanische Föderation

1948 gründeten die politisch engagierten Afrikaner den *Northern Rhodesian Congress* unter Harry Nkumbula's Führung. Die ersten Schwarzen wurden nun in den Legislativrat aufgenommen. Der Kongress nannte sich ab 1951 *Northern Rhodesia African National Congress (ANC)*. Gegen dessen heftigen Widerstand wurde Nordrhodesien 1953 tatsächlich mit Südrhodesien und Nyasaland (Malawi) zur **Zentralafrikanischen Föderation** zusammen geschlossen. Das Misstrauen der Afrikaner verstärkte sich in den ersten Jahren der Föderation. Die weißen Nationalisten versuchten sich von London stetig unabhängiger zu machen und das Rassenproblem blieb ungelöst. In diesem Klima versuchte F. J. Moffat, Enkelsohn des berühmten Missionars, politisch zwischen den Parteien zu vermitteln. Er gründete zusammen mit anderen moderaten Politikern aus den bestehenden Parteien die *Liberal Party*. Es kam zur politischen Machtprobe zwischen den schwarzen Massen und der weißen Minderheitenmacht. Couragierte Politiker, wie der britische Abgeordnete Stonehouse in Ndola, der die Afrikaner aufforderte, ihre Rechte wahrzunehmen, wurden in den eigenen Reihen böse angefeindet. Dem späteren Präsidenten Kaunda wurde noch 1957 rüde der Besuchs eines Cafés verwehrt.

> **Schon gewusst?**
> Ende 1944 nahm die Kolonie 3000 polnische Kriegsflüchtlinge auf und brachte sie in vier Lagern unter. Nach Kriegsende verließen die meisten Polen das Land wieder

Unter der Führung Kenneth Kaundas spaltete sich in dieser Zeit die *United National Independence Party (UNIP)* vom ANC ab. Ihre revolutionären Ziele waren die Auflösung der Föderation und die Unabhängigkeit des Landes. Im Mai 1960 fand in Ndola ein nicht genehmigtes UNIP-Treffen statt. In der aufgeheizten Stimmung kam es zu gewalttätigen Ausschreitungen. Daraufhin wurde die UNIP verboten und Kaunda mit einigen seiner Anhänger für mehrere Monate verhaftet, obwohl er sich zum Zeitpunkt des Geschehens außerhalb des Landes befunden hatte.

Bild rechts: Demonstration gegen die Kolonialregierung

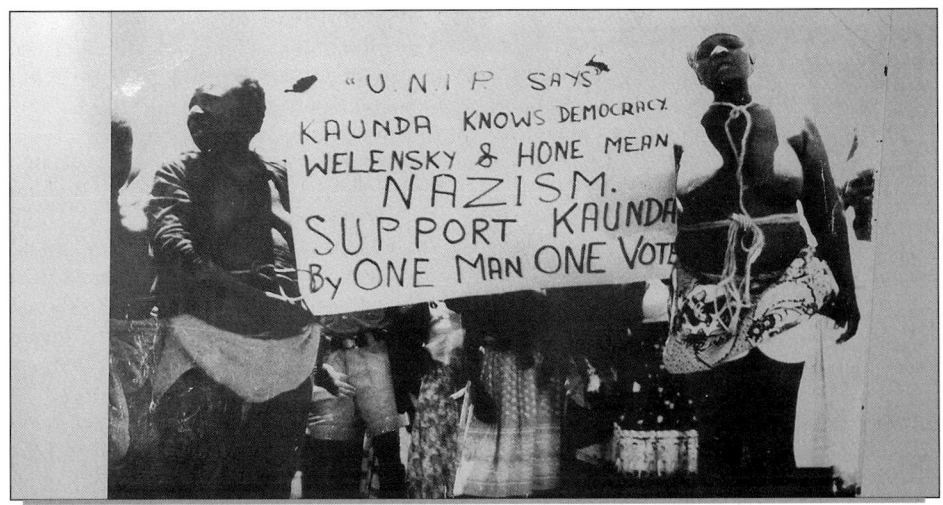

Doch trotz der harten Fronten sollte die Föderative Partei von Roy Welensky eine Wahlniederlage erleiden. Zwischen den weißen Extremisten und den schwarzen Nationalisten stand die liberale Partei Moffats. **Kaunda** setzte sich nun als repräsentativer Sprecher der Afrikaner durch. Die Partei Moffats spaltete sich. Einige Politiker wechselten zur UNIP, um dort auf die gemäßigteren Männer einzuwirken (z. B. Steward Gore Browne). Andere schlossen mit Kaunda einen Pakt, sich im Wahlkampf nicht zu behindern, um gemeinsam gegen die Föderalisten zu wirken. Da nicht alle damit einverstanden waren, verließen einige Liberale die Partei. Derart geschwächt und zerrissen ging die Liberale Partei in die Wahlen.

Nach einer arglistigen Verfassungsreform hätte Kaunda beinahe die Wahlen boykottiert, ließ sich aber schließlich doch zur Teilnahme überzeugen. Wie richtig diese Entscheidung war, zeigt das Wahlergebnis vom 30.10.1962. Es fielen 7 Sitze an Nkumbulas Partei, 16 an die weißen Föderalisten und 14 an Kaundas UNIP. Nun bildeten Nkumbula und Kaunda eine Koalitionsregierung. Moffats liberale Partei hatte eine vernichtende Niederlage erlitten, woraufhin Moffat der UNIP beitrat. Zum 31.12.1963 wurde die Föderation aufgelöst, Sambias Bindungen an Südrhodesien waren damit endlich erloschen.

Bei den Neuwahlen Ende Januar 1964 gewann die UNIP 40 der 75 offenen Mandate, der ANC dagegen nur 5, den Europäern blieben 10 Mandate reserviert. Nach diesem deutlichen Wahlsieg erkannte auch der König des Barotselandes, der Autonomie angestrebt hatte, die neue Staatsmacht an. Am 24.10.1964 (Nationalfeiertag) wurde die Republik Sambia ausgerufen. Ihr erster Präsident hieß Dr. Kenneth Kaunda.

Die kurze Zeit der Föderation hatte für Sambia große Auswirkungen. Ca. 200 Mio. US-Dollar aus Nordrhodesien waren in dieser Zeit in die Förderung Südrhodesiens investiert worden. Doch das Ausbeuten der Rohstoffe Nordrhodesiens und das wirtschaftliche Ausbluten der Region haben eine lange Tradition: Die BSAC hatte während ihrer Verwaltungsperiode Profite von ca. 160 Mio. US-Dollar erzielt, zugleich sich aber kaum für eine Entwicklung des Landes bzw. eine Verbesserung der Lebensbedingungen engagiert. Anschließend hatte die britische Schatzkammer Steuern in Höhe von rund 80 Mio. US Dollar eingenommen und dabei lediglich 10 Mio. Dollar im Lande investiert. Diese rücksichtslose Misswirtschaft der Kolonialjahre zeigt ihre Auswirkungen bis in die heutige Zeit.

Das unabhängige Sambia

Kampf gegen den Tribalismus

Zunächst verzichtete Kaunda darauf, seine unbestrittene Führungspartei UNIP zur Einheitspartei zu deklarieren. Er versuchte von Anfang an, in der Führungsspitze der UNIP Politiker aus allen großen Volksgruppen zu vereinen. Er selbst gehörte als Sohn eines aus Malawi eingewanderten protestantischen Missionslehrers keinem sambischen Volk an. Mit seinem lebenslangen Bemühen, Tribalismus zu bekämpfen, machte Kaunda den Slogan "One Zambia – One Nation" berühmt.

Dennoch ließen sich die Ansprüche der Bemba auf eine dominierende Rolle im Land nicht ausgleichen. Sie wurden von Simon Kapwepwe, dem Vizepräsidenten Sambias und der UNIP, vertreten. 1970 legte dieser sein Doppelamt nieder, trat aus der Partei aus und gründete 1971 die Oppositionspartei United Progressive Party (UPP). Anfang 1972 wurde Kapwepwe verhaftet und die UPP verboten.

Opposition wird ausgeschaltet

Da der alten Oppositionspartei ANC nun vorwiegend Lozi und Tonga angehörten, nahm auch diese Partei tribalistische Züge an. Dem innenpolitischen Druck begegnete Kaunda 1973 mit der Einführung eines Einparteiensystems und dem Verbot aller anderen oppositionellen Vereinigungen. Bei den Wahlen von 1968 und 1973 war Kaunda bestätigt worden, wenn auch 1973 nur 39 % der Wahlberechtigten ihre Stimme abgegeben hatten. Dem Unmut des Volkes begegnete Kaunda nun mit hartem Kurs, indem er systematisch seine Alleinherrschaft sicherte, Opposition und Presse gleichschaltete. Mit der Abschaffung des Ministerpräsidentenamtes 1973 verriet Kaunda seine bisherige im Grunde eher demokratische Gesinnung. Man spricht daher seit 1973 von der "Zweiten Republik Sambias".

Verstaatlichung der Wirtschaft

Die Unabhängigkeit Sambias und seine Trennung von Südrhodesien bedeutete zugleich eine Unterbrechung von Transportwegen und der Ölpipeline. Den wachsenden wirtschaftlichen Problemen versuchte Kaunda 1968 mit der Verstaatlichungen und Enteignungen von Industrie, Bergbau u. a. zu begegnen. Er überließ das Management und den Außenhandel aber den Europäern und internationalen Konzernen, da er auf ihr Know-How und ihre Verbindungen nicht verzichten konnte. Die Folgen von Kaundas diktatorischen Handlungen seit 1973 wirkten sich jedoch auch auf die Wirtschaft aus: Internationale Geldgeber und Investoren zogen sich verschreckt zurück, Sambias Wirtschaft erlebte einen dramatischen Niedergang.

Die heikle Rolle als Frontline State

Außenpolitisch versuchte sich der junge Staat vom weißen Machtblock im südlichen Afrika zu distanzieren. Um so bedeutender wurde der Nachbarstaat Tansania, besonders in Anbetracht der Transport- und Handelswege. Inoffiziell unterstützte Sambia die Befreiungsbewegungen Angolas, Südrhodesiens und Mosambiks, tat es aber verdeckt, um keinen Vorwand für Repressalien oder Aggressionen zu liefern. Als 1971 die Studenten Kaunda vorwarfen, die weiße Macht im Süden nicht konsequent zu bekämpfen, ließ er die Universität vom Militär besetzen.

Auf der einen Seite gewährte er den Organisationen FRELIMO/Angola, SWAPO/Namibia, ZANU und ZAPU/ beide Südrhodesien, Stützpunkte in Sambia, auf der anderen Seite verlangte er von diesen Gruppen stets Kooperation bei den diplomatischen Verhandlungen, um Blutvergießen

Kenneth Kaunda, geb. 1926, war Lehrer an der Lubwa-Mission in der Nähe von Shiwa Ngandu. Anfangs zog er per Fahrrad durchs Land, um die Menschen aufzurütteln. Man sagt, er trank stets nur Wasser und lebte asketisch. Er galt als ruhig, direkt, aktiv und war ein guter Zuhörer. Ideologisch verstand sich Kaunda als ein humanistischer Schüler Nyereres und stellte hohe Anforderungen an seine Regierungsmitglieder.

Während seiner Amtszeit wirkte er außenpolitisch sehr aktiv und wurde als weiser alter Mann bekannt. Er stand in dem Ruf, seine Stärken eher auf dem Gebiet der diplomatischen Kompromisse zu haben als ein begnadeter Finanzverwalter zu sein. Bei öffentlichen Auftritten pflegte er mit einem weißen Taschentuch zu winken, was ihm den Beinamen "The crying President" verlieh.

zu verhindern. Dass es ihm mit der Verhandlungsbereitschaft ernst war, bewies er, als er 1971 Mitglieder der ZAPU an Südrhodesien auslieferte und 1975 die ZANU-Guerilla in Sambia verbot. Im selben Jahr unterstützte die sambische Armee sogar die südafrikanischen Truppen in Angola.

Sein starkes außenpolitisches Engagement schuf dagegen eine innere Bedrohung. Es gab Zeiten, in denen sich in Sambia mehr fremde, schwer bewaffnete Befreiungskämpfer aufhielten als sambische Soldaten. Die vertrackte Situation spitzte sich zu, als im Oktober 1978 Südrhodesien militärische Angriffe und Sabotageakte in Sambia startete und dabei Sambias Straßen, Bahnlinien und Brücken zerstörte. Sambias Versorgungswege waren mit einem Schlag unterbrochen, dem Land drohte eine Hungerkatastrophe. Hilfe sollte es diesmal von Südafrika bekommen, dort wurden 300 000 Tonnen Mais für Sambia zusammengetragen. Südrhodesien weigerte sich jedoch, die Hilfslieferungen nach Sambia durchzulassen. Als die Situation für das sambische Volk bedrohlich wurde, richteten die westlichen Nationen Luftbrücken ein. Die Hungerkatastrophe wurde abgefangen, doch besserte sich die angespannte Lage erst 1980 mit der Unabhängigkeit Zimbabwes (ehemals Südrhodesien).

Staatswappen Sambias

Aufgrund dieser Vorkommnisse setzte sich in Sambia in den nächsten Jahren eine deutliche Furcht vor Spionage, Sabotageakten und unerwarteten Einmärschen fremder Streitkräfte fest. Ausländern begegnete man äußerst misstrauisch, Polizei und Militär handelten unberechenbar und nervös. Aus dieser Zeit stammen die Geschichten über Schikanen an Besuchern und Touristen. Das sambische Volk war verunsichert und schreckhaft, die Polizisten und Soldaten immer auf der Hut, vermeintliche Spione zu enttarnen. Alle staatlichen Einrichtungen wurden streng bewacht.

1990 neigte sich Kaundas lange Herrschaft dem Ende zu. Das Volk war unzufrieden und forderte demokratische Veränderungen. Das Land, noch immer auf wirtschaftlicher Talfahrt, litt unter fast 60 %iger Inflation, den enormen Auslandsschulden und der hohen Arbeitslosigkeit. Besonders in der Bergarbeiterregion im Norden kam es zu Streiks und Protestaktionen. Der Gewerkschaftsverband hatte 300 000 Mitglieder und wurde immer populärer. Ihr 46-jähriger Vorsitzender, **Frederic Chiluba**, galt als 'Lech Walesa Sambias' und wurde Kaundas Herausforderer. Kenneth Kaunda

Das Volk verlangt Reformen und Demokratie

Frederic Chiluba wird Kaundas Herausforderer

stellte sich der veränderten Situation und leitete die ersten freien Wahlen seit fast 30 Jahren ein. Er glaubte irrtümlich, wieder gewählt zu werden. Am 31.10.1991 errang jedoch die Partei *Liberal Capitalist Movement for Multiparty Democracy* (MMD) unter Frederic Chiluba fast doppelt so viele Stimmen wie die UNIP. Kaunda akzeptierte die Entscheidung und zog sich zunächst ganz aus der Politik zurück – als erster Parteigründer Afrikas, dessen Herrschaft durch freie demokratische Wahlen beendet wurde.

Regierungswechsel nach fast 30 Jahren

Der **Regierungswechsel** verlief friedlich. Kaunda hatte Sambia wirtschaftlich nicht wieder auf die Beine bringen können, jedoch 27 Jahre lang friedlich und mit Bedacht regiert. Er war stets diskussionsbereit und diplomatisch geblieben und hatte auf diese Weise sein eigenes Land durch manche Krise geführt und eine wichtige ausgleichende Rolle im südlichen Afrika gespielt. Frederic Chiluba wurde nicht nur mit den bekannten Wirtschaftsproblemen konfrontiert. 1991/1992 erlebte das südliche Afrika eine große **Dürre**, Sambia litt unter Wassermangel und Ernteschäden. 900 000 Tonnen Mais mussten importiert und mit teuren Devisen bezahlt werden. Sambias Agrarproduktion sank um fast 40 %. An dieser Dürrekatastrophe verpufften Chilubas Anstrengungen wirkungslos. Wirtschaftlicher Aufschwung und Besserung der Lebensumstände ließen viel länger als erhofft auf sich warten, was Kaunda in die Politik zurück führte. Eines der größten Wahlversprechen der MMD war die Bekämpfung von **Vetternwirtschaft und Korruption** gewesen. Doch Chiluba hatte eine ganze Reihe Minister aus den Kadern des alten Regimes übernommen und das Volk wartete vergebens auf erkennbare Schritte gegen diese alte sambische Krankheit. Im Gegenteil, Chiluba installierte ein stark personalisiertes Patronagesystem und sicherte seine Macht durch die Privatisie-

Liberalisierung der Wirtschaft

rung öffentlicher Ressouren. Die Öffnung der Märkte und Förderung der Privatwirtschaft führten dem Land zwar wieder reichlich Unterstützung durch IWF/Weltbank zu, doch die damit einhergehenden Preissteigerungen bei Grundnahrungsmitteln bereiteten weiten Teilen der Bevölkerung massive Probleme. Im Wahlkampf 1996 kam es daher zu Demonstrationen und Tumulten; große Teile des Landes schwenkten auf eine Unterstützung Kaundas um, die MMD sah ihre Macht akut gefährdet. Chiluba reagierte in dieser Zeit mit

Chiluba verhindert Kaundas erneute Kandidatur durch eine umstrittene Verfassungsänderung

einer **umstritten**en **Verfassungsänderung** und setzte durch, dass die Eltern von Präsidentschaftskandidaten sambische Staatsbürger sein müssten, wodurch Kaunda als Sohn eines Malawiers die Kandidatur verwehrt wurde. Kaunda und seine Partei boykottierten daraufhin die Wahlen, und bescherten Chiluba – obwohl gerüchteweise selbst Sohn eines Kongolesen – einen leichten Wahlsieg. Internationale Beobachter und viele Einheimische hielten die Wahlen für manipuliert. Der hohe wirtschaftliche Druck sorgte weiterhin für innenpolitischen Zündstoff. Im August 1997 kam es zu einem Attentatsversuch auf Kaunda, wobei dieser durch Schüsse verletzt wurde.

Verfassungsgemäß durfte Chiluba bei den Wahlen Ende 2001 nicht mehr für eine 3. Amtszeit antreten. Erst durch den öffentlichen Druck akzeptierte er dies und stellte als MMD-Kandidaten seinen Zögling **Levy Mwanawasa** vor. Diesmal konnte die MMD die Wahlen nur knapp für sich entscheiden. und geriet zudem in den Verdacht des Wahlbetrugs (weil in Sambia die einfache Mehrheit ausreicht, konnte Mwanawasa die Wahlen mit nur 28,7 % der Stimmen gewinnen). Die Erwartungen an den neuen Präsidenten, der

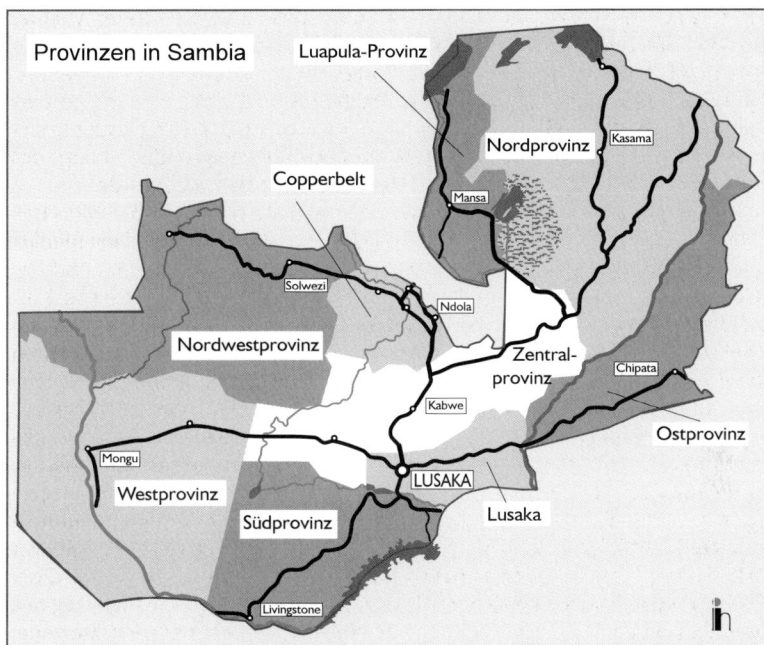

Provinzen und Provinzhauptstädte in Sambia

für eine schwache Marionette Chilubas gehalten wurde, waren niedrig. Doch Mwanawasa befreite sich von den Einflüssen seines Vorgängers; zwang Chiluba zur Abgabe des Parteivorsitzes und ließ seine Immunität aufheben, um ihn wegen der Korruptionsfälle vor Gericht zu stellen. Mwanawasa ging selbst aber nur selektiv gegen die Korruption im Lande vor und nützte die Antikorruptions-Kampagne geschickt zur Schwächung politischer Gegner. Viel Vertrauen verspielte er durch die Ämterverteilung an mehrere schwer mit Drogenhandel und Korruption behaftete Politiker und seinen personalistischen Herrschaftsstil. Am 28.September 2006 führte Sambia nach einem hitzigen Wahlkampf Parlaments- und Präsidentschaftswahlen durch, bei der sich Mwanawasa und die umstrittene MMD erneut mit 42,2 % der Stimmen gegen ihre Kontrahenten, den Populisten Michael Sata (Patriotic Front) und den Tonga Hakainde Hichilema von der UPND und dem Wahlbündnis UDA, durchsetzen konnten. Am 29.Juni 2008 erlitt der Präsident einen Schlaganfall, an dessen Folgen Levi Mwanawasa am 19.August 2008 starb. Vizepräsident **Rupiah Banda**, ein Ökonom aus der Ostprovinz, übernahm kommissarisch die Präsidentschaft bis zu den Wahlen am 30.Oktober 2008. Diese Wahlen gewann der Übergangspräsident mit einer knappen Stimmenmehrheit von 40,09 % gegenüber der PF unter Michael Sata (38,13 %). Seine Amtszeit dauert bis 2011, dem Zeitpunkt, an dem die Amtszeit von Levi Mwanawasa geendet hätte. Der 1937 geborene Rupiah Banda blickt auf eine lange politische Laufbahn zurück, gilt als westlich orientiert, und verkündete nach seinem Amtsantritt, er werde den offenen wirtschaftspolitischen Kurs seines Vorgängers fortsetzen.

Der neue Präsident räumt halbherzig auf

Seit 2006 hält die Opposition knapp die Hälfte der Parlamentssitze und übt stärkere Kontrollfunktionen aus

SAMBIA: BEVÖLKERUNG

Aktuelle Situation

Sambia besitzt, durchaus typisch für Afrika, eine überwiegend junge Bevölkerung. Etwa 60 % aller Einwohner sind jünger als 20 Jahre und nur 3,7 % sind älter als 60 Jahre. Die **Lebenserwartung** liegt bei ca. 36 bis 40 Jahren. Es gibt einen gewissen Frauenüberschuss im Land, der allerdings je nach Region stark differiert. Während das Verhältnis der Frauen in ländlichen Gebieten bis zu 100:80 dominiert, haben dagegen Industrieregionen, wie der Copperbelt, einen eindeutigen Männerüberschuss.

Das Bevölkerungswachstum stellt ein dauerhaftes Problem dar. Zahlreiche Projekte für eine moderne Familienplanung blieben bisher weitgehend erfolglos. Das Thema Schwangerschaftsverhütung ist in weiten Bevölkerungskreisen noch immer ein Tabu.

Landflucht und rasches Wachstum

Sambias **Bevölkerungsdichte** ist sehr unausgewogen. Mehr als 50 % der Einwohner leben in Städten, was recht ungewöhnlich in Afrika ist. Daneben konzentriert sich die Bevölkerung hauptsächlich entlang der Bahnlinie zwischen Livingstone und dem Copperbelt. Der massive Bevölkerungsanstieg in den Städten führte dort zu hoher Arbeitslosigkeit und mangelndem Wohnraum. Armenviertel mit slumähnlichem Charakter waren die Folge. Um der Land-Stadt-Wanderung entgegenzuwirken, sollen neue Wachstumszentren in ländlichen Gebieten entstehen, wie Kasama, Chipata und Mongu.

Um die Jahrhundertwende vom 19. zum 20. Jh. lebten im heutigen Gebiet Sambias nur etwa eine Million Menschen. Seither ist die Bevölkerung auf rund 11,5 Mio. Menschen angestiegen. Hochrechnungen zufolge könnte sie sich bis 2025 auf 20 bis 22 Mio. Menschen erhöhen.

Ethnien

Mehr als 70 verschiedene Volksgruppen bilden die sambische Bevölkerung

Bei den rund **70 ethnischen Gruppen Sambias** handelt es sich überwiegend um Bantu-Völker. Die Bantu lebten ursprünglich in Kamerun. In mehreren Wellen wanderten sie über Gabun und Kongo nach Ostafrika sowie nach Angola und Sambia. Heute leben sie, in unzählige Volksgruppen verzweigt, über große Teile Schwarzafrikas verteilt. In der Sprache und Physiognomie unterscheiden sie sich grundsätzlich von anderen afrikanischen Völkern. Während nilotische Gruppen (wie auch die Massai oder Tutsi) sehr groß und schlank gewachsen sind, haben die Bantu im Allgemeinen einen gedrungenen und festeren Körperbau.

Die **Bantuvölker** unterscheidet man in zwei Hauptgruppen: Die erste Gruppe hat eine matrilineare (mutterrechtliche) Erbfolge, die zweite eine patrilineare (vaterrechtliche) Ausrichtung. Kennzeichnend für die erste Gruppe, zu der die Lunda, Luvale, Ila, Mbunda, Lala, Tonga und Lomwe gerechnet werden, waren rechteckige Hütten mit jeweils dem Ahnenplatz davor; ausgiebige Begräbnisfeiern, wenig Rinderzucht, aber dafür vollendete Metallarbeiten. Die zweite Gruppe, die Lozi, Ngoni, Mambwe, Lungu, Ngonde und Sena, baute dagegen traditionell runde Häuser mit dem Ahnenplatz dahinter, praktizierte Heirat gegen Bezahlung und hielt Vieh. Die Tonga und Ila aus der matrilinearen Gruppe bildeten dabei eine Ausnahme, denn sie betrieben intensive Rinderzucht.

Die **Völkerwanderungen** auf dem afrikanischen Kontinent lassen sich nur annähernd zeitlich datieren. Die stärkste Einwanderung nach Sambia erfolgte offensichtlich aus der heutigen Republik Kongo. Allein in den letzten 500 Jahren kamen aus dieser Richtung die Bemba, Bisa und Lala in die Nordprovinz, die Ushi in die heutige Luapulaprovinz und die Lenje nach Zentralsambia. Aus der Grenzregion von Kongo und Angola wanderten die Lunda und Luvale ein. Die Einwanderungen aus Angola fanden großenteils schon früher statt: Bis Ende des 15. Jh. waren von dort die Mbwela, Kwangwa, Luyana und Mbukushu eingewandert. Aus Tansania kamen zeitgleich die Lungu, Mambwe und Tumbuka in den Nordosten Sambias. Und schließlich erreichten im frühen 19. Jh. von südlich des Sambesi die Ngoni Ostsambia.

Die Völkerwanderungen der Bantu

Die vielen Immigranten fanden meist ein dünn besiedeltes, aber keineswegs menschenleeres Land vor. Die Bantu trafen auf **Buschleute**, die als Jäger und Sammler in Kleingruppen lebten. Die dominierenden Einwanderer verdrängten bald diese Gruppen bzw. die Buschleute assimilierten sich mit den Neuankömmlingen. Die Batwa und Kwengo gelten heute als Nachfahren jener Buschleute.

Noch heute dominieren im Vielvölkerstaat Sambia drei Machtblöcke, die auf der traditionellen Gruppenzugehörigkeit basieren: die Bemba-Volksgruppe im Norden und Nordosten, die Tonga, Lozi, Luvale, Lunda und Kaonde im Westen und Zentrum, und schließlich die Ngoni im Osten Sambias.

Die Lunda in Sambia sind Nachkommen des mächtigen Lunda-Königreiches, welches Mwata Yamvo im 17. Jh. im heutigen mittleren Kongo gegründet hatte. Durch geschickte Politik und diplomatische Eheschließungen gelang den Lundaherrschern eine Machtausdehnung nach Süden und Osten. Bald kontrollierten sie die ganze Region vom Kongobecken zum Mündungsgebiet des Sambesi und bis an den Mwerusee. Die Herrscher dezentralisierten die Verwaltung, indem sie in den verschiedenen Provinzen Gouverneure einsetzten. Diese waren praktisch autonom, mussten aber Tribute in Form von Salz oder Handelswaren entrichten. Durch den Ausbau von großen Handelsstraßen festigten die Lundaherrscher ihre Macht. Zu beiden Ozeanen entstanden Straßen und ermöglichten einen regen Handel zwischen den Lunda und den Küstenstämmen. Als Livingstone 1854 durch das Lundaland reiste, beeindruckten ihn vor allem die Macht und das Selbstbewusstsein der weiblichen Könige.

Lunda

Nachkommen des großen Lunda-Luba-Reiches

Die Handelswege wurden allerdings auch zu wichtigen und gefürchteten Sklavenrouten. Die Lunda wurden Täter und Opfer zugleich, da sie einerseits Sklavenhandel betrieben und andererseits selbst durch die Sklavenjäger bedroht wurden. Innere Streitigkeiten um die Macht und der moralische Verfall durch den Sklavenhandel erschütterten das Land im späten 19. Jh. Die fortwährende Bedrohung von außen zerstörte die Strukturen und leiteten schließlich den Untergang des Lundareiches ein.

Schon gewusst?
Die "Dry-Season-Winde" von August bis November sind meist Ostwinde

Heute leben die Lunda vor allem im äußersten Nordwesten Sambias und bei Kazembe im Tal des Luapula. Ihre enge Verwandtschaft zu den Völkern im Kongo zeigen die beeindruckenden Tanzmasken. Außerdem sind sie mit den Bemba eng sprachverwandt. Die Lunda gelten als begnadete Jäger, ausgesprochen kinderlieb und fleißig.

Bemba

Die Bemba-Volkstämme bilden mit 40 % Sambias stärkste Gruppe. Ursprünglich kamen sie aus dem großen niedergehenden Lunda-Königreich Mwata Yamvos, und leben heute vorwiegend in Nordost- bis Zentralsambia. Der oberste Häuptling aller weitverzweigten bembasprachigen Gruppen wird "Chitimukulu" genannt und regiert über das gesamte sog. Bemba-Empire. Nach der Überlieferung sei der allererste Häuptling Chiti gewesen, welcher sein Volk aus dem Kongobecken südlich bis an den Luangwa River führte, wo er umkehrte und sich schließlich im heutigen Bemba-Siedlungsraum niederließ. Chitis Vater habe Mukulu der Große geheißen. Daher rührt die ehrenvolle Bezeichnung des jeweiligen obersten Häuptlings, Chitimukulu.

Interessant ist die Erbfolge der Königswürde: Diese wird nämlich nicht auf den Sohn, sondern jeweils auf einen Neffen des Chitimukulu übertragen, da die Bemba glauben, den Sohn könne schließlich auch ein fremder Mann gezeugt haben, während der Sohn der Schwester in jedem Falle blutsverwandt ist.

Die Bemba hatten sich lange gegen die Kolonialmacht gewehrt. Erst spät wurde ihr Gebiet von Europäern besiedelt, daher blieben ihre Kultur und Traditionen sehr lebendig. Als in diesem Jahrhundert der Kupferbergbau begann, zogen sehr viele Bemba auf Arbeitsuche in den Copperbelt.

Lozi

Die Lozi, manchmal auch Rozwi oder Barotse genannt, bilden den größten Volksstamm in der sambischen Westprovinz. Ihre Sprache, Si-Lozi, wird auch in Livingstone gesprochen. Das frühere Königreich Barotse setzte sich aus vielen Volksgruppen mit bis zu 25 Sprachen zusammen. Vermutlich kamen die ersten Lozi aus dem Kongo, einer unbestätigten Theorie zufolge sind auch sie Nachkommen des großen Luba-Lunda-Königreiches von Mwata Yamvo. Die Lozi siedelten vorwiegend in den flachen, fruchtbaren Schwemmebenen des Sambesi (Barotseflutebenen, Mongu-Region).

Um 1835 wurden die Lozi von den aus Süden vordringenden Kololo überfallen und besiegt. Sie lehnten sich mehrfach gegen die neue Herrschaft auf, setzten daneben aber auch ihre Überfälle auf die Ila und Tonga fort. Um 1860 gelang es ihnen, die Dominanz der Kololo abzuschütteln und erneut die Macht zu ergreifen. Überraschenderweise haben die Lozi die Sprache der Kololo übernommen und beibehalten.

Bilder links: Bisa-Ehepaar mit selbst gebrautem Bier; Marktfrau bei den Bemba

Im Zuge der Unabhängigkeitsbewegung Sambias in den 1960er Jahren haben die Lozi lange Zeit Autonomie angestrebt., weshalb Präsident Kaunda nur mit Mühe immer wieder Einigung schaffen konnte. Ihr Drang zur Eigenständigkeit ist nicht zuletzt durch die traditionelle teilweise halbnomadische Lebensweise stark ausgeprägt. Der König der Lozi, Litunga, genießt uneingeschränkte Autorität; sein Wort gilt noch immer mehr als das der Regierung in Lusaka. Macht und Größe des Litunga zeigt sich besonders bei der alljährlichen *Kuomboka*, Sambias bekanntester und prächtigster Zeremonie (siehe S. 33, 179 und 181).

Zur Geschichte der Lozi: siehe auch S. 179

Die Tonga und das viel kleinere Volk der Ila waren vermutlich die ersten Einwanderer aus dem Kongo überhaupt. Sie ließen sich zwischen den Flüssen Kafue und Sambesi nieder und bilden heute die stärkste Gruppe im Süden Sambias (ca. 15 % aller Sambianer sind Tonga). Ihre Existenz in Sambia ist durch archäologische Funde für mehrere tausend Jahre nachgewiesen. Vor rund 600 Jahren erreichten sie eine kulturelle Blütezeit und betrieben intensiven Handel mit den Küstenvölkern am Indischen Ozean. Handelsgüter aus dem Fernen Osten und Indien erreichten damals bereits das Sambesital. (Essay über die Ila: Seite 149)

Tonga & Ila

Im letzten Jahrhundert waren sie dagegen häufig Opfer von Rinderdiebstählen und Überfällen durch benachbarte Stämme, wie den Ndebele (im heutigen Zimbabwe), den Lozi und den Kololo. Von Dr. Livingstone ist überliefert, er habe bei seiner Reise durch die Region kaum noch Rinder vorgefunden, obwohl die Tonga traditionell leidenschaftliche Viehzüchter sind. Heute bilden sie allerdings wieder die Hauptrinderzüchter Sambias.

Viehzüchter im regenarmen Süden Sambias

Ein traumatisches Ereignis für die Tonga beiderseits des Sambesi wurde die Stauung des Sambesi zum Karibasee in den 1950er Jahren. Damals wurden rund **57 000 Menschen zwangsweise umgesiedelt** und verloren auf diese Weise ihre Heimat (siehe Essay, S. 151).

Die vergangene Macht der Kololo
Die Kololo waren ein Sotho-Volk aus Südafrika, welches im Zuge der Massenwanderung der vor dem kriegerischen Häuptling Shaka Zulu fliehenden Stämme nach Sambia gelangte. Nach ihrer Machtübernahme regierten sie für einige Jahrzehnte im Barotseland und führten es unter Chief Sebitwane zu einer kurzen kulturellen Blüte. Mit dem Einsetzen des Sklavenhandels verloren sie ihren Einfluss, und nach Sebitwanes Tod lehnten sich die unterworfenen Stämme erneut auf und vernichteten die Kololo schließlich. Die Überlebenden vermischten sich mit anderen sambischen Volksgruppen, insbesondere mit den Lozi, und übernahmen deren Kultur.

Gleich den Kololo waren auch die Ngoni ein südafrikanisches Volk, das vor Shaka Zulus Armeen nach Norden floh. Die Ngoni waren mit der revolutionären Kampftechnik der Zulu vertraut und damit in der Lage, die ansässigen Volksgruppen zu unterwerfen. Auf der Suche nach neuem Lebensraum überrannten sie viele Gebiete und gelangten schließlich durch das heutige Zimbabwe nach Sambia. Am 20. November 1835

Ngoni

Kämpferisches, stolzes Volk aus Südafrika

überschritten sie unter Häuptling Zwangendaba den Sambesi. Diesen Tag verbinden die Ngoni mit zwei Ereignissen: Das eine war ein zeremonielles Biertrinken unglaublichen Ausmaßes, das andere eine totale Sonnenfinsternis, die diesen Tag begleitete. Die Ngoni zogen weiter nördlich, erreichten sogar den Viktoriasee, kehrten aber von dort wieder um und siedelten schließlich im östlichen Sambia und im Hochland Malawis. Nachdem sie ihre Macht gefestigt hatten, versöhnten sie sich, unter Beibehaltung ihres Kriegssystems, mit den anderen Volksgruppen. Sie rekrutierten regelmäßig junge Männer aus den unterworfenen Stämmen, die in ihre Kultur eingegliedert wurden. Im Laufe der Zeit wurden die einst nomadisch lebenden Ngoni sesshaft und zu Ackerbauern. Auf Kriegszügen erbeutete Kinder wurden nicht in die Sklaverei gegeben, sondern adoptiert und als Ngoni-Angehörige aufgezogen. Den Machtverlust der Ngoni leitete das Auftauchen der Europäer ein, denn die traditionellen Waffen, wie Schilde und Assegai-Speere, waren gegen die modernen Schusswaffen machtlos. Durch die Machtübernahme der Kolonialregierung in den Jahren um die Jahrhundertwende verloren die Ngoni endgültig die Vorherrschaft in Ostsambia. Heute stellen sie etwa 15 % der Einwohner Sambias. Ihre Kultur, die sich deutlich von allen Ethnien Sambias unterscheidet, findet Ausdruck in der jährliche **N'cwala-Zeremonie** zu Ehren ihres Oberhaupts Mpenzi.

Weitere Volksgruppen

Alle Volksgruppen des Landes vorzustellen, sprengt im Vielvölkerstaat Sambia rasch den Rahmen eines Reiseführers. In den Sümpfen von Bangweulu leben z. B. **Bisa**, die keinerlei Viehzucht betreiben, sondern vom Fischen und Jagen sowie der Landwirtschaft leben. Den Unterlauf des Luangwa besiedeln die **Senga**, bei den großen Farmen der Zentralprovinz leben **Lala**, die dem Bemba-Empire angehören, und im Nordwesten die **Luvale**.

Europäer und Asiaten

Flüchtlinge

Weniger als ein Prozent der sambischen Bevölkerung bilden die Europäer und Inder. Die meisten Europäer sind britischer Herkunft. Ihre Beschäftigung finden sie vorwiegend in der Landwirtschaft und Industrie. Inder dominieren im Handel und den Transportunternehmen. In Sambia leben sie fast ausschließlich im Süden und in den großen Städten. Außerdem wurde Sambia für bis zu 200 000 Bürgerkriegsflüchtlinge zu einem sicheren Auffangbecken. Während die meisten angolanischen Flüchtlinge wieder in ihre Heimat zurück kehrten, halten sich noch rund 55 000 Kongolesen in Sambia auf. Die meisten kommen via Chiengi, Kaputa und Mpulungu ins Land und werden im Kaala Refugee Camp bei Mporokoso aufgefangen und mit internationaler Hilfe versorgt.

Sprachen

Zahlreiche Sprachen und Dialekte

Karte von Sambia mit regionalen Sprachgruppen:
S. 385

Die sambische Staatssprache ist **Englisch**. Daneben werden zahlreiche Sprachen gesprochen: Bemba im Copperbelt und in Nordostsambia, Tonga im Süden, Lozi und Luvale in Westsambia, Lunda bei Mwinilunga im äußersten Nordwesten, Kaonde nordwestlich von Lusaka bis Solwezi und Kasempa und Njanja in Lusaka und Ostsambia. Es existieren insgesamt wohl **rund 80 Sprachen** und zahlreiche zusätzliche Dialekte in Sambia. Dabei ist das Sprachengewirr weniger chaotisch, als es zunächst scheint. Da die meisten Volksgruppen zu den Bantuvölkern zählen, sind sich viele Kernwörter der verschiedenen Sprachen/Dialekte ähnlich.

Traditionelle Zeremonien und Feste

In Sambia finden über das Jahr verteilt 56 traditionelle Volkszeremonien statt (die meisten zwischen August und November).

Kuomboka

Zu den berühmtesten und größten Zeremonien Afrikas zählt die Kuomboka aus der Westprovinz. Die Kuomboka (wörtlich: aus dem Wasser auf trockenen Boden gelangen) findet zwischen Lealui und Limulunga in der Nähe von Mongu in der Regenzeit statt

Im 19. Jh. hatte der Lozi-Häuptling Litunga sein Hauptquartier in den sumpfigen Flussebenen des Sambesi errichtet, die alljährlich zur Regenzeit für viele Wochen vom Fluss überschwemmt werden. Dadurch musste er während dieser Zeit seinen Wohnsitz in höher gelegene, trockene Regionen verlegen. Die Prozession des königlichen Umzugs vom Tiefland- zum Festlandpalast hat sich bis heute erhalten.

Jedes Jahr treffen viele Besucher zu dieser Zeremonie ein, und die Hotels in Mongu und Senanga sind restlos ausgebucht. Leider wird der exakte Zeitpunkt erst kurzfristig bekannt gegeben, in schwachen Regenjahren fällt die Kuomboka sogar aus. Es empfiehlt sich, beim Büro der Tourist Information in Lusaka frühzeitige Erkundigungen einzuholen (siehe dazu auch S. 179 und 181).

Nach schweren Regenfällen, wenn das Wasser steigt, geben die uralten, riesigen Stammestrommeln (Durchmesser 1 Meter) meist kurz vor Vollmond das Zeichen zum Aufbruch. Alles Hab und Gut wird in Kanus gepackt. Die Kanuflotte wird durch die **königliche Barke**, die "Nalikwanda", mit ihren 100 Paddlern angeführt. Die Paddler sind in Tierhäute gekleidet und tragen rote Kopfbedeckungen mit Löwenmähnen. Das Schiff ist ein riesiges, schwarzweiß gestreiftes Holzkanu, das im letzten Jahrhundert ein deutscher Zimmermann gebaut hatte. Die alten Trommeln sind mit an Bord. Auf dem Schiff weht die Litungaflagge in Rot mit einer Elefantensilhouette. Die Flotte zieht nun vom **Tieflandpalast Lealui** in die hoch gelegene Residenz in Limulunga. Hinter der Königsbarke fährt die etwas kleinere Barke der Königin. Dahinter folgen die Diener. Die Kanus sind rund sieben Stunden auf dem schmalen Flusskanal unterwegs, ehe sie den neuen Standort erreichen. Dort wird der König durch tanzende und singende Frauen empfangen. Er wechselt seine traditionelle Kleidung in die in London maßgeschneiderte Uniform eines britischen Admirals. Es ist eine Kopie der Uniform, die König Lewanika von Edward VII. 1902 erhalten hatte (stirbt ein Litunga, wird seine Uniform mit beerdigt und eine neue angefertigt). Nächtelang wird anschließend mit Gesang und traditionellen Tänzen gefeiert.

Lwindi

Im Mukuni Village bei Livingstone feiern die Toka-Leya im Februar das Fest Lwindi, bei dem sie ihre Ahnen um Regen bitten. Traditionell handelt es sich um eine dreitägige Zeremonie:

Am ersten Tag verlassen der oberste Chief Mukuni und Angehörige seiner Familie den Palast, um bei den königlichen Gräbern zu übernachten. Dies wird von fröhlichem Singen, Tanzen und dem Schlagen der drei rituellen Trommeln begleitet. Der wichtigste Tanz ist der Chileya, den der Chief tanzt. Am zweiten Tag laufen 25 ausgewählte junge Männer in Kriegskleidung und mit Speeren bewaffnet zum Boiling Pot an den Viktoriafällen, um von dort Wasser zu holen. Nach ihrer Rückkehr tanzen sie vor dem Chief Kriegstänze. Am dritten Tag öffnet der Chief schließlich die königlichen Gräber und bittet die Ahnen um Regen. Anschließend wird ausgelassen mit viel Bier und Musik gefeiert.

Heutzutage wird allerdings meist nur noch an einem Sonntag gefeiert.

Mutomboka/Umutombuko

Am letzten Juli-Wochenende jeden Jahres finden in der Provinz Luapula die Feierlichkeiten des Chief Mwata-Kazembe statt. Dabei wird der Mutomboka, der Ahnen-kriegstanz der Lunda, in der Arena des Palastes am Ngonafluss in Mwansabombwe aufgeführt. Das Fest ist eine Erinnerung an die Ankunft der Lunda in Sambia.

Shimunenga

Diese Zeremonie des Ila-Stammes wird jährlich an einem Vollmondwochenende im September abgehalten, und zwar in Maala in den Kafue-Flats rund 35 km westlich von Namwala. Sie demonstriert die Verehrung des Ila-Volkes den Ahnen gegenüber. Früher fanden bei diesem Fest die berüchtigten Massentreibjagden auf Lechwe-antilopen statt (siehe auch S. 149). Die sinnlose Ab-schlachterei wurde aber schon vor Jahrzehnten verbo-ten.

Likumbi Lya Mize

Jedes Jahr gegen Ende August treffen sich die Luvale am Mize-Palast des Häuptlings Ndungu bei Zambezi in der Nordwestprovinz (am Westufer des Sambesi, gegenüber der Ortschaft Zambezi). Dem kulturellen Erbe der Luv-ale entsprechend stehen Tanz und Gesang, wie z. B. die vollständig verhüllten Makishi-Tänzer, sowie allerlei Kunsthandwerk im Mittelpunkt des etwa fünftägigen, far-bigen Festes.

N'cwala

Am 24. Februar jeden Jahres feiern die Ngoni aus der Ostprovinz im Dorf Mtenguleni bei Chipata eine Art Danksagungsritual. Diese Zeremonie war früher alljähr-lich bis ins Jahr 1900 abgehalten worden, ist danach aber von der Kolonialregierung unterdrückt worden. Erst seit 1980 wird sie wieder praktiziert. Dabei kostet Chief Mpenzi die ersten frischen Früchte der Saison. N'cwala gilt als fröhliches Fest voller Tanz, Musik und großen Men-gen Bier. Es werden sehr schöne Tänze dargestellt, auch die traditionellen Vimbuzatänzer treten hier auf.

Kulamba

Das Fest der Chewa in Sambia findet alljährlich von 24. bis 26. August im Mkaika Headquarters bei Katete in der Ostprovinz statt. Über 20 Chewa-Chiefs aus Sambia und den Nachbarstaaten treffen zusammen. Es treten unter anderem die berühmten Nyau-Tänzer auf.

Kufukwila

Chief Mukumbi und die Kaonde feiern im Mai jeden Jahres diese Zeremonie im Solwezi-Distrikt.

Malaila

Traditionelle Zeremonie der Kunda und ihrer Königin Nsefu bei Mfuwe im Luangwatal (jeweils im September).

Nsengela Kununka

Die Lamba und Chief Machiya feiern im Ndola Rural District im November.

Religionen

In Sambia ist die Religionsfreiheit verfassungsrechtlich garantiert. Über die Religionszugehörigkeit liegen nur Schätzungen vor. Diese geben einen Anteil von 70 % der Einwohner als Angehörige einer christlichen Gemeinschaft an. Die Hälfte davon sind Protestanten, ein gutes Drittel Katholiken, der Rest Anhänger anderer christlicher Gemeinschaften, wie der Anglikanischen Kirche, der Methodisten, Baptisten, Presbyterianer, der United Church of Zambia u.a. Etwa 12 % der Sambianer gelten als Animisten, d. h. Anhänger von Naturreligionen. 18 %, die vorwiegend im Osten des Landes um Chipata und Lundazi leben, sind als Moslems registriert. Durchaus weit verbreitet ist ein fließender Übergang bzw. eine Verkoppelung zweier Glaubensrichtungen, wie dem Christentum und dem Naturglauben.

Bilder links:
Traditionelle
Mkishi-Tänzer
in Westsambia

Bildung und Schulwesen

Als Sambia 1964 unabhängig wurde, besuchten 380 000 Kinder die Primary School und 14 000 eine weiterführende Schule. Heute sind etwa viermal so viele Kinder in einer Primary School eingeschult und weit über 100 000 Schüler besuchen eine Secondary School. Diese Zahlen zeigen, dass Sambia auf dem Bildungssektor seit seiner Unabhängigkeit deutliche Fortschritte erzielen konnte. Der junge Staat hat sich intensiv um eine bessere Lehrerausbildung, eine Zunahme der Hochschüler und um hohe Einschulungsquoten bemüht. Die Anzahl der Analphabeten ab 15 Lebensjahren verringerte sich so z. B. von 71 % im Jahre 1960 auf ca. 24 % Mitte der 1980er Jahre. Ab dieser Zeit konnte der Neubau von Schulen allerdings nicht mehr Schritt halten mit den ständig wachsenden Schülerzahlen. Dadurch wurde das Ziel der 100 %igen Einschulungsquote nicht erreicht. Noch immer kommen – besonders in den schnell wachsenden Städten – viele Kinder erst mit über 7 Jahren in die Schule. Schätzwerten zufolge besuchen etwa 85 % der Kinder im schulfähigen Alter eine Schule, wobei der Anteil der Jungen etwas größer ist. In den Städten absolviert die Mehrzahl der Kinder die 7. Klasse. In ländlichen Regionen besucht dagegen rund die Hälfte der Kinder die Schule nur bis zur 4. Klasse. 1966 wurde in Lusaka die erste Universität von Sambia eröffnet, 1980 folgte die Copperbelt-Universität in Kitwe.

Zur Unabhängigkeit hatte Sambias schwarze Bevölkerung keine 100 Bürger mit Uni-Abschluss

Sambias intensive Bemühungen um die Verbesserung der Schulbildung

Im Vergleich hat Sambia heute mit rund 22 % deutlich weniger Analphabeten als der gesamtafrikanische Durchschnitt.

Für den Besuch der Grundschule, Primary School, besteht in Sambia offizielle **Schulpflicht**. Sie umfasst die 1. bis zur 7. Klasse (Grade 1 bis 7). Es gibt etwa 4000 Grundschulen im ganzen Land, das Netz wird auch in ländlichen Gebieten kontinuierlich ausgeweitet.

Die weiterführende Schule, Secondary School, umfasst die 8. bis zur 12. Klasse. Ihr Besuch ist freiwillig, für viele aber unerschwinglich, da diese Schulen nur in größeren Zentren zu finden sind, und Schüler deshalb häufig auswärts leben müssen. Doch nur wer auch die 12. Klasse erfolgreich abgeschlossen hat, darf ein Studium oder eine Lehrausbildung beginnen. Abgänger ohne einen Abschluss der Secondary School finden später nur eine Arbeit im traditionell landwirtschaftlichen Bereich (sie werden Bauer oder Köhler) oder als ungelernte Hilfsarbeiter.

Schon gewusst?
20 % aller Lehrer seien "Ghost Worker", also seit Jahren tot, aber irgend jemand kassiert weiterhin das Lehrergehalt (entdeckte die Taeching Service Commission laut Sunday Times of Zambia, 09.11.03)

Die afrikanischen Tragödie

Während der Rest der Welt die Seuche **Aids** einigermaßen im Griff hat, breitet sie sich in Afrika katastrophal aus. Und gerade hier mangelt es an finanzieller Hilfe und engagierter Aufklärung. Die afrikanischen Regierungen überlassen das Feld internationalen Hilfsorganisationen. Für Aids-Initiativen werden in Afrika pro Jahr rund 165 Millionen US-Dollar ausgegeben. Aber nur 15 Mio. US$ kommen von afrikanischen Regierungen und davon wiederum die Hälfte aus Uganda, dem bisher einzigen Land Afrikas mit beherztem Regierungsengagement.

Nach WHO-Berechnungen wird die Lebenserwartung im südlichen Afrika innerhalb der nächsten Jahre um ein Viertel herabsinken.

Aids in Sambia

Wie viele Länder Afrikas leidet auch Sambia unter der erschreckenden Ausbreitung von Aids. Es laufen unermüdlich Programme zur Aufklärung der Gesamtbevölkerung. Da stehen große Mahnschilder an Straßen, Plakate in öffentlichen Gebäuden und es werden Kondome verteilt (die manchmal von den Kindern als Luftballone zweckentfremdet werden). Vermutungen zufolge sind heute über 20 % der 15-49-Jährigen HIV-positiv, ebenso 40 % der Blutspender, jede vierte Schwangere und 70 % aller neu eingelieferten Tuberkulosepatienten. 60 % aller Neuinfizierungen passieren bei den 15-24-Jährigen. Junge Mädchen haben ein fünfmal höheres Risiko, sich mit Aids/HIV zu infizieren, als Buben. Ein Drittel aller Kinder hat heute schon mindestens ein Elternteil durch Aids verloren. Bis 2010 werden 1,6 Mio. Sambier an Aids-bedingten Krankheiten sterben.

Die Abschlussprüfungen am Ende der 7. und 12. Klasse dürfen bei Nichtbestehen einmal wiederholt werden. Ein Schuljahr besteht aus drei Blöcken ("Terms") zu je drei Schulmonaten, die jeweils von einem Ferienmonat unterbrochen sind. Es besteht Schuluniformpflicht (inklusive der Schuhe und Socken), was für viele Familien eine enorme finanzielle Belastung darstellt. Aussehen und Farbe der Schuluniform werden jeweils von der Schulverwaltung ausgewählt.

Es handelt sich immer um **Ganztagsschulen** mit häufig sehr langem Tagesablauf. In vielen Grundschulen müssen die Kinder bereits um sechs Uhr morgens anwesend sein. Die erste Stunde wird gemeinsam unter Lehreraufsicht der Schulhof gefegt und von Unkraut befreit. Um sieben Uhr beginnt nach dem Appell der Schulunterricht. Nach einer kurzen Mittagspause geht es häufig bis spät nachmittags weiter. Die Schulklassen bestehen aus bis zu 40 Kindern. Für viele Kinder auf dem Lande bedeutet die Schule eine harte und entbehrungsreiche Zeit. Manche müssen schon um vier Uhr morgens aufstehen, um den langen Weg zur Schule zu laufen und sind erst abends nach Sonnenuntergang zurück. Auch die Aufwendungen der Familien für ein Schulkind sind hoch: Allein die jährlichen **Schulgebühren** belaufen sich auf bis zu 50 Euro, hinzu kommen die Kosten für Schulbücher und die Schuluniform. Auf dem Land fällt gleichzeitig die wichtige Arbeitskraft des Kindes aus. Wenn man sich dann vor Augen führt, dass die meisten Familien 5, 6 oder mehr Kinder haben, so wird nachvollziehbar, welch große Anstrengungen die Familien aufbringen müssen, und warum manchmal nicht alle Kinder zur Schule geschickt werden. Das Bewusstsein für die Notwendigkeit und Bedeutung einer guten Schulausbildung ist in der sambischen Bevölkerung jedoch tief verankert, und die Bereitschaft, in die Ausbildung ihrer Kinder zu investieren, ist deutlich erkennbar. Es existieren auch einige staatliche Fonds zur finanziellen Förderung begabter Schulkinder, doch herrscht darüber weitgehend Unkenntnis in einfachen Bevölkerungskreisen.

Berufliche Weiterbildung

Im Bereich der Erwachsenenbildung wird intensiv in Alphabetisierungskurse und Kurse zur beruflichen Weiterbildung investiert. Dieses Angebot wird von der Bevölkerung stark in Anspruch genommen. Einen verhältnismäßig großen Teil der Interessierten stellen die Frauen (etwa 43 %).

Gesundheitswesen

Seit der Unabhängigkeit hat Sambia große Anstrengungen zur Verbesserung des Gesundheitswesens unternommen. Unter anderem konnten dadurch die Lebenserwartung erhöht und die Kindersterblichkeit gesenkt werden. Ein wichtiges Ziel war und ist die hygienische Aufklärung breiter Bevölkerungsschichten, denn viele Erkrankungen entstehen durch Fehlverhalten oder mangelnde Hygiene. In ländlichen Gebieten gibt es aber nach wie vor Lücken in der medizinischen Versorgung und es herrscht dort vor allem großer Mangel an Medikamenten, wie Antibiotika und Narkosemittel. Zudem sind in den letzen Jahren die finanziellen Aufwendungen der Regierung auch wieder zurückgegangen.

Ein seit den 1980er Jahren erweitertes Schutzimpfprogramm (Extended Programm of Immunisation/EPI) sollte 80 % der Einwohner erfassen. Dabei werden verstärkt Impfungen gegen Masern, Polio und Tetanus eingesetzt. Laut UNICEF haben ca. 92 % der Einjährigen den vollen Impfschutz gegen TBC, 83 % gegen Diphtherie, Pertussis und Tetanus, sowie 80 % gegen Polio und Masern. Auch etwa jede zweite Schwangere hat Tetanusschutz. Im Oktober 1990 brach eine Choleraepidemie aus, bei der über 11 000 Kranke registriert wurden und die zahlreiche Todesopfer forderte. Allgemein wird seit Jahren wieder eine Zunahme der Cholera registriert.

Zu den am häufigsten registrierten Krankheiten zählt die **Malaria** mit weit über einer Million Erkrankungen jährlich. Ungefähr gleich häufig treten Bilharziose-Infektionen auf. Malaria, Masern, Aids und Tuberkulose sind die Haupttodesursachen. Neue Tests erlauben die Annahme, dass Vitamin A + Zink Malaria vorbeugen kann. Im Tropical Deseases Center laufen derzeit Tests mit 2400 Kindern ab 6 Monaten, um diese Vermutung zu belegen.

In Sambia sterben pro Jahr etwa 3000 Säuglinge bei der Geburt oder in den ersten Lebenswochen (allein an Masern bis zu 1000 Kinder und doppelt so viele an Malaria). Bis zu 5000 Kinder pro Jahr sterben an Ernährungsmangelerkrankungen. Die Säuglingssterblichkeit liegt bei 10 %.

Die Gesundheitsversorgung ist in Sambia offiziell kostenlos. Die medizinischen Einrichtungen werden vom Staat, von Industriebetrieben und von kirchlichen Missionen unterhalten. Im Copperbelt gibt es für die Arbeiter im Bergbau besondere Einrichtungen, u. a. 9 Krankenhäuser. Weil Hospitäler oft nicht mit allen notwendigen Medikamenten ausgestattet sind, müssen sich Patienten diese manchmal auf eigene Kosten in Apotheken besorgen. Laut Statistik haben Männer und Frauen beide eine durchschnittliche **Lebenserwartung** von nur 38 Jahren. Das liegt im afrikanischen Mittelbereich, ist aber durch **Aids** innerhalb einer Dekade um 11 Jahre gesunken und wird möglicherweise auf nur mehr 30 Jahre fallen.

Außerdem besteht in Sambia akuter **Ärztemangel**. Die wirtschaftlichen Schwierigkeiten der letzten Jahre führten zu einem deutlichen Absinken der Realeinkommen im Gesundheitswesen und damit zu einer Abwanderung des medizinischen Personals. So arbeiten in Sambia nur noch 50 der rund 600 seit der Unabhängigkeit im Land ausgebildeten Ärzte, alle anderen haben das Land verlassen. Und nur die Hälfte der Landbevölkerung kann überhaupt ein Gesundheitszentrum innerhalb einer Stunde Fahrtzeit erreichen.

Schon gewusst?

Malaria ist wieder auf dem Vormarsch. Wegen der schlechten medizinischen Versorgung stieg die Todesrate der Erkrankten von 10,6 % (1976) auf 51,3 % (2001).

Kindersterblichkeit

Obwohl theoretisch kostenfrei, müssen die Sambier dennoch für viele medizinische Leistungen bezahlen

Ärztemangel

SAMBIA: WIRTSCHAFT

Allgemeines

Reich an Bodenschätzen – arm an Nahrungsmitteln

Als Sambia 1964 unabhängig wurde, sagte man dem jungen Staat nach, mit einem "goldenen Löffel geboren zu sein". Dies galt als Anspielung auf die beachtlichen Erzvorkommen im Copperbelt. Doch Sambias Wirtschaft florierte nur, solange es eine große Nachfrage an Kupfer auf dem Weltmarkt gab. Das Land hatte von jeher alles auf diese eine Karte gesetzt und keine andere Stütze. Die Landwirtschaft war so stark vernachlässigt worden, dass Sambia nicht einmal den eigenen Bedarf decken konnte. Und so stürzte dieses wackelige Gerüst schon sehr bald durch einige vernichtende Entwicklungen zusammen:

- Steigende Förderkosten wegen sinkender Ergiebigkeit
- Die Nachfrage nach Kupfer und anderen Erzen, wie Kobalt und Mangan, ging in den Folgejahrzehnten ständig zurück
- Nahrungsmittelimporte zehrten unnötig an Sambias Devisen

Die Wirtschaft wird sambianisiert

Das klassische Autarkieprinzip als Ideal

Das Land steckt in der Schuldenfalle

Die Regierung des unabhängigen Sambia schlug den Weg in Richtung Verstaatlichungen ein. So kam es 1969 zu 51 % Verstaatlichung im Bergbau, 1970 ebenso viel bei Versicherungen, Banken und einigen Industriefirmen. Den privaten Sektor, besonders den Handel und das Transportgewerbe, versuchte man durch die Verweigerung von Lizenzen an Ausländer zu "sambianisieren". Dabei ist Sambia dennoch nie unabhängig geworden von der finanziellen und politischen Macht der weißen Minderheit. Durch die Kontroversen mit den 'weißen' Nachbarstaaten im Süden wurden Sambias Handelswege stark eingeschnitten. Dem versuchte die Regierung durch den Ausbau der eigenen verarbeitenden Industrie, die Zusammenarbeit mit überseeischen Partnern und eine enge Bindung an Tansania zu begegnen. Doch die Wirtschaftsprobleme verstärkten sich ab Mitte der 1980er Jahre noch, als der Internationale Währungsfonds (IWF) die Kredite wegen der Zahlungsrückstände einfror.

Dabei war der **IWF** sicherlich **nicht unschuldig** an der Misere des Landes: Die durch den IWF ausgelöste starke Abwertung des Kwacha hatte eine Teuerungswelle zur Folge, welche besonders die Stadtbevölkerung an die Existenzgrenze trieb. Durch die Importliberalisierung tauchten gleichzeitig Luxusartikel in den Läden auf, zur Erbitterung der breiten armen Schicht. Ebenso wurden staatliche Subventionen gestrichen, z. B. beim Mais. Diese Maßnahmen lösten einen enormen sozialen Druck aus. Nach Demonstrationen und Streiks zog die Staatsregierung die Subventionsstreichungen beim Mais und später auch beim Benzin zurück. Um das Volk zu beschwichtigen und die innere Krise zu bewältigen, entschloss sich die Regierung zu dem spektakulären Schritt, die Zahlungen an den IWF einzustellen. Bis dato waren rund 6 Milliarden US-Dollar Auslandsschulden aufgelaufen. Der IWF muss sich darum vorwerfen lassen, das Land in eine völlig aussichtslose Schuldensituation getrieben zu haben, obwohl bekannt war, dass Sambia die aufgestellten Kreditbedingungen unmöglich würde einhalten können. Doch eine Besserung hat die Abkehr vom IWF dem Land nicht gebracht. Eine neue Ära brach an: Schwarzmarkt mit Schmuggel und Wucherpreisen.

Bild rechts: Bauern mit traditionellem Holzschlitten in Kalabo, Westsambia

Besonders intensiv wurde zwischen Sambia und der Provinz Shaba in der Republik Kongo geschmuggelt. Dort wurde z. B. für einen Sack Maismehl zehnmal so viel bezahlt wie in Sambia. So verlor das Land Lebensmittel, an denen es selbst Mangel litt.

Erst 1989 näherte sich das Land den Washingtoner Finanzinstituten wieder an. Mit Unterstützung von IWF und Weltbank wurde ein wirtschaftspolitisches **Reformprogramm** ausgearbeitet. Es hatte eine deutliche Senkung von Inflation und Haushaltsdefizit und eine Begrenzung des Bevölkerungszuwachses zum Ziel. 1992 folgte die Wirtschaftsliberalisierung. Viele der damals privatisierten Unternehmen sind heute allerdings nach Misswirtschaft bankrott und aufgelöst, wie z. B. die Ananasfabrik Mwinilunga Cannery. In den 1990er Jahren wurde auch das Problem der alten Auslandsschulden aufgegriffen. Durch die neue Einigung mit der Weltbank wurde die hohe Inflation auf heute ca. 18 % gesenkt.

1999 beschlossen die G7-Staaten eine Entlastungsinitiative für hoch verschuldete, arme Länder, und Ende 2000 einigte man sich darauf, Sambias Schulden um ein Drittel zu kürzen. Beim "Armutsverringerungsplan" des IWF vom Mai 2002 wurde Sambia mit einer Unterstützung in Höhe von 317 Mio. US$ und einer Schuldenhalbierung berücksichtigt. 2005 gab es erneut einen **Schuldenerlass** für die 18 ärmsten Länder. Sambia wurden von seinen 7,1 Milliarden US$ Schulden mehr als die Hälfte – 3,8 Milliarden – erlassen. Für den Ausbau des Tourismus in der Region Livingstone hat Sambia außerdem 28 Mio. US$ von der Weltbank erhalten; deren Rückzahlung soll zwischen 2014 und 2044 erfolgen. Problematisch erscheint, dass Sambia ungebremst ausländisches Wirtschaftskapital ins Land lässt, z. B. aus Südafrika.

Die **SADCC** ist eine 1980 gegründete Konferenz zur Koordinierung der Entwicklung im südlichen Afrika. Neben Sambia und Malawi sind die Mitgliedsstaaten Botswana, Zimbabwe, Namibia, Mosambik, Angola, Lesotho, Swaziland und Tansania. Diese zehn Staaten ersetzten die SADCC im August 1992 durch die Entwicklungsgemeinschaft des südlichen Afrika **SADC**. Die Erfolge beider Organisationen blieben jedoch eher bescheiden. 2000 haben sich 20 afrikanische Staaten zur Einrichtung einer Freihandelszone nach asiatischem Modell zusammengeschlossen. Der Aufbau der **COMESA** und die Umsetzung der Zollvereinfachungen sind aber noch nicht abgeschlossen.

Sambias **Haupthandelspartner** sind Großbritannien, Südafrika, Deutschland, Italien, Holland, Malawi, Zimbabwe, die Republik Kongo und China. Als neue Exportartikel werden frische Früchte, Blumen, Halbedelsteine, Textilien und Holzprodukte angesehen. Potentielle Wachstumsmärkte sieht man im Tourismus und in der Landwirtschaft.

Sambier am Rande des Existenzminimums

Sambias Lebenshaltungskosten explodieren seit Jahren, während große Teile der Bevölkerung kaum Zugang zu Bargeld haben. Doch selbst Städter, die als Dienstboten oder Arbeiter eine Anstellung gefunden haben, leben oft in **bitterer Armut**. Der Monatslohn für Lehrer und Beamte, wie Polizisten, beträgt z. B. nur rund 45 bis 65 Euro; Wachmänner und Hausangestellte verdienen sogar nur 15 bis 40 Euro – **pro Tag 1 Euro**! Der errechnete durchschnittliche Monatsbedarf für eine sechsköpfige Familie liegt jedoch allein für Lebensmittel, Seife und Kohle bei 90 Euro. Darin sind noch keine Wohnkosten, Arzneimittel, Bekleidung, Schulgebühren und Transportkosten berücksichtigt. Bis zu 86 % der Sambier leben daher unter der Armutsgrenze.

Tsetsefliegen-Bekämpfung

Im tropischen Afrika sind zweierlei Arten der Tsetsefliege verbreitet (*Glossina morsitans morsitans* und *Glossina pallidipes*), die während ihrer ein- bis zweimonatigen Lebenszeit alle paar Tage mehr als das eigene Körpergewicht an fremdem Blut saugen. Die Überträger schwerer Krankheiten (Schlafkrankheit bei Menschen und Naganaseuche bei Nutztieren) finden ihre Opfer auf visuellem Wege (dunkle Farben, Bewegung).

Seit Beginn der Kolonialzeit wurden große Anstrengungen unternommen, den Biestern Herr zu werden. In den 1960er Jahren sagte man den Plagegeistern mit chemischen Mitteln den Kampf an und spritzte weitflächig Dieldrin, DDT und Endosulphan. Zwar vernichteten die Insektizide die Tsetsefliegen, doch gleichzeitig auch Vögel, Reptilien und kleine Säugetiere. Dieser massive Rundumschlag konnte nicht die Lösung sein.

Der Durchbruch im Kampf gegen das Insekt gelang im Mai 1981 auf einer kleinen Insel im Karibasee bei einem Feldversuch. Der zimbabwische Forscher Dr. Vale und sein Team hatten eine völlig neue Art der Bekämpfung entwickelt: Schwarzblaue Stoffe, an beweglichen Metallrahmen befestigt, werden mit einem Insektizid imprägniert. An dem Rahmengestell hängt eine Flasche mit einer Acetonlösung, die einen Lockduft ausströmt. Geruch und Bewegung des Netzes locken die Fliegen an, und sobald sie auf dem Stoff landen, kommen sie mit dem tödlichen Insektizid in Kontakt. In vielen Gebieten konnten die Tsetsefliegen mit dieser wirksamen, billigen und ökologisch vertretbaren Lösung völlig ausgerottet werden.

Landwirtschaft

80 % der Sambianer haben ihre Existenzgrundlage in der Landwirtschaft, tragen dabei aber weniger als 20 % zum Bruttoinlandsprodukt bei. Das liegt vor allem an der hohen Anzahl an Kleinbetrieben, die mit rückständigen Methoden für den eigenen Bedarf produzieren (Subsistenzwirtschaft). Man unterscheidet drei Produktionsformen:

· **Kommerzielle Großunternehmen**, die häufig von Ausländern geführt werden und meist nahe der Bahnlinien angesiedelt sind. Hier werden Ackerbau und Viehwirtschaft intensiv betrieben.
· Sogenannte *Emergent Farmers*, **Kleinbauern**, die regelmäßig einen beträchtlichen Teil ihrer Produktion verkaufen. Häufig handelt es sich hierbei um Bauerngemeinschaften und Genossenschaften.
· Ein sehr großer Teil der Bevölkerung lebt als **Subsistenzbauern** von den geringen Erträgen ihrer primitiven Agrarwirtschaft. Es wird häufig Brandrodungs- und Wanderfeldbau betrieben. Die Produktivität ist meist so gering, dass die zusätzliche Lohnarbeit eines oder mehrerer Familienmitglieder erforderlich ist. Etwa 40–60 % der Männer sind zumindest zeitweise Lohnarbeiter. Die reine Subsistenz ist selten geworden, da die Familien heute Bargeld benötigen, welches sie durch den Verkauf eines Teils der Ernte erwirtschaften.

Durch die jahrzehntelange Vernachlässigung der Landwirtschaft zugunsten des Kupferbergbaus hat sich Sambia bislang nicht selbst versorgen können. Verschiedene Entwicklungsprojekte sollten diese Situation verbessern, deren Erfolge mäßig blieben. Ursachen dafür waren u. a. eine verfehlte Preispolitik, der Mangel an Fachkräften, Fehlplanungen und Transportprobleme. Dabei soll der Ausbau der Landwirtschaft neben der erhofften Grundnahrungsmittel-Selbstversorgung auch zur Diversifizierung der Wirtschaft beitragen und das starke Stadt-Land-Gefälle bei den Einkommensverhältnissen mildern. Die Dürre im südlichen Afrika im Jahre 2002 hatte fatale Folgen. Sambia benötigte dringend internationale Lebensmittelhilfen. Doch von 2004 bis 2008 boomte die Landwirtschaft, nicht zuletzt dank der rund 300 weißen, ehemaligen Zimbabwe-Farmer, die hier ein neues Zuhause gefunden haben. Seither exportiert Sambia nach Jahrzehnten der Unterversorgung sogar Mais (2007 lagerten 1,8 Tonnen Mais in Sambia).

Bodennutzungssysteme

· Chitemene-Brandrodung

Dieses Brandrodungssystem wird hauptsächlich im Norden und Nordwesten Sambias auf mageren Böden praktiziert. Dabei wird ein Stück Land abgeholzt und anschließend abgebrannt. Die Asche bleibt als Dünger zurück. Es wird entweder direkt in die Asche oder mit einem Pflanzstock gesät. Nach ein bis zwei Ernten ist der Boden erschöpft und muss für bis zu 25 Jahre brach liegen, ehe er erneut nutzbar wird. Dieses ökologisch sehr bedenkliche System ist selbstverständlich nur bei einer sehr dünnen Bevölkerungsdichte möglich. Bei hohem Bevölkerungsdruck erfolgt heute dagegen häufig bereits nach 7 Jahren Brache der erneute Anbau, was den Boden dauerhaft schädigt und die Ernteerträge kontinuierlich schmälert.

· Hack- und Pflugkultur

Dies ist die klassische Anbaumethode in den Ost-, Zentral- und Südprovinzen Sambias, wo fruchtbare Böden eine intensive Bearbeitung mit Hacke oder Ochsenpflug ermöglichen. Es wird das Prinzip der Fruchtfolge angewandt. Auf eine fünf- bis sechsjährige Kultivierungsperiode folgt eine gleich lange Brache.

Forstwirtschaft

Ca. 40 % der Landesfläche sind Wälder, der größte Teil davon Miombo-Waldlandschaften. Dennoch werden diese Reserven durch Brandrodung und Abholzung für die Holzkohleproduktion stark dezimiert. Sambia verliert jährlich 0,5 % seines Waldes. Über 90 % des abgeschlagenen Holzes werden als Brennholz oder zur Holzkohleherstellung verwendet. Jährlich werden 1 Mio. Tonnen Holzkohle produziert. In Anbetracht der ständig wachsenden Bevölkerungszahlen richten diese Praktiken große Schäden an. Weitere Ursachen des Waldverlustes sind das Chitemene-Brandrodungssystem, die Überweidung mancher Regionen sowie zahlreiche Busch- und **Waldbrände** während der Trockenzeit. Bei einem Buschbrand in den trockensten Monaten sterben bis zu drei Viertel aller Bäume bis 3 m Höhe ab. Ziel der Entwicklungsplaner ist deshalb eine drastische Reduzierung der Abholzung. Ungefähr ein Zehntel des Landes stehen unter Forest Management. Der größte Teil der Projekte sind Aufforstungsprogramme, um einen schnell wachsenden Nachschub an Nutzhölzern zu sichern. Der kleinere Teil sind Schutzprogramme für die Frischwasserversorgung und zum Schutz vor Erosion. Im Copperbelt entstanden z. B. Wiederaufforstungsprogramme mit schnell wachsenden Eukalyptusbäumen und Nadelhölzern. Die starke Abholzung zieht außerdem Probleme der Erosion und Versandung nach sich.

Hauptsächlich zur Gewinnung von Brennstoff wird in Sambia Holz geschlagen

Schon gewusst?
Im Südwesten bei Mulobezi wurden zur Kolonialzeit riesige Mengen an Edelhölzern der Rhodesian-Taek-Wälder abgeholzt und dazu eigens eine Bahnstrecke verlegt

Fischerei

In Sambias zahlreichen Gewässern gewähren umfangreiche Fischbestände eine wichtige Proteinquelle in der ansonsten recht einseitigen Ernährung der Bevölkerung. Über 150 verschiedene Fische werden gefischt, vorwiegend Tigerfische, Katzenfische und Barsche. Sehr typisch sind auch die Kleinfische Kapenta, eine Sardinenart, die an der Luft getrocknet werden, und besonders stark im Karibasee verbreitet sind. Man schätzt, dass in Sambia über 250 000 Arbeitsplätze direkt oder indirekt durch die Nutzfischerei geschaffen wurden. Besonders intensiv werden der Kariba-, Mweru- und Tanganjikasee abgefischt.

Bild links oben: Holzköhler auf dem Weg zum Markt

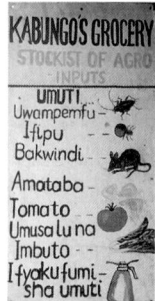

Viehwirtschaft

Viehzucht findet vorwiegend im kleinen Stil für den eigenen Bedarf statt. In den Dörfern werden Rinder, Ziegen und Hühner gehalten. Die Schweinezucht konzentriert sich in Sambia auf den Bereich entlang der Bahnlinien, ferner existieren in der Ostprovinz größere Schweinebestände für den lokalen Bedarf. Kommerzielle Rinderzuchtfarmen liegen vor allem im Copperbelt und der Zentralprovinz. Die einheimische Bevölkerung verzehrt verhältnismäßig wenig Fleisch. Rinder gelten als Prestigeobjekt und dienen vor allem zur Milchversorgung. Bei landesweiten Erhebungen werden durchschnittlich 2,6 Mio. Rinder, 180 000 Schweine, 420 000 Ziegen, 80 000 Schafe, 2000 Esel und etwa 15 Mio. Hühner ermittelt.

Bergbau

Im Copperbelt liegen 6 % aller Kupfervorkommen der Welt

Der Kupferabbau im Copperbelt stellte Sambias wichtigsten Wirtschaftszweig der vergangenen Jahrzehnte dar. 6 % der Weltvorkommen an Kupfer befinden sich im Copperbelt auf nur etwa 50 x 110 km. Bei der Verhüttung des Kupfererzes fällt als Nebenprodukt Kobalt an, daneben Kadmium, Silber und Selen. Weitere Produkte des Bergbaus sind Kohle, Blei, Zink, Pyrit, Flussspat, Gips, Edel- und Halbedelsteine.

Schon lange vor Ankunft der Weißen wurde in Nordsambia Kupfer gewonnen. Bislang war das Kupfer von der Oberfläche aufgelesen worden. Als die ersten Prospektoren eintrafen, konzentrierten sie sich zunächst auch gar nicht auf diese Erze. Alle hofften auf Goldfunde wie in Südafrika. Als die Suche erfolglos blieb, untersuchte man ab 1900 die Region auf andere Metalle. 1902 wurden die Blei- und Zinkvorkommen von Kabwe entdeckt, man baute die Bahnlinie sogleich von Süden herauf bis Kabwe und begann 1906 mit dem Untertagebergbau in der *Broken Hill Mine*. Danach wurden zunächst die Kupfervorkommen in der Provinz Katanga/Kongo erschlossen. 1909 verlängerte man deshalb die Bahnlinie bis Katanga. Ab 1922 widmete man sich intensiv dem heutigen Copperbelt. Am Westrand des Copperbelt wurde Uranerz entdeckt, Smaragdvorkommen existieren südlich von Kalulushi. Die ersten Minen entstanden dort 1927–1930.

Das Auf und Ab des sambischen Bergbaus

Der 2. Weltkrieg steigerte den Bedarf an Rohmetallen und der Bergbau florierte wieder bis zum Kupferpreisverfall 1975. Die sambische Regierung übernahm 1969 eine Mehrheit von 51 % im Kupferbergbau. Technische Schlüsselfunktionen lagen aber weiterhin bei den großen ausländischen Konzernen, wie *Anglo-American* und *Oppenheimer Trust*.

Düstere Prognosen und neue Erfolgsmeldungen

Bild oben: Verkaufsschild für Insektizide in Mporokoso

Die Situation für den sambischen Bergbau war auch danach keineswegs rosig: Der Weltbedarf sank von Jahr zu Jahr. Die Produktionskosten waren zu hoch, die technische Ausrüstung schlecht, nicht auf modernstem Stand und manche Vorkommen waren bereits erschöpft. So drohte einigen Minen trotz ihrer Privatisierung im Jahr 2000 und dem damit einher gehenden Anstieg der Kupfer- und Kobaltproduktion die Schließung. Doch 2004 wendete sich das Blatt: Der Kupferpreis stieg um mehr als 50 % und die sambischen Minen liefen bis 2008 auf Hochtouren (über 500 000 Tonnen Produktion/Jahr). Jedoch stehen die Prognosen für das Jahr 2009 schlecht, denn die Weltwirtschaftskrise ließ den Kupferpreis in den Keller stürzen.

Industrie & Handel

Sambias Wirtschaft schlägt sich immer noch mit den Hemmnissen und Versäumnissen der sozialistischen Ära herum. Erst seit dem Regierungswechsel 1991 öffnet sich das Land konsequenter den ausländischen Investoren, um die desolate Wirtschaft aufzurichten. Die sambische Industrie konzentriert sich nun auch stärker auf ihre Exportmöglichkeiten, obwohl hierbei die bekannten Wirtschaftsprobleme hemmend wirken. Der Staat versucht, sich von der Monostruktur beim Export zu lösen. Während bis Mitte der 1980er Jahre Kupfer rund 97 % des Exports ausmachte, konnte dieser Anteil inzwischen auf unter 70 % gesenkt werden. In gleichem Maße nehmen das Kleingewerbe, Transportwesen und der Tourismus zu.

Die EU als Vorbild

Im Juli 2001 haben knapp 40 Staaten Afrikas in Lusaka die Eckpunkte zur Gründung einer **Afrikanischen Union** (AU) nach EU-Vorbild beschlossen. Amara Essy, der Ex-Außenminister der Elfenbeinküste, wurde zum ersten Generalsekretär ernannt. Ziele der AU sind eine Zentralbank, ein gemeinsamer Gerichtshof, eine Exekutiv-Kommission sowie ein eigenes Parlament.

Wasser & Energie

Sambia besitzt fast **45 % der gesamten Wasserressourcen im südlichen Afrika** und verfügt somit über ausreichend Grund- und Regenwasser. Durch Dämme werden enorme Wassermengen gespeichert und zur Energieerzeugung genutzt. Dennoch kämpft das Land mit verschiedenen Problemen bei der Wasserversorgung. Die Wasserqualität und der Zugang zu frischem Trinkwasser sind dringende Probleme auf dem Lande. Direkt aus den Flüssen, Seen und Sümpfen bezieht etwa die Hälfte der Landbevölkerung ihr Trinkwasser, nur 40 % aus Tiefbrunnen und 10 % aus Fernleitungen. Manche der Flüsse, wie z. B. der Kafue, der den Industriegürtel Copperbelt durchfließt, weisen eine hohe Schadstoffbelastung auf.

Fast die Hälfte aller Wasserreserven im südlichen Afrika liegen in Sambia

Sambias wichtigster Energieträger ist die Wasserkraft. Das größte Kraftwerk ist in Siavonga am aufgestauten Karibasee, einem Gemeinschaftsunternehmen mit Zimbabwe. Im Copperbelt gibt es Wärmekraftwerke zur Entwässerung der Minen. Die Kupferminen verbrauchen drei Viertel der Wasserkraftenergie des Landes. Seit 1978 produziert Sambia genug Elektrizität, um diese nach Zimbabwe und in den Kongo zu exportieren. Das Kafue-Gorge-Kraftwerk erzeugt mit 900 MW über die Hälfte der Elektrizität. In Dürrejahren kommt es jedoch wegen des niedrigen Wasserpegels in den Stauseen regelmäßig zu Engpässen bei der Stromversorgung. Sambia kann sich mit den Energiequellen Wasserkraft, Kohle, Feuerholz und Holzkohle selbst versorgen, Rohöl muss dagegen importiert werden. Das Öl wird über die Pipeline von Dar-es-Salaam nach Ndola gebracht und dort in der Raffinerie verarbeitet. Die Kohlegruben Sambias befinden sich bei Maamba am Karibasee. Ziel der Regierung ist es, das Land vom Öl unabhängig zu machen und den enormen Holzverbrauch für das Heizen und Kochen zu senken, denn etwa ein Viertel der städtischen und 90 % der ländlichen Haushalte verwenden Holzkohle zur Energiegewinnung. Bei der Gesamt-Elektrizitätserzeugung im südlichen Afrika steht Sambia mit knapp 6 % nach Südafrika (85 %) an zweiter Stelle.

Kraftwerke am Kafue und Sambesi (Karibasee)

Schon gewusst?
Drei Viertel des Landes entwässert zum Sambesi hin, der Nordosten dagegen über Chambeshi und Luapula zum Kongo hin

Verkehr & Transport

Straßennetz

Das Land ist verkehrstechnisch relativ gut erschlossen, wobei die Straßen oftmals in schlechtem Zustand sind. Das **Straßennetz** umfasst mehr als 39 700 km, davon ist allerdings nur ein kleinerer Teil (etwa 7300 km) geteert. Es werden große Anstrengungen unternommen, die Hauptstraßen zu asphaltieren und die Regionalstraßen auszubauen. Dazu werden alljährlich vom National Roads Board Straßenabschnitte ausgewählt und, zumeist mit finanzieller Unterstützung aus dem Ausland, ausgebaut bzw. repariert. Im Jahr 2003 entstanden so mit deutscher Finanzierung der Ausbau der Fernverbindungsstraße Livingstone-Sesheke/Katima Mulilo und der Bau der Brücke über den Sambesi.

Pkw und Lkw

Auf 1000 Bewohner kommen in Sambia 15 zugelassene Autos. Der Güter- und Personenverkehr wird neuerdings über private Transportunternehmen, die meist effizienter arbeiten als die ehemaligen teilstaatlichen Unternehmen UBZ und CHL, abgewickelt. Aufgrund des Ersatzteilmangels sind Kraftfahrzeuge häufig nicht einsatzbereit. Dies führt wiederum zu Transportverzögerungen und Verlusten im Agrarbereich.

Eine besondere Stellung nimmt die **Bahn** ein. 85 % der Importe und 90 % aller Exporte werden mit der Eisenbahn transportiert. Gleichzeitig leidet die Bahn unter chronischem Mangel an Lokomotiven und Waggons. Die sambisch-tansanische Eisenbahngesellschaft TAZARA koppelte 1990 ihre Tarife an den US-Dollar. Das Schienennetz umfasst ca. 2200 km.

Sambia verfügt über vier internationale **Flughäfen** in Lusaka, Livingstone, Ndola und Mfuwe. Daneben existieren in größeren Städten und an wichtigen Punkten 108 Inlandflughäfen. Nach dem Bankrott von Zambia Airways 1994 bildeten sich mehrere kleine, teilweise private Carrier, wie Zambian Airways und Stabo Air Charters.

Schon gewusst?

Das malawische Bahnnetz soll von Mchinji nach Chipata verlängert werden, um Sambia den Zugang zum Indischen Ozean zu gewähren (Nacala Corridor in Mosambik)

Naturschutz & Wildlife Management

Schon im Lozi-Königreich gab es eine Art Naturschutzgesetz

Bis zur Ankunft der Europäer gab es im Gebiet des heutigen Sambia unermessliche Wildtierherden. Seit uralten Zeiten existierte der Elfenbeinhandel, dennoch überlebten hunderttausende Elefanten in der Region. Das Königreich Lozi im Barotseland kannte bereits ein traditionelles Gesetz zur Regulierung des Wildtierbestandes. Doch mit der Besiedlung durch die Weißen setzte bis Ende des 19. Jh. bereits eine so alarmierende Dezimierung ein, dass sich die Kolonialverwaltung – seinerzeit die BSAC – zu Anfang des 20. Jh. zu einer **Jagdregulierung** entschloss. Auf diese Weise entstanden die ersten Wildreservate, wobei diese Schutzgebiete damals ausschließlich der Jagd dienten. Daneben wurden 1935 spezielle Elefantenjäger engagiert, um marodierende, die Bevölkerung bedrohende Elefanten zu schießen. Durch den Schutz der Reservate konnte sich der Wildbestand deutlich erholen. Im Luangwatal waren um 1900 die Elefanten fast ausgestorben, doch 70 Jahre später lebten dort wieder 100 000 Elefanten und mehrere Tausend Nashörner. Im Laufe der Jahre haben sich die Jagdsafaris zu Fotosafaris und Walking Safaris gewandelt. 1950 erklärte man das Kafue-Reservat zum ersten Nationalpark Sambias, und in den 1970er Jahren wurden zahlreiche weitere Reservate in Nationalparks umbenannt.

Der Forscher Captain Pitman stellte 1925 fest, dass 75% des Wildbestandes bereits im ersten Quartal des 20. Jh. verschwunden waren

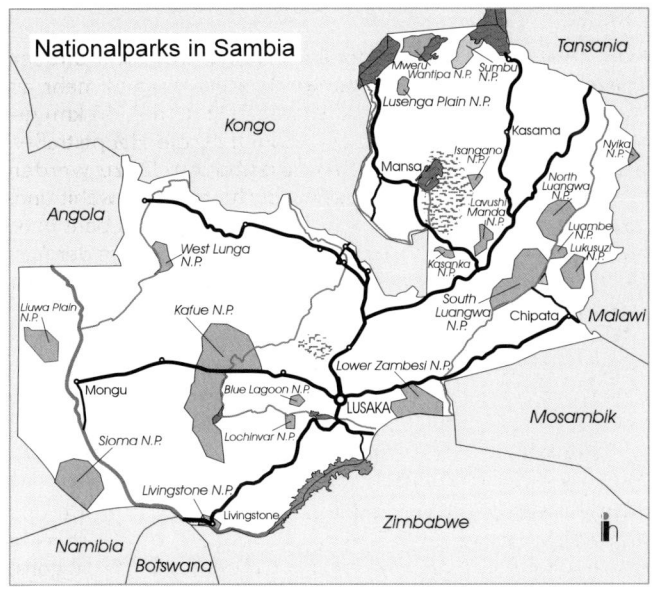

Nationalparks in Sambia

Etwa um diese Zeit begann eine unglaubliche Ausweitung der Wilderei. Durch Sambias Unterstützung der nachbarschaftlichen Unabhängigkeitskämpfer kam es zu einem gehäuften Auftreten von Schusswaffen im Lande. Die **Wilderei** im großen Stil wurde möglich, internationale Absatzmärkte waren da, der Handel florierte und brachte Geld. Korruption und Unvermögen der Regierung, zudem das Abschieben jeglicher Verantwortung, unterstützten diese dramatische Entwicklung. In nur zehn Jahren wurden bis zu 80 % des bestehenden Wildbestandes ausgerottet. Heute leben in Sambia nur noch 25 000 Elefanten, das Schwarze Nashorn wurde ausgerottet.

Die maßlose Wilderei der 1970er Jahre und ihre verheerenden Folgen für den Wildbestand

Erfreulicherweise ist in den letzten Jahren viel gegen die Wilderei unternommen worden, das Wild kann sich durch gezielten Schutz in einigen Regionen bereits wieder gut erholen. 42 Tierarten stehen heute in Sambia unter strengem Schutz. Da sich die natürliche Umgebung der Schutzzonen wenig veränderte und die Tiere ihre alten Lebensbedingungen vorfinden, hat Sambia eine reelle Chance auf erneute Wildzuwächse.

8 % der Landesfläche stehen in Sambia als Nationalparks unter Schutz, dies entspricht fast der Fläche von Holland und Belgien zusammen. Die 19 Nationalparks werden durch den staatlichen "Zambia Wildlife Authority Board", ZAWA, verwaltet. Um die Nationalparks liegen große Flächen sog. "Game Management Areas", GMAs, die als Pufferzonen fungieren. Alle diese **Schutzzonen** (19 Parks und 31 GMAs) zusammen stellen fast 30 % der Landesfläche. In den GMAs dürfen Menschen leben und kontrollierten Abbau der natürlichen Ressourcen betreiben. In zahlreichen Game Management Areas werden außerdem Jagdsafaris genehmigt, deren Einnahmen nach dem ADMADE-Programm (Administrative Management Design for Game Management Areas) teilweise den örtlichen Dorfgemeinschaften

Schon gewusst?
Die königlichen Jagdgebiete Nsefu und Luambe waren die ersten Wildschutzzonen, in denen Besucher die Tierwelt nur besichtigen durften, anstatt sie zu bejagen

45

*Bild oben:
Wildhüter-
Kontrollposten
vor dem
Sioma Ngwezi
Nationalpark*

zugute kommen sollen: Offiziell fließen die Einnahmen durch die kommerzielle Jagd zu 35 % in die ansässigen Gemeinden, 25 % der ZAWA und 40 % der Regierung zu. Dieses Modell knüpft, wie auch die Wetlands-Programme des WWF, an das CAMPFIRE-Programm Zimbabwes an, bleibt aber im Vergleich weit hinter den einstigen Erfolgen des Nachbarstaates zurück.

1998 wurde ein 6 Mio. US$-Projekt ins Leben gerufen zur Umstrukturierung und Neuorganisierung der Nationalparkverwaltung, zur Verbesserung der Wilderei-Bekämpfung und zum Ausbau touristischer Nutzungsmöglichkeiten. Doch von der Idee zur Umsetzung ist es ein weiter Weg. So durfte 2001 und 2002 gar keine Jagd betrieben werden, weil sich die ZAWA nicht über die Lizenzvergabe einigen konnte. Damit fielen hohe Einnahmen aus und die Wilderei in den abgelegenen Gebieten nahm erschreckende Ausmaße an. Gerade diese aktuelle Zunahme der Wilderei liefert den Befürwortern der kontrollierten Jagd Argumente. Das Beispiel scheint ihnen hier Recht zu geben.

Eine neue Chance für den Schutz des Wildbestands ist die Neuorientierung zahlreicher Farmer im südlichen Afrika. In der ganzen Region nimmt seit Jahren sprunghaft das so genannte **Game Farming**, die Wildtierzucht zur kommerziellen Nutzung, zu (i. d. R. Antilopen, wie Kudus, Elen, Impalas).

Eine Kontrolle der Nationalparks ist schwierig, und viele der Parks existieren nur auf der Landkarte. Es führen keine Straßen hindurch, es wird gewildert, und man sagt, in manchen Parks leben mehr Menschen als Wildtiere. Viele der GMAs waren früher von Tsetsefliegen verseucht und daher nicht als menschlicher Lebensraum geeignet. Der große Erfolg der Tsetse-Kampagnen führte zu einem Ansturm auf die bisher unbewohnten Gebiete (s. S. 40). Zwangsläufige Folgen dieser Entwicklung sind die massive Abholzung alter Wälder, die Dezimierung des Wildbestands durch Wilderei und die deutliche Einengung des Lebensraums für die Wildtiere.

*Tsetsefliegen
bewahren
indirekt den
Erhalt der
ursprünglichen
Natur und
Tierwelt*

In den lokalen sambischen Sprachen werden die Begriffe 'das Wild' und 'das Fleisch' sprachlich nicht unterschieden, wie z. B. in Njanja, wo beides 'Nyama' heißt. Ebenso existiert keine sprachliche Unterscheidung zwischen einem Wilderer und einem Jäger. Dies zeigt, wie fremdartig moderne Naturschutzpolitik für die Menschen oftmals ist.

*Stiehlt sich
die ZAWA
aus der Ver-
antwortung?*

2008 wurden Pläne der ZAWA bekannt, einzelne Sektoren der Nationalparks zu privatisieren. Betroffen sind z. B. der Kafue NP, West Lunga NP, Blue Lagoon NP und die Parks im Luangwatal. Die privaten "Partner" von ZAWA seien dann auch für den Tierbestand sowie Schutz und Pflege desselben verantwortlich.

Tourismus

Sambia verfügt über ein großes Potenzial an touristischen Attraktionen. Als ausbaufähiger, devisenbringender Wirtschaftssektor steigt die Bedeutung des Tourismus von Jahr zu Jahr. Verglichen mit den Ländern südlich des Sambesi steckt der Tourismus in Sambia aber immer noch in den Kinderschuhen. Die Probleme beim Ausbau der Reisebranche sind u. a. die noch unzureichende Infrastruktur im Lande, das im Vergleich zu den meisten Nachbarländern hohe Preisleistungsverhältnis, die kurze touristische Saison und ein niedriger Bekanntheitsgrad. Dagegen stehen großartige Attraktionen wie die Viktoriafälle, einige fantastische Nationalparks und viele authentische, unverdorbene Begegnungen mit noch nach alten Traditionen lebenden Menschen. Sambia bietet ein vielseitiges Angebot, das auf aktive Individualtouristen abzielt (Wandersafaris, Kanufahrten, Wildwasserfahrten). Das Land wirbt mit dem passenden Slogan 'Zambia – The Real Africa'. Als touristischer Spätentwickler lernt Sambia aus den Fehlern der Nachbarstaaten. Es hat sich das Ziel gesetzt, anstelle von Quantität auf Qualität, Originalität und echte Wildnis zu bauen. Sambia ist und wird auch künftig kein Massenziel, sondern bleibt vielmehr ein Juwel für Afrikakenner und -freunde.

Die totale Sonnenfinsternis am 21.06.01 bescherte Sambia 20 000 zusätzliche Besucher aus aller Welt. Im Jahr 2004 haben Livingstone und Mfuwe/South Luangwa NP ein Besucherplus von jeweils 40-45 % erreicht. Auch das "Visit Zambia 2005 Year" zur 100-Jahr-Feier Livingstones brachte weitere Zuwächse im Tourismus. Die durchschnittliche Auslastung der Hotels und Lodges in Zambia liegt in der Hochsaison bei 60-65 %. Einen Anteil am touristischen Aufschwung Zambias, der seit einigen Jahren regelmäßig um rund 6 % zulegt, hat allerdings auch die Krise im Nachbarland Zimbabwe, wohin zuvor der Großteil aller Viktoria-Falls-Touristen reiste. Zambia konnte bei der jüngsten Erhebung im Jahr 2007 mehr als 805 000 Touristen und Besucher zählen; aus Deutschland kamen davon aber nur 2-3 %.

Bild oben:
Tonga-Kinder verkaufen Obst und Schmalzgebäck auf einem Campingplatz;
Bild unten:
Touristenboom zur Sonnenfinsternis 2001:
Solar-Eclipse-T-Shirts waren der große Renner!

Malawis Geschichte vor Ankunft der Weißen

Ausgrabungen belegen, dass die Ufer des Malawisees bereits seit Jahrtausenden bewohnt werden. Der bemerkenswerteste Fund gelang 1993 bei Karonga, als man Knochen des *Homo Rudolfensis*, der vor über 2 Mio. Jahren gelebt hat, entdeckte.

Buschmänner und Pygmäen

Die nächsten Spuren liegen etwa 10 000 Jahre zurück und stammen aus der frühen Steinzeit. Man vermutet, dass das Gebiet des heutigen Malawi zuerst von nomadisierenden Buschleuten besiedelt war, die aus Ostafrika eingewandert waren. Auch von Pygmäen-Buschleuten aus dem Kongobecken ist die Rede, die vereinzelt bei Mulanje bis in das vorletzte Jahrhundert überlebt haben sollen. Vor rund 2000 Jahren drangen die ersten **Bantu-Gruppen** vermutlich aus dem heutigen Kongo und Angola in die Region vor und lebten mit den ansässigen Buschleuten in Koexistenz. Sie waren Ackerbauern, hielten Vieh und kannten bereits die Eisenverarbeitung. Im Laufe der Jahrhunderte verstärkte sich die Überlegenheit der Bantu und allmählich wurden die Buschleute assimiliert oder verdrängt.

Das Reich Maravi

Etwa im 13. Jh. trafen von Norden und Westen neue Bantu-Volksgruppen ein, die als die Vorfahren der heutigen Volksstämme gelten. Sie zerfielen in verschiedene Gruppen und gründeten u. a. das Reich *Maravi*. Das Wort bedeutet "widerspiegelndes Licht" und spielt vermutlich auf die Sonnenspiegelung im Malawisee an.

Im 14. Jh. drangen die Tumbuka von Norden an den See vor, deren Nachfahren noch heute an der Nordspitze des Malawisees leben. In den nächsten Jahrhunderten kam es zu großen **Völkerwanderungen** der Bantu, welche vorwiegend aus dem Kongobecken nach Süden zogen und dabei vereinzelt auch das heutige Malawi erreichten (siehe Sambia, S.28).

Araber und Portugiesen

Die Portugiesen hören von einem großen See

Im 15.Jh. gründeten die Portugiesen erste Stationen an der Küste des Indischen Ozeans und bald darauf die Kolonie Portugiesisch-Ostafrika (Mosambik). Sie zeigten wenig Entdeckerfreude und bereisten das Landesinnere nur bis Tete am Sambesi. Von dort ist allerdings 1616 Caspar Bocarro in das Shiretal und bis an den Chilwasee gelangt. Unterwegs hörte er von einem riesigen See im Norden und dem **Königreich Maravi**. Von nun an wurde der geheimnisvolle See zwar schon auf allen zeitgenössischen Landkarten eingezeichnet, es vergingen aber noch fast 250 Jahre, bis der erste Europäer ihn entdecken sollte.

Arabische Sklavenhändler verwüsten das Land

Ab dem 18. Jh. breitete sich der **Sklavenhandel** von Ostafrika nach Süden aus. Die Küstenregionen Ostafrikas litten seit Jahrhunderten unter dem Sklavenhandel und die menschliche Ware wurde dort knapp und teuer. Daher dehnten sich die Beutezüge und Handelsrouten immer tiefer in das noch unbekannte Innere Afrikas aus. Entlang des Malawisees gründeten die swahiliarabischen Menschenhändler zahlreiche Handelsposten für Elfenbein und Sklaven und vermischten sich mit den am See lebenden Völkern.

Der Sklavenhandel war ein lukratives Geschäft und nahm im 19. Jh. im südlichen und zentralen Afrika noch einmal massiv zu. Die Sklavenjäger hatten zwei Dhaus (arabische Segelschiffe) am Malawisee stationiert, auf denen die geraubten Menschen über den See transportiert wurden. Bis zu 30 000 Sklaven nahmen jährlich diesen qualvollen Weg. Überlebten sie die Überfahrt, mussten sie den langen Marsch zu den Sklavenmärkten auf Sansibar antreten. Städte wie Nkhotakota und Karonga, wo Tausende Sklaven zusammen getrieben und stationiert wurden, bildeten zeitweilig die größten menschlichen Ansammlungen in Afrika. Durch die furchtbaren Zustände wurde das Land weitgehend verwüstet. Die Völker bekriegten sich, um sich gegenseitig zu versklaven, und lebten in ständiger Furcht. Jegliche Entwicklung stagnierte und weite Landstriche wurden nahezu entvölkert. Blühende Kulturen, wie das Reich Maravi, brachen dabei zusammen und hinterließen kaum mehr als einen Namen.

In dieser Zeit erlebte das Land neue Zuwanderungen: Von der Ostküste wanderten die Yao ein, von Süden die vor Shaka Zulu geflohenen Ngoni (siehe Sambia, S. 31). Die Ngoni siedelten im westlichen Hochland und dominierten mit ihrer modernen Kampftechnik bald die schwächeren Chewa und Manganja. Die Yao siedelten am Südufer des Malawisees und wurden unter arabischem Einfluss islamisiert. Schließlich betrieben sie selbst Sklavenhandel und überfielen systematisch Siedlungen der Nachbarvölker. Um 1876 beherrschten sie anstelle der Araber die Region südlich des Malawisees. Durch den Handel besaßen sie moderne Schusswaffen. Sie bekämpften sich mit den Zuluvölkern aus dem Hochland und rieben auf diese Weise das Land vollkommen auf. In dieses Chaos stießen dann die Briten.

Die Briten: Missionare und Forscher

Im Juni 1858 schipperte **David Livingstone** mit seinem Dampfschiff Ma-Robert den Sambesi von der Küste landeinwärts. Er befand sich auf seiner zweiten Afrikareise und hatte sich mit einem Dampfschiff ausgerüstet, da er die Flüsse Afrikas als Handelswege für britische Aktionen öffnen wollte. Als Gegner der Sklaverei sah er in der britischen Kolonisierung Afrikas die wirksamste Chance für deren Ende. Mit der Ma-Robert wollte er dem Sambesi bis ins

Das große vergangene Bantureich

Neueste Funde geben Rätsel auf: Es wurden Reste einer riesigen Siedlung entdeckt, die sich zwischen dem 10. und 16. Jh. von Uganda über Kenia und Tansania bis Malawi erstreckt haben soll. Dabei wurden alte Verbindungsstraßen von 3–5 m Breite und bis zu 1000 km Länge entdeckt, ebenso Feldterrassen, Dämme und Kanäle. Ein festes Wegenetz durchzog das ganze Reich. Die Menschen waren offensichtlich Bauern mit einem starken Sozialgefüge, daher geht man davon aus, dass es sich um Bantu handelte. Wer diese Menschen waren und was aus ihrer blühenden Kultur wurde, ist noch nicht bekannt.

Oben: Darstellung der afrikanischen Frühzeit an der Außenwand des Museums für Malawische Kunst in der Mua Mission

David Livingstone gilt als der bedeutendste Forscher im Südlichen Afrika

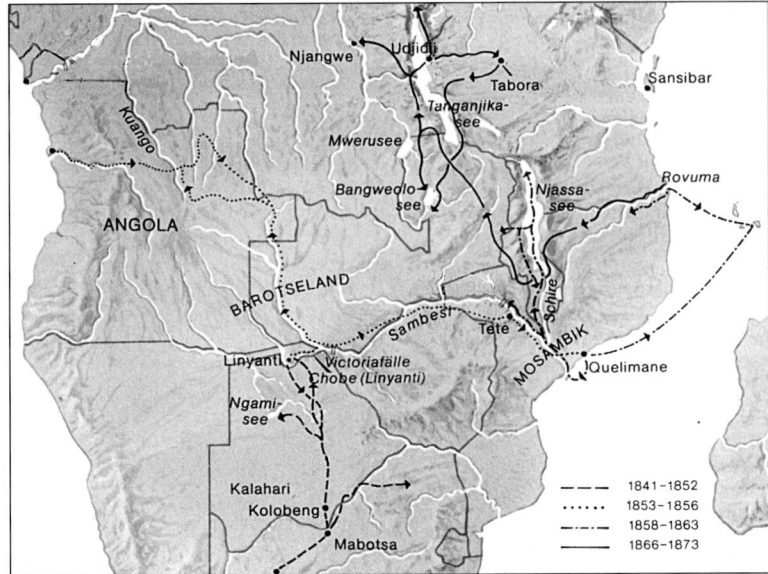

Legende:
– – – 1841–1852
· · · · · · 1853–1856
– · – · – 1858–1863
——— 1866–1873

Info: weitere Texte zu Livingstone: S.15, 215, 331

David Livingstone und die Ma-Robert

innerste Afrika folgen. Die Cahora Bassa-Stromschnellen oberhalb von Tete setzten diesem Traum ein schnelles Ende. Der Sambesi war nicht weiter schiffbar. Also suchte der Forscher nach einer Alternative.

Nahe der Handelsstation Tete in der portugiesischen Kolonie, mündet der Shire (sprich: *Schireh*) in den Sambesi. Die Portugiesen hatten den Verlauf des Shire nie erkundet und bisher auch keinen Anspruch auf die Region erhoben. So zog Livingstone im Januar 1859 den Shire flussaufwärts.

Livingstone entdeckt den Malawisee...

Er durchquerte die Elephant-Marsh, die er nach den vielen Elefanten benannte, und erreichte auch hier bald Stromschnellen und Wasserfälle, die ihn zur Umkehr zwangen. Zwei Monate später brach er erneut auf, ließ das Schiff zurück und erkundete das Shiretal zu Fuß bis zum Chilwasee. Im August unternahm er eine Expedition nach Norden und erreichte am

zwei Monate vor einem unglückseligen Deutschen

16. September 1859 den **Malawisee**. Er selbst legte großen Wert darauf, der erste Weiße gewesen zu sein, der den See entdeckte. Es ist andererseits aber die Geschichte eines Candido da Costa Cardoso überliefert, der bereits 1846 den See erblickt haben soll. Auf alle Fälle war Livingstone schneller als der Deutsche Dr. Roscher, der von Norden kommend den See am 19. November 1859 erreichte (die exakte Stelle ist unbekannt, da er kurze Zeit später ermordet wurde).

...und öffnet dabei dem Sklavenhandel den Weg

Von nun an wurde der See nicht mehr nach dem Reich Maravi, sondern Nyasasee genannt. Livingstone kehrte in die portugiesische Kolonie Mosambik zurück und kam erst 1861 wieder an den Shire. Die Ma-Robert war inzwischen gesunken und ein neues Schiff, die "Lady Nyassa", nach Afrika unterwegs. Doch auch sie sollte ihr eigentliches Ziel, den Nyasasee, nie erreichen. David Livingstone war in der Zwischenzeit wieder zu Fuß unterwegs. Diesmal bereiste er die Westküste des Sees. Das Land hatte sich seit seiner ersten Reise völlig verändert. Seine Berichte hatten den Weg entlang des Shire für die Sklavenhändler geöffnet. Die Landstriche, in denen er einst die fleißigen Manganja traf, waren niedergebrannt, verwaist und zerstört. Im Shire trieben Leichen, immer wieder begegnete er Sklavenkarawanen. Durch die Massenflucht der Menschen, die ihre Felder nicht mehr bestellten, brach eine verheerende Hungersnot aus. Wenn er überhaupt noch auf Menschen traf, waren diese zum Skelett abgemagert, verzweifelt und nicht in der Lage, der Expedition Lebensmittel zu verkaufen. Das Elend war unbeschreiblich (siehe S. 331).

Das Land ist verwüstet

Livingstone reiste diesmal nicht allein, sondern in Begleitung einer Hand-voll Priester der **Universities Mission**, die in dieser Wildnis missionieren wollten. Angeführt wurde die Gruppe von einem Schotten, Charles Mackenzie, dem ersten Missionsbischof Zentralafrikas. Voller Enthusiasmus waren sie dem Ruf Livingstones nach Afrika gefolgt. Sie verzweifelten auch nicht angesichts der Tragödie, die sie umgab, und gründeten die erste Missionsstation Magomero in den Shire-Highlands. Dort begingen sie jedoch den Fehler, sich in die Stammesangelegenheiten einzumischen. Innerhalb eines Jahres schuf sich der Bischof Feinde, weil er undiploma-tisch Partei ergriff, musste schließlich fliehen und starb auf der Rückreise bei Chiromo an Malaria.

Die ersten Missionare scheitern

Livingstone verließ die Region 1863 und kehrte nach England zurück. Seine letzte Reise führte ihn nach Ostafrika und an den Kongo. Er starb 1873 nahe der Bangweulusümpfe. (Siehe: Livingstone Memorial, Sambia, S. 215)

Die **Free Church of Scotland**, zu der auch David Livingstone gehört hatte, plante 1873, das begonnene Werk des verstorbenen Forschers fortzu-setzen. Unter dem Namen Livingstonia Mission wurde eine Expedition zu missionarischen Zwecken nach Zentralafrika ausgeschickt. Nach mona-telanger Anreise, ausgestattet mit dem ersten zerlegbaren Dampfschiff namens Ilala, erreichten die schottischen Missionare 1875 den Nyasasee. Kopf der Gruppe war der strenge **Dr. Laws**, der noch eine wichtige Rolle für die Kolonie spielen sollte. Die Priester ließen sich in der Bucht von Cape Maclear nieder. Für viele Jahre sollte die Livingstonia Mission dort unter einem schlechten Stern stehen. Der Standort erwies sich als schlecht gewählt, denn die Bucht war moskitoverseucht und außer dem kleinen Fischerdorf Chembe war überhaupt kein Volk da, das missioniert werden konnte. Der Sklavenhandel blühte noch immer. Nach fünf Jahren waren fünf Missionare dem Fieber erlegen und nur ein einziger Afrikaner 'be-kehrt'. Dr. Laws entschloss sich, Cape Maclear zu verlassen und verlegte 1881 die Livingstonia Mission nach Bhandawe am Westufer des Sees. Er sollte auch hier nicht froh werden. Der neue Standort bot die gleichen klimatischen Verhältnisse, zudem waren die Missionare den Sklavenjägern noch näher gerückt und die ganze Region durch Stammeskriege ge-schwächt. Der afrikanische Missionar Kuyi durfte 1882 in Njuyu im Ngoniland eine erste "Zweigstelle" eröffnen, die nun endlich den Durch-bruch brachte. Die Ngoni nahmen die Missionare mit ihrem Wissen und den medizinischen Fähigkeiten bereitwillig auf. In den nächsten Jahren wurden

Dr. Laws gründet die erste Livingstonia Mission

Oben: Koloniale Town Hall in Blantyre

weitere Missionsstationen gegründet und neue schottische Missionare ins Land gerufen. Dr. Laws verlegte den Sitz der Mission 1894 endgültig in das hoch gelegene Khondowe, wo sie als Livingstonia Mission die berühmteste Missionsstation des Landes wurde (siehe S. 295).

Nach dem unglücklichen Verlauf der ersten Missionsgründung der Universities Mission unter Bischof Mackenzie wurde 1885 ein zweiter, diesmal erfolgreicher Versuch auf den Likoma Islands unternommen.

Im Jahre 1878 wurde die *Livingstone Central African Mission Company*, die sich später zur **African Lakes Company** umwandelte, gegründet. Sie wurde von den Brüdern John und Frederic Moir geführt. Die Handelsgesellschaft vertrat das Gebiet vom Shire bis an den nördlichen Teil des Nyasasees. Sie organisierte Seepassagen, die sie sich teuer bezahlen ließ, und handelte mit allerlei Waren, selbst mit Waffen. Bald wurde die Gesellschaft zum Gegner der Araber und Sklaventreiber. Besonders der selbsternannte Sultan Mlozi, der nahe Karonga sein Unwesen trieb, bereitete der Gesellschaft Probleme. So kämpfte die African Lakes Company mit den widrigen Umständen, ohne ihre Position richtig zu festigen. Wie ein rettender Engel erschien ihr daher der forsche **Cecil Rhodes**. Dieser hatte 1889 eine Charta-Gesellschaft gegründet und starke Ambitionen, sich die Gebiete nördlich des Sambesi einzuverleiben (siehe Geschichte von Sambia). Sein älterer Bruder Herbert hatte das Shire-Hochland um 1870 bereist und davon geschwärmt. Rhodes überzeugte das britische Außenministerium davon, dass seine Chartagesellschaft BSAC (British South Africa Company) Nyasaland binnen kürzester Zeit entwickeln und Gewinn bringend verwalten könne. Am 21. September 1889 wurde das Gebiet daher zum Britischen Protektorat erklärt, zwei Jahre später ging es schließlich als British Central Africa Protectorate in den Verwaltungsbereich der BSAC über.

Die erste Handelsgesellschaft gerät rasch in Schwierigkeiten

Cecil Rhodes macht seinen Einfluss geltend,

und die BSAC übernimmt die Verwaltung im Protektorat

Die Kolonialzeit

Im selben Jahr gründete die Dutch Reformed Church ihre erste Mission und auch die katholischen 'Weißen Väter' versuchten sich anzusiedeln, scheiterten zunächst aber. 1902 unternahmen sie einen neuen Versuch und gründeten die Mua Mission südlich von Chipoka. Der Zustrom an Missionaren war in Nyasaland so stark, daß sich hier bald **das dichteste Missionsnetz Afrikas** entwickelte.

Die Briten setzten nun ihre Vorstellungen von einer Kolonie durch. Sie stellten den Portugiesen ein Ultimatum, das Shiretal zu verlassen. Der britische Konsul errichtete Polizeiforts und forderte Kriegsschiffe an. Eine Telegrafenlinie wurde von Salisbury/Harare nach Blantyre verlegt und die Verwaltung bis an das Nordufer des Sees ausgedehnt, mit Ausnahme des Ngonilandes. Britische Siedler wurden ins Land gerufen. Es fanden viele Landenteignungen statt, eine **Hüttensteuer** wurde 1898 eingeführt und machte die Afrikaner lohnabhängig. Man probierte es mit Kautschuk- und Baumwollplantagen; der Tabak brachte schließlich die besten Erfolge.

Großbritannien setzt seine Interessen durch

Bild unten: Sklavenhandel, Plastik im Museum von Livingstone

1895 hoben die Briten zum endgültigen Schlag gegen den Sklavenhandel aus. Zuerst wurden die Yao-Häuptlinge im Südosten des Nyasasees geschlagen oder vertrieben. Die Sklaven wurden befreit und es zeigte sich, dass sie aus weit entfernten Regionen Afrika zusammen getrieben worden waren, manche sogar bis aus dem Kongo. Schließlich brachen hunderte Soldaten nach Karonga auf, um den mächtigen **Sklavenhändler Mlozi** zu stellen, der als Sultan von Nakondeland in einer wehrhaften Festung residierte und von dort seinen grausamen Handel organisierte. Nach langem Kampf wurde Mlozi gefangen genommen und öffentlich gehängt (s. S. 296). Damit war die Sklaverei im Protektorat beendet.

Langsam entwickelte sich das koloniale Leben. 1895 wurde das erste Hotel in Blantyre eröffnet. 300 Europäer lebten damals in der Kolonie, zwei Jahre später hatte sich ihre Zahl verdoppelt. Bereits 6000 Malawier sahen sich alljährlich zur Wanderarbeit in anderen britischen Kolonien gezwungen, um die auferlegten Steuern bezahlen zu können. 1907 wurde die Kolonie in Nyasaland umbenannt. Das erste Auto erreichte die Kolonie 1908, drei Jahre später gab es 12 Autos und 200 Motorräder. Zu dieser Zeit betrug die afrikanische Bevölkerung rund 1 Mio. Menschen.

Der Ausbruch des Ersten Weltkriegs veränderte das beschauliche Leben. Im Norden der Kolonie stand das nun feindliche Deutschostafrika. Nur eine einzige Schlacht fand auf dem Nyasasee statt; über diese erste Seeschlacht des Ersten Weltkriegs kursiert eine Anekdote (siehe rechts).

Die erste und einzige Seeschlacht

Das Schiff Herrmann-von-Wissmann hatte die deutsche Kolonialmacht eigentlich gegen den Sklavenhandel eingesetzt. Sein Kapitän Berndt und Kapitän Rhoades vom britischen Schiff Guendolen pflegten allzeit freundschaftliche Kontakte. Als der erste Weltkrieg am 4. August 1914 ausbrach, wusste niemand in Afrika davon. In Zomba, dem britischen Verwaltungssitz, erfuhr man am 10. August vom Kriegsausbruch. Den Deutschen in Neu Langenburg am Malawisee war noch am 14. August nichts bekannt. Sie erfuhren es erst, als die Briten das deutsche Schiff in der Mambwe Bay beschossen und dessen Besatzung in Gefangenschaft nahmen – nachdem man zuvor noch einmal gemeinsam drei Tage lang gefeiert hatte, bis die Vorräte erschöpft waren!

*1914
bricht der
1. Weltkrieg
aus*

In den Kolonien wurde mobil gemacht. Die jungen und gesunden Männer gingen nach Norden an die Front. Tausende Afrikaner wurden als Askaris (Soldaten) oder Tenga Tenga (Träger und Boten) eingezogen, viele dienten bei den 'King's African Rifles'. Die Deutschen griffen Karonga an, wurden aber zurück gedrängt und gerieten schnell in die Defensive. Die Front schob sich bald immer weiter nach Deutschostafrika. Die 'Nyasaland Field Force' hatte bis Kriegsende 169 000 Träger beschäftigt. Ein Feudalkonzept namens Thangata ermöglichte es der Kolonialregierung, beliebig afrikanische Männer in den Kriegsdienst zu rufen. Dieses System war der Auslöser für den ersten afrikanischen Widerstand in der Geschichte der Kolonie.

*Chilembwe
Rising –
Aufstand der
Afrikaner*

Am 23. Januar 1915, als der Großteil der britischen Truppen sich an der Front befand, begann im Süden der Kolonie ein Aufstand, der als **John Chilembwe Rising** in die Geschichte einging. Etwa 100 Anhänger des schwarzen Reverend Chilembwe stürmten einige Gebäude und Wohnhäuser und töteten mehrere weiße Männer. Sie hatten einen erfolgreichen Überraschungsangriff getätigt, waren jedoch den bewaffneten Streitkräften hoffnungslos unterlegen. Die Aufständischen wurden sofort verfolgt und waren bald heillos auf der Flucht. John Chilembwe wurde am 3. Februar bei Mulanje entdeckt und erschossen.

*Rezession und
politisches
Erwachen der
Afrikaner*

Im Jahre 1922 wurde die Bahnlinie nach Beira fertiggestellt, 1935 folgte auch die Verbindungsbrücke über den Sambesi. Die Rezession der 1930er Jahre brachte für die kleine Kolonie, die kaum eigene Ressourcen besaß, schwere Zeiten. Die Zahl der afrikanischen Wanderarbeiter nahm dadurch drastisch zu.

So kurz der erste Aufstand auch gewesen war, er war sicherlich nicht unbeteiligt daran, dass in Nyasaland relativ früh über eine politische Integration der Afrikaner nachgedacht wurde. Dies führte 1944 zur Gründung der ersten afrikanischen Partei, dem *Nyasaland African Congress*, NAC. Alle Gründungsmitglieder – Chipembere, Chisiza, Chirwa und Chiume – waren noch sehr jung.

*Die Kolonie
wird Mitglied
der Zentral-
afrikanischen
Föderation*

Gegen den Willen der afrikanischen Bevölkerung in den drei Kolonien setzte Großbritannien 1953 die **Zentralafrikanische Föderation** der Kolonien Nord- und Südrhodesien und Nyasaland durch (siehe Geschichte Sambia, S. 22). Dies verstärkte den Widerstand und weckte den afrikanischen Nationalismus. 1956 konnten Chipembere und Chiume bei den Wahlen 5 Sitze im Legislativrat erringen.

Den afrikanischen Politikern war bewusst, dass sie aufgrund ihrer Jugend nicht das Vertrauen des ganzen Volkes gewinnen konnten. Sie suchten nach einem geeigneten 'Kopf' für ihre Partei.

*Afrikanische
Nationalisten
hofieren
Dr. Kamuzu
Banda*

Der schon fast 60jährige **Dr. Kamuzu Banda** praktizierte als Arzt in London, als sich die jungen Politiker seiner Heimat um seine Gunst bemühten. Er willigte schließlich ein, und als Banda 1958 nach über 40 Jahren in seine Heimat zurück kehrte, wurde er triumphal empfangen. Bald darauf übernahm er die Führung des NAC. 1959 brachen Unruhen aus und der Notstand wurde verkündet. Es gab auf afrikanischer Seite 52 Todesopfer, Banda und seine Parteifreunde wurden inhaftiert.

Ein Jahr, von März 1959 bis April 1960, verbrachte er im Gefängnis von Gwelo in Südrhodesien. Nach seiner Freilassung übernahm er die Führung der Nachfolgepartei *Malawi Congress Party*, MCP, die der Rechtsanwalt Chirwa inzwischen gegründet hatte. Die britische Regierung gab Nyasaland nun eine neue Verfassung, die eine afrikanische Mehrheit im Legislativrat vorsah. Danach fanden konstitutionelle Verhandlungen in London statt. Bei den Wahlen im August errang die MCP 22 der 33 Mandate. Am 1. Februar 1963 wurde Banda Regierungschef, Nyasaland erhielt innere Autonomie und die Zentralafrikanische Föderation brach auseinander. Am 6. Juli 1964 wurde die Kolonie Nyasaland unabhängig und hieß fortan Malawi.

Das unabhängige Malawi

Sein Ziel, die Föderation zu beenden, hatte Dr. Kamuzu Banda, der neue Premierminister des Landes, erreicht. Weitere große Neuerungen plante er nicht. Das war seinen Parteifreunden von Anfang an zu wenig. Sie warfen ihm vor, zu westlich eingestellt zu sein. Als Banda einen Kredit der Volksrepublik China ablehnte und im September 1964 vier Minister entließ, trat die Opposition offen zutage. Mehrere Minister traten in bewaffneten, aber aussichtslosen Widerstand, flüchteten schließlich nach Tansania und fanden dort Asyl. Dr. Banda konnte daraufhin seine Position festigen und beseitigte jede Opposition. Dann brüskierte er die OAU (Organisation für Afrikanische Einheit), weil er nicht mit den 'weißen' Staaten Südafrika und Mosambik brach, sondern an der engen wirtschaftlichen Bindung zu Südafrika festhielt. Das Verhältnis zu den Nachbarländern war gespannt, besonders zu Tansania, welches vehement gegen das Apartheidregime eintrat und außerdem Anspruch auf Teile des Malawisees erhob.

John Chilembwe war ein gebildeter, weitgereister Mann, der von Missionar J. Booth ausgebildet und zu kritischem Denken angeregt worden war. Er gründete bei Chiradzulu die erfolgreiche Providence Industrial Mission, predigte und publizierte gesellschaftskritische Texte. Chilembwe forderte für die Afrikaner die gleichen Rechte, sah nicht ein, warum sie in europäischen Kriegen 'brüderlich' an der Front stehen sollten, wenn sie im Frieden Menschen 2. Klasse waren. Als seine Kritik ohne Resonanz blieb, entschloss er sich zum bewaffneten Aufstand. Am Sonntag nach dem 23. Januar predigte er neben dem abgeschlagenen Kopf eines Europäers. Größere Ziele, als die Kolonialmacht aufzuschrecken, schien er nicht gehabt zu haben.

Dr. Kamuzu Banda wurde um die Jahrhundertwende geboren. Seine Mutter war eine Chewa, der Vater vermutlich ein Tonga. Die Eltern trennten sich früh. Der hervorragende Schüler Kamuzu erhielt eine Ausbildung in der Missionsschule Livingstonia. Um 1915 verließ er wie so viele andere zu Fuß die Kolonie, um im Süden Arbeit zu finden. In Johannesburg arbeitete er in den Goldminen. Dort lernte er amerikanische Missionare kennen, die ihm die Reise in die USA und ein Studium in Ohio finanzierten. Von 1928–1937 studierte er dort Geschichte und Medizin. Später ging er nach Edinburgh, Liverpool und schließlich nach London, wo er als Arzt praktizierte. Hier entstanden die ersten Kontakte zu afrikanischen Nationalisten, wie Nkrumah, Kenyatta und Khama. Er zog später für einige Jahre nach Accra/Ghana und kehrte 1958 nach Nyasaland zurück.

Dr. Kamuzu Banda galt gemeinhin als charismatischer, feuriger Redner, war sehr religiös und hatte strenge Moralvorstellungen. Diese zwang er seinem Volk und Besuchern des Landes ohne Nachsicht auf. Während seiner Regierungszeit durften sich Frauen nicht in Hosen kleiden und mussten ihre Knie bedeckt halten. Dies betraf auch Ausländerinnen und Touristinnen. Bei den Männern waren lange Haare absolut verpönt, und so manchem Touristen wurden die Haare damals notfalls von den Staatsdienern direkt am Flughafen auf die "richtige" Länge gekürzt.

Staatswappen von Malawi

1966 wurde Malawi eine Republik, zugleich Mitglied im Commonwealth und Dr. Banda zum Staatspräsident ernannt. Der ehemalige Innenminister Yatuta Chisiza rückte mit einer Untergrundtruppe aus dem Asyl in Malawi ein, wurde aber von Regierungstruppen getötet. Im gleichen Jahr nahm Malawi diplomatische Beziehungen zu (Portugiesisch-)Mosambik und Südafrika auf. Banda betrieb eine Politik des Dialogs mit den verbliebenen weißen Kolonialregimen Afrikas und empfing 1970 sogar den südafrikanischen Premierminister Vorster als Gast. Anschließend besuchte er Mosambik und Südafrika.

1971 ernannte er sich selbst zum **Präsident**en **auf Lebenszeit**. Er hatte sich unter den afrikanischen Landesherren weitgehend isoliert und nur wenige Freunde. Die freie Presse war längst abgeschafft, Kritiker wurden verfolgt und hart bestraft. Alljährlich gab es bis zu 2000 Verschollene. Landbesitz war meist in den Händen der Elite, Entwicklungsgelder wurden fehlgeleitet. Prestigeprojekten, wie dem Bau der neuen Hauptstadt Lilongwe, gab er den Vorzug vor wichtigen Bereichen, wie dem Gesundheits- oder Bildungssektor.

Banda regiert despotisch und mit eiserner Hand

Andererseits schien er aber auch ernsthaft am Wohl seines Landes interessiert zu sein. Banda schätzte die Möglichkeiten Malawis realistisch ein und übertrieb nicht. Die enge Bindung zu Südafrika bescherte dem Land einen regelmäßigen Touristenstrom aus dem Süden und gab den fleißigen Wanderarbeitern aus Malawi Arbeit in den Minen. Als eines der ärmsten Länder der Welt hat Malawi auch dadurch keine größeren Hungersnöte erlitten, weil sich Bandas Wirtschaftspolitik immer auf die Landwirtschaft konzentrierte. **Erste Liberalisierungsversuche** gab es 1977, als 2000 Gefangene amnestiert wurden. Dafür wurde der politische Widersacher Chakuamba Phiri wegen Hochverrats zu 22 Jahren Haft verurteilt. Drei Kabinettsmitglieder starben 1983 bei einem mysteriösen Autounfall, der viele Spekulationen auslöste. Stets behielt Banda die Macht fest in seiner Hand.

Doch Ende der 1980er Jahre hatte sich die Welt verändert. Die alten Ost-West-Fronten waren gefallen und die Weltöffentlichkeit richtete ihr Augenmerk auf den exzentrischen Diktator, forderte demokratische Reformen und die Wahrung der Menschenrechte. Der Westen fror die Entwicklungshilfe ein und in den Städten brachen Unruhen aus – Banda musste demokratisieren.

Innen- und außenpolitisch gerät Banda unter Druck

80 % der Wahlberechtigten gingen im Juni 1993 zur Abstimmung, und forderten mehrheitlich die Einführung des Mehrparteiensystems. Da zog Banda pragmatisch die Konsequenzen und leitete Reformen ein. Die Wahlen fanden am 17. Mai 1994 statt. Im Norden war die AFORD, *Alliance for Democracy*, mit dem Gewerkschaftsführer Chihana die stärkste Partei. Im

Zentrum dominierte die alte MCP unter der Führung des nach 13 Jahren aus der Haft entlassenen Chakuamba Phiri. Im volkreichen Süden errang die UDF, *United Democratic Front*, unter Bakili Muluzi den Sieg und wurde die gesamtstärkste Partei.

Demokratische Wahlen 1994

Der neue Präsident, **Bakili Muluzi**, ein Moslem aus dem Machinga District, war der Sohn eines Soldaten der King's African Rifles und hatte seine Ausbildung in England und Dänemark genossen. 1973 war er in die Politik gewechselt und sogar Generalsekretär der MCP, ehe er die Partei 1982 verließ. Seine ersten Schritte nach der Amtsübernahme waren die Auflösung der Vorstände in den Staatsbetrieben, die Freilassung der politischen Häftlinge und der Prozess gegen John Tembo, der im Zusammenhang mit dem mysteriösen Autounfall von 1983 stand. **Banda** wurde unter Hausarrest gestellt und 1995 vor Gericht zitiert. Nach Monaten endeten die Verhandlungen gegen ihn mit einer viel beachteten öffentlichen Entschuldigungsrede des ehemaligen Präsidenten. Er starb vereinsamt am 25.11.1997.

Bakili Muluzi übernimmt die Macht

Die neue Regierung gewährte Pressefreiheit und den Frauen das Recht, Hosen zu tragen. Ein strenges Strukturprogramm führte zur Abwertung des Malawi-Kwacha, zur Schließung vieler unrentabler Staatsbetriebe und zu einem rasanten Anstieg der Arbeitslosigkeit (1996: über 50 %). Für das Gros der Bevölkerung verschärften sich die Lebensbedingungen deutlich. Die Grundnahrungsmittelpreise verdoppelten sich. Raub und Kriminalität – im autokratischen System Bandas von untergeordneter Bedeutung – nahmen in den Städten zu. Die Hoffnung auf Fortschritt und bescheidenen Wohlstand kehrte sich für viele in Ernüchterung und Not. Bei den umstrittenen Wahlen von 1999 setzte sich Muluzis UDF mit offiziell 51,3 % der Stimmen auch nur knapp gegen eine Allianz der MCP und der AFORD durch. Muluzi saß trotz der Vorwürfe weiterhin fest auf dem Präsidentenstuhl. Korruptionsvorwürfe und die wirtschaftliche Notlage durch Dürre und Hunger im Jahre 2002 haben die allgemeine Verdrossenheit im Lande noch verstärkt. Muluzis Versuch, durch eine Verfassungsänderung eine dritte Amtszeit anzustreben, rief im ganzen Land Unmut und Rebellion hervor. Zu den Wahlen am 20.05.2004 stellte die Regierung daher den 70-jährigen Kandidaten **Dr. Bingu wa Mutharika** auf. Die Wahlkommission erklärte die UDF erneut zum Sieger mit 35 % der Stimmen, gegenüber 27 % für John Tembo (MCP) und 26 % für Gwanda Chakuamba vom Mgwirizano-Bündnis. Internationale Wahlbeobachter hatten von "schweren Anomalien" während der Wahl gesprochen und Hunderte Oppositionsanhänger demonstrierten wütend gegen die Regierung. Bingu wa Mutharika, ein ehemaliger Ökonom der Weltbank, wurde dennoch umgehend vereidigt. Er erhob schwere Korruptionsvorwürfe gegen seinen Vorgänger, überwarf sich mit der UDF, verließ die Partei und gründete die Democratic Progressive Party (DPP). Dies hatte chaotische innenpolitische Folgen, isolierte den Präsidenten und machte ihn zunächst handlungsunfähig. Gegen den Willen der Weltbank führte er wieder Subventionen für Saatgut und Düngemittel ein, womit er die schwierige landwirtschaftliche Situation nach dem Hunger- und Dürrejahr 2005 in einen Aufschwung verwandelte. Malawi fuhr 2007 eine Rekordernte ein, das stabilisierte und entspannte auch innenpolitisch. Der Focus liegt nun auf den nächsten Wahlen im Mai 2009, wo sich Mutharika seinen schwergewichtigen Herausforderern stellen muss: John Tembo (MCP) und Bakili Muluzi (UDF), der noch einmal nach dem Präsidentenamt greifen will.

Wachsende Korruption, Massenarbeitslosigkeit und Inflation

Muluzi will eine dritte Amstzeit durch Verfassungsänderung erreichen

Erneut Betrugsvorwürfe bei den Wahlen im Mai 2004

Subventionen retten die Landwirtschaft

Allgemeines Mit 13,9 Mio. Einwohnern auf 118 484 km² Fläche zählt Malawi zu den dichtest bevölkerten Ländern in Afrika. Dabei ist die **Bevölkerungsdichte** sehr unausgewogen. Im Norden leben durchschnittlich 34 Menschen pro km², in der Landesmitte sind es bereits 96 Einwohner, und im Süden müssen

Armut und sich 125 Menschen einen km² teilen (im Vergleich: BRD 217 Einw./km²).
Bevölkerungs- Zur eigenen Bevölkerung kamen in den Jahren des Bürgerkriegs in Mo-
druck sambik auch noch ca. 1 Mio. Flüchtlinge hinzu, von denen die meisten aber wieder in die Heimat zurückgekehrt sind. Es war eine enorme Leistung für eines der ärmsten Länder der Welt, eine solche Anzahl an Flüchtlingen aufzunehmen. Jeder zehnte Malawier war damals ein Flüchtling. Dass es dennoch nicht zu Ausschreitungen kam, spricht für den disziplinierten und warmherzigen Charakter der Malawier.

Die **Stadt-Land-Verteilung** unterscheidet sich deutlich von Sambia: Nur 17 % der Malawier leben in Städten. Landflucht oder Slumbildung sind hier kein Thema. Die vier größten Bevölkerungszentren sind Blantyre, Lilongwe, Zomba und Mzuzu. Der Frauenüberschuss ist auffallend, was zum Teil aber auch daran liegen mag, dass seit Generationen ein großer Teil der männlichen Bevölkerung als sog. Wanderarbeiter ins Ausland (vorwiegend Südafrika) ging. Bis zu 1 Mio. männliche Malawier verließen dadurch zumindest vorübergehend ihre Heimat. Die Zahl der Wanderarbeiter ist in den letzten Jahren jedoch rapide gesunken. Malawi ist ein "Kinderstaat"; 46 % der Malawier sind jünger als 15 Jahre.

Ethnien Seit fast 2000 Jahren wanderten in mehreren Wellen immer wieder Bantuvölker ins Gebiet des heutigen Malawi ein. Mit der großen Völkerwanderung der vor den Zulu Fliehenden kamen Volksgruppen, wie die Ngoni und Chewa, auch an den Nyasasee. In Malawi kam es zu heftigen Stammeskämpfen; die Volksgruppen lebten lange Zeit recht abgegrenzt voneinander.

Chewa Die Chewa bilden die größte Volksgruppe in Malawi und leben überwiegend im Süden und im Zentrum des Landes. Im 17. Jh. hatten sie das mächtige Reich Maravi gegründet, welches später dem Land seinen Namen geben sollte. Das stolze, selbstbewusste Volk entwickelte Geheimbünde (Nyau) und ausdrucksstarke Tänze (Gule Wamkulu). Die Chewa sind traditionell Bauern und Viehzüchter. Südlich von Dwangwa siedeln sie direkt am See und gehen dort auch der Nutzfischerei nach. Ihre Sprache Chichewa ist die Landessprache Malawis.

Yao Die Yao siedelten frühzeitig am Südufer des Malawisees. Durch den Sklavenhandel gerieten sie bald unter islamisch-arabischen Einfluss. Das kriegerische Volk ließ sich zum Islam bekehren, entwickelte sich selbst zu mächtigen Sklavenjägern und beherrschte bald den ganzen Süden des Landes. Den Briten widersetzten sie sich lange. Während der Kolonialzeit dienten besonders viele Yao als Soldaten (Askari) bei den Kings African Rifles. Mangochi, Salima und Nkhotakota sind heute Zentren der Yao.

Tonga

An den Ufern des Malawisees leben Tonga, die jedoch trotz der Namensgleichheit nicht verwandt sind mit ihren Namensvettern in Sambia. Sie waren ursprünglich aus Ostafrika eingewandert und haben sich vorwiegend an den Ufern des nördlichen Malawisees niedergelassen. Heute liegt ihr Hauptsiedlungsgebiet zwischen Nkhata Bay und Dwangwa. Die Tonga in Malawi sind traditionell Fischer. Selbst am südlichen Malawisee, dem Siedlungsgebiet der Yao, wird der Fischfang überwiegend von Tongas betrieben. Der Name Tonga bedeutet "umherziehendes, nicht sesshaftes Volk". Sie stellen etwa 7 % der malawischen Bevölkerung.

Traditionelle Fischer

Ngoni

Die Ngoni (s. a. S. 31) sind Nachfahren eines südafrikanischen Volkes, das in den Jahren der 'Difaqane' (gewaltsame Völkerverschiebung im südlichen Afrika) vor Shaka Zulu nach Norden floh. Sie waren mit der revolutionären Kampftechnik der Zulu vertraut und damit in der Lage, die sambischen und malawischen Stämme zu unterwerfen. 1835 überschritten sie den Sambesi. Unter ihrem Häuptling Zwangendaba unterwarfen die Ngoni die Chewa, und ließen sich schließlich in der heutigen Ostprovinz Sambias und im Hochland Malawis nieder. Dort besiedelten sie vorwiegend die Regionen um Dedza und Mzimba. Als stolzes Volk mit ruhmreicher Soldatenehre spielten die Ngoni stets eine distanzierte, eigenständige Rolle. Heute stellen sie nur noch 1 % der Einwohner in Malawi.

In Malawi leben ca. 10 000 Europäer (meist Briten) und 12 000 Asiaten (Libanesen und Inder). Inder durften früher nur in den Städten leben; Lilongwe hat sogar ein indisches Viertel. Erst vor einigen Jahren bekamen sie die Erlaubnis, wieder in ländlichen Regionen Läden zu eröffnen.

Bilder oben: Marktszene in Rumphi, Frauen tragen ihr "Gepäck" meist auf dem Kopf

59

Sprachen

In Malawi hat sich die Sprache **Chichewa** durchgesetzt, sie ist die offizielle Landessprache. Als Amtssprache fungiert Englisch, doch wird es auf dem Land relativ häufig schlecht oder gar nicht gesprochen. Es hat in Malawi nicht die einigende Bedeutung wie in Sambia, da im ganzen Land Chichewa verstanden wird. Im Norden ist **Chitumbuka** verbreitet; überhaupt steht der Norden bereits unter dem Swahili-Einfluss aus Ostafrika. Neben Chichewa existieren bei jeder Volksgruppe eigene Sprachen und Dialekte

Traditionelle Zeremonien und Feste

Feste und Musik stehen in Malawi stets im kulturellen Mittelpunkt. Die Chancen, bei einer Reise durch Malawi irgendwo ein Fest zu erleben, stehen gar nicht schlecht. Jede Volksgruppe hat ihre eigenen Tänze. Der berühmteste ist zweifellos der **Gule Wamkulu**, der Tanz der Chewa und Manganja. Die Tänzer treten in fantasievollen Kostümen mit Holzmasken, Federschmuck und viel Bemalung auf. Nur Mitglieder des strengen, disziplinierten Nyau-Geheimbundes dürfen den Gule Wamkulu tanzen. Häufigste Themen des Tanzes sind die Macht und Kraft der Geister und des Medizinmannes. Gule Wamkulu-Tänzer werden geehrt und gefürchtet zugleich.

1987 wurde die Kwacha Cultural Troupe ins Leben gerufen. Mehr als 30 junge Frauen und Männer studieren die verschiedenen Tänze Malawis und demonstrieren diese bei ausgewählten Festlichkeiten. Auf diese Weise sollen auch manche vom Aussterben bedrohte Tänze und Bräuche bewahrt werden.

Kulturelles Brauchtum, insbesondere die Maskierung und der Tanz, spielen auch heute noch eine zentrale Rolle im malawischen Alltagsleben und werden in ländlichen Regionen an vielen Wochenenden und Feiertagen mit fröhlichen Feierlichkeiten zelebriert.

Oben: Kleine Kirche auf dem Lande, Maskierter Tänzer auf Stelzen

Religionen

Die Islamisierung nimmt zu, immer häufiger sieht man verschleierte Frauen

Knapp 80 % der Einwohner sind als Christen registriert, wobei die Tendenz fallend ist. Etwa 16 % sind Moslems und der Rest Anhänger von Naturreligionen. Der Islam genießt seit dem Machtwechsel vom Christen Banda zum Moslem Muluzi starken Zulauf. Aus islamischen Ländern, wie Kuwait und Malaysia, fließen hohe Spendengelder zum Ausbau von Moscheen und Koranschulen nach Malawi.

Viele Christen verbinden ihren Glauben auch mit einer Naturreligion (Animismus) zu einer auf den afrikanischen Alltag zugeschnittenen Mischform. Der Glaube an die Macht der Ahnen und Geister ist in der Gesellschaft tief verankert (siehe auch S. 76).

Bildung & Schulwesen

Nach seiner Unabhängigkeit unternahm Malawi enorme Anstrengungen, die schwache Einschulungsquote zu steigern. Diese Bemühungen führten allerdings zu einem Absinken der Ausbildungsleistung, weil das Schulwesen nicht zugleich erweitert wurde. Das Lehrer-Schüler-Verhältnis stieg von 1:43 auf 1:63; die Zahl der Schulabbrecher und Wiederholer schnellte in die Höhe. Der weitere Bildungsweg (berufsbildende Schulen, Universitäten) wurde ebenfalls nicht ausreichend erweitert. Als Resultat mangelt es in Malawi an qualifizierten Fachkräften und Akademikern. Wer eine weiterführende Schulausbildung absolviert hat, erhält in der Regel sofort eine Arbeitsstelle. Grundschullehrer sind häufig schlecht ausgebildet. Nur zwei Drittel haben die volle Lehrerausbildung von 2 Jahren Dauer durchlaufen. Lediglich an den höheren Schulen besteht eine deutliche bessere Lehrerqualität.

Malawi hat das durch die Kolonialregierung eingeführte **britische Schulsystem** beibehalten. Die Grundschule dauert demnach 8 Jahre. Danach schließt sich die Junior Secondary Education an. Das anschließend mögliche Studium an der Upper Cicle Secondary Education gliedert sich in die drei Bereiche Allgemeines, Technik und Lehrerausbildung. Weit über die Landesgrenzen hinaus bekannt ist die Kamuzu Academy, eine Eliteschule, die gelegentlich als "afrikanisches Eaton" beschrieben wird (S. 284).

38 % der Malawier gelten als Analphabeten, Frauen sind deutlich stärker betroffen (über die Hälfte).

Gesundheitswesen

In Malawi liegt die durchschnittliche Lebenserwartung lediglich bei 43 Jahren. Hier müssen sich 606 Einwohner ein Krankenhausbett teilen. Auf ca. 50 000 Einwohner kommt ein Arzt (im Vergleich: BRD 282 Einw./Arzt), einen Zahnarzt gibt es pro 450 000 Einwohner (Fachärzte sind noch immer nur in den größeren Städten stationiert). Diese Diskrepanz zeigt deutlich die alarmierende **medizinische Unterversorgung** Malawis. Zu den häufigsten Krankheiten zählen Malaria, Bilharziose (entlang des Malawisees gilt die Mehrheit der Bevölkerung als infiziert), in zunehmendem Maße Aids (14% der Bevölkerung, siehe S. 36) sowie Mangelerscheinungen durch einseitige und unregelmäßige Ernährung. Bereits seit 2004 vermeldet Malawi jährlich mehr als 80 000 Aids-Tote.

Ein Land ohne Bildung

Nur etwa die Hälfte der Kinder im Grundschulalter besucht eine Schule, denn es besteht **keine offizielle Schulpflicht** und der Schulbesuch ist zudem **gebührenpflichtig**. Nur rund ein Viertel der Grundschüler erreicht den Abschluss, und kaum 4 % der Schüler besuchen danach eine weiterführende Schule. Wegen des schwach ausgebauten Netzes an weiterbildenden Schulen müssen 90 % der Schüler in Internaten untergebracht werden. Wenige Schüler studieren schließlich (davon ein Drittel Frauen). Rund 500 Studenten besuchen eine Hochschule im Ausland (v. a. England und USA).

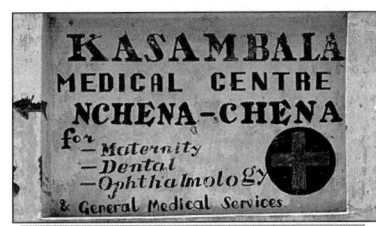

Der **Fachkräftemangel** ist Malawis Hauptproblem im Brach liegenden Gesundheitswesen. Er wird auch als Grund für die hohe Müttersterblichkeit von 1120 Todesfällen auf 100 000 Lebendgeburten angeführt. Derzeit wandern viele afrikanische Ärzte, Krankenschwestern und Hebammen in Industriestaaten ab, von denen sie mittels Rekrutierungsfirmen angeworben werden. Das Problem hat nun auch die WHO erkannt und fördert die Gehalts- und Arbeitsbedingungen afrikanischer Fachkräfte in ihren Heimatländern. Ein britisches Hilfsprojekt ermöglichte es der Regierung Malawis, seit 2006 die Gehälter für Ärzte und Krankenschwestern um mehr als 50 % anzuheben, um mehr medizinisches Personal im Land zu halten.

Allgemeines

*Viele Arbeits-
kräfte und
eine schwache
Infrastruktur*

Als sich die Briten 1964 aus Malawi zurückzogen, hinterließen sie nur wenig Kapital und eine schwache Infrastruktur. Nachdem die Kolonie keine Bodenschätze besaß, waren auch nur rund 10 000 km Straßen angelegt worden. Man hatte die Malawier als Wanderarbeiter in den Minen und auf den großen Farmen in Rhodesien gebraucht. Die Kolonie selbst zu entwickeln schien nicht notwendig.

Das unabhängige Malawi konzentrierte sich sofort auf den Ausbau der Landwirtschaft. Der Agrarsektor wurde vergrößert, bis aufgrund der begrenzten Landfläche keine Ausweitung mehr möglich war. Die ersten Jahre verliefen positiv. Die Produktion wurde alljährlich erhöht, und der Export von landwirtschaftlichen Erzeugnissen, wie Tee und Tabak, gewann enorm an Bedeutung. Die hohe ökonomische Abhängigkeit vom Ausland wurde für die vorsichtig aufblühende malawische Wirtschaft jedoch rasch zum Damoklesschwert: Als Binnenland war Malawi auf die Transportwege durch

*Durch den
Bürgerkrieg in
Mosambik
verliert Malawi
seine
wichtigsten
Transportwege*

Mosambik angewiesen. Die beiden Bahnverbindungen an den Indischen Ozean waren die Lebensader der malawischen Wirtschaft. Doch durch den Bürgerkrieg in Mosambik wurden diese Verbindungen Mitte der 80er Jahre unterbrochen. Das exportabhängige Land musste dringend neue Transportwege erschließen, die zwangsläufig umständlicher und kostenintensiver waren. Die neuen Wege führten nach Durban/Südafrika via Sambia oder den Tete-Korridor bzw. nach Dar-es-Salaam/Tansania im Norden, wo Malawi einen Freihafen besitzt. Handelsabkommen, die Malawi mit dem Apartheidregime in Südafrika schloss, erleichterten zwar die Einfuhr von Luxusgütern, führten aber zu einer einseitigen strukturellen Abhängigkeit von Südafrika und isolierten Malawi von seinen Nachbarstaaten. Insbesondere das Verhältnis zu Tansania wurde sehr angespannt. Schlechte Voraussetzungen, um der wirtschaftlichen Talfahrt entgegen zu wirken.

*Ausbau der
Landwirtschaft
verhindert
Hungersnöte*

Unter den Nachwirkungen dieser **einseitigen Orientierung** leidet die Wirtschaft bis heute. Statistisch betrachtet zählt Malawi zu den ärmsten Ländern der Welt und zu den am schwächsten entwickelten. Trotz relativ fruchtbarer Böden und reicher Wasserbestände, die eine intensive Landwirtschaft ermöglichen, kann sich das Land nur in guten Erntejahren selbst versorgen. Fällt die Ernte aus, führt dies umgehend zu zumindest regionalen Hungersnöten. Gleichzeitig leidet das Land unter hoher **Verschuldung,** einer dramatischen **Inflation** und zügelloser Korruption. Verbesserungen erhoffte man sich durch die Privatisierung staatlicher Unternehmen und die Freigabe des Geldmarktes seit 1994, doch ausländische Investoren und IWF zögerten weiterhin misstrauisch.

*Bilder rechts:
Geschnitzter
Hocker;
Kunstvoller
Getreide-
speicher*

Der **Arbeitsmarkt ist kontrovers**: Zwar gehen schon die Hälfte der 10–15jährigen bezahlter Arbeit nach, gleichzeitig ist gerade die Arbeitslosenquote bei Schulabgängern eklatant hoch, es fehlt vor allem an Ausbildungsplätzen. Dadurch besteht ein Überangebot an ungelernten Kräften bei gleichzeitigem Mangel an qualifizierten Fachkräften. 80 % der Malawier sind als Klein- und Subsistenzbauern in der Landwirtschaft tätig. Der Ausländeranteil in gehobenen Positionen ist noch immer hoch. Die große Zahl im Ausland tätiger malawischer Wanderarbeiter sank dagegen von 300 000 auf ein Zehntel dessen.

Malawis Haupthandelspartner sind die Europäische Gemeinschaft, Südafrika und die Nachbarstaaten. Als wichtigste Exportgüter gelten Tabak, Tee und Zucker. Wachstumspotenzial wird im Tourismus gesehen.

Landwirtschaft

Rund die Hälfte der Landesfläche wird landwirtschaftlich genutzt. Durch intensive Düngung der Anbauflächen wurde eine solide Eigenversorgung sichergestellt und Devisen durch den Export von Agrargütern erwirtschaftet. Aufgrund des Platzmangels ist aber ein weiteres Wachstum in Malawi nur begrenzt möglich. Heute müsste vor allem die Produktivität durch den Einsatz moderner Betriebsmittel gesteigert werden. 90% der Malawier sind Kleinbauern, die ihre Felder häufig noch per Hand und mit Holzkeilen umgraben, weil sie sich weder Ochsen noch Pflug leisten können. **Mehr als die Hälfte der Bauern besitzen weniger als das von der UN empfohlene Minimum von einem Hektar Land und leben unter der Armutsgrenze.** Eine solche Konstellation führt rasch zum Ausbruch einer Katastrophe: 2005 löste eine Dürre eine Nahrungsmittelkrise aus; rund fünf Mio. Menschen wurden von Lebensmittelhilfe abhängig. Daraufhin subventionierte die Regierung Dünger und Saatgut, was mithilfe der guten Regenfälle 2006 und 2007 sogleich zu Rekordernten führte. So stieg die Maisproduktion von 1,2 Tonnen im Jahr 2005 auf 3,4 Tonnen 2007. Malawi ist heute größter Maisexporteur im südlichen Afrika.

ADMARC als landwirtschaftliche Dachorganisation

ADMARC (Agricultural Development and Marketing Corporation) fungiert als eine Art Handelspartner für die Bauern. Die halbstaatliche Organisation mit mehr als 900 Filialen kauft landwirtschaftliche Überschüsse auf. Im Gegenzug werden den Bauern Saatgut und Düngemittel zum Teil zu subventionierten Preisen geliefert. Ernteüberschüsse werden von der ADMARC eingelagert. Es besteht für die Bauern kein Zwang, ihre Produkte an ADMARC zu verkaufen.

Es werden in Malawi vier Arten von Grundbesitz unterschieden:

- Stammesland, das der jeweilige Chief unter der Dorfgemeinschaft zur freien Nutzung aufteilt. Jede Familie erhält davon durchschnittlich 1,5 ha. Ca. 80 % der Landfläche fallen unter solches Stammesland.
- Öffentliches Land, das Staatseigentum ist und ca. 17 % der Fläche ausmacht. Dazu zählen Städte, Nationalparks und Forste.
- Privatland, das häufig im Besitz der Europäer ist. Ca. 1 % der Landfläche Malawis.
- Pachtland, das zwischen 21 und 99 Jahren verpachtet wird. Etwa 3 % des Landes sind Pachtland. Es kann aus allen drei Besitzformen entstehen. Die Großplantagen (Zucker, Tee, Tabak) liegen meistens auf Pacht- und Privatland.

Forstwirt-schaft Intensive Landwirtschaft und Bevölkerungsdruck lassen das Bild in Malawi düster aussehen. Durch die vielen Haushalte und zum Trocknen des Tabaks entsteht ein sehr hoher Bedarf an Brennholz. Am schlimmsten sieht die Abholzung im Viereck Kasungu - Lilongwe - Salima - Nkhotakota aus. Als Gegenmaßnahme entstanden große Aufforstungsprojekte, die mehr als 100 000 ha Fläche einnehmen (Shire-Hochland, Viphya-Berge). Über 80 % der Aufforstungen werden aber mit minderwertigen Hölzern betrieben. Erst seit jüngster Vergangenheit beginnt man auch wertvolle Nutzhölzer zu pflanzen. Die Forste werden zum größten Teil von der Wood Industries Corporation privatwirtschaftlich verwertet. Der natürliche Anteil an Edelhölzern ist in Malawi relativ gering, die bedeutendsten unter ihnen sind Mulanje-Zedern und Wacholderbäume.

Fischerei Die Fischindustrie ist trotz der günstigen Bedingungen noch wenig entwickelt. Kommerzieller Fang findet im südlichen Bereich des Malawisees, am Chilwa- und Malombesee sowie am Shire River, statt. Ansonsten wird überwiegend zur Selbstversorgung gefischt.

Vieh-wirtschaft Viehzucht wird meist nur im kleinen Stil für den eigenen Bedarf betrieben. Eine landesweite Erhebung im Jahr 1988 ermittelte je 1 Mio. Rinder und Ziegen, je 210 000 Schweine und Schafe und 8 Mio. Hühner. Diese Angaben dürften auch heute noch der Realität nahe kommen, wird eine Ausweitung der Viehzucht doch durch knappe Weideflächen erschwert.

Bild oben: Unter der Last des Lkw-Anhängers stürzte diese Holzbrücke in der Phalombe-Ebene ein

Rinderhaltung findet vor allem im Norden statt, wobei es sich zumeist um Zeburinder handelt, die wenig Milch produzieren. Nur etwa 5 % des Viehbestandes werden jedes Jahr vermarktet. Die Hühnerhaltung ist die einzige mögliche Viehwirtschaft zur Eigenversorgung für Städter und daher in den dichtbesiedelten städtischen Zentren Malawis sehr beliebt.

Malawi besitzt kaum nennenswerte mineralische Vorkommen. In kleinem Umfang werden Kohle, Kalkstein und Kalk gefördert. Die Vorkommen an Bauxit, Asbest, Uran und Graphit sind so unbedeutend, dass sie bislang nicht abgebaut wurden.

Bergbau

Hohe Transportkosten und der Mangel an Fachpersonal hemmen Malawis Industrie und Handel. Die inneren Unruhen der 1990er Jahre haben den Handel zusätzlich destabilisiert. Ein weiteres Problem stellt die noch immer starke Verflechtung des Staates mit der Wirtschaft dar.

Industrie & Handel

Bis 1982 waren 95 % aller **Überseetransporte** über Mosambik abgewickelt worden. Nach Schließung der Bahnlinie 1985 wurden die Transporte über Durban/Südafrika abgewickelt, wodurch Malawi von Südafrika abhängig und zu hohen Transport- und Lagerkosten gezwungen worden ist. Der rasche Ausbau des Nacala-Corridors (S. 66) soll die alten Handelswege durch Mosambik wieder aktivieren und dem Land eine spürbare finanzielle Entlastung bei den Transportkosten bringen.

Der malawische **Außenhandel** nahm in den letzten Jahren dennoch deutlich zu, und die jüngsten Entwicklungen im ehemaligen Bürgerkriegsstaat Mosambik lassen die Hoffnung auf eine Verbesserung der malawischen Transportmöglichkeiten zu. Tee, Tabak und Zucker stellen zusammen 90 % des Exports. Die wichtigsten Einfuhrwaren sind Benzin, Diesel, Dünger und Landmaschinen. Im deutsch-malawischen Handel werden jährlich rund 65 Mio. Euro umgesetzt, womit Malawi zu den weniger bedeutenden Handelspartnern der BRD zählt.

Bild oben: Brennholzverkauf am Straßenrand

Die Energiewirtschaft des Landes stagniert auf relativ niedrigem Niveau. Lediglich die Produktion elektrischen Stroms hat seit der Unabhängigkeit zugenommen. ESCOM (Electricity Supply Commission of Malawi) betreibt

Wasser & Energie

verschiedene Wärme- und Wasserkraftwerke. 85 % der Stromerzeugung basieren auf Wasserkraft und werden überwiegend am Shire gewonnen. Im Norden des Landes betreibt ESCOM vier Dieselkraftwerke.

Auf dem Land werden über 90 % des Energiebedarfs durch Brennholz und Holzkohle gedeckt, nur 3 % durch Wasserkraft, 1 % durch Kohle und 4 % durch Erdöl. Malawi verwendet ein Drittel seiner Elektrizität für Industrie und Gewerbe, den Rest verbrauchen die privaten Haushalte.

Verkehr & Transport

Das Straßennetz umfasst etwa 13 700 km, wovon 2320 km asphaltiert sind. Traditionell hatte man sich verkehrstechnisch nur auf den Süden des Landes konzentriert. Durch den Verlust der Bahnverbindung an den Indischen Ozean in Mosambik gewann auch der Norden Malawis an Bedeutung. Zur Verbesserung des Transportweges nach Dar-es-Salaam wurde daher der sog. Northern Corridor ausgebaut.

Die Transportprobleme Malawis während des Bürgerkriegs in Mosambik werden deutlich, wenn man sich einmal die Entfernungen vor Augen führt: Die alten Transportwege Blantyre-Beira und Blantyre–Nacala wiesen 649 bzw. 807 km Länge auf. Die Verbindung nach Dar-es-Salaam ist 1784 km lang; die von Blantyre nach Durban über die Tete-Korridor-Route 2661 km und via Sambia sogar 3762 km lang.

Bahn

Das Streckennetz der Bahn, bisher lediglich 829 km lang, gewinnt durch den derzeitigen Ausbau des Nacala Corridors in Mosambik zum Containerhafen wieder große wirtschaftliche Bedeutung. Auch eine Verlängerung des Streckennetzes nach Sambia durch Malawi Rail ist vorgesehen.

Schifffahrt

Die Binnenschifffahrt auf dem Malawisee hat schon jetzt durch den regelmäßigen Service der Ilala (S. 380f) eine herausragende Stellung im Personen- und Gütertransport. Sie gewährleistet die Versorgung der Nordregion sowie der Likoma-Insel. Der Lake-Service untersteht 'Malawi Railways'. Anschluss zur Eisenbahn bietet der Hafen in Chipoka.

Flug

Die nationale Fluggesellschaft Air Malawi bietet neben den Inlandstrecken auch einige regionale Verbindungen an. Aufgrund der erhöhten Treibstoffpreise arbeitet die Gesellschaft allerdings mit hohen Verlusten. Internationale Flughäfen gibt es in Lilongwe und Blantyre.

Naturschutz & Wildlife Management

Im Kampf um den Lebensraum unterliegen die Wildtiere

Endemisch bedeutet, diese Art kommt nur hier vor

Wo Platzmangel herrscht und die Menschen dringend Felder brauchen, da gibt es nirgendwo auf der Welt viel Sympathie für den Tierschutz. Die von Affen und Elefanten verursachten Ernteschäden und Plünderungen fördern bei den Betroffenen die Tierliebe auch nicht. Auf diese Weise wurden in Malawi die den Tieren vorbehaltenen Gebiete immer kleiner, die Pufferzonen schmäler und der **Bevölkerungsdruck** auf die unkultivierten Regionen größer... So wurden Gnu und Nashorn ausgerottet und manche Tierart auf wenige Exemplare reduziert. Trotzdem leben in den fünf Nationalparks des Landes heute noch etwa 170 verschiedene Säugetiere und über 600 Vogelarten. Durch Wilderei und Eingrenzung des Lebensraums ist aber auch dieser Bestand nicht gesichert. Außerhalb der Parks und Schutzgebiete zeigt sich die Situation alarmierend. Verstöße gegen die bestehenden Gesetze (Wilderei, illegaler Holzeinschlag, Fischen mit

Moskitonetzen) werden viel zu wenig geahndet. Die langfristigen Folgen sind ein erschreckender Rückgang der Vogelwelt und des alten Baumbestands, die Überfischung des Malawisees und das nachlassende Naturschutzbewusstsein in der Bevölkerung.

Im **Malawisee** sind von den 500 Fischarten bis zu 95 % endemisch. Damit ist die Unterwasserwelt des Sees ein einzigartiges, wertvolles Naturparadies. Im Umkreis der Fischerdörfer ist der See allerdings bedrohlich abgefischt und verschlammt. Seit die Fischer feinmaschige Netze verwenden, fischen sie auch viele nicht essbare Fische und den Nachwuchs ab.

Im Shire wimmelte es einst von Flusspferden und Krokodilen. Beide sind stark zurückgegangen. Traurig ist die Vorstellung von der Elephant-Marsh, zu deren Namensgebung sich David Livingstone inspiriert fühlte, als er dort fast 1000 Elefanten auf einmal sah. Heute gibt es hier keinen Einzigen mehr.

Neben den fünf Nationalparks hat das Land vier Wild- und über 70 Waldreservate eingerichtet, die zum großen Teil kaum erschlossen sind. Ziel ist es, die Natur in diesen Regionen in Ruhe zu lassen.

Selbstverständlich bieten auch die malawischen Parks grandiose Wildtier- und Naturerlebnisse. Doch können diese schönen Eindrücke dem wachsamen Beobachter nicht verschleiern, dass es in Malawi kaum noch die große intakte Wildnis gibt.

Nebenbei bemerkt: Wildhüter verdienen ein monatliches Grundgehalt von 45 Euro.

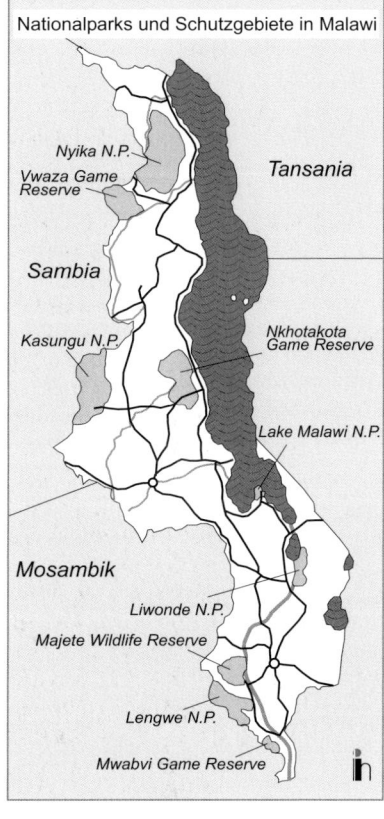

Nationalparks und Schutzgebiete in Malawi

Nyika N.P.
Vwaza Game Reserve
Tansania
Sambia
Kasungu N.P.
Nkhotakota Game Reserve
Lake Malawi N.P.
Mosambik
Liwonde N.P.
Majete Wildlife Reserve
Lengwe N.P.
Mwabvi Game Reserve

"Malawi – **The Warm Heart of Africa**" – mit diesem selbst gewählten Slogan heißt der kleine Staat Besucher willkommen. Die Attraktionen des Landes sind vielfältig. Allein der Malawisee stellt eine Einmaligkeit in Afrika dar: Der riesige See eignet sich für Wassersport und ist ein Tauchparadies. Daneben bietet Malawi Bergmassive und Plateaus für Wanderungen. Fünf Nationalparks zeigen dem Besucher die afrikanische Tierwelt und Wildnis in "handlicher Form". Die kurzen Distanzen vereinfachen das Reisen. Entlang des Sees haben sich eine Reihe preisgünstiger Unterkünfte angesiedelt, das Angebot an Hotels ist aber noch unzureichend und soll ausgebaut werden. Nach Malawi reisen Menschen, die eine Mischung suchen aus kulturellen, kolonialhistorischen und naturkundlichen Erlebnissen. Eine Besuchertendenz zu individuellem Reisen und Ferienhaus, Motel oder Campingplatz ist erkennbar. Die Prognosen für die Zukunft sind positiv, und Malawi ist an einem stärkeren Ausbau des Tourismus interessiert.

Das Land ist Mitglied des regionalen Verkehrsausschusses SARTOC. Gemeinsam mit den Ländern Südafrika, Lesotho, Swaziland und den Komoren wird international für den Tourismus geworben.

Tourismus

Positive Prognosen für das "Warme Herz Afrikas"

Aus dem deutschsprachigen Raum kommen bisher erst knapp 6000 Touristen jährlich

KULTUR & GESELLSCHAFT

in Sambia und Malawi

Musik und Tanz

Tanz

Ausdruck-starke Tänze sind fester Bestandteil afrikanischer Kultur

Traditionelle Tänze sind auch heute noch sehr lebendig im kulturellen Leben enthalten und aufgrund der Völkervielfalt zahlreich und verschieden. Musik und Tanz haben in ganz Afrika eine besondere Bedeutung. Sie gehören zum Leben wie Essen und Trinken, dienen religiösen und profanen Zwecken, sind Lebenselexier und Ausdruck ungebändigter Vitalität. Den meisten Tänzen liegen spirituelle Motive zugrunde, wie das Hoffen auf Regen, Dank für eine gute Ernte, Zurschaustellung militärischer Stärke oder das Abwenden eines Unheils. Meist soll dabei ein spiritueller Kontakt zu den Ahnen hergestellt werden, viele Tänzer fallen durch den ausdauernden und eindringlichen Klang der Trommeln in Trance.

Schon gewusst?

Traditioneller Glaube und kulturelle Handlungen sind in West- und Nordsambia besonders lebendig

Sehr berühmt sind z. B. die Vimbu-Tänzer oder die maskierten, farbigen **Nyau-Tänzer**, deren Identität übrigens streng geheim gehalten wird. Es ist sehr schwierig, dem Nyau-Kult beizutreten und setzt große körperliche Leistungskraft voraus. Bevor der Tänzer auftreten darf, werden die Tänze zum Teil jahrelang geübt. In Malawi zählen die Auftritte der **Gule Wamkulu-Tänzer** zum Höhepunkt der Feste. Großen Ruhm haben auch die **Mkishi-Tänzer** bei den Luvale in Nordwestsambia, die bei Initiationsriten und Beerdigungen auftreten. Diese Tänze werden maskiert mit Kostümen aus gewebtem Schilf getanzt. Bei den kriegerischen Yao im Süden Malawis dominieren Tänze, die an die Militärmärsche aus alten Kolonialtagen erinnern. Die Tänze drücken den militärischen Drill und dessen Gepflogenheiten aus (Trillerpfeife). Auch die Kostüme sind Uniformen nachempfunden. Zur Kolonialzeit waren bis zu zwei Drittel der Männer bei den King's African Rifles oder als Askaris eingezogen. Dadurch hat die Epoche starken kulturellen Einfluss erhalten. Zu den beliebtesten Yao-Tänzen zählt der Beni, der wie alle Kriegstänze ein Männertanz ist.

Auch die Ngoni lieben Kriegstänze. Der Ingoma ist besonders wild und ausdrucksstark. Früher wurden solche Tänze nach erfolgreicher Jagd und Kriegszügen dargeboten, heute bei Hochzeiten und Feierlichkeiten. Die Lomwe tanzen den zeremoniellen Mazoma-Tanz. Frauentänze sind z. B. der Chimtali und die Visekese.

Musik und Gesang

Die Musik ist vorwiegend vokal. Sehr typisch ist der **Wechselgesang**. Musikinstrumente werden fast nur von Männern gespielt und sind meist Perkussions- und Saiteninstrumente, weniger Blasinstrumente. Eine zentrale Rolle spielen die **Trommeln**. Früher waren sie besondere Machtsymbole der Könige und Häuptlinge, die oft eigene Hofmusiker hielten. Auch heute noch haben die Trommeln eine besondere, fast religiöse Bedeutung. Meist werden sie Fremden nicht gezeigt, keinesfalls verkauft und nur sonntags in der Kirche oder auf Festen verwendet.

Kürbisse dienen oft als Resonanzkörper. Dem weit verbreiteten Instrument Ulimba dient eine Kalebasse als Klangkörper, über der Klangstäbe angebracht sind, die mit Stöckchen angeschlagen werden. Bei den Ngoni und Tonga findet man die Phenenga, ebenfalls ein aus einer Kalebasse und einem Rohr gefertigtes Musikinstrument. Die Nkhwende wird aus Bambusrohren hergestellt. In Malawi verwendet man auch gerne große Xylophone; die Malimba ist ein solches Ein-Stab-Xylophon. Sehr weit verbreitet und beliebt ist die Chitsukulumwe, bei der ein Holzkörper voller Samenkapseln geschüttelt wird. Die Lala haben die Mankubala, ein 'Singendes Boot', das aussieht wie ein kleiner Einbaum. Kankobele oder Likembe werden die handlichen Zupfinstrumente (Fingerklaviere) genannt, die so gerne auf den Souvenirmärkten feilgeboten werden.

Beliebt ist heute auch Gitarrenmusik, die sich an amerikanischen Westernsongs, Spirituals oder dem kongolesischen Rumba orientiert. Aus Südafrika wurde der Jive importiert. Seit den späten 60er Jahren entwickelte sich in Sambia der populäre ZAMROCK, der auf traditionelle Lieder und Instrumente zurückgreift.

Oben: Gule-Wamkulu-Tänzer in Ntchisi, Malawi

Kunsthandwerk

Die Produkte des traditionellen Kunsthandwerks sind meist praktischer Art. Dazu zählen geflochtene Schlafmatten, Speere, Äxte und Hacken, Töpfe oder Tierfallen. In Dörfern in Flussnähe werden ausgesprochen geschickt Reusen aus Schilfgras gefertigt. Die Korbwaren sind regional sehr unterschiedlich, zeichnen sich aber immer durch eine bemerkenswerte Stabilität aus. Als Material dienen eingeweichte und gekochte Palmgräser und Schilfrohr. Unterschiedliche Färbung erhalten die Gräser durch den Sud aus Wurzeln, Pilzen, Blut, Kuhdung und Lehm. In Sambia ist die Ostprovinz für ihre meisterhaften Korbwaren berühmt, die Westprovinz ist die Heimat schöner Speere, Schnitzereien und Matten. In Malawi werden sehr auffällige, große Körbe geflochten, die im ganzen Land auf dem Kopf getragen werden. Afrikanisches Werkzeug scheint oft simpel zu sein, es beeindruckt aber im täglichen Gebrauch um so mehr. Bei einsamen Fahrten durch den Busch erweist sich z. B. die einfache Axt als hervorragendes Werkzeug zum Bäumefällen. Neben den Produkten für den täglichen Bedarf werden für kulturelle Zwecke Kleider gewebt, Tanzmasken und Figuren geschnitzt. Das Rohmaterial des traditionellen Kunsthandwerks bilden immer natürliche,

Meist bilden Naturprodukte die Basis

Oben: sambische Briefmarke, kunstvolle Bastmatte aus dem Luangwatal

pflanzliche Produkte. Heutzutage werden allerdings moderne Abfallprodukte, wie Gummi und Draht, fantasievoll eingebunden. Traditionell arbeiten Männer mit Holz und Metall, die Frauen dagegen mit Ton, Stoff und Schilf. Getöpfert wird in jahrtausendealter Tradition ohne Töpferscheibe und Brennofen.

Die **Holzschnitzkunst** der Lozi für Kult- und Gebrauchsgegenstände besitzt eine jahrhundertealte Tradition. Thomas Ndongo, geb. 1920, gilt als einer der besten Schnitzer der Livingstone-Region. Im Grenzgebiet zum Kongo und zu Angola (Lundaland) ist eine hoch entwickelte Maskenschnitzkunst lebendig geblieben.

Im südlichen Malawi werden sehr schöne Möbelstücke aus Holz und Peddigrohr/Rattan gefertigt. Daneben hat sich das Kunsthandwerk mit Keramik und Speckstein ausgebreitet. Traditioneller Schmuck aus Eisen und anderen Metallen wird im ganzen Land gefertigt

Felsbildkunst

Bilder rechts: Klassische Gebrauchsgegenstände in Zentralafrika: Fischreuse, Hocker und Hackebeil; darunter: Malerei an der Mua Mission: D. Livingstone trifft auf Sklavenhändler am Malawisee

Das südliche Afrika ist reich an Felsmalereien und -gravuren, die jedoch südlich des Sambesi vorwiegend von Buschleuten geschaffen worden sind, während die Fachwelt davon ausgeht, dass die Urheber der Kunstwerke in Angola, Sambia, Malawi und Teilen Mosambiks der zentralafrikanischen Twa-Zone zuzuordnen sind (einem kleinwüchsigen, inzwischen ausgestorbenen, zentralafrikanischem Jäger- und Sammlervolk). Die ältesten Malereien aus der "Red Animal Tradition" wurden auf 16 700 Jahre v. Chr. zurückdatiert (Nachikufu Cave). Anschließend hat sich bis zur Einwanderung erster Bantu-Gruppen die "Red Geometric Tradition" durchgesetzt, die sich durch geometrische Formen und Linien in meist roter Farbe auszeichnet. Die Einwanderer, Ackerbauern und Viehzüchter aus dem Norden, prägten den anschließenden Stil der "White Spread-eagled Tradition", in der Lebewesen aus der Vogelperspektive und besonders viele Reptilien dargestellt wurden. Hier dominierte die Farbe Weiß. Schließlich entwickelte sich im Großraum Chipata/Dedza eine vierte Stilrichtung, die "White Zoomorph Tradition". Bei diesen eher groben Menschen- und Tierdarstellungen wird ein Zusammenhang mit Geheimbünden und spirituellen Treffpunkten vermutet. Diese Malerei wurde offensichtlich bis in das 20. Jh. praktiziert, wie die Darstellung eines Autos in Namzeze bei Dedza veranschaulicht.

In Sambia und Malawi findet man jeweils rund **1000 Felsbildstätten**. Sie befinden sich in Sambia vornehmlich entlang der Great North Road, im Großraum Kasama und um Chipata, in Malawi weitläufig versprengt, jedoch mit auffälliger Häufung um Dedza. Man findet sie auf blank liegendem Granitgestein. Meist wurden die Bilder unter regengeschützten Felsüberhängen angebracht, manche auch in Felsspalten und Kuppelhöhlen. Während Malawi ausschließlich Malereien aufweist, beherbergen in Sambia etwa ein Viertel der Fundstätten Felsgravuren.

Sehenswerte Felsbildstätten, die soweit ausgeschildert sind, dass man sie auch ohne Führer einigermaßen gut erreichen und entdecken kann, gibt es leider nur wenige. Dazu zählen in Sambia die Nachikufu Cave und die Nsalu Cave (S. 209), beide an der Great North Road. In Malawi lohnt sich ein Besuch der Mwana wa Chentcherere-Fundstätte (Chongoni Rock Art) nahe Dedza (S. 326).

Info!
In beiden Ländern können an Felskunst Interessierte versierte und ortskundige Führer engagieren bzw. weitere Informationen erhalten bei:
Sambia: The National Heritage Conservation Commission, P. O. Box 60124, Livingstone. Tel. 03-320481, Fax 03-324509.
Malawi: Department of Antiquities, P. O. Box 264, Lilongwe. Tel. 721844, Fax 781018.

Literatur

Afrikanische Geschichten und Erzählungen wurden traditionell nur mündlich überliefert; bis zur Kolonisierung betrieben die Menschen eine sog. **Oralliteratur**. Erst anschließend entwickelte sich eine eigenständige Schriftliteratur. In Sambia und Malawi wurden die Überlieferungen sogar erst seit Ende der 40er Jahre niedergeschrieben. Sambische und malawische moderne Literatur ist meist in englischer Sprache verfasst und beschäftigt sich mit der vorkolonialen Situation (z. B. in Sambia bei Dominic Mulaisho, geb. 1933), und mit dem Leben und mühevollen Arbeiten in den Minen. Es handelt sich vorwiegend um Erzählungen und Romane; Prosa und Gedichte sind in der einheimischen Literatur eher selten.

Gesellschaftliche Traditionen

Die Großfamilie

Ein Leben in der Gemeinschaft

Die afrikanische Großfamilie ist sozusagen der Mittelpunkt der Gesellschaft. Hier werden Sozialfälle abgefangen und moralische Werte gelebt. Der Einzelne identifiziert sich über seine Familie, die soziale Gemeinschaft bildet für ihn die wichtigste Institution. Familiäre Isolation wird als Horror und Schmach empfunden und unter allen Umständen vermieden. So entsteht eine Verbindlichkeit, die den Einzelnen in eine feste, der Familie und dem "Clan" verpflichtete Rolle zwingt, ihm aber auch den Schutz und die Fürsorge derselben gewährt. Diese lebenslange Wechselbeziehung bestimmt alles private und öffentliche Handeln; sie zieht sich durch Politik und Wirtschaft, und ist die Ursache für mancherlei scheinbar unverständliche afrikanische Wesenszüge.

Initiationsriten

Die Initiation als Einweisung in die Welt der Erwachsenen

Die Initiation, die rituelle Aufnahme eines Heranwachsenden in die Gemeinschaft der Erwachsenen, war in den meisten Volksgruppen ein wichtiger kultureller Akt. Bei den Mädchen handelte es sich dabei um eine ausgesprochen langwierige Prozedur. Nach der ersten Monatsblutung eines Mädchens begann die sog. *Cisungu*. Das Mädchen zog zusammen mit einer Frau, die nicht ihre Mutter sein durfte, aus der Dorfgemeinschaft in eine abgelegene Hütte. Diese Frau lehrte sie die praktischen und theoretischen Anforderungen für ihre künftige Rolle als Ehefrau und Mutter. Sie wurde in die strengen und geheimen Regeln der Gemeinschaft eingewiesen, die sie fortan niemals brechen durfte. Diese 'Lehrzeit' dauerte in der Vergangenheit ein halbes Jahr. Erst danach durfte das Mädchen heiraten. Mädchen, die vor ihrer Cisungu schwanger wurden, sind häufig

Oben: Schulunterricht unter Mangobäumen

verstoßen worden, weil man sie als Unheils-boten ansah. Die Cisungu wurde im 20. Jahr-hundert immer stärker gekürzt. In den 1930er Jahren dauerte die Initiation nur noch einen Monat, und heute wird die Unterweisung meist an einem einzigen Tag vollzogen.

Auch die Buben wurden einer Initiation, *Mukanda*, unterzogen. Allerdings nicht einzeln, sondern in einer Gruppe Gleichaltriger. Zum Ende ihrer Initiation wurde ein großes Fest gefeiert, bei der in Nordwestsambia z. B. die berühmten Mkishi-Tänzer auftraten.

Die Rolle der Frau

Die Situation der Frauen in Sambia und Malawi hat sich durch die Begegnung mit den Europä-ern genauso stark verändert, wie die afrikani-schen Gesellschaftsstrukturen generell. Vor der Ankunft der Weißen waren die Dorfgemein-schaften durch Großfamilien, die vom traditio-nellen Wanderhackbau lebten, geprägt. Es gab eine klare geschlechtsspezifische Arbeitsauf-teilung. Den Männern oblag die Jagd, das Roden der Felder, das Zäunebauen und der Hausbau. Die Frauen waren verantwortlich für das Sam-meln wilder Früchte und Wurzeln, das Hacken, Jäten und Ernten, das Holzsammeln, Wasser-holen, Kochen und die Kindererziehung. Somit leisteten die Männer die periodisch anfallenden schweren Arbeiten, während dagegen die Frau-en die alltäglichen, zeitraubenden Tätigkeiten ausübten.

Als sich im letzten Jahrhundert die Siedler und Minengesellschaften etablierten, brauchten sie schon bald Arbeitskräfte. Da die Afrikaner zunächst wenig Interesse an der Lohnarbeit zeigten, wurden sie durch die Einführung von Kopf- und Hüttensteuern bald dazu genötigt. Um die Steuern bezahlen zu können, mussten die Männer einer mit Geld bezahlten Arbeit nachgehen, was gravierende Auswirkungen auf das Familienleben hatte. Von nun an musste ein Großteil der Männer für Monate oder Jahre in den Minen, städtischen Zentren oder auf Groß-farmen der Lohnarbeit nachgehen, während die Frauen mit versorgungsabhängigen Kindern und Alten zurückblieben. Dadurch wurden sie

Brautwerbung, Eheschließung und Scheidung bei den Bisa

Wenn ein junger Mann ein Mädchen heiraten möchte, muss er zuerst seine Großeltern um Erlaubnis bitten. Diese werden sich zunächst erkundigen, ob die Familie der Braut einen ordentlichen Ruf genießt. Den gleichen Weg muss auch das Mädchen gehen. Wenn eine der beiden Seiten die Heirat ablehnt, müssen die jun-gen Leute ihren Heiratswunsch aufgeben. Sind die Familien einverstanden, wird ein Brautpreis (Lobola) ausgehandelt, der den Brauteltern ausgezahlt wird. Je nach Region kann es sich dabei um eine Kuh, Mais oder auch Geld handeln. Die Brautleute dürfen sich von jetzt an nicht mehr sehen. Beide Familien treffen große Vorbereitungen für die Hochzeit. Es wird auf Vorrat gekocht und viel Bier gebraut. Dann erhalten die beiden an mehreren Abenden eine Art Eheeinweisung von einem älteren Mann und einer älteren Frau aus der Dorfgemein-schaft, die beide nicht mit den Brautleuten verwandt sein dürfen. Während des an-schließenden großen Hochzeitsfestes sind jener Mann und die Frau Ehrenpersonen. Scheidungen sind erlaubt, sofern der Chief zustimmt. Auch eine Wiederheirat ist für beide Seiten problemlos. Stirbt ein Mann und hinterlässt Frau und Kinder, so sucht seine Familie aus ihren Reihen einen Mann, der fortan die Rolle des Familien-oberhaupts ausfüllt. Die Witwe kann dies aber auch ablehnen, alleine bleiben oder sich anderweitig neu verheiraten.

zum alleine verantwortlichen Haushaltsvorstand. An dieser Situation hat sich bis heute wenig geändert. Eigentlich hat sie sich sogar noch verschlechtert, denn durch die allgemeine Schulpflicht (in Sambia) verloren die Frauen auch die dringend notwendige Unterstützung durch die größeren Kinder. Zudem hat die Modernisierung der Männerarbeit Erleichterungen verschafft, z. B. durch Ochsen und Pflüge. Andere Bereiche wie die Jagd oder die Kriegführung fielen weg. Dagegen haben sich einige typisch weibliche Tätigkeiten erschwert. Allein durch die zunehmende Abholzung, Überweidung und Versteppung ganzer Landstriche werden für die tägliche Feuerholz- und Trinkwasserbeschaffung immer mehr Energie und Zeit benötigt.

Trotz der **deutlichen Mehrbelastung** der Frauen bei allen Haushalts- und Familienangelegenheiten treten die Frauen auch mit einem Anteil von über 50 % im Handel auf. Die afrikanischen Märkte werden von Frauen bestimmt. Sie brauen *Chibuku*, das Maisbier, sie flechten Matten oder verkaufen die Überschüsse aus der eigenen landwirtschaftlichen Produktion. Doch treten sie fast ausschließlich als sog. Kleinhändler auf und haben, selbst wenn sie sich organisieren und gemeinschaftlich agieren, kaum eine Chance auf größere Absatzmärkte oder Expansion. Durch die geschlechtsspezifischen Zwänge werden sie am Zugang zu Informationen, Ausbildung, Hilfeleistungen und Technologien gehindert. So können sie nur mit ihrer eigenen Arbeitskraft und nicht allzu produktiv wirtschaften. Die finanziellen Erträge fließen meist dem Ehemann zu, der darüber verfügt.

Afrika stützt sich auf die Leistungskraft seiner Frauen. Es ist daher auch in neuerer Zeit verstärkt dazu übergegangen worden, in die Zukunft der Frauen zu investieren. Es entstehen in vielen ländlichen Gebieten Sambias maschinelle Getreidemühlen und zahlreiche Dörfer werden mit modernen Brunnen ausgestattet. Das sind bereits spürbare Entlastungen für die Frauen. Um aber die Gesamtsituation der Afrikanerinnen zu verbessern, bedarf es dringend mehr Ausbildungsstätten auf dem Lande. Typische neue weibliche Berufe sind Hausangestellte, Kindermädchen oder Heimarbeiterin. In vielen Regionen ist nach wie vor die **Polygamie** üblich. Die Frauen werden bereits während der Erziehung auf die künftige Mehrehe vorbereitet. Vielfach wird das Argument angeführt, dass die Polygamie die einzelne Frau entlastet. Die Ehefrauen teilen sich die tägliche Arbeit, wobei es eine Rangordnung zwischen der ersten und der oder den anderen Ehefrauen gibt. Beschneidungen (Klitorisverstümmelungen) sind in Sambia und Malawi übrigens nicht üblich.

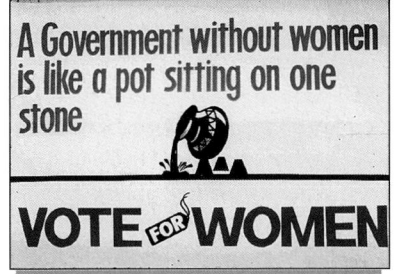

Ein Wort zur **Kleidung**: Auf dem Land tragen die Frauen fast ausnahmslos *Chitengis*, bunt bedruckte Stoffe, die um die Hüften gewickelt werden. In den Städten herrschen inzwischen westliche Kleider und Kostüme vor, Hosen werden immer häufiger auch von (jungen) Afrikanerinnen getragen. In den ländlichen Regionen sind Hosen für Afrikanerinnen allerdings noch unvorstellbar.

Bilder links und oben: Mahnung gegen Gewalt in der Ehe in Malawi; Wahlplakat in Sambia

Die Rolle des Chief

Die traditionelle politische Struktur beruht auf dem *Chieftainship*, einer Einrichtung, die sich nur schwer beschreiben lässt. Jedes Volk hat mehrere Chiefs, die über verschiedene Regionen regieren. Ein Chief ist weit mehr als ein Dorfvorsteher, aber weniger als ein König. Seinem Volk gegenüber strahlt er mitunter eine größere Macht aus als selbst die Landesregierung. Er genießt enormen Respekt und Verehrung innerhalb seines Volkes, kann aber auch abgewählt werden, wenn seine Beschlüsse zu despotisch, unbefriedigend oder ungerecht werden. Seine Aufgaben sind vielfältig, im Grunde ist er eine Art **Schiedsrichter für alle Alltagsprobleme** und gemeinschaftlichen Entscheidungen, und Hüter von Gesetz, Ordnung und Moral. Verteilung von Landflächen, Scheidungen, Streitigkeiten, Wohnungswechsel, Kriminaldelikte – alles wird vom Chief geregelt und dann bedingungslos akzeptiert. Damit ein Chief richtige und faire Entscheidungen treffen kann, lässt er sich von Beratern, die häufig zu den ältesten und gebildeten Männern im Dorf zählen, unterstützen. Die Geschicke eines Volkes hängen stark davon ab, wie diplomatisch, weise und umsichtig der Chief handelt.

Alle Chiefs eines Volkes unterstehen dem *Senior Chief*, der wiederum die größte Autorität in der Volksgruppe besitzt. Während die Macht der Chiefs in den Ballungszentren allmählich aufweicht, sind die Strukturen in den ländlichen Regionen derart gefestigt, dass die Regierungen beider Länder auf die Kooperation der Chiefs angewiesen sind. In Sambia findet deshalb z. B. alljährlich das *House of Chiefs* statt, eine Konferenz der Regierung mit etwa 100 Chiefs. Diese große Gruppe zu einigen und zu gemeinsamen Beschlüssen zu bewegen, ist eine schwierige, aber notwendige Aufgabe.

Schon gewusst?
Mitte der 80er Jahre lehnten sich über 2000 Dorfbewohner gegen ihren Chief auf und forderten seine Absetzung. Ihr Vorwurf: Er verwandle sich mitunter in ein Krokodil und sei für den Tod von 10 jungen Frauen verantwortlich

Bilder links: Das Gepäck auf dem Kopf, ein Kind auf den Rücken geschnürt; unten: Stolze Braumeisterin in einem Kaondedorf

Traditionelles Heilwesen

Mehr als nur Symptom-behandlung

Das traditionelle Heilwesen ist zu Recht tief in der afrikanischen Kultur verwurzelt. In den ländlichen Regionen wird noch überwiegend traditionelle Medizin praktiziert; und auch in den Städten konsultieren, trotz moderner medizinischer Einrichtungen, die meisten zuerst oder parallel einen traditionellen Heiler. Ursache dafür ist die tief verankerte Überzeugung, dass Krankheiten soziale und spirituelle Wurzeln haben und nur der traditionelle Heiler die zur Genesung erforderliche Verbindung zur spirituellen Welt aufnehmen kann.

Jahrhunderte-altes Wissen über die Kräfte der Natur wird seit Generationen weitergegeben

Die Basis der traditionellen Heilkunde bilden **Naturprodukte**, wie Wildfrüchte, Samen, Rinden, Schildkrötenpanzer, Schlangenhäute, Raupen und Wurzeln. Das wertvolle Wissen um die Wirkung der einzelnen Bestandteile und um die Zusammensetzung und Zubereitung einer Medizin hat sich seit Jahrhunderten von Generation zu Generation übertragen. Traditionelle Heiler kennen bestimmte Akazienwurzeln, mit denen sie Schlangenbisse behandeln und andere Wurzeln gegen Durchfall. Sie behandeln Infektionen, Geschlechtskrankheiten, Kopfschmerzen, Geisteskrankheiten etc. Lange Zeit wurden sie von der westlichen Welt als primitive Medizinmänner und Scharlatane verurteilt. Man nannte sie ironisch *Witch Doctor* und sprach ihnen jede Kenntnis von der Heilkunst ab. Doch mittlerweile wurden viele Parallelen zur modernen Medizin erkannt: die gleichen Naturextrakte werden in hochtechnisierten Laboratorien erforscht und ein Großteil unserer Arzneien basiert auf Wildpflanzen oder tierischen Produkten, bzw. auf den Erkenntnissen, die aus der Erforschung solcher Produkte gewonnen werden konnten.

Die traditionellen Heiler genießen sehr viel Vertrauen in der Bevölkerung, da sie in der dörflichen Gemeinschaft integriert leben und über großes Einfühlungsvermögen in die Gedankenwelt ihrer Patienten verfügen. Sie fungieren neben der Heilkunst immer auch als Ratgeber für alle Lebensfragen. Der **Vorbeugung von Krankheiten** messen sie ebensoviel Bedeutung bei wie der Symptom-Behandlung. Sicherlich können diese Mediziner nur leichte chirurgische Eingriffe vornehmen und gefährliche Verletzungen oder schwere Erkrankungen nicht behandeln. Sie können daher die Hospitäler und Krankenstationen nicht ersetzen, stellen aber eine wertvolle Bereicherung in der medizinischen Versorgung dar.

Während unter der britischen Kolonialregierung die überlieferten Heilmethoden unterbunden wurden, wird die traditionelle Medizin inzwischen staatlich gefördert. Rund 13 000 Heilkundige in Sambia lassen sich in Lusaka von der Traditional Health Practioner's Association vertreten. In Malawi heißen sie Sin'ganga und erhalten eine staatliche Lizenz, die sie bei sich tragen müssen. Sie werden hier durch die Society of Traditional Herbalists vertreten.

Die **traditionelle Glaubenswelt** der Afrikaner ist viel komplexer, strenger und bedrohlicher, als dies Europäern gemeinhin geläufig ist. Tief verankert ist die Überzeugung, dass alles Tun und Erleben dem unmittelbaren Einfluss der Ahnen unterliegt. Ferner gilt die geheime Macht von Tieren und Pflanzen als sicher und zumeist unheilbringend. Daher finden im traditionellen Heilwesen so häufig Tierprodukte, wie Zähne, Eingeweide, Fell, Haut und Knochen, Verwendung.

Ein Beispiel: Die Rippen von **Hyänen** sollen sowohl Lungenschmerzen lindern, als auch den beruflichen Werdegang positiv beeinflussen. Mit Hilfe der Lippen von Hyänen soll sich das Jagdglück steigern lassen.

Sehr weit verbreitet ist die tiefe Angst vor Mitmenschen, die sich von Zeit zu Zeit in Wildtiere verwandeln, vor allem in Löwen, Hyänen und Krokodile. Die Lozi haben dafür einen eigenen Heilberuf: Der *Sitondo* könne solche verwandelten Wildtiere kontrollieren und zügeln, sei aber auch in der Lage, sich selbst in diese zu verwandeln. Sitondos sind meist auf eine bestimmte Tierart spezialisiert und gelten als Koryphäen für die Wundbehandlung nach Attacken dieser Tierart.

Schon gewusst?
Hexenglaube ist weit verbreitet in Sambia und Malawi. Hier reiten Hexen allerdings auf Hyänen statt auf Besenstielen

*Linke Seite:
Anzeige in der sambischen Tageszeitung "The Post" vom 18.09.2003*

*Rechts:
Bisafrauen brauen Bier für eine bevorstehende Hochzeit*

Topographie

Papayastaude

Sambia und Malawi zeichnen sich durch eine **spektakuläre Pflanzenvielfalt** aus. In Sambia wurden mehr als 4600 Spezies registriert mit über 200 endemischen Arten (im Vergleich: in der BRD existieren 2500 Pflanzenarten, darunter 88 endemische Arten).

Besonderes

Ostsambia bildet eine Randzone des Zentralafrikanischen Grabenbruch-Systems. Im zentralen Sambia begrenzt das *Muchinga-Escarpment* mit bis zu 1848 m Höhe den 560 km langen und bis zu 100 km breiten Luangwagraben. Entlang der Grenze zur Republik Kongo zieht sich der an Bodenschätzen ausgesprochen reiche Copperbelt (Kupfergürtel) mit 50 km Breite auf etwa 110 km Länge.

DIE NATUR in Sambia und Malawi

Die Topographie Sambias

Das Binnenland liegt zwischen 8° und 18° südlicher sowie 22° und 33° östlicher Länge, und damit genau zwischen Zentral-, Ost- und südlichem Afrika. Je nach Quelle und Bezug wird Sambia einer dieser drei Regionen zugeordnet. In ethnologischer Hinsicht zählt das Land eher zu Zentralafrika, aus geologischer Sicht aber zum südlichen Afrika. Sambias Staatsgebiet umfasst 752 614 km² einschließlich seines Anteils am Tanganjikasee. Es ist damit mehr als doppelt so groß wie Deutschland bzw. größer als Dänemark, Frankreich, Belgien, die Schweiz und Österreich zusammen, hat aber nur etwa 10 % der Einwohner dieser Länder. In der Mitte wird Sambia stark durch den zum Kongo gehörenden **Katanga-zipfel** eingeschnürt. Sambias Ost-West-Ausdehnung beträgt 1350 km, die Nord-Süd-Ausdehnung 1100 km. Die Grenzen zu den acht Nachbarländern wurden zumeist entlang von Flüssen und Wasserscheiden gezogen.

Der größte Teil des Landes liegt auf dem überwiegend flachen, bewaldeten zentralafrikanischen **Hochplateau** zwischen 1000 und 1600 m Höhe. Von Süden nach Norden steigt das Land allmählich zur Lundaschwelle des Kongobeckens an bzw. zum zentralafrikanischen Grabenbruch am Tanganjikasee. Hier verläuft die **Wasserscheide** zwischen Kongo und Sambesi. Die höchste Erhebung bilden mit 2164 m die zum Nyika-Hochgebirge gehörenden Makutu-Mountains im äußersten Osten des Landes. Zu den markanten **Flusstälern** zählen Sambesi- und Luangwatal. Westsambia liegt im Kalahari-Sandbecken.

Flüsse, Seen und Sümpfe – Sambias Wasserreservoirs

Der Sambesi hat Sambia zu Recht seinen Namen gegeben, entwässert er mit seinen Zuflüssen doch den größten Teil des Landes. Von seiner Quelle im Nordwesten fließt er auf seinem 2700 km langen Weg zum Indischen Ozean 1550 km durch Sambia. Seine bedeutendsten Zuflüsse sind der 960 km lange Kafue und der Luangwa, der von Nordosten durch den **Luangwagraben** verläuft und an der Grenze zu Mosambik in den Sambesi mündet. Im ganzen Land kommen riesige Sumpfsenken vor. Die größten Sumpfgebiete liegen am Mweru- und Bangweulusee im nordöstlichen Sambia (Luapulabecken), am oberen Sambesi und Kafue in Nordsambia (Barotse und Busanga Plains) und bei Kabwe (Lukangasümpfe). Die Grenze zu Zimbabwe wird durch den mittleren Sambesi gebildet, der bei Livingstone die über 100 m hohen **Viktoriafälle** hinab stürzt und anschließend durch die schluchtartige Sambesifurche in den 5200 km² großen Karibasee strömt. Sambia verfügt mit seiner großen Anzahl an natürlichen und Stauseen über 45% der Wasserreserven im südlichen Afrika.

Mopanewald zu Beginn der Regenzeit

Die Topographie Malawis

Lang und schmal erstreckt sich Malawi zwischen 9° und 17° südlicher Breite und 33° und 36° östlicher Länge in den äußeren Tropen. Auf die Nord-Süd-Ausdehnung von rund 850 km kommt nur eine Breite zwischen 70 und 170 km. Malawi ist nur etwa ein Drittel so groß wie die Bundesrepublik Deutschland. Es hat nicht einmal ein Sechstel der Fläche Sambias, aber etwa gleich viele Einwohner. Ein Fünftel seines Staatsgebietes besteht aus Wasserflächen; 94 000 km² sind Landflächen.

Malawi wird der Länge nach vom Nyassagraben, dem südlichsten Teil des ostafrikanischen Grabenbruchs, durchzogen. Dabei gliedert sich das Land in drei Zonen:

Frangipaniblüte

• Den Nordosten bildet der **Malawisee**, von dessen 28 500 km Ausdehnung rund 24 000 km² zu Malawi zählen (der restliche Teil gehört zu Tansania und Mosambik). Er liegt auf ca. 473 m Höhe mitten in der Grabensenke. Der Malawisee, drittgrößter See Afrikas und der vierttiefste der Welt, nimmt fast ein Fünftel der Landesfläche ein. Seine tiefste Stelle reicht bis 200 m unter den Meeresspiegel. Daneben besitzt das Land drei kleinere, flache Seen, die alle im Shiregraben liegen: Lake Malombe, Lake Chilwa und Lake Chiuta.

• Südlich des Sees befindet sich der **Shiregraben**, der von Bergen und Hochplateaus von ca. 800-1100 m umschlossen ist. Der Shire entwässert als einziger Fluss den Malawisee. Von seinen 500 km Gesamtlänge führen 400 km durch Malawi. An der Südspitze des Landes fließt er nur noch 37 m über dem Meeresspiegel und vereinigt sich schließlich bei Sena in Mosambik mit dem Sambesi.

• Im Westen, an der sambischen Grenze, verläuft in Nord-Süd-Richtung das Hochland mit den Nyika- und Viphyabergen. Die Berge bilden einen **Gebirgsstreifen** parallel zum Malawisee. Das Nyika Plateau im Norden erreicht 2606 m Höhe. Im Süden ragen aus der Shire-Ebene einzelne Bergplateaus. Im äußersten Südosten des Landes steigt der höchste Berg Zentralafrikas, das **Mulanje Bergmassiv**, auf 3002 m an.

Zwischen dem heißen Shiretal, mit Delebpalmen, Baobabs, Mopane und Trockensavannen, und der Gebirgsvegetation bei Mulanje und Nyika liegen zahlreiche Vegetationsübergänge. Von Süden nach Norden wird die Flora immer tropischer.

Hibiskusblüte

Topographie

Häufigste Vegetationsformen

- **Miombowälder** (regengrüne, laubabwerfende Brachystegia-Wälder), die etwa 70 % der Plateauflächen bedecken und somit Sambias häufigste Waldart bilden.
- **Mopanewaldlandschaften**, die typisch für heiße und regenarme Regionen mit sandigen Böden im Süden beider Länder sind.
- **Trocken-** und **Mischwaldlandschaften** in Tieflandzonen mit Akazien, Combretum, Terminaliaarten sowie Strauch- und Dornsavannen.
- **Mushitu-Wälder:** Bedrohte, empfindliche Nebelurwälder, die sich um Quellen und Feuchtböden bildeten mit artenreichen Bäumen, Moosen und Farnen.
- **Bergurwälder** und **Bergwiesen** mit einer extremen Vielzahl an blühenden Gräsern (Nyika Bergplateau und die umliegenden Berge).
- **Mateshi-Dornbuschsavannen** und Akazienwälder im äußersten Norden (Übergang zur ostafrikanischen Steppenvegetation).
- **Mavundu-Wälder** mit artenreichen Trocken- und Teakhölzern in Westsambia auf sandigen, wenig fruchtbaren Böden ohne Oberflächenwasser.
- **Dambos:** Baumlose, nur mit Gras bedeckte, natürliche Niederungen, die 4,6 % der Fläche Sambias ausmachen. Diese flachen Mulden werden regelmäßig überschwemmt, halten für Monate Wasser (z. B. in den Barotse Flood Plains) und bilden eine wertvolle Drainage. Früher gute Wildweiden, wegen ihrer meist sauren Böden nicht zur Rinderhaltung geeignet.
- **Dauersümpfe:** Lukanga Swamps, Bangweulu Swamps
- **Flutebenen** Riesige, periodisch überflutete Schwemmgebiete entlang großer Ströme, meist mit harten Gräsern bewachsen (Barotse Flats, Kafue Flats, Chambeshi Flats).

Miombowälder sind halb-immergrün, bilden meistens eine geschlossene Grasdecke, haben eine auffallend schöne Blätterverfärbung und sind außergewöhnlich artenreich. Diese Waldart hat sich vor allem zwischen dem Regenwaldgürtel und den Trockenwäldern im tropischen Afrika ausgebreitet.

Miombowald

Die Leitspezies des ausgesprochen attraktiven Miombowaldes bilden die Baumfamilien Brachystegia, Julbernardia und Isoberlinia. Allen diesen Arten sind ihre pilzförmigen, ausladenen Baumkronen und das explosive Aufspringen der Samenkapseln gemein. Ein sehr häufiger Vertreter ist der **Muombo** (*Brachystegia longifolia*), dessen Plural Miombo der Waldart ihren Namen verlieh. In mittleren Lagen um 1200 m trifft man vor allem auf den **Msasa** (*Brachystegia spiciformis*), dessen Samenkapseln sich nach dem explosiven Aufbrechen sofort spiralförmig eindrehen und den **Munondobaum** (*Julbernardia globiflora*). Die beiden bis zu 12 m hoch wachsenden Laubbäume unterscheidet man daran, dass Blätter und Schoten des Msasa fest und haarlos, Munondoblätter dagegen fein behaart und die Samenkapseln samtweich sind. In trockenen Gebieten weicht der Msasa dem **Mfuti** (*Brachystegia boehmii*). Miombobäume sind periodisch laubabwerfend, wobei der Austrieb neuer Blätter noch vor der Regenzeit ab August/September statt findet, wird er doch durch den enormen Temperaturanstieg zum Ende der Trockenzeit ausgelöst. Dass Blüten und Früchte oft direkt aus dem Stamm und aus dicken Ästen wachsen, ist eine Besonderheit blühender Bäume in den Tropen. Ein auffallend schöner, mittelgroßer Baum mit runder Krone ist der **Munkulungu** bzw. **Msale** (*Brachystegia bussei*). Er blüht weiß zu Beginn der Regenzeit und hat oval-längliche Samenkapseln.

Bilder rechts oben: Typischer sambischer Miombowald, darunter ein Mopanewald in der Trockenzeit

Mopanewald

Mopanewälder bevorzugen regenärmere Gebiete im Süden Sambias und Malawis mit sandigen oder lehmigen Böden und nur spärlichem Grasbewuchs. In der Trockenzeit ist diese Waldart kahl, oft abgebrannt und wird geprägt vom Zirpen unzähliger Zikaden und zahlreichen Termitenhügeln. Ihr dominantester Baum **Mopane** (*Colophospermum mopane*) kann bei günstigen Bedingungen bis zu 18 m hoch wachsen, bleibt aber bei schlechten Böden oft nur ein Busch (er kann sogar auf alkalischen Böden existieren), und bildet ein begehrtes Feuerholz.

Der Baum lässt sich recht einfach an seinen schmetterlingsförmigen Blättern erkennen, an denen man zu Beginn der Regenzeit den "Mopanewurm"

Gonimbrasia Belina findet. Viele Afrikaner sammeln, rösten und verzehren die proteinreichen Raupen. Der Dung von Abermillionen **Raupen** – er misst mehr Volumen als der Dung aller Wildtiere zusammen – ist ein wertvoller Dünger für die ausgelaugten Böden dieser Waldart. Die überlebenden Raupen vergraben sich monatelang im Boden, ehe sie sich zu wunderschönen Faltern entwickeln, die nur zwei Tage zu Leben haben und in dieser Zeit hunderte kleinster Eier akkurat an Zweige und Blätter des Mopanebaumes ablegen müssen.

Aus diesen Eiern (oben) schlüpft die Mopaneraupe (unten)

Falscher Mopane (*Guibourtia coleosperma*) ist ein sehr ähnlicher, aber weniger häufiger Baum mit auffälligem rosaweißem Stamm. Im Mopanewald findet man auch die zur Regenzeit lila blühenden **Teakholzbäume** (*Baikiaea plurijuga*) mit dem besonders harten Edelholz und den schattenspendenden Baumkronen. In westsambischen Kalahari-Randzonen und dem Sambesital ist die **Afrikanische Kastanie** (*Sterculia africana*), auch Mgozo und Tick Tree genannt, verbreitet. Ihre pelzige Fruchtkapsel ähnelt der des Baobabs. Dieser Baum aus der Kakaofamilie steht gerne auf steinigen Böden.

*Info:
Blätter des Mopane (rechts) und des Falschen Mopane (oben) im Vergleich*

Mopaneblätter sind terpentinhaltig giftig. Ganz junge Blätter sind noch essbar, die ausgereiften giftig für alle Wildtiere, und erst die welken, rötlichen Blätter können wieder verzehrt werden.

Vegetation

81

Bäume

An Flussufern

Flussufer und Bachbette weisen eine besonders große Vielfalt an Bäumen auf. Sehr markant ist der **Red Milkwood** (*Mimusops zeyheri*), ein immergrüner Baum, der bis zu 1000 Jahre alt werden kann. Zwischen September und November trägt er weiße Blüten, und seine kleinen, ovalen, gelborangenen Samen enthalten viel Vitamin C. Größeres Glück braucht man, um ein Exemplar der **Holzbanane** (*Entandrophragma caudatum*) zu entdecken. Dieser eher seltene Baum steht bevorzugt an Gewässern auf steinigem Grund und trägt Fruchtkapseln, die im aufgesprungenen Zustand zu Beginn der Regenzeit wie geschälte Bananen am Baum hängen. Es ist der königliche Baum des Barotselandes. Aus seinem Holz wurde die Barke des Litunga gefertigt (Kuomboka-Zeremonie, S. 33). Der **Matumi** oder **Wilde Oleander** (*Adina microcephala*) blüht in der Regenzeit weiß mit schöner Krone und langen Blättern. Der immergrüne Baum steht meist an Flussufern in niedrigen Lagen. Sehr auffallend ist der Stamm der **Blaurinden-Commiphora** (*Commiphora caerulea*) aus der Myrrhe-Familie, dessen milchig-blaue Rinde beständig abblättert. Am Itezhi-Tezhi-Stausee stehen einige Exemplare nahe dem David-Shepherd-Camp.

Akazienschote

Frucht des Baobab

In den Niedrigzonen und Tälern

Die trockenen Niederungen mit sandigen Böden und jahreszeitlich sehr hohen Temperaturen weisen einen speziellen Bewuchs auf. Im unteren Shiretal sieht man besonders viele der bizarren **Fieberbäume** (*Acacia xanthophloea*). Ihre gelben Stämme heben sich vor allem während der blätterlosen Trockenzeit stark hervor. Die ersten Forschungsreisenden und Missionare gaben dieser anmutigen Akazie den Namen Fieberbaum, da sie ihn für den Auslöser der Malaria hielten. In der Tat wächst der zierliche Baum in den besonders heißen, sumpfigen Niederungen, wo auch die Malaria wütet, hat ansonsten aber nichts mit der Krankheit zu tun. **Pod Mahogany** (*Afzelia quanzensis*) ist ein weiterer eindrucksvoller, schattenspendender Baum der Tieflagen. Seine mahagoni-farbenen Baumkapseln, die bis zu 10 x 17 cm groß werden, sind ein beliebtes Sammelobjekt. Bei günstigen Existenzbedingungen erreicht er bis zu 35 m Höhe. In der traditionellen afrikanischen Medizin werden seine Wurzeln gegen Bilharziose eingesetzt. Der **Rote Mahagonibaum** (*Khaya nyasica*) kann sogar bis zu 60 m hoch wachsen und bildet ein hervorragendes Möbelholz. Die Rinde dieses mächtigen Giganten enthält Chinin, einen wertvollen Stoff zur Malariabehandlung. Er gehört zu den schönsten Baumriesen Afrikas.

Akazien, Albizien und Combretum

Akazien bevorzugen offene Waldlandschaften in überwiegend trockenen Regionen, und sind daher vor allem in mittleren und niederen Höhenlagen anzutreffen. Weil diese Hülsenfrüchtler den Stickstoff aus der Luft wie einen Dünger nützen, wachsen sie auch noch auf sehr verkarsteten Böden. Eine recht auffällige Akazie ist z. B. die **Papierrindenakazie** (*Acacia sieberana*), deren hellfarbige Rinde sich wie Papierfetzen abschält. Ihre Samenhülsen sind ein begehrtes Futter für Elefanten, Büffel, Antilopen oder auch Rinder. Noch markanter ist der von unzähligen Noppen und Warzen übersäte Stamm der **Knopfdornakazie** (*Acacia nigrescens*). Dieser Baum bleibt oft monatelang ohne Blätter und gilt als Indikator für gutes Weideland. **Apfelringakazien** (*Acacia albida*), auch Winterdorn und Anabaum genannt, werden bis zu 30 m hohe Bäume, wachsen besonders gerne an den Flussufern tief liegender Gebiete und bilden ebenfalls ein begehrtes Viehfutter. Bei dieser Akazie treiben nämlich im südlichen Winter die frischen Blätter, wenn alle anderen Bäume noch kahl sind. Für den Nahrungszyklus der Wildtiere hat sie daher eine besondere Bedeutung. Sehr schöne Exemplare säumen die Ufer des Chongwe Rivers am Rande des Lower Zambezi NP (siehe Umschlagbild dieses Reiseführers). Ebenfalls in trockenen Niedrigzonen wächst die auffällige **Ringelhülsenakazie** (*Acacia tortilis*), die nach ihren markanten eingeringelten Samenhülsen benannt wurde und zu den Schirmakazien zählt.

Der **Farbkätzchenstrauch** (*Dichrostachys cinerea*) ist ein akazienähnlicher Busch der niedrigen Höhenlagen. Er gilt als Indikator für überweidete Böden, weil er eine typische Sekundärpflanze ist, und lässt sich leicht an seinen Samenhülsen erkennen, die wie verschlungene Knäuel am Busch hängen. Das Bild (oben) zeigt die Blüte.

Bäume

Oben: Samenkapsel des Falschen Mopane

Infos zum Thema Waldbrände siehe S. 393!

Die Bäume der weit verbreiteten Albizia-Familie werden allzu leicht mit Akazien verwechselt. Man kann sie jedoch daran unterscheiden, dass Albizien im Gegensatz zu den afrikanischen Akazien keine Dornen an den Ästen haben. Zur Malariabehandlung werden in der traditionellen Medizin die Früchte der **Bitteralbizia** (*Albizia amara*) eingesetzt. Der Baum gilt auch als ein recht zuverlässiger Indikator für Tsetsefliegen. Am auffälligsten ist die **Papierrindenalbizia** (*Albizia tanganyicensis*), deren weiße Rinde sich wie bei der gleichnamigen Akazie permanent abschält (siehe Bild links).

Weite Verbreitung in Misch- und Trockenwäldern finden afrikanische **Weiden**. Diese Langfadengewächse der *Combretum*-Familie tragen Früchte mit vier Flügeln in gelben, grünen, braunen und violetten Farben. Sehr typisch sind **Vierblattcombretum** (*Combretum ghasalense*), **Kudubusch** (*Combretum apiculatum*) und die Rostbraune Buschweide (*Combretum hereoense*).

Markanter Stamm der Knopfdornakazie

Bäume

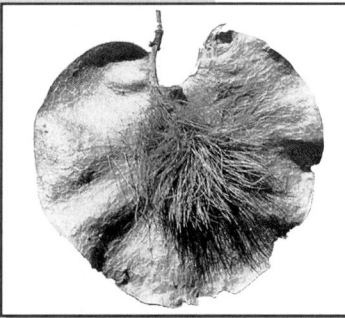

Von oben: Baobab,
Mukwa-Samenfrucht,
Leberwurstbaum

Besondere Spezies

Die **Kapfeige** (*Ficus capensis*) als attraktiver, hoch wachsender Maulbeerbaum der Wald- und Sumpfgebiete, findet starke Verwendung in der afrikanischen Medizin. Ein mächtiger Vertreter der immergrünen Wälder im nördlichen Sambia ist der sog. **Red Water Tree** (*Erythrophleum suaveolens*). Sein hartes Holz dient dem Eisenbahn-, Brücken- und Minenbau. Die Rinde enthält betäubende Alkaloide – ein wirksames Pfeil- und Fischgift. Die **Sandseringe** (*Burkea africana*), ein nur mittelgroßer Waldbaum, zieht wie der Mopane Raupen an, die von den Einheimischen geröstet verspeist werden.

Baobab

Der berühmteste Baum Afrikas ist wohl der Baobab oder Affenbrotbaum (*Adansonia digitata*). Er zählt zu den Wollbäumen und kommt nur in niedrigheißen afrikanischen Regionen und Flusstälern, wie am Sambesi, Luangwa und Shire, vor. Dieser ungewöhnliche Baum ist extrem vital und zäh, manche Exemplare werden bis zu 3000 Jahre alt. Sein massiger Stamm ist ein Wasserspeicher, der in Trockenzeiten von Elefanten angezapft wird. Die großen, weißen Blüten blühen nur für etwa zwei Tage im Oktober/November. Die ovalen, samtigen Früchte enthalten so viel Vitamin C, wie kaum eine andere Pflanze. Auch die jungen Blätter des Baobab sind als Gemüse gekocht essbar. Unzählige Legenden und Mythen befassen sich mit dem knorrigen Baum, der in den meisten afrikanischen Kulturen sehr verehrt wird. Manche glauben, der Sud aus seinen Samen schütze vor Krokodilen, andere behaupten, Gott habe den Baum versehentlich verkehrt herum eingepflanzt. Hohle Baobabs dienten früher als Versteck, Unterschlupf oder auch als Gefängnis.

Leberwurstbaum

Zu den ungewöhnlichsten Bäumen zählt der Leberwurstbaum (*Kigelia africana*), der in den niedrigen Zonen an Flussufern und in offenen Waldlandschaften anzutreffen ist (Luangwa- und Sambesital). Seine Früchte werden bis zu 1 m lang und bis zu 10 kg schwer, da sie sehr viel Wasser enthalten. Sie hängen tatsächlich wie überdimensionale Leberwürste von den Zweigen herab. Im unreifen Zustand sind sie giftig, später werden sie zum Bierbrauen verwendet. Bei Hungersnöten verzehren die Menschen seine Früchte, ansonsten sind sie ein beliebtes Futter für Mangusten, Hippos, Paviane und anderes Wild. Die dunkelroten Blüten des Trompetenbaumgewächses verströmen abends einen unangenehmen Duft, der Fledermäuse zum Bestäuben anlockt.

Afrikanischer Regenbaum

Besondere Erwähnung verdient der Regenbaum (*Lonchocarpus capassa*). Der mittelgroße, weit verbreitete Baum steht gerne an Flussläufen. Seinen Namen erhielt der Baum, weil er manchmal in der Trockenzeit zu regnen scheint. Dafür ist allerdings ein Insekt verantwortlich, das auf diesen Bäumen haust. Um sich vor starker Sonneneinstrahlung zu schützen, bedeckt sich die Zikade (*Ptyelus grossus*) selbst mit sog. 'Kuckucksspucke'. Dazu saugt sie die Rinde an, produziert Spucke und scheidet sogleich fast reines Wasser aus, welches dann vom Baum zu tropfen scheint.

Marula

Viel Unsinn ist über den Marulabaum (*Sclerocarya birrea*) berichtet worden, dessen Früchte viermal mehr Vitamin C als Orangen enthalten, und die im überreifen Zustand zum Gären neigen. Eine Überdosis solcher Früchte kann daher durchaus unangenehme Nebenwirkungen auslösen, jedoch nicht – wie in einem berühmten südafrikanischen Tierfilm dargestellt – zur Massentrunkenheit unter Affen, Elefanten, Warzenschweinen und Antilopen führen! In Südafrika wird aus Marulafrüchten ein wohlschmeckender Likör gleichen Namens gewonnen. Der Marulabaum erfährt besondere Ehrung bei den Tonga.

Sukkulenten

Zahlreiche Euphorbien aus der Gattung der Sukkulenten sind in Sambia und Malawi verbreitet. Am häufigsten kommt die **Kandelabereuphorbie** *(Euphorbia candelabrum)* vor. Sie wird bis zu 10 m hoch und blüht in der Regenzeit gelbgrün. Sehr oft steht sie in trockenen Regionen direkt an markanten Termitenhügeln. Wenn man Euphorbien verletzt, tritt ein giftiger Milchsaft aus, wodurch bewiesen wird, dass es sich um ein Wolfsmilchgewächs und nicht um einen Kaktus handelt. Die Heimat der Kandelabereuphorbie ist die Kalahari.

Palmen

Flussufer, Sümpfe und Dambos sind klassische Standorte von Palmen. Riesige Palmenhaine findet man in der Gegend um Mangochi und im Shiretal. **Fächerpalmen** (*Hyphaene petersiana*) wachsen auf Sandböden und in Regionen mit salzhaltigem Grundwasser. Eine weit verbreitete Unterart südlich der Linie Mongu - Mumbwa - Mkushi - Lundazi - Chinteche ist die 'Vegetable Ivory'-Palme *(Hyphaene benguellensis)*. Bis zu 2000 runde Früchte trägt jede einzelne Palme, die erst zwei Jahre lang reifen und nach weiteren zwei Jahren abfallen. Die abgefallenen Früchte sind ein

Mukwa

Wegen seiner großen runden Samenfrucht relativ leicht zu identifizieren ist der Mukwa (*Pterocarpus angolensis*). Die haarige Kugel weist außen herum einen weichen, wellenförmigen Ring von etwa 3 cm Breite auf (siehe Bild links). Diese Früchte hängen oft monatelang am Baum. Wenn man den Mukwa anschneidet, tritt eine blutähnliche Flüssigkeit aus, die zum Färben verwendet wird. Der Baum ist sehr feuerresistent und bietet hervorragendes Holz für Paddel, Kanus und Speere. In Sambia nennt man die Früchte auch "Flying Eggs"!

Bäume

Raffiapalme (oben)
und ihre
Frucht
(rechts)

Palm-Ivory-Frucht

Zierpflanzen

begehrtes Elefanten- und Affenfutter, wobei die Tiere zugleich als Samenverteiler dienen. Als Souvenirartikel werden die Früchte gesammelt und halbiert, denn ihr hartes, weißes Inneres erinnert an Elfenbein. Aus den Früchten einer Palme kann außerdem bis zu 70 l Palmwein gewonnen werden. Die Palme selbst wächst sehr langsam. Zum Verwechseln ähnlich sieht die **Deleb**- oder **Palmyrapalme** (*Borassus flabellifer*) aus. Auch diese Fächerpalme zählt zu den nützlichen Tropenpflanzen, aus deren orangegelben Früchten Wein, Arrak und Zucker hergestellt werden. In Regionen, in denen Elefanten leben, ist die Delebpalme besonders stark verbreitet, da die Tiere die Samen unverdaut ausscheiden und auf diese Weise verteilen. Die **Wilde Dattelpalme** (*Phoenix reclinata*) ist auffällig attraktiv. Ihre orangefarbenen Früchte erinnern stark an Datteln. Man sieht sie z. B. bei Chitipa in Nordmalawi. **Raffia**- oder **Bastpalmen** (*Raphia farinifera*) stehen gerne in Sumpfregionen und an Flussläufen (siehe Bild S. 85). Ihre Blätter werden sehr groß und ausladend. Afrikanerinnen fertigen daraus stabile Korbwaren.

Zierpflanzen

Eine Reihe schöner Zierpflanzen wurde im Laufe der Jahre nach Zentralafrika eingeführt. Zu ihnen zählt der in Australien beheimatete **Flammenbaum** (*Brachychiton acerifolium*), der wegen seiner großen roten Blüten gerne in Gärten gepflanzt wird. Auch der **Afrikanische Tulpenbaum** (*Spathodea Campanulata*), ein Import aus den tropischen Gebieten Westafrikas, hat große, scharlachrote Glockenblüten. Den Korallen- oder Roten-**Feuerbaum** (*Erythrina abyssinica*) sieht man ebenfalls häufig in den Gärten. Entlang der städtischen Straßen hat sich besonders der **Jacaranda** (*Jacaranda acutifolia*) durchgesetzt. Der in Brasilien beheimatete Baum hat ein sehr begehrtes, hartes Holz und blüht im September und Oktober wunderschön bläulich-lila. Verschiedene Akazien wurden seit der Kolonisation aus Australien nach Afrika eingeführt, vor allem feuerrot blühende **Schirmakazien** mit langen Schoten. Eingeführte Akazien haben im Gegensatz zu den heimischen Arten vielfach keine Dornen.

Landwirtschaftliche Nutzpflanzen

Bananenstaude

Die stammlose Banane (*Musa sapientum*) ist ein in beiden Ländern weit verbreitetes Staudengewächs. Jede Staude entwickelt zeitlebens nur einen einzigen Fruchtstand mit ca. 80 bis 250 Bananen und einer violettfarbigen Blüte. Unter den weltweit etwa 60 verschiedenen Bananenarten sind die Obst- und die Mehlbanane die bekanntesten. Ihre langen Blätter sind oft zerrissen, wodurch sie Stürmen besser standhalten können.

Mangobaum

Dieser schöne Baum (*Mangifera indica*) mit dichten Blättern und runder Krone, der ganzjährig guten Schatten spendet, ist praktisch in allen Dörfern zu finden. Ursprünglich kommt er aus Asien und kann bis zu 20 m hoch wachsen. Im Mai/Juni wachsen die grünen Früchte heran und reifen bis zur Ernte während der Regenzeit orangerot. Afrikaner verspeisen die Früchte oft schon im halbreifen, noch sehr harten Zustand.

Süßkartoffel

Diese in Südamerika beheimatete und sehr stärkehaltige Knolle wird auch in Sambia und Malawi angebaut. In gekochtem Zustand ist sie der Kartoffel ähnlich, hat aber einen süßlichen Geschmack und ist etwas faserig. Man kann daraus auch Alkohol gewinnen.

Zuckerrohr

Zuckerrohr braucht besonders viel Feuchtigkeit und muss daher intensiv bewässert werden. Er dient der Herstellung von Rohzucker, Weißzucker und der Alkoholgewinnung. Für Malawi sind Zuckerrohr und Zucker seit langer Zeit ein wichtiger Exportartikel. Durch den Preisverfall und die Transportprobleme seit den 1980er Jahren wurde das Exportwachstum gebremst. Ein Großteil der Produktion dient heute der Eigenversorgung. Bei Dwangwa am Malawisee und im Lower Shire Valley befinden sich die beiden großen Plantagen und Fabriken der SUCOMA (*Sugar Corporation of Malawi*). Seit 1982 steht in Dwangwa eine Anlage zur Äthanolgewinnung. In Malawi werden jährlich knapp 2 Mio. Tonnen Zuckerrohr geerntet. Seit 1964 baut man in Sambia in der Region um Mazabuka Zuckerrohr an. Auf den Märkten werden Zuckerrohrstangen angeboten, deren zuckerhaltige Fasern von den Einheimischen gekaut werden. Die Reifezeit bis zur Ernte dauert je nach Klima zwischen 11 und 20 Monaten. Die Rohrstangen wachsen bis zu 6 m hoch.

Erdnuss

In Malawi und der Ostprovinz Sambias wird in größerem Maße für den Export produziert, ansonsten dient der Erdnussanbau der Eigenversorgung. Etwa 60 % der sambischen Erträge werden exportiert, ein Teil im Inland verkauft und der Rest zur Speiseölgewinnung verwendet. Die Erdnuss besteht zu fast 50 % aus Fett, bis zu 35 % aus Eiweiß und bis zu 20 % aus Kohlehydraten. Als Nahrungsmittel werden sie vor allem in gerösteter Form verzehrt.

Baumwolle

Baumwolle wird vor allem von Kleinbauern in den trockenen Regionen angebaut. Seit Beginn der Baumwollproduktion in den 1930er Jahren erlebte die Entwicklung ein ständiges Auf und Ab. In den letzten Jahren sind wieder Fortschritte zu verzeichnen. Die eigentliche Baumwolle quillt aus den Fruchtkapseln des einjähriger Strauches hervor. Als wertvolles Nebenprodukt gelten die Baumwollsamen, die 20–30 % Fett enthalten.

Hirse und Sorghum

Die sehr ähnlichen Getreidesorten Sorghum und Hirse sind in Äquatorialafrika beheimatet und deutlich dürreresistenter als Mais. Daher verdrängen sie den Maisanbau in regenarmen Gebieten. Sorghum wird intensiv in Tieflagen am Sambesi und Luangwa angebaut. Fingerhirse ist dagegen in der sambischen Nord-, West- und Luapulaprovinz verbreitet. Sie bildet ein gutes Viehfutter und wird zudem zu Bier verarbeitet. Auf Kalahariböden baut man verstärkt Rohrkolbenhirse an.

Fingerhirse

Nutzpflanzen

Bilder links:
Delebpalme,
Früchtetragende
Bananenstaude

Tabak

Malawis wichtigster Devisenbringer wird auch für Sambia seit dem wirtschaftlichen Niedergang Zimbabwes und der damit verbundenen Abwanderung weißer Farmer nach Sambia immer bedeutsamer. In Plantagenbetrieben werden die Tabakblätter meist röhrengetrocknet, von den lokalen Kleinbauern dagegen feuergetrocknet. Unter den Plantagen finden sich sehr moderne Großbetriebe, teilweise mit Staatsbeteiligung, in denen überwiegend Saisonkräfte arbeiten. Die Jahresernte Malawis liegt bei knapp 100 000 Tonnen, die Qualität des Tabaks hängt stark von den Regenfällen der vergangenen Saison ab. Weil es keine staatlichen Mindestpreise gibt, kommt es immer wieder zu starken Preisschwankungen. Für Sambia, wo die Ernteerträge in den 1990ern nur bei 5000 Tonnen/Jahr lagen, rechnet man mit einer Vervielfachung dessen in den nächsten Jahren durch die Farmer aus Zimbabwe.

Reis

Diese uralte Kulturpflanze ist ein wichtiger Exportartikel Malawis, wo in den wasserreichen Niederungen jährlich um 50 000 Tonnen Reis produziert werden. In Sambia spielte der Reisanbau lange Zeit eine untergeordnete Rolle. Erst durch gezielte Entwicklungsprojekte steigerte sich die Reisproduktion und man hofft, von Reisimporten unabhängig zu werden bzw. zukünftig sogar Reis exportieren zu können. Der Anbau findet vor allem in den Flusstälern des Shire, Sambesi, Luapula und Chambeshi statt.

Cassava (Maniok)

Die Cassavapflanze wächst bis zu 2–3 m hoch, hat verholzte Stängel und lange, schmale Blätter. Sie wird intensiv in Flusstälern und Sumpfgebieten angebaut und ist eine typische Pflanze des Wanderfeldbaus (Chitemene). Dazu werden zu

Beginn der Regenzeit Ableger in die Erde gesteckt, die Pflanze wächst dann je nach Region in ein bis drei Jahren heran. Cassava bzw. Maniok – seine frankophone Bezeichnung – ist eine stärkehaltige Wurzelknolle, ihre bitteren Sorten enthalten in der Schale ein der Blausäure ähnliches Gift. Erst durch Wässerung, Schälen, Pressen, Raspeln und Trocknen werden diese Knollen entgiftet. Das zerstoßene Mehl wird zu Brot und Kuchen weiter verarbeitet. Frisch zum Trocknen ausgelegter Cassava verbreitet einen sehr unangenehmen Geruch. Allein in Sambia werden pro Jahr rund 270 000 Tonnen Cassava produziert, und für ein Drittel der Bevölkerung stellt Cassava das Hauptnahrungsmittel dar (vor allem im Norden). Die starke Verbreitung dieser Knolle liegt in ihren offensichtlichen Vorteilen: Cassava benötigt nur wenige Nährstoffe im Boden, ist weitgehend dürreresistent, lässt sich mit wenig Arbeitsaufwand platzsparend anbauen und kann je nach Bedarf geerntet werden, weil es sozusagen im Boden gelagert wird. Diesen Merkmalen verdankt Cassava die abfällige Kolonialbezeichnung "Frucht des faulen Mannes" und die modernere Bezeichnung "Female crop". Nachteile von Cassava sind der geringe Nährwert, die mit drei Jahren lange Reifezeit und der hohe Arbeitsaufwand zur Zubereitung von Cassavamehl.

Mais

Mais ist die wichtigste Ernährungsgrundlage der Bevölkerung beider Länder. Mehr als zwei Drittel der Anbauflächen Sambias sind Maisfelder. Alljährlich werden mehrere Millionen Tonnen Mais produziert, wobei die Erträge stark von den klimatischen Verhältnissen abhängen. In Sambia führte die jahrzehntelange unberechenbare Preispolitik beim Mais zu einer deutlichen Reduzierung des Anbaus, und viele Landwirte wechselten über zu gewinnbringenderen Pflanzenarten. Ein weiteres Problem stellen die Transportwege: Da der feuchtigkeitsempfindliche Mais häufig nicht rechtzeitig vor der Regenzeit abtransportiert wird, entstehen bis zu 20 % Ernteverluste. Aus diesen Gründen importiert Sambia regelmäßig Mais zusätzlich zur eigenen Produktion. In Malawi wiederum kauft ADMARC Maisüberschüsse auf und lagert diese vorsorglich für Notfälle oder Engpässe ein – der heimliche Verkauf dieser Überschüsse führte 2002 zur Hungersnot, als wegen Dürre die Ernte ausblieb.

Tee

Tee ist das zweit wichtigste Exportgut Malawis, wo die Pflanze 1891 erstmals durch schottische Missionare angepflanzt wurde. 90 % des Tees wächst in den knapp 30 Plantagen bei Mulanje und Thyolo, die noch vielfach in europäischem Besitz sind. Durch den Mangel an geeigneten Landflächen kann die Teeproduktion zwar nicht mehr ausgeweitet werden, doch konnte der Einsatz ertragreicherer Sorten die Ernte regelmäßig steigern. Mit rund 40 000 Tonnen Jahresernte ist Malawi nach Kenya der zweit größte Teeproduzent Afrikas. In der Regel wird der malawische Tee unbehandelt verkauft und erst im Ausland verpackt, bzw. vermischt und mit Zusatzstoffen, vor allem Aromen, versehen (siehe auch S. 333). Sambia besitzt nur eine einzige Teeplantage, das *Kawambwa Tea Estate*, zwischen Kawambwa und Mporokoso gelegen. Die Produktion dient ausschließlich dem Eigenbedarf.

Weizen

Erst seit den 1970er Jahren betreibt Sambia kommerziellen Weizenanbau. Die Getreidepflanze wächst in regenreichen Zonen der Nordwest- und Nordprovinz (Mbala) besonders gut. In Malawi spielt der Weizenanbau kaum eine Rolle.

Kapokbaum

Das ursprünglich aus Amerika eingeführte Wollbaumgewächs (*Ceiba pentandra*) wird seit Jahrhunderten plantagenmäßig im tropischen Afrika angepflanzt. Den bis zu 50 m hohen Baumriesen prägen vor allem die faltigen Brettwurzeln und seine länglichen Fruchtkapseln, die den Kapok, ein weißes, wollartiges Gewebe, der früher als Polstermaterial Verwendung fand, enthalten. Die attraktiven Bäume findet man heute an vielen Stellen entlang des Malawisees.

Bilder linke Seite:
In speziellen Häusern werden Tabakblätter getrocknet;
Baumfarn auf dem Zomba Plateau;
Eine erntereife Cassavapflanze

Nutzpflanzen

89

Elefant

Die Vielfalt der Tierwelt in Afrika, insbesondere die der Säugetiere und Vögel, ist einzigartig. **233 Säugetierarten leben in Sambia und 195 Arten in Malawi** (in der BRD nur 90), mehr als 70 Schlangenarten (in der BRD 12), Hunderte verschiedener Vögel und eine unglaubliche Vielfalt an Reptilien und Kleintieren. Für viele Besucher stellt dieser Artenreichtum deshalb auch das Hauptmotiv ihrer Afrikareise dar.

DIE TIERWELT in Sambia und Malawi

Pflanzenfresser, Raubtiere und Primaten

Säugetiere werden wissenschaftlich in Pflanzenfresser, Fleischfresser und Herrentiere gegliedert. Die meisten Pflanzenfresser, wie Böcke und Antilopen, sind tagaktive Herdentiere, wobei sich das Weiden in der Regel auf die kühleren Stunden beschränkt. An bedeckten Tagen und in mondhellen Nächten sind die Tiere aktiver; bei starker Bejagung können sich tagaktive Wildtiere auch zu reinen Nachttieren entwickeln. Die **Pflanzenfresser** werden in verschiedene Untergruppen gegliedert: Paarhufer (Giraffen, Schweine, Flusspferde, Ducker, Böcke, Kleinantilopen, Rinder), Unpaarhufer (Zebras, Nashörner), Schliefer, Rüsseltiere, Schuppentiere, Röhrenzähner, Hasen- und Nagetiere.

Raubtiere unterteilt die Wissenschaft in Katzen (Geparde, Panther- und Ginsterkatzen), Schleichkatzen, Hunde, Marder und Hyänen. Wildkatzen sind überwiegend scheue, nachtaktive Einzelgänger. Löwen bilden eine Ausnahme, denn sie leben und jagen als Rudel wie auch die Hyänen und Hyänenhunde (Afrikanische Wildhunde). Beschreibung ab S. 103.

Die dritte große Gruppe bilden die **Primaten**, die auch als Herrentiere bezeichnet werden. In Sambia und Malawi sind aus dieser Gruppe einige Hundsaffen (Meerkatzen, Paviane) und Halbaffen oder Loris (Galagos) vertreten. Beschreibung ab S. 109.

Pflanzenfresser

Elefant

(Elephant)
Loxodonta africana

KH m300-400, w240-300; **G** m4,5t-6t, w2,2t-3t; **GL** m700-730, w640-660; **SL** 110-150; Rüssellänge 160-220 cm; Stoßzahnlänge m bis 350, w bis 80; **LR** Feucht- bis Trockensavanne, Galeriewälder, heiße Niederungen, Berglandschaften; **A** rund um die Uhr, mittags ruhend; **LD** in Freiheit ca. 15 J., eigentlich bis 60 J.

Größtes Landsäugetier der Welt und das Symbol für Afrika schlechthin ist der Elefant. Er kann bis zu 4 Meter groß und 5000 bis 6000 kg schwer werden. Allein sein Herz bringt 25 kg auf die Waage!

Elefanten haben einst in ganz Afrika bis auf 5000 m Höhe gelebt. Aufgrund des enormen Futter- und Wasserbedarfs (300l Wasser und 100-200 kg Grünzeug pro Tag) unternehmen Elefanten bis zu 500 km lange Streifzüge und beschäftigen sich rund 17 Std. täglich mit der Nahrungsaufnahme. Wilderei und die Zerstörung der jahrhundertealten 'Elefantenpfade' durch Straßen, Zäune und Ortschaften beschränken ihren Lebensraum heute nahezu überall auf die ausgewiesenen Nationalparks und Schutzzonen. In **Sambia** betragen die Elefantenbestände 25 000-30 000 Tiere (ZAWA, 2005), in **Malawi** leben Schätzungen zufolge noch 2300 bis 2500 Elefanten, vor allem im Liwonde NP und Nkhotakota GR.

Ein Elefant wird nach 22 Monaten Tragezeit geboren und wiegt bei seiner Geburt bereits 90 kg. Mit 10-12 Jahren wird er geschlechtsreif, interessanterweise aber bei starker Überpopulation erst viele Jahre später. Eine Elefantenkuh bringt in ihrem Leben etwa 10 Kälber zur Welt. Außer dem Menschen haben Elefanten

keine natürlichen Feinde und können bis zu 60 Jahre alt werden. Dass ihre derzeitige durchschnittliche Lebenserwartung nur 15 Jahre beträgt, haben sie diesem einen Feind zu verdanken.

Des Dickhäuters **wichtigstes Körperteil** ist der Rüssel. Mit ihm atmet und riecht er, und er benützt ihn zum Trinken, Greifen und Schlagen. Elefanten riechen und hören ausgezeichnet, das Sehvermögen ist dagegen nur mittelmäßig, allerdings in der Dämmerung besser ausgeprägt als bei Tageslicht. Die Tiere baden gerne. Anschließend suhlen sie im Schlamm oder bespritzen sich mit viel Staub, den sie später an Bäumen oder Termitenhügeln abreiben. Dieser Vorgang schützt die Haut vor Austrocknung. Beim Fressen gehen die Tiere sehr verschwenderisch mit ihrer Umgebung um. Um an Zweige und Blätter zu gelangen, werden Bäume oft entwurzelt oder abgebrochen.

Das beeindruckendste an den friedlichen Dickhäutern ist ihr **ausgeprägtes Sozialverhalten**. Die weiblichen Tiere und alle Jungtiere leben in geschlossenen Familienverbänden. Zumeist bilden mehrere Generationen von Müttern und Töchtern eine geschlossene Herde, die von einer erfahrenen, alten **Leitkuh** angeführt wird. In jungen Jahren bleiben auch die Bullen in kleinen, lockeren Gruppen zusammen, und sie treffen die weiblichen Herden nur zur Paarung. Alte Bullen werden Einzelgänger. Elefanten gehen auffallend friedlich, liebevoll und umsorgend miteinander um. Ihre Familienbande sind eng und bleiben lebenslang bestehen. Sie trauern um verletzte oder getötete Artgenossen, halten manchmal **Totenwache** und decken dann den Körper des toten Tieres mit Zweigen ab. Dieses Verhalten ist sogar schon gegenüber verletzten Menschen beobachtet worden. Die Leitkuh muss besonders erfahren und weise sein, um zu wissen, wo z. B. in Dürrezeiten nach Wasser gegraben werden kann, welche Pfade sicher sind, wo Gefahren lauern und wie sich die Familie dann verhalten muss. Dieses Wissen vermittelt sie im Laufe vieler Jahre an die Jüngeren. Der massive Abschuss gerade der älteren Tiere

Oben: Elefanten trinken bis zu 300 l Wasser täglich; Fußabdruck eines Dickhäuters

Trotz seiner Masse kann ein Elefant nahezu lautlos schreiten.

Elefant

Verwendete Abkürzungen:

KL Körperlänge in cm
SL Schwanzlänge in cm
GL Gesamtlänge in cm
KH Körperhöhe in cm
H Hörnerlänge in cm
G Gewicht in kg
LR Lebensraum
LD Lebensdauer in Jahren
A Aktivität
m männliches Tier
w weibliches Tier

Info: Abkürzungen
"KH", "KL", "LR" etc.
siehe Seite 91!

(wegen der längeren Stoßzähne) durch die **Wilderei** hat deshalb neben der allgemeinen Dezimierung der Elefanten auch eine besonders tragische Auswirkung auf die Überlebensfähigkeit des Nachwuchses. Wo früher alte Kühe 80 bis 100 Tiere anführten, müssen heute Kleingruppen aus 15 Tieren mit einer verschreckten, unerfahrenen, vielleicht 20-jährigen Leitkuh überleben.

Elefanten zeigen
durchaus, wenn sie
sich unwohl fühlen
oder gereizt sind

Elefanten haben eine relativ **deutliche Körpersprache**. Aggression, Angriffslust und Erregung, wie sie z. B. bei Stress und während der „Musth" (sexuelle Stimulation der Bullen) auftreten können, zeigen sich durch ein feuchtes Sekret, welches aus den Drüsen an beiden Schläfen austritt. In solchem Gemütszustand kann es zu gefährlichen Angriffen kommen.

Giraffe

(Giraffe) *Giraffa camelopardalis*
KH 270-500;
KL 300-400;
SL 90-110; **G** 500-900;
LR halboffene Savannenlandschaften;
A tagaktiv; **LD** bis 28 J.

Im Luangwatal ist die Thornicroft Giraffe endemisch (Bild unten links)

Das höchste Lebewesen der Welt lebt seit 10 Mio. Jahren nur in Afrika. Giraffen bevorzugen Busch- und Baumsavannen, Miombo-Waldlandschaften und ganz besonders Akazienwälder.

Nach etwa 440 Tagen Tragezeit beginnt das Leben eines 70 kg schweren Jungtiers, das bereits nach einer Stunde laufen können muss. Die Mutter-Kind-Beziehung ist nur sehr locker. Nach 10 Jahren ist das Jungtier ausgewachsen und hat nur noch wenige Feinde. Gegen Angreifer verteidigt sich eine Giraffe mit gezielten Hufschlägen oder entkommt durch Flucht (mit bis zu 50 km/h). Schutzlos und gefährdet ist sie allerdings während des Trinkens, weshalb sie oft sehr lange zögert, bevor sie sich zum Wasser niederbeugt. Sie trinkt bis zu 50 Liter und kann damit eine ganze Woche auskommen. Die durchschnittlich 4-5 Stunden Schlaf pro Tag verbringt eine Giraffe teilweise im Stehen und nur, wenn sie sich sicher fühlt, liegend. Das Musterkleid der Langhälse ist individuell und regional verschieden. Giraffen können über einen Kilometer weit sehen und dabei auch Farben unterscheiden. Hängen die Ohren einer Giraffe nach unten, ist sie entspannt. Aufstehende Ohren signalisieren Aufmerksamkeit und Erregung.

Thornicroft's Giraffe

Oribis

Warzenschweine leben in ganz Afrika südlich der Sahara in offenen Grasflächen und lichten Savannen. Sie meiden dichten Wald oder felsige Steilhänge. Innerhalb des Familienverbands leben sie standorttreu in festen Wohn- und Schlafhöhlen. Das Weibchen wirft 2-4 Jungtiere, die 4 Monate gesäugt werden und bereits nach einer Woche der Mutter ins Freie folgen. Gerne suhlen Warzenschweine in Wasser- oder Schlammlöchern. Ihr Sehvermögen ist ausgezeichnet und ihren Feinden (Löwen und Leoparden) entkommen sie meist durch Flucht. Die bis zu 150 kg schweren Tiere verteidigen ihre Familie mutig mit den unteren Eckzähnen (Hauern). Ihre Hauptnahrung besteht aus Gräsern.

Warzenschwein
(Warthog)
Phacochoerus aethiopicus
KH 55-85;
KL 105-150; **SL** 35-50;
G m <150, w <75;
LR vielseitig, kein dichter Wald;
A tagaktiv; **LD** bis 18 J.

Im Allgemeinen meiden die Tiere menschliche Siedlungen. Allerdings kommt es in manchen Regionen, wo Wildlife und Tourismus aufeinander stoßen, zu einem auffälligen Verhaltenswandel: Intelligente Warzenschweine spezialisieren sich hier plötzlich auf die regelmäßige Inspektion von Mülltonnen auf Campingplätzen (z. B. in Livingstone)!

Diese auch Buschschwein genannte Spezies hält sich eigentlich in allen Lebensräumen außer lichten Savannen auf und bleibt doch meist unentdeckt. Die geselligen Allesfresser leben in Kleingruppen bis etwa 12 Tieren. Sie sind bei den Bauern recht unbeliebt, gelten die Bodenwühler doch als starke Ackerbauschädlinge. Ihre Bezeichnung verdanken die rotbraunen Tiere den auffallend langen Ohrpinseln.

Pinselohrschwein
(Bushpig) *Potamochoerus porcus*
KH 55-80; **KL** 100-150;
SL 30-45; **G** m 45-120;
LR vielseitig; **A** nachtaktiv; **LD** 12-15 J.

Oribis besiedeln offene Grassavannen mit niedrigem Bewuchs und Anthill-Zonen am Rande von Flutgebieten. Dabei treten sie einzeln oder in Kleingruppen auf. Bei Störung oder Gefahr ducken sie sich zunächst, um dann plötzlich mit einem pfiffartigen Laut aufzuspringen und davon zu rennen. Ein Identifikationsmerkmal sind der schwarze Fleck hinter den Ohren und die schwarze Schwanzspitze. Nur männliche Tiere tragen Hörner.

Oribi
(Oribi) *Ourebia ourebi*
KH 50-65; **KL** 90-110;
SL 6-10; **H** 8-19; **G** 12-22; **LR** Buschlandschaften; **A** Dämmerung, **LD** 8-12 J.

Schweine & Oribi

Warzenschweine

Pinselohrschwein

Flusspferd

(Hippo)
*Hippopotamus
amphibius*
KH 130-165;
KL 280-420;
SL 35-50; **G** 1300-
3500; **LR** Gewässer
mit Flachufern u.
Sandbänken; **A**
tagsüber im Wasser,
nachts weidend;
LD 40-45 J.

*Hippos gelten
als das für den
Menschen
gefährlichste
Tier in Afrika*

Tipp:
*Tierspuren von
Wildtieren
finden Sie auf
Seite 107!*

*Zambia hat
die welt-
größte Hippo-
Population
mit ca.
40 000 Tieren*

Info: *Abkürzungen
"KH", "KL", "LR" etc.
siehe Seite 91!*

Flusspferde leben in trägen Gewässern mit flachen Uferstellen und Sandbänken bei einer Wassertemperatur von 18-35°C und vereinzelt sogar im Meer. Man trifft sie bis auf 2000 m Höhe. Am Luangwa und Kafue zählen sie zu den besonders typischen Wildtieren. Ihre nackte Haut ist mit zahlreichen Schleimdrüsen übersät und an den Füßen bilden sie Ansätze von Schwimmhäuten. Gewöhnlich tauchen die **geselligen Tiere** 2-5 Minuten, doch können sie in Ausnahmesituationen bis zu 15 Minuten unter Wasser bleiben. Die meiste Zeit verbringen sie träge im Wasser oder ruhend auf Sandbänken und am Ufer. Hippos verhalten sich relativ laut, sie schnauben, brüllen und wiehern. Das Maulaufreißen ist ein Zeichen der **Aggression**. Ihr Lebensraum ist in strikte Territorien eingeteilt, die von der jeweiligen Gruppe streng verteidigt werden. Dazu zählen auch der Uferbereich und die fest ausgetretenen Wechsel (markierte Trampelpfade). Abends verlassen die Flusspferde das Wasser entlang dieser Wechsel, um an Land zu fressen. Pro Mahlzeit vertilgen sie bis zu 60 kg Gräser und legen dabei nicht selten 30 km lange Wanderungen zurück. Ihr Hauptfeind ist der Mensch. Nur gelegentlich werden einzelne Hippos von Löwen angefallen oder Jungtiere von Krokodilen erlegt, da die Muttertiere in dieser Zeit sehr wachsam sind. Haben die Kleinen das erste Lebensjahr überstanden, droht ihnen eigentlich nur noch Gefahr durch Menschen. Geboren und gesäugt wird der **Nachwuchs** übrigens unter Wasser, so wie bei den Walen. Hippos genießen die „Körperpflege" durch Fische, wie Barben, die Parasiten von ihrer rauhen Haut abknabbern. Die faserigen Flusspferd-Exkremente bilden Nahrung für Schnecken und kleinere Fischarten.

Flusspferde gehen grob miteinander um. Bei den mitunter brutalen **Rangkämpfe**n der geschlechtsreifen Männchen versuchen sie, dem Gegner die Vorderfüße zu brechen, was den Hungertod zur Folge hat. Dringt ein Männchen unerlaubt in das Territorium der Mütter und Jungtiere ein, wird es mit Gewalt vertrieben. Man vermutet, dass die rohe und grobe mütterliche Erziehung die Kleinen auf das kämpferische Leben vorbereiten soll.

Flusspferd Humphrey

Ducker

Diese Kleinantilope ist der häufigste Duckerart Afrikas und im gesamten südlichen Afrika weit verbreitet. Die Angewohnheit, bei Störung mit gesenktem Kopf fortzuschleichen, verlieh dem Steppen- oder Kronenducker seinen Namen. Die scheuen Tiere halten sich stets im Dickicht oder Gehölz von Miombowald oder Kulturlandschaften auf, sind ortstreu und werden bei Bejagung nachtaktiv. Sie fressen neben Blättern auch Kleintiere und Bodenvögel (z. B. Perlhühner). In Teilen Nordmalawis und Nordostsambias kommt auch der kleinere **Blauducker** vor.

Kronenducker

(Common Duiker)
Cephalophus grimmia
KH 45-55; **KL** 80-115;
SL 10-22; **H** 8-18;
G 10-20; **LR** vielseitig, kein Regenwald/Wüste;
A Dämmerung **LD** 12 J.

Offenes Flachland und lichte Savannen sind das Terrain von Steinantilopen, also typische Kalahari-Bewohner, und daher in Sambia nur im sandigen Südwesten beheimatet. Sie hat große Ähnlichkeit mit dem in gleicher Umgebung lebenden Oribi (S. 93). Unterscheidungsmerkmale: Oribis sind von größerer Statur und haben schwarze Schwanzspitzen. Drüber hinaus ist eine weitere Antilope dem Oribi und Steinbock zum Verwechseln ähnlich, der **Sharpe Greisbock**. Seine Heimat ist praktisch ganz Sambia bis nach Zentralmosambik, doch sind seine Bestände überall stark dezimiert und nur selten wird man ihn noch entdecken.

Steinantilope

(Steenbok)
Raphicerus campestris
KH 45-60; **KL** 70-90;
SL 5-10; **H** 7-19;
G 10-16;
LR Savannen und Steppen; **A** Dämmerung; **LD** 10-12 J.

Böcke gliedert man in die Unterfamilien Wald-, Pferde-, Ried- und Wasserböcke. Die scheuen **Waldböcke** tragen alle in unterschiedlicher Ausprägung weiße Abzeichen auf dem Rumpf (als Linien oder Punkte). Sie haben ausgezeichnetes Seh-, Hör- und Riechvermögen und vollbringen über 2 Meter weite Sprünge. Zu ihrer Gattung zählen im südlichen Afrika:

Waldböcke

Die rehartigen Schirrantilopen sind in Riedgräsern und Galeriewäldern nahe Gewässern sowie bewaldeten Tälern und Parklandschaften beheimatet. Sie leben überwiegend als Einzelgänger oder in Kleingruppen, oft aber in Gesellschaft von Pavianen oder Meerkatzen und sind sehr ortstreu. Störenfriede, wie Touristen, beobachten sie gerne aus einer Deckung heraus aufmerksam. Bei Gefahr verteidigen sie sich mutig und gelten als gute Schwimmer und Springer. Ihr größter Feind ist der Leopard. Nur männliche Tiere tragen die spiralförmigen langen Hörner.

Schirrantilope

(Bushbock)
Tragelaphus scriptus
KH 65-100; **KL** 115-150; **SL** 30-35; **H** <55;
G 25-80; **LR** deckungsreiche Wassernähe;
A tagaktiv; **LD** 12 J.

Ducker & Antilopen

Schirrantilope

Steinantilope

Antilopen

Sitatunga

Tragelaphus spekii
KH 75-125; **KL** 125-170; **SL** 18-30; **H** <92; **G** m 70-120, w55-90; **LR** deckungsreiches Dauersumpfgelände **A** dämmerungsaktiv; **LD** <19 J.

Sitatungas (auch **Sumpfantilope** genannt) leben völlig versteckt in dichten Papyrussümpfen oder auf Waldinseln in Dauersümpfen. Tief im Wasser stakend verlässt die Antilope nie den Schutz des Sumpfgeländes. Der Kasanka NP in Sambia gilt als einer der besten Beobachtungsplätze für Sitatunga in Afrika. Trotz ihres vorsichtigen Verhaltens ist die Antilope ansonsten nahezu überall ausgerottet. Bei Gefahr versteckt sie sich, indem sie bis zur Nasenspitze im Wasser eintaucht. Gegen ihre Feinde (Leoparden, Krokodile, Python, Löwen und Menschen) verteidigt sie sich sehr mutig. Ihre Erscheinung ist ausgesprochen graziös und attraktiv – wenn man sie entdeckt!

Großer Kudu

(Kudu) *Tragelaphus strepsiceros*
KH 120-150; **KL** 185-245; **SL** 30-55; **H** <180; **G** 25-80; **LR** steiniger Busch, Berglandschaften; **A** tagaktiv; **LD** in Freiheit ca. 8 J., in Gefangensch. < 23 J.

Diese attraktiven Antilopen sind in Wäldern mit schützendem Unterholz verbreitet, aber reichlich scheu. Kudus ziert eine feine, weiße Linienzeichnung über dem Rücken, die Männchen tragen weit geschraubte Hörner. Sie leben in kleinen Gruppen in Akazienwäldern und in steinigem Berg- und Buschland, und verlassen kaum jemals den schützenden Wald. In Gefahrensituationen fliehen Kudus frühzeitig und springen dabei mühelos über 2,5 m hohe Hindernisse. Wenn sie in Bedrängnis geraten, verteidigen sie sich jedoch nicht, sondern ergeben sich in ihr Schicksal.

Elenantilope

(Eland) *Tragelaphus oryx*
KH m 140-180, w 130-160; **KL** m 240-340, w 210-270; **SL** 55-85; **H** m <120, w <65; **G** m 400-1000, w 300-600; **LR** Savannen, Halbwüsten; **A** Dämmerung **LD** 15-20 J.

Diese rinderähnliche Antilope ist der größte Waldbock Afrikas und wird bis zu 1000 kg schwer. Sie lebt in Herden ohne feste Territorien in offenen Savannen, ist scheu, meidet Menschen, verteidigt sich und ihre Jungen bei Gefahr aber sehr mutig. In Sambia und Malawi wurde sie wegen ihres Fleisches stark gewildert und ist heute außerhalb des südlichen Afrika kaum noch in freier Wildbahn zu entdecken. Guten Schutz finden sie im malawischen Nyika Plateau NP. Sie kalben ganzjährig, verstärkt zwischen September und Dezember. Die hellbraunen Tiere tragen eine schwache helle Linienzeichnung auf den Flanken. Männliche Tiere identifiziert man an den Hautlappen unter dem Hals.

Kudu

Elenantilopen

Nyalas leben in Kleingruppen in Wassernähe und sind durch ihre quer über den Rumpf verlaufenden weißen Streifen eine imposante Erscheinung. Sie ähneln den Sitatungas und Schirrantilopen, haben aber von allen Arten die ausgeprägteste Linienzeichnung. In vielen Regionen sind Nyalas ausgerottet worden, man kann sie aber noch sehr gut im Süden Malawis im Lengwe Nationalpark und im Nyala Park beobachten (S. 328ff). Sie halten sich gerne in Kleingruppen auf und sind nie fern von Wasserstellen.

Pferdeböcke nennt man pferdegroße Antilopen mit langen bogenförmigen oder locker geschraubten Hörnern, die in offenen Buschwäldern verbreitet sind:

Männliche Rappenantilopen haben ein fast schwarzes Fell, die Weibchen sind dagegen mittelbraun. Durch ihre langen, säbelartig gebogenen Hörner wirken diese Tiere ausgesprochen majestätisch und zählen zweifellos zu den attraktivsten Antilopen Afrikas. Ihr bevorzugtes Habitat sind Savannenwälder mit gesunder Grasdecke, die nicht zu offen und nicht zu hoch gelegen sind. Die Herden bestehen aus Familiengruppen von Weibchen und Jungtieren, die entweder von einer Leitkuh oder einem erwachsenen, dominanten Bullen angeführt werden. Daneben gibt es Junggesellenherden, während alte Bullen allein umherstreifen. Bei Gefahr verteidigen sich Rappenantilopen selbstbewusst mit ihren Hörnern (auch Weibchen tragen Hörner).

Pferdeantilopen leben in kleinen Gruppen in Galeriewäldern und Flusstälern. Die nach den Elenantilopen zweitgrößte Antilopenart sucht häufig die Gesellschaft von Zebras, Büffeln oder Gnus. Bei Gefahr attackieren die Grasäser notfalls sogar selbst den Angreifer. Die Hörner beider Geschlechter sind krummsäbelartig geringelt und leicht nach hinten gebogen – ähnlich der Rappenantilope, aber deutlich kürzer. Charakteristisch ist auch die schwarzweiße Gesichtsmaske. Eine gute Gelegenheit, Pferdeantilopen zu beobachten, bietet das Nyika Plateau in Malawi.

Tieflandnyala

(Nyala) *Tragelaphus angasi* **KH** m 190-240, w 170-190; **SL** 36-43; **H** m <60; **G** m 110, w 65; **LR** Buschwälder; **A** Dämmerung, nachts

Pferdeböcke

Rappenantilope

(Sable Antelope) *Hippotragus niger* **KH** m 130-145, w 130-145; **KL** m 210-230, w 190-255; **SL** 40-70; **H** m <165, w <100; **G** m 200-270, w 190-230; **LR** Buschwälder; **A** Dämmerung **LD** <17 J.

Pferdeantilope

(Roan) *Hippotragus aquinus* **KH** 140-160; **KL** m 240-265, w 220-245; **SL** 60-70; **H** m <100, w <80; **G** m 260-300, w 220-275; **LR** Buschwälder **A** Dämmerung **LD** <17 J.

Antilopen

Pferdeantilope

Rappenantilope

Kuhantilopen

Kuhantilopen werden rothirschgroß, mit leicht abfallendem Rücken und kurzem, glattem Haarkleid. Die Hörner sind bei beiden Geschlechtern halbmond- oder s-förmig, mitunter sogar hakig gebogen.

Kuhantilope

Hartebeest, *(Alcelaphus lichtensteini)*
KH 120-145;
KL 175-245; **SL** 40-70;
H <70; **G** 130-180;
LR Buschlandschaften;
A Dämmerung **LD** 18 J.

In Teilen Sambias, wie dem Kafue NP und im südlichen Luangwatal, ist die Lichtenstein-Kuhantilope vertreten. Heimisch ist sie in Steppen, lichten Savannen oder halboffenen Hügellandschaften und ist dabei hervorragend an trockene Lebensräume angepasst. Einhergehend mit der wasserarmen Umgebung neigt sie dazu, weite Landstriche zu durchstreifen (vor allem die Weibchen). Die Tiere haben eine auffällige Z-förmige Hörnerbiegung. Sie reagieren auch auf die Alarmrufe anderer Antilopenarten oder Perlhühner.

Leierantilope

(Tsessebe) *Damaliscus lunatus,*
KH 100-130; **KL** 150-205; **SL** 40-60;
H <72; **G** 75-160;
LR Lichte Steppen und Savannen; **A** Dämmerung; **LD** <15 J.

Die leichteren Leierantilopen kommen in Sambia im Südwesten entlang des Sambesi und in den Bangweulu Wetlands vor. Sie unterscheiden sich von den Kuhantilopen durch die weniger eng geknickten Hörner und die schwarzen Flecken auf Gesicht und Schenkeln. Sofern ausreichend Wasser vorhanden, trinken sie täglich; sie können aber auch wochenlang ohne zu Trinken auskommen. In geselligen kleinen Trupps von bis zu 20 Tieren verbringen sie die meiste Zeit und vergesellschaften sich gerne mit anderen Antilopen, wie Gnus und Zebras.

Weißbart- oder Streifengnu

(Blue Wildebeest)
Connochaetes taurinus
KH m 125-145, w 115-140; **KL** m 180-240, w 170-230; **SL** 60-100;
H m bis 85, w <40;
G m 165-290, w 140-260; **LR** Grassteppen;
A tagaktiv; **LD** <18 J.

Die Savannen- und Steppenbewohner unternehmen in Großherden weite saisonale Wanderungen, wenn es der Lebensraum zulässt. Das faszinierende Schauspiel, wenn sich Tausende Gnus wie in der Serengeti zusammen finden, um anschließend auf Wanderung zu gehen, kann man alljährlich im November im Liuwa Plains N. P. in Westsambia erleben. Im Luangwatal ist das 'Nördliche Streifengnu' *(Connochaetes cooksoni)* endemisch.

Da Gnus nur Gräser bis 10 cm Höhe abfressen, wird vermutet, dass Buschbrände für ihr Überleben notwendig sind. Ihr größter Feind ist der Löwe, dem die ängstlichen Tiere nur durch frühzeitige Flucht entkommen können. Nach der Geburt müssen Neugeborene nach 3-5 Minuten aufstehen und den Müttern folgen können. Ihrem nasalen Blöken verdanken sie den Namen „Gnu".

Leierantilope

Gnu

Ried- und Wasserböcke, wie der Großriedbock, sind etwa hirschgroße Schwemmlandbewohner, die nur in Wassernähe anzutreffen sind und sich von Gräsern ernähren, die von anderen Antilopen gemieden werden.

Saisonale Überflutungsmarschen mit bis zu 1 m Wattiefe, wie man sie in den Kafue Flats, Busanga Plains und an den Bangweulu-Sümpfen findet, sind der klassische Lebensraum von Moorantilopen. Sie haben eine lebenslange Wasserbindung, sind ausgezeichnete Schwimmer und abhängig von Feuchtgebieten. Sie sind sehr gesellig und bilden mitunter lockere Großherden von mehreren Tausend Tieren. Neben Löwen, Hyänen und Krokodilen zählt auch der Mensch zu ihren größten Feinden (durch Besiedlungsdruck und Jagd). In vielen Teilen Afrikas sind die Antilopen daher stark gefährdet. Sambias Bestände konnte man einst nur in Hunderttausenden von Tieren angeben, und zur Kolonialzeit nannte man die Lechwe eine riesige "Fleisch-Schatzkammer". Doch durch die Bejagung, zum Teil mit organisierten Massentreibjagden, wurden die Tiere trotz ihres für den Menschen unattraktiven Lebensraums bis zur Existenzgefährdung dezimiert. In Sambia sind heute noch drei verschiedene Unterarten heimisch: Die **Schwarze Moorantilope** lebt ausschließlich rund um den Bangweulusee; die **Rote Moorantilope** kommt vereinzelt im Kongo, in Angola, Botswana und in Westsambia mit dem Kafue NP vor; in den Kafue Flats ist dagegen die **Kafue Flats Lechwe** endemisch. Eine vierte Unterart am Luongo River in der Luapula Provinz ist bereits seit Jahrzehnten ausgerottet.

Pukus sind in Südsambia und Malawi weit verbreitet. Sie sind etwa rehgroß und bewohnen in Gruppen bis zu 40 Tieren die Waldränder und buschigen Grasflächen in Wassernähe (z. B. am Luangwa). Ihr markanter Warnruf ist ein kurzer heller Pfiff, der bis zu fünfmal wiederholt wird. Tägliche Wasserzunahme ist für Pukus unerlässlich. Die Tiere haben zahlreiche Feinde und nur jedes zweite Jungtier überlebt die ersten sieben Monate, nach denen es entwöhnt wird.

Ried- und Wasserböcke

Moorantilope
Litschi (Red Lechwe)
Kobus leche
KH 85-110; **KL** 130-180; **SL** 33-45;
H 45-92; **G** 60-130;
LR Überflutungs-marschen; **A** Dämmerung; **LD** 15 J.

Info: Abkürzungen "KH", "KL", "LR" etc. siehe Seite 91!

Tierspuren von Wildtieren finden Sie auf Seite 107!

Puku
Grasantilope (Puku)
Kobus vardoni
KH 70-105; **KL** 140-180; **SL** 20-40; **H** 30-65; **G** 50-120; **LR** Grasland, Ufergebiete; **A** Dämmerung; **LD** 17 J.

Antilopen

Kuhantilope

Rote Moorantilope

Wasserbock

(Waterbock) *Kobus ellipsiprymnus*
KH <130; **KL** <220; **SL** 25-45; **H** <100 **G** 170-230; **LR** wassernahe Galeriewälder **A** Dämmerung **LD** <18 J.

Wasserbockherden befinden sich aufgrund ihres hohen Flüssigkeitsbedarfs immer in Gewässernähe (bis ca. 1 km Entfernung) und stellen hohe Qualitätsanforderungen an ihre Nahrung, die aus Gräsern und Blättern besteht. Die robusten Antilopen werden von Raubkatzen verschont, solange ausreichend anderes Wild vorhanden ist, denn ihr Fleisch ist faserig, zäh und strömt einen moschusartigen Duft aus. Auffälliges Erkennungszeichen des graubraunen Wasserbocks ist sein von einem weißen Kreis umrahmter Spiegel.

Großriedbock

(Common Reedbuck) *Redunca arundinum*
KH 80-95; **KL** 140-180; **SL** 18-30; **H** 25-46; **G** 45-70; **LR** Sumpfige, offene Grassavannen mit Ried; **A** Dämmerung, auch nachts; **LD** 10 J.

Der standorttreue Riedbock – einzeln, paarweise oder im Familienverbund lebend, kein Herdentier – entfernt sich nie mehr als 2 km von Gewässern und verteidigt sein Territorium gegen Artgenossen. Sein Laut ist ein Pfeifen durch die Nasenlöcher, ähnlich dem der Gemse. Er ernährt sich von Gräsern und wenigen Kräutern, schleicht sich bei Störung leise fort und flüchtet bei Gefahr mit langen Sprüngen. Seine Hauptfeinde sind Raubkatzen, Hyänen und Krokodile. Bestes Erkennungszeichen der mittelgroßen, braunen Antilope sind die schwarzen Linien auf der Vorderseite der Vorderbeine. Männchen tragen ausladende, leicht nach vorne gekrümmte Hörner mit schwachen Ringen.

Impala

Aepyceros melampus
KH 75-90; **KL** 120-160; **SL** 30-45; **H** <90; **G** m 200-270, w 190-230; **LR** Parklandschaften, Miombo- & Mopanewälder; **A** Dämmerung, teilw. auch nachts; **LD** <12 J.

Impalas, die mit Abstand häufigsten Antilopen im südlichen Afrika, gelten als eigene Gattung unter den Paarhufern. Die etwa hirschgroßen, geschmeidigen Antilopen bilden gesellige, große Herden bis zu 100 Tieren und halten sich gerne in Gesellschaft anderer Huftiere auf. Sie sind sehr ortstreu und bevorzugen Trockenwälder in Tälern und Mopane- und Miombowälder. Ihr Sehvermögen ist zwar schlecht, dafür riechen und hören die Grasäser ausgezeichnet. Auf der Flucht können Impalas bis zu 60 km/h schnell laufen und mit bis zu 3 m hohen und 10 m weiten Orientierungssprünge glänzen. Ihr Erfolg basiert hauptsächlich darauf, dass Impalas, im Gegensatz zu anderen Antilopen, auch auf stark überanspruchtem Grasland leben können.

Impala

Wasserbock

Die 800 kg schweren Büffel aus der Familie der Echtrinder leben überwiegend in geschlossenen Herden in Wäldern, Savannen und Grassteppen, immer jedoch in Wassernähe. Büffel sehen und hören nur schlecht und müssen sich auf ihren Geruchssinn verlassen. Ihr Hauptfeind ist der Löwe. In der Herde neigen die scheuen Büffel in vermeintlichen Gefahrensituationen zu überstürztem Fluchtverhalten. Bei einem Angriff verteidigt sich der einzelne Büffel allerdings mutig und nicht selten wird dabei der Löwe verletzt oder sogar getötet. Alte Einzelgänger und in die Enge getriebene Tiere greifen unter Umständen auch Menschen an.

Kaffernbüffel

(Buffalo) *Syncerus caffer*
KH 100-160; **KL** 170-260; **SL** 50-80;
H 75-100; **G** 250-800;
LR Wald, Sumpf, Feuchtsavannen;
A Dämmerung und nachts; **LD** <20 J.

Das Steppenzebra ist im östlichen und südlichen Afrika weit verbreitet und in zahlreiche Unterarten gegliedert. Entlang des Sambesi und am Luangwa lebt das **Böhmzebra**. Es hat schwarze Streifen auf weißer Grundfarbe, auch seine Beine sind gestreift. Noch enger und zahlreicher sind die schwarzen Streifen beim **Selouszebra**, welches man in beiden Ländern sehr häufig antrifft. Darüber hinaus ist das seltene **Crawshay-Zebra** im Luangwatal endemisch. Zebras werden bis zu 350 kg schwer und leben in engen, harmonischen Familienverbänden. Sie gesellen sich gerne zu anderen Huftieren, wie Giraffen und Gnus. Ihr Gehör ist sehr gut, das Seh- und Riechvermögen dafür schwächer ausgeprägt. Ihr typischer Laut ist ein pferdeähnliches Wiehern. Neugeborene Fohlen erkennen ihre Mutter erst nach mehreren Tagen, bis dahin zeigen sie eine angeborene Nachfolgereaktion. Aus diesem Grund verjagen die Mütter in den ersten Tagen alle anderen Tiere aus der Nähe des Fohlens. Die Stuten werden in der Regel kräftiger und größer als Hengste.

Steppenzebra

(Zebra)
Hippotigris quagga
KH m 120-140,
w 105-120;
KL m 200-245,
w 190-240; **SL** 45-60;
G m 220-350,
w 170-330;
LR Savannen, lichter Busch; **A** tagaktiv;
LD 20-30 J.

Die Familie der Schliefer umfasst die Baum-, Steppen- und Klippschliefer. Die possierlichen, kaninchenartigen Huftiere erinnern an Nagetiere bzw. übergroße Meerschweinchen mit kleinen, runden Ohren und kurzen Beinen. Doch sind die geselligen, wendigen Pflanzenfresser nach Ansicht der Taxonomen näher mit Elefanten verwandt als mit irgendeinem der Tiere, denen sie ähnlich sehen.

Schliefer

(Dassie) *Heterohyrax brucei, Procavia capensis*
KH 20-30; **KL** 40-60;
G 2,5-4,5; **LD** bis 12 J.

Kaffernbüffel

Schliefer

Büffel & Zebra

Nashorn

Unpaarhufer

Zur Gruppe der Unpaarhufer zählen Einhufer (Zebras) und Nashörner.

Spitzmaulnashorn
(Black Rhino)
Diceros bicornis
KH 140-225;
KL 290-360; **SL** 60-70;
H (vorne) <120;
G 0,7 t-1,6 t; **LR**
trockener Busch,
Savanne, auch Wald;
A ganztags, bes.
Dämmerung, bei
Störung auch nachts;
LD <40 J.

Breitmaulnashorn
(White Rhino)
Ceratotherium simum
KH 175-210;
KL 360-380; **SL** 90-
100; **H** (vorne) <150;
G 3,5t-4,7t;
LR deckungsreiche
Buschlandschaften;
A Dämmerung und
nachts; **LD** <40 J.

*Info: Abkürzungen
"KH", "KL", "LR" etc.
siehe Seite 91!*

Die beiden friedlichen, plumpen Pflanzenfresser der Nashorn-gattung sehen sehr schlecht, können aber mehrere Kilometer weit hören und riechen. Es sind **gemütliche Zeitgenossen**, die allen Konfrontationen lieber aus dem Weg gehen. Ist aber die Flucht-distanz überschritten oder das Nashorn irritiert, kann es zu kraftvollen Angriffen oder Scheinangriffen kommen. Dabei senkt das Tier den Kopf, schnaubt und prescht mit unerwarteter Ge-schwindigkeit (über 50 km/h) auf sein Ziel los. Die Tiere fressen sehr unterschiedliche, nahrhafte Blätter und Gräser. Sie können auch Pflanzen verdauen, die für den Menschen hoch giftig sind.

Nashörner haben au-ßer dem Menschen fast keine Feinde. Gelegent-lich attackieren Löwen ein Spitzmaulnashorn. Die deutlich größeren, kräftigeren und helleren Breitmaulnashörner wer-den dagegen von allen Tieren in Ruhe gelassen.

Traurig, aber leider wahr: In Sambia und Malawi gelten die natürli-chen Bestände an Nashör-nern als durch Wilderei vollkommen ausgerottet. Die kleine Gruppe im Livingstone Game Park an den Viktoriafällen waren in den 1990ern die einzigen Nashörner Sambias, und wurden da-mals regelmäßig enthornt, um ihr Leben zu schützen (die Hörner wachsen wieder nach). Heute leben Nashörner auch wieder im North Luangwa NP (seit 2003) und im malawischen Liwonde NP. In beiden Parks werden sie abge-schirmt und rund um die Uhr von bewaffneten Wildhütern begleitet, so gefährdet ist ihr Leben nach wie vor. Im Juni 2005 freute man sich über die erste Geburt eines Spitz-maulnashorns in Sambia seit über 20 Jahren (North Luangwa NP).

*Oben und links:
Breitmaulnashörner, vor einigen
Jahren noch enthornt*

Raubtiere

In Sambia und Malawi kommen Löwen nur noch in Nationalparks vor. Zu den besten Plätzen für eine Löwensafari zählen die Busanga Plains im Kafue NP und das Luangwatal. Als einzige und größte afrikanische Katzenart leben sie in festen Rudeln. Löwen können sehr gut schwimmen und klettern. Ihr tiefes, keuchendes Brüllen ist bei entsprechenden Wetterbedingungen bis zu 8 km weit hörbar. Die männlichen Tiere tragen prächtige Mähnen um den Hals und benehmen sich sprichwörtlich wie Paschas. Der „König der Tiere" ruht träge bis zu 20 Stunden am Tag, während die Löwinnen für die Jagd, Aufzucht der Jungen und das Wacheschieben zuständig sind. Ihre **Jagdmethode** besteht aus vorsichtigem Anschleichen, dann folgt ein kurzer, schneller Ansprung (bis 70 km/h) und das Töten der Beute durch Kehlbiss oder Genickbruch. Der Jagderfolg von Löwen liegt nur bei 20 %. Sie fressen bevorzugt die Eingeweide der Beutetiere und bleiben mitunter mehrere Tage bei einem Riss. Allerdings herrscht beim Fressen wenig **Familiensinn**, denn nach einem Riss fressen immer zuerst die männlichen Tiere, dann die Weibchen, die in der Regel die Beute gerissen haben, und zuletzt die Jungtiere. In Extremfällen verhungert der Nachwuchs bei Futtermangel, auch Kannibalismus kommt vereinzelt vor. Im Durchschnitt überlebt nur jedes zweite Löwenkind die ersten Jahre. Ausgewachsene Löwen haben keine natürlichen Feinde, es kann allerdings passieren, dass sie von mutigen Beutetieren getötet (aufgespießt) werden. Verletzte und geschwächte Löwen greifen mitunter auch Menschen an.

Löwe

(Lion) *Panthera leo*
KH 75-110; **KL** 145-200; **SL** 65-100;
G 120-200; **LR** offene Landschaften, Halbwüsten bis Feuchtsavanne;
A sehr träge, aktiv eher morgens, abends und nachts;
LD bis 30 J., meist aber nur 13-15 J.

Oben: Löwenspur im Sand

Tierspuren von Wildtieren finden Sie auf Seite 107!

Fortpflanzung: Nach etwa 100 Tagen Tragezeit wirft eine Löwin 1-6 Junge, die ein halbes Jahr gesäugt werden. Nach 2 Jahren ist der Nachwuchs jagdfähig und nach 5-6 Jahre ausgewachsen. Junge Löwen erkennt man übrigens an rosafarbenen Schnauzen, bei alten Löwen ist die Schnauze dunkel.

*Oben: Fauchende Löwin;
Rechts: Gut versteckter Pascha
im hohen Gras des Luangwatals*

Löwe

Leopard

(Leopard)
Panthera pardus
KH 50-70; **KL** 130-190; **SL** 60-90;
G 45-85;
LR sehr vielseitig;
A überwiegend nachts, teilweise auch morgens und abends;
LD in Gefangenschaft bis 20 J.

Gepard

(Cheetah)
Acinonyx jubatus
KH 75-85; **KL** 110-140; **SL** 65-80;
G 40-60; **LR** Wüsten, Trockensavannen, offene Landschaften;
A tagaktiv, vor allem morgens und abends;
LD max. bis 16 J.

Info: Abkürzungen "KH", "KL", "LR" etc. siehe Seite 91!

Die muskulösen und **geschmeidigen Pantherkatze**n (zweitgrößte Katzenart Afrikas) sind scheue Einzelgänger, die ihre erlegte Beute auf Bäume schleppen, um sie dort nach und nach zu verzehren. So bleibt der Kill vor diebischen Hyänen und Löwen geschützt. Leoparden sind sehr gewandt in steinigem, steilen Gelände und ausgezeichnete Schwimmer. Muttertiere ziehen ihre Jungen alleine auf. Besonders beliebte Beutetiere sind Affen, Schirrantilopen, Ziegen und Haushunde, wobei sie keineswegs wählerisch vorgehen. Leoparden können besonders gut auf Nachtpirschfahrten im Luangwatal und auf dem Nyika Plateau beobachtet werden. Ihnen gelingt es von allen Raubtieren am besten, unbemerkt in der Nähe von Menschen zu existieren. Notfalls können sie monatelang ohne Frischwasser auskommen.

Den Gepard kennzeichnet im Gegensatz zum kompakten, muskulösen Leopard eine windhundartige Gestalt mit sehr langen, dünnen Beinen und einem kleinen Kopf. Das drahtige Leichtgewicht lebt als Einzelgänger und weicht Begegnungen mit Artgenossen aus. Da der Gepard von Natur aus friedlich ist, kann er leicht domestiziert werden. Er bewohnt offene Vegetationsformen bis in 2000 Meter Höhe, ist aber in ganz Afrika vom Aussterben bedroht. Geparden benötigen großflächige Territorien. Ihre Gefährdung hängt auch mit den Risiken der Aufzucht zusammen, die den Muttertieren allein obliegt. Etwa die Hälfte der Jungtiere wird in den ersten Lebensjahren von anderen Raubtieren, wie Löwen und Hyänen, gefressen. Eine Weltrekordleistung stellt der Gepard bei der Jagd auf: Er schleicht sich zunächst an die Beute heran und legt dann die letzten Hundert Meter in einem **atemberaubenden Sprint** zurück. Dabei kann er einen halben Kilometer mit 80 km/h zurücklegen, erreicht Spitzengeschwindigkeiten von 110 km/h und macht über 7 Meter weite Sprünge! Die geschmeidigen Großkatzen ernähren sich von Kleinantilopen, Hasen und Bodenvögeln. Sie verabscheuen Aas und kehren niemals zu ihrem Riss zurück.

Leopard

Gepard

Die fuchsähnlichen Schakale bewohnen Erdbauten in niedrig bewachsenen Savannen und Steppenlandschaften. Die nachtaktiven Tiere ernähren sich hauptsächlich von Aas, Früchten, Vögeln und Kriechtieren. Um einen Anteil vom Aas zu ergattern, nähern sie sich Löwenkills oder fressenden Hyänen mutig, nicht jedoch Geparden, deren schnelle Attacken sie fürchten. Sie zeigen insgesamt ein eher ängstliches Verhalten und verteidigen sich und ihr Revier nur schwach. Schakale gehen eine **Lebensehe** ein und ziehen die Jungen gemeinsam in Erdhöhlen auf. Je nach Situation entwickeln sie eine tag- oder nachtaktive Lebensweise. Da sie feuchte Standorte bevorzugen, fühlen sie sich in Flutgebieten, wie den Bangweulusümpfen, sehr wohl.

Schakal

Streifenschakal
(Side-Striped Jackal)
Canis adustus
KH 40-50; **KL** 70-90;
SL 30-40; **G** 7,5-12;
LR Feuchtsavannen; **A** überwiegend nachts und bei Dämmerung;
LD 10-12 J.

Hyänenhunde haben ein unverwechselbares Äußeres: Schmaler, windhundartiger Körper, lange, dünne Beine, große und rundliche Ohren, auffallend geflecktes Fell in den Farbvariationen weiß, gelb, braun und schwarz. Jedes Tier weist eine andere Färbung auf, nur am Schwanzende sind alle weiß. Trotz der hundeähnlichen Erscheinung und ihres Verhaltens, sind sie nicht mit Hunden oder Hyänen verwandt. **„Wild Dogs"**, wie sie zumeist genannt werden, bilden lebenslang bestehende feste Rudel und leben in sehr engem Sozialgefüge miteinander. Nur das dominanteste Paar im Rudel bekommt Junge, die von der ganzen Gruppe gemeinsam aufgezogen werden. Auch verletzte Rudeltiere werden von allen anderen versorgt und verpflegt. Die Überlebenschance der Welpen ist gering, da sie sehr krankheitsanfällig sind und häufig von Löwen getötet werden. Außerdem ist der Mensch noch immer Feind Nr. 1, weil Farmer die Tiere rückhaltlos abschießen. Besonders problematisch ist ihr enormer Platzbedarf, denn Wild Dogs beanspruchen **riesige Territorien**. Immer häufiger geraten sie dabei mit den Menschen in Konflikt. Sie jagen Großwild, wie Kudus, Impala und Ducker, gemeinsam in einer ausdauernden Hetz- oder Rennjagd mit Geschwindigkeiten bis zu 55 km/h. Dabei sind die Jäger extrem erfolgreich (95 %). Wo die natürlichen

Hyänenhund oder Afrikanischer Wildhund

(Wild Dog, Hunting Dog, Painted Dog)
Lycaon pictus
KH 70-75; **KL** 80-110;
SL 30-40; **G** 18-28;
LR Savannen, Steppen;
A tagaktiv, vor allem morgens und abends;
LD 10-12 J.

Wild Dogs – zu Unrecht gering geschätzt

Schakal & Wildhund

Streifenschakal

Afrik. Wildhund

Info: Abkürzungen "KH", "KL", "LR" etc. siehe Seite 91!

Nach dem Abessinischen Wolf ist der Wild Dog das am stärksten gefährdete Raubtier Afrikas

Tüpfelhyäne

(Spotted Hyaena)
Crocuta
KH 70-90; **KL** 120-180; **SL** 25-30; **G** 55-85; **LR** Halbwüsten bis Feuchtsavannen; **A** Dämmerung und nachts; **LD** in Gefangenschaft bis 40 J.

Hyänen lassen sich leicht zähmen

Bild unten: Eine Hyänenmutter putzt ihr Welpen

Beutetiere fehlen, reißen sie Nutztiere, wie Rinder und Ziegen. Die Rache der Farmer führte dazu, dass Wild Dogs heute stärker **vom Aussterben bedroht** sind als Nashörner. Jahrzehntelang wurden auf dem ganzen Kontinent die Tiere erbarmungslos verfolgt und getötet. Erst seit den Forschungen in den 1990er Jahren weiß man, dass die intelligenten Tiere nur dann Nutzvieh reißen, wenn sie keine natürlichen Beutetiere, wie Kudus, Impalas und Ducker, finden. Ihr Bestand ist heute überall akut gefährdet. Man schätzt, dass in ganz Afrika nicht mehr als 3000-5000 dieser faszinierenden Tiere überlebt haben, davon in Sambia etwa 400.

Hyänen leben in Rudeln mit etwa 20 Tieren in markierten, festen Territorien und ziehen ihre Jungen gemeinsam in Erdbauten auf. Die **ortstreue**n **Nachtjäger** zeichnet ein hervorragendes Seh-, Hör- und Riechvermögen aus. Innerhalb ihrer Gemeinschaft dominieren die Weibchen, die in der Regel auch größer und schwerer sind. Vor einem Angriff oder Beutezug hört man oft das typische Heulen der Hyänen: ein 2-3 Sekunden andauernder gezogener Heulton, der bis zu 15 mal wiederholt wird. Das schaurige Gelächter, das gelegentlich zu hören ist, ist ein Angst- und Erregungsruf der Hyänen. Bei der Jagd sind sie ausgesprochen ausdauernd, warten geduldig auf den günstigsten Augenblick, ehe sie ihr Opfer mit bis zu 50 km/h niederreißen. Die Beute wird mit Haut, Haaren und Knochen verschlungen; Aas und tote Artgenossen verschmähen Hyänen auch nicht. Keineswegs fressen Hyänen nur die Reste von einem Löwenkill, vielmehr verjagen ebenso oft Löwen erschöpfte Hyänen von einem frischen Riss. Einzelne Fußgänger können nachts von einem Hyänenrudel attackiert werden.

Fährten von afrikanischen Wildtieren

Länge
der Spur

Hilfreich: Bei Hyäne und Hyänenhund/Wildhund kann man die Krallen im Abdruck erkennen. Löwen- und Leopardenspuren weisen dagegen keine Krallen auf.

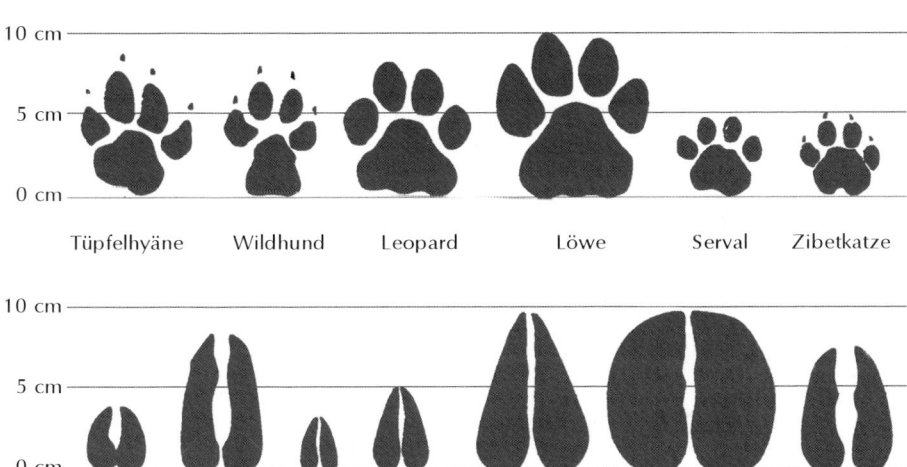

| Tüpfelhyäne | Wildhund | Leopard | Löwe | Serval | Zibetkatze |

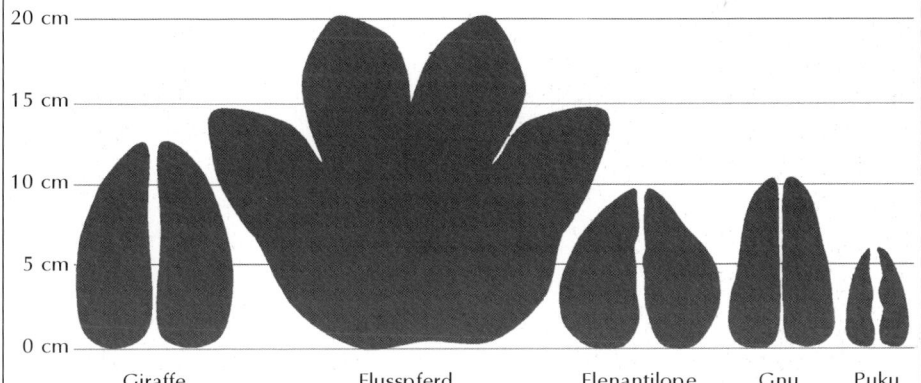

| Warzenschw. | Kuhantilope | Ducker | Impala | Rappenantilope | Büffel | Wasserbock |

Giraffe   Flusspferd   Elenantilope   Gnu   Puku

Tierspuren

Zebramanguste

(Banded Mongoose)
Mungos mungo
KH 18-20; **KL** 30-45;
SL 20-30; **G** 0,6-1,5;
LR Feucht- und
Trockensavannen
nahe Gewässer;
A tagsüber; **LD** <11 J.

Zebramangusten ziehen in Familientrupps bis zu 30 Tieren innerhalb eines Territoriums ständig umher, wo sie selbst gegrabene Erdhöhlen, hohle Baumstämme oder ausgehöhlte Termitenbauten bewohnen. Vor allem morgens und abends sind die munteren Gesellen aktiv, vormittags sonnen sie sich gerne ausgiebig. Ihren Feinden, größeren Raubtieren und Greifvögeln, entgehen die mutigen Kämpfer meist durch einen rechtzeitigen Warnruf und verteidigen sich notfalls auch gemeinsam gegen einen Angreifer. Sie können dabei selbst gefährliche Giftschlangen in die Flucht schlagen. Als Raubtiere sind sie somit Jäger und Beute zugleich und bewältigen diese Herausforderung sehr erfolgreich durch die Macht der Kooperation.

Honigdachs

(Honey Badger)
Mellivora capensis
KH 23-28; **KL** 65-75;
SL 18-25; **G** 8-16; **LR**
sehr vielseitig; **A**
überwiegend nachts
und bei Dämmerung;
LD bis 24 J.

Männchen haben
bis zu 800 km²
Streifgebiete

In Größe und Gestalt ähnelt er dem europäischen Dachs. Auffällig ist seine weißgraue Schabracke (Oberseite von der Stirn bis zur Schwanzwurzel) gegenüber dem schwarzen Körper. Sprichwörtlich ist die Aggressivität, mit der der Honigdachs trotz seiner kleinen Körpergröße sogar büffelgroße Gegner angreift. Die meisten Tiere gehen dem Kampfwütigen daher gleich aus dem Weg. Der Honigdachs ist immun gegen Schlangengift und überlebt selbst die Bisse von Kobra und Puffotter. Er ernährt sich von Bienenhonig und kleinen Kerbtieren. Um an die Bienenwaben zu gelangen, lässt er sich von einem Vogel, dem Honiganzeiger, dorthin führen. Der Dachs zerstört die Waben und jeder der Beiden erhält seinen Anteil an Honig und Bienenlarven. Eine faszinierende Zweckgemeinschaft! Manchmal durchwühlen die gefährlichen Dachse nachts Mülltonnen auf der Suche nach Leckerbissen.

Nagetiere

Gelbfuß-Buschhörnchen

(Smith's Bush Squirrel)
Paraxerus cepapi
KL 13-20; **G** 120-250g;
LR Busch- und
Waldlandschaften **A**
tagsüber

Die zierlichen, wendigen Buschhörnchen treten in variablen Farben von grau über braun und Ocker auf. Sie sind im südlichen Afrika weit verbreitet (9 Unterarten sind bekannt), fressen am Boden, flüchten aber bei Gefahr in die Bäume. Besondere Vorliebe haben die flinken Insekten- und Pflanzenfresser für lichte Trocken- und Mopanewälder. Dort sieht man die putzigen Nagetiere häufig in der Sonne sitzen und sich gegenseitig putzen. Das Sozialverhalten innerhalb der Familienverbände ist sehr stark ausgeprägt.

Zebramanguste

Honigdachs

Buschhörnchen

Primaten

Paviane – die größte Spezies im südlichen Afrika – halten sich die meiste Zeit am Boden auf. In Sambia und Malawi sind der Küstenpavian, der Zwergpavian und der Große Tschakma vertreten. Sie bilden Gruppen von 20 bis 80 Tieren, festen Territorien und strengen Hierarchien innerhalb der Horde. Ausgewachsene Männchen können bis zu 50 kg schwer und über einen Meter groß werden und verhalten sich ausgesprochen mutig und kampflustig. Paviane greifen Feinde als geschlossene Horde an und können sich Raubtieren dadurch meist gut widersetzen. Ihre kräftigen Reißzähne verursachen schwere Verletzungen. Die größte Gefahr droht ihnen durch Leoparden, aber auch Krokodile, Pythonschlangen und Löwen zählen zu ihren Feinden. Als Warnlaut dient ein tiefes, kehliges Bellen. Zum Schlafen ziehen sich die Primaten auf Bäume zurück und entfernen sich von den Schlafplätzen tagsüber nur 1-2 km. Die Allesfresser sind nicht wählerisch und reichern ihren Speiseplan aus Grünzeug, Blattwerk und Samen gerne mit Frischfleisch an.

Diese munteren Gesellen mit den langen, dünnen Schwänzen sind in zahlreichen Unterarten weit verbreitet und leben in Trupps bis zu 60 Tieren. In Sambia und Malawi ist die **Malbrouck-Grünmeerkatze** beheimatet, am südlichen Malawisee existiert noch die kleine Unterart **Nyasa-Grünmeerkatze**. Meerkatzen sind ausgesprochen neugierig und aktiv. Sie bewegen sich am Boden und auf Bäumen gleichermaßen geschickt, fliehen bei Gefahr aber immer in die Bäume. Sie sind ausgezeichnete Schwimmer, Springer und wahre Kletterkünstler. Anderen Horden gegenüber verhalten sie sich feindselig. In manchen Camps haben sie sich zu forschen Plagegeistern entwickelt, die sehr geschickt Lebensmittel stehlen.

Galagos aus der Familie der Loris sind kaum je zu sehen, da sie tagsüber eingerollt auf Bäumen schlafen und nur nachts (vor allem in den ersten Abendstunden) aktiv werden. Man erkennt sie an ihrem lauten, kleinkindartigen Geschrei, hat jedoch nur selten Gelegenheit, diese scheuen und flinken Wesen zu beobachten. Dem eindringlichen Geschrei verdanken die possierlichen Gesellen ihren englischen Name **Bushbaby**. Durch Wald- und Buschbrände werden immer wieder tagsüber tief schlafende Galagos getötet.

Steppenpavian

(Baboon)
Papio cynocephalus
KH 40-70; **KL** 50-120;
SL 40-70; **G** 20-50;
LR Savannen,
Galeriewälder, felsiges
Gelände; **A** tagaktiv;
LD 30 J.

Alte Männchen fressen gelegentlich Jungtiere aus der eigenen Horde

"Graufuß-Bärenpavian" nennt man den Großen Tschakma auch

Okavango-Grünmeerkatze

(Vervet Monkey)
Cercopithecus aethiops
KL 40-80; **SL** 50-110;
G 3-7; **LR** vielseitig,
Parklandschaften;
A tagaktiv; **LD** in
Gefangenschaft <24 J.

Galago

Riesengalago (Thicktailed Bushbaby)
Galago crassicaudatus
KL 27-47; **SL** 30-50;
G 1-2 kg;
Steppengalago
(Lesser Bushbaby)
Galago senegalensis
KL 14-21; **SL** 20-30;
G 150-300g;
LR Küstenwald,
Baumsavanne;
A nachtaktiv; **LD** in
Gefangenschaft <14 J.

Info: Abkürzungen "KH", "KL", "LR" etc. siehe Seite 91!

siehe Seite 91!

Pavian, Meerkatze & Galago

Riesengalago

Grünmeerkatze

Kaltblüter und Reptilien

Nilkrokodil
(Crocodile)
Crocodylus niloticus

Ob aus Krokodileiern weiblicher oder männlicher Nachwuchs schlüpft, entscheidet die Bruttemperatur: unter 30 °C wird das Geschlecht weiblich, über 30 °C männlich.

In Sambia betreiben vier Unternehmen am Karibasee kommerzielle Krokodilzucht

Bild oben: Nilwaran, Rechts: eine Puffotter

Krokodile besiedeln die warmen Zonen der Erde seit rund 200 Mio. Jahren und gehören damit zu den ältesten Lebewesen der Welt. Von ursprünglich 108 verschiedenen Arten haben bis heute 22 überlebt. In Afrika sind die besonders großen, bis zu 6 m langen Nilkrokodile beheimatet. Die bis zu 700 kg schweren Echsen sind mit knöchernen Hautschilden gepanzert. Sie leben in Gewässern mit flachen Uferstellen und Sandbänken. Ihrer Beute lauern sie oft stundenlang im seichten Uferbereich auf. Haben sie ihr Opfer entdeckt, gleiten sie unbemerkt heran, stoßen mit unglaublicher Energie aus dem Wasser und schnappen zu. Dann versuchen sie, die Beute unter Wasser zu ziehen und zu ertränken. Krokodile können nicht kauen. Durch Umherwirbeln um die eigene Achse reißen sie die Beute in Stücke, die sie dann herunter schlingen können.

Aus Furcht vor Angriffen, zum Schutz der Fischernetze und wegen ihrer begehrten Haut sind Krokodile intensiv bejagt worden. In den meisten besiedelten Regionen gelten sie daher als ausgerottet. In den Nationalparks, in abgelegenen Regionen und an den Flüssen Sambesi und Luangwa sind die Bestände an fossilen Panzerechsen aber noch gesichert. Sie halten sich oft in der Nähe von Flusspferden auf.

Lauernde Krokodile sind im Wasser kaum von treibendem Gehölz zu unterscheiden, daher ist in Afrika generell an allen Uferzonen große Vorsicht geboten. Meist wird auch die Geschwindigkeit unterschätzt, mit der sich die Riesenechsen bei einem Angriff aus dem Wasser zu hieven vermögen.

Nilwaran (Nile Monitor) *Varanus niloticus*

Zur Familie der Echsen zählt auch der bis 2 m lange Nilwaran, der ein äußerst flinker Jäger ist, Menschen allerdings ausweicht und als ungefährlich gilt. Als größte Echse Afrikas lebt der Nilwaran amphibisch und gilt als ausgezeichneter Schwimmer. Der tagaktive Einzelgänger prescht blitzschnell davon, wenn man ihn aufschreckt. Er ernährt sich bevorzugt von Eiern und Jungvögeln der am Boden brütenden Vogelarten und hält sich fast immer nahe Uferzonen auf.

Steppenwaran (Rock Monitor) *Varanus exanthematicus*

Mit maximal 1,3 m Länge ist der Steppenwaran deutlich schmächtiger als sein Vetter Nilwaran. Seine Färbung ist von hellem graubraun. Der weit verbreitete Waran lebt in selbst gegrabenen Bodenlöchern.

Schlangen (Snakes)

Von den über 70 verschiedenen Schlangen in Sambia und Malawi sind etwa ein Viertel giftig. Dazu zählen vor allem die Gabun-Viper, die Afrikanische Speikobra, die Boomslang, die sehr flinke Schwarze Mamba (s. S. 294) und die Puffotter. Zu den ungiftigen Riesenschlangen gehört der mehrere Meter lange **Felsenpython**. Er tötet seine Beute (Hühner und bis zu 25 kg schwere Antilopen), indem er sie umschlingt und erdrückt.

Schlangen haben Körper ohne Gliedmaßen und eine von Schuppen bedeckte Haut. Ihr Rachen, die Speiseröhre und der Magen sind weit dehnbar, um die Beute vollständig verschlingen zu können. Die Tiere sind scheu und weichen dem Menschen aus. Geräusche und das Vibrieren des Bodens schrecken sie auf, und sie ziehen sich – wenn möglich – meist sogleich zurück. Eine gefährliche Ausnahme bildet allerdings die hoch giftige **Puffotter** (*Bitis arietans*). Sie ist sehr träge, bewegt sich nur langsam und wird daher leicht übersehen. Die meisten Unfälle passieren deshalb auch mit diesen zickzack-gemusterten Vipernschlangen. Die Puffotter stellt übrigens bei der Fortpflanzung einen **Weltrekord** auf: von allen Wirbeltieren der Welt gebärt sie die meisten Jungtiere mit bis zu 150 rund 15 cm großen Babyschlangen pro Wurf! Ihr größter Feind sind die truthahngroßen Kaffernhornraben, die gut und gerne ein Dutzend Puffottern pro Woche verschlingen.

Während der Trockenzeit sind Begegnungen mit Schlangen deutlich seltener als zur Regenzeit, wenn Erdlöcher und Spalten, in denen die Reptilien Unterschlupf suchen, voll Wasser laufen (S. 294, 361, 363).

Schon gewusst?

Männliche Warane haben zwei Penisse, die vermutlich abwechselnd eingesetzt werden

Mambas und Kobras gehören zu den wenigen Schlagen, die mit dem Kopf den Bewegungen ihres Opfers/Gegners folgen

Die Schwarze Mamba ist zur Brutzeit besonders aggressiv und wenn sich jemand zwischen ihr und der Wohnhöhle aufhält

Waran & Schlange

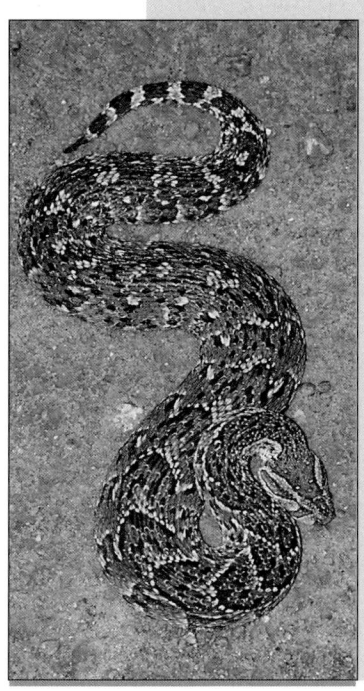

Vögel

DIE VOGELWELT von Sambia und Malawi

Leider decken die renommierten Vogelbestimmungs-bücher "Sasol", "Robert's" und "Newman's" nur das südliche Afrika bis zum Sambesi ab und sind daher für Sambia und Malawi nur einge-schränkt anwendbar.

838 Vogelarten sind in Sambia und 667 Arten in Malawi bekannt (in der BRD 330 Arten). Ein Teil dieser Vögel, wie einige Gänse, Enten, Stelzen und Fliegenschnäpper, kommt nur zum Überwin-tern nach Zentralafrika. Der überwiegende Teil sind aber Vögel des tropischen Afrikas, und einige Arten kommen ausschließlich in Sambia oder Malawi vor. Um die beeindruckende Fülle an far-benprächtigen und unscheinbaren, häufigen und äußerst seltenen „Piepmatzen" auseinander zu halten, empfehlen wir wärmstens den Einsatz guter Bestimmungsbücher (s. Literaturliste S. 403) und eines vernünftigen Fernglases. Mit ein wenig Geduld und Muße wird das **Bird Watching** dann zum größten Vergnügen! Besonders gute Vogel-Chancen nennen wir im Reiseteil, z. B. bei Camps.

Von Greifvögeln und anderen Fleischfressern

Adler, Geier, Habichte, Bussarde, Milane und Falken zählen zu den verbreiteten Greifvögeln. Adler sind in Lebensraum und -weise sehr unterschiedlich. In Gebirgen kann man den seltenen, großen, schwarzen **Kaffernadler** entdecken, der nur eine feine weiße Zeichnung auf dem Rücken trägt. **Raubadler** und **Steppen-adler** sind beide braun gezeichnet und leicht zu verwechseln. Sie fressen auch Aas und werden daher gelegentlich in der Gesellschaft von Geiern gesichtet. Der auffälligste Adler, ein Sinnbild Afrikas und Sambias Nationalvogel, ist der **Schreiseeadler** (*Cuncuma vocifer*). Kopf, Brust, Rücken und Schwanz sind weiß, Bauch und Schultern braun, und die Flügel (Spannweite 50–60 cm) schwarz. Charakteristisch und eindringlich ist sein möwen-artiger, weit tragender Schrei, den er auch während des Fluges ausstößt. Schreiseeadler werden etwa 75 cm groß und leben in beiden Ländern weit verbreitet paarweise an Binnengewässern und Flüssen, vor allem am Kafue, Sambesi, Luangwa und dem Malawisee. Ihre Brutzeit fällt in die Monate Mai bis August. Beim männlichen **Gaukler** (*Terathopius ecaudatus*), einem sehr hoch fliegenden, mittelgroßen schwarzen Adler, sind Schnabel und Füße rot gefärbt. Die weiße Unterseite seiner Flügel ist beim Flug deut-lich sichtbar. Der englische Name „Bataleur" kommt aus dem Französischen und nimmt Bezug auf die grandiosen artistischen Flugkünste des Gauklers. **Kampfadler** (*Polemaetus bellicosus*) ernähren sich von Affen, Schliefern und kleinen Antilopen. Sie sind häufige Greifvögel in Nationalparks. Ihr Federkleid ist weiß mit dunklen Flecken und einem dunklen Kopf. Der **Schmarotzer-milan** (*Milvus migrans parasitus*) mit dem gegabelten Schwanz und dem gelben Schnabel trägt diesen Namen, weil er mit stei-lem Sturzflug nicht nur Beutetiere, sondern auch Lebensmittel

Silhuetten von Greifvögeln

Falke

Habicht/Weihe/Milan

Adler

Unten: Gaukler (weiblich)

aus den Lodges und Dörfern stiehlt. Er hält sich während der sommerlichen Regenzeit in Sambia und Malawi auf. **Habichte** werden in Zentralafrika durch den Grauflügelhabicht (*Melierax metabates*), den Schikra (*Accipiter badius*) und den Gabarhabicht (*Micronisus gabar*) vertreten. Schwarzrückenfalken (*Falco dickinsoni*) sieht man in Baumsteppen. Die kleineren Rötelfalken (*Falco naumanni*) überwintern gesellig in großen Scharen in allen Landschaftsformen außer dem Wald. Aasfressende **Geier** kreisen ebenfalls oft hoch über Tierkadavern. Die großen Vögel mit den ausladenden Flügeln und kleinen nackten Köpfen haben ein eher abschreckendes Äußeres. In den wildreichen Regionen beider Länder sind Kappengeier (*Necrosyrtes monachus*) und Weißrückengeier (*Gyps africanus*) vertreten. Ein auffälliger Bodenvogel der offenen Grasflächen in Westsambia ist der **Sekretärsvogel** (*Sagittarius serpentarios*), ein langbeiniger, blass-grauer Vogel mit dem weichen Schopf und langen mittleren Schwanzfedern.

Oben: Meves-Glanzstar;

Unten: Marabu-Storch; Sattelstorch

Wasservögel, Watvögel und Vögel im Uferbereich

Tümpel, Uferzonen und Flussläufe sind Tummelplätze für viele verschiedene Vogelarten. An den Gewässern leben dunkle, langhalsige **Kormorane**, die schwimmend und tauchend Fische erbeuten. Sehr ähnlich, aber größer ist der Afrikanische **Schlangenhalsvogel** (*Anhinga rufa*), der tief im Wasser schwimmt und – wie eine Schlange – nur den Kopf heraus streckt. Der **Hammerkopf** (*Scopus umbretta*), dessen Kopf dem Umriss eines Hammers ähnelt, baut die größten Einzelnester unter den afrikanischen Vögeln (bis zu 1,5 m Durchmesser). Der braune, mittelgroße Vogel ist teilweise nachtaktiv und ernährt sich hauptsächlich von Fröschen. Die zahlreich vertretenen Reiher unterscheiden sich im Flug deutlich von Kranichen und Störchen, denn sie fliegen nicht mit ausgestreckten Hälsen, sondern mit zurückgezogenem Kopf. Aus ihrer Familie sind **Graureiher** (*Ardea cinera*), **Mittelreiher** (*Mesophyox intermedius*), **Silberreiher** (*Casmerodius albus*) und die bis zu 1,5 m großen **Goliathreiher** (*Ardea goliath*) verbreitet. Bei Großwild und Rindern halten sich häufig die nur 50 cm großen, weißgelblichen **Kuhreiher** (*Bubulcus ibis*) auf. Eine auffällige Erscheinung mit einem rot-schwarz-gelben Schnabel ist der bis zu 1,65 m große **Sattelstorch** (*Ephippiohynchus senegalensis*), den man z. B. in den Bangweulusümpfen, im Liwonde Nationalpark, an den Lagunen des Luangwa und an verschiedenen Stellen im Sambesi beobachten kann. Der **Abdim**- oder **Regenstorch** (*Ciconia abdimii*) hält sich als Zugvogel nur etwa von Oktober bis März in Sambia und Malawi auf und sucht dort überall auf den Äckern nach Insekten. Auch der grauweiße **Marabu** (*Leptoptilos crumeniferus*) zählt zu den Störchen. Er lebt von Aas, Fröschen und Heuschrecken. Vielleicht genießt er deshalb häufig die Gesellschaft von Geiern.

Vögel

Oben:
Waffenkiebitz

Zu den lautesten Vogelarten mit teilweise recht anhaltendem Geschrei zählen **Ibisse**, **Kiebitze**, **Regenpfeifer** und **Gänse**. Der olivgraue Hagedasch-Ibis (*Bostrychia hagedasch*) zeichnet sich durch sein charakteristisches, eindringliches Schreien aus, das besonders abends zur Dämmerung weithin zu hören ist. Regenpfeifer, wie der Dreibandregenpfeifer (*Charadruis tricollaris*), sind kleinere Watvögel mit teilweise lang anhaltenden, klagenden Geschrei. Auf den Sandbänken des Sambesi kann man den Langspornkiebitz (*Xiphidiopterus albiceps*) beobachten. Auch der Senegalkiebitz (*Afribyx senegallus*) ist häufig in Sambia, während er in Malawi nur sporadisch auftritt. Waffenkiebitze (*Hoplopterus armatus*) lieben die feuchten Sumpfregionen Sambias. Unter den Watvögeln sind neben Stelzenläufern und Wasserläufern auch Schnepfen, vielfach nur periodisch als Zugvögel auftretend, typisch.

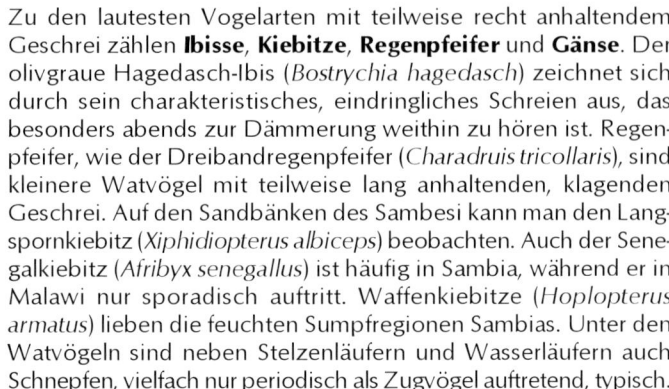

Marschen, Sümpfe und Seen bilden die Heimat des **Afrikanischen Löffler** (*Platalea alba*), einem etwa 90 cm großen weißen Vogel mit rotem Gesicht und Beinen und einem auffälligen Löffelschnabel. In den Sümpfen Sambias und am Tanganjikasee kommen vereinzelt **Zwergflamingos** (*Phoenicopterus minor*) vor. Sieht man einen hübschen Vogel mit riesigen Füßen auf Seerosen und schwimmenden Wasserpflanzen umher wandern, handelt es sich um das Blaustirn-Blatthühnchen oder **Jacana** (*Actophilornis africanus*). Der kastanienbraune Vogel ist an Schnabel und Stirnschild blauweiß gezeichnet.

Hagedasch-Ibis

Ein Blick in die Mythenwelt Afrikas: Rote Vögel, wie der männliche Gaukler und Kaffernhornraben, gelten traditionell als Teufels- oder **Unglücksboten**, denn ihre leuchtend roten Körperteile werden mit Blut in Verbindung gebracht

Kraniche, storchenähnliche Bodenvögel, bevorzugen Sumpfgebiete und offene Graslandschaften. Die überwiegend blassgrauen **Klunkerkraniche** (*Bugeranus carunculatus*) sind typisch für die Bangweulusümpfe. Sie werden bis zu 1,25 m groß, haben einen weißen Hals und zwei vom Kinn herab hängende 'Klunker'. **Kronenkraniche** (*Balearica regulorum*) sind dagegen an der Oberseite schiefergrau, haben weiße Flügel mit rostbraunen Armschwingen und auf dem Scheitel eine rostfarbene Federkrone. Sie gehen eine lebenslange Einehe ein, und jedes Vogelpaar bezieht ein Revier mit 1,5 km² Radius. Ihre Brut verteidigen die anmutigen, großen Vögel heftigst selbst gegen Löwen.

Die kleinen, leuchtend gefärbten **Eisvögel** sind überwiegend direkt an Gewässer gebunden. Fische und Libellenlarven frisst der Kobalteisvogel (*Alcedo semi-torquata*), der am Rücken blau und am Bauch rostrot gefärbt ist. Der bis zu 40 cm große Riesenfischer (*Ceryle maxima*) ernährt sich hauptsächlich von Süßwasserkrabben. Der winzige Zwergfischer (*Ispidina picta*) frisst dagegen Insekten und Grillen und lebt, wie der unauffälligere Streifenliest (*Halcyon chelicuti*), auch in Miombowäldern.

Hühnervögel

Zu den in Sambia und Malawi vorkommenden Hühnervögeln zählen zahlreiche **Rebhühner, Frankoline, Wachteln** und **Perlhühner**. Das Helmperlhuhn (*Numida meleagris*) ist in trockenem Buschland heimisch, während das Kräuselhaubenperlhuhn (*Guttera pucherani*) eher in Miombowäldern und dichtem Buschwald zu finden ist. In den feuchten Sümpfen und Marschen kommen dagegen Rallen vor. Laufhühnchen, wie das Hottentotten-Laufhühnchen (*Turnix hottentotta nana*), halten sich in feuchten Dambos versteckt. Flughühner nennt man die taubenartigen Bodenbewohner, die gesellig Trockengebiete besiedeln.

Baumvögel

In den Bäumen dichter Wälder lebt eine Vielzahl unterschiedlicher Vogelarten. **Prachtfinken**, wie der winzige Grünastrild (*Estrilda melanotis*), der in den Bergwäldern Ostsambias und Malawis beheimatet ist, und sog. **Grasmücken**, wie der Graue Bindensänger (*Calamonastes simplex*) und der Barrattbuschsänger (*Bradypterus barratti*) in Malawi. Trogone, Bart- und **Mausvögel** sind typische Baumvögel, ebenso Spechte, Kuckucksvögel und Nashornvögel.

Gelbschnabeltoko

Nashornvögel sind relativ groß, haben einen auffälligen, gebogenen Schnabel und zeigen ein eigenwilliges Brutverhalten: Das Weibchen mauert sich zum Brüten in die Nesthöhle ein und wird durch eine kleine Öffnung vom Männchen gefüttert. Manche Nashornvogelmütter bleiben sogar in der Höhle, bis die Jungvögel ausfliegen. An den Viktoriafällen kann man häufig den etwa 60 cm großen, schwarzweißen Trompeter-Hornvogel (*Bycanistes bucinator*) beobachten. In Miombowäldern lebt der Grautoko (*Tockus nasutus*), in trockeneren Mopanewäldern dagegen der Rotschnabeltoko (*Tockus erythrorhynchus*). **Kaffernhornraben** (*Bucorvus cafer*) sind die größten afrikanischen Nashornvögel. Diese über 1 m großen Bodenbewohner sind schwarz gefiedert mit roten Gesicht und ernähren sich mit Vorliebe von Puffottern.

Klunkerkranich

Eine weitere prächtige afrikanische Waldvogelfamilie bilden die **Turakos** oder **Lärmvögel**. Der unscheinbarste Vertreter dieser Art ist der einfarbige Graulärmvogel (*Corythaixoides concolor*), der wegen seines lauten Geschreis jeden Eindringling verrät und den englischen Namen 'Go-away-Bird' trägt. Er lebt in trockenem Busch und Akazienwäldern. Der Glanzhaubenturako (*Tauraco porphyreolophus*) ist dagegen ein scheuer Waldbewohner mit grünem Kopf, blauen Schwanzfedern, purpurschwarzer Haube und leuchtend roten Schwingen, die im Flug gut sichtbar sind. Auch der Spitzschopfturako (*Tauraco livingstonii*) hat ein grünes Gefieder, eine lange, spitze Haube und einen rötlichen Schnabel. In Nordsambia kommt auch der lilafarbene Rossturako (*Musophaga rossae*) vor.

Graulärmvogel

Reisende in Nordsambia werden von Oktober bis April vom steten Dreiton-Ruf des Einsiedlerkuckucks begleitet

Vögel

Schildrabe

Fischeule

Gabelracke

*Der Schlangenhals-
vogel, ein Meister-
taucher, der seine
Beute harpuniert,
hier beim Trocknen
seiner Flügel*

Sonstige typische Vögel

Zu den häufigsten afrikanischen Vögeln gehört der recht zutrauliche **Graubülbül** (*Pycnonotus barbatus*), aber auch Stare sind sehr weit verbreitet. Der **Messingglanzstar** (*Lamprotornis chloropterus*) gilt als geselliger Miombowaldbewohner, während der **Mevesglanzstar** (*Lamprotornis mevesii*) Mopanewälder bevorzugt. In den Nationalparks sieht man **Rotschnabel-Madenhacker** (*Buphagus erythrorhynchus*) auf Großwild, wie Büffel und Kudus sitzen, denn der Vogel ernährt sich von Zecken und Parasiten. **Schildraben** (*Corvus albus*) sind Müllfresser, die gerne nahe menschlicher Siedlungen leben. Sie werden etwa 45 cm groß und sind schwarz gefiedert, mit weißer Brust und einem weißen Halsband. Sehr vielfältig und mitunter schwer zu identifizieren sind die zahlreichen **Webervögel**. In trockenen Mopanewäldern und Dornbuschlandschaften leben Büffelweber (*Bubalornis albirostris*) und Mahaliweber (*Plocepasser mahali*). Die schwarzroten Oryxweber (*Euplectes orix*) bewohnen dagegen hohe Gräser, Schilf oder auch Maisfelder. Eine Ähnlichkeit mit dem Oryxweber zeigt der **Stummelwida** (*Coliuspasser axillaris*), doch haben die Männchen einen deutlich längeren Schwanz. Noch auffälliger präsentiert sich der **Hahnschweifweber** (*Coliuspasser progne*). Im Brutkleid erscheint das Männchen pechschwarz mit Halskrause und einem 60 cm langen Schwanz. Man sieht ihn im äußersten Westen und im Nordosten von Sambia in hoch gelegenen Moorlandschaften. Er fliegt dort sehr langsam und mit wehendem Schwanz über seinem Brutrevier. Verschiedene **Papageien** leben in Malawi und teilweise auch in Sambia. Das Erdbeerköpfchen (*Agapornis lilianae*) tritt örtlich (Luangwatal, Shiretal) in Mopanewäldern auf, während das Rußköpfchen (*Lilianae nigrigensis*) nur in Südwestsambia lebt. In Malawi kommt in Akazienwäldern unter 1600 m auch der Braunkopfpapagei (*Piocephalus cryptoxanthus*) vor.

Bezaubernd sehen die schlanken, leuchtend gefärbten afrikanischen **Bienenfresser** aus, so der schlanke, scharlachrote Karminspint (*Merops nubicoides*). Während der Regenzeit brütet der Zugvogel gerne in großen Kolonien in den sandigen Steilufern der Flüsse in Niedrigzonen. Ein weiterer, höchst attraktiver afrikanischer Migrant ist der **Paradiesschnäpper** (*Terpsiphone viridis*). Die männlichen Vögel beeindrucken durch den sehr auffälligen langen, zierlichen Schwanz und ihr rostbraunes Gefieder. **Nektarvögel** haben noch längere, schlanke Schnäbel als Bienenfresser, um an den Blütennektar zu gelangen. Verschiedene Arten findet man vorwiegend in Ostsambia und Malawi, wo sie in größeren Höhen leben. Relativ häufig ist der Bronzenektarvogel (*Nectarinia kilimensis*). Im prächtigen Kleid präsentieren sich die mittelgroßen **Racken**, die meist einzeln oder paarweise auf trockenen Zweigen oder Stromleitungen sitzen. In offenen Baumlandschaften sind Gabelracken (*Coracias caudata*) und Strichelracken (*Coracias naevia*) häufig, im Miombowald lebt die Spatelracke (*Coracias spatulata*). Der Zimtroller (*Eurystomus glaucurus*) bevorzugt dagegen Galeriewälder.

Die Nachtaktiven

Eulen, Uhus und Käuze gehören zu den Jägern mit nächtlicher Lebensweise. Sie haben meist Hakenschnäbel, große Köpfe und direkt nach vorne blickende Augen. Ihr Flug ist geräuschlos und der Blick starr. In den sambischen Dambos und Sumpflandschaften ist die **Graseule** (*Tyto capensis*) verbreitet. Sie ernährt sich von kleine Nagetieren. In Trockenbuschsavannen ist der **Perlkauz** (*Glaucidium perlatum*) manchmal auch bei Tage zu sehen. Der große **Berguhu** (*Bubo africanus*) hat auffällige Federohren und sitzt bei Dunkelheit häufig auf den Straßen. Sehr typisch für die sambischen Flüsse ist die große, bräunlich gestreifte und gefleckte **Bindenfischeule** (*Scotopelia peli*). Sie ernährt sich von Fischen.

Oben: Aufgeplusterter Haubenbartvogel, Unten: Kaffernhornrabe

Nachtschwalben – auch Ziegenmelker genannt – sind dämmerungs- und nachtaktive Vögel und in Sambia und Malawi mit acht verschiedenen Arten vertreten. Sie ernähren sich von Insekten und sitzen tagsüber getarnt und unbeweglich im Gehölz. Besonders markant ist die **Fahnennachtschwalbe** (*Semeiophorus vexillarius*). Als afrikanischer Migrant hält sie sich zwischen August und Februar in Sambia und Malawi auf. Die ca. 25 cm großen männlichen Vögel tragen während der Brutzeit bis zu 70 cm lange "Fahnen" an den Flügeln. Bei ihrem Abendflug schwingen diese Fahnen geradezu geisterhaft.

Vögel

Chamäleon

Faszinierend: Das Chamäleon

Die Augen dieser faszinierenden Echsen mit Klammerfüßen und Wickelschwanz sind unabhängig voneinander frei beweglich. Sie gehören zu den Wurmzünglern, da sie ihre Beute mit der blitzschnell heraus schnellenden, langen Zunge ergreifen. Chamäleons können sich nicht verteidigen, ihre Überlebensstrategie besteht aus perfekter Tarnung. Dazu verfügen die Echsen neben den bedächtigen, wippenden Bewegungen über die einmalige Fähigkeit, ihre Körperfarbe der jeweiligen Umgebung anzupassen. Ein Chamäleon im Gebüsch zu entdecken, ist fast unmöglich. Sehr viel leichter erspäht man das harmlose Tier beim langsamen Überqueren einer Teerstraße (vor allem während der Regenzeit). 85 Arten existieren weltweit, vor allem in Afrika und auf Madagaskar. Die meisten Arten legen Eier, doch einige wenige Spezies gebären auch lebende Junge. Weibliche Tiere werden in der Regel größer, als männliche.

Innerhalb kürzester Zeit passt sich die Hautfarbe des Chamäleons seiner Umgebung an

In Malawi gibt es eine alte Legende: Vor langer Zeit, als Gott die Menschen schuf, rief er ein Chamäleon und einen Nilwaran zu sich und übergab beiden eine wichtige Botschaft für die Menschen. Dem Chamäleon teilte er mit, die Menschen würden ewig leben, dem Nilwaran sagte er, die Menschen sollten sterblich sein. Dann schickte er beide zu den Menschen. Das Chamäleon brauchte natürlich viel länger als der Nilwaran. Als es die Menschen erreichte, hatte das Sterben schon begonnen. Und weil man dem Chamäleon damit die Schuld am Unglück der Menschen gab, galt es fortan für alle Reisenden als Zeichen drohenden Unheils, wenn man einem Chamäleon begegnete. Es schien dann geraten, die Reise abzubrechen und umzukehren. In ländlichen Regionen ist diese Ansicht auch heute noch verbreitet und die Furcht vor den vermeintlichen Unglücksboten groß. Die harmlosen Eidechsen werden deshalb immer wieder sinnlos getötet.

REISETEIL
UNTERWEGS IN SAMBIA...

LUSAKA UND UMGEBUNG

Lusaka stellt für viele Reisende das Eingangstor zu Sambia dar. Dabei hat die größte Stadt des Landes nur wenige touristische Höhepunkte. Ihre Atmosphäre wird bestimmt von einer kontrastreichen Mischung aus vernachlässigten sozialistischen Gebäuden, breiten Avenuen voller Schlaglöcher, blühenden, aber von hohen Mauern umschlossenen Gärten und dem Treiben unzähliger Straßenhändler. Sobald man dem Großstadtrummel entflieht, gelangt man nahezu übergangslos in das ländliche Hinterland mit weitläufigen Farmen und kleinen, dörflichen Ansiedlungen.

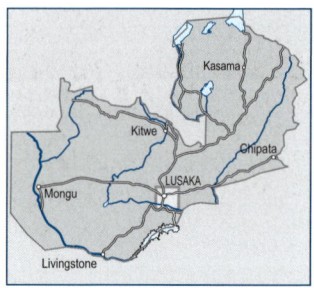

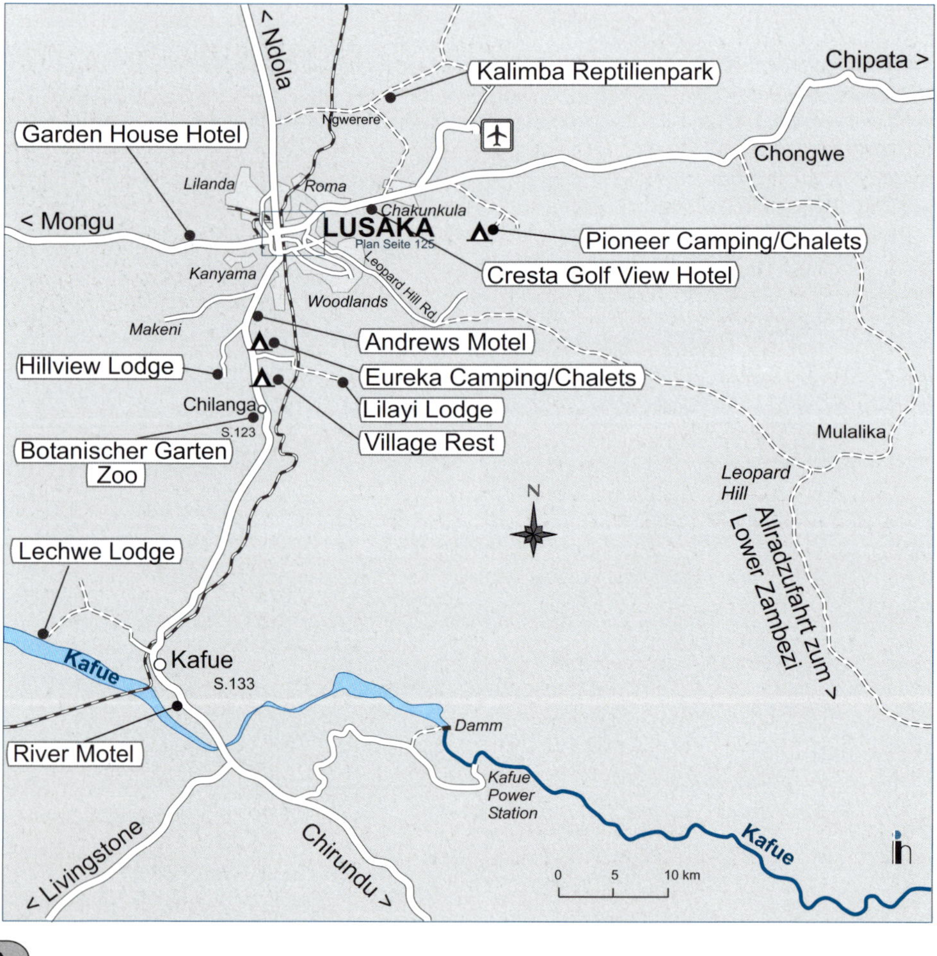

Kasama
Kitwe
Chipata
Mongu
LUSAKA
Livingstone

< Ndola

Kalimba Reptilienpark

Chipata >

Ngwerere

Garden House Hotel

Chongwe

Lilanda
Roma

< Mongu

Chakunkula

LUSAKA
Plan Seite 125

Pioneer Camping/Chalets

Cresta Golf View Hotel

Kanyama

Leopard Hill Rd

Woodlands

Makeni

Andrews Motel

Hillview Lodge

Eureka Camping/Chalets

Chilanga
S.123

Lilayi Lodge

Village Rest

Botanischer Garten
Zoo

Mulalika

Leopard
Hill

Lechwe Lodge

N

Allradzufahrt zum
Lower Zambezi >

Kafue

Kafue
S.133

River Motel

Damm

Kafue
Power
Station

Kafue

< Livingstone

Chirundu >

0   5   10 km

Stadtgeschichte

Wie die meisten afrikanischen Städte hat Lusaka eine relativ junge Geschichte. Zu Beginn des 20. Jahrhunderts nannte man das kleine verschlafene Dorf *Lusakas* oder *Lusaakas*, nach einem Lenje-Häuptling, dem nachgesagt wurde, ein besonders gerissener Elefantenjäger zu sein.

Lusakas Stadtgeschichte begann 1905 mit der **Gründung einer Bahnstation**. Damals wurde in raschem Tempo die Bahnstrecke von den Viktoriafällen nach Kabwe verlegt. Exakt alle 32 km wurde eine Bahnstation gegeründet, so auch im Oktober 1905 die Station Lusaka. Katholische Missionare und die ersten Geschäfte, eröffnet zumeist von aus dem Süden kommenden Buren, folgten 1908. Zunächst blieb es aber ein unbedeutender landwirtschaftlicher Flecken. Die erste Schule entstand 1909, im Jahr darauf kam die erste Mühle, 2 Jahre später wurde das Grand Hotel gegründet, welches später in Lusaka Hotel umbenannt wurde. 1917 quälte sich das erste Automobil über die ausgefahrenen Sandpisten Lusakas. In jener Zeit verschlammte die Ortschaft nach heftigen Regenfällen derart, dass ihre Anwohner 1926 fast evakuiert werden mussten. 1929 – inzwischen war der Ort auf 282 Europäer und 1596 Afrikaner angewachsen – erhielt Lusaka den Status einer *Township*.

Etwa zu gleicher Zeit suchte man nach einem geeigneten Platz für die Verlegung der Hauptstadt von Livingstone nach einem zentraleren Ort im Lande. In die Überlegungen wurden Kabwe und Ndola eingeschlossen, doch man entschied sich 1931 aus klimatischen Gründen für Lusaka (Lusaka gilt als einer der windigsten Plätze Zentralafrikas). Der endgültige Umzug von Livingstone hierher erfolgte erst im Mai 1935, nachdem in der neuen Hauptstadt eifrig gebaut worden war.

Nach dem zweiten Weltkrieg entwickelte sich Lusaka zügig und erhielt wegen seiner Grünflächen den Beinamen "**The Garden City**"". Bis Anfang der 1950er Jahre wuchs die Stadt allerdings nur westlich der Cairo Road, denn östlich der Hauptstraße verhinderten die Bahnlinien zunächst jegliches Ausbreiten. Hatte Lusaka 1950 erst 26 000 Bürger, so waren es nur 20 Jahre später bereits zehnmal so viele. In den Jahren nach Erlangen der Unabhängigkeit entstanden die meisten dominierenden Gebäude, wie die Universität, der Internationale Flughafen, das Findeco House, die Nationalversammlung und das Mulungushi Conference Center. Um 1990 wurde die Millionengrenze überschritten. Heute zählt Lusaka mit einem Stadtgebiet von 360 km² zu den am schnellsten wachsenden Städten Zentralafrikas, die Einwohnerzahl wird zwischen 1 und 1,6 Mio. geschätzt.

Oben: Lusakas Skyline in der Cairo Road

Unten: Die "Golden Gate Bridge" von Lusaka

Cairo Road - berühmteste Straße Sambias

Bis Anfang der 1920er Jahre, als es in Lusaka erst sechs namenlose Wege gab, wurde diese Nord-Süd-Verbindung *Front Street* genannt. Irgendwann brachte ein spöttischer Siedler in Anspielung auf das große Abenteuer jener Tage, nämlich die Autodurchquerung des Kontinents von Kairo bis zum Kap, den Namen Cairo Road ins Spiel, denn schließlich lag Lusaka genau an jener imaginären "Traumstraße Afrikas". Dieser Name setzte sich schließlich fest und blieb bis heute bestehen.

Sehenswertes in Lusaka

Unten: Künstlermarkt unter freiem Himmel in Kabwata

Kabwata Cultural Village

Ein ehemaliges Gelände für kulturelle Tanzdarbietungen, auf dem nun zahlreiche Holzschnitzer arbeiten und ihre Werke verkaufen. 1998 wurde die vernachlässigte Einrichtung mit Unterstützung durch die deutsche GTZ wieder aufgebaut, und seither laden gelegentlich sambische Volkstänzer zum "Traditional Dancing" ein (findet in den kühleren Monaten nachmittags statt).

Zufahrt: Von der Independence Ave. nach Süden in die Burma Road abzweigen. Kabwata Village befindet sich direkt an der rechten Straßenseite und ist täglich ganztags geöffnet. Kein Eintritt, sicheres Parken auf dem Gelände möglich.

National Museum & Political Museum

Für Kultur- und Geschichtsinteressierte sehr zu empfehlen!

Lusakas Nationalmuseum ist in einem neuen Gebäude rechts der UNIP-Parteizentrale in der Independence Ave. untergebracht. Hier werden neben Fotos und zahlreichen anderen Zeugnissen aus der Kolonialzeit und dem Unabhängigkeitskampf moderne einheimische Kunst sowie eine beachtenswerte Sammlung zu Traditioneller Heilung und Traditionellem Glauben ausgestellt. Geöffnet täglich von 09.00–16.30 h, der Eintritt beträgt ca. 2 Euro.

Freiheitsstatue

Diese Statue vor der Parteizentrale der UNIP an der Independence Ave. zeigt einen Mann, der die kolonialen Ketten sprengt. Sie wurde zur Erinnerung an die Opfer des Unabhängigkeitskampfes errichtet.

Craft Market

Lusakas monatlicher Meeting Place

Jeden letzten Samstagvormittag im Monat veranstaltet die Dutch Reformed Church auf dem Kirchengelände einen kunsthandwerklichen Freiluftmarkt. Hier trifft sich Lusakas Gesellschaft aller Hautfarben zum Einkaufen von Kunstgewerbe oder frischen Farmprodukten und dem gemütlichen Gespräch zwischen Pflanzenkübeln, bunten Batiken und Holzfiguren. Die Parkplätze rund um die Kirche werden bewacht, der Eintritt beträgt ca. 1 Euro.

Die städtischen Märkte

Afrikanisches Markttreiben

Der älteste Stadtmarkt Lusakas, Luburma Market, entstand 1928 und breitet sich südlich der Independence Ave. aus. Größer ist allerdings der neuere City Market an der Lumumba Road. Auf diesen Märkten gibt es praktisch alles, was man sich vorstellen kann, dicht gedrängt auf engstem Raum. Allerlei fremde Gerüche und Geräusche bombardieren den Besucher. Es dudeln afrikanische Rhythmen aus Kassettenrecordern, dazwischen rufen Händler und auf kleinen Blechöfen braten Frauen Maiskolben. Was auf Fremde meist einen sehr exotischen Eindruck macht, veranschaulicht jedoch die Problematik vieler Arbeitsloser, die in der Großstadt vergeblich einen Job suchen und sich mit Kleinhandel über Wasser halten.

Vorsicht: Hier gibt es Taschendiebe!

Munda Wanga Zoo & Botanischer Garten

Dieser sehenswerte Zoo & Botanische Garten liegt ca. 18 km südlich der Stadt direkt an der Kafue Road in der kleinen Ortschaft Chilanga. Angelegt wurde der weitläufige Garten ab 1952 von Ralph Sanders, einem Forstbeamten, der wegen seiner Leidenschaft für diesen Garten völlig verarmte. Der hübsche Garten beherbergt heute mehr als 300 verschiedene Pflanzenarten, zahlreiche Tiergehege, in denen hauptsächlich Waisentiere leben, und einen Erholungsbereich mit Bar und Grillplatz. Viele Vögel!

Täglich geöffnet von 08.00–17.00 h. Fütterung von Löwen, Leoparden und kanadischen Bären. Bewachter Parkplatz, Eintritt knapp 5 Euro (inklusive Führung). Der Zugang liegt kurz vor dem 'Rural Health Centre' in Chilanga (rechte Straßenseite).

Sehenswertes an der Peripherie
Löwen, Wild Dogs, Geparden und ein Tiger

Namwandwe Art Gallery

Die Galerie gehört einem einheimischen Kunstmäzen, der seine Sammlung gratis zur Besichtigung freigibt und sambischen Künstlern gestattet, in einem Nebengebäude ihre Werke auszustellen und zum Verkauf anzubieten. Neben Öl- und Aquarellbildern findet man Steinskulpturen und Töpferwaren.

Die Galerie öffnet Di-Fr von 09.00–16.00 h sowie an Wochenenden vormittags. Zufahrt über die Leopard Hill Road, sie liegt 6 km nach der Lake Road, direkt hinter der US-Amerikanischen Schule, auf einem Farmgelände auf der linken Straßenseite.

Tipp für Kunstfreunde!

Lilayi Lodge & Game Park: 10 km südlich Lusakas an der Straße nach Kafue liegt links (weitere 10 km, beschildert) der private, 700 ha große Wildpark mit Zebras, Giraffen, Affen und Antilopen. Vor allem an Wochenenden ist die idyllisch in einer Waldlichtung gelegene Lilayi Lodge ein beliebtes Ausflugsziel mit einladender, schattiger Gartenterrasse. Wer im Restaurant speist (z. B. Sunday Buffet á 25 US$) oder Reitausflüge (25 US$) und Game Walks (5 US$) unternimmt, bezahlt keine Eintrittsgebühren. Übernachtungsgäste bezahlen je nach Zimmerart für All-Inklusive 280-330 US$/DZpP und 235-285 US$/EZ, bei B&B 120-170 US$/DZpP und 105-155 US$/EZ (inklusive einem Game Drive; siehe auch S. 128).

Private Wildfarmen in der Umgebung Lusakas

Lechwe Lodge & Game Park: 15 km vom Ort Kafue entfernt ist auf dem Gelände von Kafue Fisheries ein privater Wildpark mit kleiner Touristenlodge entstanden. Hier sind neben Übernachtungsgästen auch Tagesbesucher willkommen, allerdings wird generell strikte Vorausbuchung verlangt. Die Preise sind abhängig von den Aktivitäten. Pirschfahrten werden tagsüber und nachts veranstaltet, auch Fischen ist möglich.

Kalimba Reptilienpark: Ein Reptilienpark mit zahlreichen Schlangen, Krokodilen, Schildkröten und Chamäleons kann in Ngwerere, das etwa 20 km von Lusaka entfernt ist, besichtigt werden. Mutigen Besuchern legt man einen Python um den Hals! Getränke und Snacks werden angeboten. Zufahrt: Man verlässt Lusaka auf der Great East Road und zweigt nach wenigen Kilometern an der Caltex-Tankstelle links ab. Nach 11 km muss man rechts abbiegen und erreicht die beschilderte Farm nach weiteren 500 m. Die Zufahrt ist auch ab dem Airport möglich. Tel. 01-233272. Täglich geöffnet von 09.00–17.00 h, der Eintritt beträgt ca. 3,50 Euro (mit persönlicher Führung).

Schon gewusst?
Woher hat die Cha Cha Cha Road ihren Namen? Der südamerikanische Tanz war ein geheimes Code-Wort zu Zeiten des Unabhängigkeitskampfes, und markierte den Beginn des landesweiten gewaltlosen Widerstands gegen die Kolonialmacht.

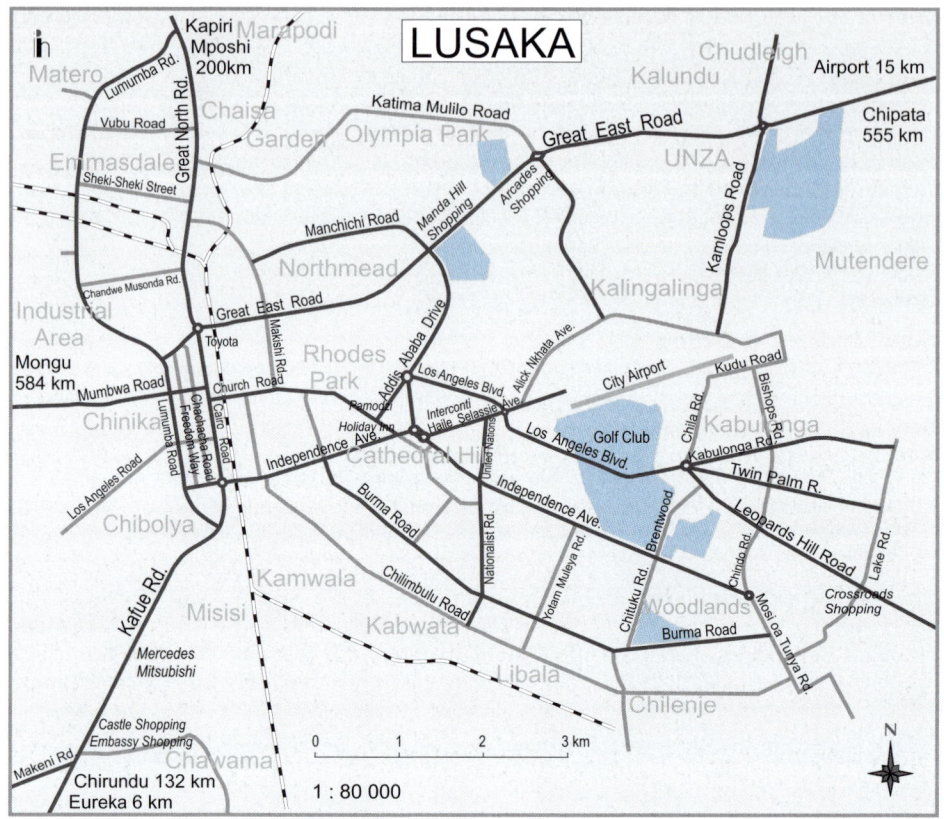

Zur Orientierung in Lusaka

Die Bahnlinie teilt Lusaka noch immer in eine östliche und eine westliche Stadthälfte, die nur durch drei Brücken miteinander verbunden sind. Im **Westteil** haben sich vornehmlich die Industrie und Wirtschaft angesiedelt, wie Speditionen, Reifenhändler, Mechaniker, Großhändler aller Art und der große City-Market mit dem Busbahnhof für Minibusse. Parallel zur Bahnlinie verläuft die **Cairo Road**, Lusakas Hauptstraße im Zentrum. In Stoßzeiten bewegt sich der Verkehr nur im Schritttempo durch diese städtische Lebensader. Neben staatlichen Komplexen, Fast Food Restaurants, Wechselstuben, dem Hauptpostamt und diversen Bürogebäuden findet man hier auch Souvenirläden, Reisebüros, die Touristeninformation und Vertretungen verschiedener Fluglinien. **Im östlichen Teil** Lusakas wurden großzügige Avenuen angelegt, die die großflächigen Ministerien, Schulen, Botschaftsresidenzen, einen Golfplatz und die eleganten Hotels verbinden. Die Straßen sind hier breiter und baumbestanden. Manda Hill, der größte **Shopping Komplex**, und die neue Einkaufsmeile Arcades, liegen beide an der Ausfallstraße Great East Road.

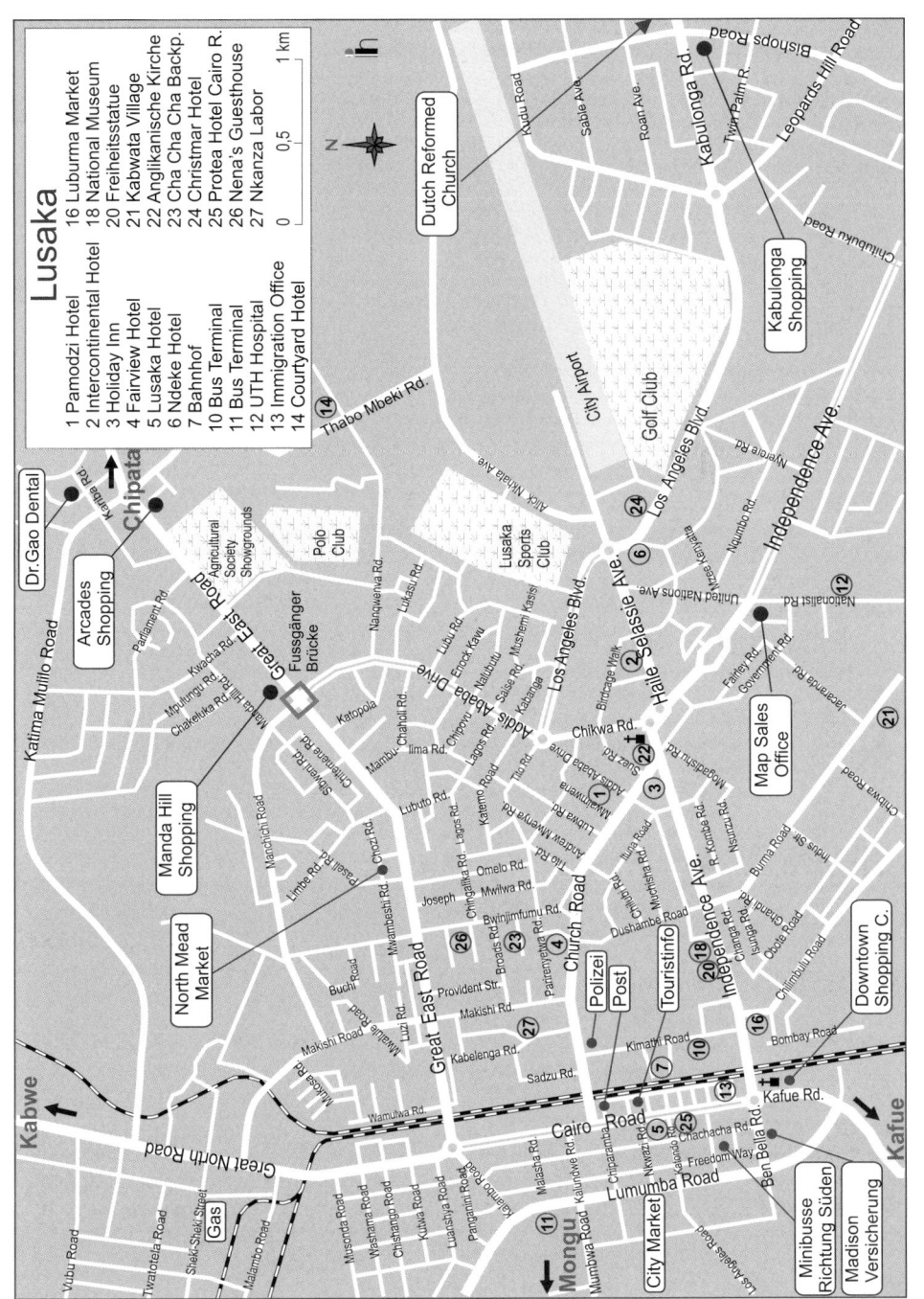

Lusaka

1 Pamodzi Hotel
2 Intercontinental Hotel
3 Holiday Inn
4 Fairview Hotel
5 Lusaka Hotel
6 Ndeke Hotel
7 Bahnhof
10 Bus Terminal
11 Bus Terminal
12 UTH Hospital
13 Immigration Office
14 Courtyard Hotel
16 Luburma Market
18 National Museum
20 Freiheitsstatue
21 Kabwata Village
22 Anglikanische Kirche
23 Cha Cha Cha Backp.
24 Christmar Hotel
25 Protea Hotel Cairo R.
26 Nena's Guesthouse
27 Nkanza Labor

0   0,5   1 km

Mietwagen-agenturen

weitere Infos und Adressen zu Mietwagen siehe S. 346!

- **Juls Car Hire:** Libala Road, Kalundu, Plot 5507. Tel. 0211-293972, Fax 291246, www.julscar.com (Vermietung von Allradfahrzeugen und Minibussen).
- **Taiwo Car Hire:** 5772 Great East Road, Kalundu, auf Höhe der Uni. Tel. 0211-291283 Fax 291248, www.taiwo.co.zm (Fahrzeuge mit und ohne Chauffeur).
- **Avis Car Hire:** Holiday Inn Hotel, Tel. 0211-251652, Fax 252201. Am Flughafen Tel. 0211-271303, Fax 271262, www.avis.com.
- **Limo Car Hire:** 21, Lilayi Road, Tel. 0211-278628, www.limohire-zambia.com. Hier kann man auch ein Dachzelt und Campingausstattung mieten.
- **Sepiso Car Rentals:** Cairo Road, P. O. Box 38506, Tel. 0211-220388, Fax 225462, E-mail: enquiries@sepisocarhire.com Internet: www.sepisocarhire.com
- **4x4 Hire Africa:** P/Bag 393, Postnet Manda Hill, Lusaka, Tel./Fax 0211-254096, www.4x4hireafrica.com. Allradverleih unter dt. Leitung.
- **Imperial Car Rentals/Voyagers Rentals:** P. O. Box 37609, Suez Road, nahe Holiday Inn. Tel.0211-253082, www.voyagerszambia.com. Am Airport Tel. 0211-271221.

Reise-agenturen

- **The Travel Shop:** Tel. 0211-255559, Fax 250746, www.travelshopzambia.com. Im Arcades Shopping Centre.
- **Alendo Travel & Tours:** Tel. 0211-222169, Fax 221949, Kabelenga Road, Plot 4974, www.alendotravel.com.zm.
- **Zambian Safari Company:** Tel. 0211-231450, Fax 224915, www.zambiansafari.com. Im Central Park in der Cairo Road.
- **Chachacha Backpackers:** Kontakt siehe S. 128. Kanutrips und preiswerte, eher einfache Mobile Safaris für ein jugendliches Publikum.
- **Kachelo Travel:** Tel. 0211-260817, Fax 265560, www.kachelotravel.com. Chindo Road, Tukunda Shopping Mall in Kabulonga.
- **Voyagers Travel:** siehe oben: Imperial Car Rentals/Voyagers Rentals.
- **Juls Travel:** siehe oben: Juls Car Hire.

Airlines

- **Air Zimbabwe:** Kariba House, Cha Cha Cha Road, Tel. 0211-225431.
- **British Airways:** Holiday Inn, Tel. 0211-255320, 254444, 254482, Fax 255328.
- **Kenya Airways/KLM:** Comesa House, Ben Bella Road, Tel. 0211-228886, Fax 228902.
- **South African Airways:** Haile Selassie Rd. und InterContinental Hotel, Tel. 0211-254327, Tickets 254350, Fax 254064.
- **Ethiopian Airlines:** Luangwa House, Cairo Road, Tel. 0211-236402, Fax 236401.
- **Zambian Airways:** Dedan Kimathi Rd., Mukuba Pension House sowie im Intercontinental Hotel, Tel. 0211-256586, Fax 256589, am Airport Tel. 271230.
- **Air Malawi:** ZNIB-House., Cairo Road, Tel. 0211-228120, 254455, Fax 228120.

Flugcharter

Darüber hinaus haben eine stattliche Anzahl Air-Charter-Gesellschaften ihren Sitz in Lusaka. Flüge mit einer Chartergesellschaft, wie Avocet, Staravia, Lunga Air Shuttle, Pro-flight und Safari Air Services, bucht man am einfachsten in Reisebüros.

Botschaften

- **Botswana:** Diplomatic Triangle, Haile Selassie Ave. Tel. 0211-250555.
- **Deutschland:** Ridgeway, 5209 United Nations Ave., P. O. Box 50120, Tel. 0211-250644. Besuchszeiten von 09.30–11.30 h.
- **Tansania:** Ujaama House, United Nations Ave., Tel. 0211-253320, 253222
- **Großbritannien:** Independence Avenue, Diplomatic Triangle, Tel. 0211-251133
- **Mosambik:** Kacha Road, Northhead, Plot 9592, Tel. 0211-220333
- **Niederlande:** 5208 United nations Ave., Tel. 0211-253819
- **Österreich:** Mutende Rd., Woodlands, Box 310994, Tel. 0211-260407
- **South Africa:** D26 Cheetah Road, Kabulonga, Tel. 0211-260999
- **Namibia:** 6968 Kabanga Rd., Rhodes Park, Tel. 0211-252250
- **Republik Kongo:** 1124 Parirenyatwa Rd., Tel. 0211-213343
- **Malawi:** Kabulonga, Bishop Road 31, Tel. 0211-265768
- **Zimbabwe:** Haile Selassie Road, Tel. 0211-254006
- **Schweiz:** 5124 Lumumba Road, Tel. 0211-223838

TRY US FIRST, FOR THE BEST
BARBER
IN TOWN

Oben:eine typisch sambische Frisör-W erbung

Gastronomie und Nightlife

Die großen Hotels der Stadt bieten Restaurants mit internationaler Küche, wie z. B. Cattleman Steakhouse im Christmar Hotel, Musuku im Holiday Inn und Olive Grove im InterContinental. Im Manda Hill Shopping Centre sind die Mittagessen im **Café Kilimanjaro** beliebt, in den Arcades bietet **Ocean Bascet** griechische Küche und Seafood. Jeden Freitagabend lädt das Restaurant **Jacaranda** im Pamodzi Hotel zur "Indian Night". Wer spät abends Lusakas Nachtleben erkunden möchte, lässt sich am besten per Taxi zu den Diskotheken **Mr. Pete's** (Panganini Road), **Mc Ginty's Pub** (Holiday Inn) oder **Black Velvet** (Kafue Rd.) bringen. Ebenfalls an der Kafue Rd. (nach dem Makeni-Turnoff) bietet das **Casino Majestic** Slot Machines und ein Restaurant. In Manda Hill liegt das Irish Pub **O'Hagan's**. Pakistanische Küche in dezenter Atmosphäre offeriert **Arabian Nights** in den Arcades, nahe Kino und Kegelbahn. Im gleichen Einkaufszentrum findet man auch das Gourmetrestaurant **Rhapsody's**. Sonntagmittag-Buffets bietet der Garden Grill bei Sandy's Creations an der Kafue Road Richtung Lilayi.

Rechts: Castle Shopping Centre

Große Supermärkte, wie Shoprite, Spar und Embassy, öffnen auch am Wochenende (samstags ganztags und am Sonntagvormittag)

Einkaufen in Lusaka

- **Manda Hill Shopping Centre:** Größter Einkaufskomplex Lusakas an der Great East Road. Hier konkurrieren der größte Shoprite-Supermarkt, das Kaufhaus GAME (u. a. Campingbedarf), diverse Boutiquen, Buch- und Souvenirläden, eine Apotheke, Bank (ATM), Bäckerei, Wechselstube, ein Internetcafé und die Post um die Aufmerksamkeit der Kunden. Kostenloser bewachter Parkplatz. Viele Läden akzeptieren Kreditkartenzahlung (VISA), die Wechselstube jedoch nicht.
- **Arcades Shopping Complex:** Modernstes Einkaufszentrum mit Boutiquen, Kino, Kegelbahn, Restaurants, Apotheke, Buchladen, Reisebüro, Bank (kein ATM), gut sortiertem Spar-Supermarkt.
- **Kabulonga Shopping Centre:** Neu gestalteter Ladenkomplex mit Supermarkt, Wechselstube, Post, Fast Food Lokalen etc. an der Ecke Chindo/Kabulonga Road.
- **Crossroads Shopping Centre:** SPAR, Internetcafé, Café, Outdoor-Laden, ATM und Bank an der Leopards Hill Road stadtauswärts gelegen.
- **Northmead Market:** Great East Road stadtauswärts, nach der Mobil-Tankstelle links in die Paseli Road einbiegen, dort die erste Straße wieder rechts. Großer Obst- und Gemüsemarkt.
- **Downtown Shopping Centre:** Einkaufskomplex am Beginn der Kafue Road mit SPAR.
- **Shoprite Wholesales:** In der Kafue Rd., südlich vom Downtown Shopping Centre gelegen, gibt es hier Großpackungen zum günstigen Preis. Lohnt sich z. B. bei Getränken.
- **Castle Supermarket:** Mehrere Läden im burgähnlichen Einkaufskomplex an der Straße nach Kafue. Mit Wechselstube. Kurz dahinter liegt der **Embassy Supermarket**.
- **Majoru Butchery:** Beliebteste Metzgerei Lusakas (deutsche Metzger & Management). Zunächst ca. 7 km stadtauswärts in Richtung Kafue fahren, dann rechts (beschildert) 3 km Teerstraße; und an der scharfen Linkskurve geradeaus auf einer Piste noch 600 m weiter fahren.
- **York Farm:** Farmfrisches Gemüse und Delikatessen an der Kafue Road kurz vor VUMA-Tankstelle.
- **Sandy's Creations:** Italienische Feinkost an der Kafue Road kurz nach dem Eureka Camp.
- **La Patisserie:** Bäckerei im Central Park, Cairo Road, mit exquisiten Pies und feinen Backwaren.

Souvenirs, Stoffe & Kunsthandwerk

Souvenirläden findet man im Manda Hill Shopping Centre, den größeren Touristenhotels, etwas preiswerter im Kabwata Cultural Village (S. 122) und bei den Händlern am Northmead Market (s. o.). Gute Auswahl bietet der indische Stoffladen **Safique's** im Tazara House direkt östlich der Bahnüberführung in der Independence Road (gegenüber Luburma Market).

Hotels und Gästehäuser in Lusaka

- **Pamodzi Hotel:** Church Rd./Ecke Addis Ababa Drive, P. O. Box 35450, Lusaka. Tel. 254455, Fax 250995, E-mail: pamodzi.lusaka@tajhotels.com. Elegantes, aber auch etwas steriles 5-Sterne-Luxushotel mit Restaurants, Coffee Shop, Pool, Bar, Kasino. Preise: B&B ab 105 Euro/DZpP und 155 Euro/EZ.
- **InterContinental Hotel:** Haile Selassie Ave., P. O. Box 32201, Lusaka, Tel. 250000, Fax 251895, E-mail: lusaka@interconti.com.zm. Restaurant, Brasserie, Cocktailbar. Internationales, lebendiges First-Class-Hotel mit Ladenzeile und großem Poolbereich. Preise: B&B ab 110 Euro/DZpP, 145 Euro/EZ.
- **Southern Sun Ridgeway:** Ecke Church Rd./Independence Ave., P. O. Box 30666, Lusaka. Tel. 251666, Fax 253529, E-mail: res@southernsun.co.zm, wwwsouthernsun.com. Das ehrwürdige Traditionshotel ist ein gehobenes Touristenhotel mit Krokodilteich im tropischen Innenhof, Steakhaus, Pub, ATM-Bankschalter, BA-Office. Preise: B&B ab 100 Euro/DZpP und 190 Euro/EZ.
- **Protea Lusaka Hotel:** Great East Road, Arcades Shopping Complex, Tel. 254664, Fax 254606, E-mail: reservations@phlusaka.co.zm, www.proteahotels.com. 2008 eröffnetes Luxushotel im Einkaufszentrum mit 100 Zimmern, Pool und Restaurant. Preise: B&B ab 115 Euro/DZpP, 125 Euro/EZ.
- **Cresta Golfview Hotel:** 10247 Great East Road, Munali, Lusaka. Tel. 097-9683038, Fax 292049, E-mail: reservations@cresta.co.zm, www.cresta-zambia.com. Lusakas neuestes Hotel im gehobenen Mittelklassensektor liegt am östlichen Ortsrand. 60 klimatisierte Zimmer im südafrikanischen Stil, Restaurant, Pool, Internetzugang. Preise: B&B ab 75 Euro/DZpP und 110 Euro/EZ.
- **Courtyard Hotel:** Ecke Nangwenya/Thabo Mbeki Road, Lusaka. Tel. 257487, Fax 257488, E-mail: res@courtyardhotel.co.zm, www.courtyardhotel.co.zm. Erstes modernes Hotel Lusakas, das mit seiner "Health-Zone" wirbt. 26 Zimmer, großer Sport/Spa-Bereich, am Stadtrand gelegen. Preise: B&B ab 58 Euro/DZpP, 90 Euro/EZ.
- **Protea Hotel Cairo Road:** Mutaba House, Cairo Rd./Ecke Katondo Rd., Tel. 238360, Fax 238217, E-mail: reservations@phcairoroad.co.zm, www.proteahotels.com. Gehobenes Mittelklassehotel in der Cairo Road mit klimatisierten Zimmern und Restaurant. Preise: B&B ab 56 Euro/DZpP, 98 Euro/EZ.
- **Chrismar Hotel:** 6892 Los Angeles Blvd., P. O. Box 36043, Lusaka. Tel. 253605, Fax 252569, E-mail: chrismar@zamnet.zm, www.chrismarhotels.com. Ansprechendes Hotel der gehobenen Mittelklasse mit Pool, Gym, Grillrestaurant. B&B ab 60 Euro/DZpP und 105 Euro/EZ.
- **Ndeke Hotel:** P. O. Box 30815, Lusaka. Tel. 251734, Fax 251760, E-mail: gardengroup@zamtel.zm. Longacres, Dunduza Chisidza Crescent, www.gardengroupzambia.com. Einfaches Stadthotel der sambischen Garden Group mit kleinem Pool. B&B ca. 38 Euro/DZpP, 66 Euro/EZ.
- **Fairview Hotel:** Ecke Church Rd./Protea Rd., P. O. Box 33200, Lusaka. Tel. 239637, Fax 239741, E-mail: fairview@zamnet.zm, www.fairview.co.zm. Lebhaftes Mittelklassehotel mit Dachterrasse, das als Ausbildungshotel dient. Einfaches Ambiente, aber sehr bemüht. B&B 30 Euro/DZpP, 52 Euro/EZ.
- **Lusaka Hotel:** Cairo Rd., Lusaka. Tel. 229049/52, Fax 225726, E-mail: lushotel@zamnet.zm, www.lusakahotel.com. Traditionsreiches, lebhaftes Mittelklassehotel direkt im Stadtzentrum. Mit Pool, Restaurant und teilweise klimatisierten Zimmern. B&B ab 29 Euro/DZpP und 50 Euro/EZ.
- **Wayside Bed & Breakfast:** Plot 40, Makeni Road, P. O. Box 30453, Tel. 272736, Fax 274444, E-mail: wayside@iconnect.zm, www.wayside-guesthouse.com. Gepflegte Privatunterkunft mit 6 Zimmern in Makeni (Richtung Kafue fahren, beim Schild „Metro Cash & Carry" einbiegen). Mit herrlichem Garten, Pool, Frühstücksraum unter deutsch-zimbabwischer Leitung. Preise: ab 40 Euro/DZpP, 64 Euro/EZ.
- **Comfort Zone Guest House:** Tel. 272610, Fax 225617, E-mail: knalf@coppernet.zm, www.comfortzone .com.zm. Sympathisches Gästehaus mit 10 klimatisierten Zimmern, Restaurant und Pool ebenfalls in Makeni gelegen (Casanova Road). Preise: B&B ab 24 Euro/DZpP und 36 Euro/EZ.
- **Juls Guesthouse:** P.O.Box 32863, Plot 5508 Lusiwasi Road, Kalundu, Lusaka. Tel. 292979, Fax 291246, E-mail: julscar@zamnet.zm, www.julscar.com. Kleineres Gästehaus mit sechs Doppelzimmern, Pool, Küchenbenützung. Preise: B&B ab 50 Euro/DZpP und 75 Euro/EZ.
- **Reed Mat Lodge:** 5th Street, Munali, Lusaka. Tel. 293426, Fax 295196, E-mail: info@ reedmatlodge.com, www.reedmatlodge.com. Die nette kleine Lodge mit 7 Zimmern, Restaurant und Pool im Garten liegt etwas abseits im ruhigen Viertel Munali (Great East Road bis Mulani Roundabout, dort der Beschilderung folgen). Preise: je nach Ausstattung ab 25 Euro/DZpP.
- **Nena's Guest House:** P. O. Box 30886, Masansa Close, Lusaka. www.nenaguesthouse.co.zm, E-mail: nenaguesthouse@zamnet.zm, Tel. 239541. Zentrales Gästehaus mit Restaurant und Pool im Garten. Ideal gelegen für Nichtmotorisierte. Preise: B&B ab 20 Euro/DZ und 30 Euro/EZ.

Hotels & Lodges außerhalb von Lusaka

- **Lilayi Lodge:** P. O. Box 30093, Lusaka. Tel. 228682, Fax 222906, E-mail: lilayi@zamsaf.co.zm, www.lilayi.com. Bungalowanlage im Wildpark ca. 20 km südlich der Stadt. Schöner Garten und Pool. All-Inklusive 220-260 Euro/DZpP und 185-225 Euro/EZ, bei B&B 95-135 Euro/DZpP und 84-124 Euro/EZ. Vorausbuchung empfehlenswert; Transferdienste möglich (siehe auch S. 124).
- **Garden House Hotel:** Tel. 213004, Fax 251735. E-mail: gardengroup@zamtel.zm. An der Mumbwa Road 6 km westlich der Stadt gelegenes, eher einfaches Mittelklassehotel der sambischen Garden Group. Preise: B&B ca. 38 Euro/DZpP und 68 Euro/EZ. Mit Pool und Restaurant.
- **Lechwe Lodge:** P. O. Box 37940, Lusaka, Tel. 0955-704803, Fax 021-32-35707, E-mail: kflechwe@zamnet.zm, www.lechwelodge.com. Kleine Lodge mit acht Rundhütten am Rande der Kafue Flats. Pirschfahrten im eigenen Wildfarmbereich, Wanderungen und Fischen sind möglich, ein kleiner Pool ist vorhanden. All-Inclusive ca. 130 Euro/DZpP (s. Sehenswertes, S. 123). Vorausbuchung dringend notwendig.
- **Chaminuka Lodge:** Tel. 0221-213303, E-mail: reservations@chaminuka.com, www.chaminuka.com. Exklusive Lodge mit wahlweise luxuriösen Chalets oder Unterkunft im rustikaleren Munano Safari Camp. Das private Reservat mit kleinen Seen besitzt auch Wildkatzen und Elefanten (Game Drives, Reiten, Fischen, Tennis und Sauna im Angebot). Beschilderte Zufahrt ab dem Flughafen. Preise: All-Inclusive je nach Saison 280-360 Euro/DZpP, 360-440 Euro/EZ.
- **Protea Hotel Safari Lodge:** Tel. 0221-212843, Fax 212853, E-mail: chisamba@zamnet.zm, www.proteahotels.com. Eine etwa 35 km nördlich von Lusaka in Richtung Kabwe gelegene, recht große Anlage mit 20 Chalets, Restaurant, Pool und Konferenzraum im privatem Metendere Wildreservat (3 km Zufahrt). Preise: B&B ab 80 Euro/DZpP und 138 Euro/EZ.

Camping, Chalets und Backpackerlodge in Lusaka und Umgebung

- **Eureka Camping Park:** Kafue Road, Lusaka. Tel. 272351, Fax 225491, E-mail: eureka@zamnet.zm, www.eurekacamp.com. Auf einem Farmgelände 9 km südlich der Stadt gelegener, viel besuchter Campingplatz mit Billiard-Bar (Snacks erhältlich), Unterständen und Grillplätzen, Stromanschluss, Pool und zahlreichen Chalets neben einem Wildtierbereich mit Zebras, Giraffen und Antilopen. Hier trifft man Reisende aus aller Welt, häufig auch Overlander. Preise: Camping 4 Euro, Chalets je nach Ausstattung ab 28 Euro (A-Frames) bis 52 Euro/Nacht (Chalet mit Dusche/WC).
- **Village Rest Chalets & Campsite:** Tel. 278690. In Lilayi an Kafue Road ca. 11 km südlich von Lusaka gelegen bietet das Village Rest geräumige Chalets mit großem Pool, Bar/Restaurant und modernem Gym (für Übernachtungsgäste gratis). Preise: B&B 27 Euro/DZpP, 40 Euro/EZ. Chalets mit eigenem Bad/WC kosten ca. 50 % Zuschlag. Campinggelegenheit besteht für ca. 5 Euro pP auf schattiger, begrünter Wiese unter Palmen.
- **Pioneer Camp:** Tel. 0977-731420, Fax 265560, www.pioneercampzambia.com, E-mail: info@pioneercampzambia.com. Liegt ruhig und einsam östlich von Lusaka auf einem Farmgelände. Die 5 km lange Zufahrt zweigt 2,5 km nach der Airport-Abzweigung von der Great East Road rechts ab. Riesige Bar mit Fernsehecke, Pool und großem Garten (gute Vogelbeobachtungen). Transfers zur Stadt und zum Airport sind möglich. Preise: Camping 5,50 Euro pP, Chalets mit B&B kosten je nach Ausstattung 24-48 Euro/DZpP und 36-80 Euro/EZ.
- **Fringilla-Farm Camping & Chalets:** Fam. Woodley, P. O. Box 31449, Lusaka. Tel. 213885, Fax 213638, E-mail: fringill@zamnet.zm, www.fringillalodge.com. 50 km nördlich von Lusaka direkt an der Straße nach Kabwe gelegene Farm mit Restaurant, Internetcafé, Chalets und Campingwiese unter Bäumen (mit Stromanschluss). Verkauf frischer Farmprodukte (Fleisch und Gemüse in der eigenen Metzgerei), an Wochenenden gibt es manchmal Buffet und Braai. Preise: Übernachtung in den Gästezimmern kostet 28 Euro pP. Chalets auf dem Campingplatz: 18 Euro/Nacht, Camping: 5 Euro pP.
- **Dream Valley Lodge:** P. O. Box 35451, Ibex Hill, Lusaka, Tel. 260175, www.dreamvalleylodge.com. Etwa 12 km vom Zentrum (von Kabulonga nach Ibex Hill fahren) gelegener Fun Park mit großem Pool, Picknickbereich, Campingwiese (5 Euro) und Chalets á 24 Euro/DZ und 30 Euro/EZ.
- **Chachacha Backpackers:** 161 Mulombwa Close, Tel./Fax 222257, E-mail: info@chachachasafaris.com, www.chachachasafaris.com. Klassische Backpackerunterkunft mitten in Lusaka nahe dem Fairview Hotel. Mit Restaurant, Gemeinschaftsküche und Gratis-Abholservice vom Flughafen. Preise: Schlafsaal ca. 12 Euro pP, DZ 24 Euro, beengtes Camping für 6 Euro pP (nur für Zelte geeignet).

Wichtige Adressen von A bis Z

Autobedarf
Reparaturen und Reifendienst

Toyota findet man am Nordende der Cairo Road, Nissan liegt an der Great North Road nahe Afrox-Gases, Mercedes-Mitsubishi an der Kafue Road, und Landrover etwas außerhalb an der Leopard Hill Rd. Ersatzteilhändler findet man rund um den Freedom Way, so z. B. Autoworld mit reichhaltigem Sortiment. Impala Service Station an der Great North Road (kurz nach der Abzweigung der Great East Rd., Tel. 243890) bietet maschinellen Reifenwechsel und fachmännische Montage, aber auch diverse Reparaturen.

Bahnhof
Bahnreisen empfehlen sich nur Reisenden ohne Zeitdruck – denn Verspätungen sind die Regel

Der Bahnhof ist nur über die Dedan Kimathi Road zugänglich. Es bestehen tägliche Verbindungen nach Livingstone und Kitwe (via Kapiri Mposhi, wo man zur TAZARA nach Tansania umsteigen kann, siehe S. 375). Die Züge bieten dreierlei Beförderungsklassen. Die 1. Klasse wird mit 2–4 Personen pro Abteil belegt, die 2. Klasse mit 3–6 Personen. Nicht vergessen: Lebensmittel und Trinkwasser mitbringen (keine Speisewagen). Die Züge sind einfach ausgestattet, meist überfüllt und gerne verspätet. Reservierung in Lusaka 0211-220646/222280, in Livingstone 0213-321001.
Kitwe: 1. Kl. 10 Euro, 2. Kl. 8 Euro, 3. Kl. 5 Euro, ab Lusaka 21.10 h, an Kitwe 08.50 h.
Livingstone: Täglich ein Standardzug ab 08.05 h, Ankunft um 18.00 h. Zusätzlich jeden Mo/Mi/Fr der Zambezi Express mit Abfahrt um 19.30 h, Ankunft gegen 06.10 h. Schlafwagen ca. 12 Euro, 1. Klasse 10 Euro, 2. Klasse 6 Euro, 3. Klasse 4 Euro

Busse
Große Gepäckstücke kosten in der Regel eine Zusatzgebühr

Langstreckenbusse fahren ab dem Intercity Bus Terminal in der Dedan Kimathi Road nahe dem Bahnhof. Hier herrscht ständig heilloses Gedränge und Chaos. Leider ändern sich permanent die Busgesellschaften (2008 galten die Busse von Juldan Motors als empfehlenswert). Wir raten daher, rechtzeitig direkt im Bus Terminal oder in einer örtlichen Reiseagentur nach den aktuellen Abfahrzeiten, die zumeist in den Morgenstunden liegen, zu fragen. Nach Livingstone bestehen täglich zahlreiche Direktverbindungen (etwa 16 Euro pP), mindestens ein- bis zweimal täglich fahren Busse nach Chipata und Mongu, fast stündlich in den Copperbelt und zumindest einmal täglich in den Norden bis Mpulungu bzw. Nakonde. Versuchen Sie, möglichst am Vortag ein Busticket und die planmäßige Abfahrtszeit zu ergattern, weil man ansonsten lange Wartezeiten für einen freien Platz einkalkulieren muss. Vorsicht vor Taschendieben am Bus Terminal!

Stadtfahrten im Minibus kosten 1000-10 000 Kwacha

Kurzstrecken-Minibusse, man erkennt sie an der blau-weißen Lackierung, für Fahrten innerhalb Lusakas und in westliche Richtung warten an der Lumumba Rd. vor dem City Market. An der City Bus Station am Freedom Way/Ecke Katunjila Rd. stehen die Minibusse für Fahrten in südliche Richtung. Lusakas Verkehr ist verstopft von all' den Minibussen, die einen chaotischen Fahrtiel pflegen und mit Vorliebe Spurwechsel betreiben – sehr zum Frust aller anderen Verkehrsteilnehmer.

Banken & Wechselstuben

Zahlreiche Banken und Wechselstuben findet man im Bereich der Cairo Road sowie in den Shopping Centres (Manda Hill, Arcades, Kabulonga, Castle), in größeren Hotels (ungünstige Wechselkurse) und am Flughafen (mit ATM-Schalter für VISA). Banköffnungszeiten: Mo/Di/Mi/Fr von 08.15–14.45 h, Do von 08.15–12.00 h. Einige Banken öffnen samstags von 09.00–11.00 h. Wechselstuben im Stadtzentrum akzeptieren teilweise keine Traveller Schecks (Banken dagegen schon).

Flughafen

Der Internationale Flughafen von Lusaka (Tel. 271044) befindet sich 26 km nordöstlich der Stadt, Zufahrt über die Great East Road. Es gibt keine Flughafenbusse, Taxis berechnen rund 22-30 Euro für eine Fahrtstrecke (stadtauswärts günstiger als in die Stadt).

Flugrettung

Kurzzeitversicherungen für Rettungsflüge bieten (siehe S. 362):
• MARS International, Tel. 0211-251163, 702664, www.mars.co.zw
• MedRescue, Tel. 0211-273302, Fax 273301, www.ses-zambia.com

Gas *Auffüllen*

Campinggas-Kartouchen (C206, CV 270, CV 470) sind bei GAME im Manda Hill Shopping Centre erhältlich. Gasflaschen werden dort auch angeboten. Diese kann man bei Afrox Gases Ltd. in der Sheki Sheki Street füllen lassen (zweigt bei NISSAN von der Great North Rd. nach Westen ab). 3 kg Gas kosten ca. 10 Euro.

Immigration

Das Visum verlängern oder ein **Re-Entry-Visum** beantragen kann man im MEMACO House in der südlichen Cairo Road (zwischen Findeco- und Indeco- House).

Internet-Café

E-mail-Service, Fax, Telefon und Internet-Zugang (ca. 3,50 Euro pro Std.) bieten die Internet-Cafés **Busi.net** (Kabelenga Rd.), **Post.net** (Manda Hill Shopping Centre), **First.net** (Cha Cha Cha Rd./Ecke Katondo Rd.), **I-Zone** (Central Park, Cairo Road) und **Surfland** im Spar im Arcades Shopping Centre (mit bewachtem Parkplatz).

Krankenhaus *und medizinische Versorgung*

Im Addis Ababa Drive liegt die vielfach empfohlene Privatklinik "Care for Business", Tel. 255728. Eine weitere Privatklinik ist "TEBA Medical Centre", Tel. 290141, gegenüber der Universität an der Great East Road. Die Augenklinik "Lusaka Eye Hospital" findet man an der Kafue Road, Tel. 273406. Das orthopädische Hospital liegt nahe dem Ndeke Hotel am Dunduza Chisidza Ct., Tel. 255113. Medizinisches Labor (z. B. **Malaria-Tests**): Nkanza Laboratories, Tel. 225588, Kabelenga Road. Notruf-Nummern in Lusaka: 999 sowie 991 für die Polizei und 992 für die Ambulanz. **Zahnarztpraxis:** Dr. Kenan Gao, Dental Surgery, Kariba Road. Mo-Fr 07:30-12:30 h und 14-17 h. Man fährt vom Arcades-Roundabout in die Katima Mulilo Road und biegt die erste Straße rechts ab in die Kariba Road.

Landkartenbüro

National Archives, Government Road. Im Erdgeschoss des *Mulungushi Houses*, zu finden via Independence Ave stadtauswärts rechts beim Ministry of Lands, werden im Map Sales Office noch einige sehr detaillierte Landkarten sowie Karten für die Nationalparks aus älteren Beständen verkauft. Ansonsten bieten die Buchläden in Manda Hill und den Arcades die beste Landkartenauswahl.

Nationalparkbüro

Die Zentralverwaltung des ZAWA (Zambia Wildlife Authority Board) befindet sich ca. 18 km südlich von Lusaka in der Ortschaft Chilanga direkt an der Kafue Road. Der Bungalow liegt etwas zurück links der Straße. Adresse: Chief Warden, ZAWA, Privat Bag 1, Chilanga. Tel. 0221-278524, 278530, Fax 278439, 278244.

Post & Telefon

Das Hauptpostamt befindet sich in der Cairo Road/Ecke Church Road. Öffnungszeiten: 08.30-12.00, 14.00-16.00 h. Samstags 08.30-12.00 h. Ruhiger ist das kleine Post- und Telefonamt im Manda Hill Shopping Centre.

Taxi

Innerhalb der Stadt kosten Taxifahrten zwischen 2 und 5 Euro, die Preise sollten vorher ausgehandelt werden. Empfehlenswerter Taxidienst: Mr. Friday, Tel. 0977-841759.

Tourist Information

"Zambia National Tourist Board": Century House, Tel. 229087, Fax 225174, www.zambiatourism.com. Liegt an der Cairo Road etwas zurückgesetzt. Verkauf von Postern, freundlicher Service, allerdings nur geringer Nutzen. Geöffnet Mo-Fr 08.00-12.00 h und 13.00-17.00 h., Sa 08.00-13.00 h. Das monatlich erscheinende Magazin **'Lusaka Lowdown'** richtet sich an Einheimische und Touristen und ist für ca. 2 Euro in Supermärkten, Hotels und Reiseagenturen erhältlich.

Versicherung

Madison Insurance Company: Plot 255, Kaleya Rd., Tel. 0211-295311, Fax 295320.

Wildlife Society

Los Angeles Blvd./Ecke Lusaka Sports Club, neben dem Roten Kreuz. Tel. 0221-251630/780770, Email: wecsz@zamnet.zm.

Warnung *(Sicherheit)*

Lusaka eilt ein schlechter Ruf voraus, was die Sicherheitslage anbetrifft. Autoaufbrüche und Taschendiebstahl kommen immer wieder vor. Daher sollte man Fahrzeuge grundsätzlich nicht unbewacht abstellen und bei Menschengedränge im Innenstadtbereich und auf den Märkten vor etwaigen Langfingern auf der Hut sein. Gefährdet sind Fußgänger in der Cairo Road (hier nicht auf die "Geldwechsler" hereinfallen!) und den westlich daran anschließenden Straßen, in denen auch das größte Gedränge herrscht. Nachts die Stadt besser meiden, vor allem nicht in dunklen Straßen spazierengehen (Taxis benützen). Besonders vorsichtige Autofahrer verschließen beim Halten an den Ampeln sogar die Türverriegelung von innen.

DER SÜDEN – VIKTORIAFÄLLE UND SAMBESI

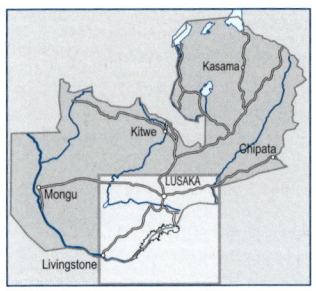

Im Süden des Landes setzt der Sambesi seine einmaligen, weltberühmten Akzente: Auf fast 1 700 m Breite stürzt er die gewaltigen Viktoriafälle hinab und bricht durch einsame Schluchten, bis er schließlich zum Karibasee aufgestaut wird. Spektakulär auch das Zambezi-Escarpment, das jäh zum Karibasee und Sambesi hin abfällt und weiter im Osten einem entlegenen Tal seinen unvergleichlichen Zauber verleiht. Denn kaum ein Bild spiegelt das afrikanische Klischee besser wider, als die Elefanten im Abendrot des Lower Zambezi Nationalparks.

Mumbwa
Lunsemfwa
Botanischer Garten
S.123
Seite 140

Kafue
N.P.
S.172

Blue Lagoon
N.P.
Kafue
S.170
Lusaka
Chongwe
S.139
Lower Zambezi
N.P.
Sambesi

Chilanga
Namwala
Lochinvar
N.P. S.146
Mazabuka
S.145
Kafue
Kafue
Mana Pools
Mana
Pools

Itezhi-Tezhi
Chirundu

Monze
S.145
Plan Seite 136
Siavonga
Makuti

Tonga Museum
S.150
Kariba
Versteinerter Wald
S.133

Batoka
Bumi Hills
Tashinga
Karoi

Choma
Lake Kariba
Matusadona
Kariba Staudamm
S.134

Kalomo S.150
Sinazongwe
S.150
Siakobvu
Sanyati

Zimba
Maamba
Chete Island
Ume

Sambia
Chizarira

Plan Seite 159
Binga

Seite 152
Livingstone
Sambesi
Mlibizi
Gokwe

V/Falls
Deka
Kariyangwe
Zimbabwe

Matetsi
Matetsi
N

Kamatavi

Viktoriafälle
S.161

Abstecher n. Zimbabwe
S.167

	Teerstraße
	Piste
	Nationalpark
	Fähre / Ponton

0 10 20 30 40 50 60 70 80 90 100 km

Von Lusaka zum Karibasee

Verlassen Sie Lusaka auf der Kafue Road nach Süden. Nach 18 km durchquert man die kleine Ortschaft **Chilanga** mit dem Hauptbüro der Nationalparkbehörde ZAWA. Direkt danach liegt, noch in Chilanga, auf der rechten Seite der Mundawanga Botanical Garden & Zoo (s. S. 123). Die Straße verläuft anschließend durch weitgehend abgeholztes Buschland bis Kafue (45 km).

Die Kleinstadt **Kafue** nahe dem gleichnamigen Fluss beherbergt einige Motels und im Ortskern den angeblich ältesten Hindutempel des Landes, der abends sehr schön beleuchtet wird. Erst 10 km südlich der Stadt überqueren Sie den Kafue River, der in diesem Bereich häufig von Wasserhyazinthen überwuchert ist (und von hier bis zur Mündung in den Sambesi über 500 Höhenmeter in der Kafueschlucht verliert). Dahinter passiert man eine Straßenkontrolle und erreicht 2 km weiter die Abzweigung nach Livingstone (ab S. 145). Geradeaus führt die Straße nun durch eine besonders spektakuläre Berglandschaft Sambias und windet sich in zahllosen Serpentinen und Kurven das **Zambezi-Escarpment** hinab. Merklich steigt sogleich die Außentemperatur an, und in der Ferne ist schließlich das Sambesital auszumachen. Während der Regenzeit verwandeln sich die bewaldeten steilen Berghänge in üppigen Urwald.

Man sollte das Escarpment vorsichtig befahren. Die Strecke ist berüchtigt, denn häufig bleiben überladene Lkws wegen Bremsversagens oder durch Schaltfehler beim Berganfahren in den Kurven hängen. Unfälle beim Überholen sind nicht selten.

119 km südlich von Lusaka bzw. 18 km vor Chirundu zweigt die Straße nach Siavonga am Karibasee ab. 400 m weiter lohnt sich ein Stopp am Versteinerten Wald (siehe rechts). Kurz vor Chirundu liegt der beliebte Truck-Stop Oasis, eine begrünte Oase mit Restaurant.

Die nur mehr auf 400 m Höhe gelegene Ortschaft **Chirundu**, aus wenigen staubigen Häusern, den Grenzgebäuden, einer BP-Tankstelle (neben der Brücke) und unzähligen wartenden Lkws bestehend, markiert den Hauptgrenzübergang nach Zimbabwe und wird entsprechend stark frequentiert. Die Grenzabwicklung verläuft trotz des chaotischen Andrangs routiniert; mit langen Wartezeiten müssen meistens nur Lkws rechnen. Die Grenze ist täglich von 06.00–18.00 h geöffnet.

Lusaka – Chirundu

Gesamtstrecke: 137 km
Fahrzeit: ca. 2 Std.
Zustand: gute Teerstraße
Tankstellen: Kafue, Chirundu
Besonderheit: steile Escarpmentabfahrt

Unterkünfte im Bereich Kafue und Chirundu

- **Lechwe Lodge:** Lodge 15 km außerhalb Kafues in einem kleinen Wildpark, Beschreibung s. S. 123 und 129.
- **River Motel:** Tel. 0977-774613, Fax 0211-311888. Größere Bungalowanlage direkt an der Straße zwischen Kafue Town und der Kafuebrücke. Zimmer ab 13 €, Chalets mit Küche/Bad 20 €, Camping im Garten 4 €.
- **Zambezi Breezers:** Tel. 0979-279 468, E-mail: zambezibreezers@gmail.com. Neues Camp mit Bootsverleih direkt am Sambesiufer ca. 6 km von Chirundu entlang der Piste zum Lower Zambezi NP, gut ausgeschildert. Zeltchalets kosten mit B&B 45 €/DZpP und 56 €/EZ, Zimmer 24 €/Nacht, Camping 6 € pP.
- **Gwabi River Lodge:** Tel. 0211-515 078, E-mail: gwabi@mwebafrica.com, www.gwabiriverlodge.com. Die traditionsreiche Mittelklasselodge liegt 11 km von Chirundu direkt am Kafue River (auf dem Weg zum Lower Zambezi NP). Sie bietet Chalets mit B&B ab 37 €/DZpP und einen Wiesencampingplatz am Flussufer für 7 €. Mit Pool und Restaurant, Motorboot- und Kanu-Verleih.

Chirundu Fossil Forest

Ein versteinerter Wald mit bis zu 150 Mio. Jahre alten Exemplaren aus der Karoo-Periode liegt direkt neben der Straße. Von Lusaka kommend befindet er sich auf der rechten Seite, 0,4 km nach der Siavonga-Abzweigung, also 18 km vor Chirundu. Manche Stämme sind noch bis zu drei Meter lang. Auch Werkzeuge aus der Steinzeit wurden hier gefunden.

Oben: Die Staumauer von Kariba aus gesehen mit Blick auf das sambische Stromkraftwerk

Nicht versäumen: Frischen Tilapia (Brasse) aus dem See genießen!

Ingombe Ilede

An der Straße nach Siavonga zweigt nach 13 km in östlicher Richtung eine kleine Allradpiste ab (unscheinbares Schild vorhanden). Sie führt zu den Resten eines Eisenzeitdorfes aus dem 7. bis 10. Jh. Die hier entdeckten, außergewöhnlich vielfältigen Funde bezeugen bereits frühzeitige Handelskontakte der Tonga zu den Küstenvölkern am Indischen Ozean.

Fahrt an den Karibasee

18 km vor Chirundu zweigt die schmale Teerstraße in südlicher Richtung nach Siavonga am Karibasee ab. Seit 2006 ist hier ein Council Levy Kontrollposten stationiert, der 10 000 Kwacha Gebühr von Autofahrern einkassiert. Die 65 km lange Strecke verläuft durch bewaldetes und hügeliges Gebiet. Entlang der Straße bieten Tongakinder öfter Amethyst-Brocken zum Verkauf an, die zum Teil eine beachtliche Größe haben (Vorsicht: manchmal handelt es sich auch nur um farbiges Glas!). Je näher man dem Karibasee kommt, um so häufiger tauchen knorrige, alte Baobabs auf.

Verkehrsschild bei Siavonga

Siavonga

Die kleine Siedlung wurde erst in den 1950er Jahren durch den Bau des Karibastaudammes gegründet. Bis heute blieb Siavonga ein unbedeutendes Nest im Schatten des viel umtriebigeren und ansprechenderen Kariba am Zimbabweufer. Nicht einmal der Niedergang des Tourismus in Zimbabwe hat Siavonga aus der stiefmütterlichen Ecke ins Rampenlicht stellen können. So kommen auch heute nur wenige ausländische Touristen vorbei. Siavongas Besucher sind eher Städter, die sich am Wochenende am ganzjährig milden Karibasee erholen möchten. Ein paar Hotels bieten die ihren Gästen Entspannung beim Fischen oder auf Bootsfahrten, z. B. bei "Sundown-Cruises" und auf Hausbooten.

Es gibt auch eine **Krokodilfarm** an der Mutinangala Road, die man besuchen kann. Sie heißt "Kaliolio", ist nicht ausgeschildert und wird nicht kommerziell betrieben; Besucher dürfen sich dennoch gerne umsehen.

Unterkünfte in Siavonga: Lodge, Chalet und Camping

- **Lake Safari Lodge:** P. O. Box 5, Tel. 0211-511148, Fax 511029, E-Mail: info@lake-safari.com. Die beste Adresse in Siavonga: Erhöht gelegene, klimatisierte Bungalows mit Küche und B&B für 23-35 €/DZpP und 30-50 €/EZ, Suiten mit Jacuzzi, Sauna etc. ab 45 €/DZpP und 65 €/EZ. Die Anlage bietet ein Restaurant, einen Pool mit Seeblick und Internetzugang.
- **Eagles Rest Resort:** P. O. Box 1, Tel./Fax 0211-511168, www.eaglesrestresort.com. Chalets mit Ventilatoren (B&B 50 €/DZpP, Selbstversorger 40 €/DZpP), kleiner Campingplatz (8 € pP), Restaurant, Bar, Pool, schöne Lage und Strand. Hausboot-Ausflüge und Kanutouren sind möglich.
- **Lake Kariba Inn:** P. O. Box 117, Tel. 0211-253768, Fax 252518. www.karibainns.com. Klimatisierte, geräumige Zimmer mit eigener Terrasse, zwei große Pools im schönen Garten, Restaurant, Internetzugang. B&B kostet ca. 45 €/DZpP und 60 €/EZ. Großes Ausflugsprogramm.
- **Leisure Bay Lodge:** P. O. Box 4, Tel. 0211-511136, Fax 0211-251760, www.gardengroupzambia.com. Einfache Ferienanlage mit Pool/Restaurant. Selbstversorger-Chalets ca. 38 €/DZpP, 68 €/EZ.
- **Sandy Beach Chalets & Camping:** Tel. 0955-824444, www.sandy-beach.net. Bungalows mit herrlichem Sandstrand (25-30 €/DZpP, teilweise klimatisiert) und Camping (6 €), unter deutscher Leitung. Die beschilderte, 14 km lange Zufahrt zweigt 25 km nördlich von Siavonga ab.
- **Manchinchi Bay Lodge:** P. O. Box 115, Tel. 0211-511283, Fax 511218, www.manchinchibaylodge.com. Nüchterne, sehr große Anlage mit in Reih' und Glied geordneten Bungalows, wenig heimelig. Preise: B&B ab 33 €/DZpP und 46 €/EZ.

Tipps & Infos für Siavonga und den Karibasee

- **Gesundheitstipps:** So einladend der Karibasee auch aussieht – und bei den durchschnittlichen Tagestemperaturen werden auch Wasserscheue Lust auf ein Bad verspüren – denken Sie an die extrem hohe Krokodilpopulation im See (angeblich kommt ein Krokodil auf 200 m Uferzone). Der Bilharziosegefahr entgeht man zwar, wenn man etwas weiter vom Ufer entfernt vom Boot aus ins Wasser springt, doch kommt es gelegentlich vor, dass Krokodile auch weit im See umher schwimmen. Der Karibasee und das Sambesital gelten ganzjährig als malariagefährdet.
- **Hausboote & Bootsausflüge:** Für die beliebten mehrtägigen Karibasee-Kreuzfahrten chartert man ein Hausboot mit Besatzung, Koch und Kapitän. An Bord vergeht die Zeit mit Ausruhen, Sonnenbaden, Fischen und Wildbeobachtungen. Info & Reservierung: Houseboat Holiday, Tel. 0211-511269, Fax 511188. Außerdem: www.karibahouseboats.com (Zimbabwe) und www.houseboatcompany.com (Sinazongwe). Kleinere Boote kann man in den Lodges, wie Eagles Rest Resort, mieten. Dort werden auch Sunset Cruises (2 Std., 10 Euro pP) angeboten.
- **Tipps & Infos:** Zwischen Siavonga und Lusaka fahren täglich mehrere Busse. Eine Tankstelle liegt an der Straße nach Lusaka, eine weitere im Ort. Ein Hospital findet man nahe der Zufahrt zur Lake Safari Lodge. Die Lebensmittelversorgung von Siavonga ist dürftig. Diverse Gemüse ersteht man auf dem Markt, ansonsten empfiehlt es sich, Nahrungsmittel von Lusaka oder aus Kariba/Zimbabwe mitzubringen. Vorsicht: An der Gabelung zwischen der Grenze/Staumauer und Siavonga befindet sich manchmal eine Polizeikontrolle, die Autoversicherungen überprüft und darauf achtet, dass alle Insassen angeschnallt sind. Hier wird bei aus Zimbabwe einreisenden Fahrzeugen auch eine Straßengebühr des Distrikts erhoben in Höhe von derzeit 10 000 Kwacha.
- **Grenzübertritt nach Kariba/Zimbabwe:** Als Grenzübergang ist Siavonga zu empfehlen, weil man dabei direkt über den beeindruckenden Staudamm fährt und die Grenzformalitäten in sehr ruhiger Atmosphäre verlaufen (täglich von 06.00–20.00 h). Bitte beachten Sie, dass Zimbabwe für ein Einreisevisum, das direkt an der Grenze ausgestellt wird, 30 US$ bzw. Euro berechnet.
- **Besuch der Staumauer:** Wenn Sie Ihren Pass am Grenzgebäude abgeben, dürfen Sie mit dem Auto bis zum Parkplatz am Beginn der Staumauer weiterfahren bzw. laufen. Von hier aus kann man bequem die Staumauer betreten und die gigantischen Ausmaße der Staumauer auf sich wirken lassen. Der Besuch gilt nicht als Ausreise, ein neues Visum ist nicht erforderlich.

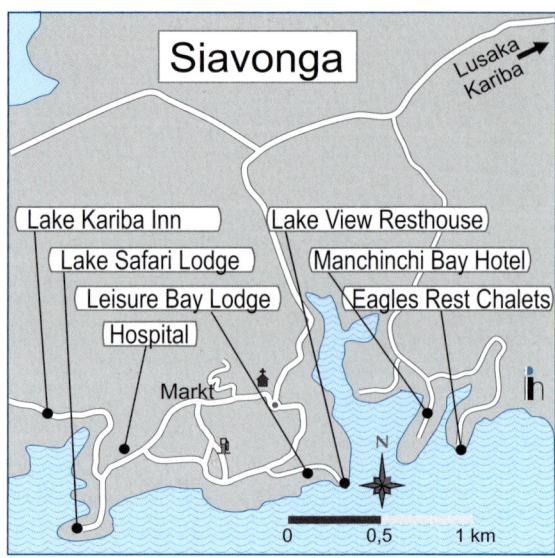

Der Flussgott Nyaminyami

In der Glaubenstradition der Tonga lebt der Geist des mächtigen Sambesi in Gestalt einer riesigen Wasserschlange namens Nyaminyami. Als die Kolonialherren die Stauung des Sambesi durchsetzten, prophezeiten die Ältesten der Tonga, dadurch den Unmut des Nyaminyami herauszufordern. Sie werteten die zahlreichen Unglücksfälle beim Dammbau denn auch als **Rachezeichen** ihres Flussgottes. So z. B. im Dezember 1955, als der Sambesi eine Behelfsbrücke fort spülte, und im Januar 1957, als eine riesige Flutwelle einen Schutzdamm einriss. Eine Jahrhundertflut im März 1958 zerstörte eine wichtige Hängebrücke und schließlich stürzten im Februar 1959 mehrere Gerüste ein und begruben 17 Arbeiter im frischen, feuchten Beton. Jahrelang sahen die Tonga darin Nyaminyamis Rache und prophezeiten den Einsturz der Staumauer. Erst die Gebete ihrer Ältesten, so sagen sie, haben den erzürnten Flussgott schließlich doch noch besänftigt. So entstand die '**Legende von Nyaminyami**'.

Die Staumauer

Die Staumauer beeindruckt sicherlich nicht nur Technikbegeisterte Besucher. Stellen Sie sich vor: Die Mauer ist 617 m breit, 128 m hoch, an der Basis 26 m und oben 13 m stark. 1 Million Kubikmeter Beton und tonnenweise Stahl wurden dafür verarbeitet. Baubeginn war 1956, und trotz erheblicher Schwierigkeiten und Rückschläge wurde das kolossale Bauwerk am 22. Juni 1959 fertiggestellt. 1960 ließ Queen Elizabeth II. feierlich die Generatoren starten. Fünf Jahre dauerte es insgesamt, bis der See seine jetzige Größe erreicht hatte. Mit einer beachtlichen technischen Meisterleistung hatte man den damals **größten Stausee der Welt** geschaffen. Durch den Damm wurde der Sambesi für 280 km zu einem See mit 5230 km² Wasseroberfläche zurückgestaut. Die beiden Kraftwerke versorgen noch heute beide Anrainerstaaten mit ausreichend Elektrizität; denn jeder Staat unterhält sein eigenes Kraftwerk.

Nach Jahren besorgniserregend niedrigem Wasserstandes füllt sich der Karibasee seit 1997/98 wieder. Im September 1998 öffnete man zum ersten Mal seit vielen Jahren drei der sechs Schleusen für einige Stunden. Die frühzeitig angekündigte Aktion wurde zu einem gigantischen Medienspektakel. In Kariba (Zimbabwe) und Siavonga waren alle Hotels ausgebucht; Tausende Besucher waren angereist, um das große Schauspiel zu erleben.

Der Karibasee

Um 1912 war zum ersten Mal die Idee aufge-
taucht, den starken jahreszeitlichen Schwankungen unterliegenden Sambesi zu stauen, um das
trockene Land bewässern zu können. 1955 griff
man diese Idee auf und nahm das ehrgeizigste
Bauprojekt der Zentralafrikanischen Föderation
in Angriff, um Nord- und Südrhodesien künftig
mit Strom versorgen zu können. Die italienische
Firma IMPRESIT erhielt den Auftrag, an der nur
100 m breiten Karibaschlucht eine Staumauer
zu errichten. Das Gebiet war damals nur über
uralte Elefantenpfade zugänglich, lag im ungesun-
den Tsetsefliegengürtel und bot auch klimatisch
erschwerte Bedingungen. **Baubeginn** war der
November 1956, und 10 000 Arbeiter wurden
für das Projekt benötigt. Zunächst wurden am
Nordufer riesige Silos für Zement gebaut und
für die Turbinen Höhlen bis zu 150 m tief in die
Felsen gesprengt. In den Folgejahren kam es
immer wieder zu **Unglücksfällen** (siehe links,
Nyaminyami). Oft kletterten die Mittagstem-
peraturen auf mehr als 50° C, und die glühend
heißen Werkzeuge mussten an solchen Tagen
in Wassereimern abgekühlt werden. Ab Dezember 1958 wurde der Sambesi gestaut. Schnell
stieg das Wasser an, doch sollte es 5 Jahre dauern, bis der Karibasee mit 180 Mrd. cbm Wasser
gefüllt war. 125 Millionen US$ und 86 Men-
schenleben hatte seine Verwirklichung gekostet.
Der Bau des Dammes war damals gegen den
Willen der ansässigen Tonga durchgeführt worden.
Unter staatlichem Druck wurden **57 000 Menschen zwangsweise umgesiedelt**. Bis heute sind
die Tonga Opfer dieser Maßnahmen geblieben
und noch immer von den damit verbundenen
Errungenschaften, wie Stromversorgung und Ein-
künften aus dem Tourismus, weitgehend ausge-
schlossen (siehe Essay, S. 151).

Mit einer Oberfläche von 5230 km² zählt der
Karibasee heute zu den größten Seen Afrikas
und ist 10 mal größer als der Bodensee. Seine
Uferlinie beträgt rund 2000 km. Der See ist 280
km lang, misst an seiner breitesten Stelle 32 km
und im Durchschnitt 18 km Breite. An seiner tiefs-
ten Stelle misst er 120 m, die durchschnittliche
Tiefe beträgt ungefähr 20 m.

Ökologische Veränderungen durch die Sambesi-Stauung

Der gigantisch große See veränderte
neben dem Landschaftsbild auch das
Klima und die ökologischen Zusammenhänge der Region. In den mehr
als 40 Jahren seines Bestehens wurden der See und seine Uferzonen zu
einem eigenständigen Lebensraum
für viele Tier- und Pflanzenarten.
Diese Spezies gerieten rasch in ge-
genseitige Wechselwirkung.

Ein bekanntes Beispiel dieses faszinierenden Zusammenspiels unterschiedlicher Entwicklungen ist das sog.
Kariba Weed (*Salvinia auriculata*).
Dieser südamerikanische Schwimm-
farn breitete sich auf der Oberfläche
des Karibasees schon bald nach seiner
Stauung in erschreckendem Maße
aus. In den 1960er Jahren, als Kariba
Weed Angaben zufolge zwischen
15 und 25 % der Wasseroberfläche
bedeckte, hielt man die Wucher-
pflanze für äußerst schädlich. Mit allerlei harmlosen und weniger harmlosen Mitteln versuchte man der
Pflanze beizukommen. Man ging
sogar soweit, südamerikanische
Heuschrecken auszusetzen. Dabei
zeigte sich aber bald, dass sich die
Natur ganz von allein half. Immer
häufiger konnten abgestorbene
Pflanzenstränge entdeckt werden.
Offensichtlich regulierte sich die
Pflanze selbst, denn wenn sie sich zu
weit ausbreitete, verringerte sich der
Sauerstoffgehalt im Wasser, was wiederum zum Absterben des Kariba
Weed führte. Heute gelten die ver-
bliebenen grünen Flächen von Kariba
Weed längst nicht mehr als bedenk-
lich, weil sie kaum noch 2 % der
Oberfläche bedecken.

Die größte Tierrettungsaktion der Welt:

Operation Noah

Die Stauung des Sambesi bedeutete gleichzeitig eine Tragödie für die Wildtiere der gesamten Region. Als das Wasser anstieg, retteten sich viele Tiere auf höher gelegene Gebiete. Allmählich wurden diese Bergkuppen aber zu Inseln, die langsam im steigenden Wasser versanken. Die Tiere saßen in der Falle und ertranken zu Tausenden. Engagierte Tierfreunde um den Wildhüter Rupert Fothergill starteten deshalb 1959 eine beherzte Aktion, die unter dem Namen 'Operation Noah' als **größte Tierrettungsaktion der Welt** Geschichte machen sollte. Mit unermüdlichem Eifer trieben sie Tiere, die schwimmen konnten, an das rettende Ufer, und brachten viele andere auf Booten in Sicherheit. Dabei kam es manches Mal zu gefährlichen Situationen, bei denen verstörte, aggressive Tiere getötet werden mussten. Deshalb versuchten die Wildhüter, Großwild zu betäuben und z.B. mit Flößen an Land zu ziehen. Immer wieder kam es zu traurigen Rückschlägen und Misserfolgen. T. Edelmann, ein Helfer am Nordufer, erlebte eine unglückliche Elefantenrettung: Drei apathische Kühe und zwei Kälber waren auf einer Insel entdeckt worden. Sie waren nicht dazu zu bewegen, die Insel selbständig zu verlassen, deshalb fingen die Männer beide Kälber ein und brachten sie zum Ufer. Doch die Elefantenkühe folgten ihnen nicht und die Kälber waren zu klein, um alleine zu überleben. Also wurden sie zur Insel zurück gebracht, wobei allerdings eine der drei Elefantenkühe in Notwehr erschossen werden musste. Man entschied sich, die gestressten Tiere für einige Tage in Ruhe zu lassen. Als Edelmann nach einer Woche zurück kehrte, hatte sich eine Tragödie zugetragen. Die beiden Kälber waren nach schweren Verletzungen, die ihnen wahrscheinlich die Kühe zugefügt hatten, gestorben. Von den Elefantenkühen selbst fehlte jede Spur.

Doch gab es auch viele glückliche Momente und manche Rettung gelang förmlich in letzter Minute. So konnte Edelmann einmal auf zwei kleinen Inseln, die bereits vollkommen aufgeweicht waren und in wenigen Stunden überspült worden wären, dicht aneinander gedrängt fünf Erdferkel, vier Impalas, zwei Schirrantilopen, zwei Mangusten, zwei Hasen und einige Perlhühner retten.

Das größte Problem, dem sich die Retter ausgesetzt sahen, war die psychische Verfassung der Wildtiere. Für die meisten Tiere waren die Rettungsaktion, das Eingefangenwerden und die unmittelbare Nähe zu den Menschen unglaublich traumatische Stresssituationen. Sie reagierten darauf mit einem dramatischen Anstieg der Körpertemperatur und gerieten in einen schweren, insbesondere für Impalas und Schirrantilopen schnell tödlichen **Schockzustand**. Um den Tieren die Überwindung des Schocks zu erleichtern, ging man dazu über, sie bereits im Wasser in Ufernähe freizulassen. Die Tiere flüchteten dann schwimmend ans Ufer, wodurch sich ihre Körpertemperatur und der rasende Herzschlag schneller erholten, als wenn man sie an Land aussetzte.

Die meisten der geretteten Tiere wurden ans Südufer des Sees gebracht, wo anschließend Wildschutzgebiete eingerichtet wurden, nur einen kleineren Teil setzte man am Nordufer aus. Wie lange die Aktion dauerte, ist umstritten, da manche Quellen die Zeit von Dezember 1958 bis Juni 1961 angeben, andere dafür von Februar 1959 bis Juni 1963 sprechen. Aus dem gleichen Grund besteht auch keine Einigkeit darüber, wieviele Tiere gerettet werden konnten. Die Gesamtzahl dürfte irgendwo **zwischen 4500 und 6000 Tiere**n liegen. Die Aufstellung beim Denkmal in Kariba Heights (Zimbabwe) umfasst 4914 Tiere, darunter 23 Elefanten, 78 Büffel, 1866 Impala, 44 Nashörner, 10 Löwen, 585 Warzenschweine, 47 Stachelschweine und 3 Hyänen. Operation Noah brachte darüber hinaus faszinierende neue Kenntnisse für die Wissenschaft. So wurde hier z. B. erstmals entdeckt, dass Perlhühner schwimmen können.

Die selbstlose und erfolgreiche Rettungsaktion war dennoch nur ein Tropfen auf den heißen Stein. Sie vermag nicht darüber hinweg zu täuschen, dass durch die Stauung des Sambesi abertausende Tiere sterben mussten.

Lower Zambezi Nationalpark

Vom Karibastaudamm bis zur Grenze Mosambiks durchfließt der Sambesi für mehr als 260 km das wildreiche Zambezi-Valley. Beiderseits des trägen Flusses liegen traumhafte Nationalparks. Mana Pools NP in Zimbabwe zählt schon lange zu den besonderen Attraktionen im südlichen Afrika, während sein sambisches Gegenstück, der Lower Zambezi NP, eine Art Dornröschenschlaf hegte. Erst in den 1990er Jahren entwickelte sich auch hier eine touristische Infrastruktur.

Anreise

Route direkt von Chirundu

Von **Chirundu** führt eine beschilderte Piste an den Kafue, den man nach 11 km nahe der Gwabi Lodge (S. 133) mit einer Motorfähre überquert (15 US$ für PKWs, 20 US$ für Geländewagen). Die nächsten 25 km führen parallel zum Sambesi durch kleine Dörfer bis zur Siedlung **Chiawa**. Obwohl ab hier eine GMA beginnt, entstehen seit der erfolgreichen Bekämpfung der Tsetsefliegen links und rechts der Straße immer mehr Dörfer, wo früher Wildtiere lebten. 17 km nach Chiawa durchquert man für 5 km das private Wildschutzgebiet "Zambezia Sanctuary", in dem sich die Kayila Lodge befindet, anschließend geht es wieder durch die GMA an diversen Camps und Lodges vorbei bis zum Parkeingang. Da viele kleine Flussläufe mit tiefen, ausgewaschenen Furten durchquert werden müssen und die Kafuefähre Zeit kostet, sollten Sie für die 77 km ab Chirundu mindestens 3-4 Std. reine Fahrtzeit einplanen.

Bitte beachten: Durchschnittsgeschwindigkeit 23-30 km/h

2007 wurde die sog. **Leopard Hill Road** wieder instand gesetzt und ausgebessert. Seither gilt diese reizvolle Allradstrecke, die jahrelang fast unpassierbar war, als gute Alternative für Reisende aus Lusaka, zumal sie die Motorfähre am Kafue umgeht. Man verlässt Lusaka entlang der Leopard Hill Road nach Südosten. Bei GPS S 15.36.16 O 28.24.22 folgt man der Powerline Road ins Tal. War die Region bisher flach und besiedelt, wird es jetzt landschaftlich genussvoll. Die Piste führt 30 km das steile, steinige Escarpment hinab, dann folgen 23 km mit einigen Weggabelungen im sandigen Tal, ehe man 12 km westlich von Chiawa die Schotterpiste erreicht.

Leopard Hill Road

Reizvoll, Allrad ist jedoch notwendig!

Die unbeschilderte Zufahrt über die **Chakwenga-Route** ist dagegen nur echten Allradfreaks an Herz zu legen. Sie beginnt 200 m nach der Tsetse-Kontrolle an der Great East Road (104 km östlich von Lusaka, an den Autoreifen). Das Mukamba Gate erreicht man nach 21 km. Auch die folgenden 15 km Piste sind passabel, dann beginnt der teilweise steinige, ausgewaschene und schwierige Abstieg ins Sambesital (viele Tsetsefliegen). Bei KM 76 und KM 87 an den Gabelungen rechts halten! Gesamtstrecke Great East Road bis zum Wegenetz am Mushika River: 94 km.

Chakwenga-Route

Extrem einsame Allradstrecke!

Durchquerung des Parks nach Osten: Nach der Überquerung des Chakwenga führt die steinige Piste durch enges Dornbuschwerk zum Ostende des Parks. Sie trifft in Höhe der Katondwe Mission an der Janeiro Basic School auf die Straße zwischen Luangwa Bridge und Feira. Die Allradpiste ist in fürchterlichem Zustand und kaum zu finden, die engen Dornbüsche zerkratzen den Autolack (2006-2008 unbefahrbar).

Eintrittspreise: 20 US$ für Residents aus Sambia und SADC-Staaten bzw. 25 US$ für internationale Touristen auf gebuchten "Packages", 30 US$ für individuell reisende Touristen (Selfdrivers); 15 US$ pro Fahrzeug. Alles nur bar in US$ zahlbar, der Eintritt gilt von 06.00-18.00 h; es wird keine 24-Std.-Regel angewendet.

Camping im Park: Im Park sind Individualreisende völlig auf sich selbst gestellt. Bezüglich Campingmöglichkeit bzw. -erlaubnis im Park herrscht hier seit Jahren ein wechselndes Hin und Her. 2006, 2007 und 2008 wurde Camping im Park nicht gestattet.

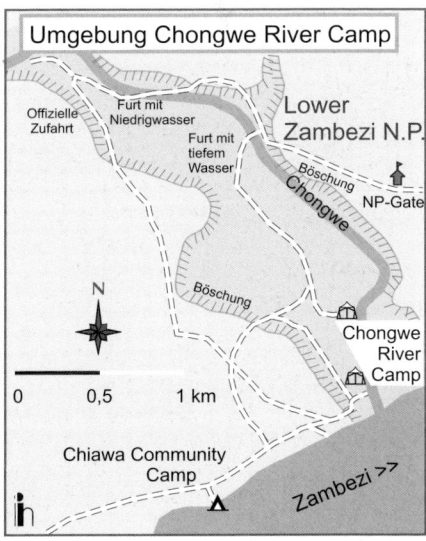

Umgebung Chongwe River Camp

Offizielle Zufahrt · Furt mit Niedrigwasser · Furt mit tiefem Wasser · Lower Zambezi N.P. · Böschung · Chongwe · NP-Gate · Böschung · Chongwe River Camp · N · 0 · 0,5 · 1 km · Chiawa Community Camp · Zambezi >>

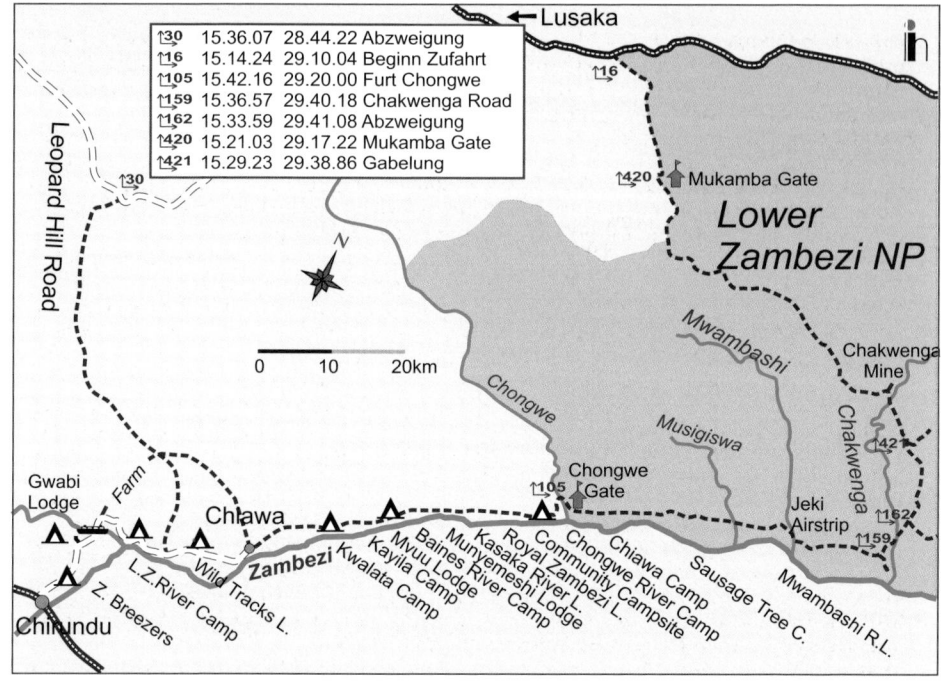

↑30	15.36.07	28.44.22	Abzweigung
↑6	15.14.24	29.10.04	Beginn Zufahrt
↑105	15.42.16	29.20.00	Furt Chongwe
↑159	15.36.57	29.40.18	Chakwenga Road
↑162	15.33.59	29.41.08	Abzweigung
↑420	15.21.03	29.17.22	Mukamba Gate
↑421	15.29.23	29.38.86	Gabelung

Von Westen (Chirundu) nach Osten (Luangwa):

Camps und Lodges im Bereich des Lower Zambezi NP

- **Gwabi River Lodge** und **Zambezi Breezers:** Mittelklasselodges mit Camping an der Zufahrt zu Park nahe Chirundu, Beschreibungen s. S. 133.
- **Kiambi Lower Zambezi Lodge:** Kiambi Safaris, Tel. 0966-655878, E-mail: kiambi@coppernet.zm, www.kiambi.co.za. Familiengeeignetes, gepflegtes Camp mit 8 Safarizelten (VP ab 100 €/DZpP) und Camping (13 € pP), Gemeinschaftsküche, Pool, Ausflugsangeboten (Kanutrips). Liegt rund 9 km nach der Kafuefähre, mit Blick auf die Kafuemündung von der Plattform am Sambesi aus.
- **Kanyemba Lodge:** Tel. 0977-755750, E-mail: info@kanyemba.com, www.kanyemba.com. Safari-lodge mit neun Chalets unter italienischer Leitung. All-Inclusive-Preise ab 230 €/DZpP, 270 €/EZ.
- **Wild Tracks Lodge:** Tel. 0977-349418, E-mail: info@wildtracks-zambia.com, www.wildtracks-zambia.com. Ursprünglich ein reines Schulcamp bei KM 29; ist das sehr legere Selbstversorger-camp mit großen Chalets nun für jedermann zugänglich. Baumhäuser ab 18 € pP, Camping 5 €.
- **Kwalata Camp:** Kleiner Campingplatz direkt am Sambesi bei KM 31 mit 3,5 km langer Zufahrt. Leider häufiger Besitzerwechsel und periodisch immer wieder geschlossen.
- **Kayila Lodge:** Safari Par Excellence (Adresse S. 352). Bei KM 55 im eigenen Wildlife Sanctuary gelegene Mittelklasselodge für max. 12 Gäste. Als Besonderheit dient eine Toilette in einem hohlen Baobab. All-Inclusive-Preise je nach Saison ab 140 €/DZpP und 190 €/EZ. Ganzjährig offen. In der Nähe liegt das für die geführten Kanusafaris genützte Mtondo Camp.
- **Mvuu Lodge & Campsite:** Tel. (SA) 0027-12-6605369, Fax 86-5198094, E-mail: info@mvuulodge.com, www.mvuulodge.com. Südafrikanisches Fishing Camp bei KM 60 mit zehn Chalets (All-Inclusive ab 260 €/DZpP, Self-Catering ab 63 €/DZpP) und drei Campingplätzen (für 16 € pP); kleiner Pool vorhanden.

- **Baines River Camp:** Tel. 0211-236234, E-mail: info@bainesrivercamp.com, www.bainesrivercamp. com. Früher Kiubo Camp, jetzt unter neuem Management bei KM 61. All-Inclusive ab 360 € pP.
- **Munyemeshi Lodge:** Tel. 0211-286961, Fax 286962, E-mail: agogos@zamnet.zm, www.munyemeshi.co.zm. Neue, begrünte Selfcatering-Anlage bei KM 62.
- **Kasaka River Lodge:** Tel./Fax 0211-256202, E-mail: reservations@kasakariverlodge.com, www.kasakariverlodge.com. KM 65. Sehr gepflegte Chalet-Anlage mit einer Freiluft-Bücherei. Eher ein Resort als ein Bush Camp. April-November geöffnet, All-Inclusive-Preise: 310-380 € pP.
- **Royal Zambezi Lodge:** Tel./Fax 0211-261265, E-mail: royalzambezihq@iwayafrica.com, www.royalzambezilodge.com. KM 74. Elektro-umzäuntes, sehr gepflegtes Luxusresort mit zehn Classic-Suiten und vier Deluxe-Suiten. Mit Spa und Wellness, aber weniger Wildnischarakter. All-Inclusive-Preise "klassisch" ab 290 €/DZpP und 410 €/EZ. Ganzjährig offen.
- **Chiawa Community Campsite:** Etwas lieblos angelegter Campingplatz der örtlichen Gemeinde bei KM 76 für ca. 9 € pP. Mit einfachen Sanitäreinrichtungen (kalte Duschen), wenig Schatten.
- **Chongwe River Camp:** Tel./Fax 0211-286808, E-mail: info@chongwe.com, www.chongwe.com. Luxus-Zeltcamp an der Chongwe-Mündung bei KM 77 in traumhafter Lage mit echtem Wildnischarakter. Kleiner Flusswasserpool, Bar, viele Elefanten. Walking Safaris, Pirschfahrten und Kanutouren sind neben dem Fischen die Hauptaktivitäten. Einst ein Campingplatz, wandelte sich dieses Camp immer mehr zur Edellodge. Etwas abseits liegt "Chongwe River House", das man komplett mieten kann. All-Inclusive: 380-500 €/DZpP.
- **Chiawa Camp:** G&G Safaris, Tel. 0211-261588, Fax 262683, E-mail: info@chiawa.com, www.chiawa.com. Ein Familienunternehmen führt dieses elitäre Camp mit 8 Luxus-Safarizelten, das bereits im NP liegt. All-Inclusive-Preise 500-690 € pP, nur von April bis Ende Oktober geöffnet.
- **Sausage Tree Camp:** Chifungulu Safaris, Tel. 0211-212597, Fax 272456, E-mail: info@ sausagetreecamp.com, www.sausagetreecamp.com. Elegantes Luxuscamp mit sechs Zelten in herrlicher Lage 20 km östlich des NP-Gates. Anerkannt gute Küche, alles sehr stilvoll. Preise: All-Inclusive ab 450-700 €/DZpP. Nur April bis November offen.
- **Mwambashi River Lodge:** Lion Roars Safaris, Tel./Fax 0211-278248, www.lionroars.com. Elegantes Camp gegenüber von Chikwenya Island, sehr einsam und idyllisch, echter Wildnischarakter. VP ab 300 €/DZpP. Nur von April bis Oktober offen.
- **Old Mondoro Camp:** Idyllisches Luxus-Bushcamp, das zum Chiawa Camp gehört (siehe oben) Nur 4 Zelte, starker Wildnischarakter, nur von Mai bisOktober offen. All-Inclusive ab 450 € pP.
- **Zambezi Kulefu Camp:** Sanctuary Lodges & Camps (Adresse S. 352), www.sanctuarylodges.com. Frisch renoviertes Luxuszeltcamp. All-Inclusive 470-640 € pP. Nur April bis November offen.
- **Ana Tree Lodge:** Tel./Fax 0211-250730, E-mail: annatreelodge@zamnet.zm, www.anatreelodge.com. Indisch geführte Safarilodge 60 km von Jeki am Mushika River. All-Inclusive 450 €/DZpP, 600 €/EZ.
- **Redcliff Zambezi Lodge:** Tel. SA 0027-12-6532664, Fax 6544015, www.redcliff-lodge.com. Fishing-Lodge mit acht Chalets 10 km östlich der Parkgrenze in Rufunsa GMA, nur per Boot erreichbar. All-Inclusive-Preis 210 € pP zzgl. 122 € für die Bootstransfers ab Luangwa-Feira.

Camping: Gwabi Lodge, Zambezi Breezers, Kiambi Lodge, Wild Tracks, Kwalata Camp, Mvuu Lodge, Chiawa Community Campsite

Allgemeines

Der 4092 km² große Park liegt eingebettet zwischen dem Sambesital und dem Hochland jenseits des bis 1500 m hohen Zambezi-Escarpments. Die **touristische Infrastruktur** (Wegenetz, Camps) folgt dem Lauf des Sambesi, die Wege führen aber nur selten an den Sambesi heran. Bei hohem Wasserstand kann die Durchquerung des Chongwe wegen des Wasserrückstaus durchaus schwierig oder gar unmöglich sein. Nur der Bereich zwischen Chongwe und Chakwenga eignet sich wirklich für **Pirschfahrten**. Vor allem um Jeki und den Chakwenga River findet man eine offene Vegetation mit größerem Tierbestand.

Tipps für Pirschfahrten

Klima

Der Park ist in den heißen Monaten sicherlich nicht jedermanns Sache. Mit weniger als 400 m über dem Meeresspiegel entwickelt das Tal von Ende September bis Dezember sehr hohe Tagestemperaturen (oft über 40°C), auch die Nächte kühlen dann nur mäßig ab. In der Regenzeit verschlammen die Wege auch hier.

Vegetation

Reizvolle Uferland-schaften und Buschwald an den Berghängen des Hinter-lands

Auf sambischer Seite des Zambezi-Valleys überwiegt wüstenhafter Sandboden ohne Grasbewuchs, auf dem viele Baum- und Dornbuschinseln stehen. Das Tal wird durch die steilen, bewaldeten Berghänge begrenzt. Unzählige sandige Flussbetten führen nur nach Regenfällen Wasser. Eine besonders attraktive Landschaft hat sich um den Chongwe gebildet. In der Trockenzeit läuft Wasser des Sambesi in den Chongwe zurück und bildet Lagunen, die voller grüner Wasserpflanzen und Blumen sind und viele Tiere anziehen. Im Brackwasserbereich des Sambesi bilden saftiggrüne Kariba Weed-Teppiche und blühende Wasserhyazinthen einen reizvollen Kontrast zum dunklen Flusswasser. An den Ufern haben sich sandige Terrassen gebildet, die mit Grasflächen bewachsen sind. Daran reiht sich ein regelrechter Akaziengürtel mit riesigen **Apfelringakazien** (*Acacia albida*), auch Anabaum genannt. Sie bilden ein sehr beliebtes Futter für Elefanten. Auch andere, zum Teil uralte Bäume säumen den schattenspendenden Uferwald. Die auffälligsten sind Leberwurstbäume, Mahagoni, Ebenholz, Afrikanischer Regenbaum, Zambezi-Feigen und Tamarinden. Dazwischen stehen Ilalapalmen. Jenseits der Uferwaldzone am Sambesi schließt sich rasch ein dichter, trockener Laubwald an, der überwiegend aus Mopane besteht. Hier findet man immer wieder knorrige Baobabs von kolossalem Umfang.

Schon gewusst?
Kaffernhornraben gelten traditionell als Unglücks-boten, die zusammen mit Hyänen und Nachtschwalben Hexen begleiten

Chongwe Falls

Sofern der Chongwe Wasser führt, stürzt ein Wasserfall nicht weit von der Mündung in den Sambesi fast senkrecht in einen kleinen Pool, zu dem man wandern kann. Baden ist leider nicht möglich – zu viele Krokodile! In der Trockenzeit ist oft nur die nackte Felswand zu bewundern.

Früher kam es in dieser Region immer wieder zu großen Überschwemmungen, wenn der Sambesi Hochwasser führte. Die Stauung des Karibasees regulierte und zähmte den breiten Strom. Dies hat allerdings zur Folge, dass nun auch die bei Überschwemmungen angespülten mineralischen Sedimente dem Boden fehlen, was sich bereits mit einer zunehmenden Versandung der Uferzone bemerkbar macht.

Bilder oben: Szenen im Zambezi-Valley

Tierwelt

Der Sambesi mit seinen vielen Lagunen und Seitenarmen ist das Reich der Flusspferde, Krokodile und Wasservögel. An seinen Ufern und auf den flachen Flussinseln weiden Büffel, Wasserböcke und Elefanten. In der abwechslungsreichen Auenlandschaft in Ufernähe halten sich bevorzugt Paviane, Warzenschweine, Zebras und Impala auf. Giraffen, Gnus und Kuhantilopen kommen dagegen nicht im Zambezi-Valley vor. Leider haben die Wilderer hier lange Zeit ungestört gewütet. Doch durch die touristische Entwicklung des Parks konnte die Wilderei in den letzten Jahren um rund 80 % eingedämmt werden. Zum Erhalt und zur Verhaltensforschung der Wild Dogs gibt es ein Schutzprojekt für die bedrohten Tiere.

Für Ornithologen ist das Sambesital ein echtes Juwel. **Mehr als 350 verschiedene Vogelarten** sind hier heimisch. Zahlreiche Wasser- und Watvögel, wie Reiher, Kiebitze und Störche finden hier einen geeigneten Lebensraum. Neben einer großen Anzahl an Raubvögeln, wie Schreiseeadler und Kormoran, leben hier auch seltenere Vögel, z. B. Scharlachspinte, Angola Pitta und Narina Trogon. Eine **Besonderheit** des Sambesitals ist die Tatsache, dass es für viele Vogelarten aus Zentralafrika die Südgrenze ihres Lebensraumes bildet. Zu ihnen zählen z. B. Füllebornpieper und Blassschnabeltokos.

Schon gewusst?
Elefanten mögen kein Chili – die Dickhäuter meiden Chilischotenfelder und den Rauch brennender Chilis wie die Pest. Das wirkt sogar abschreckender als Elektrozäune!

Wirklich passiert: Überraschender Besuch beim Kanufahren im Sambesi

Bei einer mehrtägigen Kanutour im Lower Zambezi Nationalpark erlebte unsere afrikaerfahrene Freundin im Herbst 1993 eine Begegnung der besonderen Art: Ihr Kanu gleitete an einer Sambesiinsel vorüber, um einer größeren Flusspferdgruppe in der Flussmitte auszuweichen. Dabei schreckten die Kanuten offensichtlich ein junges Krokodil auf, das sich auf der Insel gesonnt hatte. Mit einem beherzten Sprung wollte sich der Kleine ins sichere Wasser retten, doch der Pechvogel landete prompt mitten im Kanu. Mit knapp einem Meter Körperlänge füllte er das Boot dabei ganz ordentlich aus. Der Schreck muss allen Beteiligten gleich stark in die Glieder gefahren sein, das Krokodil sprang jedenfalls im nächsten Augenblick panikartig über Bord!

Kanufahrten am Lower Zambezi

Kanutouren gehören mittlerweile zu den Highlights im Zambezi-Valley. Mit Recht, denn der Sambesi ist Weg und Ziel zugleich. Nirgends ist es hier schöner als direkt am Fluss. Die Uferzone eignet sich hervorragend zur Wildbeobachtung, vor allem während der Hochsaison von Juni bis November, wenn die Tiere aus dem trockenen Hinterland an den Sambesi wandern, wo sie auch in dieser Zeit Nahrung und Wasser finden.

Vorkenntnisse oder sportliche Höchstleistungen sind nicht erforderlich, um an einer Kanufahrt teilzunehmen. In 5,7 m langen Fieberglasbooten, die Platz für 2 bis 3 Passagiere bieten, lässt man sich sanft den Fluss hinab treiben oder paddelt durch malerische Lagunen. Hier müssen keine Stromschnellen bewältigt werden, statt dessen heißt es auf Hippos und Krokodile achtzugeben. Verärgerte Flusspferde, die ihr Revier verteidigen wollen, stellen in der Tat die größte Gefahr dar. Man sollte deshalb immer den Anweisungen des erfahrenen Safarileiters folgen, generell defensiv bleiben und frühzeitig Hippos ausweichen. Muss man an Flusspferden vorbei fahren, führt man sein Kanu langsam und nahe dem gegenüberliegenden Ufer an der Tieren vorbei. Wenn man an Land geht, sollte man immer auf möglicherweise im hohen Gras dösende Büffel achten, die sehr reizbar sind, wenn sie überrascht werden. Auf Sandbänken liegen untertags viele Krokodile, die beim Näherkommen schnell ins Wasser gleiten.

Diese eigenwillige Kombination aus **Nervenkitzel**, wenn man z. B. an einer aufmerksamen Hippogruppe vorbei gleitet, und absoluter Entspannung, die sich in der trägen Stille bald einstellt, ist wohl der besondere Reiz dieser Unternehmungen. Man sollte ein Faible für spektakuläre Stimmungen, abgeschiedene Wildnis und unerwartete Tiererlebnisse mitbringen, dann kommt man bei einer solchen Tour sicherlich auf seine Kosten. Wem es dagegen unheimlich ist, auf einem Kanu an Elefanten und dösenden Krokodilen vorbei zu paddeln, sollte besser motorisierte Pirschfahrten vorziehen.

Empfehlenswert sind vier- bis fünftägige Kanutouren, denn erst nach einigen Tagen stellt sich das lockere Gefühl der Zeitlosigkeit für den Einklang mit der Natur ein. Begeisterte Kanuten können auch die Gesamtstrecke zwischen Chirundu/Kariba und Luangwa-Feira/Kanyemba in ungefähr 9 Tagen bewältigen.

Die Touren werden mittlerweile ganzjährig von sehr vielen örtlichen Reiseunternehmen sowohl in Sambia als auch von Zimbabwe aus angeboten. Transfers zu den Ausgangs- und Endpunkten, Ausrüstung, Safarizelte und Verpflegung sind im Komplettpreis enthalten. Kanutouren stehen **im Zeichen intensiven Naturerlebens**, auf Komfort und Luxus muss weitgehend verzichtet werden. Mitarbeit beim Zubereiten des Essens (auf dem Lagerfeuer), Zeltaufbau und Abwasch wird meistens vorausgesetzt. Mitzubringen sind Badesachen, Handtuch, Sonnenschutz (Hut/Kappe, Brille und Lotion), Insektenschutz und eine Taschenlampe. Von Mai bis August sollte man auch etwas Warmes zum Anziehen einpacken und von November bis März einen leichten Regenschutz. Das persönliche Gepäck wird übrigens auf 5 kg plus Fotoausrüstung begrenzt.

Von Lusaka zu den Viktoriafällen

Sie verlassen Lusaka über die Kafue Road (südliche Verlängerung der Cairo Road), wie bereits auf S. 133 geschildert. 2 km nach der Kafuebrücke zweigt nach rechts die Straße nach Livingstone ab. Sie verläuft zunächst an größeren Farmen vorbei durch eine bergige Landschaft über den Munali-Pass, von dem aus David Livingstone zum ersten Mal den Kafue erblickt haben soll. Nach 65 km erreichen Sie das prosperierende landwirtschaftliche Zentrum **Mazabuka.**

"The sweetest place in Zambia" – Mazabuka ist Sambias Zuckerstadt. Riesige Zuckerrohrplantagen lassen die flache Umgebung selbst in der Trockenzeit frisch und grün erscheinen. Zwei Krankenhäuser und zwei große Supermärkte, Tankstellen, zahlreiche Geschäfte und Werkstätten gewährleisten Mazabukas gute Versorgung. Auf der Weiterfahrt nähert sich die Straße nun den **Kafue Flats**, einer riesigen Sumpfebene, die bis zum Bau des Itezhi-Tezhi-Damms alljährlich wochenlang vom Kafue überflutet wurde. Diese dünn besiedelte Region, in der die Nationalparks Blue Lagoon und Lochinvar liegen, ist nach wie vor der Lebensraum für zahlreiche Vogelarten.

62 km nach Mazabuka erreicht man die unbedeutende Kleinstadt **Monze** (Tankstellen, sehr einfache Versorgungsmöglichkeiten). Die Golden Pillow Lodge am Ortsrand ist ein beliebter Take-Away-Stopover der Expressbusse (mit sauberen Toiletten). In Monze beginnt die Zufahrt in den Lochinvar NP (37 km, S. 146ff). Weiter Streckenbeschreibung nach Livingstone: S. 150

Lusaka – Livingstone

Gesamtstrecke: 470 km
Fahrzeit: ca. 6-7 Std.
Zustand: relativ gute Teerstraße, ab Kalomo seit Ende 2008 Baumaßnahmen
Tankstellen: in zahlreichen Ortschaften
Besonderheit: evtl. Radarkontrollen

Schon gewusst?

Munali Pass ist nach Dr. David Livingstone benannt. Munali (eine Maisart) war sein Spitzname bei den Lozi, denn seine Hautfarbe erinnerte sie daran

Unterkünfte zwischen Mazabuka und Monze

- **Mweka Guesthouse:** Tel. 0211-251734, Mazabuka. Kleines, freundliches Gästehaus unter einheimischer Leitung inmitten von Mazabuka in der Tennis Club Road (ist ab dem Golfclub an der Hauptstraße ausgeschildert). B&B 20 €/DZpP, Camping im Garten 4 €.
- **40 Wings Guesthouse:** Tel. 0213-230643, Mazabuka. Kleines Gästehaus neben dem Mweka Guesthouse, zum Campen besser geeignet als Mweka, da mit Waschgelegenheit. Preis wie im Mweka Guesthouse.
- **Moorings Campsite:** Familie Savory, Tel. 0213-255049, www.mooringscampsite.com. 50 km nach Mazabuka bzw. 11 km vor Monze (gut beschildert, 2 km Zufahrt) bietet die Moorings Farm einen weitflächigen, begrünten Campingplatz (4 Euro pP), Chalets (16 Euro/DZpP, 24 Euro/EZ), eine Bar (Snacks erhältlich, abends oft Besucher aus der Region), saubere heiße Duschen, Unterstände mit Stromanschluss und einen großen Aufenthaltsbereich. Der Platz ist sehr gepflegt, und unserer Ansicht nach die ansprechendste Unterkunft der Region.
- **Mayfair Guest House:** Tel. 0213-250550. Bei Chisekesi, 20 km nach Monze in Richtung Livingstone, liegt direkt an der Straße das kleine Mayfair Guest House mit sauberen Zimmern für 12 € und einem Bar/Restaurantbereich. Camping wird auf Anfrage gestattet.

Lochinvar Nationalpark

Begonnen hatte seine Geschichte als Rinderfarm vor ziemlich genau 100 Jahren während der frühen Kolonialzeit. Lochinvar Ranch hatte, wie sein Gegenüber Blue Lagoon (S. 170), einen fortschrittlichen, verantwortungsbewussten Besitzer, der frühzeitig die Bedrohung der scheinbar unermesslich wildreichen Kafue Flats erkannte. Bereits in den 1950er Jahren galt Lochinvar trotz des Farmbetriebs als Refugium für Wildtiere und half maßgeblich, die Kafue-Lechwe vor der Ausrottung zu bewahren. Nach der sambischen Unabhängigkeit ernannte der Staat die naturbelassene alte Farm zum Nationalpark. Das Kolonialfarmhaus steht noch immer am Rande der endlosen Sümpfe und Lagunen. Lochinvar Nationalpark ist heute die Heimat Tausender Lechwe-Antilopen und einer der besten Vogel-Beobachtungsplätze Sambias.

Anreise
In der Regenzeit ist ein Allradfahrzeug ratsam

Von Monze führt die zunächst gut beschilderte, breite Schotterstraße 15 km nach Norden. Biegen Sie dort an der Gabelung rechts ab in eine kleinere Piste. Nach 12 km links abbiegen, 1 km weiter wieder nach rechts und nun die restlichen 9 km geradeaus. Die Zufahrt weist viele Abzweigungen und Dörfer auf, ist aber gut beschildert. Ab Lusaka dauert die Anreise je nach Straßenzustand ungefähr 3–4 Stunden.

Allgemeines

Die Größe des Lochinvar NP beträgt nur 410 km². Er liegt 1020 m über dem Meeresspiegel und ist ganzjährig zugänglich. Eintritt: 10 US$ pP/Tag (von 06.00 - 18.00 h), 15 US$ pro Fahrzeug/Tag und ggf. 5 US$ für Camping. **Klima und Reisezeit:** Die kühlen, trockenen Monate (etwa 24°C) beginnen im Mai, dem Monat mit dem höchsten Wasserstand am Kafue. Der Wassertiefstand im Oktober/November kennzeichnet die windigen, trocken-heißen Wochen bis 35°C. Im Dezember setzt in der Regel die Regenzeit ein und bringt neben nächtlichen und nachmittäglichen Schauern mittlere Temperaturen um 28 °C bei hoher Luftfeuchtigkeit – und die beste Zeit für Vogelfreunde.

Natur und Tierwelt

Tausende Lechwe-Antilopen

Etwa 30 000 **Kafue-Lechwe-Antilopen** (*Kobus kafuensis*) sind in den wasserreichen Flutebenen endemisch (siehe S. 99). Die Herdentiere wandern durch riesige Gebiete, stets in Wassernähe, und waten und schwimmen gerne in den Lagunen. Dabei fressen sie bis zu einem Meter unter Wasser wachsende Gräser. Ihre Paarungszeit fällt in den Dezember/Januar. Bei Hochwasser im Mai halten sie sich bevorzugt in den offenen Grasflächen des Südens auf, bei Niedrigstand wandern sie mit dem sich zurückziehenden Wasser weit nach Norden in die austrocknenden Flutebenen. Einige Büffelherden leben im Park sowie Schirrantilopen, Kudus, Oribis und Paviane. Von den Gnus und Zebras sind nur wenige zu entdecken, ihre Zahl dürfte wohl stark dezimiert sein. Wasser- und Riedböcke grasen in den Grasebenen, Sitatunga halten sich stets im hohen Sumpfgras versteckt. Streifenschakale, Hyänen und einige Leoparden kommen ebenfalls vor.

Großartige Vogelwelt

428 Vogelarten sind bereits registriert worden, darunter über 50 Raubvögel. Der Großteil aber sind Wat- und Wasservögel, wie Flamingos, purpurne und Goliathreiher, rosa und weiße Pelikane, Kormorane, Ibisse, Löffler, Marabus, Klaffschnabel, fahlgraue Wildenten und Sporengänse. Während der Regenzeit kommen zusätzlich viele Zugvögel aus dem Norden Afrikas und aus Europa, um in den Kafue Flats zu überwintern.

Landschaftlich gliedert sich der Park in drei Bereiche: Im Norden liegen feuchte Flutebenen, **Dauersümpfe** (Mulemas) und Lagunen mit Tausenden Vögeln und Antilopen. Der mittlere Teil wird durch die "**Anthill-Zone**", ein offenes Grasland voller Termitenhügel, Dornbüsche, Palmen und Euphorbien, gekennzeichnet, wo sich Büffel, Zebras, Gnus und Oribis aufhalten. Den Süden dominieren überweidungsgeschädigte **Miombowälder** mit Akazien, Sichelbuschgestrüpp, Albizia- und Combretumgewächsen. Es ist das versteckreiche Refugium der Kudus, Schirrantilopen und Affen.

Sehenswertes im Park

- **Gwisho Hot Springs:** An diesen sehr heißen Quellen fand man Skelette aus der späten Steinzeit. Schöner Weitblick in die Flutebene. Paviane und Bushböcke in der Umgebung. Nicht weit entfernt liegen die *Bwanzi Hot Springs*, die heute allerdings als Rindertränke dienen.
- **Gipsmine:** Im offenen Grasland weithin sichtbare Überreste einer alten Gipsmine.
- **Sebanzi Hill:** Nationales Denkmal. Der Hügel war bereits in der Steinzeit besiedelt. Ein Fußweg führt hinauf.
- **Baobab Tree:** Der alte, ausgehöhlte Baobab bietet Platz für mehrere Menschen. Früher diente er deshalb angeblich auch als Versteck vor dem Steuereintreiber.
- **Lochinvar Farmhouse:** Koloniales Backsteingebäude, das allmählich verfällt.

Unterkunft

- **Lochinvar Camp:** Das ehemalige Lechwe Plains Tented Camp von Star-of-Africa lag direkt an der Chunga Lagune unter hohen Akazien. 2007 wurde das Luxuszeltcamp an Sanctuary Lodges & Camps verkauft (www.sanctuarylodges.com). Die neuen Besitzer kündigen die Eröffnung ihres Camps allerdings erst für 2010 an. Nähere Informationen und Preise waren bei Redaktionsschluss nicht erhältlich.
- **Camping:** Der Campingplatz des WWF mit unfertigen Bungalows befindet sich nahe dem Gate, an einer unattraktiven Stelle im Busch (wenig Sicht, kaum Wildtiere, defekte Duschen/Toiletten). Wir empfehlen daher, das Angebot wahrzunehmen, frei an der Lagune zu campieren. Zwar ist man dort völlig ohne Einrichtungen, aber inmitten traumhafter Szenerie.

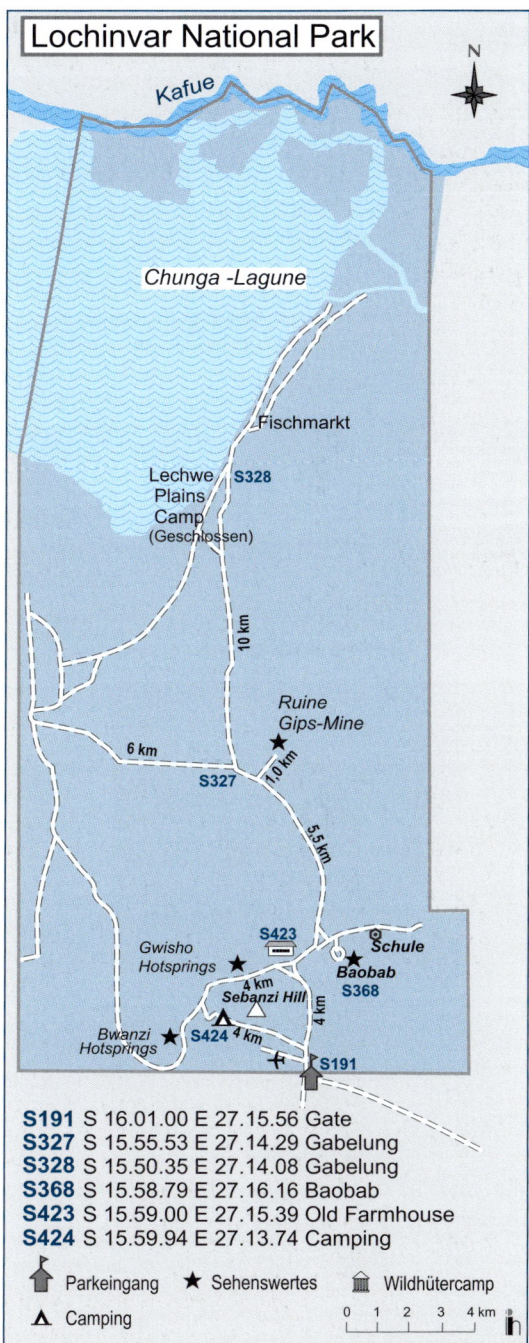

Lochinvar National Park

S191	S 16.01.00 E 27.15.56 Gate
S327	S 15.55.53 E 27.14.29 Gabelung
S328	S 15.50.35 E 27.14.08 Gabelung
S368	S 15.58.79 E 27.16.16 Baobab
S423	S 15.59.00 E 27.15.39 Old Farmhouse
S424	S 15.59.94 E 27.13.74 Camping

Parkeingang ★ Sehenswertes 🏛 Wildhütercamp

⛰ Camping

0 1 2 3 4 km

Die Kafue Flats wurden von IUCN und WWF zu einem Feuchtgebiet von internationaler Bedeutung erklärt. In einem Pilotprojekt sollen die Flutgebiete und ihre einmalige Tierwelt geschützt werden bei gleichzeitiger Nutzung durch den Menschen. Die Anwohner sollen dabei ein Eigeninteresse für den Erhalt des Ökosystems entwickeln. Daher wird in den *Kafue Flats* und damit auch im Lochinvar NP Nutzfischerei betrieben. Die Umsetzung dieses ADMADE-Programms ist jedoch in der Praxis fehlgeschlagen. Die Resultate muten traurig an: Die völlig heruntergewirtschaftete Lochinvar Lodge wurde Anfang des Jahres 1995 geschlossen. Der vom WWF 1989 gebaute Campingplatz mit Bungalows blieb unvollendet und ist seither dem Verfall preisgegeben. Das Besucher-Informationszentrum ist geschlossen, die Infoblätter des WWF sind schon lange nicht mehr erhältlich, an den Hot Springs weiden Rinderherden und im Park fahren statt Touristen die Lkws der Fischer. Einige Jahren engagierte sich das Reiseunternehmen 'Star of Africa' im Park und betrieb an der Chunga Lagune ein Safari-Zeltcamp. Vor Ort hatten sie mit dem Problem der zügellosen Wilderei und der häufigen Anwesenheit von Fischern und Rinderherden im Park zu kämpfen. 2007 wurde das Camp wieder weiter verkauft, es soll aber erst 2010 neu öffnen. Die starke Präsenz von zahlungskräftigen Touristen böte wohl den besten Schutz für die Wildtiere.

In den Jahren 1883 bis 1887 befand sich eine "**Österreichisch-Ungarische Expedition**" unter Dr. Emil Holub, Arzt und vielseitig interessiertem Naturforscher aus Prag, auf Forschungsreise im Südlichen Afrika. Holub, seine Begleiter aus Tschechien, Ungarn und Österreich, und seine junge Ehefrau wollten als erste Europäer die bislang völlig unerforschten Schwemmgebiete des Kafue durchqueren. Ein mutiges Unterfangen, galten das Land doch als unzugänglich sumpfig und seine Bewohner als grausam. Die kleine Reisegruppe glaubte sich auf das Schlimmste vorbereitet, und sollte doch hier in den Kafue Flats das Ende ihrer Expeditionsreise erleben: Holubs Expedition ging als die erste und einzige in die Geschichte ein, die auf dem Gebiet des heutigen Zambia einem organisierten Überfall zum Opfer fiel, der einem Mitglied das Leben kostete, zum totalen Verlust aller mitgeführten Waren, gesammelten Exponate und Aufzeichnungen führte, und die Überlebenden in heilloser Flucht aus dem Lande trieb.

In Holubs Aufzeichnungen und Reiseberichten finden sich Bemerkungen, wie erschrocken er sei, dass die Ila-Chiefs so wenig Respekt bei ihren Untertanen genießen. Er schreibt, von allen Völkern Afrikas habe er nur hier so eine schwache Position der Chiefs erlebt. Interessanterweise gibt es ähnliche Bemerkungen von F. Fraser Darling, einem Naturwissenschaftler, der 1956/57 im Auftrag der britischen Kolonialmacht Forschungsreisen durch die Kolonie unternahm. Er schreibt, die Ila veranstalteten **traditionelle Massentreibjagden** auf die Lechwe-Antilopen. Diese "Chilas" seien die reinsten Horrorszenarien, wenn Hunderte Männer mit ebenso vielen Hunden und zahlreichen Ochsenkarren die wehrlosen, verängstigten Tiere hetzten und abschlachteten. Dazu legten sie riesige Buschbrände. Einer dieser Chilas im Jahr 1957 fielen 1993 Tiere zum Opfer, von denen 64 % trächtig waren (trächtige Tiere lassen sich leichter abschlachten als kräftige Bullen). Die Kolonialverwaltung beobachtete dieses Massentöten mit Schrecken und versuchte, die Ila vom drohenden völligen Ausrotten der Antilopen abzuhalten. Doch die Situation geriet "völlig außer Kontrolle", weil die Ila aggressiv reagierten und sogar ihre Chiefs, wenn sie die Treibjagden verbieten wollten, verhöhnten und in einem Fall öffentlich verprügelten. Daher ließ sich schließlich kein Wildlife-Scout mehr im Ila-Land blicken.

Mashukulumbe oder Maschukulumbe ist eine Lozi-Bezeichnung für die Ila, welche übersetzt "Those who brush their Hair" bedeutet und damit Bezug nimmt auf den extremen Kopfschmuck der jungen Ila-Krieger. Es handelte sich um eine rund einen Meter lange, **konisch zulaufende Haartracht**, in der mit Hilfe von Wachs und Tonerde das Horn einer Pferdeantilope auf dem Kopf des Kriegers verankert wurde. Die Prozedur, einen solchen Kopfschmuck anzufertigen, galt als äußerst schmerzhaft und langwierig, das Tragen im Alltag als höchst unbequem. Doch es schmückte die Männer imposant und neben dem Rinderbesitz war eine prächtige "Isusu" der größte Stolz junger Männer. Der Ursprung dieser merkwürdigen Mode ist nicht bekannt; vielleicht stimmt ja die Theorie, nach der die Ila solch riesige Trachten trugen, um sich gegenseitig im hohen Elefantengras bei Jagden und Kämpfen besser sehen zu können. Auf alle Fälle verstärkte die Haartracht die Ängste anderer Völker bis weit ins 20. Jh. vor den wilden, fremdartigen Ila.

Von der traditionellen Ila-Kopftracht gibt es nur noch zeitgenössische Beschreibungen und Zeichnungen.

Ein Maschukulumbe

Weiterfahrt nach Livingstone: Choma & Kalomo

97 km liegt Choma von Monze entfernt. Unterwegs fallen bei Muzoka in der Umgebung ungewöhnlich riesige Termitenhügel auf.

Unterkünfte bei Choma

- **Masuku Lodge:** Tel./Fax 0213-225225, www.masukulodgezambia.com. Wildfarm in der Nkanga River Conservancy Area (zweigt 3 km vor Choma nach Norden ab, weitere 20 km Zufahrt) mit 6 Chalets (B&B ca. 85 €/DZpP). Vorausbuchung nötig.
- **Gwembe Safaris:** Tel. 0213-220169, Fax 225054, E-mail: gwemsaf@zamtel.zm, www.gwembesafaris.com. Sehr ruhig gelegene Campingwiese (4 € pP) auf einer Farm 2 km westlich von Choma (beschilderte Zufahrt). Seit die Besitzer in Livingstone leben, sind die Chalets geschlossen worden.
- **Kozo Lodge:** Tel./Fax 0213-225347, www.kozolodge.co.zm. Etwa 5 km südwestlich von Choma direkt neben der Hauptstraße gelegene Chalets und ein Restaurant mit "Halfway-House-Ambiente". Preise: B&B ab 26 €/DZpP, 32 €/EZ.

Abstecher an den Karibasee

An der Bahnstation Batoka zweigt eine Teerstraße in die Minenstadt **Maamba** (81 km) und nach **Sinazongwe**, dem sambischen Fischereizentrum am Karibasee, ab (72 km). In Sinazongwe liegen am Seeufer die früher von Gwembe Safaris vermarkteten "Lake View Chalets", wo man auch campen kann.

Interessanter dürfte ein Besuch bei **Kariba Bush Club** in **Siansowa** sein, das 30 km von Maamba entfernt am Karibasee liegt (Piste). Hier befindet sich auf dem Gelände einer der weltgrößten Krokodilfarmen ein vielfältiges Übernachtungsangebot mit Ferienhäusern, Luxus-Zeltchalets (VP 78 €/DZpP), Backpackerunterkünften bzw. Zimmern im "The Clubhouse" ab 12 € pP und eine Campingwiese für 6,50 € pP. Neu ist außerdem ein Hausboot. Info: Kariba Bush Club, Tel. 0977-9493980, E-mail: siansowa@iwayafrica.com, www.siansowa.com.

Chete Island Lodge: Tel. 0979-415594, www.cheteisland.com. Luxuszeltcamp auf Chete Island, der größten, wildreichen Insel im See. Sicheres Parken in Sinazongwe. All-Inclusive-Preise: 300 €/DZpP und 320 €/EZ.

Choma

Erste größere Stadt seit Mazabuka ist die lebhafte, prosperierende Hauptstadt der in der Südprovinz lebenden Tonga. Zugleich ist Choma ein Zentrum landwirtschaftlicher Großfarmen, von denen etwa 70 erst in den letzten Jahren durch den Zuzug südafrikanischer und zimbabwischer Farmer entstanden. Choma bietet einen SPAR im Zentrum und ein Internetcafé neben der Total-Tankstelle.

Unser Tipp: Tonga Crafts Museum

The Choma Museum & Crafts Project, Tel. 0213-220394, Fax 220352. Das Museum entstand mit Hilfe eines niederländischen Entwicklungsprojekts und zeigt eine Ausstellung zu Geschichte und Kultur der Tonga mit Verkauf von kunstvollen Souvenirs. Es liegt am Ortseingang rechts und ist täglich von 09.00–17.00 h geöffnet (Eintritt: 2 US$, Kinder die Hälfte).

Kalomo

Kalomo, 70 km von Choma entfernt, ist mehr von historischer Bedeutung, war die unscheinbare Kleinstadt doch von 1902 bis 1907 die erste Hauptstadt Nordwestrhodesiens. Fahren Sie aufmerksam durch Kalomo: es ist eine Fundgrube frühkolonialer Architektur! Die Tankstelle gibt es nicht mehr, dafür ein Internetcafé. In Kalomo beginnt die unbeschilderte Zufahrt in den südlichen Kafue NP (s. S. 175).

Kalundu Mound

2 km nördlich von Kalomo, neben der Teerstraße nach Choma, weist eine Gedenkplatte die Lage eines Eisenzeitdorfes, welches vermutlich seit 300 n. Chr. bewohnt war, aus. Für den Laien ist aber nur wenig erkennbar.

Administrators House

Das älteste Regierungsgebäude Rhodesiens aus dem Jahr 1903 befindet sich an der Piste zum Kafue NP. Biegen Sie an der unbeschilderten Gabelung 4 km nach Verlassen der Teerstraße rechts ab. Nach 700 m liegt rechts die neue Administration, links führt eine kleine Piste zwischen Häusern durch. Nach 1 km endet diese an einer Kreuzung mit 5 Wegen. Hier geht es rechts weiter, nach 500 m steht das alte Gebäude unter einer Baumgruppe (s. Bild auf S. 23).

Die letzten 115 km bis Livingstone verläuft die Straße durch einsames Farmland und wenige kleine Ansiedlungen (seit Ende 2008 Baumaßnahmen zur Straßenreparatur). 35 km vor Livingstone bietet die **Mabula Game Farm** ruhige Campinggelegenheit an (8 € pP). Die Straße fällt nun sanft zum Sambesi hin ab. Bei Hochwasser im April/Mai sieht man schon lange vor Stadtbeginn die ferne Gischt der Viktoriafälle.

Die Tonga – ein vergessenes Volk am Karibasee

Nicht allen hat der Karibasee Vorteile und Verbesserungen gebracht. Die Tonga zählen eindeutig zu den Verlierern des gigantischen Stauprojekts. Das kleine Volk siedelte seit Jahrhunderten im Zambezi-Valley und verstand es in sehr naturverbundener Weise, in dieser trockenen, unwirtlichen Region zu überleben. Die Tonga ernährten sich durch Fischfang und Jagd und betrieben in den Überschwemmungsgebieten des Sambesi Landwirtschaft. Ihre Kultur war voller geheimer Bräuche und Riten, weshalb sie bei anderen Völkern als rückständig angesehen wurden. Den großen Fluss mit seinen jahreszeitlichen Schwankungen verehrten sie als **zentrale Lebensader**. Als die Kolonialherren in den 1950er Jahren die Stauung des Flusses ankündigten, reagierten die meisten Tonga zunächst mit Unglauben. Der Aufforderung zur Umsiedlung in das trockene Hinterland widersetzten sie sich vehement. Die Regierungen beider Kolonien versuchten die Tonga mit Versprechungen umzustimmen, indem ihnen Schulen, Krankenhäuser und Brunnen versprochen wurden. Doch schon das Bewusstsein, durch den riesigen See für immer von den Freunden und Verwandten am gegenüberliegenden Ufer getrennt zu werden, paralysierte die Tonga. Schließlich wiesen die Kolonialherren den Dörfern neues Land zu und begannen mit der **Zwangsumsiedlung von 57 000 Menschen**. Die Umsiedlung verlief für die meisten Tonga traumatisch. Sie wurden mit ihrem Hab und Gut auf Lkws verladen und in das karge Hinterland verfrachtet. Verzweifelt versuchten manche von ihnen, die Verbindung zu den Ahnen, die nach ihrem Glauben in den alten Bäumen am Sambesi ruhten, dadurch aufrecht zu erhalten, dass sie große Zweige dieser Bäume abhackten und in die neue Heimat mitnahmen. Am Nordufer, auf sambischer Seite, spitzte sich die Lage 1958 dramatisch zu, als Chief Chitepo und seine Leute sich weigerten, das Land zu verlassen. Bei ihrer gewaltsamen Entfernung wurden acht Menschen erschossen.

In den Jahren nach der Umsiedlung zeigten sich die Folgen der erzwungenen Migration. Die Jagd war den Tonga nun verboten, Fischerei in den meisten Fällen unmöglich, da die Dörfer nicht am See lagen, und das karge Land landwirtschaftlich zu bearbeiten sahen sich die Tonga nicht in der Lage. Ihnen fehlte hierzu die Erfahrung, denn bisher hatten sie ihre Felder im fruchtbaren Schwemmland des Sambesi angelegt. Not und Hunger brachen aus, und die Kindersterblichkeit nahm dramatisch zu. Die neuen Dörfer lagen weit versprengt, der gemeinschaftliche Zusammenhalt wurde dadurch nachhaltig geschwächt. In den Jahren der Föderation waren regelmäßige Fährverbindungen über den See aufrechterhalten worden, wodurch die Tonga beider Kolonien in Kontakt bleiben konnten. Mit der Unabhängigkeit Sambias verschlechterten sich die Beziehungen zwischen Sambia und dem von Europäern regierten Südrhodesien. Die Fährverbindungen nahmen ein jähes Ende, die grenzüberschreitenden Kontakte der Tonga ebenfalls.

Auch heute noch haben die Tonga keinen Anteil an den Segnungen des Karibasees. Die infrastrukturelle Entwicklung der Region wurde vernachlässigt, es fehlt an Arbeitsplätzen und Schulen, die Dörfer haben keinen Stromanschluss. Nur wenige Projekte, wie vor allem das **Tonga Crafts Museum** in Choma, sind bisher angelaufen, um ihre Situation zu verbessern. Es gibt einige Selbsthilfekooperativen, die Kunsthandwerk, wie Trommeln und Korbwaren, erzeugen. Im Gespräch ist die Einrichtung einer kleinen Grenzstation in Binga, um den Tonga wieder direkte Verbindungen über den See zu gestatten. In Eigeninitiative informieren die Tonga seit 1998 mit einer in Choma organisierten Wanderausstellung, die innerhalb mehrerer Jahre verschiedene Städte Afrikas besuchte, über ihre Geschichte und heutige Lebenssituation. Ihr Anliegen ist es, die Öffentlichkeit für ihre schwierige Lage zu sensibilisieren, und dabei demonstrieren sie recht eindrucksvoll den Kampf, in der modernen Gesellschaft Anschluss zu finden und trotzdem die tief verwurzelten Traditionen zu pflegen. Wie stark bei den Tonga Bräuche und Traditionen im Alltagsleben verankert sind, wird bei einem Besuch ihrer Dörfer augenscheinlich. Ihre runden Hütten sind auf Stelzen gebaut. Die Erwachsenen rauchen trotz mancher Regierungskampagne ein Marihuana ähnelndes Rauschmittel in großen Kalebassen, und viele Frauen feilen sich auch heute noch die vorderen Schneidezähne spitz zu.

Livingstone

Livingstone wird touristisch ausgeschlachtet: 2004 genehmigte die Weltbank 28 Mio. US$ Darlehen für den touristischen Ausbau. Es gibt sogar Pläne, die Viktoriafälle zu elektrifizieren.

Die Nähe zu den sensationellen Viktoriafällen begründete bereits im ausklingenden 19. Jh. Livingstones Anziehungskraft für Reisende aus aller Welt. Bis 1935 war die Stadt am Sambesi auch koloniale Landeshauptstadt und viele Gebäude erinnern noch an diese betriebsame Gründerzeit. Doch auch das moderne Livingstone ist trotz aller Veränderungen eine gemütliche sambische Stadt geblieben, deren Sehenswürdigkeiten einen ausgiebigen Besuch Wert sind. Wer die Viktoriafälle von Sambia und Zimbabwe aus besichtigen und die Attraktionen der Umgebung besuchen will, möglicherweise auch das große Angebot an Rafting, Kanutouren und Rundflügen auskosten möchte, hat genug Programm für vier bis fünf Tage.

Stadtgeschichte

1898 entstand am Nordufer des Sambesi die erste europäische Siedlung Nordwestrhodesiens. Sie befand sich etwa 9 km vom heutigen Livingstone entfernt direkt am Sambesi und an jener Stelle, die als breite Furt zur waghalsigen Überquerung des Sambesi diente (Old Drift). Diese Siedlung war ein winziger europäischer Außenposten, zwölf Tagesreisen nördlich von Bulawayo, der nächsten kolonialen Siedlung, entfernt.

Ein kurzer Rückblick: 1889 hatte der Lozikönig Lewanika um britischen Schutz gebeten, und Harry Ware hatte einen ersten Vertrag mit dem König ausgehandelt, den später die BSAC übernahm. 1890 handelte Frank Lochner für die BSAC Mineralrechte im Barotseland aus. Die Deutschen hatten im selben Jahr den Caprivi-Strip erhalten. Von 1897 an nannte sich das Land nördlich des Sambesi Nordrhodesien. Gleichzeitig wurde mit Robert Cryndon ein erster britischer Vertreter in die neue Kolonie gesandt und 1899 zum Administrator Nordwestrhodesiens ernannt.

Zwischen den Briten Südrhodesiens und den Lozi fand reger Handel statt. Und da alle Wege über jene Furt an der Old Drift führten, erkannte der Allrounder F. J. "Mopane"-Clarke seine Chance: Er organisierte die Flussüberquerungen und fungierte gleichzeitig als Händler und Hotelbesitzer. Das Geschäft lohnte sich, langsam zogen weitere Händler zu, und die Pariser Missionsgesellschaft gründete eine Missionsstation. Im Jahre 1899 öffnete die erste kleine Schule ihre Pforten. Die Missionarsfrau Coisson blieb aber noch weitere zwei Jahre die einzige Europäerin der kleinen Siedlung. Der Pionier Fred Mills öffnete 1902 ein konkurrierendes Hotel. 1903 lebten an der Old Drift bereits 68 Europäer, darunter 17 Frauen und sechs Kinder. Der Sambesi wurde noch immer in Booten zu je acht Paddlern überquert, und das Siedlerleben jener Tage war sehr männlich geprägt.

Bild rechts: Verkehrsschild an der Sambesiuferstraße bei Livingstone

Von Anfang an litten die Siedler unter den schlechten klimatischen Bedingungen. Die Siedlung lag direkt am sumpfigen und feuchtheißen Flussufer, die Bewohner litten gleichzeitig unter der schwülen Hitze und der verbreiteten Malaria. Da jährlich 20 % der Bewohner an tropischen Krankheiten starben, wurde die Administration bereits 1901 an den erhöhten, vom Fluss abgewandten *Constitution Hill* (heute Livingstone) verlegt. Die Siedler harrten aber weiterhin am Sambesiufer aus.

Nachdem im Juni 1904 die Eisenbahnschienen die kleine Siedlung an den Viktoriafällen erreichten, begann eine 14-monatige Schwerstarbeit, um die aus England angelieferten Fertigteile über der Sambesischlucht zu einer 152 m langen Brücke zusammenzusetzen. An den Fällen wurde noch im selben Jahr der Vorläufer des Victoria-Falls-Hotels erbaut, um die Arbeiter für den Brückenbau unterzubringen. Cecil Rhodes hatte vor seinem Tod angewiesen, die Eisenbahnbrücke so nah wie möglich an die Viktoriafälle zu bauen, damit die Reisenden später den guten Ausblick genießen könnten. 1905 wurde die Brücke fertiggestellt, nachdem 1540 Tonnen Eisen und Stahl verarbeitet worden waren. Von nun an ersetzte die Brücke die gefährliche Überfahrt an der Old Drift; wer sie benützen wollte, musste damals 10 Cent Brückenzoll bezahlen (dabei war zunächst nur ein Bahngleis gebaut worden, und erst 1930 kam es zu einer Brückenerweiterung für Autos.) Die Bahnstation am Nordufer wurde gleich einige Kilometer landeinwärts angelegt. Da damit die alte Furt ihre Bedeutung verlor, ordnete die Administration die Umsiedlung in die systematisch geplante, klimatisch günstigere neue Stadt Livingstone an (wenngleich einige der Old Drifter sich dagegen sträubten).

1907 konnte die Stadt nicht nur zwei Hotels und acht Läden vorweisen, sondern auch zwei Metzger, vier Baumeister, einen Friseur und eine Apotheke. Man ernannte sie zur Hauptstadt Nordwestrhodesiens. 1911 wurden die Provinzen Nordwest- und Nordostrhodesien zusammengelegt und Livingstone blieb Hauptstadt Nordrhodesiens bis 1935. Das erste Auto konnte auf Livingstones Straßen 1908 bewundert werden, und blieb viele Jahre auch das Einzige.

Die Stadt bekam regen Zustrom, die alte Gründerzeit war vorüber. Über 300 Europäer und 1700 Afrikaner lebten 1911 in Livingstone. Damit befanden sich mehr als 20 % aller Europäer Nordrhodesiens in Livingstone. Im Jahre 1928 war die Stadt bereits auf 1350 Europäer und 6000 Afrikaner angewachsen. Livingstones Geschichte blieb weiterhin von frischem Geist und kosmopolitischem Leben geprägt. Da es als Landeshauptstadt aber geographisch ungünstig lag, wurde der Regierungssitz 1935 nach Lusaka verlegt.

Die Bevölkerungsentwicklung nahm trotzdem rasant zu. Anfang der 1970er Jahre wurden über 50 000 Einwohner registriert, Ende der 80er Jahre mehr als 100 000, und die heutige Bevölkerungszahl wird deutlich höher geschätzt. Seine Entwicklung zur Hochburg des Tourismus ist gerade in jüngster Vergangenheit beachtlich: Verfügte Livingstone 1996 über 367 Hotelbetten, erhöhte sich diese Zahl in nur sieben Jahren auf 1681 Betten!

Zur Orientierung

Livingstones älteste Straße und noch immer zentrale Lebensader ist die Mosi-oa-Tunya-Road, auch Main Road genannt. Hier findet man noch eine ganze Reihe kleiner kolonialer Häuser mit Säulenveranden und Gärten. Nach Süden führt diese Straße direkt zu den 10 km entfernten Viktoriafällen und der Grenze nach Zimbabwe. In der entgegengesetzten Richtung führt sie nach Kalomo und Lusaka. Die wichtigste Querverbindung ist die Nakatindi Road, die Livingstone nach Westen verlässt und parallel zum Sambesi nach Kazungula und Sesheke führt. Hier liegen exklusive Lodges, wie z. B. Tongabezi, direkt am malerischen Flussufer.

Sehenswertes in Livingstone & Umgebung

Livingstone Museum
Umfangreiche Ausstellung zu Völkerkunde, Tierkunde, Kolonialgeschichte und David Livingstone. Mit Souvenirladen, auch touristische Broschüren liegen aus. Das zentral gelegene Museum ist täglich von 09.00–16.30 h geöffnet. Eintritt 5 US$. P. O. Box 60498, Tel. 0213-321204, Fax 320991.

The Railway Museum
Für Bahnfreaks ein Muss: Hier wird neben alten Dampfloks und zahlreichen Utensilien die Geschichte der Bahn in Sambia gezeigt. Das Museum liegt an der Chishimba Falls Road und ist täglich von 08.30–16.30 h geöffnet, der Eintritt beträgt 3 US$. P. O. Box 60124, Tel. 0213-321820, Fax 324509.

Rundgang durch die Altstadt
Zahlreiche Orginalgebäude aus Livingstones Kolonialgeschichte dämmern mehr oder weniger vergessen im Stadtzentrum vor sich hin. Die Altstadt liegt grob gesagt im Viereck zwischen dem Postamt, dem Town Market, dem fast baufälligen North Western Hotel und dem John Hunt Way (im Norden). Hier kann man Häuser aus den Jahren 1900–1930 bewundern; besonders lohnt es sich, durch den John Hunt Way und den Kuta Way, damals als Straße der indischen Händler "Bombay Alley" genannt, zu schlendern.

Songwe-Schlucht & Masui-Falls
Eine beschilderte Stichstraße führt zur Songweschlucht (9 km), wo sich ein herrlicher Ausblick über Sambesi und Songwezufluss bietet. Die 110 m hohen Masui Falls liegen auf Zimbabwes Uferseite, sind aber von hier aus besser zu sehen. Das Gelände ist Fundstätte von Relikten aus der mittleren Steinzeit.

Mukuni Village
Mukuni Village zählt 7000 Einwohner

Das Dorf Mukuni liegt 9 km von Livingstone entfernt, und ist fester Bestandteil touristischer Ausflüge (5 US$ Eintritt, als Pauschalausflug 25 Euro pP).
Mukuni bedeutet 'Lebender Stein' und ist die Bezeichnung für das Oberhaupt der Lea. Seit vielen Generationen lebt der jeweilige Mukuni in diesem Dorf, die Würde vererbt sich jeweils an einen Sohn, den er als Senior Chief im Palast zeugte. Söhne aus den Jahren davor, als er noch Anwärter auf den Titel war, haben keinen Anspruch auf die Erbfolge. Der derzeit regierende Mukuni gibt sich Mühe, afrikanische Traditionen mit moderner Zivilisation in Einklang zu bringen. Neben dem umfriedeten Palast liegt ein **Handwerkermarkt** mit Schnitzereien. Bei der Dorfbesichtigung können traditionelle Tätigkeiten, wie z. B. das Bierbrauen oder Schmieden, beobachtet werden. Evtl. ist sogar eine Führung durch den Palast möglich. Ein wenig Geschichte ist auch dabei: Man parkt im Schatten eines großen, alten Baumes, unter dem schon David Livingstone 1855 mit dem damaligen Mukuni zusammensaß...

Victoria Falls Feldmuseum
Kleines Museum neben dem Parkplatz an den Viktoriafällen mit geologischen Sammlungen, naturgeschichtlichen Ausstellungen, Steinzeitfunden und Informationen zur Entstehung der Wasserfälle (5 US$, 08.30–16.30 h).

MOT Game Park
Vorsicht: Diebstahlgefahr am Picnic-Site

Pirschfahrten in den Tierpark bieten örtliche Reisebüros für 20-30 Euro pro Person an

Der **Tierpark** befindet sich oberhalb der Fälle direkt am Sambesi. Obwohl relativ klein, besticht er durch eine wunderschöne Uferlandschaft und recht zutraulichen Tiere. Der ganze Stolz des Parks sind die beiden verbliebenen **Nashörner**, die rund um die Uhr gegen potentielle Wilderer bewacht werden. Im Park leben außerdem Büffel, Giraffen, Zebras, Gnus, Impalas, Warzenschweine und Affen. Während der Trockenzeit wandern Elefanten zwischen Sambia und Zimbabwe durch den Fluss, für Hippos und Krokodile gelten sowieso keine Staatsgrenzen. Entlang der Uferstraße im Park sind noch die alte Furt, *Old Drift*, und der alte Friedhof zu erkennen. Geöffnet täglich von 06.00-18.00 h; Eintritt: 10 US$ pP und 15 US$ pro Fahrzeug. Unser Tipp: Den Sonnenuntergang am Picnic-Site genießen!

Viktoriafälle und Umgebung

Mbile Drive

Airport

Lusaka >

Kazungula

Airport Rd.

Livingstone
Siehe Map
Seite 159

Nakatindi Rd.

Sambesi

Maramba

Old Cementary

Old Drift

Sichango Rd.

Falls Park
4 Shopping

Bootsclub 9

Gwembe
Croc-Parm

Mosi Oa Tunya
Game Park

A 2
3

8

7

5

Siloka-Insel

Kalai-Insel

Stanley's

Mukuni Village >

Zimbabwe

Prinzessin
Viktoria -Insel

1 Sun Hotel Komplex
2 The Waterfront
3 David Liv.Safari Lodge
4 Protea Hotel
5 Livingstone Safari Lodge
7 Maramba River Lodge
8 Chrismar Hotel
9 Bush Front Lodge
A African Queen

1

Lookout Tree

Brücke

Grenzposten

Gorge Swing

**Mosi Oa Tunya
Nationalpark**

Songwe Falls
Taita Falcon Lodge

0   1   2   3   4km

Mosi Oa Tunya National Park (MOT)

Sambias kleinster, jedoch meistbesuchter Nationalpark umfasst bei 66 km² Fläche einen 30 km langen Landstreifen zwischen dem Sambesi und Livingstone

Schon gewusst?

Für Livingstone gib es eine hervorragende touristische Website:
www.livingstonetourism.com

Livingstones Busstation liegt beim Market an der Senanga Road. Expressbusse nach Lusaka starten dagegen an Haltestellen an der Mosi Oa Tunya Road. CR Holdings hält an der Ecke Akapelwa Street, gegenüber Barclay Bank. Mehrmals täglich fahren die Busse für ca. 17 € nach Lusaka. Der RPS Coach startet täglich ein bis zweimal ab dem Hungry Lion nach Lusaka (6 Std., 13 €). **Bahn**: Täglich um 09.00 h im "Ordinary Train" nach Lusaka (an 20.10 h) und Kitwe (an 08.50 h) sowie Di/Do/So im "Zambezi Express" nach Lusaka (ab 14.30 h, an 11.00 h). Infos & Reservierung Tel. 0213-321001. Die Bahn hat sehr häufig Verspätungen, die Busse sind daher verlässlicher und empfehlenswerter. S. 375 und 379.

Bus & Bahn
Sammeltaxis von/nach Kazungula: stündlich á 6 US$

Livingstones ansprechend renovierter Internationale Flughafen liegt ca. 5 km nördlich der Stadt, Tel. 0213-321153. Flughafentransfers in die Stadt kosten ca. 10 € pP.

Flughafen

Taxis erkannt man an der blauen Lackierung. Sie verlagen für die 10 km-Strecke zwischen der Stadt und den Fällen etwa 5 € (unbedingt vor der Fahrt den Preis fixieren!).

Taxis

Wichtige Adressen von A bis Z

Autobedarf & Gas
Autoteile aller Art vertreibt "Auto World" in der Stadtmitte. Als beste Werkstätten gelten "Bennett Engineering", Tel. 0213-321611, und "Foley's Africa", Tel. 0213-320888. Gaskartuchen füllt man bei Afrox-Gas an der Caltex-Tankstelle im Stadtzentrum.

Geldwechsel
Banken/Wechselstuben findet man beim Falls Park Shopping Complex, im Activity-Centre beim Zambezi Sun Hotel (mit ATM-Schaltern) und in der Mosi-Oa-Tunya Rd. in Statdmitte auf Höhe der Post. Kein Geld auf der Straße tauschen: es besteht dort hohes Betrugsrisiko!

Immigration Office
Das Büro der Immigration befindet sich in der Mosi-Oa-Tunya Rd./Ecke Airport Rd. in einem hellgelben Gebäude neben der Finance Bank (Zimmer 12, montags bis freitags von 08.00–17.00 h).

Klima & Gesundheit
Livingstone liegt auf etwa 920 m Höhe, wodurch das Klima ganzjährig mild bis schwülwarm ist. In den heißen Monaten Oktober/November kühlt es auch nachts nur wenig ab. Ganzjährig sollte Malariavorsorge betrieben werden.

Krankenhaus
Livingstone sichert nur eine einfache Grundversorgung. Das staatliche Livingstone General Hospital, Tel. 0213-320221, ist das größte Krankenhaus der Region. Alternativ gibt es das Livingstone Medical Centre in der Zambezi Street, Tel. 0213-321182, und die 24 h-Privatklinik Dr. Shafiks Surgery, Tel. 0213-321130 zwischen Post und Hospital.

Einkaufen
Seit der Eröffnung des Falls Park Shopping Complexes am südlichen Ortsausgang bietet dieser eine angenehme Einkaufsmöglichkeit mit sicheren Parkplätzen. Hier findet man einen gut bestückten SPAR-Supermarkt, einen Buchladen, eine Apotheke, ein Post Office, eine Wechselstube, Boutiquen, Restaurants und eine öffentliche Toilette!

Mietwagen
• **AVIS Rent a Car:** Tel./Fax 0213-321122, am Flughafen.
• **Imperial Car Rentals:** (Voyagers): Tel. 322753, Fax 320277, http:// www.voyagerszambia.com/imperial.htm

Reiseagenturen
• **Wild Side Tours & Safaris:** Tel. 323726, Fax 322895, E-mail: wild@iconnect.zm, www.wildsidesafaris.com. Deutschsprachige Reiseagentur (Karien und Peter Kermer). Wir empfehlen diese engagierten, erfahrenen Reisespezialisten.
• **Bwaato Adventures:** Tel./Fax 324214, E-mail: bwaato@zamnet.zm. Neben der Post.
• **Bundu Adventures:** Tel. 324407, Fax 324406, E-mail: zambezi@zamnet.zm
• **African Extreme Bungi:** Tel. 324156, Fax 324157, E-mail: extreme@zamnet.zm
• **Bushtracks Africa:** Tel. 323232, www.bushtracksafrica.com.

Restaurants
Das gastronomische Angebot der Stadt ist vielfältig. Im Stadtgebiet bietet die Ngolide Lodge gute indische Küche, "Hippos" eine relaxte Atmosphäre und "Ocean Basket" Fischvariationen. Genießer kehren im eleganten "Royal Livingstone Hotel" ein.

Telefon & Internet
Das Telefonamt liegt rechts der Post. **Internet-Cafés** gibt es im Adventure Centre bei Cyberian Outpost, "postnet" im Stanley House im Zentrum und bei 'The Waterfront'. **Info**: Zwischen Victoria Falls/Zimbabwe und Livingstone kann zum Ortstarif telefoniert werden. Dazu wählt man in Livingstone vor der Rufnummer in Vic Falls eine "6". Von Vic Falls aus wählt man "8" vor der Rufnummer in Livingstone.

Tipp!
Die Livingstone Tourism Association hat die 36-seitige Broschüre "Historical Guide to Livingstone Town" von Kristin Ese publiziert. Darin wird ein historischer Stadtrundgang beschrieben und mit zahlreichen Farb- und SW-Fotos illustriert.

Tourist Info
Mosi-Oa-Tunya-Road, Tel. 0213-321404, Fax 321487. Freundliche Touristeninformation mit Broschüren und Prospekten. Mo-Fr 08.00-13.00 h, 14.00-17.00 h, Sa vormittags.

Versicherung
Autoversicherungen schließt man rechts neben der Post im Zambia State Insurance Building ab oder direkt an der Grenze (dort allerdings etwas teurer).

Weitere Unternehmungen...

White Water Rafting: 1980 begann SOBEK mit Wildwasserfahrten in den Sambesischluchten, war man doch damals der Meinung, es gäbe auf der Strecke keine Krokodile. Heute weiß man es besser, doch sind die Krokodile wohl das geringere Übel, das den Raftern zu schaffen macht. Der Wildwassertrip am Sambesi zählt mit den Schwierigkeitsgraden 3 bis 5 (auf der Skala von 1 bis 6) zu den schwierigsten auch für Amateure zugänglichen Touren der Welt. Das hochwertige Material der Schlauchboote und die erfahrenen Profis, die die Boote lenken, sorgen für ein hohes Maß an Sicherheit, dennoch erfordert es viel Mut und Selbstvertrauen, sich diesen Touren anzuschließen. Fast immer "flippen" einige Boote in den Rapids und über Bord Gegangene müssen anschließend von Kajaks eingesammelt werden. Verletzungen sind dabei – trotz Schwimmwesten – häufig. Die nasse Angelegenheit gilt als "'Great Adventure'". Die Boote werden von Filmteams begleitet, die das Spektakel professionell zu Videoclips verarbeiten, welche die Teilnehmer anschließend erstehen können. Die Wildwasserfahrten hängen stets vom Wasserstand ab. Ungefähr von Juli bis Januar findet das bei Rapid Nr. 4 beginnende *Low Water Rafting* statt. Die übrigen Monate kann beim *High Water Rafting* erst ab Rapid Nr. 11 gestartet werden. Buchen kann man die Trips überall in den Hotels und Reiseagenturen von Livingstone, durchgeführt werden sie von Bundu und Safari Par Excellence. Die Preise liegen stabil bei 100 € für eine Tagestour. Mittlerweile gibt es die Steigerung des Wildwasserabenteuers: „River Surfing" (115 € für einen halben und 160 € für einen ganzen Tag).

Kanutrips: Weniger aufregend und dramatisch verlaufen die Kanufahrten oberhalb der Fälle, wobei auch dabei einige kleinere Stromschnellen zu bewältigen sind. Hier steht das Naturerlebnis im Vordergrund, für den Nervenkitzel sorgen gelegentlich Begegnungen mit Hippos. Kanufahrten bilden die Alternative für alle, denen Rafting zu wild und ein Sundown-Cruise zu langweilig ist. Halbtagestouren gibt's für 75 € (inkl. Frühstück), ganztägige Kanufahrten kosten 92 €.

Bungee Jumping: Es gibt Leute, die haben Spaß daran, sich kopfüber in eine Schlucht zu stürzen – für die ist der Sprung an den Viktoriafällen wohl das Höchste! Wer Lust hat, kann sich für ca. 70 € (Tandemsprung 105 €) von der 111 m hohen Eisenbahnbrücke in den Boiling Pot hinabstürzen. Es gilt als der höchste kommerzielle Brückensprung der Welt. Pass mitnehmen, denn Ihr Sprungturm liegt im Niemandsland!

Sambesi-Cruises: Genießer werden sich wohl von den Bootstouren auf dem Sambesi angesprochen fühlen. Die Kreuzfahrten werden zu verschiedenen Tageszeiten angeboten. Besonders beliebt sind Cruises zum Sonnenuntergang mit freien Getränken und Snacks. Die Preise liegen je nach Anbieter und Dauer bei 34-43 Euro. Beliebt sind die Fahrten mit dem 120-Personen-Luxusboot **African Queen**. Lunch- oder Sunset-Cruises kosten auf dem stilgerecht das koloniale Klischee bedienende Schiff 45 € inklusive Transfers, feinen Snacks und allen Getränken. Ein Genuss, mit einem gekühlten Drink fast lautlos an den Nashörnern und Elefanten am Ufer vorbei zu gleiten!

Gorge Swing, High Wire & Abseil: Beim "High Wire" gleitet man am Stahlseil über eine Schlucht; der "Swing" beginnt mit 50 m freiem Fall, ehe man am langen Seil "swingt" (34 €; gleicher Thrill wie Bungee). Oder man lässt sich angeseilt die Felswand hinabgleiten... www.thezambeziswing.com

Rundflüge & Fallschirmspringen: Aus der Vogelperspektive bieten sich fantastische Aussichten auf die Viktoriafälle und die Zickzack-Schluchten des Sambesi. Batoka Sky (www.batokasky.com) bietet ganztags 15-minütige Rundflüge in offenen Microlight-Fliegern und Helikoptern an (ab 80 €). UAC fliegt mit einer Havilland Tiger Moth. Wer möchte, kann sogar Fallschirmspringen.

Elephant Back Safari: Auf gezähmten Elefanten dürfen Gäste für 124 € (plus 10 US$ NP-Eintritt) reiten. Elephant Walks kosten 70 € pP.

Gwembe Castle Crocodile Park Tour: Krokodile und Schlangen besichtigen für 16 € pP inklusive Transfers innerhalb der Stadt. Tel. 0213-321648.

Jet-Boat: Jet-Extreme unternimmt zwischen den Rapids 23 und 27 halbstündige Jet-Boat-Trips (75 €), die jedoch wegen des Lärms umstritten sind.

Livingstone Island Tour: Tongabezi nützt die alleinigen Rechte für diese Insel an der Fallkante einträglich: Ausflugsgästen wird ein perfektes Klischee mit Champagner-Frühstück oder Cocktail-Lunch offeriert. Preise: 40-80 € pP (nicht bei Hochwasser)

Sunset Bridge Run: Sonnenuntergangsausflug mit einer historischen Dampflok über die Viktoriafalls-Brücke! Jeden Di/Do und Sa für ca. 70 € pP inklusive Snacks und Getränken. Buchbar bei Safari Par Excellence, Tel. 324601, Livingstone.

Alle genannten Aktivitäten und Ausflüge lassen sich unkompliziert bei den Lodges und den örtlichen Reiseagenturen buchen, die gerne auch individuelle Wünsche erfüllen (siehe linke Seite).

Hotels & Lodges in Livingstone

Wir stellen eine Auswahl der vielen Unterkünfte in Livingstone und Umgebung vor.

B = Budget, **M** = Mittelklasse, **L** = Luxusklasse, **E** = elitär

Unterkünfte im Stadtbereich von Livingstone:
Hotels, Gästehäuser, Backpackers und Camping

- **Protea Hotel:** Mosi-Oa-Tunya-Road, Falls Park Shopping Centre, Tel. 0213-324630, Fax 324640, E-mail: reservations@phlivingstone.co.zm. Neues, modernes Hotel südafrikanischen Stils mit 80 klimatisierten Zimmern beim Einkaufszentrum. Preise: B&B kostet 69 €/DZpP und 120 €/EZ. **M**
- **Ngolide Lodge:** Mosi-Oa-Tunya-Road 110, Tel. 0213-321092, Fax 321113, E-mail: ngolide@zamnet.zm, www.ngolide.com. Große, freundliche Anlage mit Motelcharakter. Alle Zimmer mit Aircon und guter Ausstattung. Feine indische Küche. B&B 29 €/DZpP und 40-46 €/EZ. **M**
- **Chanters:** Tel. 0213-323412, Lukulu Crescent, E-mail: richardchanter@gmail.com, www.chanters-livingstone.com. Anerkannt gutes Restaurant mit Zimmervermietung in ruhiger Wohnlage am nördlichen Ortsrand. Eine ruhige, gepflegte Unterkunft. Preise: B&B ab 26 €/DZpP und ab 34 €/EZ. **M**
- **The Rite Inn:** Tel. 0213-323264, Fax 323389, Moses Street, E-mail: riteinv@zamnet.zm. Städtisches Gästehaus mit neun Zimmern und kleinem Pool, ohne Restaurant. B&B ab 30 €/DZpP. **M**
- **ZigZag B&B:** Tel. 0213-322814, E-mail: zigzag@microlink.zm, www.zigzagzambia.com. Motelähnliche, gepflegte Anlage mit zwölf Aircon-Zimmern, Restaurant und schönem Garten mit Pool. Legere Atmosphäre, man kann im Innenhof parken. Preise: B&B 28 €/DZpP und 36 €/EZ.   **M**
- **Fawlty Towers:** Tel./Fax 0213-323432. Mosi-Oa-Tunya Rd., E-mail: ahorizon@zamnet.zm, www.adventure-africa.com. Beliebte Backpackerlodge im Adventure Centre mit großem Garten und Pool, lebhafter Bar, Hippo's Restaurant, Werkstatt, Internetzugang. Viele jugendliche Gäste. Übernachtung im Schlafsaal ab 10 €, Zimmer 13-17 €/DZpP, Zelten im Garten 5 €. **B**
- **Jolly Boys Backpackers:** Tel./Fax 0213-324229, Kanyata Road, E-mail: enquiries@backpackzambia .com, www.backpackzambia.com. Älteste Backpackerlodge Livingstones mit sehr engagiertem Service, lockerer Atmosphäre, ansprechendem Pool im Garten, Mehrbettzimmern ab 6 € pP, Zimmern für 12-17 €/DZpP, Zeltgelegenheit auf kleiner Wiese bzw. Autocamping im Hof für 5 € pP. Eine sehr sympathische Anlage! **B**
- **The Whistle Stop Campsite:** Chipembi Road 80, Tel. 0213-324756, E-mail: whistlestop@zamnet.zm, www.backpackzambia.com. Neuer Campingplatz unter der Leitung von Jolly Boys Backpackers etwas abgelegen im Südosten der Stadt, geeignet auch für Dachzelte (knapp 5 € pP).   **B**
- **Kaazmein Resort:** Maisoko Road, Tel. 0213-322244, E-mail: kaazmeinlodge@microlink.zm, www.kaazmeinlodge.com. Weitläufiges Resort mit klimatisierten Zimmern (für Ausländer 96 €/DZpP), zehn Chalets (105 €/DZpP), Campinggelegenheit (10 € pP), Pool und Restaurant. **M**

Unterkünfte in der Peripherie von Livingstone

- **Livingstone Safari Lodge:** Tjisse Kamstra. Tel. 0977-403881, E-mail: livingstone-lodge@microlink.zm, www.livingstonebushlodge.com. Einruhiges Plätzchen abseits des Touri-Rummels: Im Buschland zwischen Livingstone und den Fällen bietet das legere Camp ein großes Restaurant, einen gigantischen Pool, geräumige Chalets (B&B ab 53 € pP) und ruhige Campingstellflächen (5 € pP, Private-Campsite 10 € pP). Wenig Moskitos, da nicht am Fluss, doch abends hört man das nahe Dorf. **M**
- **David Livingstone Safari Lodge & Spa:** Vorsicht Namensgleichheit! Safari Par Excellence öffnete 2008 eine Wellness-Lodge mit 77 Zimmern neben der "Waterfront". Alles sehr stilvoll eingerichtet, aber doch mit Hotelcharakter. Preise: B&B 175 Euro/DZpP, 270 Euro/EZ. **L**
- **The Waterfront:** Safari Par Excellence, Tel. 0213-320606, Fax 320609, E-mail: waterfront@zamnet.zm, www.safpar.com. Jugendliche Lodge neben dem Bootsclub mit Riedchalets (B&B ab 62 €/DZpP), Safarizelten (24 €/DZpP) und Campingparzellen (8 €) in gepflegtem Palmengarten. Restaurant, Bar, Pool, Internet-Café. Leider viel Fluglärm, viele Overlander, Blick auf Elektrozaun, Moskitos. **M**

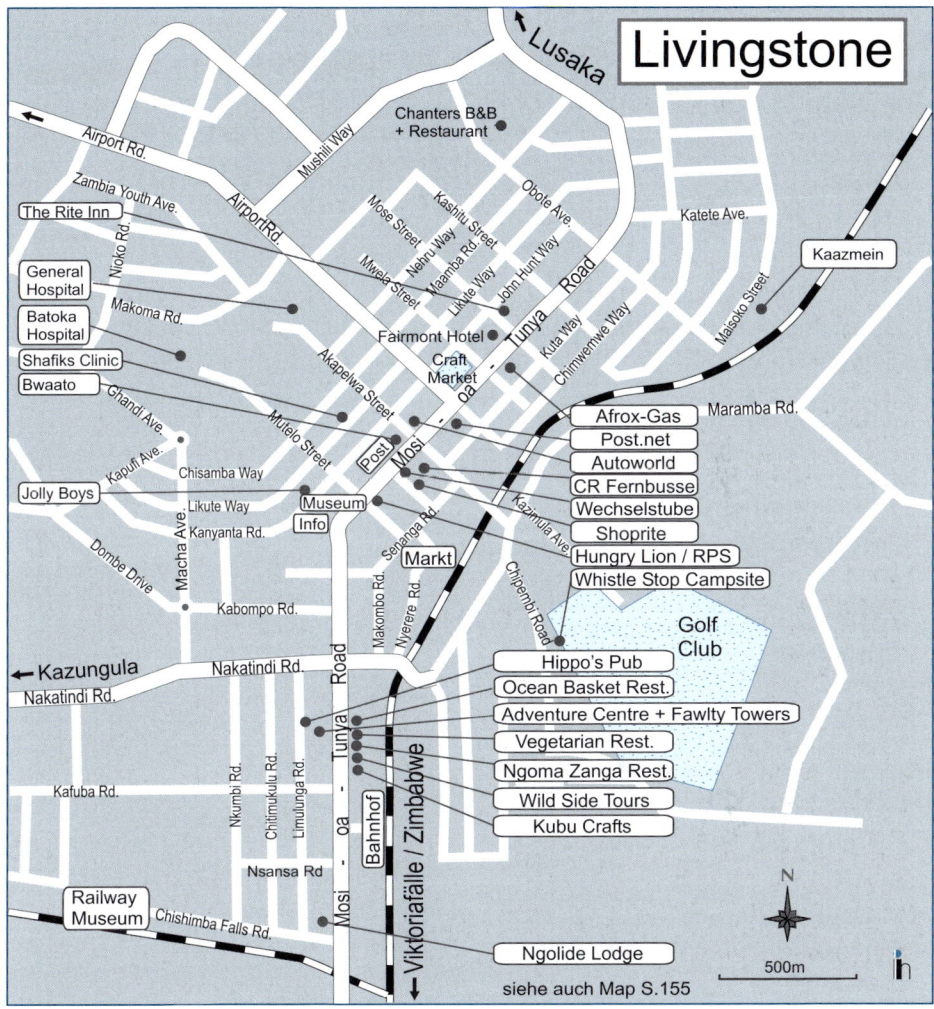

Livingstone

↗ Lusaka

Airport Rd.

Chanters B&B + Restaurant

Mushili Way

Zambia Youth Ave.

Airport Rd.

Obote Ave.

Katete Ave.

The Rite Inn

Nioko Rd.

Mose Street

Kashilu Street

Neiru Way

Kaazmein

General Hospital

Makoma Rd.

Myela Street

Maamba Rd.

Likite Way

John Hunt Way

Maisoko Street

Tunya Road

Kuta Way

Chimwemwe Way

Batoka Hospital

Fairmont Hotel

Shafiks Clinic

Akapelwa Street

Craft Market

Maramba Rd.

Bwaato

Chandi Ave.

Mulelo Street

Afrox-Gas

Kapufi Ave.

Chisamba Way

Post

Mosi

oa

Post.net

Autoworld

CR Fernbusse

Jolly Boys

Likute Way

Museum

Kazindia Ave.

Wechselstube

Macha Ave.

Kanyanta Rd.

Info

Sebanga Rd.

Shoprite

Dombe Drive

Markt

Hungry Lion / RPS

Whistle Stop Campsite

Kabompo Rd.

Makombo Rd.

Nyerere Rd.

Chipembi Road

Golf Club

Kazungula

Nakatindi Rd.

Tunya Road

Hippo's Pub

Nakatindi Rd.

Ocean Basket Rest.

Nkumbi Rd.

Chitimukulu Rd.

Limilunga Rd.

Tunya

oa

Adventure Centre + Fawlty Towers

Vegetarian Rest.

Ngoma Zanga Rest.

Kafuba Rd.

Bahnhof

Viktoriafälle / Zimbabwe

Wild Side Tours

Kubu Crafts

Nsansa Rd

Railway Museum

Chishimba Falls Rd.

Mosi - oa - Tunya Road

N

Ngolide Lodge

500m

siehe auch Map S.155

- **Bushfront Lodge** (früher Nyala Lodge): Safari Par Excellence (s. "Waterfront"), Tel. 0213-322446, Fax 321248, E-mail: bushfront@zamnet.zm. Ruhige, buschige Mittelklasseanlage mit netten Chalets (B&B 55 €/DZpP, 75 €/EZ), Camping (8 €), Restaurant, kleinem Pool (morgens Fluglärm). **M**
- **Chrismar Hotel:** Tel. 0213-323141, Fax 323142, E-mail: reservations@livingstone.chrismar.co.zm, www.chrismarhotels.com. Schwesterhotel zum Chrismar in Lusaka. Wirkt aber wenig heimelig mit üppigen Plüschsesseln und riesigen Pools. Preise: B&B ab 85 €/DZpP und 130 €/EZ. **M**
- **Maramba River Lodge:** Tel./Fax 0213-324189, E-mail: maramba@zamnet.zm, www.maramba-zambia.com. Sympathische Anlage mit Chalets und Safarizelten (ab 60 €/DZpP, 76 €/EZ), einfachen Mietzelten (ab 32 €/DZpP, 44 €/EZ) und beengtem Campingplatz (8 €, Strom extra) am Maramba River. Schöner Flussblick und Pool, gemütliches Restaurant, aber ganzjährig Moskitos. **M**
- **The Royal Livingstone** (5 Sterne) und **The Zambezi Sun** (3 Sterne): Tel. 0027-11-7807000, Fax 7807061, www.suninternational.com. Große Hotelanlage der Sun-Gruppe im maurischen Stil-Mix

direkt an den Viktoriafällen. 5-Sterne-Bereich: 173 abgeschirmte, höchst elegante Zimmer, B&B ab 230 €/DZpP, 390 €/EZ. Lebhafter 3-Sterne-Bereich: 212 Zimmer, B&B ab 125 €/DZpP, 190 €/EZ. Viele Reisegruppen, vermutlich größter Pool Sambias, anbei ein Casino im Activity Centre. **M / L**

- **Sussi Lodge & Chuma House:** Sanctuary Lodges & Camps (s. S. 352). Elegante, vornehme Luxuslodge 9 km westlich von Livingstone (in Richtung Kazungula). Luxus pur in exklusiven, uneinsichtigen Stelzenchalets. All-Inclusive 470-640 €/DZpP, 470-840 €/EZ. **E**
- **Thorntree Lodge:** Safari Par Excellence (s. "Waterfront") 10 km von Livingstone (Richtung Kazungula) gelegenes Camp mit 7 Zelten/Chalets, Pool, viel Wiese, stilvoll renoviert (ehemals Melrose Farms). Preise je Saison mit VP ab 225 €/DZpP und 345 €/EZ. **L**
- **Toka Leya Camp:** Wilderness Safaris (siehe S. 352) Neues Luxuszeltcamp rund 12 km von Livingstone, das tatsächlich eine Safari-Atmosphäre bietet. Die zwölf Zeltchalets liegen direkt am Sambesi. Preise: All-Inclusive ab 370 €/DZpP und 510 €/EZ. **L**
- **The River Club:** Wilderness Safaris, Tel./Fax 0213-327457, E-mail: riverclb@wilderness.co.zw. Zehn elitäre Chalets im Kolonialstil ("very britsh"), 15 km flussaufwärts am Sambesi gelegen. Toller Pool. All-Inclusive-Preise je nach Saison 390-510 €/DZpP, 530-650 €/EZ. **E**
- **Tongabezi Lodge:** Tel. 0213-327468, Fax 324282, E-mail: tonga@zamnet.zm, www.tongabezi.com. Traditionsreiche, geschmackvolle Anlage ca 20 km flussaufwärts am Sambesi. All-Inclusive-Preise: ab 350 €/DZpP, EZ-Zuschlag 40 %. Zusätzlich gibt es das idyllische kleine Inselcamp Sindabezi mit All-Inclusive-Preisen von 330-370 €/DZpP. **E**
- **Natural Mystic Lodge:** Tel. 0213-327436, 0977-408024, E-mail: nmlodge@zamnet.zm, www.naturalmysticlodge.com. 20 km flussaufwärts gelegene Chalets mit sehr fairem Preisleistungs-verhältnis. Sympathisch, ein klein wenig beengt. Preise: B&B ab 68 €/DZpP und 100 €/EZ. **M**
- **Waterberry Lodge:** Tel./Fax 0213-327455, E-mail: reservations@waterberrylodge.com, www.waterberrylodge.com. Bungalows 22 km westlich von Liv. am Sambesi. VP für 200 € pP. **M**
- **Chundukwa River Lodge:** Tel. 0213-327452, E-mail: chundukwa@zamnet.zm, www.chundukwariverlodge.com. 23 km von Livingstone in Richtung Kazungula gelegen, bietet die gemütliche Mittelklasselodge nur fünf idyllische Holzchalets am Sambesiufer, viel persönlichen Service und Gelegenheit zum Reiten (ca. 70 €/halber Tag). All-Inclusive-Preise 140-180 € pP. **M**
- **Islands of Siankaba:** Tel./Fax 0213-327490, E-mail: siankaba@zamnet.zm, www.siankaba.net. Luxus pur auf Sambesiinseln rund 34 km flussaufwärts – ab 2009 sogar mit eigenem Spa-Bereich. Preise: All-Inclusive ab 350-430 €/DZpP. **E**
- **Zambezi Royal Chundu Lodge:** Exklusive Lodge rund 45 km flussaufwärts am Sambesi. Derzeit in Umbau, der Termin der Wiedereröffnung ist noch nicht bekannt (www.royalchundu.com).
- **No Name Camp:** Tel. 0977-820919, E-mail: nonamecamp@yahoo.com. Direkt am Highway auf halbem Weg nach Kazungula liegt das Restaurant (dt. Kost und Zapfbier) mit zurückversetzten Bungalows (B&B ab 25 €/DZpP) und parzelliertem Campingplatz (5 € pP). **B**
- **Jungle Junction:** P. O. Box 61122, Obote Avenue, Tel. 0978-725282, E-mail: jungle@zamnet.zm, www.junglejunction.info. Camping (8 € pP), Mietzelte (12 € pP) und einfache Chalets (16-25 € pP) auf Bovu Island nahe der Zambezi Royal Chundu Lodge (35 km flussaufwärts von Livingstone, nicht per Auto zugänglich) für hauptsächlich junges Publikum. Kanutrips, Baden und Fischen sind die angebotenen Aktivitäten. Transfers ab/bis Livingstone 25 € pP. **B**
- **Stanley's Safari Lodge:** Tel. 0977-848615, E-mail: reservations@stanleysafaris.com, www.stanleysafaris.com. Weitläufige, elegante Safarihotelanlage; nicht direkt am Fluss gelegen, aber mit gutem Ausblick bis zum Sambesiflusslauf. VP 210-275 €/DZpP und 290-395 €/EZ. **E**
- **Taita Falcon Lodge:** Tel./Fax 0213-321850, E-mail: taita-falcon@zamnet.zm, www.taitafalcon.com. 11 km von der Teerstraße oberhalb von Rapid Nr. 17 mit herrlicher Aussicht in die Schlucht. gelegen. All-Inclusive ab 330 €/DZpP, VP ab 250 €/DZpP. Nahebei liegen einsam und ruhig die drei Campingstellplätze "Peregrine's Nest" für 8 € pP (Camper haben keinen Lodgezugang). **L**

Camping und preiswerte Chalets zur Selbstversorgung:

Livingstone im Stadtbereich: Fawlty Towers, Jolly Boys, The Whistle Stop, Kaazmein Resort
Etwas außerhalb: Waterfront, Bushfront, Maramba River Lodge, Livingstone Safari Lodge
Noch weiter außerhalb: Taita Falcon Lodge (Peregrine's Nest), No Name Camp

Die Viktoriafälle

Als 'Mosi-Oa-Tunya' (donnernden Rauch) hatten die Kololo diese gewaltigen Wasserfälle bezeichnet, ehe David Livingstone sie zu Ehren seiner Königin umbenannte. Sie zählen zu den besonderen **Naturwundern der Welt** und wurden von der UNESCO als Weltnaturerbe eingestuft. Die Gelehrten streiten zwar darüber, welche die größten Wasserfälle der Welt sind, und je nach Kriterium – Wassermenge, Einzelfälle, Breite oder Tiefe – kommt man auch zu unterschiedlichen Ergebnissen. Die Viktoriafälle brechen in eine 1688 m breite Spalte mit einer Falltiefe von bis zu 108 m und gelten damit als **größte einheitlich hinabstürzende Wassermasse der Welt** (sie sind doppelt so hoch wie die Niagarafälle und eineinhalb mal so breit). Doch die Superlative ist nicht das Wesentliche. Das Einzigartige an den Viktoriafällen ist ihre Formation. Vor den Augen des Betrachters verschwinden die Wassermassen förmlich in der brodelnden Tiefe. Bei Hochwasser werden die Fälle zum tobenden Hexenkessel, kaum zu erkennen in einem unglaublichen Spektakel aus Gischt, Getöse und ungebändigter Naturgewalt.

*Oben:
Abenteuer-
tourismus
an den
Viktoriafällen*

---

*Unten: Ausblick auf den Eastern Cataract
bei hohem Wasserstand im Juni*

Der Lauf des Sambesi

Sanft und gemächlich legt der Sambesi 1440 km von seiner Quelle im äußersten Nordwesten Sambias bis zu den Viktoriafällen zurück. Auf seinem Weg durch das Bergland Angolas sammelt er durch viele Zuläufe Wasser, durchfließt später die Barotseflutebenen und Caprivi-Sümpfe, vereint sich dort mit dem Chobe und strömt bis drei Kilometer vor den Fällen ruhig in östlicher Richtung. Dann knickt er plötzlich nach Süden ab und gewinnt merklich an Geschwindigkeit. Über viele Stromschnellen rauscht er der scharfen Abbruchkante entgegen. Ohne Vorankündigung und wie ein Vorhang stürzen die Wassermassen schließlich über 100 m senkrecht in die schmale Schlucht. Brodelnd wirbelt das Wasser hoch, steigt als riesige Wolke in den Himmel und regnet als feiner Sprühregen wieder ab. Tief im schmalen Spalt sammeln sich die tosenden Wassermengen wieder. Nun zwängt sich der Sambesi mit immenser Kraft im **Zickzackkurs** durch steile, schmale Schluchten, erhält durch den nördlichen Songwe-Zufluss neue Wassermengen und bricht im weiteren Verlauf durch die Batokaschlucht. Dabei verliert er 260 Höhenmeter, während beiderseits die Felswände immer steiler und höher ragen. Er überwindet 60 Stromschnellen bis er nach 100 km das Gwembe-Valley erreicht und nach dem Devil's Gorge in den aufgestauten Karibasee mündet.

*Unten:
Türschild in
Livingstone*

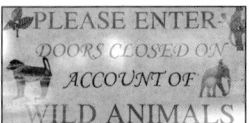

*Bild oben: Blick in den tosenden
Devil's Cataract bei Hochwasser;
Bilder rechts: die Main Falls im September;
Eisenbahnbrücke vom Boiling Pot aus betrachtet*

Besuch der Fälle

Der Zugang zu den eingezäunten Fällen liegt neben dem Grenzgebäude an der Hauptstraße. Der Eintritt beträgt für Ausländer 15 US$. Am Parkplatz findet man viele Souvenirverkäufer, das Field Museum und das bis 17.00 Uhr besetzte Gate. Hier beginnt der Fußweg zu den verschiedenen Aussichtspunkten. Über den schmalen Grat **Knife Edge** führt eine Fußgängerbrücke und endet oberhalb des Boiling Pot, dem Abfluss des Sambesi. Von hier aus blickt man direkt in die tosenden Strudel. Das Wasser sammelt sich an dieser Stelle in einer natürlichen, runden Vertiefung, die **Armchair** genannt wird. Dieses kleine Vulkanloch wird ständig tiefer ausgewaschen. Ein steiler Weg führt direkt zum **Boiling Pot** hinunter. Der Aussichtspunkt, der dem Parkplatz am nähesten liegt, ist sehr beliebt für Sonnenuntergangsfotos. Folgt man dem Ufer flussaufwärts, bieten sich immer wieder schöne Ausblicke auf den Sambesi und die Gischt. Entlang des **Victoria Falls Bridge Trails** bieten sich tolle Ausblicke auf die zimbabwische Seite. Für den Weg zur Livingstone Island (nur bei Niedrigwasserstand möglich) benötigt man pro Strecke etwa 20–30 Minuten.

Die Tierwelt an den Fällen

David Livingstone fand hier vor gut 100 Jahren ein Natur- und Tierparadies vor, doch Besiedlung und Touristenströme drängten viele Tierarten zurück. Heute leben in diesem Umfeld noch einige Schirrantilopen, Ducker und Wasserböcke. Auf den Campingplätzen durchwühlen Warzenschweine und Meerkatzen die Mülleimer, und Hippos grasen vereinzelt zwischen den Zelten, während man Mangusten und Pavianen an Swimmingpools oder bei Uferspaziergängen begegnet. Früher stürzten gelegentlich Flusspferde die Viktoriafälle hinab. Und weil man an den Kadavern keine Krankheiten erkennen konnte, vermutete man, dass die Tiere zu dicht an die Fälle geschwommen und mitgerissen worden waren. Da sich die Hippos wegen der vielen Boote weiter flussaufwärts zurückgezogen haben, passieren solche Unglücke nur noch sehr selten. Am Oberlauf des Sambesi lassen sich neben Flusspferden und Krokodilen auch häufig Elefanten am Ufer und auf den Inseln beobachten. In den Schluchten südlich der Fälle leben Leoparden und Greifvögel, wie der seltene Kurzschwanzfalke (*Falco fasciinucha*). Immerhin 358 verschiedene Vogelarten sind an den Viktoriafällen bisher registriert worden.

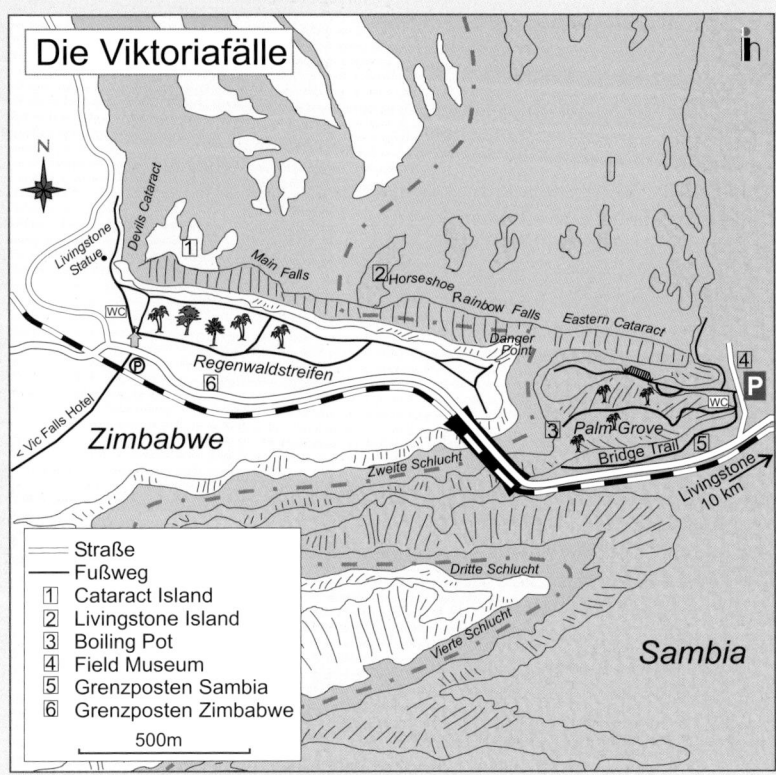

Warum die Viktoriafälle verschwinden werden

Die geologischen Voraussetzungen für die Viktoriafälle wurden vor etwa 150 Mio. Jahren geschaffen, als vulkanische Basaltlava die Oberfläche bedeckte. Mit dem Auskühlen und Erhärten
der bis zu 300 m dicken Lava entstanden tiefe Risse in Ost-West-Richtung und zartere Sprünge
mit nord-südlichem Verlauf. Die Fugen vertieften sich im Laufe der Zeit und Ton-, Sand- und Kalk-
schichten setzten sich auf der Lava ab, die sich wiederum als Kalkstein in den Spalten einlager-
ten. Durch Erdstöße und extreme Witterungsunterschiede verstärkten sich die Risse. Als der
Fluss seinen Lauf über diese Oberfläche führte, fraß sich das Wasser allmählich in die Vertiefun-
gen. Vor ungefähr 2 Mio. Jahren bildete sich rund 8 km südlich der Viktoriafälle der erste, noch
etwa 250 m hohe Wasserfall. Flussaufwärts, also als rückwirkender Prozess, entstand dann ein
Fall nach dem anderen. **Die heute existierenden Viktoriafälle gelten als der achte Wasserfall.**
Jede der steilen Zickzack-Schluchten stellte einmal die Fallkante eines Wasserfalls dar. Und da
die Erosion fortschreitet, werden auch die jetzigen Viktoriafälle irgendwann verschwinden und
an einer neuen Kante ein neuer Wasserfall hinunter stürzen. Am Devils Cataract haben sich
bereits erste Spalten gebildet und man vermutet hier den Beginn der nächsten Bruchkante. Der
Spalt wird sich entweder an den Inseln entlang ziehen oder aber weniger schräg durch Livingstone
Island verlaufen. Sicher ist aber, dass diese Entwicklung nur noch für weitere 3 km möglich ist und
jeder neue Fall kleiner als der vorige sein wird. Danach kann es aufgrund der geologischen
Bedingungen nur noch Stromschnellen geben, die Fälle werden also in fernen Zeiten ganz
verschwinden.

Jahreszeitliche Schwankungen

Der Wasserstand des Sambesi weist extreme Unterschiede auf, was sich deutlich auf die Viktoriafälle auswirkt. Bei Niedrigstand (November/Dezember) stürzen pro Minute weniger als 20 Mio. Liter hinab. 30 mal soviel, etwa 550 Millionen Liter pro Minute, sind es einige Monate später bei Hochwasser. Im Rekordjahr 1958 wurden sogar über 700 Mio. Liter gemessen. Der Wasserstand des Sambesi hängt kaum von der regionalen Regenzeit ab, denn der Fluss sammelt seine großen Wassermassen im angolanischen Hochland an. Deshalb ist der Wasserhöchststand allgemein von März bis Mai, danach fällt der Wasserspiegel deutlich ab und erreicht meist im November/Dezember seinen Tiefstand. Praktisch bedeutet das, dass Sie im April die gegenüberliegende Fallkante vor Gischt und aufwirbelndem Wasser kaum sehen können (die Gischt steigt dann bis zu 500 m hoch und ist über 60 km weit sichtbar). Im November dagegen liegen die östlichen Fälle meist völlig trocken, so dass man auf sambischer Seite entlang der Fallkante bis Livingstone Island laufen kann. Die saisonalen Schwankungen wirken sich natürlich besonders stark unterhalb der Fälle aus: 1 Meter Höhenunterschied über den Fällen verursacht 5 Meter Unterschied unterhalb der Viktoriafälle.

Wer entdeckte die Viktoriafälle?

Es ist allgemein bekannt, dass der Forscher und Missionar David Livingstone am 16.11.1855 vom Kololo-Häuptling Sekeletu per Kanu zu dem geheimnisvollen 'Donnernden Rauch' gebracht wurde. Auf Livingstone Island schlug er sein Lager auf und wagte den ersten Blick in den Abgrund. Weit weniger bekannt ist aber, dass Livingstone vermutlich gar nicht der erste Weiße an den Fällen gewesen sein dürfte. Bereits ab etwa 1840 hörten die Europäer im Süden Afrikas von der Existenz gewaltiger Wasserfälle. **Es klingt paradox** – doch die Afrikakarte von W. D. Cooley aus dem Jahre 1852 zeigt die Wasserfälle sogar relativ genau platziert. Neben Dr. Livingstone sind zwei weitere Kandidaten bekannt, die als erste Europäer vor den Wasserfällen gestanden haben könnten: Zum einen der portugiesische Sklaven- und Elfenbeinhändler Silva Antonio Francisco Porto, der 1848 von Bihe in Angola nach Osten zog. Und andererseits der Ungar Ladislaus Magyar, der 1851 aus dem heutigen Nordwestsambia nach Süden reiste und irgendwo in dieser Region den Sambesi überquerte. Beide Männer hinterließen der Nachwelt kaum Niederschriften, doch Nachforschungen geben Anlass zu der Vermutung, David Livingstone könnte sich den Entdeckerruhm evtl. unberechtigt angeeignet haben. Dennoch – dokumentarisch bewiesen ist als erster Besuch der des Dr. Livingstone.

Noch ein Kuriosum: Wie alt ist der Tourismus an den Viktoriafällen? Ein gewisser Harry Ware warb bereits 1876 in einer Londoner Zeitung für seine Jagd- und Sightseeing-Touren dorthin! Zu einer Zeit, in der es noch keine einzige europäische Siedlung in der Region gab, lange bevor die BSAC die ersten Verträge schloss...

Die Viktoriafälle bestehen aus vier Einzelfällen:

Devils Cataract: Am Zimbabweufer liegt der kleinste, nur 62 m hohe Fall, der durch Cataract Island von den restlichen Fällen getrennt ist und ganzjährig Wasser führt.

Main Falls: Auch die 830 m breiten Main Falls führen ganzjährig Wasser und werden östlich durch Livingstone Island begrenzt. Von dieser Insel ließ Livingstone eine Schnur mit in Kattun gewickelten Kugeln herunter hängen, um die Höhe zu messen. Nach ca. 90 m blieb die Schnur aber an einem Felsvorsprung hängen. Außerdem pflanzte er hier Kaffee an, da er die Bedingungen für ideal hielt. Flusspferde vernichteten seine Sämlinge. Heute können Touristen in exklusiven Zelten auf der Insel übernachten (Tongabezi) oder während des niedrigsten Wasserstands vom sambischen Ufer hierher wandern, um in den zurückgebliebenen Tümpeln ein Bad zu nehmen. Die hufeisenförmigen *Horseshoe Falls* bilden den Übergang zu den Rainbow Falls.

Rainbow Falls: Sie führen weniger Wasser als die Main Falls und bilden somit weniger Gischt. In diesem Bereich liegen der 108 m tiefe *Greatest Fall* und der Ablauf des Sambesi.

Eastern Cataract: Sie liegen zwischen dem *Danger Point*, wo die Wassermassen des Sambesi sich tief in der Schlucht sammeln und durch den engen Spalt zwängen, und dem sambischen Ufer.

Ungewöhnlich:
Ein Abstecher nach Mulobezi

Livingstones bedeutendster Industriezweig war das Sägewerk *Zambezi Saw Mills*, das bereits seit 1911 Edelhölzer in den endlosen Wäldern Westsambias schlug. Vor allem für den Bahnbau wurde das extrem harte sambische Teakholz verwendet. Die Nachfrage wuchs derart, dass Anfang der 30er Jahre eine Bahnlinie 180 km weit nach Mulobezi verlegt wurde, eigens zum Holztransport. Bis 1950 beschäftigte der größte Arbeitgeber der Region rund 8000 Afrikaner und 200 Europäer und hatte etwa 1 Mio. cbm Wald abgeholzt. Doch dann kam der Niedergang. Für den Bahnbau wurden keine Hölzer mehr verwendet, die Produktionskosten stiegen, schließlich gab man das Sägewerk auf. Seither ist Mulobezi ein **Relikt alter Tage**, wie in einem **Freilichtmuseum** rosten uralte Loks und Waggons vor sich hin. Das alte *Guest House* hat schon lange geschlossen; die Bahnstrecke wird nur noch von Passagierzügen befahren. Jeden Samstag und Dienstag startet der Bummelzug um 07.00 h morgens zur 12-stündigen Fahrt durch einsame Wälder und kleine, von der Außenwelt abgeschnittene Dörfer, in denen überall gehalten wird. Am nächsten Morgen beginnt die gemütlig Rückfahrt (pro Strecke etwa 2 Euro).

Über Souvenirs und Kunsthandwerk...

Das hiesige Kunsthandwerk hat eine lange Geschichte. Schon König Lewanika erkannte die lukrative Einnahmequelle und eröffnete 1905 den ersten Andenkenladen an den Viktoriafällen!

Sehr typisch sind die **Schnitzereien** der Lozi, die eine deutliche Wandlung durchgemacht haben. Ursprünglich dienten als Motive Tiere und Masken, die einfach und stilistisch dargestellt wurden. Später, unter dem Einfluss der Lunda und Luvale, wurden die Formen feiner, zierlicher, naturalistischer und sogar Farben verwendet. Dennoch haben die Lunda und Luvale eine noch höhere Schnitzkunst erlangt.

Für die Schnitzereien werden verschiedene Hölzer mit unterschiedlichen Härtegraden verwendet. Rötliche Teakhölzer und das dunkle Ebenholz finden die häufigste Verwendung. Hölzerne Flusspferde sind offensichtlich der Dauerrenner unter den Souvenirs. An kleinen Exemplaren wird etwa 3–5 Tage gearbeitet, an einem großen Hippo bis zu zwei Wochen.

Tipps zum Fotografieren

Die beste Tageszeit für einen Besuch der Fälle ist frühmorgens, wenn die Luft noch kühl ist, oder spätnachmittags zum Sonnenuntergang. Die aufsteigende Gischt nimmt während der wärmsten Tageszeit deutlich zu.

Vorsicht bei **Hochwasserstand** zwischen März und Mai! Sie werden unweigerlich in dichten Gischtregen geraten, der Sie bis auf die Haut durchnässt inklusive aller Utensilien, die nicht regensicher verpackt worden sind. Tragen Sie entweder luftige Kleidung, die nass werden darf, oder einen guten Regenschutz. Schützen Sie ihre Kamera so gut wie möglich vor der Nässe. Das imposante Schauspiel wird die meisten Bilder vermutlich hoffnungslos vernebeln, außerdem sind die Fälle so groß, dass man sie kaum auf ein Bild bannen kann. Die klarsten Aufnahmen lassen sich dann bei einem Rundflug aus der Vogelperspektive machen. Ungeachtet der schwierigeren Fotobedingungen sind die Viktoriafälle bei Hochwasser ein unvergleichlicher Ansturm auf alle Sinne!

Ausgezeichnete Fotochancen bieten die Monate Juni bis August, und hier vor allem morgens und abends. Die Fälle stürzen meist noch in ganzer Breite hinab, sind aber nicht mehr vernebelt. Der gegenüberliegende frische Tropenwald hebt sich von der braunen, trockenen Umgebung ab. Jetzt sind die Fälle eher lieblich als gewaltig.

Ab Oktober wird der Wasserstand so niedrig, dass **nackte Felswände** den Gesamteindruck schon trüben können. Die verbliebenen Rinnsale erinnern kaum an die Wassergewalten bei Hochwasser. Reizvoll sind jetzt dafür die Wanderungen entlang der Abbruchkante zur Livingstone Island.

Ein ganz besonderer Höhepunkt ist eine **Vollmondnacht** an den Fällen, wenn selbst der Mondschein einen Regenbogen (Luna Rainbow) zaubert. Bei Voranmeldung am Eingang besteht dann auch die Möglichkeit, abends den abgesperrten Bereich an den Fällen zu betreten.

Abstecher nach Zimbabwe:
Victoria Falls und der zimbabwische Teil der Fälle

Um einen guten Gesamteindruck von den Viktoriafällen zu erhalten, empfiehlt es sich, diese auch von Zimbabwe aus zu besuchen. Beide Seiten haben ihre eigene Atmosphäre und gewähren dem Besucher unterschiedliche Ausblicke und Eindrücke.

Ein **Taxi von Livingstone zur Grenze**, die täglich von 06.00–22.00 h geöffnet ist, sollte nicht mehr als 5 Euro kosten (Sammeltaxis kosten nur 0,50 Euro). Der Grenzübertritt erfolgt rasch und unproblematisch, denn man ist die vielen Grenzgänger mit Foto- und Videokamera seit Jahren gewöhnt. Zwischen den beiden **Grenzstationen** können Sie entweder laufen, ein Mietfahrrad benützen oder für ca. 3 Euro ein Taxi nehmen. Die Brücke ist einspurig, eine Ampel regelt den Autoverkehr. Für die Einreise nach Zimbabwe besteht Visapflicht (wird direkt an der Grenze ausgestellt, eine einmalige Einreise kostet 30 US$ bzw. 25 Euro). Bei der Einreise nach Zimbabwe müssen Fahrzeuge offiziell haftpflichtversichert werden, doch wird danach häufig nicht gefragt. Außerdem fallen für Fahrzeughalter 10 US$ Road Tall und eine Carbon Tax an, die sich nach dem Hubraum staffelt: bis 1500 ccm 6 US$;1501-2000 ccm 11 US$; 2001-3000 ccm 15 US$; über 3001 ccm 30 US$. Sambia wird Ihnen bei der Wiedereinreise erneut ein **Visum** berechnen, sofern Sie nicht bereits ein Double Entry oder Mehrfachvisum besitzen.

Etwa 500 m nach der Grenzstation befindet sich der zimbabwische Eingang zu den Fällen, die gegen 20 US$ Eintritt täglich von 06.00–18.00 h zugänglich sind. Gehen Sie zunächst geradeaus vor in Richtung der Wasserfälle und an der Gabelung links zum Livingstone Memorial und dem Devil's Cataract, da Sie sich dort noch außerhalb der nassen Gischt befinden. Das bronzene **Livingstone Memorial** zeigt den Forscher und Missionar in Überlebensgröße und wurde 99 Jahre nach der Entdeckung der Viktoriafälle errichtet. Dahinter bietet sich am **Devil's Cataract** ein Ausblick auf die ganze Länge der Fälle. Über steile Stufen erreicht man einen imposanten zweiten Aussichtspunkt direkt am Devil's Cataract.

Der Weg verläuft dann durch den kleinen "Regenwald" gegenüber der Fälle. Durch die Dauerberieselung mit Feuchtigkeit (hier fallen pro Jahr über 30 m Niederschlag, im Ort Victoria Falls dagegen nur 0,715 m) hat sich ein spezieller, **immergrüner Uferwald** gebildet, der sich deutlich von seiner Umgebung abhebt. Der Wald ist voller Palmen, Schlingpflanzen, Fackel-Lilien, Würgerfeigen, Farne, seltener Vögel und Schmetterlinge. Nahe der Felskante wachsen allerdings nur Gräser und niedriges Gebüsch, die dem ständigen starken Wind aus der Schlucht standhalten können.

Der Fußweg bietet immer wieder faszinierende Aussichtspunkte und endet schließlich am **Danger Point**, der windumtosten Stelle, wo der Sambesi seinen Zickzackkurs durch die Schluchten beginnt. Zwischen März und Juni ist man auf diesem glitschigen Felsen einer heftigen Dauerdusche ausgesetzt, bei Niedrigwasser bietet er sich dagegen als schöner Picknickplatz an.

Eine Abzweigung führt weiter durch hohes Gras zu einem Aussichtspunkt, der einen schönen Blick auf die Brücke und die waghalsigen Bungee-Jumper gewährt. Der andere Pfad führt direkt zum Ausgang zurück. Er ist weniger stark frequentiert und bietet die Chance, evtl. Paviane, Ducker oder scheue Schirrantilopen zu entdecken. Eine Besonderheit unter den Vögeln ist die seltene Helmturako-Unterart *Tauraco livingstonii*, die regelmäßig im Wald an den Viktoriafällen gesichtet wird. Rechnen Sie für den gesamten Rundweg mit zwei Stunden.

Victoria Falls ist ein kleiner Ort, der ganz auf den Tourismus eingestellt ist. Hotels, Souvenirläden, Reisebüros, Imbissstuben und Banken prägen das Bild. Der Ort vergrößerte sich in den letzten Jahrzehnten beständig und quoll förmlich über von Touristen aus aller Welt. Selbst während der aktuellen Wirtschafts- und innenpolitischen Krise in Zimbabwe blieb Victoria Falls lange Zeit ein Touristenmagnet. Erst in jüngster Vergangenheit bleiben auch in hier, wie im restlichen Land, die Besucher aus. Die Hotellerie ist kaum noch ausgelastet und kämpft um jeden Besucher. Je nach Geschmack kann man auf der Terrasse des nostalgischen 'The-Victoria-Falls-Hotel' einen Drink nehmen, durch die Läden schlendern, eine Krokodilfarm und den altehrwürdigen Bahnhof besuchen, oder beim Golfspiel zwischen Warzenschweinen den Schläger schwingen.

DER WESTEN – SAMBIAS WILDER WESTEN

Kasama
Kitwe
Chipata
LUSAKA
Mongu
Livingstone

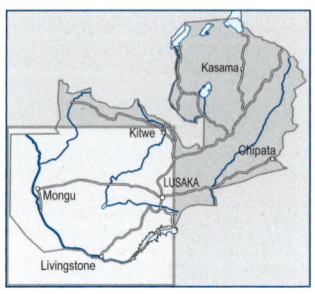

Wer in den Westen reist, wird Menschen begegnen, deren Traditionen und Überlieferungen sehr lebendig geblieben sind. Die nur dünn besiedelte Region wird von mächtigen Flüssen, wie Sambesi, Kafue und Kabompo, geprägt. Hier findet man riesige saisonale Sumpf- und Flutgebiete, weite Grassteppen auf Kalaharisandflächen und dichte, scheinbar endlose Miombowälder. Fantastische, kaum besuchte Nationalparks, einsame, noch handbetriebene Fähren und die Begegnung mit der fremden Kultur stellen die Höhepunkte einer Reise in den Westen Sambias dar.

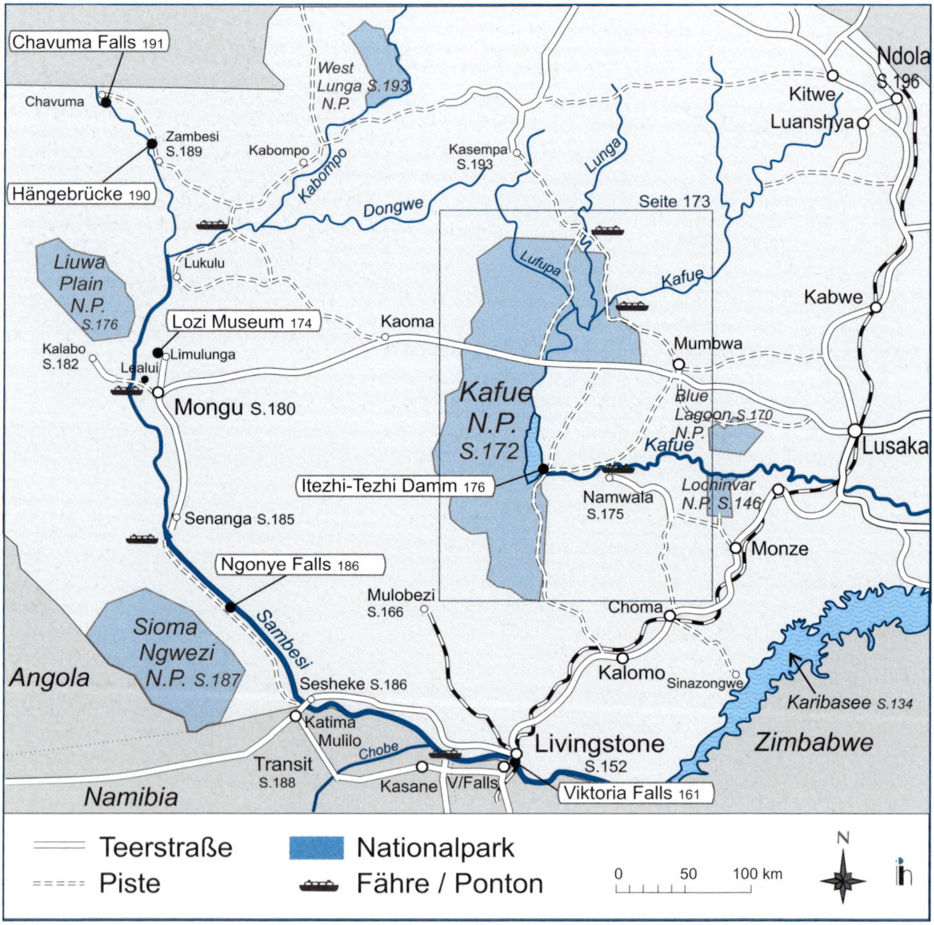

Chavuma Falls 191
Chavuma
Zambesi S.189
Hängebrücke 190
West Lunga S.193 N.P.
Kabompo
Kabompo
Dongwe
Kasempa S.193
Lunga
Ndola S.196
Kitwe
Luanshya
Seite 173
Lufupa
Kafue
Lukulu
Liuwa Plain N.P. S.176
Lozi Museum 174
Kaoma
Kabwe
Mumbwa
Limulunga
Kalabo S.182
Lealui
Mongu S.180
Kafue N.P. S.172
Blue Lagoon S.170 N.P.
Lusaka
Kafue
Itezhi-Tezhi Damm 176
Namwala S.175
Lochinvar N.P. S.146
Senanga S.185
Monze
Ngonye Falls 186
Mulobezi S.166
Choma
Sioma Ngwezi N.P. S.187
Sambesi
Kalomo
Sinazongwe
Angola
Sesheke S.186
Karibasee S.134
Katima Mulilo
Chobe
Livingstone S.152
Zimbabwe
Transit S.188
Kasane
V/Falls
Viktoria Falls 161
Namibia
Teerstraße
Piste
Nationalpark
Fähre / Ponton
0
50
100 km
N

Von Lusaka nach Mongu

Man verlässt Lusaka auf der Kalundwe Road, welche an den beiden Wasserbassins von der Lumumba Road abzweigt. Außerhalb Lusakas sieht man bald auf der rechten Seite das Garden House Motel (S. 128). Die Landschaft ist flach. Kleine Ortschaften, großflächige Farmen und Buschwald wechseln einander ab. Nach 25 km zweigt an Farmers Filling Station links eine Zufahrt in den **Blue Lagoon NP** ab (mit "ZCCM" ausgeschildert, Beschreibung s. S. 170).

Der Neubau der stark beschädigten, von Schlaglöchern übersähten Teerstraße nach Mongu wurde in der letzten Jahren kontinuierlich ausgebessert. Bei Nangoma, etwa auf halbem Weg nach Mumbwa, gibt es eine Tankstelle. Manchmal steht ein Kontrollposten an der nahe gelegenen Polizeistation. 151 km von Lusaka liegt die Abzweigung nach **Mumbwa**. Die kleine Stadt, 3 km nördlich der Teerstraße, verfügt über eine Tankstelle und kleinere Hotels. Außerdem gibt es hier die selten besuchten Mumbwa Caves, zu denen eine Piste führt (ab der Tankstelle).

Der Straßenzustand erlaubt eine zügige Fahrt. Nach 37 km erreicht man einen Roadblock der ZAWA, der den Beginn des Kafue Nationalparks nördlich der Straße markiert. 27 km weiter passiert man eine Abzweigung zum Itezhi-Tezhi-Staudamm (nach Süden) und erreicht 60 km später die **Kafue Hook Bridge** mit Baucamp und einem Militärposten. Ab hier durchquert die Straße den Kafue NP und teilt diesen in einen nördlichen und einen südlichen Sektor (Parkbeschreibung s. S. 172ff). Alle Transitfahrzeuge zwischen Lusaka und Kaoma werden deshalb in den Registrierbüchern der ZAWA eingetragen (es fallen keine Gebühren an). Vorsicht: Bodenschwellen im Parkbereich. Rechtzeitig bremsen!

78 km westlich des Tatayoyo ZAWA-Checkpoints am Westrand des Kafue Parks liegt nördlich der Teerstraße **Kaoma.** Der Ort bietet einfache Versorgungsmöglichkeiten mit Krankenhaus und Tankstelle. 14 km westlich von Kaoma zweigt die Waldpiste zur Watopaführe und weiter nach Zambezi, Chavuma und dem West Lunga N.P. ab (siehe S. 189ff).

Die 186 km lange restliche Fahrtstrecke bis Mongu führt weiterhin durch einsame Wälder ohne bedeutendere Ansiedlungen. Auch das Verkehrsaufkommen ist gering. Beschreibung von Mongu: S. 180.

Lusaka – Mongu

Gesamtstrecke: 600 km
Fahrzeit: ca. 8 Std.
Zustand: gute bis mäßige Teerstraße
Tankstellen: Nangoma, Mumbwa, Kaoma
Besonderheiten: sehr einsam;
Transitstrecke durch den Kafue NP

Mukambi Safari Lodge

Tel. Lusaka 0211-223608, Fax 292693, E-mail: info@mukambi.com, www.mukambi.com.

Nur wenige KM östlich der Kafue Hook Bridge liegt 2,3 km neben der Straße die Mukambi Safari Lodge (außerhalb des NP, daher ohne NP-Eintritt). Sie bietet Chalets, Safarizelte, Restaurant und Pool direkt am Flussufer. Preise: All-Inclusive im Safarizelt mit Gemein-schafts-bad ab 160 Euro/DZ/pP, im eleganten Chalet ab 200 Euro/DZ/pP. Game Drives, Walking Safaris, Bootstouren: je 27 Euro pP. Ganzjährig geöffnet, ohne Allrad gut erreichbar.

Bild oben: Eine junge Frau beim Fischfang nähe Mongu

Blue Lagoon Nationalpark

Rund 50-70 Besucher zählt der kleine Park im Jahr

Der 420 km² große Nationalpark liegt nördlich des Kafue in den Kafueebenen, direkt im Übergangsbereich zwischen der Dornbuschsavanne und Dauersümpfen und Lagunen. Er ähnelt landschaftlich dem Lochinvar Nationalpark. Auch hier kann man vor allem die seltenen Kafue-Lechwe-Antilopen und zahlreiche Wasservögel entdecken.

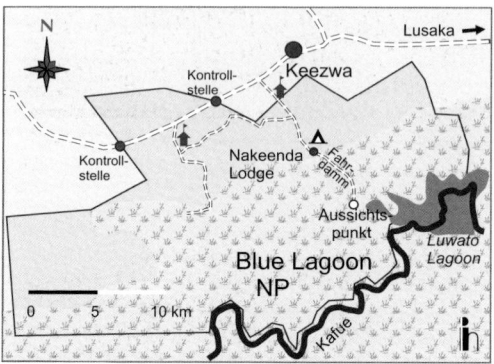

Anreise: 25 km nach Beginn der Kalundwe Road (Mongu Road) zweigt nach Süden die Zufahrtspiste ab. Nach 19 km entlang dieser Piste gelangt man an eine Gabelung zur Nampundwe Mine (links, bitte ignorieren, geradeaus weiter). Nach weiteren 56 km durchquert man das Dorf Keezwa, 5 km dahinter liegt die beschilderte Stichstraße in den Park. Das Gate nach 1 km ist meistens unbesetzt. 6 km weiter kommt man zur alten Farm und den Chalets. Gesamtstrecke ab Lusaka: 112 km, ca. 2 Std. Fahrt.

Unterkunft: Es gibt hier vier Chalets (auch "Nakeenda Lodge" genannt) zur Selbstversorgung (freie Küchenbenützung, mit Caretaker) für 35 €/DZpP. Camping kostet 5 US$ pP. Der Parkeintritt beträgt 10 US$ pP/Nacht.

Mutumbi Lodge: Etwa 35 km vor dem Park, an der Zufahrt von Lusaka, ist eine Lodge in Bau: www.mutumbilodge.com

Gleich südlich des Farmgebäudes beginnt die offene Grasebene mit der berühmten **Causeway zur Lagune**. Man fährt quer über den Airstrip, an den sich sofort der Fahrdamm anschließt. Kerzengerade geht es über die Schwemmlandebene dahin, in der grasende Lechwe-Herden und allerlei Vögel, wie Klunkerkraniche und Störche, auftauchen. Nach 6,5 km endet der Damm an einem Wendeplatz mit baufälliger

Reisezeit: Am günstigsten für Vogelbeobachtungen ist ein Besuch während und nach der Regenzeit. Auch die klaren, kühlen Wintermonate sind gut geeignet und bieten eine faszinierende Feuchtvegetation. Die meisten Lechwe sieht man im Juni. Dagegen bläst in den heißen Wochen im Oktober/November meist ein unangenehm strammer Sturm aus Nordost und die ausgedörrten Ebenen wirken abweisend.

Aussichtsplattform. Vor dem Betrachter dehnen sich frisches Sumpfgras und Lagunen aus. Die Wildtiere und Vögel zeigen keinerlei Unsicherheit oder Panik. **Camper** dürfen auch direkt an der Plattform nächtigen (zwar windig und voller Moskitos, aber mit einzigartiger Stimmung).

Tierbeobachtungen: Die meisten Tiere halten sich entlang des Fahrdamms und direkt an der Lagune auf. Eine Fahrt in den westlichen Teil des Parks lohnt derzeit kaum, da dort noch gejagt wird, die Tiere daher scheu sind und die meisten Wege durch Buschwald führen.

Sie hatten eine Farm in Afrika...

Zur Kolonialzeit betrieben hier die **Eheleute Critchley** eine "Barotse Cattle Farm". Ziemlich isoliert in der dünn besiedelten Ila-Region entwickelten die beiden eine starke Liebe zur Natur und Tierwelt der Kafue-Schwemmgebiete. Zu Zeiten, als man den enormen Reichtum der Lechwe-Antilopen noch sorgenfrei als unerschöpflich erachtete, erkannte Mr. Critchley bereits die Gefahren. Der Rinderfarmer stieg auf gemischte Tierhaltung mit Wildtieren und Rindern um und gewährte damit den Wildtieren ein sicheres Rückzugsgebiet. Denn entlang des gesamten Kafue-Flutgebietes, beiderseits des Stromes, wurden die Tiere immer effektiver – da mit Schusswaffen – gejagt. Critchleys Farm und die fast gegenüber liegende Lochinvar Farm bildeten in den 1950er und 60er Jahren bereits die einzigen Schutzzonen.

Die Farm lag im Vegetationsstreifen zwischen Dornbuschsavanne und Dauersümpfen. Um die Vogel- und Tierwelt an den Lagunen nachhaltiger zu schützen,

Oben: Die Farm der Critchleys und die Touristenchalets

verbot er den Ila, auf seinem Land zum Jagen und Fischen zu gehen, ließ in den Dörfern aber Brunnen errichten. Für seine Frau, eine begeisterte Ornithologin, baute Critchley eine **Causeway**, einen Fahrdamm, direkt zu den Lagunen. Nach ihrem Tod vermachten die beiden ihre Farm dem jungen unabhängigen Staat, um sie zum Nationalpark erklären zu lassen. Leider wurde ihr Vermächtnis tragisch zweckentfremdet: Das **Militär** bemächtigte sich 1976 der Farm. Nationalpark hin oder her – die Soldaten wollten ein eigenes Jagdgebiet und da lag Blue Lagoon einfach praktisch. 20 Jahre lang blieb Blue Lagoon No-Go-Area. Hier tobten sich schießwütige Soldaten aus und feierten ranghohe Offiziere Parties im alten Farmhaus. Weil der Platz nicht reichte, errichtete man drei einfache weiße Steinbauten für die Soldaten.

Ende der 1990er Jahre schrieb die Regierung den desolaten Park zur **Privatisierung** aus und nach längerem Hin und Her pachtete die Company "Real Africa Safaris", zu der auch die Mukambi Lodge gehört (S. 169), das Kleinod. Seither wurden die alten Soldatenunterkünfte einer Totalrenovierung und einem Face-Lifting unterzogen, neue Safari-Lodge-Rietdächer darüber gesetzt und für ein ansprechendes Interieur gesorgt. Das Resultat sind annehmbare Touristenchalets. Die alte, koloniale Farm kann man besichtigen und wird weiterhin als Küche und Dining Room genützt. Zwischen den Bungalows und der Farm bieten alte, hohe Bäume – die mag wohl Mr. Critchley gepflanzt haben – viel Schatten. Hier, bzw. auf Wunsch auch an der Plattform, dürfen Campinggäste ihre Zelte und Fahrzeuge aufstellen.

Die beiden Jahre, die Real Africa Safaris im Park ist, haben eine Menge gebracht: In den Sumpfebenen und an den Dauerlagunen südlich der Farm sind wieder Antilopenherden und hunderte Vögel zu sehen, die wenig Furcht zeigen. Nach Erzählungen des Campmanagers Webster hat am 20.08.2003 ein "Aerial Animal Counting" stattgefunden. **180 000 Lechwe** seien erfasst worden (vermutlich in den gesamten Kafue Flats), 50 Zebras, 40 Büffel und 30 Crested Cranes. Ferner seien Pythonschlangen sehr zahlreich und für den Hobby-Ornithologen gibt es den endemischen **Chaplin's Barbet**. Kenner schätzen den Blue Lagoon Nationalpark als einen der besten Spots Sambias für Birdwatcher ein.

Kafue Nationalpark

Oben:
Eingang in den
Nord-Sektor

Die Weltbank
finanziert
derzeit den
Wiederaufbau
des Parks

Mit dem Kafue Nationalpark ist das so eine Sache: Zwar ist der mit Abstand größte Park Sambias relativ gut zu erreichen, dennoch hat er vergleichsweise wenige Besucher. Man kann im Park stundenlang durch eintönigen, dichten, Tsetse-verseuchten oder großflächig abgebrannten Busch fahren, aber ebenso fantastischen Flussläufen folgen und Wildtiere durch weite Grasebenen voller Bauminseln ziehen sehen. Nur wenige Lodges verteilen sich im Park. Kurzum, der Kafue NP macht es dem Fremden schon durch seine Weitläufigkeit nicht leicht, entdeckt und geliebt zu werden, doch die Mühe lohnt sich!

Allgemeines

Halb so groß
wie die Schweiz

Reisezeit

Der Nationalpark wurde 1950 als erster des Landes gegründet. Mit 22 400 km² ist er **mehr als halb so groß wie die Schweiz** und eines der weitflächigsten Schutzgebiete der Welt. Seine durchschnittliche Höhe beträgt 1120–1220 m über dem Meeresspiegel. Die Saison dauert etwa von Mai bis November, je nach Einsetzen der Regenzeit manchmal bis in den Dezember. Für die Busanga- und Nanzhila-Plains beginnt die Saison frühestens Ende Mai. In diese Sumpfregionen sollte man sich generell nur mit Geländefahrzeugen begeben. Tsetsefliegen treten vor allem im Buschwald als lästige Plage auf, kaum jedoch in den Plains, und sind meist nachmittags aggressiver als vormittags.

Eintritt

Eintrittspreise pro Tag: 20 US$ pP, 15 US$/Fahrzeug bzw. 12 600 Kwacha bei sambischen Kennzeichen. Camping: 5 US$ NP-Gebühr, die zusätzlich zu den Campinggebühren der Camps anfallen. Es gibt seit Jahren eine Ausnahme im Lufupa River Camp: Wer hier nächtigt, zahlt pro Aufenthalt nur einmal den Eintritt (eine eigenwillige Sonderregel, die zumindest bis einschließlich 2008 praktiziert wurde).

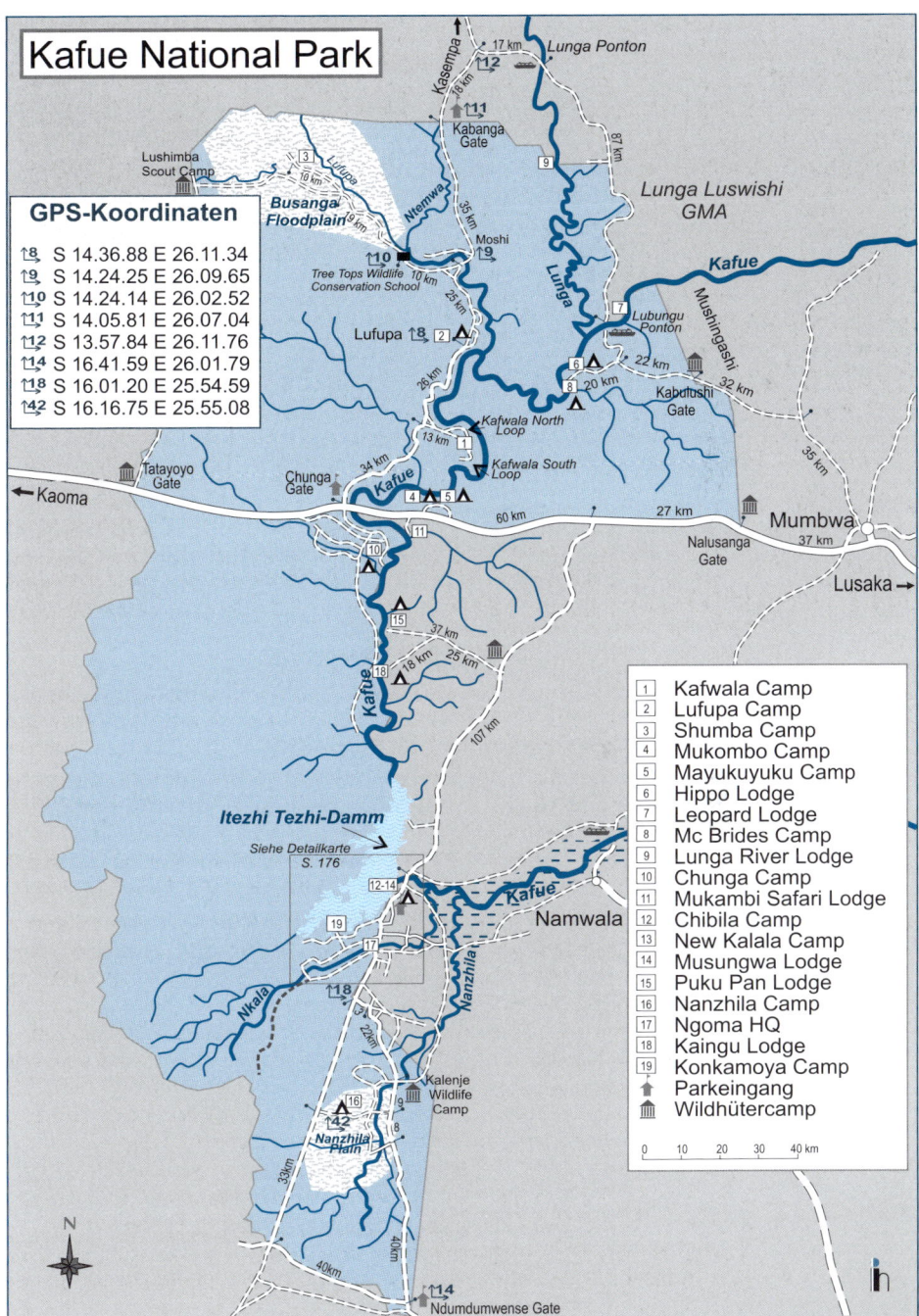

Kafue National Park

GPS-Koordinaten

↑8	S 14.36.88 E 26.11.34
↑9	S 14.24.25 E 26.09.65
↑10	S 14.24.14 E 26.02.52
↑11	S 14.05.81 E 26.07.04
↑12	S 13.57.84 E 26.11.76
↑14	S 16.41.59 E 26.01.79
↑18	S 16.01.20 E 25.54.59
↑42	S 16.16.75 E 25.55.08

Lunga Ponton

Kabanga Gate

Lushimba Scout Camp

Lunga Luswishi GMA

Busanga Floodplain

Moshi

Tree Tops Wildlife Conservation School

Kafue

Lufupa

Lubungu Ponton

Kabulushi Gate

Kafwala North Loop

Kafwala South Loop

Tatayoyo Gate

← Kaoma

Chunga Gate

Kafue

Mumbwa

Nalusanga Gate

Lusaka →

Itezhi Tezhi-Damm

Siehe Detailkarte S. 176

Namwala

Kalenje Wildlife Camp

Nanzhila Plain

Ndumdumwense Gate

1	Kafwala Camp
2	Lufupa Camp
3	Shumba Camp
4	Mukombo Camp
5	Mayukuyuku Camp
6	Hippo Lodge
7	Leopard Lodge
8	Mc Brides Camp
9	Lunga River Lodge
10	Chunga Camp
11	Mukambi Safari Lodge
12	Chibila Camp
13	New Kalala Camp
14	Musungwa Lodge
15	Puku Pan Lodge
16	Nanzhila Camp
17	Ngoma HQ
18	Kaingu Lodge
19	Konkamoya Camp
	Parkeingang
	Wildhütercamp

0   10   20   30   40 km

N

Anreise in den nördlichen Kafue-Sektor

Hauptzufahrt von Lusaka

Es gibt mehrere Zufahrten in den Kafue NP. Von Lusaka kommend ist die zuvor beschriebene Straße die übliche Anreise. Direkt nach der Kafue Hook Bridge liegt am Westufer des Kafue, 275 km westlich von Lusaka, der Zugang in den nördlichen Sektor (täglich von 06.00–18.00 h). Von hier führt die Piste zu den Camps Kafwala, Lufupa und in die Busanga Plains.

Von Mumbwa zum Kabanga Gate

Achtung: Sehr einsame Allradstrecke, schwierige Orientierung. Wer im Transit nach Kasempa fährt, zahlt am Kabalushi Gate keinen Eintritt.

Eine interessante Alternativzufahrt in den nördlichen Teil des Nationalparks ist ab **Mumbwa** möglich: Biegen Sie in Mumbwa an der Tankstelle links in Richtung Kasempa ab. Nehmen Sie nach 1 km rechts die Abzweigung zur Hippo Mine. Es geht durch einsamen Busch. Nach 34 km erreichen Sie eine Gabelung, wo Sie links abbiegen. Nach 10 km Fahrt halten Sie sich an der nächsten Gabelung rechts. Von hier sind noch weitere 22 km bis zum **Kabalushi-Gate**, wo der Kafue NP beginnt, zu fahren (Zur Info: 2 km vor dem NP-Gate beginnt die Zufahrt zur Mushingashi Conservancy; Beschreibung siehe rechts). Nach 20 km Strecke zweigt links die Zufahrt zu Mc Brides Camp und zur Hippo Lodge ab, geradeaus erreicht man nach 9 km den seit 2008 wieder operierenden **Lubungu Ponton** am Kafue River (10 US\$ Gebühr). In den trockensten Monaten gibt es weiter östlich an der Leopard Lodge auch eine Furt. Hier sollten Sie die herrliche Flusslandschaft genießen, ehe Sie sich auf das etwa 86 km lange Zwischenstück in der Lunga Luswishi GMA zum malerischen Lunga River Ponton begeben. Denn diese Strecke war jahrelang praktisch zugewachsen und in fürchterlichem Zustand. Seit 2008 sind allerdings Baumaßnahmen im Gange. Wir empfehlen, sich bei den Lodges vor Ort vor dem Befahren der Strecke nach dem aktuellen Wegezustand zu erkundigen. Am **Lunga River Ponton** trifft man erstmals wieder auf Dörfer und eine breite Piste nach **Kasempa** (S. 193). Fahren Sie 17 km in diese Richtung, und biegen Sie dann in den kleinen, unauffälligen Weg nach Süden (unbeschildert!). Er führt nach einsamen 18 km zum Kabanga-Gate im äußersten Norden des Kafue NP. Dieser Teil des Parks ist nur in der Trockenzeit, frühestens ab Mai oder Juni erreichbar; Allrad ist notwendig.

Anreise in den südlichen Kafue-Sektor

Chunga-Region

Achtung: Keine Straße von Chunga nach Ngoma!

Chunga-Region: Entlang der Lusaka-Mongu-Road fährt man über die Itezhi-Tezhi-Abzweigung hinaus nach Westen bis zur Kafue Hook Bridge. Kurz nach der Brücke führt eine Piste nach Süden zum Chunga Headquarters und dem Chunga Camp. Vorsicht: Die in alten Landkarten eingezeichnete Straße von Chunga nach Ngoma ist seit der Stauung des Kafue River im Stausee versunken und die Zufahrten sind beidseitig völlig zugewachsen.

Ngoma-Region beim Itezhi-Tezhi-Staudamm

Itezhi-Tezhi-Region: Die Anreise erfolgt von Lusaka über Mumbwa nach Westen. Um den Itezhi-Tezhi-Damm und die umliegenden Camps zu erreichen, zweigen Sie 64 km nach Mumbwa bzw. 217 km westlich von Lusaka auf einer ehemaligen Teerstraße nach Süden ab. Die Straße ist mit 'Nanzhila and Ngoma Lodges 120 km' ausgeschildert. Der alte Teerbelag wurde schon vor Jahren größtenteils abgezogen, nur schmale Teerstreifen blieben auf der ruppigen Schotterstraße zurück. Die Fahrt ist einsam und eintönig. Nach 47 km kommt ein ZAWA-Checkpoint, 3 km weiter die Abzweigung zur Puku Pan Lodge und Kaingu Lodge. Insgesamt beträgt die Entfernung zum Itezhi-Tezhi-Staudamm, einem 370 km² großen Stausee mit Kraftwerk, 115 km. Direkt neben der Staumauer überquert man den Kafue. Gleich danach führt rechts eine Piste den Hügel hinauf zu den 3 Camps und weiter über das Musa-Gate in den Südteil des Nationalparks (siehe Karte S. 173). Autofahrer-Info: Beim Depot von ZESCO in Itezhi-Tezhi kann man Treibstoff kaufen (zuvor im Office bezahlen, Mo-Fr 08.00-12.30 h).

Schon gewusst?

Tsetsefliegen legen keine Eier, sondern brüten Larven aus

Fort Nkala

13 km südlich des Musa-Gates ruhen auf dem Nakalomwe Hill die Reste eines 1901 erbauten Polizeiforts (2 km von der Hauptpiste entfernt, schlechte Zufahrt). Die Mauern sind längst eingestürzt, der Grundriss ist aber noch zu erkennen. Ursprünglich sollte die Bahnlinie von Livingstone über Nkala in den Copperbelt verlegt werden. Nachdem diese Pläne geändert wurden, verlor das Fort an Bedeutung. Nicht weit entfernt liegt auch die Ruine der 1890 gegründeten Nkala Mission.

Exotische Zufahrt ab Namwala: Von Choma kann man über Neiko in die Kleinstadt Namwala fahren (keine Tankstelle), mit einer Motorfähre über den Kafue übersetzen (20 US$) und entlang dem Nordufer des Kafue auf Sandpisten bis Itezhi-Tezhi weiterfahren. Schöner, aber noch schwieriger zu finden, sind die kleinen Sandwege durch die Kafue Flats am Südufer nach Itezhi-Tezhi (ca. 64 km). Diese flache Palmenlandschaft gehört zu den schönsten des Landes, ist aber nur in der Trockenzeit befahrbar.

Zufahrt ab Kalomo: Die beschwerliche 75 km lange Zufahrt zweigt in Kalomos Zentrum beim Kalomo Hotel nach Norden ab. Nach 4 km muss man sich an der Gabelung links halten, anschließend folgt man immer der Hauptspur über die Dörfer bis zum Ndumdumwenze-Gate. Vorsicht: 2 km nach dem Parkeingang zweigt eine Piste nach Westen ab. Fahren Sie jedoch geradeaus durch Mopanewald in eine schöne Savannenlandschaft mit Bauminseln am Rande der Nanzhila Plains. Nach 54 km kommen Sie am verfallenen Kalenje Wildlife Camp vorbei und 22 km danach, mitten in einer offenen Ebene, an eine unbeschilderte Wegkreuzung. Hier geht es links weiter für sandige 4 km, ehe man auf die breite Westpiste nach Mulobezi stößt. Von hier aus liegt Ngoma noch 14 km entfernt (rechterhand). Dieser Wegabschnitt im Park ist nur in der Trockenzeit befahrbar. Wenn in den Nanzhila Plains Wasser steht, muss man vom Ndumdumwenze-Gate den Umweg über die Westzufahrt (Mulobezi-Zufahrt) nehmen. Ndumdumwenze-Gate ist nur bis 16.30 h offen. Wer später kommt, darf am Gate gratis nächtigen.

Zufahrt ab Mulobezi: Beide Zufahrten durch einsame Jagdgebiete sind auf der GPS-CD beschrieben.

Vorsicht: Die auf manchen Landkarten verzeichneten Tankstellen in Moshi und Chunga gibt es nicht! Genauso sind viele Wege im Park seit Jahren unpassierbar.

Kapiamema Hot Springs

In den heißen Quellen nahe der Hippo Lodge kann man baden und zugleich Wildtiere entdecken!

Oben: Die endemischen Kafue Lechwe wurden auf einer Briefmarke geehrt

Mushingashi Conservancy

Das neue private Jagdgebiet an der Strecke von Mumbwa zum Kabalushi Gate und der "Hippo Mine" (siehe links) bietet auch ein touristisches Angebot. Im umzäunten Wildtiergelände liegen drei verschiedene Camps mit Self-catering-Chalets für 58 Euro/DZpP (mit Küchenhilfe). Beim Delai Camp und dem Khosi Koto Camp gibt es auch Campingflächen für 16 Euro pP. Das Camp Kalonga Waloba bietet dagegen nur exklusive Ferienhäuser. Game Drives sind auf eigene Faust und auch mit Guide möglich, außerdem werden Bush Walks und Kanufahrten auf dem Kafue River angeboten.
Kontakt & Info: Tel. 0977-846978, www.mushingashi.net.

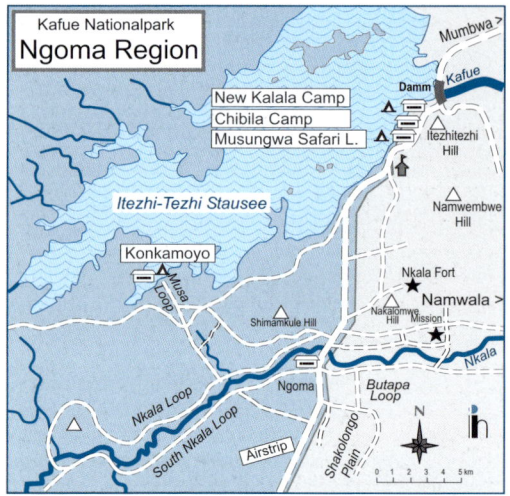

Kafue Nationalpark
Ngoma Region

New Kalala Camp
Chibila Camp
Musungwa Safari L.

Itezhi-Tezhi Stausee

Konkamoyo

Mumbwa >
Damm — Kafue
Itezhitezhi Hill
Namwembwe Hill
Nkala Fort
Namwala >
Nakalomwe Hill Mission
Shimamkule Hill
Ngoma
Butapa Loop
Nkala
Nkala Loop
South Nkala Loop
Shakolongo Plain
Airstrip

0 1 2 3 4 5 km

Fischbarrieren im Lufupa River

Obwohl mitten im Nationalpark gelegen, gestattet der sambische Staat dem Volk der Kaonde, dort traditionelle Fischerei zu betreiben. 18 verschiedene Fischbarrieren stellen die Kaonde in jedem Jahr vor der Regenzeit im Lufupa auf. Ab April können die durch die imposanten Barrieren festgehaltenen Fische "geerntet" werden (siehe oben).

Vegetation

Dambos und Miombowälder sind charakteristisch für den großen Park, d. h. weite, offene saisonale Schwemmgebiete und dichte Mischlaubwälder.

Die Busanga-Plains im Norden

Der Lufupa strömt im äußersten Norden in den Park. In der Regenzeit tritt er über die Ufer und überflutet weitflächig das flache Land. Während der Regenmonate wird diese **Busanga-Flutebene** zu einem 750 km² großen, unzugänglichen See. Ihren Höchststand hat die Flut zwischen März und Mai, danach entwässert sie allmählich über den Lufupa. Das durchweichte Land trocknet nun als fruchtbares Grasland ab. Tausende **hellgraue Termitenhügel**, nicht höher als etwa einen halben Meter, prägen dann das skurrile Bild der Busanga Plains. In kleinen verbleibenden Pools drängen sich nun die Flusspferde auf engstem Raum. Aber auch in der Trockenzeit bleiben einzelne Wasserläufe erhalten und stellen somit einen hervorragenden Lebensraum für große Antilopenherden dar.

Der **Lufupa** mündet beim gleichnamigen Camp in den Kafue. Der Bereich zwischen dem Nordeingang und der Lufupamündung ist wohl der landschaftlich reizvollste. Die Wege führen oft an den gewundenen Flussläufen entlang; flaches Schwemmland mit unzähligen Termitenhügeln wechselt mit sanften Grasflächen voller großer Euphorbien, Palmen, einzelnen Baobabs, Mukwa- und Leberwurstbäumen. Südlich vom Lufupa Camp wird der Buschwald dichter.

Der trockenere Süden

Leider wird der südliche Sektor kaum geschützt und ist touristisch vernachlässigt

Am Itezhi-Tezhi-Damm knickt der Kafue nach Osten ab. Der Südteil des Parks ist abgesehen vom Nanzhilazufluss recht trocken und liegt bereits auf Kalahari-Sandfeldern, die für tiefsandige Wegpassagen sorgen. Der Nanzhila überflutet nur zur Regenzeit die flache **Nanzhila Plain**, eine grandiose Savannengraslandschaft mit kleinen Bauminseln. Besonders schön ist daher die innere Piste entlang dem Nanzhila Stream. Ansonsten dominieren Mopanewälder mit Baobabs, Termitenhügeln und Euphorbien.

Tierwelt

Der Kafue NP bietet die **größte Artenvielfalt** innerhalb Sambias. Lediglich die Giraffe fehlt unter den Großwildtieren. Die Größe des Parks schafft einerseits wandernden Tierarten genügend Lebensraum, erschwert andererseits aber den Tierschutz. Im Park wird nach wie vor stark gewildert. Das letzte Nashorn ist schon lange tot und die Elefantenpopulation stark verringert. Aber auch Antilopen, Zebras und Büffel werden als begehrte Fleischlieferanten bejagt. Sogar die einst zahlreichen **Roten-** oder **Sambesi-Moorantilopen** waren in den 1940er Jahren bis auf 100 Exemplare dezimiert worden. Heute leben allerdings wieder Tausende im Park, besonders in den Busanga Plains.

Oben:
Flusspferde im
Lufupa River

Siehe auch
S. 247:
Tipps für die
Pirschfahrten

Für **Löwen** und **Leoparden** sind die Busanga-Plains und die Region um das Lufupa Camp berühmt. **Elefanten** sieht man häufig um Chunga, Ngoma und Lufupa. In allen Flüssen leben Hippos, Krokodile und Warane. Vertreten sind außerdem Zebras, Gnus, Impala, Mangusten, Warzenschweine und Pukus. Die scheuen **Sitatunga** kann man mit viel Glück in den Busanga Plains aufspüren; Geparde, Oribis und Fingerotter eher in den Nanzhila Plains. Hier bieten sich auch ungewöhnlich gute Beobachtungsmöglichkeiten für Liechtenstein-Kuhantilopen, Ried- und Greisböcke.

Die prächtigen
Löwen der
Busanga Plains
haben einen
legendären Ruf

Im nördlichen Kafue NP gibt es ein **Wild Dog Project**, wodurch zunächst die **Bestandsdichte** der Wildtiere ermittelt wurde. Erfreulich ist die Erkenntnis, dass hier 18 Wild Dogs pro 1000 km² leben, ebenso viele wie im südafrikanischen Kruger NP. Alarmierend sind allerdings die Vergleichszahlen bei Löwen und Tüpfelhyänen:
Kafue NP: Löwen 15/1000 km², Hyänen 18-44/1000 km²
Kruger NP: Löwen 100/1000 km², Hyänen 135/1000 km²

Über 400 **Vogelarten** sind im Kafue NP bisher registriert worden, darunter die auffälligen Schreiseeadler, Weißkopf-Bartvögel, Scharlachspinte und Stanleytrappen. In den Nanzhila und Busanga Plains entdeckt man häufig Klunkerkraniche, Brachschwalben, den Braunen Sichler und den Braunmantel-Scherenschnabel. Große Seltenheit: Rußköpfchen in Kafue-Süd!

Schon gewusst?
Tigerfish ist in sambischen Flüssen weit verbreitet – doch im Kafue kommt der Raubfisch nicht vor

Lodges, Camps & Camping im Kafue Nationalpark

Nördlicher Sektor

- **Lufupa River Camp** und **Lufupa Tented Camp:** Wilderness Safaris (www.wilderness-safaris.com, s. S. 352) Traditionsreiche Mittelklasseanlage mit neun Safarizelten, großem Campingareal (ohne Flussblick), Restaurant, Pool, Bootstouren, Walking Safaris und Game Drives am Zusammenfluss von Lufupa und Kafue. Für Selbstfahrer und Camper empfehlenswert. Preise: B&B ab 130 €/DZpP und 180 €/EZ, All-Inclusive im Tented Camp 330 €/DZpP und 440 €/EZ. **Camping** 10 € pP.
- **Lunga River Lodge:** Wilderness Safaris (s. o.). Im Nordosten am Lunga River gelegenes Luxus-Verwöhncamp für max. 12 Gäste. Stilvolle Chalets, große Bar mit Sonnendeck, Bibliothek, Massagen, Pool, Bootstouren, Kanufahrten, Fischen. Nur Juni bis November. All-Inclusive für 450 €/DZpP.
- **Shumba Camp, Kapinga Camp** und **Busanga Bush Camp:** Wilderness Safaris (s. o.). Rustikale, höchst elitäre Bush Camps für je max. 8 Gäste inmitten bzw. am Rande der weiten Busanga Plains, nur von Juni bis November geöffnet. Hervorragende Wildbeobachtungen, aber weniger luxuriös. All-Inclusive 500-660 €/DZpP und 640-830 €/EZ.
- **Busanga Plains Camp:** Mukambi Safari Lodge (s. S. 169). Kleines, exklusives Zeltcamp für 420 € pP.
- **Kafwala Camp:** Wildlife & Enviromental Society of Zambia (WECSZ, siehe S. 131). Nur für Mitglieder zugängliches Selbstversorgercamp an den Kafwala Rapids.
- **Mayukuyuku Camp:** E-mail: kafuecamps@btinternet.com, www.kafuecamps.com. Legeres Zeltcamp am Kafue, ganzjährig gut zugänglich, da nahe der Teerstraße (die 8 km lange Zufahrt beginnt 14 km östlich der Kafue Hook Bridge). Bei Selbstversorgung 47 € pP, mit VP 115 € pP, **Camping** 10 €.
- **Amarula River Lodge:** Tel. 0977-849403, www.zamlodge.de. Neues Self-Catering-Camp unter dt. Leitung nördlich des Mayukuyuku Camps mit Chalets für 28 €/DZpP und **Camping** für 12 € pP.
- **Mukombo Lodge & Campsite:** Tel. 0977-674371, www.mukombolodge.co.zm. Idyllisch gelegener Campingplatz unter hohen Bäumen am Kafueufer (10 €) und vier Ziegel-Rondavel. 5 km Zufahrt.
- **McBride's Camp:** Tel. 0211-263686, E-mail: McBrides.Camp@uuplus.com, www.mcbridescamp.com. Das idyllische Buschcamp mit 5 Riedchalets am Kafueufer des Löwenforschers Chris McBride. Sehr wildreich, gute Walking Safaris. All-Inclusive 230-290 €/DZpP, 260-330 €/EZ, **Camping** 16 €.
- **Hippo Lodge:** Igor Boltar, Tel. 0211-295398, E-mail: hippolodge@zamnet.zm, www.hippolodge.com. Stilvolle Lodge in toller Lage, ganzjährig erreichbar. In der Nähe gibt es Hot Springs, in denen man herrlich Baden kann. All-Inclusive-Preise: 330 €/DZpP.
- **Leopard Lodge:** Tel. 0027-82-4165894, E-mail: leopardlodge@jcs.co.za, www.leopard-lodge.com. 5 km östlich des Lubungu Ponton (S. 174) liegt am Nordufer des Kafue in der Lunga Luswishi GMA die Mittelklasselodge mit Chalets (All-inclusive 165-200 €/DZpP) und **Camping** (10 € pP).

Südlicher Sektor

- **Mukambi Safari Lodge:** Beliebte Lodge am Ostufer des Kafue. Beschreibung siehe S. 169.
- **Puku Pan Lodge:** Tel. 0211-266927, E-mail: pukupan@zamnet.zm, www.pukupan.com. In der Namwala GMA am Kafue gelegene Holzchalets (All-Inclusive 190 €/DZpP) und **Camping**platz mit Stelzenplattform für 8 € pP. Viele Wildtiere und Vögel. Bootsfahrten, Game Drives und Walks je 12-16 €.
- **Kaingu Safari Lodge:** Tel. 0211-256992, E-mail: info@kaingu-lodge.com, www.kaingu-lodge.com. Sehr gepflegtes, kleines Zeltcamp am Kafue in der Namwala GMA mit einem idyllischen Campingplatz (jedoch ohne Flussblick). All-Inclusive-Preise: 200-280 €/DZpP, 340 €/EZ, **Camping** 20 € pP.
- **Konkamoya Camp:** E-mail: info@cookesafricansafaris.com, www.cookesafricansafaris.com. Kleines, stilvolles Camp mit drei Chalets (All-Inclusive ab 280 €/DZpP) und **Camping** (ab Juni'09 für 16 €).
- **Chibila Camp** (David Shepherd Camp)**:** Selbstversorgercamp nur für WECSZ-Mitglieder (s. S. 131).
- **New Kalala Camp:** Tel. 0211-265375, Fax 290162, E-mail: info@newkalala.com, www.newkalala.com. Bungalowanlage mit Pool, Restaurant und Campingplatz direkt am Stausee (Bootstouren möglich). Chalets ab 40 €/DZpP und 46 €/EZ, **Camping** 10 € pP. Ganzjährig geöffnet, mit Pkw zugänglich.
- **Musungwa Safari Lodge:** Tel. 0211-215493, Fax 274233. Große nüchterne Bungalowanlage mit Tennis, Pool, Bootstouren. VP ab 105 €/DZpP, **Camping** (unattraktives, kleines Gelände) 12 € pP.
- **Nanzhila Plains Safari Camp:** E-mail: info@nanzhila.comwww.nanzhila.com. Inmitten der einsamen, wildreichen Nanzhila Plains liegt dieses Luxuscamp. Preise: All-Inclusive 260 €/DZpP und 360 €/EZ, **Camping** 12 € pP (drei Stellflächen am Weiher nahe der Lodge).

Geschichte der Lozi

Das Barotseland im Herzen der Westprovinz ist die Heimat der Lozi. Das stolze Volk war vor Jahrhunderten aus dem Kongogebiet eingewandert und hatte ein mächtiges Königreich aufgebaut. Die Lozi dominierten über die Lunda, Luvale und Tonga. Sie handelten mit ihnen und überfielen sie gelegentlich. Gegen 1835 unterlagen sie den aus Süden eindringenden Kololo, die ihre Töchter mit den Lozi verheirateten und somit ihre Sprache bei den Lozi durchsetzten. 30 Jahre später lehnten sich die Lozi gegen die Kololo auf und ergriffen erneut die Macht.

Zu dieser Zeit kamen die ersten europäischen Händler, Jäger und Missionare. **Skurrile Persönlichkeiten** waren darunter, wie der portugiesische Händler Silva Porto, der schon lange vor Livingstone das Barotseland bereiste und auch dort lebte. Sein tragisches Ende, als er sich nach Zwistigkeiten mit den Einheimischen selbst durch den Kamin seines Hauses in die Luft jagte, ist in die Geschichte eingegangen. David Livingstone brachte die Kunde vom Barotseland nach Europa. Bald drangen Jäger wie George Westbeech, und Missionare wie F. S. Arnot und Dr. Fisher ins Land (siehe S. 202), und hatten einen großen Einfluss am Hofe der Lozi. Sie berichteten von unvorstellbaren Gräueltaten und blutrünstigen Menschenopfern.

1878 bestieg der junge Lubosi den Lozi-Thron. Sechs Jahre später musste er wegen Machtkämpfen und Intrigen aus Lealui fliehen; es gelang ihm jedoch, sich gegen seine Feinde durchzusetzen und den Thron zurückzuerobern. Seither nannte er sich **Lewanika** ("der Eroberer"). Bis zu seinem Tode 1916 blieb er der unangefochtene Herrscher und König. Er unterzeichnete die Schutzverträge mit der BSAC, suchte ein gutes Verhältnis zu Großbritannien und wurde sogar zur Krönungsfeier König Edwards VII. nach London eingeladen. Im Mai 1902 reiste König Lewanika deshalb nach Großbritannien und verbrachte dort mehrere Monate. Der König liebte Uniformen und ließ sich die eines britischen Konsuls anfertigen, welche er fortan bei der **Kuomboka-Zeremonie** zu tragen pflegte. Diese Tradition wurde auch von seinen Nachfolgern übernommen. Als der betagte, besonnene und intelligente Herrscher mit über 70 Jahren verstarb, fand in den Barotseflutebenen eine riesige Begräbnisfeier statt, bei der 170 Rinder geopfert wurden.

Die Lozi haben ihren Nationalstolz bis in die heutige Zeit bewahrt und mehrmals versucht, sich vom restlichen Sambia abzuspalten. Kaundas lebenslanger Kampf gegen den Tribalismus wurde hier auf eine besonders harte Probe gestellt. Das Selbstverständnis der Lozi und ihre ausdrucksstarke Kultur sichern ihnen einen besonderen Platz unter den Völkern im südlichen Afrika.

Von oben:
Der Einbaum als wichtigstes
Verkehrsmittel, Lozi-Wohnsitz im
Flutgebiet, Transportschlitten

Zwischen Lukulu und den Ngonye Falls erstrecken sich die riesigen **Barotseflutebenen**. Sie sind bei Mongu bis zu 50 km breit und insgesamt fast 250 km lang. Durch die Regenfälle am Oberlauf des Sambesi schwillt der Fluss alljährlich derart an, dass er zwischen Februar und April weite Landstriche überflutet. Auf bis zu 17 Billionen m³ steigt dann das Wasser in der Ebene. In kleinen, temporären Fischerdörfern leben die Menschen in dieser Zeit äußerst abgeschieden auf Sandbänken. In der flachen Landschaft voller Kanäle existieren dann nur noch Wasserwege. Die Vogelwelt ist zahlreich und vielfältig, außerdem werden die Flutgebiete von Lechweantilopen, Hyänen und Schakalen bewohnt. Nach der großen Flut trocknet die Ebene wieder ab und bildet einen sehr fruchtbaren Boden. Von jeher waren die Bewohner des Schwemmlandes gewöhnt, in temporären Dörfern zu leben. Kam die Flut, zogen sie auf Sandbänke oder Hügel, die als Inseln trocken blieben. Und wenn das Land abtrocknete, folgten sie dem Sambesi an seine Ufer. Selbst der Litunga, der Lozikönig, lebte dieser Tradition gemäß in verschiedenen Palästen. Dieser alten Tradition bleiben viele Lozi noch heute treu. Weit versprengt in Kleingruppen leben sie in der flachen, kargen Einsamkeit. Die meisten betreiben Viehzucht (rund eine halbe Million Rinder werden hier gehalten). Um die empfindlichen Böden zu schonen, wechseln die halbnomadisch lebenden Rinderzüchter während der Trockenperiode in den Barotseflutebenen ihre Siedlungsplätze alle zwei bis drei Monate. Der Umzug fällt nicht schwer, weil man nicht viel Besitz kennt. Was sich nicht tragen lässt, wird im Zugschlitten transportiert (siehe Bild S. 179). Das Hauptnahrungsmittel stellt in dieser Region Reis dar, gefolgt von Mais, Fingerhirse und Cassava. Gelegentlich wird der Speiseplan durch Hühnerfleisch und Fisch aufgebessert. Gefischt wird das ganze Jahr über in den klaren "Ponds", traditionell mit Speer und Fischreuse.

Mongu

Als Provinzhauptstadt und Verwaltungssitz ist Mongu die bedeutendste Stadt Westsambias und zugleich das Zentrum der Lozi. Die 1906 gegründete Ortschaft liegt auf dem Hochufer am Rande der Barotseflutebenen, was sie vor Überschwemmungen zur Hochwasserzeit des Sambesi schützt. Mit dem rund 25 km westlich fließenden Strom ist die weitläufige Stadt durch den 8 km langen Malile Kanal verbunden.

Einmal abgesehen von Livingstone ist Mongu im gesamten Westen des Landes die mit Abstand größte Stadt, macht aber dennoch einen etwas vernachlässigten Eindruck, der zur überregionalen Bedeutung dieser Provinzhauptstadt gar nicht passen will. Das hat vermutlich auch mit dem hartnäckigen Nationalismus der Lozi zu tun, der in Lusaka stets mit Sorge betrachtet wird.

Täglich verkehren **Busse** von/nach Lusaka (ca. 12 Euro), private Kleinbusse nach Senanga (ca. 2 Euro) und ein Motorbootservice nach Kalabo (ca. 10 Euro).

Lebensmittel erhält man entweder beim städtischen Markt im Zentrum oder dem Shoprite-Supermarket, der sich etwas versteckt in der Industrial Area neben ZAMBEEF befindet (Richtung Senanga). Wer Kunsthandwerk sucht, wird im Craft Shop neben der Total-Tankstelle fündig.

Mongus Unterkünfte sind einfach. Eine Auswahl der empfehlenswerteren:

- **New Apostolic Church:** Tel. 0217-221311, Am nördlichen Ortsrand bietet das ruhige Kirchengelände Chalets á 13 Euro und sehr einfache Campinggelegenheit an.
- **Crossroads Guesthouse:** Tel. 0217-221649. Kleines Gästehaus mit klimatisierten Zimmern ab 30 Euro, gemütlicher Bar und sicherem Parkplatz (elektrisch umzäunt).
- **Hollywood Motel:** Tel. 0217-221850. Einfache, aber saubere Zimmer (10-19 Euro, je nach Ausstattung) am Stadtrand in Richung Lusaka gelegen.
- **Cheers Lodge:** Tel. 0977-526460. Zwischen Hafen und Stadt am Rand der Flutuferkante mit tollem Ausblick in die Ebene bietet diese Mittelklasselodge eindeutig die beste Lage. Preise: ca. 15 Euro pP.
- **Ngulu Hotel:** Tel. 0217-221258. Eines der älteren Hotels von Mongu, in Richtung Senanga gelegen, mit bewachtem Parkplatz und sauberen Zimmern (17-20 Euro).

Sehenswertes

Der "Hafen" von Mongu

Unterhalb des Hochufers, auf dem Mongu sich ausbreitet und von dem aus die flache Flutebene nach Westen bis zum Sambesi reicht, liegen malerisch viele Boote und Einbäume im Hafen von Mongu. Von hier aus besteht eine kanalisierte Wasserverbindung zum Sambesi. In der Trockenzeit können allerdings nur kleine, flache Boote verkehren.

Lozi-Palast & Museum in Limulunga

Über eine 15 km lange Teerstraße ist Mongu mit Limulunga, dem Hochlandwohnsitz des Litunga, verbunden (nicht ausgeschildert; man verlässt Mongu nach Norden und biegt an der einzigen geteerten Abzweigung links ab). Minibusse verkehren ständig zwischen den beiden Ortschaften. Die Straße führt beständig am Hochufer entlang und gibt einen weiten Blick auf die dunstige Flutebene frei. Im Zentrum der Ortschaft Limulunga liegt der mächtige Litungapalast, in dem der Lozikönig als Zweitwohnsitz während der Überschwemmungsmonate residiert. Direkt gegenüber befasst sich das Nayuma Museum mit der Lozi-Kultur und Traditionen, wie der Kuomboka (geringer Eintritt, Öffnungszeiten: Mo-Sa 09.00-13.00 h und 14.00-16.45 h, So 09.00-14.00 h).

Im Nayuma Museum wird heimisches Kunsthandwerk zu fairen Preisen verkauft

Map

Limulunga ↑🏠 Flughafen
Flutebene Markt 🏠 Markt Hollywood Motel ●
Lealui Cheers Lusaka
Kalabo Lodge Bank● ♨115 New Crossroads Motel
Hafen ♨364 Post Craft Shop
Mongu
♨115 15.16.18 23.08.01 Kreuzung
♨364 15.16.31 23.07.24 Hafen
♨422 15.17.20 23.09.05 Shoprite
N
Senanga → Ngulu Hotel ♨422
1000m Shoprite 🛈

Der Lozi-Palast in Lealui

Königssitz seit vielen Generationen und Schauplatz der Kuomboka-Zeremonie

Zwischen dem Sambesi und Mongu liegt Lealui, die alte Hauptstadt des Lozireiches, mit dem Haupt- bzw. Tieflandpalast des Litunga. (s. S. 33, Kuomboka-Zeremonie). Mitten im kleinen Lehmhüttendorf stehen der palisadengeschützte Litungapalast, der königliche Gerichtshof und die Schule. Alles wirkt recht unspektakulär, selbst die schwarz-weiß gestreifte, königliche Barke *Natikwanda* liegt scheinbar achtlos neben dem Mwaya-wano-Kanal. Während der **Kuomboka-Zeremonie**, wenn Lealui von der Außenwelt abgeschnitten ist, dürfen Besucher hier campieren. Den Rest des Jahres legen die Anwohner jedoch Wert auf Ruhe und Diskretion. Besucher werden sofort von Mitarbeitern des Hofes angesprochen, und wer sich hier umsehen möchte, benötigt zuerst eine Genehmigung des Litunga bzw. einer einflussreichen Persönlichkeit. Das gilt ebenso fürs Fotografieren. Den Palast dürfen Fremde nicht besichtigen. Lozi sind stolz, selbstbewusst und erwarten Respekt vor ihrem König. Mitunter bitten Besucher um eine Audienz beim Litunga. Es zählt zu den ganz besonderen, nur wenigen Gästen gewährten Höhepunkten, wenn dieser Bitte entsprochen wird. Die Macht des Litunga und sein hoher Rang bei den Untertanen sind in Lealui allgegenwärtig, kommen jedoch bei der Kuomboka am besten zum Ausdruck. Ausländische Besucher der Kuomboka müssen für ca. 5 US$ ein Tourist Ticket lösen, das ihnen dafür den Aufenthalt im VIP-Bereich ermöglicht, der von den Massen abgeschirmt wird.

Anreise: Lealui (GPS: S 15.13.60 E 23.01.37) liegt 13 km von Mongu in der Flutebene und ist während der Trockenzeit mit Allradfahrzeugen erreichbar. Man orientiert sich am besten am Lauf der Strommasten, die nahe an Lealui vorbei führen. Entweder wählt man ab dem Straßenmarkt in Mongu eine der vielen Sandspuren im Schwemmland oder benutzt die Deichstraße, die kerzengerade nach Lealui führt. Ganzjährig möglich: Anreise per Boot/ Einbaum (ca. 2 US$ ab Mongu).

Westlich des Sambesi: Liuwa Plain Nationalpark

Nicht geeignet für unerfahrene Reisende ohne Expeditionsausrüstung!

Westlich des Sambesi ist Sambia unerschlossen, dünn besiedelt, tiefsandig und nur mit Geländefahrzeugen bereisbar. Seit dem Ende des Bürgerkriegs im nahen Angola soll Sambias ferner Westen durch den Bau der Ganzjahresstraße nach Kalabo endlich wirtschaftlichen Anschluss finden. Die private Gesellschaft African Parks mit Sitz in den Niederlanden engagiert sich seit 2003 im Wildschutz und dem kommerziellen Ausbau des einzigartigen Liuwa Plain Nationalparks.

Anreise via Kalabo

Schon gewusst?

Liuwa Plain hat eine der ältesten Schutztraditionen Afrikas: Schon Lozi-König Lewanika erklärte sie im 19. Jh. zum Wildschutzgebiet

Zwischen Mongu und Kalabo liegen rund 67 km Tiefsand, zahlreiche glasklare Lagunen, von Kanälen durchzogene Flutebenen und der breite Sambesi. Auf unmerklichen Erhöhungen drängen sich kleine Rieddörfer um einzelne Mangobäume. Bisher musste man sich auf schmalen Sandwegen, die sich immer wieder gabeln, oft parallel verlaufen und nirgends ausgeschildert sind, vorwärts kämpfen. 2003/2004 ist mit Finanzhilfen aus Kuwait versucht worden, eine Ganzjahrespiste mit Brücken und Fahrdämmen aus Sand anzulegen. Doch wie viele vorausgesehen haben, hat die Straße nicht einmal eine Regenzeit überstanden: Das Sambesiflut unterspülte die Sanddämme und riss ganze Straßenabschnitte fort. Zurück blieben hässliche, kaum noch befahrbare Tiefsandpassagen in verunstalteter Natur. Dennoch wird das ehrgeizige Projekt nicht aufgegeben, sondern die Straße nun asphaltiert (noch nicht abgeschlossen!).

Sambesi-Übergänge
· Lealui-Kalabo: Sandaula-Motorfähre (13 Euro)
· Lukulu: Missionsfähre (16 Euro, nur in der Trockenzeit)
· Sitoti: Motorfähre, ganzjährig (16 Euro).

Rund 15 km westlich von Lealui überquert man den Sambesi mit der **Sandaula-Motorfähre** (auch Likundu Ponton genannt). Sie fasst bis zu 3 Fahrzeuge und verkehrt ganztägig (ca. 13 Euro pro Fahrzeug, GPS: S 15.12.33 E 22.55.35). Am Westufer erreicht man nach 52 km die Kleinstadt **Kalabo** (GPS: S 14.59.24 E 22.41.00), mit großem Krankenhaus und Fähranlegestelle über den Luanginga, aber ohne Tankstelle. Direkt davor dominiert das Verwaltungsgebäude von African Parks, wo Besucher der Liuwa Plains das Permitt bezahlen müssen. Auch die Fähre über den Luanginga ist gebührenpflichtig: Oneway 5 Euro pro Fahrzeug, Return 8 Euro, zzgl. 1 Euro Council Levy.

Rechts oben: Hyänen in einem klaren Pond

Am Nordufer des Luanginga warten hohe Sanddünen auf die Ankommenden. Halten Sie sich nun nordwestlich auf der Hauptpiste, die am Rande der Luanginga-Flusssenke verläuft. Nach 11 km, bei Salunda, biegen Sie bei Punkt S 369 in Richtung Norden. Zunächst geht es tiefsandig durch unbeseidelten Buschwald. Allmählich wird die Landschaft lichter, der Wald weicht einzelnen offenen Grasebenen. Je weiter man kommt, um so fester wird der Untergrund. Nach 30 km erreicht man am letzten Waldgürtel vor den schier endlos wirkenden Grasebenen das Community Campsite bei Kings Pools.

Die Liuwa Plain
Der baumlosen, 70 x 30 km großen Liuwa Plain verdankt der Park seinen Namen zu Recht. Sie ist eine geologische Besonderheit, füllt sie sich doch alljährlich zwischen Januar und Mai zu einem riesigen, flachen See. In der Trockenzeit findet hier die **zweitgrößte Gnu-Wanderung Afrikas** statt: Tausende Gnus marschieren über 200 km aus Angola in die Plain und wieder zurück – Eindrücke, wie in der Serengeti!

Natur und Tierwelt

Kaum verlässt man den letzten Waldgürtel, öffnet sich die weite Grasebene und gibt bis zum Horizont eine gelbe Steppe frei. Das kurz gefressene, sehr robuste Gras bewirkt einen außerordentlich harten Bodenbelag, der in der Trockenzeit problemlos befahren werden kann, aber zwischen Januar und Mai völlig überflutet ist. Blassblaue Bauminseln zeichnen sich am Horizont ab, und vereinzelt lockern Ponds (Wassertümpel) die flache Ebene auf. Zum Ende der Trockenzeit sammeln sich hier **Tausende Gnus** zu einem gemeinsamen Marsch nach Angola. Unzählige Zebras mischen sich unter die Gnus, vereinzelt sieht man auch Steinantilopen, Lechwe, Oribis, Ducker, Schakale, Feldhasen und Mangusten. Kronen- und Klunkerkraniche halten sich in außerordentlich großen Gruppen nahe der Frischwasserponds auf. Kräftige Hyänen, Hyänenhunde und Löwen folgen den Antilopen und können oft auch untertags beobachtet werden. In den Bauminseln tummeln sich Meerkatzen. Geier, Sekretärsvögel und Damara-Baumhopfe sind häufig. Kiebitze, Marabus, Finken und Scharlachspinte entdeckt man an den Lagunen.

Tipps & Infos für Parkbesucher

Der Besuch des 3660 km² großen Liuwa Plain NP ist eine **Extremtour**, die man nur im Konvoi von mindestens zwei autarken Allradfahrzeugen unternehmen sollte. Beste Reisezeit ist von August bis Dezember, vor allem Mitte Oktober bis November, wenn sich die Gnuherden einfinden.

2005 brachte große Veränderungen für Parkbesucher: Der **Eintritt** beträgt seither 40 US$ pP/Tag. **Camping** kostet 10 US$ pP/Nacht, für Fahrzeuge fallen keine Gebühren an. Es ist kein Wildcamping mehr erlaubt. Statt dessen wurden drei Community Campsites angelegt (mit Toilette/Dusche, kein Trinkwasser): Kwale, Katoyana und Lyangu. Alle Camps liegen in der Peripherie der Liuwa Plain und somit im Vegetationsgürtel abseits der Tierherden, und sind von Juli bis Dezember geöffnet.

Parkbesuche sollten vorreserviert werden, da die Besucherzahl streng limitiert ist. Die **Vorreservierung** kann per E-mail oder Telefon erfolgen, anschließend müssen 50 % der Gebühren vorab per Banküberweisung bezahlt werden. Wer sich bis 15 Uhr am Anreisetag nicht im Büro von Kalabo gemeldet hat, verliert die Reservierung inklusive aller geleisteten Anzahlungen. Die strengen Regeln sollen den Individualtourismus im Park reglementieren und in feste Bahnen lenken. Daher wird propagiert, einen Scout mitzunehmen, der die Besucher durch die gleichförmige, orientierungsfeindliche Landschaft führen kann (10 US$ pro Tag). Sofern der Park nicht ausgebucht ist, werden Besucher ohne Reservierung eingelassen. **Buchungsadresse**: African Parks Office, P. O. Box 930094, Kalabo. Tel. 0977-158733, E-mail: liuwa@africanparks.co.zm, www.african-parks.org. Das Informationsmaterial auf der Website ist vorbildlich umfangreich.

Offrad zu fahren, ist nur noch in ganz abgelegenen Gebieten zulässig, ansonsten muss man auf dem alljährlich neu angelegten **Wegenetz** bleiben (max. 30 km/h). Nachtfahrten sind nicht erlaubt.

Laut Eigenauskunft sind 95% der Parkbesucher südafrikanische Autotouristen.

Wie in allen vegetationsarmen Zonen ist das **Klima** extrem: tagsüber heiß, nachts kühlt es deutlich ab.

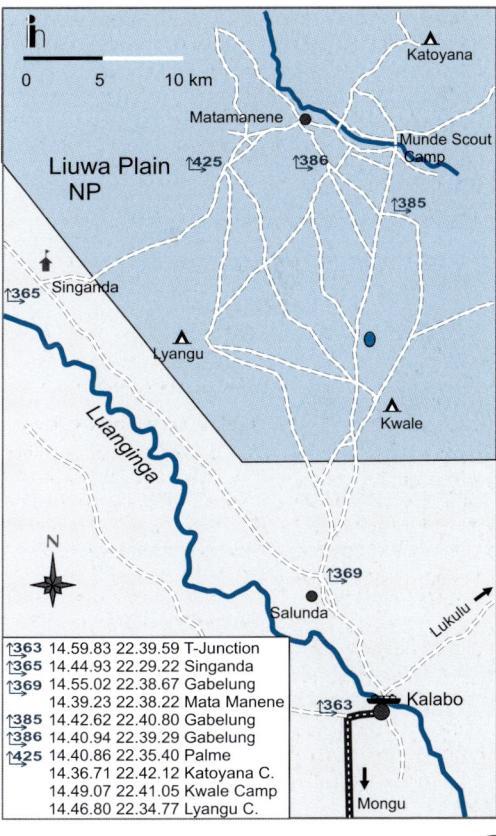

⇑363	14.59.83 22.39.59	T-Junction
⇑365	14.44.93 22.29.22	Singanda
⇑369	14.55.02 22.38.67	Gabelung
	14.39.23 22.38.22	Mata Manene
⇑385	14.42.62 22.40.80	Gabelung
⇑386	14.40.94 22.39.29	Gabelung
⇑425	14.40.86 22.35.40	Palme
	14.36.71 22.42.12	Katoyana C.
	14.49.07 22.41.05	Kwale Camp
	14.46.80 22.34.77	Lyangu C.

Extremroute: Von Kalabo nach Lukulu direkt

Die 105 km lange, extrem einsame und sehr selten befahrene Sandstrecke beginnt bei Kalabo am Nordufer des Luanginga. Die ersten 25 km verlaufen über tiefsandige Dünenzüge und durch Dorngebüsch. Dann führt die Spur in die tiefer liegende Flutebene hinab, bleibt zwar sandig, lässt sich aber besser befahren. Man kommt an mehreren, stets leicht erhöht liegenden Schulen vorbei, die in dieser regelmäßig überfluteten Landschaft als Orientierungshilfen dienen, und deren Zufahrten meist tiefsandig sind. Nach **Lukulu** am Ostufer des Sambesi verkehrt eine **Autofähre** (16 Euro pro Überfahrt). Wenn die neue große Fähre wie z. B. im Jahr 2007 beschädigt ist, wird wieder die kleine alte UN-Militärfähre von der katholischen Santa Maria Mission in Lukulu eingesetzt. Diese setzt hohe Bodenfreiheit voraus und verkehrt nur bei Bedarf. Man muss also an der Mission nach dem Fährmann fragen bzw. fragen lassen. Lukulu bietet eine Dieseltankstelle. Von hier führt eine 65 km lange, sehr malerische Piste weiter zur Watopafähre am Kabompo River (siehe Streckenbeschreibung S. 189).

Zwischen Mongu und Lukulu: Die Luena Flats

Das Gebiet zwischen Mongu und Lukulu ist eine Herausforderung zu jeder Jahreszeit. Als Teil der Barotseflutebene gleicht dieser Landstrich während der Regenzeit einem riesigen flachen See, und in der Trockenzeit warten die Luena Flats mit tief ausgefahrenem Kalaharisand auf. Die einfachste Anreise von Mongu nach Lukulu erfolgt daher auch über den langen Umweg via Kaoma, der ganzjährig befahrbar ist. Es bestehen aber auch zwei Direktverbindungen, die selbst unerschrockenen Allradfahrern nur in der Trockenzeit anzuraten sind. Route Nr. 1 führt von Limulunga aus direkt über die Flutebenen nach Norden. Route Nr. 2 zweigt zwischen Lealui und der Sambesifähre ab, ebenso unbeschildert, und führt kreuz und quer in nördliche Richtung. Sie trennt sich in unzählige Einzelspuren, verläuft aber stets nahe dem Sambesi. Der Weg führt an Zufahrten zu früheren Fishing Camps vorbei, die derzeit alle aus intrastrukturellen Gründen geschlossen sind, obwohl die hervorragenden Fischgründe im "Upper Zambezi"-Gebiet ein Eldorado für Sportfischer wären.

Der Luena River ist übrigens ein "Okavango im Kleinen": Er fließt ganzjährig dem Sambesi zu, erreicht ihn aber nicht, sondern versandet – genau in den beschriebenen, sandigen Luena Flats.

Von Mongu nach Livingstone

Bis Senanga verläuft die Strecke als Fahrdamm durch die flache, eintönige Marsch- und Schwemmlandschaft östlich des Sambesi. Ende 2008/Anfang 2009 wurde die stark beschädigte Straße neu asphaltiert. **Senanga** liegt auf einem flachen Höhenzug und bietet einen weiten Blick über die Flusslandschaft. Die Kleinstadt ist die letzte Station mit Läden und Tankstelle, die allerdings nicht regelmäßig geöffnet hat, für mehrere Hundert Kilometer. Unterkunft bietet direkt im Ort die Bungalowanlage Senanga Lodge mit Campinggelegenheit (8 Euro pP), Bar und einfachem Restaurant (Tel./Fax 0217-230156, Zimmer ab 22 Euro). Ab Senanga geht es auf einer extrem tiefsandigen, kaputten Sandpiste weiter entlang dem Sambesiufer. Die Straße ist durch das regelmäßige Hochwasser stark beschädigt und teilt sich immer wieder in einzelne Spuren. Auf der 20 km langen Strecke bis zur **Sitoti-Motorfähre** läuft die Flutebene aus und die Vegetation wechselt zu niederem Dorngestrüpp. Im Gegensatz zu den vielen Fähren und Pontons in Sambia sind alle Sambesifähren kostenpflichtig (16 Euro pro Fahrzeug, Passagiere reisen gratis). Bei Hochwasser muss die viel genützte Motorfähre mitunter mehrere Kilometer nach Norden ausweichen, doch wird sie ganzjährig bedient.

Am Westufer des Sambesi geht es dann in südlicher Richtung auf breiter, ausgefahrener Sand- und Schotterpiste weiter, für die Allradantrieb und gute Bodenfreiheit notwendig sind. An vielen Stellen erlauben Weichsandpassagen nur sehr langsames Fahren. Die Region ist dünn besiedelt, die wenigen Dörfer sind noch mit traditionellen Strohhütten gebaut; die Bevölkerung sehr freundlich und die Kinder schüchtern. Gelegentlich entdeckt man die auf sandigen Kalahariböden typischen Zugschlitten, und immer wieder begleitet den von der Piste frustrierten Reisenden der eindringliche Ruf des Schreiseeadlers. 55 km südlich der Sambesifähre durchfährt man die kleine Ortschaft **Sioma** und erreicht 5 km weiter die Ngonye Falls (auch Sioma Falls genannt, siehe S. 186).

Bilder links: Fähre in Kalabo; Einsame Siedlung in der Barotseflutebene; Ein Schmied bei seiner Arbeit Rechts: Ochsenkarren in der Westprovinz

Mongu – Livingstone

Gesamtstrecke: 525 km
Fahrzeit: ca. 9-10 Std.
Zustand: zuerst Teer, danach zumeist schlechte bis sehr schlechte Piste
Tankstellen: unterwegs nur in Senanga
Besonderheiten: Sambesifähre bei Sitoti

*Auf der Höhe von Sioma kommt man an der **Sambesi-Insel Mbeta** vorbei. Verschiedenen Quellen zufolge soll diese Insel der Schauplatz eines bemerkenswerten militärischen Schachzuges der Kololo gegen die Matabele gewesen sein. Im 19. Jh. wurden die Kololo von einer feindlichen Matabele-Armee bedroht, welche am Westufer des Sambesi stromaufwärts vordrang. Durch einen Trick entkamen die Kololo den überlegenen, aber ortsunkundigen Matabele: Die bedrohten Kololo brachten all' ihre Rinder auf die Insel Mbeta. Der Lärm der Tiere ließ die Matabele glauben, die Insel sei das bewohnte Ostufer des Sambesi. Deshalb zogen sie auf die große Insel, wo die Kololo noch in der selben Nacht die Kanus der Eindringlinge stahlen. Die Matabele saßen in der Falle – sie konnten nicht schwimmen, gerieten in Panik und wurden von den Kololo vernichtet.*

*Andere Quellen beschreiben den Schauplatz des **Gemetzels in den Linyanti-Sümpfen** südlich von Sesheke, doch lassen die hier auftauchenden Namen "Matabele Plains", "Matabele School & Village" eher auf diese Örtlichkeit schließen.*

Lodges am Sambesi (von N nach S)

- **Maziba Bay Lodge:** Saisonales, preisgleiches Zweitcamp der Mutemwa Fishing Lodge (siehe unten) rund 7 km südlich der Ngonye Falls.
- **Thebe Campsite:** Kleiner, einfacher Campingplatz nahe der Maziba Bay Lodge (8 Euro pP).
- **Sioma Camp:** Tel. 0977-771098, www.sioma camp.com. Neue Anlage 3 km südlich von Maziba Bay unter dänischer Leitung mit Zeltchalets (B&B 40 Euro/DZpP, 56 Euro/EZ), einfachen Mietzelten (ab 12 Euro pP) und kleinem Campingplatz für 7 Euro pP. Schöne Bucht!
- **Kabula Lodge:** Tel. 0027-82-5508642, E-mail: info@kabulalodge.com, www.kabulalodge.com. Hübsche Mittelklasseanlage 58 km nördlich der Namibiagrenze mit Riedchalets zur Selbstversorgung für 23 Euro/DZpP (mit Gemeinschaftsküche) und gepflegtem, schattigem Campingplatz für rund 8 Euro pP. Bootsausflüge möglich. Beliebt bei Vogelfreunden und Ruhesuchenden!
- **Mutemwa Lodge:** Tel. 0027-11-2341747, E-mail: mutemwa.lodge@mweb.co.za, www.royal barotsesafaris.com. Etwa 9 km südlich der Kabula Lodge liegen exklusive Zeltchalets unter hohen Bäumen am Flussufer. All-Inclusive ab 290 Euro/DZpP und 480 Euro/EZ.
- **Sakazima Island Camp:** Tel. 0027-11-4694980, www.sakazima.co.za. Fishing Lodge auf Sakazima Island rund 30 km nördlich der Namibia-Grenze (Bootstransfer/keine Anreise im Pkw möglich). VP ab 90 Euro/DZpP.

Etwa 30 km südlich von Sioma werden Fahrer ausländischer Fahrzeuge an einer Straßenblockade ggf. um eine umstrittene "Community Road Tax" in Höhe von 65 000 Kwacha erleichtert.

Die restliche 140 km von den Ngonye Falls bis zur Grenze nach Namibia verlaufen auf einer ruppigen Piste mit buschiger Landschaft und wenig Ausblick. Anstelle des Miombowaldes haben sich hier Mopane- und Trockenwälder ausgebreitet. In diesem Bereich liegen Lodges, die besonders von (südafrikanischen) Sportfischern und Vogelfreunden besucht werden. 65 km südlich der Ngonye Falls passiert man in Kalobolelwa einen zweiten ZAWA-Checkpoint. Hier zweigt die Stichstraße zu den Ngwezi Pools im Sioma Ngwezi NP ab (siehe rechts).

Die letzten 40 km bis zur Grenze nähert sich die Piste dem Sambesi wieder und gibt dabei gelegentlich spektakuläre Ausblicke auf den trägen Fluss frei. Schließlich gerät man fast unbemerkt in die Zivilisation zurück und gelangt an Sambias einzigen **Grenzübergang** mit **Namibia** (Wenela Border). Wer diesen Grenzübergang benützt, muss eine "Community Levy" in Höhe von 5000 Kwacha pP und eine "Cross Border Fee" in Höhe von ca. 10 US$ pro Fahrzeug bezahlen (die Gebühren variieren teilweise!).

Vor den Grenzgebäuden zur Ausreise nach Katima Mulilo mündet unsere Piste auf die neue, frisch geteerte Fernstraßenverbindung von Namibia nach Livingstone. Eine deutsche Baufirma hat dieses Großprojekt durchgeführt, bei der

Besuch der Ngonye Falls

Rund 5 km südlich von Sioma liegt der erst Ende 2008 installierte **KAZA Nationalpark**, der sich bisher nur auf den Bereich der Ngonye Falls am Sambesi beschränkt (als Teil des geplanten Transfrontier Parks, der sich einmal über fünf Staaten erstrecken soll). Der nagelneue, winzige Park wurde umzäunt; es gibt auch ein paar Campingstellflächen. Der Eintritt beträgt 5 US$ pP und 15 US$ pro Fahrzeug (obwohl es gar nichts zu fahren gibt), Camping kostet 5 US$ pP.

Von hier aus läuft man einige Hundert Meter bis zu den 21 m tief hinabstürzenden Wasserfällen. Oft wird geschwärmt, die Ngonye Falls (auch Sioma Falls oder Sioma Rapids genannt) wären berühmter geworden, wenn sie nicht lediglich 300 km stromaufwärts der gigantischen Viktoriafälle lägen. Sie sind bei hohem Wasserstand, im Juni und Juli, durchaus imposant.

Sioma Ngwezi Nationalpark

Der 5276 km² große Nationalpark liegt im Grenzgebiet zu Angola und Namibia und gilt als selten besuchte und weitgehend sich selbst überlassene Wildnis. Während des angolanischen Bürgerkriegs diente der Park der zügellosen Fleischversorgung bewaffneter Truppen und Rebellen. Zugleich strömten Tausende Flüchtlinge an die Ufer des Grenzflusses Kwando und schnitten den bedrängten Wildtieren den notwenidgen Zugang zum Wasser ab (der Park selbst bietet in der Trockenzeit keine Wasserstellen). Der Bürgerkrieg ist zwar beendet, aber die Dörfer entlang des Kwando sind nicht zur Umsiedlung bereit, und außerdem hofft die Holzindustrie auf eine Park-freigabe, um die reichen Teakholzwälder abzuholzen. Hoffnung gab es für den Park, als die Gesellschaft African Parks im Mai 2003 einen Pachtvertrag schloss und mit dem Wiederaufbau des Parks, mit Patrouillien gegen Wilderer und Plänen für die Wiederaufstockung des Wildbestands und dem touristischen Ausbau begann (gemeinsam mit dem Projekt im Liuwa Plain NP). Doch während sich dort Erfolge einstellen, haben die Betreiber im Sioma Ngwezi NP erkennen müssen, wie desolat hier die Lage ist. Von mehr als 3000 Elefanten (1972) haben vielleicht 200 überlebt, von 1000 Büffeln (1972) nur 20 Tiere. 18 Zebras und 20 Giraffen – mehr haben die Scouts in acht Monaten nicht entdecken können. Dieses traurige Ergebnis, der ungleiche Kampf um den Zugang zum Wasser, und die Lobby der Holzindustrie haben zur Folge, dass sich African Parks im Mai 2004 aus dem Park völlig zurückgezogen hat und ihm keine Chance mehr auf Rehabilitation einräumt.

Individualisten können den Park dennoch besuchen. Der Hauptzugang erfolgt ab dem Scout Camp bei Sioma, wo es sich empfiehlt, einen ortskundigen Führer mitzunehmen, denn die wenigen im Park existierenden Straßen sind überwuchert und kaum zu finden. Allrad ist erforderlich. Alternativ kann man bei Kalobolelwa, 65 km weiter südlich, einreisen. Eine dritte Zufahrt besteht von Norden, wo eine Grenzstraße von Shamgombo entlang dem Kwando River nach Süden führt. Im Park darf man campieren, es stehen aber keinerlei Einrichtungen zur Verfügung.

Die Vegetation wechselt von trockenen Laubwäldern mit Terminalia, Teakholz und Akazien zu offenen Kalaharisandfeldern mit Grasebenen und vereinzelten Wassertümpeln. Doch nur wenige Pools sind zugänglich, wie z. B. Njowe und Ngweze Pools. In der Regel umgehen die Fahrspuren solche Wasserstellen und führen durch dichten, unattraktiven Busch. Der Sioma Ngwezi NP beherbergt als einziger Park Sambias neben dem Luangwatal Giraffen. Doch alle Wildtiere sind aufgrund der starken Wilderei sehr scheu und Pirschfahrten verlaufen äußerst unbefriedigend.

Sambia neben der neuen breiten Teerstraße zwischen Sesheke und Livingstone auch eine imposante Brücke über den Sambesi erhielt. Am Ostufer des Sambesi breitet sich schließlich die eigentliche Kleinstadt **Sesheke** aus (Bank, Hospital). Als ehemaliger Lozi-Königssitz genießt sie historische Bedeutung, die der Besucher aber kaum wahrnehmen wird. Campinggelegenheit am Sambesiufer findet man bei "Brenda's Best Baobab" hinter der katholischen Kirche (4,50 Euro).

Die Straße von Sesheke nach Livingstone führt durch eine sumpfige Flutebene und war früher als schlimmste Straße Sambias berüchtigt. Mit deutscher Finanzierung und Bauleitung entstand bis 2004 eine massive, mit zahlreichen Drainagen und Fahrdämmen verstärkte Asphaltverbindung.

Nach 130 km Fahrt hat man die sumpfige Flutebene durchquert und erreicht die Abzweigung nach **Kazungula**, wo zwei **Sambesifähren** nach Kasane/Botswana übersetzen (an der Abzweigung bietet der Kazungula Rest Stop Mietzelte, Bar und Camping). Die beiden neuen sambischen

Diese Fähre ist ein Politikum: Jahrzehntelang stritten die Kolonialmächte, ob Nordrhodesien (Sambia) und Betschuanaland (Botswana) eine gemeinsame Grenze haben. Die Sachlage wurde niemals geklärt. In den 1960er und 70er Jahren wurde die Frage erneut aktuell, als Sambia und Botswana eine Brücke anstrebten, um Botswana Direktexporte von Rindfleisch und anderen Gütern in den unabhängigen Nachbarstaat zu ermöglichen. Südafrika, damals noch ein Apartheidregime, setzte alle Hebel in Bewegung, dies zu verhindern, weil der Burenstaat von Botswanas Exportwegeabhängigkeit profitierte. So kam es zu der kuriosen Situation, dass beiderseits des Sambesi regelrechte Highways gebaut wurden, die verbindende Brücke jedoch nie errichtet worden ist. Noch immer halten nur die beiden Motorfähren den Grenzverkehr zwischen Sambia und Botswana aufrecht. Aktuellen Meldungen zufolge soll 2009 mit dem Brückenbau begonnen werden.

Faszinierende Termiten

Von den rund **3500** bekannten **Termitenarten** unserer Welt kommen etwa 400 in Afrika vor. Diese unglaublich raffinierten Insektenstaaten existieren seit mehr als 100 Mio. Jahren; ihre bis zu 6 m hohen Bauten sind somit die ältesten Wohnanlagen der Welt. Im südlichen Afrika findet man vor allem Arten, die als Nahrungsmitteldepots rings um den Termitenbau Pilze kultivieren. Sehr vieles aus dem komplizierten Lebenszyklus der Vegetarier bleibt bis heute im Dunkeln. Wahr ist, dass Termiten massive Schäden anrichten und Möbel, Kleidung, ja sogar Häuser zerstören können. Es wird jedoch oft übersehen, dass ihr nützlicher Beitrag zur Verwertung von absterbenden Hölzern und der Auflockerung des Bodens weitaus größer ist. In Afrika werden Termiten auch „**White Ants**" genannt, obwohl sie näher mit Schaben und Kakerlaken, als mit Ameisen, verwandt sind.

Termiten leben in Staatengemeinschaften mit bis zu 3 Mio. Tieren pro Kolonie und sind lebenslang für die Gemeinschaft aktiv. Die meisten Insekten gehören der blinden, halbentwickelten Arbeiterklasse an, die unentwegt schuftet, Gänge gräbt und Tunnel bis in 40 m Tiefe aushöhlt. Nur rund 5 % von ihnen sind Soldaten. Diese größeren Termiten werden von den Arbeitern gefüttert, wenn sie nicht gerade die Gesamtanlage gegen Gefahren von außen, vornehmlich Ameisen, zu verteidigen haben. Vor jeder Regenzeit wachsen Tausende Tiere heran, die von den Arbeitern umhegt und versorgt werden, wobei sie schließlich zierliche Flügel, feste Körper und Augen entwickeln. Eines Tages, meist nach den ersten Regenfällen, strömen diese behüteten jungen Termiten einer Region gleichzeitig aus ihren Bauten aus zu einem kurzen „**Hochzeitsflug**". Viele Gefahren und etliche Feinde, die Termiten als wohlschmeckende Proteinquelle schätzen, warten auf diese Termiteninvasion, und nur wenigen gelingt es, eine geeignete Landefläche auf dem Boden anzusteuern. Treffen dort je eine männliche und eine weibliche Termite zusammen und graben sie sich sogleich in den Boden ein, um eine neue Kolonie zu gründen. Die restliche Lebensaufgabe dieses Weibchens – rund 20 Jahre – wird nun ausschließlich das Produzieren Hunderttausender Eier sein (täglich etwa 30 000).

40-Tonnen-Fähren sind täglich von 06.00 h-18.00 h in Betrieb. Die Grenzbeamten beider Länder fertigen in der Regel auch die letzten ankommenden Passagiere noch ab. Am Sambiaufer muss man die Überfahrt im kleinen Büro der Betreibergesellschaft bezahlen. Pkws kosten 15 US\$, Geländewagen 20 US\$, Motorräder 5 US\$, Passagiere sind umsonst. In Sambia registrierte Fahrzeuge können auch in Kwacha bezahlt werden, was deutlich günstiger ist. Bei der Einreise werden hier wie in Sesheke eine "Car Levy" und "Community Levy" kassiert.

Am Highway zur Grenze liegt der Kazungula Rest Stop (Camping 6 Euro). Die restlichen 60 km bis Livingstone führen über eine gewellte Hügellandschaft entlang des Sambesi, und passieren zahlreiche Lodges und Camps (S. 158ff).

Alternative Strecke von Sesheke:
Nach Livingstone durch Namibia, Botswana und Zimbabwe

Als Alternative zur Fahrt von Sesheke nach Livingstone bietet sich folgende Strecke an: Bleiben Sie auf der westlichen Uferseite des Sambesi und reisen Sie dort nach Namibia aus. Der Grenzübertritt nach Katima Mulilo im **Caprivistreifen** ist unproblematisch (für Deutsche, Österreicher und Schweizer kein Visum nötig, Reisepass genügt. Es wird eine Straßengebühr berechnet; je nach Fahrzeuggröße ca. 110 N\$, zahlbar nur in N\$ und Rand). Katima Mulilo bietet gute und preiswerte Versorgungsmöglichkeiten, es stehen außerdem mehrere Lodges und Campingplätze am Sambesi zur Auswahl. Nach einer weiteren Stunde Fahrt (54 km Teerstraße) erreichen Sie bei Ngoma Bridge die Grenze nach Botswana (für Deutsche, Österreicher und Schweizer kein Visum notwendig, Reisepass genügt). Von hier aus führt die 64 km lange, geteerte Transitstrecke durch den Chobe NP nach Kasane. Kasane bietet gute touristische Einrichtungen und die nahe gelegene Kazungula-Fähre über den Sambesi, um wieder nach Sambia einzureisen.

Alternativ kann man von Kasane auch nach Victoria Falls in Zimbabwe weiterfahren (Visapflicht, an der Grenze erhältlich) und dort die Brücke über den Sambesi zur Wiedereinreise nach Livingstone in Sambia nützen.

Im Nordwesten: Von Kaoma nach Chavuma und zum West Lunga Nationalpark

Diese Strecke setzt bei Kaoma an der Straße zwischen Mongu und Lusaka an (siehe S. 169). 10 km westlich des Kaoma-Turnoffs zweigt eine Sandpiste nach Norden ab. Sie führt durch sehr einsame Urwaldlandschaften und Dambos zur handbetriebenen **Watopafähre**. Erst kurz vor der kostenlosen Fähre tauchen die ersten Dörfer auf. Die Ufer des Kabompo River sind stärker als am Sambesi mit Feldern bebaut, da er nicht zu Überschwemmungen neigt. 21 km nach der Fährüberfahrt trifft man auf die breite Straße zwischen den Ortschaften Zambezi und Kabompo (siehe S. 192). Nach Westen fahrend erreicht man nach 72 km auf gut ausgebauter Piste durch dichten Wald die Stadt Zambezi.

Zambezi

Die verschlafene Stadt versprüht eine besondere Atmosphäre. Ein wenig scheint die Zeit stillzustehen, ein typisches Phänomen für den Nordwesten Sambias. Immerhin gibt es sehr einfache Versorgungsmöglichkeiten, einen kleinen Markt beim Hospital und eine Tankstelle, die jedoch meistens still steht (dann gibt es oft Sprit aus einem Container gegenüber der Tanstelle zu kaufen). Mit einer Fähre (8 Euro pro Fahrzeug) können Verwegene ans Westufer des Sambesi übersetzen und zum Luvale-Palast Mize (s. S. 34, Luvale-Zeremonie) sowie weiter zum Lungwebungu River und an den Lake Mwange gelangen (eine Beschreibung dieser extremen Route bietet die Zambia GPS-CD).

82 Kilometer nördlich von Zambezi liegt an der angolanischen Grenze Chavuma, ein einsamer Außenposten Sambias. Die Piste dorthin ist in gutem Zustand und führt parallel zum Fluss durch ein stark besiedeltes Gebiet. Die Dörfer wirken sehr gepflegt und sind mit großen Bäumen aufgelockert. Unterwegs liegt die größte Sehenswürdigkeit der Region.

Schon gewusst?

Zambezi wurde von den Briten 1908 mit Namen *Balovale* (nach dem Volk Luvale) gegründet. Nach der Unabhängigkeit wurde der neutrale neue Name gewählt, weil hier auch viele Lunda leben

Zwischen Kitwe und Zambezi fahren öffentliche Busse

Watopafähre über den Kabompo River, einen bedeutenden Sambesizufluss

Chinyingi-Hängebrücke

23 km nördlich von Zambezi (2 km nördlich einer Betonbrücke) zweigt links eine Sandpiste zur "Chinyingi Mission 18 km", einer kanadischen Franziskaner-Missionsstation, ab. Entlang dieser Piste erreicht man nach 8 km die über 200 m lange Fußgängerhängebrücke über den Sambesi (GPS: S 13.21.13 E23.00.81).

Es gibt noch eine kürzere Zufahrt zur Brücke, stärker befahren, allerdings unbeschildert. Diese zweigt exakt 21,5 km nördlich des Zambezi Post Office links ab und erreicht die Hängebrücke nach 6 km Fahrt über die Flutebenen.

Die Mission am Westufer war 1954 gegründet worden und zunächst nur mit Booten zu erreichen. Als sich ein tragisches Unglück mit mehreren Todesopfern ereignete, bauten die Missionare in den 1970er Jahren diese Hängebrücke. Zwischen Angola und Sesheke ist sie die **einzige Brücke über den Sambesi** und eine der längsten Hängebrücken Afrikas. Unterhalb der "Swinging Bridge" gibt es inzwischen auch einen Ponton für den Transport von Fahrzeugen.

Reger Fußgängerverkehr herrscht an dieser Stahlhängebrücke. Die Menschen tragen allerlei Waren und Fischkörbe auf dem Kopf, schieben Fahrräder mit Körben voller Hühner und Cassavamehl über das schwankende Stahlgerüst. Durch die vielen Fußgänger wird der Übergang eine ziemlich wackelige Angelegenheit mit freiem Blick in die Tiefe – ein unvergessliches Erlebnis!

Chavuma

Ein Britischer Gouverneur nannte Chavuma einst den entlegensten Fleck des Britischen Empire. Zur Kolonialzeit, vor dem Straßenbau, gab es auch nur unregelmäßige Bootsverbindungen nach Chavuma. Damals verlief der gesamte Handel über den Sambesi. Die bäuerlichen Luvale tauschten Kanus gegen Rinder und verkauften den Lozi Cassava.

Chavuma liegt nur 11 km von der angolanischen Grenze entfernt. Der kleine Ort wird von der großen CMML Mission (Christian Missions in Many Lands) überragt, die auf dem einzigen größeren Hügel liegt. In weitem Umkreis weisen kleine Kirchen auf die Aktivitäten der Missionsstation hin.

Die Mission entspricht einer kleinen Siedlung, die sich selbst versorgt. Neben dem großen Krankenhaus, einer Schule, der Kirche und einem religiösen Buchladen gibt es auch eine eigene Tankstelle und eine Werkstatt. Die Häuser der Missionare sind sehr gepflegt, die Gärten grün und voller Bäume, der Ausblick über den Sambesi grandios. An der Mission wird ein interessantes Handelskonzept praktiziert: An mehreren Tagen in der Woche kommen die Bauern der Umgebung mit den verschiedensten Ernteerträgen. Der Reihe nach liefern sie Unmengen von Obst und Gemüse ab und erhalten im Gegenzug eine Quittung. Mit dieser wiederum können sie auf der Mission gleich oder auch später Kleidungsstücke eintauschen.

Chavuma Falls

Bei Chavuma ist der Sambesi bereits 300 km lang durch Angola geströmt und mächtig angeschwollen. Etwa 1 km südlich der Mission fließt er über einen sehr felsigen Abschnitt (bei Hochwasser handelt es sich eher um Stromschnellen als um einen Wasserfall). Den besten Blick genießt man von der Fähre, die genau unter den Stromschnellen den Sambesi quert (die Überfahrt kostet 8 Euro pro Fahrzeug).

Lunda und Luvale

Die beiden großen Volksgruppen dieser Region sind eng miteinander verwandt. Die Luvale sind stärker an den Fluss orientiert und gelten als diplomatisch geschickter. So handelten sie z. B. im letzten Jahrhundert mit den Sklavenjägern, anstatt von ihnen gejagt zu werden. Die Lunda, Nachfahren des mächtigen Luba-Lundareiches, sind seit dessen Untergang weniger dominant und schlechter organisiert als die Luvale. Sie haben eine ausgefeilte Handwerkskunst und sind begnadete Jäger.

Seit der Ankunft der Europäer haben die Luvale einige Niederlagen erlitten. Als die BSAC ihre Landrechte mit König Lewanika aushandelte, zählte sie die Luvale fälschlicherweise zu Lewanikas Volk. Die Luvale fühlten sich sehr zurückgesetzt. Erst 1941 erhielt der Ort Balovale/Zambezi die Selbstbestimmung durch die sog. Mac Donnel Kommission. Dann teilten die Briten 1948 alles Land westlich des Sambesi den Luvale und das Land östlich davon den Lunda zu. Da beiderseits des Sambesi die Besiedlung aber gemischt ist, musste die neue Regelung zu Problemen führen. Chavuma, eher eine Luvale-Stadt, sollte z. B. von einem Lunda-Chief regiert werden, der aber schon bald resignierte. Die Situation ist inzwischen völlig verfahren und bis heute ungelöst.

Viele traditionelle Fertigkeiten, die anderswo verschwunden sind, gehören hier noch zum Alltag. Ein schönes Beispiel sind die wie Garne aufgerollten Stricke, die geschickt aus der Rinde eines Baumes geschnitten werden. In den Astgabelungen hoher Bäume liegen häufig längliche Behältnisse aus Baumrinden, die traditionellen Bienenkörbe. Aus dem Honig wird später Bier gebraut.

Oben: Nahezu zugewachsene Fahrspur im West Lunga Nationalpark

Von Chavuma zum West Lunga Nationalpark

Die Straße führt zunächst zurück nach Zambezi und dort weiter bis zur Abzweigung zur Watopafähre. Geradeaus geht es hier 68 km durch dichten Wald bis nach Kabompo. Mukwabäume wachsen entlang der einsamen Straße, und hohe, schmale Termitenhügel begleiten den Reisenden.

Der kleine Ort **Kabompo** leicht erhöht über dem Kabompofluss liegend, verfügt über eine katholische und eine CMML Mission, ein Government Rest House und eine Fabrik für Waldhonig, aber keine Tankstelle.

Querverbindung *nach Mwinilunga*

27 km weiter wird in Manyinga der Kabompo River überquert. Hier zweigt die Direktverbindung nach **Mwinilunga** (S. 200) ab. Sie finden die Straße nach Mwinilunga am einfachsten, wenn Sie der Beschilderung in Richtung Hospital folgen und auf diesem Weg Manyinga verlassen. Die schmale Straße trifft bald auf eine etwas breitere Piste und verläuft nun durch dichte Wälder nach Norden. Es wird zunehmend einsamer. Die wenigen kleinen Lundadörfer sind durch dichte Mavunduwälder geschützt. Nach der Regenzeit, wenn das Gras bis 2 m hoch steht, ist die Strecke besonders faszinierend. Viele Affen leben in den Wäldern. Der mittlere Teil der insgesamt 220 km langen Strecke weist teilweise tief ausgewaschene Fahrrinnen auf. Die Straße wird seit den letzten Jahren jedoch regelmäßig ausgebessert.

Weiterfahrt nach Osten

Die Hauptstraße führt weiter durch dichter besiedeltes Gebiet. Der nahe Kabompo erlaubt hier intensive Landwirtschaft und ertragreiche Fischerei. Gute 50 km weiter, auf einsamer Waldstrecke noch vor dem Dorf Chizela, zweigt nach Norden eine unscheinbare Piste ab (GPS: S 13.12.14 E 24.40.92). Ein fast vollkommen verblichenes Nationalpark-Blechschild, auf dem man mit etwas Phantasie die Reste eines Emblems erkennen kann, ist das Einzige, was diesen schmalen Weg als Zufahrt zum West Lunga Nationalpark ausweist (12 km Zufahrt zum Jivundu Scout Camp).

West Lunga Nationalpark

Dieser selten besuchte Nationalpark ist ein Kleinod für Naturfreunde, die fehlende Tiererlebnisse durch andere Highlights, wie die Überquerung des Kabompo per handbetriebenem Ponton und der hohen Wahrscheinlichkeit, seit vielen Monaten der erste Besucher zu sein, kompensieren können. Durch die Wilderei sind die Elefanten vollständig verschwunden, und die verbliebenen Pukus, Büffel, Kudus und Schirrantilopen sind sehr scheu. Dennoch besticht der 1684 km² große Park durch seine dicht bewaldete Uferszenerie, die Teakwälder, Papyrussümpfe und flachen Dambos, auf denen in bizarrer Weise Tausende hellgraue Termitenhügel stehen.

Man wird kaum mehr als Paviane, Meerkatzen, Pukus und Krokodile sehen

Die Waldpiste zum Jivundu Scout Camp endet direkt an der kleinen Fähre über den Kabompo. Hier bezahlt man 10 US$ Eintritt pro Person. Fahrzeuge, Camping im Park und die Fähre sind bisher Verhandlungssache. Bei Bedarf kann man einen Scout mit auf die Tour nehmen. Auf alle Fälle sollte man vereinbaren, wann man vom gegenüberliegenden Ufer wieder abgeholt werden möchte. Am anderen Ufer beginnt der Nationalpark. Eine ruppige, teilweise zugewachsene Piste führt landeinwärts und erreicht nach 4,5 km wieder den Kabompo. Dieser Steiluferbereich eignet sich als Übernachtungsplatz. Im weiteren Verlauf führt die Piste noch einige Kilometer in Ufernähe nach Osten, bis sie schließlich nach Norden knickt. Ob die alte Parkdurchfahrt nach Norden noch möglich ist, scheint sehr fragwürdig, da die Wildhüter seit vielen Jahren nur noch zu Fuß auf Patrouille gehen. Die steinigen Wege im Park werden völlig vernachlässigt. Nach neuesten Informationen wird African Parks (siehe S. 183) künftig das Parkmanagement übernehmen.

Die Regierung hofft seit Jahren, einen Investor zu finden, der sich für den touristischen Ausbau engagiert. Nun hat sich African Parks dazu durchgerungen

Es kursiert eine Anekdote über den Park: Ein Wildhüter namens Adamson Mushala soll in den 1970ern in den angolanischen Untergrund gegangen sein. Jahre später sei er zurückgekehrt, habe im West Lunga NP eine Freischärlergang gegründet, Banken überfallen und Dörfer terrorisiert. Die ausgesandten Soldaten hätten 10 Jahre gebraucht, um ihn in den Wäldern am West Lunga zu fassen. Und nun bleibt umstritten, ob die Wildtier-Dezimierung ihm oder der verfolgenden Armee zuzuschreiben ist.

Mushala wurde jahrelang als Terrorist verfolgt

Weiterfahrt: Nach Solwezi und Kasempa

Die Weiterfahrt in Richtung Solwezi bleibt einsam auf gut ausgebauter Allwetterpiste, die zur Asphaltierung vorgesehen ist (Baumaßnahmen sind im Gange). Rund 60 km ehe man die Abzweigung nach Kasempa erreicht beginnt der neue Teer. Diese Abzweigung liegt 145 km nach der West Lunga-Abzweigung bzw. 225 km nach Kabompo. Auf der restlichen Strecke nach Solwezi sind die kleinen Mutande Falls erwähnenswert (s. S. 198).

Nach Süden gelangt man dagegen durch dichte Wälder mit riesigen Termitenbauten in die 45 km entfernte Ortschaft **Kasempa**. Der kleine Ort ist Sitz einer kanadischen Missionsstation mit Hospital und Werkstatt. Ein paar Läden in Kiosk-Größe und ein malerischer Freiluftmarkt stellen die größten Sehenswürdigkeiten Kasempas dar (keine Tankstelle, nur eingeschränkte Versorgung). Von hier führt eine schmale, wenig befahrene Sandpiste durch viele freundliche Kaondedörfer nach Mumbwa bzw. zum Nordeingang des Kafue NP (wegen der Sumpfsenken und mehrerer Flüsse nur in der Trockenzeit befahrbar; siehe Beschreibung auf S. 174).

Schon gewusst?

Dieser Landstrich mit seiner roten Erde, den Termitenbauten und dichten Laubwäldern gilt als dünnst besiedelter Landesteil Sambias

DER NORDEN – HISTORISCHE ROUTEN UND MODERNE INDUSTRIE

Kasama
Kitwe
Chipata
LUSAKA
Mongu
Livingstone

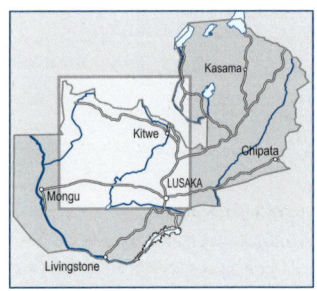

Der Copperbelt, Sambias nördliche "Kupfergürtel"-Region, ist das größte Bergbaugebiet Afrikas. Verkehrstechnisch gut erschlossen reihen sich hier große Minen, Abraumhalden und Minenstädte aneinander. Touristen besuchen den Copperbelt meistens nur als schnelle Transitstrecke in den äußersten Nordwesten Sambias. Dort liegt bei Mwinilunga, im Land der Lunda, ein besonderes Juwel: An der Quelle des Sambesi findet man Zeugnisse frühester Kolonialgeschichte und trifft auf eine faszinierende, facettenreiche Bevölkerung.

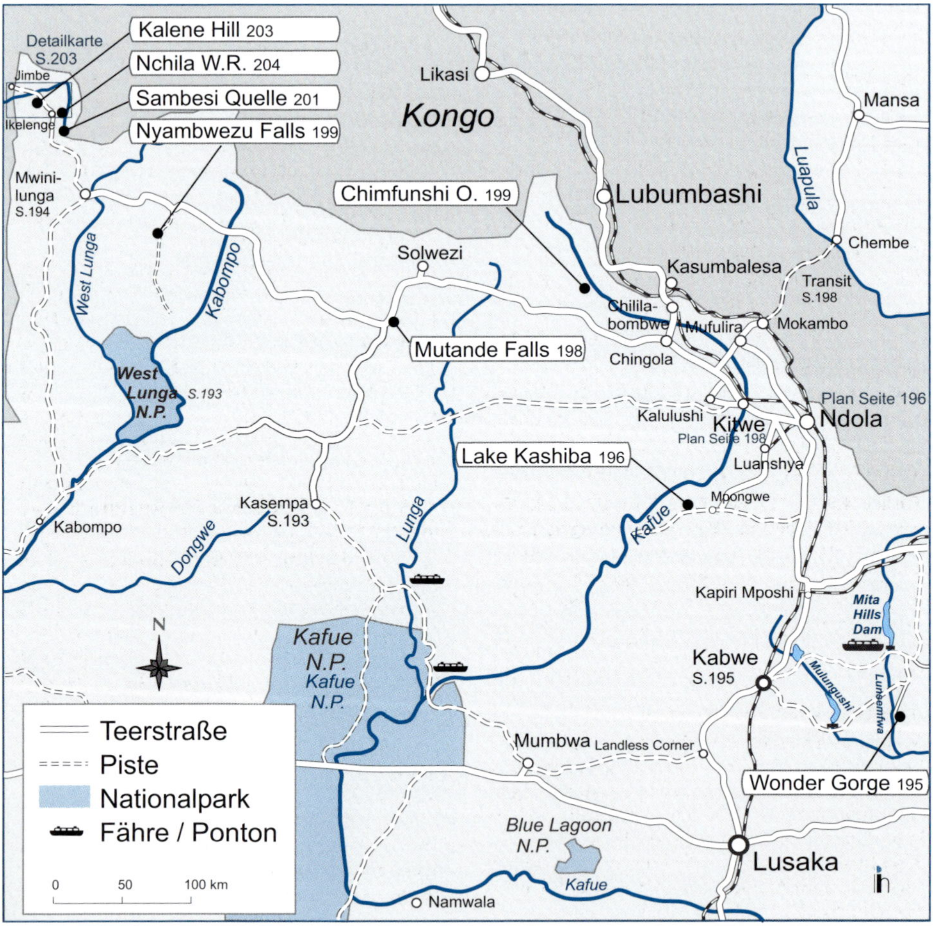

Detailkarte
S.203
Jimbe
Ikelenge
Kalene Hill 203
Nchila W.R. 204
Sambesi Quelle 201
Nyambwezu Falls 199
Likasi
Kongo
Mansa
Luapula
Lubumbashi
Chimfunshi O. 199
Mwini-
lunga
S.194
West Lunga
Kabompo
Solwezi
Chembe
Kasumbalesa
Transit
S.198
Chilila-
bombwe
Mufulira
Mokambo
Mutande Falls 198
Chingola
West
Lunga
N.P.
S.193
Plan Seite 196
Kalulushi
Kitwe
Ndola
Plan Seite 198
Lake Kashiba 196
Luanshya
Mpongwe
Kasempa
S.193
Kabompo
Dongwe
Lunga
Kafue
Kapiri Mposhi
Mita
Hills
Dam
N
Kafue
N.P.
Kafue
N.P.
Kabwe
S.195
Mulungushi
Lunsemfwa
Teerstraße
Piste
Nationalpark
Fähre / Ponton
Mumbwa
Landless Corner
Wonder Gorge 195
Blue Lagoon
N.P.
Lusaka
Kafue
Namwala
0
50
100 km

Von Lusaka in den Copperbelt

Man verlässt Lusaka auf der Great North Road. Die verkehrsreiche Straße führt durch den **Chisamba Farming Block** und über Landless Corner (Abzweigung nach Mumbwa) nach Kabwe. Beiderseits der Straße liegen große Farmen, von denen die meisten in "weißer Hand" sind; manchmal sieht man auch die kleinen Townships der Landarbeiter und immer wieder Gemüsestände am Straßenrand. Mehrere Touristenunterkünfte liegen am Wegesrand: Protea Safari Lodge, Fringilla Farm mit Camping etc. (s. S. 129). 2 km nördlich von Fringilla Farm ist "Van's General Dealer" auch Afrox-Gas-Agent. Nach 140 km Fahrt erreicht man Kabwe.

Kabwe

1906 als Siedlung für die Broken Hill Mine entstanden, wuchs Broken Hill rasch zur größten Stadt der Kolonie. Mit der Gründung Lusakas kam der Niedergang. Nach der Unabhängigkeit erhielt sie ihren Namen nach der früheren Ortsbezeichnung *Kabwe ka Muluba* zurück, und ist heute die ziemlich verschlafene Hauptstadt der Zentralprovinz (am Kreisverkehr im Ortszentrum geht es rechts zum Shoprite und Tusker Hotel). Unterkünfte: Es gibt wenig Grund, in Kabwes ungemütlichen Hotels zu nächtigen, wenn man auf die Lodges bei Chisamba/Landless Corner ausweichen kann (S. 129).

- **Tusker Hotel:** P. O. Box 81390, Tel. 0215-222077, Fax 222076, Freedom Way/Ecke Butungwa Street, E-mail: tuskers@zamnet.zm, www.tuskerszambia. com. Am Südende des Zentrums gelegen, 35 Zimmer, Pool. B&B ab 30 Euro/DZpP, 50 Euro/EZ.
- **Hotel Horizon:** Tel. 0215-223398. Noch zentraler in der Independence Ave gelegen bietet dieses einfache Hotel Zimmer ab 16 Euro/DZ an.

Unsere Einkehrempfehlungen:

- **Maplehurst Restaurant & Delicatessen:** Sambias bekannteste Käsefarm hat 5 km südlich von Kabwe am linken Straßenrand ein kleines Tagesrestaurant mit schönem Gartenbereich und Verkauf diverser Farmprodukte eröffnet.
- **Toys Stop:** Etwa 10 km nördlich von Kabwe am rechten Straßenrand gelegenes Gartenlokal mit diversen Snacks und Getränken.

Lusaka – Ndola

Gesamtstrecke: 309 km

Fahrzeit: ca. 4-5 Std.

Zustand: gute Teerstraße

Tankstellen: Kabwe, Kapiri Mposhi

Besonderheiten: zumeist stark befahren; mehrere Straßenkontrollen (Road Blocks)

Der "große Baum von Kabwe"

Der imposante alte Baum im Zentrum von Kabwe diente früher als Versammlungsplatz der ersten Siedler in den Gründungsjahren der Kolonialzeit.

Wonder Gorge / Bell Point Road

Eine einsame Piste führt zu einem entlegenen Aussichtspunkt am Abhang des Muchinga-Escarpments, der einen imposanten Blick in die tiefe Schlucht gewährt, in der sich die Flüsse Mkushi und Lunsemfwa vereinigen. Der erste Europäer entdeckte 1913 den Aussichtspunkt und gab ihm damals den Namen "Bell Point" nach seiner Freundin Miss Bell.

Von Kabwe führt die Strecke zum **Mita Hills Dam** nach Nordosten und trifft nach 90 km auf die Fähre über den Lunsemfwa. 13 km weiter erreicht man eine Gabelung mit zwei runden Verkehrsschildern. Wenn Sie hier geradeaus fahren, treffen Sie bei **Mkushi** wieder auf die Great North Road. Fahren Sie dazu an der nächsten Gabelung nach 15 km links, dann 50 km geradeaus durch freundliche Lala-Dörfer bis Masansa. Nach weiteren 45 km geradeaus durch Farmland treffen Sie auf die Teerstraße.

Um jedoch zum **Wonder Gorge** zu gelangen, biegen Sie an der Gabelung mit den Verkehrsschildern scharf rechts ab. Nach 10 km macht die Piste eine 90°-Kurve nach rechts, während ein schmaler Feldweg geradeaus weiterführt. Dieser Feldweg ist die völlig einsame, 34 km lange Bell Point Road und nur in der Trockenzeit befahrbar (möglichst mit einem Allradfahrzeug). Der Busch ist sehr dicht, man sieht Paviane und schreckt vielleicht ein paar Turakos und Kaffernhornraben auf. Die letzten 13 km sind in schlechtem Zustand, 2 km vor dem Ziel liegt mahnend die verrostete Karosserie eines alten Vauxhall. Rechnen Sie für die 34 km mit ca. zwei Fahrstunden.

Lake Kashiba

Heben Sie Lust, in einem "Sunken Lake" zu schwimmen? Unterirdische Einstürze ließen diesen kristallklaren **Kratersee** mit 800 m Durchmesser entstehen, der an seinen Rändern schon über 100 m Tiefe misst, und dessen Gesamttiefe nie ergründet wurde. Er wird von steilen (Sprung)-felsen umrahmt, ist Krokodil-frei und eine **schaurig-schöne Badegelegenheit**. Einer Legende nach soll einst das Volk Bena Mbushi im See Massenselbstmord begangen haben. Nur eine Schwangere habe überlebt und sei die Urahnin der heutigen Seeanwohner.

Anreise: 37 km nördlich der Great North Road-Gabelung zweigt die Piste nach Mpongwe ab (67 km). St. Anthony's Mission liegt 30 km nordwestlich von Mpongwe, der See 400 m neben der Missionskirche. Camping ist möglich (kleine Gebühr, etwas unebenes Waldgelände).

60 km nördlich von Kabwe liegt **Kapiri Mposhi**. Der staubige Ort ist ein lebhafter Fernfahrertreffpunkt mit diversen Lokalen, Verkaufsständen, Tankstellen und einfachen Unterkünften, vor allem aber bekannt als Endstation der berühmten TAZARA-Eisenbahnverbindung nach Dar-es-Salaam.

Für Bahnreisende: TAZARA-Station liegt 2 km abseits vom Ort, den Bushaltestellen und dem Bahnhof von Zambian Railways; man muss sich also ein Taxi nehmen.

Für Eisenbahnfreunde: Von der Straße aus sieht man eine nostalgische Drehscheibe zum Umkehren der Lokomotiven.

5 km nördlich der Ortschaft gabelt sich die Straße: Nach Nordosten zweigt hier die **Great North Road** ab (S. 207), während die Straße in den Copperbelt an der Glasfabrik vorbei nördlich weiter führt und rasch einsam wird. Am Straßenrand liegen Holzkohlebündel und gelegentlich auch Kalebassen zum Verkauf aus. Nach 37 kommt der Abzweig zum Lake Kashiba (links), nach 62 km zum Nsobe Game Camp (rechts). Etwa 80 km nördlich von Kapiri Mposhi zweigt links die Straße nach Chingola und Kitwe ab, wo nach 11 km die Neptun Farm Chalets und Camping anbietet. Geradeaus erreicht man dagegen 23 km weiter die Ölraffinerie, das Industriegebiet und schließlich, 309 km von Lusaka, das Zentrum von Ndola.

Ndola

1904 war eine erste Siedlung am Ufer des Kafue gegründet worden. Durch den Ausbau der Minen setzte ein solches Wachstum ein, dass Ndola zur kommerziell wichtigsten Stadt des Nordens wurde. Heute ist sie die zweitgrößte Stadt Sambias, das Stadtbild ist aber weniger industriell als vielleicht zu vermuten wäre. Ndola wirkt weitläufig mit breiten Straßen, und dem flüchtigen Betrachter scheint es fast, als hätte die Stadt die letzten Jahre einfach verschlafen. Weil sich hier die Ölraffinerie befindet, gibt es in Ndola den billigsten Sprit des Landes.

Tipp: Das kleine Copperbelt Museum in der Buteko Ave. ist die interessanteste Sehenswürdigkeit Ndolas (gemischte Ausstellung, Souvenirladen mit Literatur). Geöffnet täglich von 09.00–16.45 h, Eintritt ca. 4 Euro.

Ndola

1 Savoy Hotel
2 New Ambassador
3 Bahnhof
4 Bootsclub
5 Hospital
6 Busstationen
7 Copperb. Museum
8 Post
9 Shoprite
10 Golf Club

500m

Unterkünfte in Ndola

- **Mukuba Hotel**: Tel. 0212-651000, Fax 651007, E-mail: mukhotel@microlink.zm, www.mukubahotel. com. Beim Messezentrum an der Straße nach Lusaka gelegenes, ansprechendes Mittelklassehotel mit diversen Bars, Restaurant, großem Garten mit Pool. Preise: B&B ab 40 Euro/DZpP, 65 Euro/EZ.
- **New Savoy Hotel:** Buteko Ave./Ecke Moffat Road, Tel. 0212-611097, Fax 614001, Einst das beste Haus in Ndola, sehr zentral, mit Kasino, etwas in die Jahre gekommen. B&B ab 53 Euro/DZpP.
- **New Ambassador:** President Ave./Ecke Buteko Ave., Tel. 0212-617071/613038. Einfache Mittelklasse, zentral gelegen, mit Preisen ab 23 Euro/DZpP.
- **Nsobe Game Ranch:** Tel. 0212-671008, E-mail: nsobe@iwayafrica.com, www.nsobegamecamp.com. Große Wildfarm mit 15 Antilopenarten unter schwedischem Management etwa 45 km südlich von Ndola (plus 9 km Zufahrt). Am Staudamm liegen Safarizelt-Chalets, ein Restaurant und eine Campingwiese (Vorsicht: Rote-Waldameisen-Plage, nur Flusswasser vorhanden). Preise: Chalets mit HP 55 Euro/DZpP, Camping 5 Euro plus 5 Euro Tageseintritt. In der Lodge "Mukuyu Camp" kostet All-Inclusive 97 Euro/DZpP. Unsere Meinung: Ein erholsames Camp für Naturfreunde.

Tipps und Infos für Ndola

Kliniken: Ndola Hospital, Tel. 0212-611585. Ndola Trust Hospital, Tel. 0212-614604 und Miramar Medical Centre, Tel. 0212-618191. Lebensmittel: Beste Auswahl beim Shoprite-Supermarkt, President Ave./Ecke Blantyre Rd. Restaurant: Arabian Nights, Tel. 621086, Development House, President Ave. nahe Nkana Rd. British Airways: President Ave./Ecke Moffat Rd., Tel. 0212-613002. Mietwagen am Flughafen: AVIS (Tel. 0212-620741), Imperial Car Rentals (Tel. 0212-617062).

Weiterfahrt: Von Ndola nach Kitwe

Eine zweispurige Autobahn verbindet die beiden größten Städte im Copperbelt. Nach 8 km Fahrt weist ein Schild zum Dag Hammarskjöld Memorial (5 km), an der Stelle, wo am 18.9.1961 der damalige UN-Sekretär mit dem Flugzeug abstürzte und tödlich verunglückte. 2 km weiter nähert man sich dem einsamen, eingezäunten Chichele Mofu Tree. Dieser über 100 Jahre alte und 30 m hohe Mofu-Baum steht unter Denkmalschutz. Eine Mahntafel mit einem Gedicht gegen die verheerende Abholzung, die insbesondere im Copperbelt in den 1940er und 50er Jahren stattgefunden hat, ist am Gedenkstein angebracht.

Kitwe

Durch großflächige Forste führt die Straße weiter, an der Abzweigung zum Minenort **Luanshya** vorbei, nach Kitwe. Nachdem man den Kafue überquert hat, empfängt die Stadt ihre Besucher zuerst mit einer riesigen Abraumhalde. Wer nach Kalulushi, Kasempa oder zum Chembe Bird Sanctuary fahren möchte, sollte am Ortseingang links zur Nkana Mine abbiegen und damit den Ortskern umgehen. Die Siedlung Kitwe entstand 1935 nahe dem gleichnamigen Fluss, um eine Handelsstation für die nahe Nkana Mine einzurichten. Sie ist zu einer weitläufigen Stadt mit mehr als einer halben Million Einwohner angewachsen, jedoch ohne touristische Attraktionen geblieben.

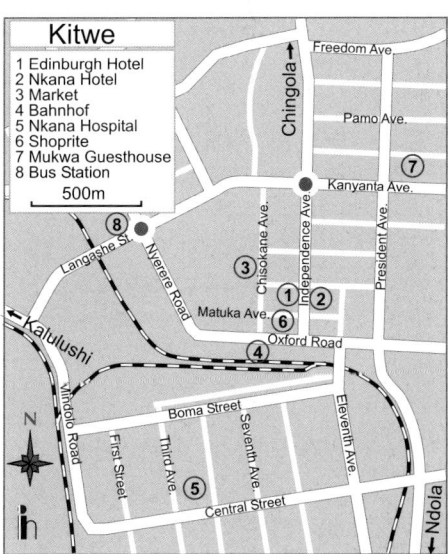

Kitwe
1 Edinburgh Hotel
2 Nkana Hotel
3 Market
4 Bahnhof
5 Nkana Hospital
6 Shoprite
7 Mukwa Guesthouse
8 Bus Station
500m

Kitwe: Unterkünfte, Tipps & Infos

- **Edinburgh Hotel:** Independence Ave., Tel. 0212-222444, Fax 225036, E-mail: edinburgh@zamtel.zm. Traditionsreiches Stadthotel mit Kasino und Pool. B&B 35-65 Euro/DZpP.
- **Eagle Guest House:** Frazer Crescent, Tel. 0212-229748, Fax 230153, E-mail: eagle@zamnet.zm, www.eagleguesthouse-kitwe.com. Familiäres Gästehaus mit B&B ab 26 Euro/DZpP, 45 Euro/EZ.
- **Mukwa Guest House:** Mpezeni Ave., Tel. 0212-224266, E-mail: info@mukwalodge.co.zm, www.mukwalodge.co.zm. Restaurant, Pool, sehr gepflegte Anlage. B&B 55 Euro/DZpP, 88 Euro/EZ.
- **Kumasamba Lodge:** Liegt südlich von Kitwe, noch vor der Kafuebrücke, mit 5,7 km langer, beschilderter Zufahrt. Beschauliche Anlage mit Restaurant, Pool, Rondaveln (22 Euro pP bei VP), Zimmern (32 Euro/DZ bei VP) und Campinggelegenheit direkt am Kafue (4 Euro).
- **Lebensmittel:** Beste Auswahl im Shoprite.
- **Kliniken:** Central Hospital, Tel. 0212-228011, nördliche Independence Ave.; Nkana Hospital, Tel. 227355, zwischen Central und Boma Street.

Tipp: Chembe Bird Sanctuary

27 km westlich von Kitwe liegt an der Teerstraße in Richtung Kasempa ein 450 ha großes Vogelschutzgebiet mit Campingplatz der Wildlife & Enviromental Society (mit Toiletten und fließend Wasser ausgestattet, Duschen gibt es nicht). Am bewaldeten See kann man Fischen und Boote mieten. Vorsicht: Krokodile! Tagesbesuch: ca. 1 Euro, Campinggäste: 2 Euro pP.

Weiterfahrt: Von Kitwe nach Mwinilunga

Die 50 km lange Straße nach Chingola führt an großen Farmen und Townships vorbei. Eintöniger Busch wechselt ab mit Aufforstungsgebieten. **Chingola** bietet keine touristischen Anreize, aber gute Versorgunsmöglichkeiten (Shoprite), und wird geprägt von der Konkola Mine und zahlreichen Abraumhalden.

- **Protea Hotel:** Chililabombwe-Chingola, Tel. 0212-312810, Fax 313510, E-mail: reservations@phchingola.co.zm, www.proteahotels.com. Nobelste Unterkunft im Copperbelt. 40 Zimmer mit Air-con und TV, schöne Gartenanlage mit Pool, Restaurant. B&B ab 60 Euro/DZpP, 105 Euro/EZ.
- **Rosewood:** Gästehaus in der President Ave., Tel. 0966-786131,E-mail: rosewood@zamnet.zm.

Etwa 20 km nördlich von Chingola liegt **Chililabombwe** am Hauptgrenzübergang zum Kongo. Mehrere militärische Roadblocks kontrollieren hier den regen Transport- und Personenverkehr zwischen Lubumbashi und den sambischen Städten.

Die weitere Strecke nach Westen zweigt eher unauffällig an einem Road Block im Minenbereich westlich von Chingola ab. Sofort wird es einsam und beschaulich. Nach 42 km Fahrt empfehlen wir Tierfreunden den Abstecher zur Chimfunshi Orphanage (siehe rechts). **Solwezi**, nach 170 km fernab der übrigen Minenstädte gelegen, ist eine aufstrebende, wenig ansehnliche Bergbaustadt mit Tankstellen, Shoprite und Internetcafé. 34 km nach Solwezi zweigt die Straße nach Mwinilunga ab. 300 m vorher liegt die kurze Zufahrt zu den **Mutande Falls** (GPS S 12.23.58 E 26.14.26, Camping- und Badegelegenheit). 82 km vor Mwinilunga zweigt eine kleine Allrad-Waldpiste bei GPS S 11.49.32 E 25.06.20 zu den 15 km entfernten **Nyambwezu Falls** ab. Ein Holzsteg führt über den Bach zum kleinen Wasserfall in dichter Vegetation.

Der Kongo-Transit

Zwischen Mufulira im Copperbelt und Chembe in der Luapula Provinz führt eine sambische Transitstrecke (auch Pedicle Road genannt) durch den sog. **Katangazipfel** des Kongo. 16 km östlich von Mufulira markiert eine Militärkontrolle den sambischen Grenzposten Mokambo. Jenseits der Schranke, in der Republik Kongo, gilt es, die Durchreiseerlaubnis für den Kongo zu erhalten (ein Akt zwischen Komödie und Spießrutenlauf, bei dem alle persönlichen Dokumente geprüft werden und die Grenzer auf kleine "Cadeaus" hoffen). Die 72 km lange, einsame Transitstraße voller Schlaglöcher endet bei den kongolesischen Grenzbeamten am breiten Grenzfluss Luapula, wo 2008 die "Chembe Bridge" fertiggestellt wurde und seither die alte Motorfähre ersetzt. Die Strecke wird derzeit asphaltiert (nach deren Fertigstellung soll eine Straßenbenützungsgebühr erhoben werden). Da es sich um einen Transit durch den Kongo handelt, sind keine neuen Sambia-Visa erforderlich, aber es fallen dennoch zahlreiche kleine "Transit- und Sondergebühren" für die Abwicklung an. Wichtig ist der Nachweis einer Gelbfieberimpfung für den Kongo. Und nicht vergessen: Im Kongo herrscht Rechtsverkehr! Rechnen Sie für den Transit insgesamt mit drei bis vier Stunden. Die Grenzposten schließen um 18 Uhr.

Unser Tipp: Chimfunshi Wildlife Orphanage

42 km nach dem Chililabombwe-Turnoff weist ein Schild rechts zur Chimfunshi Wildlife Orphanage (18 km Piste). Dahinter verbrigt sich ein höchst engagiertes Projekt für ausgesetzte Schimpansenwaisen. Sheila und David Shiddel gründeten die **Schimpansenfarm** 1983 auf ihrem Farmgelände, nachdem ihnen ein von Wilderern verletztes Schimpansenbaby übergeben worden war, das sie mühsam mit der Flasche "hochpäppelten". Seit jenem Tag ist viel geschehen: 113 Schimpansen und ein halbzahmes Hippo namens Billy leben in Chimfunshi. Drei elektro-umzäunte Freigehege mit je 250 ha Fläche bieten den Tieren weitläufigen natürlichen Lebensraum, und ein Fortbildungszentrum informiert und schult Einheimische.

Die meisten der 113 Menschenaffen haben Trauriges erlebt, ehe sie aus aller Welt nach Sambia kamen: wie Kleinkinder in Familien gehalten, ehe sie zu groß wurden; für Zirkuseinlagen verkleidet; als Babies der getöteten Mutter entrissen und auf Märkten verkauft, als Maskottchen in Bierkneipen gegängelt und alkoholsüchtig gemacht... In Chimfunshi finden alle zunächst eine neue Heimat und werden dann behutsam in einen der sieben Clans integriert. Nicht alle Tiere dürfen später im freien Gehege leben, manche sind so angeschlagen, dass sie ihr Leben in Käfigen verbringen müssen. Aber jedes einzelne Tier rufen Sheila Siddle, Tochter Sylvia und die rund 25 Angestellten beim Namen und kennen ihre Vorlieben, Ängste und Schwächen (David Siddle ist 2006 gestorben).

Chimfunshi schenkt den Tropenbewohnern, die sich aufgrund der Rahmenbedingungen in Sambia nicht ganzjährig selbst aus der Natur versorgen können, die größtmögliche Freiheit, die man Wesen, die sowohl von Zufütterung abhängig sind, als auch Schutz vor Wilderei brauchen, überhaupt gewähren kann. Sie sind sozusagen in riesigen Freigehegen ausgewildert – kein Zoo bietet Schimpansen ein großzügigeres Umfeld, und nirgendwo in ihrer tropischen Heimat fänden sie diesen Frieden.

Bitte berücksichtigen Sie: Dies ist kein touristisches Projekt. Im Mittelpunkt stehen das Wohl der 113 Schimpansen und der Bildungsgedanke, z.B. Schulklassenbesuche. Interessierte Besucher können im ggf. Education Centre nächtigen (17 Euro pP), bei Sylvia Siddles Haus am Kafueufer **campieren** (einfache, idyllische Kuhwiese mit rudimentären Sanitäreinrichtungen, 8 Euro pP), vormittags am Bushwalk mit den jungen Tieren teilnehmen (80 Euro pP) und einer Fütterung beiwohnen und die Freigehege besuchen (16 Euro pP). Kontakt: Tel./Fax 0212-311293/100, www.chimfunshi.org.za

Der **Walk with the Chimps** geht förmlich "unter die Haut": Engster Körperkontakt, Schmusen, Abtasten, Rangeln. Verdreckte, zerrissene Kleidung nicht auszuschließen! Nur geeignet für Leute, die solche Nähe nicht scheuen, sondern als Sternstunde ihres Lebens wahrnehmen.

Bilder von oben:

Im Freigehege Nr. 3 leben 46 Tiere;

Alice, die Sanftmütige, die meistens mit auf Bushwalk gehen darf

Mwinilunga und der Ursprung des Sambesi

Mwinilunga ist ein gemütliches Städtchen auf hügeligen 1370 m Höhe. Die wenigen Europäer sind fast alle im großen städtischen Krankenhaus beschäftigt. Es ist eine Hochburg der Honigproduktion. Unterkunft finden Sie am Ortseingang im *Lunga Bridge Resthouse*. Es gibt eine Tankstelle (jedoch die meiste Zeit nur Sprit aus Kanistern!) und wenige kleine Läden.

Größter Arbeitgeber der Region war einst die Mwinilunga Cannery, wo Ananas aufgekauft und verdost wurde. Nach der Privatisierung ging die Ananasfabrik in Konkurs und die Bauern sitzen nun ohne Abnehmer auf ihren Ananasplantagen, weil die Gegend viel zu weit von potenziellen sambischen Märkten entfernt liegt. So finden die Käufer in Lusaka nur importierte südafrikanische Früchte, während Tausende Ananas hier verrotten. Tipp: Ananasernte ist von Oktober bis Januar.

Bild S. 199: Holzkohle-verkauf im Copperbelt;

Bilder rechts: Sambesi-Holzbrücke bei Ikelenge; Ananassaison im Lundaland!

In Mwinilunga endet auch die Teerstraße. Von hier aus geht es nur noch auf Erdstraßen weiter. Entweder nach Kabompo im Süden (S. 193) oder in den äußersten nordwestlichen Zipfel des Landes bei Ikelenge – und diesen Abstecher sollten Sie auf keinen Fall versäumen.

Angola und Kongo umschließen die kleine Region, und nur eine einzige Straße hält die Verbindung mit dem Rest Sambias aufrecht. Man könnte meinen, es sei ein recht vergessener, bedeutungsloser Fleck. Dabei ist er von besonderer geologischer und historischer Bedeutung: Als Wasserscheide und durch die Missionstätigkeit eines Arztes in Kalene Hill (S. 202).

Die Lundaschwelle:
Wasserscheide zwischen Sambesi und Kongo

Der Sambesi entspringt 1433 m über dem Meeresspiegel. Von seiner Quelle strömt der unscheinbare Bach zunächst nordwärts und erhält durch den Sakeji seinen ersten Zufluss. Bald knickt er nach Westen ab und fließt in einem Bogen schließlich nach Angola. Die sambische Staatsgrenze orientiert sich dabei am Lauf des Sambesi.

Das Hochplateau, auf dem der Sambesi entspringt, führt ganzjährig Wasser. Unzählige Bäche lassen rasch größere Flüsse entstehen. Das allein ist nicht ungewöhnlich, doch ganz nahe der Sambesiquelle enspringen andere Quellen, die die Wissenschaft lange Zeit als die Kongoquellen angesehen hat. Dass die eigentliche Kongoquelle die Quelle des Chambeshi in Nordostsambia ist, gilt inzwischen als bewiesen. Doch Fakt ist: Auf der südlichen Seite strömen alle Flüsse und jedes Rinnsal dem Sambesi zu und schließlich in den Indischen Ozean. Wenige Meter daneben fließen alle Gewässer nach Norden in die tropischen Urwaldflüsse des Kongobeckens und münden Tausende Kilometer weiter in den Atlantik. Diese Wasserscheide zwischen den beiden mächtigsten Flüssen im südlichen Afrika verläuft quer durch Angola, entlang der Nordgrenze Sambias und weiter bis an den südlichen Tanganjikasee.

Das Plateau leidet keinen Wassermangel, erhält mehr Regen als das übrige Sambia und gilt deshalb als sehr fruchtbar. Die Landschaft wird von dichten Wäldern, die von sumpfigen Marschen durchsetzt sind, geprägt. Überall stehen Termitenhügel, auf manchen wachsen riesige Bäume. Die Region war einst sehr wildreich. Doch die Lunda gelten als gute Jäger, und seit zahlreiche Flüchtlinge aus den Nachbarländern einströmen, gibt es kaum noch frei lebendes Wild. Selbst Vögel und Affen werden intensiv gejagt.

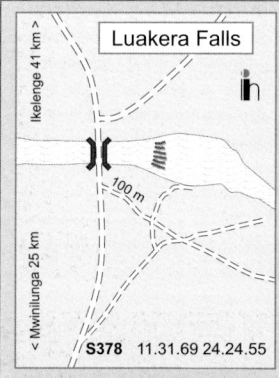

Luakera Falls

Ikelenge 41 km >

< Mwinilunga 25 km

100 m

S378 11.31.69 24.24.55

Luakera Falls

Bereits 5 km nach Mwinilunga wird die Teerstraße zu einer schmalen Piste, die nach weiteren 20 km den Luakera überquert. Einige hundert Meter vor der Brücke zweigt rechts ein Waldweg ab, der an die Wasserfälle des Luakera führt. Der Platz eignet sich zum Campen. Unterhalb des Wasserfalls liegt ein beliebter Badeweiher mit Sandboden.

Die Sambesiquelle

22 km nach der Brücke über den Luakera weist ein Schild rechts die Zufahrt zur Quelle aus. An der Schranke werden 3 US$ Eintritt pP und pro Fahrzeug und ggf. 10 US$ für Camping berechnet. Danach führt ein 4,8 km lange Waldweg zum Parkplatz und dem Visitor Centre. Ein Fußweg führt in eine Senke, wo der Sambesi als klares Rinnsal durch das Dickicht plätschert. Zur Quelle selbst, einst vom britischen Missionar F. S. Arnot entdeckt, führt ein Trampelpfad.

Von der Abzweigung zur Sambesiquelle liegt **Ikelenge** noch 20 km entfernt. Das Dorf hat ein Immigration-Office, ein Gesundheitszentrum, eine Mission und einen kleinen Markt, wo sich die Straße gabelt: Links geht es nach Jimbe Bridge an der Grenze zu Angola (36 km). Geradeaus erreicht man einen Buchladen, wo sich die Straße erneut gabelt. Links führt sie zur Republik Kongo, rechts zur Hillwood Farm und dem Nchila Wildlife Reserve (S. 204).

Kwi-Ilola: die Sambesi-Rapids

Fährt man nach Jimbe Bridge, erreicht man nach 15 km die Gabelung zur neuen Kalene Mission. 500 m weiter zweigt zwischen ein paar Hütten ein Feldweg rechts ab, der nach 5 km auf den Sambesi trifft. Er fällt an dieser Stelle über mehrere Kaskaden und Felsen. Durchwatet man den Sambesi flussaufwärts, erreicht man die Stromschnellen. Ein Teil des Sambesi fließt am Parkplatz unterirdisch weiter. Vorsicht: Diebstahlgefahr, Autos nicht unbeaufsichtigt lassen.

Angola-Markt in Jimbe Bridge

In Jimbe Bridge an der angolanischen Grenze findet mittwochs und samstags ein großer Markt statt. Neben der Grenzbrücke entsteht auf sambischer Seite ein lebhaftes Treiben. Die Angolaner bieten Lebensmittel aller Art an, z. B. Kuchen, Fisch, Fleisch, Bohnen und Früchte. Die Sambier verkaufen Haushaltswaren, wie Seife, Scheren und Fahrradersatzteile. Der beliebte Grenzmarkt ist eine bedeutende Institution. Mit Glück kann man vielleicht einen der **kunstvolle**n **Cassavakörbe** dieser Region, "Musado" genannt, erstehen. Sie haben ein wenig die Form einer langen Blumenvase und sind in unterschiedlichen Techniken geflochten. Dabei erhalten sie neben der dekorativen Besonderheit eine ganz verblüffende Festigkeit.

Eine starke Persönlichkeit: Dr. Walter Fisher und seine Kalene Hill Mission

Im Juni 1889 trifft in Banguella, einer Hafenstadt in der portugiesischen Kolonie Angola, eine Handvoll Missionare ein. Es sind Männer und Frauen, die unter der Führung von F. S. Arnot ins völlig unerschlossene Innere Afrikas gehen wollen. Unter ihnen befindet sich der 23jährige Walter Fisher. Ein langer Treck mit über 100 Trägern wird zusammengestellt. Die Frauen werden in Hängematten getragen, die Männer laufen. Jeden Tag bricht die Gruppe vor dem Morgengrauen auf, mittags wird bereits ein Rastplatz gesucht. Am Abend singen die angehenden Missionare und predigen den Trägern das Wort Gottes. Diese halten die Briten für harmlose Geisteskranke, weil sie unbewaffnet durch halb Angola ziehen und von verrückten Dingen sprechen. Nach wenigen Wochen sind bereits zwei Missionare dem Fieber erlegen.

Zunächst bleibt die Gruppe im angolanischen Bihe. Sie lernen die Landessprache, ihre Wohn-hütten selbst zu bauen und mit der einseitigen, fremdartigen Nahrung zurecht zu kommen. Ihr größter Feind ist die Malaria, da in jener Zeit Chinin noch nicht zur Vorbeugung eingesetzt wird.

Die irische Krankenschwester Anna Darling kommt 1891 nach Bihe. Ein Jahr später heiraten Anna und Walter Fisher und ziehen bald weiter, denn sie wollen selbst eine Missionsstation weit im Innern Afrikas aufbauen. Etwa auf halbem Weg nach Bunkeya in der Katangaprovinz, wo Arnot bereits missionierte, gründen sie die Station Kavungu. Die Fishers sind der **einzige Arzt** und die einzige Krankenschwester auf hunderte Kilometer. Sie bauen die Mission eigenhändig auf. Zur Außenwelt besteht kaum Kontakt, alle Waren müssen mühsam aus den Häfen Angolas heran geschleppt werden. Sie leiden Not an Mehl und Zucker, ernähren sich vorwiegend von Cassava, Honig und wilden Früchten. Immer wieder sind sie **wochenlang fieberkrank**. Deshalb geben sie Kavungu bald auf und ziehen des deutlich gesünderen Klimas wegen nach Kazombo. Doch hier herrscht der König Sakawumba, der den Missionaren erst äußerst kritisch, ja fast feind-lich gegenüber steht. Im Laufe der Zeit verbessert sich das Verhältnis, und als Sakawumba im Sterben liegt, ruft er sogar nach Dr. Fisher. Dieser kann zwar nichts mehr für ihn tun, verhindert aber, dass ein alter Brauch durchgeführt wird. Demzufolge wären 5 der 10 Witwen getötet und mit ins Grab gelegt worden. Zwei weiteren wären die Arme und Beine abgehackt worden, und sie wären so verstümmelt als "Wachposten" auf das Grab gelegt worden.

Walter Fisher ist ruhelos. Er wünscht sich, eine Mission dort zu gründen, wo die Menschen noch nie von Christus gehört haben. 1906 besucht er das Sambesiquellgebiet, das ganzjährig Wasser führt. Es liegt im hoch gelegenen Grenzbereich zwischen Portugiesisch-Angola und Bel-gisch-Kongo. Noch hat keine Nation so recht Anspruch auf diese Region erhoben. Einen einsamen Hügel im Flachland hatte Arnot einst 'Border Craig' genannt. Walter Fisher gibt ihm jetzt den Namen Kalene Hill und **gründet hier sein Lebenswerk**.

Mit seiner Familie zieht er 1906 an den Kalene Hill mitten im Lundaland. Der Sklavenhandel ist noch immer nicht vorbei, eine Sklavenroute führt sogar durch das Gebiet. Das Land ist verwüstet, die Menschen sind verschreckt. Alle Dörfer sind durch Palisaden geschützt. Durch die vielen Angriffe herrscht eine Atmosphäre voller Angst. Viele Dörfer liegen versteckt im Urwald, nicht einmal Pfade führen dorthin. Dr. Fisher findet sie nur, wenn er abends vom Berg Ausschau hält und irgendwo Rauch aufsteigen sieht. Wenn er dann am nächsten Tag zu den Dörfern läuft, flüchten die Menschen in Panik. Die Stammeskriege zwischen den Häuptlingen Ikelenge, dem Elefan-tenjäger, Ibala Mukangala, der seit dem Kampf mit einem Löwen einäugig ist, und Swanakabinda, verschlimmern die Lage im Land der Lunda. Es kursiert ein bezeichnender Name: **Hungry Country**.

Walter Fisher muss unglaublich viel Geduld aufbieten. Lange wird er für einen Menschenfresser gehalten. Neben der schweren Aufgabe, auf einem Steinhaufen eine blühende Mission zu errichten, muss er sich mühsam das Vertrauen der Afrikaner erarbeiten. Noch in den 1920er Jahren laufen manche Menschen davon, wenn ihnen auf der Straße ein Weißer begegnet. Doch die Fishers sind zäh. 1908 wird der erste Hospitalblock fertig gestellt. Weitere Wohnhäuser und Gäste-häuser kommen hinzu. Dann wird Kalene Hill zur Poststation – ein ferner Außenposten der britischen Kolonie. Die Mission bekommt Unterstützung durch weitere Missionare, viele sind nur vorübergehend zur Schulung da. Kalene Hill blüht auf und ist weithin ein Begriff. In wirt-schaftlicher, medizinischer und geistiger Hinsicht hat Dr. Walter Fisher die Entwicklung der Region in die Wege geleitet.

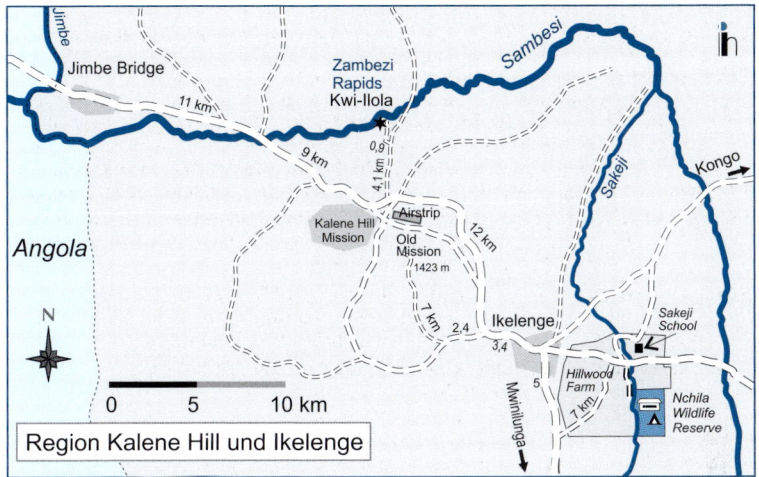

Region Kalene Hill und Ikelenge

Wer mehr über Kalene Hill und die Fishers erfahren möchte, sollte versuchen, in Ikelenge oder an der Sakeji School die Bücher 'Ndotolu', 'Lampposts to Searchlights' und 'Nswana– The Heir' zu erstehen

Das Ehepaar hat 8 Kinder. Nach einigen Schuljahren in England kehren sie alle nach Afrika zurück und setzen sich in ganz unterschiedlichen Bereichen für das Land ein: Der Sohn Singleton heiratet Kitty Marks. Sie gründen im Kongo weitere Missionsstationen in Mutshatsha und Kasaji und übersetzen die Bibel in die Lundasprache. Kitty wird im hohen Alter eine große Ehre zuteil, als sie 1971 die **Häuptlingswürde der Lunda** verliehen bekommt mit dem Namen 'Mutter des Lichts'. Die Lunda begründen dies damit, dass Kitty noch jene ersten Missionare verkörpere, die das Licht ins Lundaland brachten.

Tochter May Fisher heiratet den Lehrer Dr. Julyan Hoyte, der die Sakeji School leitet (S. 204). Sohn Ffolliott gründet **Hillwood Farms** (S. 204). Der jüngste Sohn Charles wird ein anerkannter Chirurg in Sambia. In den 1930er Jahren wird Walter Fishers Gesundheit schwächer, sein Augenlicht lässt nach und er kann nicht mehr operieren. Dennoch bleibt er in Kalene und besucht mit seinem Fahrrad die umliegenden Dörfer. 1935 stirbt er auf Hillwood Farms und wird in großen Ehren auf Kalene Hill beigesetzt. Anna Fisher überlebt ihren Mann nur um 2 Jahre. Die Mission auf dem Hügel wird 1935 verlassen und in die Ebene verlegt.

Besuch der Old Kalene Hill Mission

3,4 km westlich von Ikelenge, an der Jimbe-Straße, ist an einem blauen Haus die Abzweigung zur alten Mission. Weitere 2,4 km später biegt nach rechts eine schmale Spur ab. Diese führt nach 7 km zu den Ruinen der alten Mission. Der Weg verläuft bergauf durch Busch und Felder. Das letzte Wegstück ist steinig. Von der alten Mission sind nur noch Mauerreste zu sehen (rechts). Ein Fußweg führt zu einem großen Felsblock mit herrlichem Blick auf das weite, flache Land zu Füßen des Kalene Hill. Von hier sieht man die neue Mission im Tal und dahinter den Sambesi. An klaren Tagen blickt man bis in den Kongo und nach Angola. Unterhalb des Aussichtspunkts führt ein Weg zu den drei Gräbern von Dr. Walter und Anna Fisher und ihrer Tochter Hettie (rechts). Dr. Fisher gründete die Mission 1906; wegen Wassermangels und der beschwerlichen Zufahrt wurde sie 1935 in die Ebene verlegt, wo sie noch immer im Sinne ihres Gründers tätig ist.

Hillwood Farms und Sakeji School

Auf Hillwood Farms lebt nun bereits die fünfte Generation der Fishers. Die Farm ist der größte Arbeitgeber nördlich von Mwinilunga. Dabei handelt es sich keineswegs um ein verstaubtes Familienunternehmen. Mit großem sozialen Engagement wird nach neuen Wegen für eine erfolgreiche Landwirtschaft gesucht. Hier identifiziert man sich seit Generationen mit dem Land und seinen Bewohnern. Die Bemühungen sind vielseitig, ernsthaft und erfolgreich. Die Farm betreibt u. a. Maisanbau und Rinderzucht und verkauft in einem kleinen Laden Fleisch, Käse und Milchprodukte. 1993 entstand auf einem dazugehörenden naturbelassenen Waldstück ein Wildreservat, um Touristen anzuwerben. Gleichzeitig soll das sich rasch vermehrende Wild gezielt geschossen und zu einer finanzierbaren Fleischquelle für die mangelernährten Lunda werden. Auf dem Farmgelände wird außerdem immer noch das Waisenhaus aufrechterhalten, das einst Anna Fisher auf Kalene Hill führte.

Soziales Engagement zeichnet die Familiendynastie aus

Durchschnittlich 25 Kinder leben im **Waisenhaus**. Einer alten Tradition zufolge wurden bei den Lunda Neugeborene, deren Mutter im Kindbett starb, auf ihrem Grab ausgesetzt. Anna Fisher nahm solche Halbwaisen auf und gründete damit das Waisenhaus. Im Alter von 4 oder 5 Jahren werden die meisten in ihre eigentlichen Familien integriert, die sie dann auch gerne wieder aufnehmen.

Auf dem Farmgelände befindet sich außerdem die **Sakeji School**, die ursprünglich als Schule für Missionarskinder errichtet worden war. Als die Missionstätigkeit zu Beginn des 20. Jh. im Norden Sambias zunahm, bedurfte es einer Internatsschule für die vielen europäischen Kinder. 1923 nahm Dr. Julyan Hoyte den Schulbetrieb auf. In den Anfangsjahren kamen die Missionskinder von weit her. Bis zu drei Wochen dauerte die Anreise von entlegenen Missionsstationen. Heute besuchen etwa 100 Schüler die gemischte Primary School. Disziplin und soziale Gemeinschaft haben einen hohen Stellenwert. Selbst die Kinder der Hillwood Farm leben während der Schulzeit im Internat.

Sehr sehenswert!

Tipp: Nchila Wildlife Reserve

Das Nchila Wildreservat liegt in einem dicht bewaldeten Gelände der Farm, das von drei Bächen gespeist wird und mehrere offenen Grasebenen aufweist. Es wurden zahlreiche Antilopenarten, Warzenschweine, Affen, Mangusten und Otter angesiedelt, die sich gut entwickelt haben.

Hübsches Wildschutzgebiet mit Übernachtungsgelegenheit

Das Reservat, rund 68 km von Mwinilunga entfernt, ist von Mai bis Mitte Dezember zugänglich. Besucher können in drei voll ausgestatteten 2-Bett-**Bungalows** unterkommen (60 Euro pP bei Selbstversorgung, 200 Euro für All-Inclusive). **Camping** unter Mukwabäumen kostet 20 Euro pP inklusive Eintritt, Feuerholz, Sanitäranlagen und Schattendächern. Übernachtungsgäste müssen die 10 Euro Eintritt nicht bezahlen. Geführte Pirschfahrten kosten 30 Euro pP. Vorreservierung wird erwartet. Hillwood Farm bietet Farmprodukte, vor allem Milch, Butter, Eier, Sahne, Lamm-, Rind- und Schweinefleisch, evtl. auch Wildfleisch, an.

Bild rechts: Fröhliche Lundakinder mit selbst gebasteltem Spielzeug

Reservierung: Peter & Lynn Fisher, E-mail: nchila@nchila-wildlife-reserve.com, Internet: www.nchila-wildlife-reserve.com, oder telefonisch c/o Wager, Garneton, Kitwe Tel. 00870-762-642275 (möglichst abends).

Wer hier in den Kongo reisen möchte, sollte einige Dinge beachten...

In Ikelenge ist zwar das Immigration Office – das Haus mit den 7 blauen Türen – doch zum Zoll muss man nach Jimbe Bridge fahren. Die Beamten werden recht überrascht und über die Abwechslung erfreut sein, denn Touristen überqueren die Grenze sehr selten. Da sowieso keine Grenzgänger erwartet werden, kann es auch passieren, dass man die Officer zu Hause abholen muss. Es sind oft junge Beamte aus den großen Städten, die ihren Dienst hier oben als Strafversetzung empfinden.

Man verlässt Ikelenge auf einer schmalen Piste, überquert den Sakeji und den Sambesi und hat nach 13 km die letzte Ansiedlung hinter sich gelassen. Die Straße wird zum Feldweg. Nach insgesamt 30 km durch dichten Wald erreicht man das erste Dorf im Kongo, Kabanga. Das provisorische Grenzgebäude hat nicht einmal die Größe einer Garage. Jetzt braucht man etwas Glück, damit der reisefreudige Beamte auch da ist, und nicht vielleicht gerade mit seiner Familie in Sambia weilt, denn man braucht schließlich die Einreisestempel!

Die Waldpiste bleibt schmal und einsam. Es handelt sich um eine uralte Sklavenroute. In den wenigen Dörfern wird man angestarrt, Touristen sind eine Sensation. Bei unserer Durchreise wurde immer wieder beteuert, die letzten Touristen seien 1989 vorbeigekommen... Die erste Stadt im Kongo heißt Mutshatsha. 30 km vorher spielt ein militärischer Checkpoint seine Macht aus. Da Soldaten im Kongo selten eine Besoldung erhalten und ein langweiliges, entbehrungsreiches Leben führen, kommen die fremdartigen, reichen und sprachunkundigen Touristen gerade recht!

Irgendwie kommt man irgendwann auch wieder weiter, doch noch viele weitere Kontrollposten und katastrophale Straßen trüben die Reisefreuden im Kongo. Außerdem ist seit dem Bürgerkrieg nach dem Sturz des Diktators Mobutu die politische Lage im Land noch immer unsicher, und einer Reise dorthin aus Sicherheitsgründen derzeit unbedingt abzuraten.

DER NORDOSTEN

Kasama
Kitwe
Chipata
LUSAKA
Mongu
Livingstone

LAND DER WASSERFÄLLE

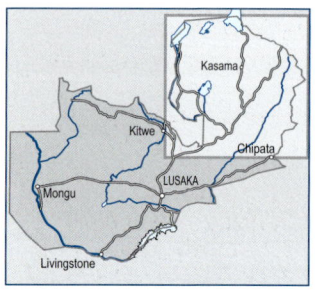

Wasserfälle, Sümpfe, Fähren und Seen! Hier liegen attraktive Wasserfälle und die größten natürlichen Seen des Landes. Der Tanganjikasee weist als zweittiefster See der Erde eine gigantische, unerforschte Artenvielfalt auf. Der Luapula entspringt in den Bangweulusümpfen und strömt in einem Bogen durch den Mwerusee dem Kongo zu. Kleine, überwiegend handbetriebene Fähren aus der Kolonialzeit halten den Verkehr aufrecht.

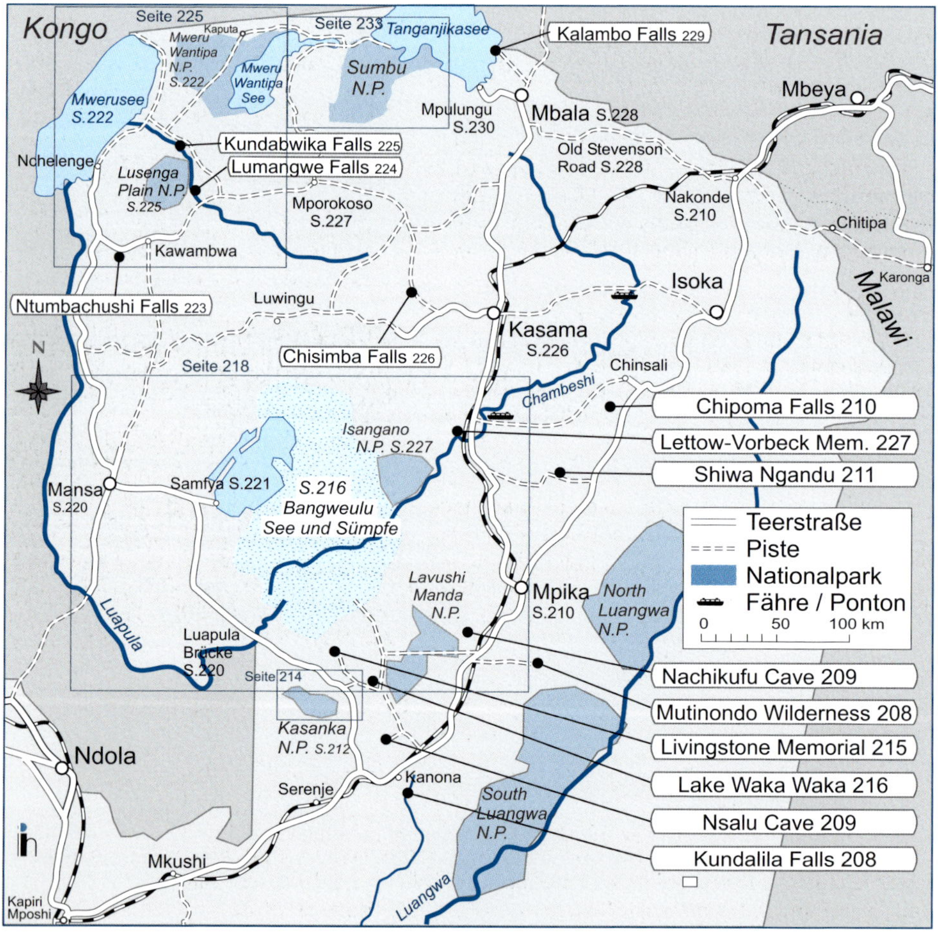

Kongo
Seite 225
Kaputa
Mweru Wantipa N.P. S.222
Mweru Wantipa See
Seite 233
Tanganjikasee
Sumbu N.P.
Kalambo Falls 229
Tansania
Mwerusee S.222
Mpulungu S.230
Mbala S.228
Mbeya
Kundabwika Falls 225
Lumangwe Falls 224
Nchelenge
Lusenga Plain N.P. S.225
Old Stevenson Road S.228
Mporokoso S.227
Nakonde S.210
Chitipa
Kawambwa
Isoka
Karonga
Malawi
Ntumbachushi Falls 223
Luwingu
Kasama S.226
Chisimba Falls 226
Seite 218
Chinsali
N
Chambeshi
Chipoma Falls 210
Isangano N.P. S.227
Lettow-Vorbeck Mem. 227
Shiwa Ngandu 211
Mansa S.220
Samfya S.221
S.216 Bangweulu See und Sümpfe
Teerstraße
Piste
Nationalpark
Fähre / Ponton
0 50 100 km
Lavushi Manda N.P.
Mpika S.210
North Luangwa N.P.
Luapula
Luapula Brücke S.220
Seite 214
Nachikufu Cave 209
Mutinondo Wilderness 208
Livingstone Memorial 215
Kasanka N.P. S.212
Ndola
Lake Waka Waka 216
Kanona
Serenje
South Luangwa N.P.
Nsalu Cave 209
Kundalila Falls 208
Mkushi
Luangwa
Kapiri Mposhi

Die Great North Road:
Von Kapiri Mposhi nach Nakonde

Lusaka – Nakonde
Gesamtstrecke: 1072 km
Fahrzeit: ca. 11-14 Std.
Zustand: gute Teerstraße
Tankstellen: Kabwe, Kapiri Mposhi, Serenje, Mpika, Isoka
Besonderheiten: nach Norden zunehmend einsamer; zahlreiche Road Blocks

Bis **Kapiri Mposhi**, 200 km nördlich von Lusaka, folgt man der Beschreibung auf S. 195/196. Die Great North Road zweigt 5 km nördlich der Ortschaft von der Copperbeltstraße nach Osten ab und führt anfangs parallel zur TAZARA-Bahnverbindung zur tansanischen Grenze. Die Asphaltstraße zieht sich durch einsame Waldlandschaften; gelegentlich werden am Straßenrand Gebrauchsartikel, wie Hacken, Beile und Besen, verkauft. Von Zeit zu Zeit kreuzt man auch die Bahnlinie.

Die meisten Ortschaften entlang der Great North Road entstanden als Bahnstationen und liegen daher nicht direkt an der Straße, sondern an der TAZARA. Nach 86 km Fahrt erreicht man die Abzweigung nach **Mkushi**, einem kleinen Ort, der seit seiner Gründung schon viermal verlegt worden ist. Beim Kilometerstein 93 zweigt vor der Bahnunterführung eine Piste südlich nach Old Mkushi und der Bell Point Road ab (S. 195). Man durchfährt eine attraktive Hügellandschaft; die Berge im Hintergrund bilden die nahe Grenze zum Kongo.

Abstecher für Historiker: Fort Elwes Monument
Die verfallenen Mauerreste eines britischen Forts aus den Jahren 1896/97 ruhen vergessen nahe der Grenze zum Kongo an einem Wegpass zwischen den Irumi Hills und Shaba auf 1600 m Höhe. Für die extrem schlechte, 40 km lange Allradzufahrt ab Mkushi entschädigt der grandiose Ausblick. Vor der Fahrt dringend im Ort erkundigen, ob die Strecke noch passierbar ist!

Unterkunft: Forest Inn

Bei Km 63, also 23 km westlich von Mkushi, liegt direkt neben der Straße ein Campingplatz (5 Euro pP) mit ansprechenden Chalets (24-30 Euro/DZpP, 34-40 Euro/EZ) und kleinem Restaurant. Er bietet gehobene Ausstattung mit Stromanschluss und Regenschutzdach für Camper und eine gute Vogelvielfalt. Ein Nachteil ist die sehr nahe Straße. Kontakt: Fam. Shenton (alteingesessene Farmerdynastie), P. O. Box 810064, Kapiri Mposhi. Tel. 0966-343600, Fax 0215-362003, E-mail: forestinn@iwayafrica.com, www.forestinn-zambia.com.

Die nächste Stadt, **Serenje**, erreicht man nach 196 km Fahrt entlang der Great North Road. Sie liegt 3 km nördlich der Straße in einer bergigen, rund 1500 m hoch gelegenen Region. Bereits an der Abzweigung gibt es Restaurants, ein einfaches Hotel und eine Tankstelle (Vorsicht: nächste Tankgelegenheit erst wieder in Mpika oder Samfya). Serenje besitzt außerdem eine große Busstation, ein Hospital, Post, Bank, Bäckerei mit Zimmervermietung, viele Kneipen und einen Freiluftmarkt.

40 km weiter gabelt sich die Straße. Nach links gelangt man über eine neue, von China erbaute Teerstraße zum Kasanka NP (55 km, S. 212) und weiter nach Samfya und Mansa (319 km, S. 220). Auch die nächste kleine Ortschaft, **Kanona,** ist als Bahnstation entstanden. 3 km nach Kanona zweigt eine beschilderte Piste südlich zu den Kundalila Falls ab (12 km zum Gate, weitere 1,5 km zum Parkplatz, Beschreibung und Bild siehe S. 208).

Tipp: **Kundalila Falls**

Schmal, aber hoch: Der Kaombe, ein relativ schmaler Fluss, stürzt hier 65 m in freiem Fall von einer Felskante hinab. Der Abstieg zu den herrlichen Badepools direkt unterhalb des Falls erfordert Trittsicherheit (ca. 15 min. Fußweg, mehrere Weggabelungen, immer auf der Hauptspur bleiben). Camping auf dem großen Parkplatz kostet 10 US$, Eintritt/Auto je 3 US$ (mit gemauerter Aufenthaltshütte, aber nur Pit-Latrinen vorhanden, keine Dusche/kein Wasser).

Die Weiterfahrt bleibt einsam. Abwechslung bieten Hinweisschilder auf kleine TAZARA-Bahnstationen und gelegentliche Kartoffel- und Holzkohlemärkte. 30 km nach Kanona liegt der Abzweig zur Nsalu Cave (s. rechts). 115 km nach Kanona bzw. 72 km vor Mpika lohnt sich an der Kalonje Station folgender Abstecher:

Sehr sehenswert: **Mutinondo Wilderness**

Ein Wanderparadies für Naturfreunde: Das private Wildschutzgebiet mit 10 000 ha Fläche liegt in einer grandiosen Bergszenerie mit buckeligen, von Urwäldern umrahmten Felsrücken. In idyllischer Ruhe kann man hier wandern (Tipp: Besteigung der höchsten Bergkuppe Mayense in 3 Std. hin/zurück), im Fluss baden und reiten. Die Vegetation begeistert auch botanisch Desinteressierte. Traumhafte Unterkunft mit viel Ausblick bieten die Chalets und der Campingplatz. Preise: Chalets je nach Ausstattung mit All-Inclusive 60-70 Euro/DZpP und 70-85 Euro/EZ, Mietzelte 15 Euro pP, Camping 7 Euro pP. Beschilderte, 24 km lange Zufahrt. Kontakt: Mike und Lari Merrit, Tel. 00870-76-2580913, Fax 2580914, E-mail: 2MWL@bushmail.net, www.mutinondozambia.com. Siehe auch S. 257.

60 km vor Mpika passiert man die Querverbindung nach Chiundaponde und in die Bangweulusümpfe, die im Transit den Lavushi Manda NP durchquert.

Lavushi Manda Nationalpark

Die Erdstraße führt über die Bahnschienen und erreicht ein Scout Camp nach 12 km (Fahrzeuge werden registriert, keine Gebühren). Dann führt die schlechte Waldpiste 30 km durch den 1500 km² großen Park. Am Parkausgang ist wieder eine Schranke mit Registrierbuch. Dann geht es durch Bisa-Dörfer bis ins 25 km entfernte Chiundaponde (insgesamt 67 km, S. 216). Eine touristische Infrastruktur fehlt im Park völlig. Wildtiere oder menschliche Besiedlung hat es wegen der schlechten Böden auch früher kaum gegeben, aber der Park fungiert als Korridor für Wildwanderungen zwischen dem Kasanka NP und den Sümpfen. Der Lukulu bildet hier Pools und Schluchten, ist aber unzugänglich.

Bilder von oben: Kundalila Falls, Felszeichnungen der Nsalu Cave, Mutinondo Wilderness

56 km vor Mpika bietet sich erneut ein interessanter Abstecher an (nach Norden, beschildert). In der Nachikufu Cave befinden sich Felsbilder, die zu den bedeutendsten des Landes zählen.

Nachikufu Cave

Halten Sie sich auf der 2 km langen Zufahrt an der Gabelung nach 1 km rechts. Der Weg endet an einem kleinen Parkplatz am Nachikufu Hill. Ein kurzer Fußweg führt zur eingezäunten Höhle (der Caretaker mit dem Schlüssel kommt, sobald er ein Auto hört; er wohnt nur 300 m von der Teerstraße entfernt). Es handelt sich hierbei genau genommen um einen dreistöckigen Komplex aus einer Höhle und zwei darüber befindlichen Felsüberhängen. Die halbwegs naturalistischen schwarzen Malereien der Haupthöhle, die zwei Elefanten, bewaffnete menschliche Figuren und eine kleine Antilope zeigen, sind die ältesten Bilder. Aus einer deutlich jüngeren Periode stammen die Zeichnungen in dickschmierigem Weiß. An den Felsüberhängen über der Höhle weisen rote schematische Bilder auf eine Epoche hin, die vermutlich zwischen den beiden Stilepochen der Haupthöhle lag. Am Eingang zur Höhle informiert ein kleines Feldmuseum mit Fotos über die Ausgrabungsstätte (der Eintritt beträgt 3 US$, Camping kostet 10 US$).

Felsmalereien in der Nsalu Cave

In dieser geschützten Berghöhle bei Kanona sind Felszeichnungen aus unterschiedlichen Zeit- und Entwicklungsepochen entdeckt worden, wie z. B. rund 17 000 Jahre alte Malereien aus der ersten Stilepoche der sog. "Red Animal Tradition". Die Höhle wurde vermutlich schon vor 20 000 Jahren bewohnt, und ihre vielen Felsmalereien werden zu den wertvollsten in Sambia gezählt. Um so trauriger ist die Tatsache, dass der schützende Zaun zerstört und die Malereien größtenteils überschmiert worden sind. Der Laie kann kaum unterscheiden, was davon alte Relikte und was moderne Schmierereien sind. Die Höhle bietet dafür einen herrlichen Ausblick. Zufahrt: Etwa 30 km vor Kanona zweigt an einem Parkplatz (Laybay) ein beschilderter Weg nach Norden ab. Nach 14 km weist ein Schild nach links zum Haus des Caretakers mit dem Schlüssel, der 3 US$ Eintritt kassiert. 7 km weiter erreicht man den Berg. Ein kurzer Fußweg führt hier zur Höhle hinauf. Die weiterführende Piste ist ausgebessert worden und führt zum Lake Waka Waka (S. 216).

Abfahrt ins Luangwatal für Allradprofis: die berühmte Escarpment-Road

Der Beginn dieser Allradstrecke, 36 km südwestlich von Mpika, ist deutlich beschildert. Die Piste führt durch einsamen, dichten Miombowald und erreicht nach 42 km das **Ntunta Wildlife Camp** am Rande des noch 1180 m hohen Escarpments (spektakulärer Blick in das dunstige Luangwatal). Nach diesem kleinen Scoutcamp geht es auf steiniger und in einigen Passagen stark ausgewaschener Piste steil bergab. Auf den nächsten 6 km fällt die Straße teilweise in engen Serpentinen auf 700 m Höhe ab. Für diesen schlechten Abschnitt ist Allrad unerlässlich. Im Tal angelangt wird die Piste wieder besser und gelangt 13 km nach dem Ntunta Camp zur neuen Brücke über den **Mutinondo River**. 8 km weiter gabelt sich der Weg: links führt er durch die Munyamadzi GMA zu den Dörfern am gleichnamigen Fluss und bis an den Luangwa (Jagdgebiete). Ignoriert man jedoch diese Piste und hält sich an der Gabelung rechts, erreicht man nach 7 km das **Chifungwe Gate & Wildlife Camp**, den Nordeingang in den South Luangwa Nationalpark. Hier wird der Eintritt kassiert und ein Permit ausgestellt. Gute 2 km weiter erreicht man die Furt durch den flachen, aber sandigen **Mupamadzi River**. Falls der Fluss Wasser führt, sollte man die Strecke vor dem Befahren zu Fuß erkunden. In den letzten Jahren waren Sandsäcke ausgelegt worden. Jenseits des Mupamadzi bleibt die Sandpiste noch ca. 2 km recht nah beim Fluss, durchquert ein weiteres sandiges Flussbett, und knickt schließlich deutlich nach Süden ab (an dieser Tsetseverseuchten Stelle führen Spuren zu den flussabwärts am Mupamadzi in wildreicher Umgebung liegenden saisonalen Camps für Walking Safaris). Die als Piste **"05"** bekannte Sandpiste führt nun immer direkt nach Süden, durchquert nach 11 km ein imposantes, tief eingegrabenes Flussbett, dem sich hügelig hügeliger Landschaft noch mehrere kleine, sandige Bachbette folgen. 56 km südlich des Mupamadzi River gilt es als letzte Herausforderung das tiefsandige Flussbett des Lubi River zu durchfahren. 15 km weiter trifft man auf die breite Schotterpiste, die nach wenigen Kilometern zum Mfuwe Gate führt. **Fazit:** Die rund 150 km lange Strecke ist bis auf die 6 km Escarpmentabstieg und die Furten durch Mupamadzi und Lubi gut befahrbar, wird jedoch selten und ausschließlich während der Trockenzeit ca. ab Juli benützt. **Info:** 2008 waren vor allem im Escarpmentbereich Baumaßnahmen im Gange. Trotzdem sind Allrad und Geländeerfahrung nötig.

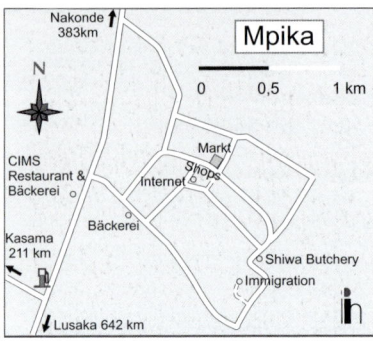

Mpika

Nakonde 383km

N

0 0,5 1 km

CIMS Restaurant & Bäckerei

Markt
Shops
Internet

Bäckerei

Kasama 211 km

Shiwa Butchery
Immigration

Lusaka 642 km

Kapishya Hot Springs

Von Shiwa Ngandu, das 12 km neben der Great North Road liegt, führt die Erdstraße durch das Estate zu den 20 km entfernten Kapishya Hot Springs. Die 37° C **heiß**en **Quellen** sind Lebensspender für eine fantastische tropische Vegetation und riesige Raffiapalmen, in denen Vogelfreunde Raritäten, wie Weißbrauenrötel, Glanzhaubenturako und die endemische Westafrikanische Drossel antreffen. Das Baden im heißen Quellwasser ist wärmstens zu empfehlen, besonders bei Mondschein!

9 km weiter in Richtung Kasama führt eine kleine Piste zu den **Chusa Falls** (3 km), zu denen man wandern (1,5 Std.) und in den Kaskaden baden kann.

Unterkunft findet man in Mark Harveys **Kapishya Hot Springs Lodge:** Tel./Fax 0211-229261, E-mail: buffalo@ shiwasafaris.com, www.shiwasafaris. com. Gemütliche Mittelklassechalets und ein Campingplatz liegen direkt am idyllischen Fluss und den heißen Quellen. Preise: Chalets 72 Euro/DzpP und 100 Euro/EZ bei Selbstversorgung bzw. 140 Euro/DzpP und 195 Euro/EZ für All-Inclusive. Camping 8 Euro pP. Day Visitor an den Hot Springs: 4 Euro pP.

Besucher können auf Anfrage beim Shiwa Estate Reiten, Bootsausflüge auf dem "See der königlichen Krokodile" unternehmen und beim **Bird Hide** die vielfältige Vogelwelt aufspüren.

Tipps: Wer mehr über Shiwa Ngandu erfahren möchte, sollte die Biographie "Africa House" lesen (s. S. 403).

Mpika

Starke Abholzung kündigt das landwirtschaftliche Zentrum Mpika an. Wer hier ankommt, hat bereits 714 km seit Lusaka zurückgelegt und noch 375 km bis zur Grenze vor sich. Die Stadt im Bemba-Land ist weitflächig und liegt auf der Wasserscheide zwischen Sambesi und Kongo, dem Muchinga-Escarpment. Im Verwaltungsviertel, Boma genannt, haben die Behörden ihre Büros. Im lebhaften Ortszentrum liegen viele kleine Geschäfte und ein sehenswerter Freiluftmarkt, Tankstellen, Krankenhaus, Internetcafé und eine Bäckerei, Kalolo Bakery. **Unterkunft** bieten außerhalb Mpikas an der Straße nach Lusaka das Mazingo Motel & Camping direkt an der Great North Road (15 Euro/DZpP), das Mwalashi Guest House 1,5 km nördlich Mpikas und die Tushla Lodge zwischen Mpika und Weighbridge an der Great North Road (einfache Zimmer, Campinggelegenheit).

Auf der Weiterfahrt nach Nakonde kommt man nach 60 km an der Zufahrt zum North Luangwa NP (S. 254) vorbei, und 28 km danach zur Abzweigung zum Shiwa Estate (12 km) und Kapishya Hot Springs.

155 km nach Mpika, 18 km vor der **Chinsali**-Abzweigung (Chinsali liegt 14 km abseits), liegt die 6 km lange Zufahrt zu den **Chipoma Falls**-Kaskaden. Im Fluss kann man baden und am Parkplatz campieren (10 US$ plus 3 US$ Eintritt+Auto).

Letzte einfache Versorgungsmöglichkeiten bietet die ebenso abseits liegende Stadt **Isoka** (Sprit nur aus Kanistern an der Bushaltestelle). 120 km weiter liegt **Nakonde**, das fast schon mit der tansanischen Grenzstadt Tunduma zusammenwächst. Die Grenze wird stark frequentiert, Nakondes Atmosphäre ist entsprechend quirlig (nur einfachste Unterkünfte).

"Kings Highway", ein ansprechender Campingplatz, liegt 60 km vor Nakonde 800 m neben der Straße. Er bietet saubere Chalets mit 2-4 Betten (16 Euro pP) und Camping für 7 Euro pP. Tel. 0212-515022, www.kingshighway.co.za.

Direkt vor den Grenzgebäuden in Nakonde zweigt die "**Old Stevenson Road**", nach Malawi ab (93 km bis Chitipa, S. 228 u. 297). Sie führt durch eine grandiose Berglandschaft, ist aber in sehr schlechtem Zustand und bestenfalls mit Allrad befahrbar. Alternativ zweigt auf halber Strecke zwischen Isoka und Nakonde bei Nsasamwenje die RD69 ab. Sie trifft später auf die Old Stevenson Road. Der letzte Abschnitt vor Chitipa kann dann auch noch in einem Nordbogen über Kameme umgangen werden. Achtung: Der sambische Grenzposten wurde geschlossen, daher muss man die Formalitäten bereits in Nakonde oder Isoka abwickeln.

Shiwa Ngandu

Inmitten dieser reizvoll abwechslungsreichen, sehr ländlichen Region stößt der Reisende hier unvermittelt auf ein schlossähnliches, altenglisches Herrschaftsanwesen. Steward Gore-Browne, ein einsamer Visionär aus dem britischen "Niederen Adel", hatte sich 1920 am "See der königlichen Krokodile" (Übersetzung von Shiwa Ngandu) niedergelassen und dieses feudale, aber im sambischen Busch doch seltsam deplatziert wirkende Anwesen geschaffen.

Für den eigenwilligen 37-jährigen wurde es zum Lebenswerk: Rund 1000 Arbeiter benötigte er für den Gewaltakt, das Baumaterial von weit her zu transportieren. Keinerlei Straßen standen ihm damals zur Verfügung. Dennoch ließ er englische Möbel kommen und sie von Ndola hunderte Kilometer durch die Sümpfe tragen. Auch auf alte Familiengemälde und die Bibliothek mit Tausenden Werken wollte er in der Wildnis nicht verzichten. Mit dicken Steinmauern, Türmchen und schmalen Fenstern glich das Anwesen schließlich einer mittelalterlichen Burg. Gore-Browne wäre kein Brite gewesen, hätte er nicht auch einen Garten englischen Stils und eine Eukalyptusallee angelegt. Er baute nicht nur für den Eigenbedarf, sondern errichtete eine ganze Siedlung. Es gab ein Hospital, eine Poststation (Gore-Browne schrieb bis zu 100 Briefe pro Woche!), ein Marktgebäude und Ziegelhäuser für die Arbeiter. Und alles im gleichen Stil.

Gore-Browne setzte große Hoffnungen in die Rentabilität seines Estates. Mit ätherischen Ölen, wie Zitrusöl, das er trotz der Abgelegenheit von Shiwa Ngandu erfolgreich vertrieb, verdiente er seinen Lebensunterhalt, bis ein Virus die Pflanzen tötete. Dann stieg er auf Rinderzucht um. Später ging er in die Politik und wurde einer der führenden Sprecher für die afrikanische Unabhängigkeitsbewegung. So kauzig Gore-Brown gewesen sein mag, so moderat und aufgeklärt war seine völkerverbindende Gesinnung. Mit Kenneth Kaunda verband ihn lebenslang ein freundschaftliches Verhältnis, und in seiner Heimat wurde er unterdessen geadelt. Als Sir Steward Gore-Brown 1967 im hohen Alter starb, ordnete Kaunda ein Staatsbegräbnis mit den Worten an, Gore-Brown sei **als Brite geboren, aber als Sambier gestorben**. Steward Gore-Browne ist der einzige Weiße, der je ein sambisches Staatsbegräbnis und zugleich das eines Bemba-Chiefs erhalten hat.

Nach dem Tod des beliebten Aristokraten wurde es einsam in Shiwa Ngandu. Seine deutlich jüngere Witwe hatte ihn schon lange verlassen. Tochter Lorna und ihr Gatte John Harvey führten Shiwa Estate und das altehrwürdige Herrenhaus allein weiter, trugen aber zeitlebens schwer an den hohen Kosten. Bis heute ist Shiwa Ngandu in Familienbesitz und wird nun von der dritten Generation geführt, die sich bemüht, den fortschreitenden Verfall des Anwesens durch Einnahmen aus dem Tourismus aufzuhalten (siehe www.shiwangandu.com). Im Herrenhaus werden Zimmer als Nobelunterkünfte für 300 Euro pP vermietet, zahlreiche Räume sind als **Museum** zugänglich (Führung durch's Haus und Umgebung vormittags für 20 US$ pP). Überall erinnern liebevolle Details, wie der Uhrturm, die bemerkenswerte Bibliothek und die kleine Kapelle, an den britischen Geist, der dieses Leben mitten im Nichts erweckte. Und doch – unaufhaltsam scheint sich der afrikanische Busch auszubreiten, sich beharrlich zurückzuholen, was der willensstarke Brite, den die Afrikaner wegen seines aufbrausenden Gemüts "Chipembele" (Nashorn) nannten, unter großem Aufwand schuf. Ist dies also doch der späte Sieg des unzähmbaren Afrika über den europäischen Gestaltungswillen?

Kasanka Nationalpark

Dieser Park genießt eine Sonderstellung. Er steht seit langem als sambischer Nationalpark unter privatem Management in Zusammenarbeit mit ZAWA und dörflichen Gemeinden. Im Kasanka NP war derart gewildert worden, dass manche Tierarten vor der Ausrottung standen und dem Park Mitte der 1980er Jahre beinahe der Status eines Nationalparks entzogen wurde. In Privatinitiative wurde daraufhin der Kasanka Trust gegründet und ein Schutzprogramm entwickelt: Wege gebaut, Scoutcamps eingerichtet und über 100 Wildhüter engagiert, um Wilderei, unkontrollierte Buschfeuer und illegale Abholzung zu bekämpfen. Durch die Einnahmen aus dem Tourismus soll sich der Park selbst tragen und den Gemeinden Gelder zufließen. So wurde eine Region gerettet, die gleich zwei Schätze der Natur beherbergt: den vermutlich besten Platz Afrikas, um die scheuen, seltenen **Sitatunga-Sumpfantilopen** zu beobachten und alljährlich eine sensationelle Invasion Hunderttausender **Palmen-Flughunde**.

Mit 390 km² ist der Kasanka N. P. einer der kleinsten sambischen Parks. Seine maximale Ost-West-Ausdehnung beträgt 35 km, von Norden nach Süden nur 15 km. Hauptsächlich wird er vom Luwombwa River und seinen drei Zuflüssen Mulembo, Kasanka und Musola bewässert. Seine Höhe liegt bei 1250 m über dem Meeresspiegel und sorgt für ganzjährig frische Nächte.

Tipp: Fibwe Hide
Der Ausguck ist ein absolutes Muss! Die geschützte, hölzerne Plattform in der Krone eines Mahagonibaumes ereicht man über diese steile, 12 m hohe Leiter.

Die Invasion der Flughunde

Das phänomenale Spektakel unzähliger Palmenflughunde (*Eidolon helvum*), die allabendlich pünktlich zum Sonnenuntergang für etwa eine halbe Stunde in gigantischen Schwärmen auf Futtersuche ausfliegen, lässt sich alljährlich zwischen Ende Oktober und Ende Dezember besonders gut beim Fibwe Hide beobachten. Abertausende Flughunde gleiten lautlos über den Betrachter hinweg, während sich der Abendhimmel verdunkelt. Die rund 20 cm großen, 300 gr schweren Flughunde haben einen hundeähnlichen Kopf mit auffallend großen Augen und fledermaustypische Flügel mit einer Spannweite von bis zu 85 cm. Sie haben eine hervorragende Nachtsichtfähigkeit und guten Geruchssinn, aber keine Echoortung, wie Fledermäuse. Tagsüber hängen sie in riesigen Trauben an den Palmen und Bäumen der Umgebung. Werden sie aufgeschreckt, umkreisen sie mit lautem Geschrei die Baumgruppe, um sich rasch wieder einen neuen Ruheplatz zu suchen. Gefahren drohen den geheimnisvollen Fledertieren nur durch die Menschen und geschickte Jäger, wie Pythonschlangen und Schreiseeadler. Noch weiß man wenig über den Wanderzyklus der faszinierenden Vegetarier. Ende Oktober trudeln die ersten Flughunde aus den Urwäldern des Kongo ein. In Kürze wächst ihre Kolonie auf **bis zu 10 Million Tiere** an, die nachts wie eine Armada über die Früchte (Mangos, Bananen, wilde Baumfrüchte) der Umgebung herfällt. Wenn Ende Dezember alles abgeerntet ist, treten die Gruppen wieder ihren Rückzug an.
Tipp: Lassen Sie sich morgens von den Scouts zu den Schlafplätzen der Flughunde führen!

Reisezeit: Von März bis Juni steht das Gras noch hoch und erschwert Tierbeobachtungen. Großwild lässt sich am besten von Juli bis November beobachten. Ab Ende Oktober trägt der Miombowald wieder ein prächtiges grünes Kleid. November und Dezember ist die Zeit für die Flughunde. Tsetsefliegen gibt es ganzjährig.

Natur & Tierwelt: Im Kasanka NP wechseln sich Sümpfe, Marsche und Feuchtebenen mit dichten Miombo-Waldlandschaften ab. Die acht kleinen Seen liegen fast alle im östlichen Teil des Parks. Auffällig sind die vielen hellgrauen Termitenhügel. Entlang der Marschen und Seen entdeckt man vor allem Pukus und Lechwe, aber auch Wasserböcke, Riedböcke, Warzenschweine und Schakale. Die Elefantenpopulation hat wieder zugenommen, die 30 Tiere sind aber sehr scheu. Leoparden, Hyänen, Galagos und Meerkatzen sind vereinzelt vertreten. Flusspferde und Krokodile leben in den Lagunen und Flüssen, Pavianhorden bevorzugen den Miombowald. Auf den flachen Grasebenen beim Airstrip kann man Pferde- und Rappenantilopen beobachten. Büffel und Tsessebe sind 2002 aus den Bangweulusümpfen im Park angesiedelt worden. Besondere Beachtung verdient der gesunde Bestand an **Sitatunga**, die in den dicht bewachsenen Sümpfen ideale Lebensbedingungen vorfinden. Da sich die äußerst scheuen Antilopen gerne im Kapabi-Sumpf aufhalten, wurde hier der *Fibwe* oder *Machan Sitatunga Hide* errichtet (siehe Bilder). Grasende Sitatunga lassen sich dort frühmorgens oder spätnachmittags entdecken. Auch annähernd 400 Vogelarten wurden bisher im Park registriert, darunter endemische Schwarzrücken-Bartvögel und Rossturakos.

Preise: Wasa Lodge (Bild links) und Luwombwa Lodge: All-Inclusive: 290 Euro/DZpP und 400 Euro/EZ, Chalets mit Selbstversorgung: 50 Euro/DZpP. Camping kostet 8 Euro pP. Es werden Pirschfahrten für 20 Euro pP angeboten, Kanumiete kostet 10 Euro pP.

Parkeintritt: 10 US$ pP und 15 US$ pro Fahrzeug mit internationalem Kennzeichen, 12 600 Kwacha mit sambischem Kennzeichen. Der Parkeintritt gilt bis zum Morgen/Vormittag des Folgetags.

Info & Reservierung: Kasanka Trust, Serenje, Tel. 00873-762067957, Fax 762067959, E-mail: wasa@kasanka.com, Internet: www.kasanka.com.

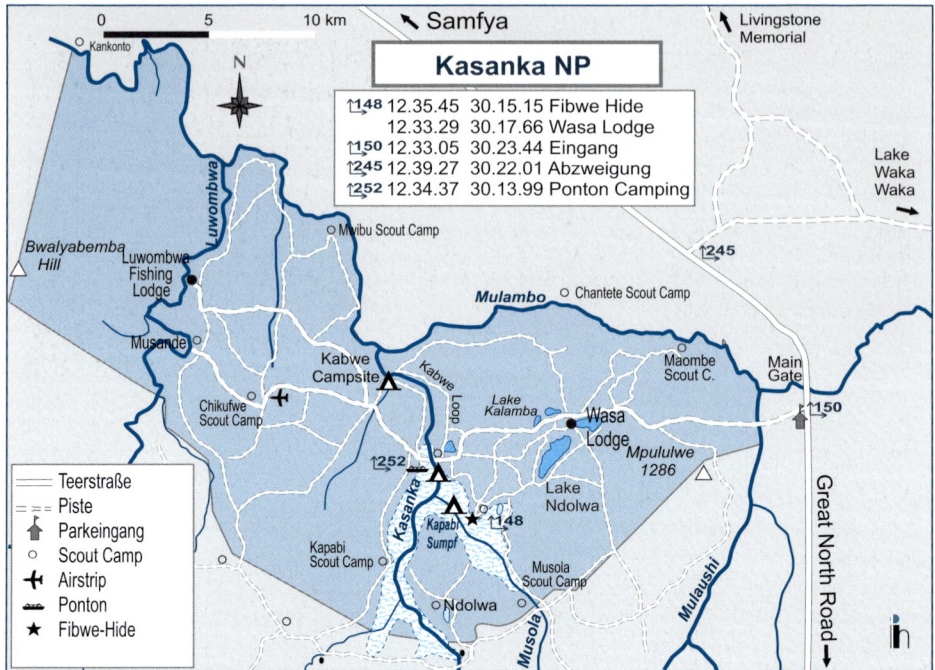

Kasanka NP

↑↑48 12.35.45 30.15.15 Fibwe Hide
12.33.29 30.17.66 Wasa Lodge
↑↑50 12.33.05 30.23.44 Eingang
↑↑45 12.39.27 30.22.01 Abzweigung
↑↑52 12.34.37 30.13.99 Ponton Camping

Legende:
— Teerstraße
= = = Piste
⬆ Parkeingang
○ Scout Camp
✈ Airstrip
🚤 Ponton
★ Fibwe-Hide

Die Unterkünfte im Kasanka NP

Luxusherbergen sollte man hier nicht erwarten, vielmehr zielt die Philosophie des Kasanka Trust darauf ab, Natur- und Tierfreunden ohne viel Schnickschnack Zugang zu diesem Community Project zu gewähren. Die Camps sollten möglichst vorreserviert werden (Adresse S. 213). In allen Camps wird man von Attendants umsorgt, die Feuer schüren, (Dusch-)Wasser erhitzen und den Platz säubern. Wir empfehlen, im Gegenzug möglichst etwas Trinkgeld und frische Lebensmittel abzugeben, um den bescheidenen Alltag dieser Attendants zu erleichtern.

• **Wasa Lodge:** Die gemütliche Hauptlodge des Parks liegt direkt am Wasasee (Bild S. 212), mit einigen Hippo-Tümpeln in der näheren Umgebung. Runde Steinchalets bieten Platz für max. 20 Personen, wahlweise bei Selbst- oder Vollverpflegung. Motorboote und Kanus kann man hier mieten. Es gibt ein Restaurant mit Blick auf den See und einen kleinen Ausguck, von dem man oft Hippos, und manchmal sogar scheue Sitatungas, beobachten kann.

• **Luwombwa Lodge:** Idyllisch am sanften Luwombwa River gelegen, eignet sich dieses einsame Camp besonders zum Fischen und für Bird Watching. Es kann max. 10 Gäste beherbergen. Kanufahrten sind auch möglich. Viel Wildnischarakter!

• **Camping:** Es stehen drei Campingplätze zur Verfügung, die Buschtoiletten und -duschen bieten, aber kein Trinkwasser. "Ponton Campsite" beim schilfrigen Kasanka River (halbwegs schattig und Ausblick, zwei Einzelplätze) und der neue "Kabwe Campsite" (viel Ausblick, aber wenig Schatten), sind ganzjährig offen. "Hide Campsite" beim Fibwe Hide (viel Schatten, aber kein Ausblick) wird während der beiden Flughunde-Monate stets geschlossen, um die Tiere nicht zu stören.

Info: Der Kasanka Trust publiziert die informative, in Lusakas Buchläden erhältliche Broschüre "Kasanka – A Visitor's Guide to the Kasanka National Park".

Livingstone Memorial

Auf der Weiterfahrt nach Norden erreicht man 10 km nach der Kasanka-Abzweigung die Zufahrt zum Livingstone Memorial und den Bangweulusümpfen. Biegen Sie auf diesem Weg bereits nach 1,5 km beim Schild zu 'Chief Chitambos Palace' links ein. Einige hundert Meter weiter weist wieder ein Schild nach links zum Palast. Ignorieren Sie diese Abzweigung und fahren Sie geradeaus durch ein Gebiet voller freundlicher Batwa-Dörfer und bunt bemalter Häuser. Nach 25 km erreichen Sie das Memorial. Im nahegelegenen Health Center liegt das Visitor Book aus, das seit 1985 geführt wird.

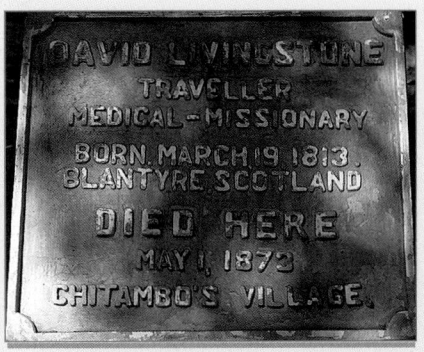

Oben: An dieser Stelle starb Dr. David Livingstone am 1.5.1873. Sein Herz wurde unter einem alten Muvalebaum begraben.

Livingstones Tod und "Heimkehr nach England"

Ende April 1873 liegt Livingstone fiebernd in einer notdürftig gebauten Hütte. Er ist oft bewusstlos, kann nicht mehr laufen, behält das Essen kaum noch. Seit Wochen irrt der alte Mann mit seinen afrikanischen Gefährten durch unwegsame Sümpfe. Regen von oben und Sumpf von unten! Die Männer sind durchnässt, Kleidung und Zelte zerrissen, die Vorräte aufgebraucht, und dabei sind sie noch nicht einmal dem Ziel nahe. So krank Livingstone auch ist, gilt sein einziges Interesse der Nilquelle, die er im Süden der Bangweulusümpfe vermutet. Livingstone lagert beim Dorf von Chief Chitambo, ist aber zu schwach, ihn zu empfangen. Am Abend des 30. April wird er zuletzt lebend gesehen. Nachts finden ihn seine Gefährten wie im Gebet kniend. Als sie ihn berühren, ist sein Körper schon kalt. Livingstone starb im Alter von 60 Jahren einsam in einer kalten, mondlosen Nacht.

Susi und Chuma, seine langjährigen, treuen Begleiter, befanden sich mit über 50 Trägern, Frauen und Kindern 1500 Meilen von ihrer Heimat auf Sansibar entfernt. Eigentlich eine verzweifelte Lage, verloren in einer fremden Region voller kriegerischer Völker und Sklavenjäger. Susi und Chuma fällten dennoch in dieser Nacht eine bemerkenswerte Entscheidung: Sie wollten zusammenbleiben und die einbalsamierte Leiche Livingstones quer durch Afrika zurück zu den Briten tragen!

Daraufhin wurde der Leichnam gesalzen, tagelang in der Sonne getrocknet und nachts gegen die Hyänen bewacht. Sie wickelten ihn in Tücher und in die Rinde eines Myongobaumes. Die wurde wiederum in Segeltücher gehüllt und mit Teer aus Livingstones Beständen überzogen. Sodann verabschiedeten sie sich von Chief Chitambo und zogen los. Fünf Monate später, im September 1873, traf die zerlumpte Truppe in Tabora, Zentraltansania, auf die ersten Engländer. Offizier Cameron führte die **letzte Suchexpedition** nach dem vermissten Forscher. Er reagierte völlig überrascht, als ihm Susi und Chuma den Leichnam präsentierten, den sie monatelang durch Afrika geschleppt hatten. Cameron wollte Livingstones Leichnam sofort begraben lassen, stieß aber auf den Widerstand der Afrikaner. So trennten sie sich schließlich wieder. Cameron durchquerte in den nächsten Jahren den afrikanischen Kontinent, Susi und Chuma trugen die Mumie weiter bis Sansibar, wo der Leichnam nach England überführt wurde. **Elf Monate** nach dem einsamen Tod in den sambischen Sümpfen erhielt David Livingstone ein Heldenbegräbnis in der Westminster Abbey.

Livingstones Tod und seine Umstände wühlten die britische Bevölkerung auf. Nicht nur die hohe Moral des Verstorbenen, sondern insbesondere auch die uneigennützige Initiative und der große Charakter seiner treuen Begleiter beeindruckten die Bevölkerung. Susi und Chuma hatten mit Ausdauer, Geschick und Diplomatie ihre Mannschaft sicher durch feindliche und gefährliche Landstriche geführt. Ihre Tat zeichnete damals ein ganz neues Bild vom schwarzen Menschen.

Die Bangweulusümpfe

Bilder rechts:
Schwarze
Moorantilopen,
Dörfliche Szene,
Bisa-Grashütten
in den
Sümpfen

"Wo das Wasser den Himmel trifft", so wird der Name Bangweulu über-setzt. Durchaus passend für einen plattebenen Naturraum, der hauptsäch-lich aus Feuchtgebieten und Dauersümpfen besteht und zu den regen-reichsten Regionen Sambias zählt (mit mehr als 1400 mm/Jahr).

Der **Bangweulusee** erreicht nur eine durchschnittliche Tiefe von 5–7 m, dehnt sich aber auf 5000 km² Fläche in der Trocken- und 11 600 km² wäh-rend der Regenzeit aus. Seine Nord-Süd-Ausdehnung beträgt bis zu 75 km, von Osten nach Westen 35 km. Mehr als 60 verschiedene Fischarten im See sichern die Versorgung der ansässigen Fischervölker Unga, Batwa und Bisa.

Südlich des Bangweulusees dehnt sich eine **riesige Sumpflandschaft** aus. Ihre Ausmaße sind mit bis zu 15 000 km² noch gigantischer als die des Sees. In diesem Bereich liegen sechs verschiedene Game Management Areas und ein Nationalpark. Die Sumpfregionen stellen aufgrund ihrer be-sonders unzugänglichen, für den Menschen eher lebensfeindlichen Landschaftsform ein einzigartiges Naturparadies dar. Unzählige Kanäle und Lagunen stehen voller Papyrus- und Sumpfgewächse; dazwischen bleiben leicht erhöhte Inseln ganzjährig trocken. Früher haben die Einheimischen, als Fischer durch die Kanäle ziehend, die Natur kaum beeinträchtigt. Heute drängen aber auch hier ständig neu entstehende Dörfer die Wildnis zurück.

Die wenigen existierenden Wege am Rande der Bangweulusümpfe sind fast ausnahmslos nur in der Trockenzeit ab Mai (jer nach Wasserstand) bis Dezember befahrbar. Ansonsten muss man sich in Booten fortbewegen. Generell sind die Pisten direkt nach der Regenzeit im schlechtesten Zustand (Wasserlöcher, Schlammstellen und hohes Gras, das die Sicht erschwert).

Schon gewusst?
Die Bangweulu-sümpfe sind halb so groß wie Österreich und durchzogen von natürlichen und künstlichen engen Kanälen

Straßen-bedingungen

Anreise: Verlassen Sie die Teerstraße bei der Abzweigung zum Livingstone Memorial (S. 215) und fahren Sie geradeaus, ohne zum Memorial abzubiegen. Nach 30 km einsamer Waldpiste erreichen Sie das Buschcamp am Lake Waka Waka (siehe links). 2 km weiter ist eine Gabelung, 1 km danach noch eine. Fahren Sie beidemale links (sonst kämen Sie zur Nsalu Cave, S. 209). Nun geht es 33 km durch dichten, von mehreren Dambos durchbrochenen Buschwald und kleine Bisa-Ansiedlungen nach **Chiundaponde**, von wo seit dem Brückeneinsturz 2007 eine kleine Fahrspur am Haus des Chiefs vorbei zur Gabelung zwi-schen der Chikuni GMA-Zufahrt und der Piste durch den **Lavushi Manda NP** zur Great North Road (siehe S. 208) führt. Fragen Sie in Chuindaponde notfalls nach der neuen Umfahrung. Vom Chikuni GMA-Gate führt der Weg 28 km durch freundliche Bisadörfer und Cassavafelder, ehe der er-höhte Fahrdamm beginnt, sich der Wald lichtet, und anstelle der Dörfer kleine, graue Termitenbauten auftauchen. 35 km nach dem GMA-Gate gabelt sich vor dem Dorf **Muwele** die Piste. Fahren Sie hier links in Richtung der Schule weiter. 6,4 km weiter liegt 1 km abseits das Nsobe Camp (S. 218). Ab hier gerät man in die staubige, offene Grasebene. Letzte Baum-inseln und die Anthills weichen zurück, in der flimmernden Ferne lassen sich Baumreihen erahnen. Nach 8 km wird Chikuni Station mit Gate, Schule und Antipoaching Team, erreicht. Shoebill Camp liegt 3 km dahinter.

Lake Waka Waka
Ein klarer Badesee, ganz ohne Kro-kodile und Bilharzia, in lieblicher Umgebung, umrahmt von Wiesen und Wäldern mitten in Sambia? Gibt es wirklich: am Lake Waka Waka! Bis 2005 führte der Kasanka Trust (S. 213) hier ein einsames Busch-camp, dann brannte es ab und jetzt leitet es die Community. Camping zwischen Mauerresten und Ruinen kostet 5 Euro pP. Die Caretaker bereiten das Lagerfeuer und füllen Seewasser in die Duschvorrichtung. Tagsüber nerven winzige Wald-fliegen, die abends verschwinden.

Die Bisa der Bangweulusümpfe

In Sambia leben 10-20 000 Bisa in der Bangweulu-Region, rund um Mpika und im Luangwa Valley am Nsefu-Sektor, wobei sie sich kulturell voneinander entfernt haben. Wir sprechen von den Bangweulu-Bisa.

Gegen März ziehen viele Bisa aus den Dörfern des Südens in die Bangweulusümpfe, um dort bis September in einfachen, temporären Strohhütten auf trockenen Inseln zu leben, fischen und jagen. Das andere Halbjahr bauen sie in den Dörfern **Cassava** an, denn in den Sumpfregionen wächst Cassava besonders schnell und kann bereits nach einem Jahr geerntet werden. Mais gilt dagegen als "Cash Crop", um durch den Verkauf Bargeld zu erwirtschaften. Aus Fingerhirse brauen die Frauen Katata und Chipumu, zwei Biersorten.

Die Dörfer zwischen Chiundaponde und den Sümpfen haben eine **lokale Besonderheit**: Anstelle üblicher runder Tröge verwenden die Frauen lange, an Einbäume erinnernde Holztröge zum Cassava-Stampfen. So sitzen hier mehrere Frauen nebeneinander und stampfen gemeinsam im gleichen Kanu-Trog.

Nakapalayo Community Camp

Im Dorf Nakapalayo, 4 km südlich von Chiundaponde, gibt es ein vom Kasanka Trust (www.kasanka.com) unterstütztes Tourismusprojekt. Die ausländischen Gäste dürfen an allen Alltagsgeschäften teilhaben, den Dorfchef sprechen, werden traditionell bekocht, besuchen die Dorfschule etc. Sechs Chalets bieten saubere Unterkunft mit Moskitonetzen (VP 50 Euro pP). Camping kostet 6 Euro pP; Tagesbesucher bezahlen 16 Euro inklusive Mittagessen.

Die Camps in den Bangweulu Wetlands

• **Nsobe Camp:** Gemeindeprojekt der Bisa, das genau am Rande des Vegetationsgürtels liegt; inmitten von Palmen, kleinen Bäumen und Termintenbauten, ohne freiem Blick zur offenen Plain, dafür aber windgeschützt. Hier sieht man eher Tsessebes und Oribis als Lechwe-Antilopen. Das umfriedete Camp bietet einfache, riedgedeckte Hütten á 11 Euro pP und Campinggelegenheit á 7 Euro pP. Die Attendants fungieren auch als Scouts bei Wandersafaris und Bootsausflügen (Kanumiete ca. 6 Euro/Std.). Nsobe Camp ist von Ende April bis November/Dezember per Fahrzeug erreichbar. Man kann versuchen, beim WWF-Büro in Chilanga (Lavushi Manda Safaris, Tel. 0211-278231) neben dem ZAWA-Gebäude, im Zambia Investment Centre, Lusaka (Tel. 0211-255241, Fax 252150) oder direkt via Tel. 0966-950327 eine Reservierung zu tätigen. Leider ist Nsobe seit 2007 in erster Linie als Jagdcamp genützt worden.

• **Shoebill Island Camp:** Das Zeltcamp unter Leitung des Kasanka Trusts (siehe S. 213) liegt bereits in der Sumpfebene direkt am Beginn der Lagunen und Kanäle. Es ist ganzjährig per Flug/Boot erreichbar, mit Fahrzeugen erst ab Mai/Juni. Die Attendants kümmern sich um Küche und heiße Duschen und stehen auch als Guides zur Begleitung von Game Drives, Wanderungen und Einbaumfahrten (bei Flut) bereit. Vogelbeobachtungen gelingen wegen der vielen Zugvögel am besten im Dezember/Januar (bis zu 200 Spezies im Camp), der berühmte Schuhschnabelstorch stakt von Ende Februar bis in den April/Mai oft direkt vor dem Camp durchs Feuchtgras. Preise: All-Inclusive 290 Euro/DZpP und 400 Euro/EZ, bei Selbstversorgung 50 Euro/DZpP, Camping 10 Euro pP. Bootstrip: ab 12 Euro pP/halber Tag. "Shoebill Expedition": ab 25 Euro pP. Vorausbuchung ist auch für Camping sehr empfehlenswert, da nur ein Stellplatz vorhanden ist.

Zur Info: African Parks (siehe S. 183) steht kurz davor, das Management der Bangweulu GMA und Chikuni CPP zu übernehmen und wird, sobald die Rechtslage geklärt ist, dort auch Eintritt verlangen.

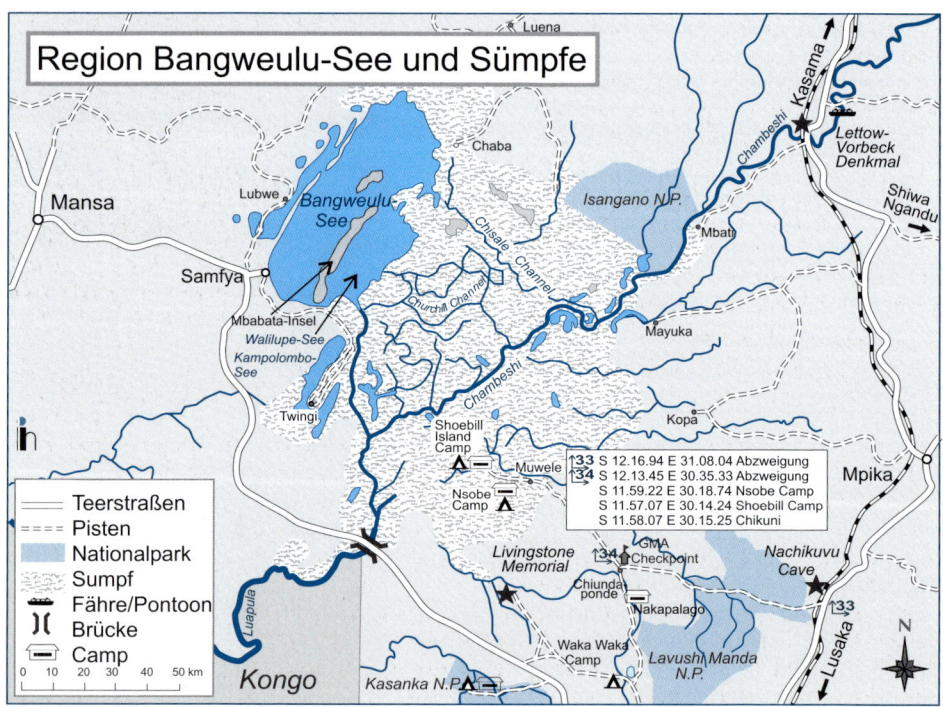

Region Bangweulu-See und Sümpfe

133	S 12.16.94 E 31.08.04 Abzweigung
134	S 12.13.45 E 30.35.33 Abzweigung
	S 11.59.22 E 30.18.74 Nsobe Camp
	S 11.57.07 E 30.14.24 Shoebill Camp
	S 11.58.07 E 30.15.25 Chikuni

Teerstraßen
Pisten
Nationalpark
Sumpf
Fähre/Pontoon
Brücke
Camp

0 10 20 30 40 50 km

Je weiter man in die Sümpfe gelangt, desto vielfältiger wird die Tierwelt. Die **Schwarze** oder **Bangweulu-Moorantilope** (*Kobus leche smithemani*) ist in den Bangweulusümpfen endemisch. Früher waren diese Lechwe-Antilopen in Nordsambia weit verbreitet, doch als standorttreue Tiere kehren sie nie mehr in ein Gebiet zurück, in dem sie einmal ausgerottet wurden. So wurde ihr Siedlungsraum ständig kleiner und ihre Zahl durch Wilderei und Jagd verringert. 1932 ergab eine Zählung in den Sümpfen noch 150 000 Lechwe, bis 1957 wurde diese Zahl durch intensivste Jagd für die Fleischversorgung der Minenarbeiter im Copperbelt um 90 % verkleinert. Bis Mitte der 1990er Jahre blieb ihr Bestand bei dieser gefährlich kleinen Zahl, doch seither haben sich die Lechwe wieder auf erfreuliche 100 000 Tiere vermehrt. Außerdem leben hier Bleichböckchen, Sitatunga, Leierantilopen und große Büffelherden. Auch Riedböcke, Streifenschakale und Hyänen sind häufig. Flusspferdgemeinschaften und Krokodile besiedeln die Wasserläufe. Selbst Elefanten wandern mitunter zwischen den Sümpfen und dem Kasanka NP.

Unter den rund 200 verschiedenen Vogelarten in den Sümpfen verdient der große graue **Schuhschnabelstorch** besondere Beachtung. Vermutlich existieren in Afrika weniger als 1500 Exemplare dieser Gattung, die Bangweulusümpfe stellen dabei einen seiner letzten natürlichen Lebensräume dar. Um die gefährdete Tierart zu erhalten, steht der Schuhschnabelstorch im Mittelpunkt mehrere Schutzprogramme. Man spürt ihn am besten im März/April vom Boot aus oder mit Glück direkt am Shoebill Camp auf. Zwischen September und Dezember kann man ihm nur nach stundenlangen Fußmärschen nahe kommen. Weitere häufige Vogelarten sind Kronenkraniche, Stanleytrappen, Heilige Ibisse, Afrikanische Löffler, Trauerschmuckrallen, Sumpftschagras, Marabus, Rotbauchreiher, Graufischer und Sattelstörche.

Der visuelle Eindruck hängt stark von der Reisezeit ab. Wer in der Regenzeit kommt, erlebt eine grüne Wasser- und Lagunenlandschaft und ist auf Einbäume angewiesen, um in den verschlungenen Kanälen Sitatungas, Lechwes, Wasservögel – und einzelne Fischer – aufzuspüren. Auf kleinsten Erhebungen stehen im Sumpf vereinzelte Grashütten neben dünnen Palmen. Die Fischer errichten kleine Dämme und legen in den Zischenräumen Fischreusen aus. Später wird die Ebene morastig, hohes Gras bedeckt die Weiten und lockt als Futter riesige Lechweherden an (im Mai herrscht hier leider eine lästige Fliegenplage). Ab Juni werden die Grasflächen systematisch abgebrannt. Das erleichtert die Sicht, man kann nun viel mehr Pirschfahrten unternehmen, aber dafür bekommt die Landschaft einen trockenen, fast tristen Touch, der sich zum Ende der Trockenzeit verstärkt. Im Oktober/November wirbeln heftige, heiße Sturmböen viel Staub auf und lassen die Natur im dunstigen Sonnenlicht geradezu bizarr und unheimlich wirken. Streifenschakale bewohnen jetzt die trockene Ebene.

Im 1. Weltkrieg lernten die Unga und Batwa, die seit jeher vom Fischfang und der individuellen Jagd in den Sümpfen leben, von den Soldaten die **Massenjagd** auf Moorantilopen. So konnten sie anschließend den enormen Trockenfleischbedarf in den Copperbelt-Minen für eine neue Einnahmequelle nützen – mit verheerenden Folgen. Der Forscher Fraser meldete 1957 die Zebras, Pukus, Sitatungas, Tsessebes und Pferdeantilopen als praktisch ausgestorben, und die Moorantilopen als extrem gefährdet.

Schuhschnabelstorch

Wie viele ungewöhnliche Gewässer hat auch der Bangweulusee ein **Ungeheuer**: "Chipekwe" mit dem Elfenbein-Einhorn. In der frühen Kolonialzeit nahmen die Europäer die Legende ernst und unternahmen mehrere Suchexpeditionen. Aber wie Nessi in Schottland lässt sich auch Chipekwe nur selten blicken.

Gesamtstrecke: 800 km

Fahrzeit: ca. 8-10 Std.

Zustand: gute Teerstraße

Tankstellen: Serenje, Samfya, Mansa, Mwense, Nchelenge

Besonderheiten: 3 km lange Luapula-Brücke

Straße und Brücke über den Luapula sind eine **Meisterleistung**: Für die Straße musste ein 40 km langer Damm gebaut werden und die Brücke ist 3 km (!) lang. Bis 1983 gab es keine Straßen durch dieses Labyrinth aus Wasserläufen, Lagunen und Sümpfen. Jeglicher Verkehr und Handel zwischen der Luapulaprovinz und dem Süden des Landes musste über den Transit durch den Kongo erfolgen. Immer wieder kam es dabei zu Problemen und Verzögerungen. Sambia hatte mehrere Staaten um den Bau einer Direktverbindung gebeten, doch Europäer wie Amerikaner hielten das Projekt für undurchführbar, erst China realisierte den sambischen Traum. Im August 1983 wurde die Brücke fertiggestellt und seither an jeder Seite von einem Militärposten bewacht.

Bis zum Horizont sind nur wenige Bauminseln und Palmen wahrnehmbar. Nach der Regenzeit erkennt man nicht einmal, wo der Fluss in die Sümpfe übergeht und bekommt einen guten Eindruck von den riesigen Ausmaßen des Bangweulugebietes. Man sieht kleine, wie Grasiglus gebaute Fischerhütten. Hier fischen die Ushi mit Netzen und Reusen und staken in Einbäumen durch die klaren Wasserläufe. Ihr Fang sind meist kleine Fische, die getrocknet oder geräuchert werden. Man kann sie am Straßenrand kaufen.

Fahrt an den Mwerusee

Zunächst befährt man die Great North Road bis zur Abzweigung nach Mansa nach 236 km (siehe Beschreibung auf S. 207). Die Straße in den Norden ist schmäler und nicht so massiv ausgebaut wie die Great North Road, aber im Großen und Ganzen in gutem Zustand. Nach 55 km kommt man am Eingang des Kasanka NP vorbei (S. 212) und 10 km danach an der Zufahrt zum Livingstone Memorial (S. 215). Hier beginnen bereits die Ausläufer der Bangweulusümpfe. Es wird immer flacher und sumpfiger, je näher man dem Luapula kommt. Beiderseits der Straße stehen zwischen Palmeninseln Lagunen mit klarem Wasser und Schilfgras, Papyrus und Seerosen. 76 km nach der Abzweigung zum Livingstone Memorial erreicht man bei Mukuku die **Luapulabrücke**.

Erst 20 km nördlich der Brücke weicht die Sumpflandschaft zurück. Sofort verändert sich die Szenerie: die Luapulaprovinz ist sehr dicht besiedelt und beiderseits der Straße reiht sich nun fast übergangslos Dorf an Dorf. 113 km nördlich der Luapulabrücke zweigt nach Osten die 8 km lange Stichstraße nach Samfya ab (rechts). Die restlichen 68 km bis Mansa führen durch mehrere Sumpfsenken, die noch Monate nach der Regenzeit unter Wasser stehen. Dazwischen liegen Savannen mit dichter Besiedlung und intensiv bewirtschafteten Feldern. Kaum ein Baum steht noch (außer Mangobäumen), so stark wurde hier der Wanderfeldbau betrieben. Die freundlichen Menschen haben ein Faible für farbenfrohe Kleidung. An vielen der viereckigen Häuser fällt als Besonderheit auf, dass die Eingangstüren etwas zurückgesetzt sind.

Mansa

Die 1200 m hoch gelegene Hauptstadt der Luapulaprovinz bietet durch den Shoprite-Supermarkt eine gesicherte Versorgungslage, jedoch keine touristischen Sehenswürdigkeiten. Eine 90 km lange Teerstraße führt in südlicher Richtung nach Chembe zur Transitstrecke durch den Katangazipfel des Kongos (siehe S. 199).

- Mansa Hotel: Tel. 0217-821606, Fax 821407, an der Main Road gelegen, Zimmer ab 17 Euro/DZpP.
- Chukwuma Guest House: Tel. 0217-821560, Zimmer mit TV für 13 Euro/DZpP.

Abstecher:
Samfya und der Bangweulusee

Der flache Bangweulusee weist enorme jahreszeitliche Schwankungen auf. Seine Ufer sind sandig, sumpfig und flach. Samfya ist die einzige nennenswerte Stadt am See neben unzähligen abgelegenen Fischerdörfern. Hier ist auch der Ausgangspunkt des **Postschiff**es. Zweimal wöchentlich fährt es die einsamen Fischerdörfer an, derzeit jeden Montag und Freitag frühmorgens. Günstige Passagiertickets gibt es beim BWT-Resthouse & Restaurant (Tel. 0217-830111, wo kann man auch einfache Chalets beziehen kann). Auf Anfrage kann man dort auch manchmal Boote chartern.

Rudimentäre Unterkunft findet der Reisende am schönen **Sandstrand von Samfya**, der 1 km nördlich des Ortes liegt. Baden ist aufgrund der Bilharziosegefahr nicht zu empfehlen, außerdem sollen sich eine Menge Krokodile im See herumtreiben. Der Strand ist zugleich Fischmarkt. Die Fischer werfen in Ufernähe ihre Netze aus und verkaufen den frischen Fang direkt aus dem Boot.

- **Samfya Beach Hotel:** Einfache Ferienanlage, anscheinend unter südafrikanischer Leitung, doch meistens sind nur die Caretaker anwesend. Übernachtung in einfachen Strohhütten für 10 Euro/DZpP, Camping wird auf Anfrage vor Ort auch gestattet (5 Euro pP, man benützt die Sanitäreinrichtungen eines der Bungalows).
- **Samfya Sun and Sands** (früher Bangweulu Lodge): Sehr einfache Strandanlage, heute fast nur noch eine Bar mit Toilette (keine Duschen, kein Frischwasser), neben der man notfalls campieren kann.

Bild S. 220: Viele junge Frauen achten auf ihr Äußeres und lieben wechselnde Frisuren;
Bilder oben: Samfyas Strand am Bangweulusee;

Eine regelrechte "Wasserfall-Tour" nach Norden

Weiterfahrt: Von Mansa bis an den Mwerusee

Verlassen Sie Mansa auf der breiten Teerstraße nach Norden. Vorsicht: Nach 9 km zweigt die Straße nach Nchelenge links ab. Wenn man hier versehentlich geradeaus fährt, endet der Teerbelag nach 15 km, und die Piste führt über eine einsame Bergstrecke nach Kawambwa (144 km).

Nach weiteren 24 km sind nach links die 8 km entfernten *Mumbuluma Falls* ausgeschildert. Erneut 24 km weiter bzw. 57 km nach Mansa erreicht man die Brücke über den Luonga. Direkt dahinter liegen links die kleineren *Musonda Falls*. Nun wird es hügelig, die Straße bietet erste schöne Ausblicke auf den Luapula und seine Stromschnellen. Palmen und hohe Bäume säumen seine Ufer. Bis Nchelenge ist die Gesamtstrecke praktisch durchgehend besiedelt.

Die *Mambilima Falls* vor der gleichnamigen Missionsstation sollte man nur als Stromschnellen bezeichnen. 50 km nach der Luonga-Brücke (101 km nach Mansa) erreicht man die Abzweigung nach **Mwense**. Ab hier flacht die Landschaft wieder ab. Die Straßen sind voller Menschen, und die Natur wirkt immer tropischer mit Palmen, Bananenstauden und riesige Mangobäumen. Der Luapula wird breiter, träger und bildet Lagunen. Die ganze Region scheint vergleichsweise wohlhabend und lebensfroh. 180 km nördlich von Mansa liegt **Kazembe**, das königliche Zentrum der Lunda, wo nach alter Tradition alljährlich im Juli der *Mutomboko* gefeiert wird (s. S. 34). 12 km weiter zweigt in **Mbereshi** nach rechts die Teerstraße nach Kawambwa ab.

Die Straße führt nun an der Mofwe-Lagune vorbei und nähert sich der Mündung des Luapula in den Mwerusee. Weite Sümpfe und Tümpel voller Seerosen gehen langsam in den ganzjährig zwischen 20 und 30 °C warmen See über. In den fließenden Wasserläufen liegen unzählige Fischreusen. 238 km nach Mansa trifft man schließlich in **Nchelenge** auf das Südufer des Mwerusees. Der ganze Ort ist fest im Griff der Lake Mweru Fischereigesellschaft, bei der die Fischer ihre Erträge abgeben. Hier kann man unter Umständen Boote mieten bzw. an den Fahrten zu den Fischerdörfern auf dem Mwerusee teilnehmen. Spartanische Unterkunft findet man entweder im "Lake Mweru Water Transport Guesthouse" (Tel. 0212-972064) oder im noch einfacheren "Nchelenge Guesthouse" (Tel. 0212-972045), das direkt am See liegt (Zimmerpreise um 10 Euro). Nchelenge bietet nur eine Basis-Grundversorgung, hat aber eine Tankstelle. Die Uferzone des Sees ist so dicht besiedelt, dass man nur mit Mühe ans Wasser gelangen kann.

Die Teerstraße führt noch einige Kilometer weiter und endet bei **Kashikishi** an der holländischen St. Pauls Mission und dem dazugehörenden Krankenhaus. Danach verläuft der Weg als ausgewaschene Piste am Ufer entlang nach Norden und endet in Pweto an der kongolesischen Grenze. Etwa auf halbem Weg dorthin zweigt bei Mununga eine Piste in Richtung Mporokoso ab. Auf dieser Straße erreicht man nach 21 km eine Weggabelung mit dem Schild zu "Nkosha School". Hält man sich geradeaus, erreicht man nach 15,5 km die Kundabwika Falls. Fährt man nach Norden, gelangt man zum Mweru Wantipa NP (44 km) und nach Kaputa (96 km).

Schon gewusst?

"Chiengi Charly" war ein alter weißer Löwe, der 1909 die Gegend um Chiengi am Nordufer des Mwerusees tyrannisierte. 90 Menschen soll er gefressen haben, ehe er von einem Ex-Askari erschossen werden konnte

Nchelenge

Der **Mwerusee** hat eine Länge von 130 km und misst an seiner breitesten Stelle 45 km. Seine Hauptzuflüsse sind der Luapula und der Kalungwishi, nach Norden entwässert ihn der Luvua. 58 % der 4580 km² großen Seeoberfläche und die Kilwa-Insel gehören zu Sambia, der restliche Teil zur Republik Kongo. Als erster bekannter Europäer erreichte den See Dr. David Livingstone am 8.11.1867. Der Mwerusee ist heute vor allem durch die intensive Nutzfischerei ein Begriff. Seit in den 1920er Jahren Griechen im Kongo die kommerzielle Fischerei am See begannen, hat sich dieser Erwerbszweig enorm vergrößert. Dabei wurde der See völlig überfischt und viele Fischarten, wie z. B. der berühmte Mpumbu, auch Luapula Salmon genannt, sind schon seit vielen Jahren ausgerottet.

Von Nchelenge nach Mporokoso

46 km südlich von Nchelenge zweigt bei Mbereshi die Straße nach Kawambwa ab. Die 40 km lange Straße ist frisch geteert und führt durch dichte Wälder und Berge. Einsam liegt hier die 1900 erbaute, massive **Mbereshi Mission Church** der Londoner Missionsgesellschaft. Sie war die erste Mädchenschule der Kolonie und wurde damals "Mabel Shaw" genannt. 21 km nach Mbereshi führt ein kurzer Abstecher von 1 km zu den Ntumbachushi Falls (sprich: *Ntumba Schuschi*).

Ntumbachushi Falls

Je nach Wasserstand stürzen 2 oder 3 Fälle von einem 30 m hohen Felsen herab. Darunter bilden sich kleine Pools, die zum Baden geradezu einladen, in einer fantastischen, tropischen Vegetation. In diesem geschützten Sprühnebel wachsen Farne, Moose, Bromelien, Palmen und allerlei Schlingpflanzen. Gischt und Sonne lassen Regenbögen entstehen. Am Fuße der Fälle, wo man direkt unter dem Wasserfall duschen kann, ist es spürbar kühler als in der Umgebung. Vom Parkplatz führen Stufen den Felsen hinauf zu einem weit verzweigten Wegenetz. Hier können Wanderfreudige flussaufwärts zu weiteren kleinen Wasserfällen laufen. Am Parkplatz, einem beliebten Picknickplatz, ist Camping erlaubt (Latrinen vorhanden). Eintritt 3 US$, Fahrzeug 3 US$, Camping 10 US$, ggl. wird der Eintritt erlassen, wenn man campiert.

Kawambwa ist vor allem durch Sambias einziger Teeplantage, dem östlich des Ortes gelegenen "Kawambwa Tea Estate", ein landesweiter Begriff (keine Tankstelle mehr). Bis dorthin wurde die Straße geteert, anschließend verläuft sie als breite Piste weiter. Nach 60 km überquert eine neue Stahlbrücke den Kalungwishi, wo früher eine malerische Fähre den Reisenden übersetzte. Am anderen Ufer erreicht man nach 2,5 km links die 9 km lange Zufahrt zu den bedeutendsten Wasserfällen der Region (S. 224).

Von der Kalungwishibrücke erreicht man nach 75 km auf Lateritpiste den Ort **Mporokoso**. Außer einem Krankenhaus, der "afrikanischen Kanister-Tankstelle" und dem lebendigen Freiluftmarkt hat die staubige, auf einem Plateau gelegene Kleinstadt wenig zu bieten. Auch das Lebensmittelangebot ist reichlich eingeschränkt. Dafür sind so ziemlich alle Hilfsorganisationen in Mporokoso vertreten und kümmern sich um die Flüchtlinge aus dem Kongo, die größtenteils im 30 km südlich gelegenen Flüchtlingscamp untergebracht sind. Weiterfahrt nach Kasama: S. 226, direkt nach Mbala: S. 227f.

Mweru Wantipa NP

Der 3134 km² große Park schmiegt sich an das Westufer des Mweru Wantipa Sees. Dieser liegt in einer riesigen Depression. Sein Wasserstand steigt und fällt in 5-Jahreszyklen. Bis zur Kolonialzeit lebten hier Büffel, Pukus, Pferde-, Rappen- und Kuhantilopen, Hyänen, Affen, Hippos und Elefantenherden. Mit jeder Dekade wurde das Bild düsterer und seit wenigen Jahren sind sogar die Wildhüterschranken am Zu- und Ausgang des Parks verschwunden. Es gibt keinerlei touristische Infrastruktur, kein Wegenetz außer der Transitstraße, keine besonderen Aussichtsplätze. Die ruppige, steinige Straße ist einsam und führt durch eintöniges Combretumgestrüpp. Nördlich des Parks nähert sie sich bei Kaputa der Landesgrenze und führt über Bulaya weiter in den Sumbu NP. Landschaftlich ist diese Strecke eine Augenweide, besonders die bunt bemalten Häuser verschönern alle Dörfer.

Der Mweru Wantipa See ist ein **Heuschrecken-Brutgebiet**. 1930 kam es hier zu einer gigantischen Heuschreckenplage, die sich bis 1945 über das ganze südliche Afrika ausbreitete. Riesige, bis zu 50 000 t umfassende Schwärme zerstörten damals die Ernte und lösten eine Hungersnot aus.

Eine Besonderheit sind die **Mporokoso-Baskets**, die nur nördlich von Mporokoso hergestellt werden, weil das dabei verwendete Gras nur am Ufubufluss wächst. Die runden Körbe werden aus etwa 1 cm breiten Bambusstreifen geflochten, wobei die Böden zunächst viereckig sind. Um diese Körbe wird dann als zweite Schicht außen ein zweifarbiges Dekorband aus jenem Ufubugras gefertigt. Die eigenwillige Flechtkunst droht leider auszusterben, weil die jungen Leute wenig Interesse an diesem Handwerk zeigen.

Die Perle des Nordens: Der Kalungwishi

Den Kalungwishi darf man getrost als "Perle" oder "Juwel" bezeichnen, diesen klaren, urwaldbestandenen Fluss mit seinen drei legendären Wasserfällen Lumangwe Falls, Kabweluma Falls und Kundabwika Falls. Der wilde Fluss führt am Lusanga Plain NP entlang und mündet schließlich in den Mwerusee.

Lumangwe Falls & Kabweluma Falls

Wer vor den Lumangwe Falls steht, wird unwillkürlich an die Viktoriafälle erinnert, denn sie sehen aus, wie deren kleinere Kopie. Und nicht nur das; sie sind heute so, wie die Viktoriafälle vielleicht vor 100 Jahren wirkten: abgelegen und kaum bekannt, schwer zu erreichen und noch vollkommen unverbaut liegen sie mitten im dichten Urwald. Kein Hotel stört hier den Natureindruck, kein Rafting, keine Souvenirs, keine Brücken und Wege lenken von den Wassergewalten ab. Wer derzeit die Lumangwe Falls besucht, wird vielleicht an Wochenenden eine Handvoll Gleichgesinnter treffen, ansonsten ist er noch vollkommen allein mit der Natur.

Malerisch stürzt hier der 120 m breite Kalungwishi eine Felswand **30 m senkrecht** hinab. Der Fluss liegt eingebettet in dichten, hohen Regenwäldern, die sich hier durch den Sprühnebel des Wasserfalls bilden können. Man kann direkt an der Abbruchkante in die Tiefe blicken (oberes Foto) und einen kleinen Pfad zum tosenden Wasser hinabsteigen.

Der schattige **Campingplatz** liegt direkt an der Fallkante und bietet einfache Latrinen. Ein Caretaker kassiert 3 US$ Eintritt pro Person und Fahrzeug sowie 10 US$ für Camping (die Preise scheinen flexibel, manchmal wurde zuletzt weniger, manchmal aber auch mehr verlangt).

Ein kurzes Stück flussabwärts lohnt unbedingt der Abstecher zu den **Kabweluma Falls**. 1,9 km bevor man die Lumangwe

Unser Badetipp
Oberhalb der Lumangwe Falls kann man herrlich im Fluss baden. Dazu einfach dem Fußweg an den Latrinen vorbei für ca. 100 m folgen

Falls erreicht, biegt rechts ein kleiner Weg ab. Man fährt 5,3 km durch dichten Busch und muss die letzten 500 m durch die dichte Dschungelvegetation laufen. In der Regenzeit ist hier kein Weg mehr erkennbar, und man muss sich ganz nach Gehör den Fällen nähern. Man ist völlig allein, kein Caretaker wohnt hier. **Der Anblick ist atemberaubend:** In mehreren Einzelfällen und von dichtem Urwald umrahmt stürzen die Kabweluma Falls hufeisenförmig über hohe Terrassen in die tosende Tiefe (mittleres Foto). Sie sind wohl die schönsten Wasserfälle am Kalungwishi. Ein Kulisse, wie geschaffen für einen Hollywood-Film! Mit viel Glück und Aufmerksamkeit, wird man sogar Samango-affen erspähen. Für jedes Auge ein Genuss sind auch die vielen bunten Schmetterlinge.

Zur Info: Das Cascade Cottage in der Nähe von Lumangwe Falls bietet inzwischen keine Touristenunterkünfte mehr an.

Unser Lesetipp: "Guide to Little-known Waterfalls of Zambia", 2005, von Ilse Mwanza, s. S. 402.

Kundabwika Falls

Die nördlichen Fälle sind umständlicher zu erreichen und so einsam und selten besucht, dass hier nicht einmal ein Caretaker stationiert ist. Nur die Fischer leben zeitweilig dort und errichten ihre Trockengestelle neben dem Parkplatz. Der Abzweig zum Wasserfall ist unbeschildert (GPS S 09.11.40 E 29.19.89). In der Mitte der 5 km langen Zufahrt sollte man einen Blick auf die auffällige Felsformation werfen, an der sich rote Felszeichnungen aus der Eisenzeit befinden. Der Weg endet am Fluss, in dessen Stromschnellen und Pools man Baden kann. Zum Wasserfall läuft man nun rund 800 m flussabwärts querfeldein durch das Gestrüpp, es ist kein Weg erkennbar. Umso mehr belohnt dann der Anblick des etwa 70 m breiten Wasserfalls, der senkrecht über die 25 m hohe Abbruchkante in eine steile Schlucht stürzt. Der Blick auf den unberührten Urwald ist phantastisch. Achten Sie auch auf die spezielle feuchttropische Vegetation mit Baumflechten, Moosen, Farnen und Sukkulenten.

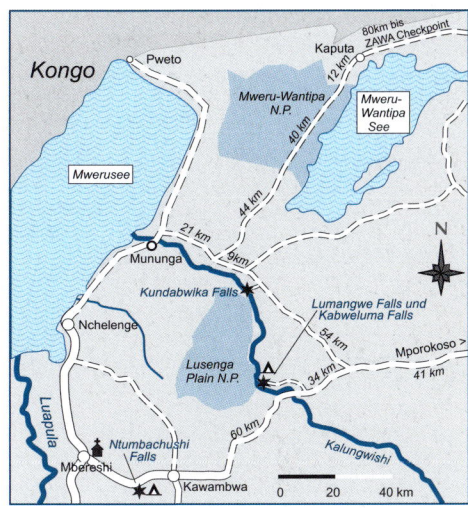

Lusenga Plain Nationalpark

Dieser nur 880 km² große, einsame Park ist touristisch nicht erschlossen worden. Landschaftlich wird er von einem rund 1300 m hoch liegenden, ovalen Grasdambo, der Lusenga Plain, geprägt, der die beachtlichen Ausmaße von 5 x 12 km Durchmesser aufweist. Die kraterähnliche Plain wird von dichten, schützenswerten Mushitu-Feuchturwäldern und Sumpfwäldern umschlossen, in denen Quellen entspringen. Früher waren hier Elefanten, Giraffen und Büffel vertreten, doch nur wenige Wildtiere, wie ein paar Kuh- und Rappenantilopen, Sunis, Impalas und Warzenschweine, überstanden die Wilderei. Seit 2008 bemüht sich ZAWA allerdings um das Kleinod. Zebras und Impalas wurden wieder aufgestockt und seit August 2008 sind dem Park 160 aus Südafrika gespendete Elefanten versprochen – aber noch nicht überführt worden.

Die Zufahrt in den Park ist nur ab Kawambwa möglich, wo man auch das Permit beim Wildlife Office im Ortszentrum erhält. Auf einer Erdstraße fährt man dann 18,3 km nach Norden und zweigt im Muchulila Village rechts in die unbeschilderte Fahrspur, die tief in die Wälder eines Forest Reserves führt. Die offene Lusenga Plain ist mit dem Fahrzeug nicht erreichbar, weil der Forstweg bisher nur für den Holzeinschlag im Wald benützt wird.

Bilder linke Seite von oben:
Die Fallkante der Lumangwe Falls; Szenerie an den Kabweluma Falls; Die einsamen Kundabwika Falls

Gesamtstrecke: 408 km
Fahrzeit: ca. 4,5-5 Std.
Zustand: erst gut, ab Kasama Schlaglöcher
Tankstellen: Kasama, Mbala, Mpulungu
Besonderheiten: wenig Verkehr

Chishimba Falls

Die Wasserfälle liegen 1,6 km westlich der Straße Kasama-Mporokoso, 36 km von Kasama entfernt bzw. 2 km südlich der Luombe-Brücke. Der Abzweig ist beschildert und folgt der Hochspannungsleitung zum Chishimba Falls Kraftwerk. Zwischen den Einzelfällen wurde der Lwonde mehrmals gestaut. Mutumuna Fall, der erste, 20 m hohe Wasserfall, stürzt idyllisch in einen kleinen Stausee. Viel imposanter sind jedoch die eigentlichen Chishimba Falls, die man über den schmalen, rund 300 m langen Fußweg durch den Palmendschungel erreicht. Sie donnern über eine Abbruchkante senkrecht in die Tiefe und bilden einen steinigen Canyon. Ihr Sprühnebel kreiert eine tropische Ufervegetation. Von der Fallkante bietet sich zudem ein weiter Blick in die Ebene.

Beim Parkplatz an den Kaela Rapids, neben dem Steinhaus mit Tischen, Bänken und Latrinen, wird Camping erlaubt. Eintritt 3 US$, Camping 10 US$ (wer campiert, zahlt keinen Eintritt).

Von Mpika an den Tanganjikasee

Die Teerstraße von Mpika nach Mbala und Mpulungu ist bis Kasama in gutem Zustand. Die Straße verläuft entlang der TAZARA-Bahnlinie durch teilweise eintönigen Buschwald. Nach 86 km Fahrt zweigt nach einer starken Linkskurve zwischen einigen Hütten ein unbeschilderter Weg nach Osten. Der kleine Waldweg führt kurvenreich zu den Kapishya Hot Springs (45 km) bei Shiwa Ngandu (s. S. 211).

32 km danach erinnert an der Brücke über den Chambeshi ein Denkmal an die deutsche Niederlage im Ersten Weltkrieg. Zufahrt: Ca. 2 km nördlich der Brücke läuft die alte schmale Teerspur zur Vorgängerbrücke zurück und endet nach 1,8 km am Monument (siehe rechts). 90 km danach gelangt man in die bedeutendste Stadt Nordsambias.

Kasama

Die Hauptstadt der Nordprovinz und des "Bemba Empires" liegt auf erfrischenden 1400 Höhenmetern und zählt rund 250 000 Einwohner. Sie ist verkehrstechnisch gut angebunden mit täglichen Busverbindungen nach Mbala und Lusaka. Das Umland ist weitflächig abgeholzt und erosionsgeschädigt. Kasama selbst wird von Granitbergen umringt, deren Kopjes eine wahre **Fundstätte an Felsmalereien** sind. Eine davon, **Mwela Rock Art**, liegt nur 6 km östlich von Kasama an der Isoka-Road (beschildert, leicht zugänglich, 3 US$ Eintritt, Camping möglich). Das Zentrum Kasamas bildet der große Markt. Die beste Lebensmittelversorgung bietet der Shoprite. Die TAZARA-Bahnstation liegt etwas außerhalb. Unterkunft:

- **Thorn Tree Guest House:** Hazel Powell, Zambia Road, Tel./Fax 0214-221615, E-mail: kansato@zamnet.zm, www.thorntreesafaris.com. Privatpension gegenüber dem ehemaligen Kasama Hotel. Sehr freundlich geführt, zentral gelegen, sicherer Parkplatz. Preise: B&B 30 Euro/DZpP.
- **Kasembo Farm Guest House:** Tel. 0214-221158, Fax 221369. Zwei Gästehäuser auf der Kasembo Farm 8 km von Kasama gegenüber dem Airport gelegen. Die Missionare der Farm führen einen Farm Shop in Kasama hinter dem PEP im Zentrum beim Markt. Auf Anfrage kann man mit B&B ab 17 Euro/DZpP und ab 24 Euro/EZ (je nach Ausstattung) hier nächtigen. Reservierung nötig.
- **Chishimba Falls:** Campinggelegenheit, siehe links.

Von Kasama besteht eine Querverbindung zur Great North Road, die nach ca. 210 km südlich von Isoka (S. 210) auf die Teerstraße trifft. Die gesamte Strecke ist nur dünn besiedelt und führt über flache Sumpfebenen. Nach 110 km überquert man den Chambeshi auf einer kleinen Fähre.

Nördlich von Kasama verschlechtert sich die Straße. Nach 89 km Fahrt zweigt auf 1650 m Höhe inmitten bewaldeter Hügel nahe Senga Hill die Querverbindung nach Mporo-koso ab (mit "Kopeka" beschildert; 70 km einsame, harte Dry-Season-Bergpiste bis zur Kasama-Mporokoso-Piste, weitere 80 km bis Mporokoso).

Bei KM 150 zweigt die "Old Stevenson Road" nach Malawi ab (S. 228). Nun sind nur noch 8 km zu fahren bis zur T-Kreuzung zwischen Mbaba (2 km) und Mpulungu (35 km, S. 230).

Isangano Nationalpark

Am Südufer des Chambeshi führt eine Piste bis Mbati, das in der Randzone der Bangweulusümpfe liegt. Nördlich davon erstreckt sich der Isangano Nationalpark. Man müsste sich per Einbaum übersetzen lassen, wollte man den Park oder die Menschen, die sich entlang des nördlichen Chambeshiufers angesiedelt haben, besuchen. Während im Osten des 840 km² großen Parks weite Grasebenen und Dambos mit Akazien und Miombowäldern die Natur prägen, liegt der westliche Teil bereits im saisonalen Flutbereich der Bangweulusümpfe und wird von Flussläufen und Lagunen durchzogen. Diese Wildnis ist sich selbst überlassen, der Park gilt als leer gewildert. Die abenteuerliche Fahrt entlang des Chambeshi über Mbati nach Mayuka wird auf der GPS-CD beschrieben.

Der Chambeshi und das Denkmal von Lettow-Vorbeck

Der Chambeshi, der große Fluss Nordsambias, entspringt im Hochland zwischen Mbala und Kasama. Neuesten Forschungen nach ist seine Quelle auch die **Kongoquelle** (Bild rechts). Von hier aus speist er die riesigen Bangweulusümpfe, verlässt sie als Luapula im Südwesten, fließt durch den Mwerusee und weiter ins Kongobecken. Von der Quelle bis zur Mündung im Atlantik legt er 5000 km zurück und diese Reise dauert sechs Monate.

Erster Europäer am Chambeshi müsste der Portugiese Dr. Larcerda gewesen sein, der auf seiner Forschungsreise am Luapula 1798 verstarb. David Livingstone tauchte erst 70 Jahre später in dieser Gegend auf, um hier die Nilquellen zu suchen und starb 5 Jahre später in den Bangweulusümpfen. Im 1. Weltkrieg wurde der Fluss zum wichtigsten Verkehrsweg für die Versorgung der kämpfenden britischen Truppen in Ostafrika. Vom Bahnende in Ndola ging es zum Luapula und dann den Chambeshi flussaufwärts bis Mbala. Zeitweise befanden sich 900 Kanus gleichzeitig auf dem Chambeshi (s. auch S. 229).

General von Lettow-Vorbeck (1870–1964), deutscher Feldherr, verlor in den ersten Kriegsjahren keine einzige Schlacht und ging direkten Kämpfen stets aus dem Weg. Der stolze General galt als charakterstark und verstand es, eine hohe Truppenmoral aufrecht zu erhalten. Im November 1917 drang er von Deutsch-Ostafrika nach Portugiesisch-Ostafrika (Mosambik) vor und erlebte dort erste Niederlagen. Bei der Rückkehr nach Deutsch-Ostafrika nach 10 Monaten bestand die Kompanie nur noch aus knapp 200 Deutschen und 1500 Askaris. Ihre Hauptsorge galt der Nahrungsmittelbeschaffung. Deshalb drang von Lettow-Vorbeck nach Rhodesien ein, um Isoka, ein wichtiges Proviantlager der Briten, einzunehmen. Als er erfuhr, dass die Stadt Truppennachschub erhalten hatte, vermied er den Kampf, drehte nach Westen ab und durchquerte ungehindert die Chambeshi-Ebene. Am 9.11.1918 nahm er Kasama ein, zog dann aber weiter nach Süden, um in Kabwe die Bahnlinie zu zerstören. Am 13.11.1918 lagerte die Kompanie am Chambeshi, als sie telegrafisch von der deutschen Kapitulation erfuhr, und sich am nächsten Morgen ungeschlagen und selbstbewusst in Kriegsgefangenschaft begab. Die ganze Truppe, 1300 Soldaten und 1500 Träger mit Frauen und Kindern, marschierte nach Abercorn (Mbala) zurück, wo die offizielle Kapitulationszeremonie stattfand. Die Askaris der Deutschen warfen ihre Waffen in den Chilasee, die Offiziere durften die Waffen als Anerkennung ihrer Leistung behalten.

Weiterreise nach Tansania

Man kann von Mbala über **Zombe** nach Tansania ausreisen; die Grenze wird jedoch nur sehr schwach frequentiert. Ferner kann man von Mbala entlang der alten *"Old Stevenson Road"* nach **Nakonde** fahren (185 km, S. 210). Diese Piste zweigt 8 km südlich der T-Kreuzung zwischen Mbala und Mpulungu am Schild "Nchanga/Mbala Farms" von der Teerstraße ab.

Die legendäre "Old Stevenson Road"

Was verbirgt sich eigentlich hinter dem Namen "Old Stevenson Road"? Obwohl die Bezeichnung noch allgegenwärtig ist, herrscht über den Namensgeber große Unklarheit. Das liegt auch daran, dass der Name Stevenson in verschiedenen Schreibweisen in diesem Teil der Welt so häufig vorkommt. Tatsächlich lässt sich der Name auf James Stevenson zurückführen; schottischer Finanzier und Vorstand der African Lakes Company, und damit 1879 Auftraggeber dieser Querverbindung zwischen Tanganjika- und Malawisee. In Sambia erinnert man sich heute aber gerne eines ganz anderen Mannes, wenn von der Stevenson Road die Rede ist: John Edward Stephenson, geb. 1876, kam als 20jähriger nach Blantyre, Nyasaland, wo sich der Abenteuerlustige von Cecil Rhodes anheuern ließ, Teile der legendären Cape-to-Cairo-Straße zu bauen. Für diese Aufgabe hielt sich Stephenson viel in Nordostrhodesien auf. Er vollendete den Ausbau jener alten Straße zwischen Karonga und Mpulungu und gründete dort rund 40 Handelsstationen. Stephenson hatte zum Missfallen seiner Landsleute eine Afrikanerin geheiratet und pflegte ausgezeichnete Kontakte zur afrikanischen Bevölkerung. Man erzählt sich heute noch, er habe in jeder dieser Handelsstationen eine Freundin gehabt. Stephenson gründete außerdem die Orte Mkushi und Ndola, verabschiedete sich dann aber von der BSAC und ließ sich auf einer Farm nieder. Dort pflegte er einen exzentrischen Lebensstil, heiratete noch eine zweite Afrikanerin, hatte mit den beiden Frauen acht Kinder und schrieb allerlei skurrile Geschichten, Anekdoten und eine spannende Autobiographie. Als guter Unterhalter, ein wenig verrückt, aber liebenswert und stets großzügig, wurde Stephenson beschrieben. Als er im Alter von 81 Jahren in Lusaka starb, kamen hunderte Lala zusammen, um gemeinsam zu trauern. Man sagt, "er hatte 1000 Freunde und keinen einzigen Feind".

Mbala

1893 wurde am rechten Ufer des Lucheche eine Siedlung gegründet und nach dem Präsidenten der BSAC Abercorn genannt. Sie war vor allem von strategischer Bedeutung, um die Deutschen, die sich Tanganjika einverleibt hatten, an weiterer Expansion zu hindern. Viele Kolonialbauten mit breiten Straßen und Eukalyptusalleen entstanden in den folgenden Jahren und prägen noch heute die verträumte Kleinstadt. Ältestes Gebäude ist das Gefängnis von 1912. Im Ersten Weltkrieg war Abercorn Schauplatz jahrelanger Kämpfe, lag die kleine Ortschaft doch unmittelbar an der Kriegsfront. Nach der Unabhängigkeit folgte die Umbenennung in Mbala ("Schirrantilope"). Die Stadt zählt heute rund 200 000 Einwohner, bietet einfache Versorgungsmöglichkeiten, eine Tankstelle und regelmäßige Busverbindungen nach Lusaka und Ndola. Der Chilasee am Ortsrand eignet sich zum Picknicken. Bescheidene Unterkunft bieten:

- **New Grashopper Inn:** Tel. 0214-450589. Das renovierte Hotel ist noch die beste Adresse in Mbala.
- **Arms Hotel:** Tel. 0214-450585. Älteres Hotel der Kolonialzeit, sehr einfach, viel Barbetrieb.

Unser Tipp: Moto Moto Museum

Das sehr informative Museum liegt 3 km nach dem östlichen Ortsausgang (ab dem Gefängnis beschildert). Es geht auf die Sammlung von Father Corbeil zurück, der mehr als 7000 Objekte zu Kunst, Kultur, Traditioneller Medizin und dem Alltagsleben der Bemba zusammen getragen hatte. Diese Schatzkammer der Bembakultur wurde nach Bischof Dupond von den "Weißen Vätern" benannt, der den Namen "König der Bemba" trug. Geöffnet jeden Mo-Fr von 09.00–16.45 h, der Eintritt beträgt 10 US$.

1891 hatten sich die "Weißen Väter" unter Führung von Joseph Dupond erstmals in dieser Region niedergelassen und waren zunächst auf starke Abneigung gestoßen. Nach und nach erwarb sich Father Dupond das Vertrauen der Bemba und bald eilte ihm der Ruf Moto Moto ("Man of Fire") voraus. 1897 wurde Dupond vom Vatikan zum Bischof ernannt. Im darauf folgenden Jahr rief der mächtige Bemba-König Mwamba Dupond an sein Sterbebett und ernannte ihn zum Erben der Königswürde. Wenngleich die Bemba den Missionar niemals vollständig als ihr Oberhaupt anerkannten, so konnte Duponds Einfluss doch alle Machtkämpfe und Streitigkeiten nach dem Tod Mwambas beilegen und sicherte dem Land Frieden. Die britische Verwaltung erkannte das Vermächtnis des Bembakönigs sowieso nicht an, und gestand Dupond nur zu, noch etliche Missionen im Bembaland zu gründen. 1911 verließ er das Land und starb 1930 in Algerien.

Kalambo Falls

221 m tief stürzt der Kalambo senkrecht in eine schmale Schlucht und strömt 8 km weiter in den Tanganjikasee. Damit sind die Kalambo Falls mehr als doppelt so hoch als die Viktoriafälle. Sie gelten als die zweithöchsten Wasserfälle Afrikas (nach den Chutes Kaloba im südlichen Kongo) und die zwölfthöchsten der Welt.

Ferner gelten die Kalambo Falls unter Archäologen als eine der bedeutendsten Fundstätten des Landes. Hier, wo sich die menschliche Besiedlung auf bis zu 100 000 Jahre zurück datieren lässt, liegt der älteste Beweis Schwarzafrikas für die Verwendung von Feuer.

Zufahrt: Die Kalambo Falls liegen unmittelbar an der Grenze zu Tansania und sind 36 km von Mbala entfernt. Fahren Sie durch Mbala hindurch bis zum Ende der Teerstraße am Chilasee und dem Golfclub sowie weitere 5 km geradeaus auf der Piste bis zur beschilderten Abzweigung. Ab hier geht es immer geradeaus, durch ein Gebiet, das wir noch als Urwaldstrecke voller Paviane erlebt haben, und heute gnadenlos abgeholzt ist. Ca. 2 km vor dem Ziel gabelt sich der Weg. Links führt er zum Mpulungu View Point. Geradeaus geht es steil bergab zur Oberkante des Wasserfalls. Hinter der Schranke wurden auf dem großen Parkplatz einfache Latrinen und eine überdachte Aufenthaltshütte errichtet. Von hier aus führen Steinstufen zur Fallkante hinab und Wanderwege entlang der 300 m tiefen Schlucht, in der von Zeit zu Zeit Raubvögel, wie Wanderfalken und Marabustörche, nisten.

Der Eintritt beträgt je 3 US$ pro Person und Fahrzeug plus 10 US$ für Campinggäste (auch hier, wie bei den meisten Wasserfällen, sind die Preise uneinheitlich und scheinen vom Verhandlungsgeschick der Besucher abzuhängen). Folgt man vom Parkplatz dem Weg, der den Berg hinauf führt, erreicht man nach einer etwa zweistündigen steilen und anstrengenden Wanderung bei Mwina Point die Mündung des Kalambo in den Tanganjikasee (unterwegs herrliche Ausblicke auf den See). Es besteht auch die Möglichkeit, **von Mpulungu per Motorboot** einen Tagesausflug zu den Fällen zu unternehmen (wird in Mpulungu angeboten).

Info: **Der Erste Weltkrieg in Afrika**

Die Kriegsfront befand sich im Ersten Weltkrieg zwischen Abercorn und Karonga am Malawisee. Die Kämpfe spielten sich zunächst auf britischem Boden ab, da die Deutschen zu Beginn des Krieges viele Angriffe starteten. Ab 1916 verschob sich die Front nach Deutsch-Ostafrika. Die britischen Garnisonen in Abercorn und Old Fife (Nakonde) wurden damals von belgischen Truppen unterstützt. Fast 7000 afrikanische Militärträger waren vorwiegend für den Transport von Nahrungsmitteln im Einsatz. Diese Lebensmittel wurden von Dorf zu Dorf in fünf Tagen von Mporokoso nach Abercorn getragen. 10 km südlich von Abercorn musste für die vielen Träger ein Lager an den Uningi Pans eingerichtet werden.

Chief Zombe der Lungu, dessen Land genau an der Front lag, sandte für die Briten Späher aus und erwies sich als sehr hilfreich. Eines seiner Dörfer, Malwilo, wurde während einer Schlacht völlig zerstört. Auch am Jericho Hill am Seisi-Fluss war es zu schweren Kämpfen gekommen. Die Deutschen gerieten aber bald in die Defensive und schließlich fielen die deutschen Städte Bismarcksburg am Tanganjikasee und Namema in die Hände der Briten. Erst die deutsche Kapitulation im November 1918 beendete die bis dahin unentschiedenen Kampfhandlungen in diesem Teil Afrikas. Noch heute sind alte Schützengräben erkennbar und aus dem Chilasee werden gelegentlich noch Waffen gefischt, die die Askaris der Deutschen nach der Kapitulation dort versenkten (siehe dazu auch S. 227).

Mpulungu

Abfahrt mit tollem Ausblick!

Von Mbala windet sich die steile, kurvige Teerstraße 38 km ins völlig konträre Mpulungu hinab. Während Mbala kühle 1647 m Höhe und ein postkoloniales Flair genießt, herrscht im chaotischen, vermüllten Mpulungu das schwüle Klima des unter 800 Höhenmeter liegenden Sees.

Die Teerstraße endet direkt am betriebsamen einzigen sambischen Hafen, der rund 7000 Tonnen Fracht monatlich abwickelt. Regelmäßig wird er von den Frachtschiffen aus Tansania, Burundi und dem Kongo angelaufen. Das legendäre Motorschiff **Liemba** pendelt mit Fracht und Passagieren zwischen Bujumbura und Mpulungu und legt unterwegs in zahlreichen abgelegenen Fischerdörfern an. Die Liemba liegt planmäßig wöchentlich von Donnerstag auf Freitag in Mpulungu vor Anker (siehe S. 375).

In Mpulungu herrscht das typische lebendige und bunte Treiben von Hafenstädten, die Atmosphäre erinnert stark an Ostafrika. Viele Händler aus dem Kongo, Burundi und Tansania verkaufen ihre Waren auf den Märkten, Kisuahili wird genauso gesprochen wie die sambischen Sprachen Bemba und Lungu. Der Ort erweckt den Eindruck, mit Ostafrika stärker als

mit dem sambischen Hinterland verbunden zu sein. Besonders freitags, wenn die Liemba im Hafen liegt, quillt Mpulungu förmlich über. Der Ort selbst entwickelt sich zu einem riesigen **Freiluftmarkt** mit Marktschreiern und lauter Musik, wie sie für sambische Märkte sonst untypisch sind. Schneider und Friseure arbeiten in kleinen Blechhütten neben den Ständen für Seife, Stoffe, Erdnüsse und Öl, das in Fantaflaschen feilgeboten wird. Es ist eng, unruhig und voller fremder Gerüche.

Schon gewusst?

Der weltgrößte Wasserfall befindet sich im Nordatlantik zwischen Island und Grönland, und ist mehrere Tausend Meter tief.

Die wechselvolle Geschichte der MV Liemba

Um ihre Kolonie zielstrebig zu erschließen, bauen die Deutschen eine Bahnlinie von der Küste quer durch das Landesinnere nach Kigoma, der größten deutschen Stadt am Tanganjikasee. Gleichzeitig wird zuhause ein Dampfschiff angefertigt, das künftigen Handel auf dem riesigen See ermöglichen soll. 1914 kommen die Einzelteile der "Graf von Götzen" in Kigoma an und werden dort mühselig zusammengesetzt. Ab Januar 1915 wird sie als Fracht- und Handelsschiff eingesetzt. Doch schon vier Monate später bricht der Erste Weltkrieg aus und die "Graf von Götzen" wird dem Militär unterstellt und mit Kanonen ausgestattet. Zu diesem Zeitpunkt fehlen noch immer Anker, Ketten und Lichter, die durch die Kriegswirren Kigoma nie mehr erreichen werden.

Das Schiff ist nicht allzu lange im Einsatz, denn nach belgischem Bombardement läuft es schon im Juni 1916 auf Grund. Als nach Kriegsende die Belgier die Kontrolle über den Tanganjikasee erhalten, heben sie die gesunkene "Graf von Götzen" und schleppen sie nach Kigoma, wo sie allerdings gleich wieder sinkt. 1921 übernehmen die Briten die Verwaltung der ehemaligen deutschen Kolonie. Drei Jahre später, als die Besitzansprüche zwischen Belgien und Großbritannien endlich geklärt sind, wird das Schiff zum zweiten Mal aus dem See gehoben und erweist sich als noch voll funktionsfähig. So wird beschlossen, die "Graf von Götzen" unter geändertem Namen wieder als Frachtschiff einzusetzen.

1927 nimmt die "**SS Liemba**" ihre regulären Fahrten auf. Später eingesetzte Motoren funktionieren das Dampfschiff zur Motor Vessel MV Liemba um. Das alte deutsche Schiff fasst 500 Passagiere und erfüllt bis heute ächzend aber brav seinen Dienst.

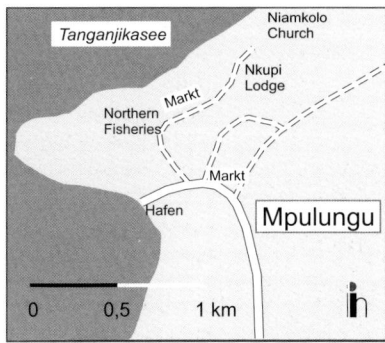

Niamkolo-Kirche

An der Uferstraße, etwa 2 km östlich des Hafens von Mpulungu, steht die Ruine der **ältesten** erhaltenen **Steinkirche Sambias** mit einem 15 m hohen Kirchturm.

1880 gründeten Missionare der Londoner Missionsgesellschaft eine erste Mission am Ufer des Tanganjikasees. Nach unruhigen Anfangsjahren zwischen aggressiven Sklavenjägern wurde 1896 die Kirche fertiggestellt. Doch schon 12 Jahre später verließen die Missionare den Ort wegen der verbreiteten Schlafkrankheit endgültig. Kurz danach brannte die verlassene Kirche ab. 1962 hat man sie renoviert, und heute erinnert sie, ohne Dach und mit bröckelnden Steinwänden, an den missionarischen Eifer vergangener Tage.

Tipps & Infos

Frischen **Fisch** gibt's beim Fischmarkt und am Eingang zu "Andreas/Northern Fisheries". An der **Caltex-Tankstelle** am Ortseingang werden Käse, Brot und Fleisch aus Farmbeständen verkauft. Dort kann man auch allgemeine Informationen erhalten und Funkreservierungen für die umliegenden Lodges und für Bootstouren in den Sumbu NP tätigen. Direkt am Markt fahren die Minibusse nach Mbala ab. Es gibt Busverbindungen bis Kasama und Lusaka (in der Regel jeden Mi + Sa in klimatisierten Bussen).

Unterkunft in Mpulungu...

bietet im Grunde nur die **Nkupi Lodge** (Tel. 0214-455166) mit einfachen Chalets mit B&B für 20 Euro/DZpP und Campingstellflächen für 3 Euro pP direkt in Mpulungu (nicht beschildert). Leider meistens unruhig und viele Moskitos. Doch die "Alternativen" sind schlimmer: Die ehemalige **Kasakalawe Lodge** bietet nur noch rudimentäre Campinggelegenheit am Seeufer mit Blick auf Mpulungu. Zufahrt 3 km ab der Caltex-Tankstelle. Die **Lake Tanganyika Lodge** ist eine verkommene Chaletanlage am See mit Not-Campinggelegenheit. Schlechte, kaum erkennbare Zufahrt 5 km vor Mpulungu.

... und am See östlich von Mpulungu

- **Isanga Bay Lodge:** Tel. 0966-6646991, www.isangabay.com. Strandanlage 18 km von Mpulungu mit weißem Palmenstrand, Holzchalets und Steinbungalows (VP 120 Euro/DZpP) und beengtem Camping für 12 Euro pP. Extrem schlechte Zufahrt, praktisch nur per Boot erreichbar.
- **Mishembe/Luke's Beach:** Luke Powell, Tel. 0214-221615, E-mail: steph@zamnet. zm, www.thorntreesafaris.com. Legeres Camp am Seeufer. Ebenfalls nur Bootsanreise möglich, da nahe der Kalambomündung gelegen (Wanderung zu den Falls möglich). Preise: Chalets mit Selbstversorgung kosten 35 Euro pP, mit VP 100 Euro pP, Camping kostet 11 Euro pP.
- **Kalambo Falls Lodge:** P. O. Box 34065, Lusaka. Tel. 0211-235382, Fax 235381. Liegt 17 km von Mpulungu nahe der Kalambomündung, ist nur per Boot zu erreichen. Die Lodge ist jedoch seit zwei Jahren geschlossen.

Bild oben: Am Hafen von Mpulungu

Sumbu Nationalpark

Die Buchten des Sumbu Nationalparks (auch "Nsumbu" NP genannt) sind herrliche Flecken Sambias. Anglerherzen schlagen höher, wenn sie von den Fischgründen des Tanganjikasees träumen. Insider schätzen auch die Strände des Parks für ruhige Erholungsaufenthalte. Doch der große Nachteil dieses Parks: er ist schwer zugänglich. Gab es vor Jahrzehnten neben der Hauptzufahrt via Mporokoso zum Dorf Sumbu auch eine Transitstrecke durch die Berge und Schluchten bis an die Ostgrenze des Parks am Lufubu River, so haben sich die Pistenbedingungen ständig verschlechtert. Die Parkdurchquerung nach Osten ist definitiv unbefahrbar. Aber immerhin wurde die Zufahrt von Mporokoso über Nsama 2007 wieder instandgesetzt. Denn seit der Regenzeit 2002/2003 hatten sich die Wege derart verschlechtert, dass die Wildhüter niemanden mehr mit Fahrzeugen einreisen ließen. Nun will auch ZAWA den Park wieder "aufmöbeln" und plant, im Jahr 2009 rund 300 gespendete südafrikanische Elefanten hier auszuwildern...

Info: Seit 2007 kann man wieder in den Park fahren!

Schon gewusst?

Die Straßen rund um Mporokoso sind seit jeher verrufen, weil schlechte Sandsteinböden und der praktizierte Wanderhackbau zu massiver Erosion führen. Dann brechen die Wege einfach weg.

Anreise zum Dorf Sumbu

Die Hauptverbindung führt von Kasama über Mporokoso und Nsama. 135 teils ausgewaschene Kilometer nördlich von Mporokoso erreicht man an einer Gabelung die Schranke der ZAWA-Naturschutzbehörde. Von links mündet hier die Piste aus Kaputa ein. Von diesem ZAWA-Posten sind noch 34 km bis Sumbu zu fahren. Die Piste ist steinig und ruppig, die Vegetation von eintönigem Combretumgestrüpp geprägt. Erst auf den letzten Kilometern öffnet sich der Ausblick auf den Tanganjikasee. **Sumbu** ist ein verschlafenes Dorf. Keine Tankstelle, minimale Lebensmittelversorgung, kein Hospital oder gar Busverbindungen nach Süden. Außer dem Kalinga Guest House und einem "Local Court" in Garagengröße hat Sumbu kaum etwas zu bieten. Die ZAWA-Scouts gewähren Besuchern seit 2007 auch wieder mit Fahrzeugen den Zugang in den Park. Eintritt: 10 US$ pP.

Von Kaputa kommend

Alternativ kann man im Transit durch den Mweru Wantipa NP über Kaputa nach Sumbu fahren (siehe Hinweise auf S. 223). Diese Piste verläuft durch Schwemm- und Sumpflandschaften nahe der Grenze zum Kongo und trifft nach 80 km auf die oben beschriebene ZAWA-Schranke. Zuvor gelangt man bei KM 53 an eine Weggabelung, an der man sich links hält. Geradeaus führt der Weg an die alte Fähranlegestelle über die Chishela Swamps. Auf alten Karten ist noch eine Fähre bei Bulaya eingezeichnet, die aber schon lange aufgegeben wurde (Zitat eines Einheimischen: "The ferry passed away ten years ago"). Der Straßenverlauf ist seither verändert worden und die neue Piste umkreist die Ausläufer des Mweru-Wantipa-Sees.

Im grenznahen Gebiet zwischen Kaputa und Sumbu wurden seit dem kongolesischen Bürgerkrieg einige Militärkontrollen eingerichtet, um die lokale Landbevölkerung vor nächtlichen Übergriffen der Maji-Maji-Rebellen zu schützen. Außerdem passiert man mehrere "Fish-Levy-Barrieren", an denen die Trockenfischhändler – per Fahrrad oder Pickup unterwegs – eine Art Quellensteuer entrichten müssen.

Boots- und Fluganreise

Eine Alternative zur langwierigen Straße bietet der Bootstransfer ab Mpulungu. Die Fahrt dauert etwa 3 Std., ist jedoch nur für Passagiere, nicht für Fahrzeuge, möglich. An der Kasaba Bay Lodge existiert eine Landebahn, die von sambischen Chartergesellschaften angeflogen werden kann.

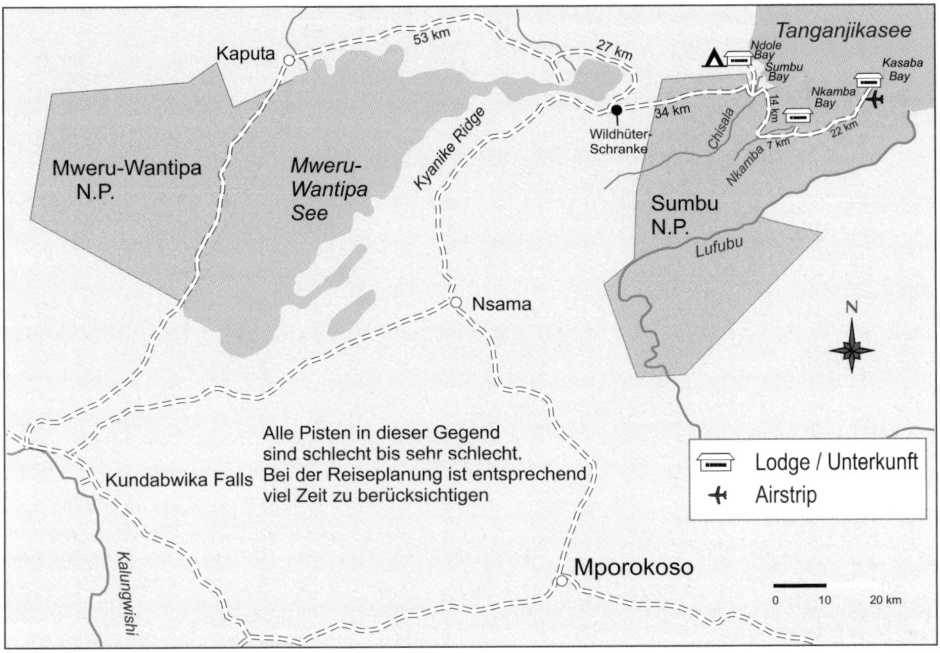
Tanganjikasee
Kaputa
53 km
27 km
Ndole Bay
Sumbu Bay
Kasaba Bay
Nkamba Bay
14 km
34 km
22 km
7 km
Wildhüter-Schranke
Chisala
Nkamba
Kyanike Ridge
Mweru-Wantipa N.P.
Mweru-Wantipa See
Sumbu N.P.
Lufubu
Nsama
N
Alle Pisten in dieser Gegend sind schlecht bis sehr schlecht. Bei der Reiseplanung ist entsprechend viel Zeit zu berücksichtigen
Kundabwika Falls
Lodge / Unterkunft
Airstrip
Kalungwishi
Mporokoso
0 10 20 km

Unterkunft

• **Ndole Bay Lodge:** Tel. 0966-780196, E-mail: info@ndolebaylodge.com, www.ndolebaylodge.com. Mittelklasselodge außerhalb des NP an der einsamen Ndole Bay direkt am Sandstrand gelegen, mit einem großen Ausflugsprogramm: Baden, Tauchen, Schnorcheln, Wasserski, Bootsausflüge, Dhow-Fahrten und Safaris im Sumbu NP. Preise: VP kostet ab 80 Euro/DZpP und 92 Euro/EZ, Camping kostet 12 Euro pP. Anreise: 5 km vor dem Parkeingang führt links eine sehr schlechte Piste zur Ndole Bay. An der Gabelung nach 5 km geradeaus noch weitere zwei sehr steinige Kilometer zur Lodge fahren.

• **Nkamba Bay Lodge:** www.nkambabaylodge.com. Luxuslodge in Hanglage mit weitem Ausblick auf den See. Hier ist der Schwerpunkt "Fishing & Birding". Preise: All-Inclusive für 300 Euro/DZpP.

• **Kasaba Bay Lodge:** Die an der beschaulichen Kala Bay gelegene Anlage war einst die Vorzeigelodge Sambias (Ex-Präsident Kaunda hielt hier gerne Konferenzen und wichtige Empfänge ab). Als die staatliche Lodge heruntergewirtschaftet war, wurde sie privatisiert und wechselt nun von einem Besitzer zum nächsten. Bei Redaktionsschluss scheint sie wieder geschlossen zu sein, Gerüchte sprechen von angeblichen Investoren aus Lybien...

Fischen im Tanganjikasee

Die Lodges vermieten Boote und Angelzeug, denn ein Großteil der Gäste kommt ganz gezielt zum Fischen. Im Tanganjikasee werden bis zu 35 kg schwere Goliath-Tigerfische gefangen. Barsche und der berühmte Vundu, ein Riesenkatzenfisch, erreichen hier sogar bis zu 50 kg Gewicht. Beste Angelsaison ist von November bis März, wenn die großen Raubfische näher an die Küste kommen. Im März finden die jährlichen sambischen Meisterschaften im Fischen statt. Die Wassertemperatur des 800 m hoch gelegenen Sees schwankt ganzjährig zwischen 23 und 28°C.

Tigerfisch, ein Vertreter der Characidae-Familie, dessen lateinische Bezeichnung *Hydrocynus vittatus* "gestreifter Wasserhund" bedeutet, ist ein den südamerikanischen Piranhas verwandter Jäger, der Menschen jedoch nicht attackiert. Fünf verschiedene Tigerfischarten sind in Afrika bekannt, wie z. B. der bis zu 40 kg schwere Goliath-Tigerfisch, der in Sambia in der Regel nur rund 12 kg Körpergewicht erreicht – außer den kolossalen Prachtexemplaren, die aus dem Tanganjikasee gefischt werden.

Natur und Tierwelt

Der Sumbu Nationalpark hat eine Größe von 2020 km² und eine rund 80 km lange Uferzone am Tanganjikasee. Die Strände und Buchten sind sandig und der See wirkt geradezu einladend. Im Hinterland überwiegt dagegen eine eigentümlich dichte, Tierbeobachtungen erschwerende und Tsetsefliegen begünstigende Vegetation. Dieses Dorngestrüpp des Nordens nennt man **Mateshi-Busch**; eine feuerunempfindliche Sandsteinvegetation, die nicht völlig verwüstet, aber nur noch resistentes Terminaliagestrüpp produziert. Ein sicheres Zeichen von Erosion. Typische Wildtiere im Sumbu Nationalpark sind Pukus, Elefanten, Hippos, Krokodile, Löwen, Büffel, Meerkatzen, Warzenschweine und Hyänen. Auch Leoparden, Zebras, Gnus, Ducker, Elen- und Pferdeantilopen kommen vor. Tierbeobachtungen empfehlen sich vor allem am Ufer, in den Buchten oder auch in der flachen, fruchtbaren Mündungsebene des Nkamba River nahe der Nkamba Bay Lodge. In der Kasaba Bay Lodge ist eine Flusspferdgemeinschaft zuhause, die nachts grasend durch die Anlage läuft. *Tusker*, der Elefant mit nur einen Stoßzahn, der sich jahrelang wie ein Haustier an der Kasaba Bay Lodge aufhielt, ist vor einigen Jahren erschossen worden.

Vögel   Ornithologen werden hier Vögel entdecken, die weiter südlich in Sambia nicht mehr oder sehr nur vereinzelt vorkommen. Besondere Gattungen sind z. B. der Langschnabel-Sylvietta und der Diademhaar-Bärtling. Zwischen August und Oktober hält sich auch der Prachtglanzstar hier auf. Pelikane, Flamingos und der Afrikanische Löffler sind häufig im Park zu sehen.

Traditionelle Salzgewinnung

Eine alte, regional begrenzte Tradition verdient Beachtung: Zwischen Chiengi am nördlichen Mwerusee, und dem Sumbu NP liegen Seen und Sumpfregionen in einer leichten Senke, die vor langer Zeit ein großflächiger See ausgefüllt haben mag. Aus dem Schlamm der Zuflüsse von Mweru- und Mweru Wantipa See gewinnen die Einheimischen geschickt Salz. Schon vor der Kolonisierung des Landes blühte in den hiesigen Dörfern die traditionelle Salzgewinnung, bis sie weitgehend zurückgedrängt und vernachlässigt

wurde. Doch bis heute kann man vereinzelt in den Dörfern dieser Region solche Praktiken entdecken, so z. B. einige KM vor Kaputa.

Links: Trichter zum Salzauswaschen;
Oben: Abkochen des Salzwassers

Der Tanganjikasee

Schon seine Ausmaße sind gigantisch: Der bis zu 1395 m tiefe See nimmt eine Fläche von fast 34 000 km² ein. Mit einer Nord-Süd-Ausdehnung von fast 700 km ist er der längste See der Welt (dies entspricht der Entfernung von Berlin nach München). Nach dem Viktoriasee ist dieser zweitgrößte See Afrikas zugleich der siebtgrößte der Welt. Nur der Baikalsee in Sibirien ist tiefer als der Tanganjikasee. Ein Sechstel aller Süßwasserreserven unseres Planeten befinden sich hier!

Seine Entstehung: Der See liegt in einer tiefen Falte des Ostafrikanischen Grabenbruchs eingebettet. Dieser durchzieht das östliche Afrika vom Jordan im Nahen Osten bis nach Mosambik. Eine ganze Reihe weiterer Seen liegt in diesem Graben, die alle eine lang gezogene Form, zumeist steile Ufer und eine beachtliche Tiefe haben. Doch während der Malawisee nur 3 Mio. Jahre "jung" ist, existiert der Tanganjikasee bereits seit 9-12 Mio. Jahren.

Die Zufahrt zum See kurz vor Sumbu

Sambias Anteil an dem riesigen Gewässer beträgt nur 7 % (2160 km²) bei 240 km Küstenlinie. Den Rest teilen sich die Länder Kongo, Tansania und Burundi. Der sambische Teil des Seeufers ist nur dünn besiedelt und teilweise schwer zugänglich. Ein großer Anteil entfällt auf den Sumbu Nationalpark. Der Wildtierreichtum am Seeufer war einst grandios, wurde aber stark dezimiert.

Der Artenreichtum an Fischen (über 250 Arten) und Unterwasserpflanzen ist im Tanganjikasee derart außergewöhnlich, dass der See zum Objekt unzähliger Forschungen wurde (im Vergleich: Europas gesamte Seen und Flüsse beherbergen insgesamt nur rund 200 Fischarten). Die Biologie ist hier einen ganz eigenen Weg gegangen. Man vermutet, dass chemische Interaktionen in den großen Tiefen des Sees zu der beispiellosen Vielfalt in der Entwicklung der Arten führten. So gibt es hier z. B. Süßwasserquallen und sogar eine Wasserkobra, die Fische innerhalb von Sekunden töten kann. Zahlreiche Krabbenarten und mehr als 100 verschiedene Buntbarsche leben im See. Unter ihnen sind gelbe Schlankzichliden besonders häufig, und auch Wulstlippenbarsche, deren auffällig großen Lippen als Schutzpolster gegen Verletzungen dienen. Erbgutanalysen belegen, dass der Formenreichtum binnen 100 000 Jahren aus nur zwei Buntbarschlinien entstanden sein muss. Der See gilt zudem als das südlichste Gewässer, in dem Nilbarsche vorkommen. Viele Lebewesen sind noch nicht erforscht, etliche völlig unbekannt; aber sicher ist, dass hier die ältesten Fische der Welt leben, wie der seit 400 Mio. Jahren existierende Flösselhecht.

Die **Nutzfischerei** begann in den 1950er Jahren in Burundi, und setzte 1962 auch in Sambia ein. Von den rund 60 Unternehmen am See sind etwa ein Drittel in Sambia ansässig. Der massive Ausbau der Fischindustrie führte zu deutlichen Anzeichen von Überfischung. So sank der durchschnittliche nächtliche Fang eines Bootes von 3,5 t Fisch in den 1960er Jahren auf heute kaum mehr als 1 Tonne. In erster Linie werden Nilbarsche, Buka-Buka-Fische und verschiedene Sardinenarten abgefischt.

DER OSTEN

Kasama
Kitwe
Chipata
LUSAKA
Mongu
Livingstone

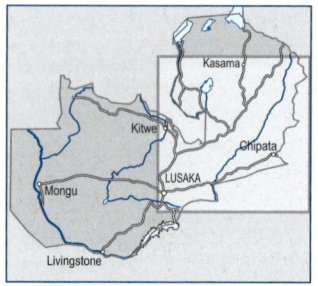

DAS LUANGWA VALLEY

Im Osten Sambias liegt die Perle des Landes: das Luangwatal. Wer hierher reist, geht auf Tuchfühlung mit der afrikanischen Wildnis. Zu Fuß durch den Busch, am Lagerfeuer Hyänen, nachts im Camp Elefanten – Tiererlebnisse, die unter die Haut gehen! Exklusive Buschcamps verwöhnen den Reisenden und erfahrene, engagierte Scouts zeigen ihm die Geheimnisse der Natur. Eine Safari im Luangwatal ist auf alle Fälle ein unvergleichbares Erlebnis.

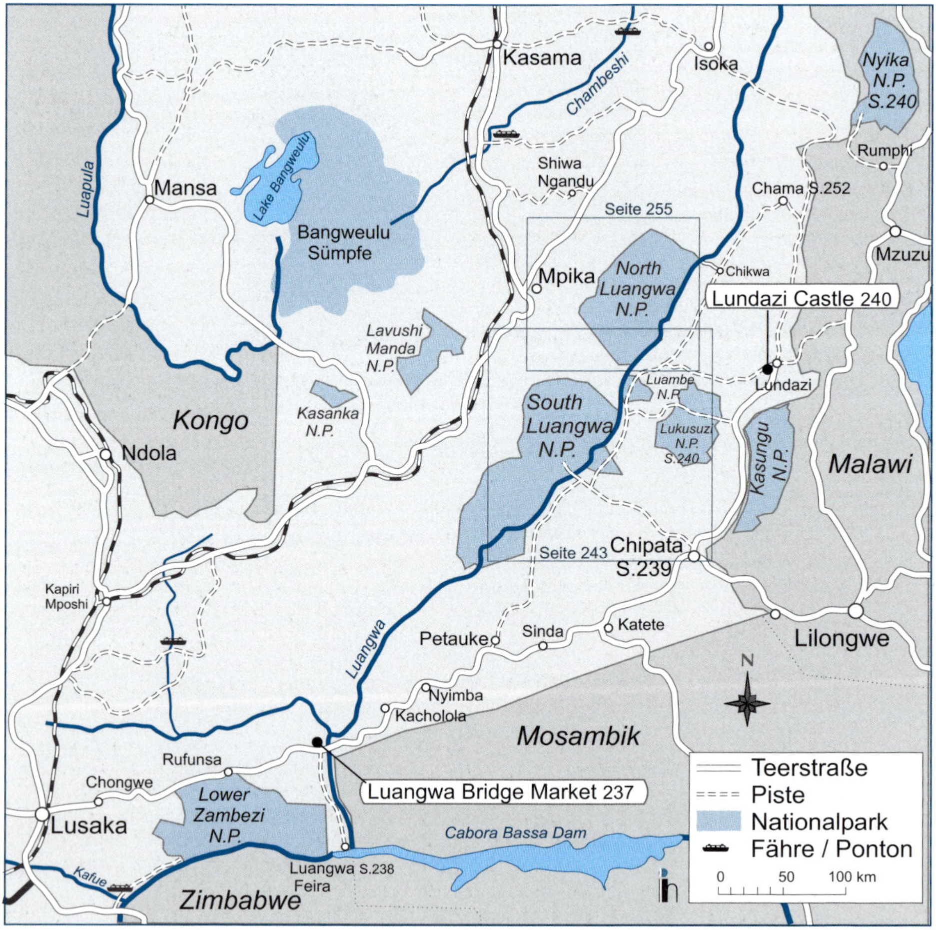

Kasama
Isoka
Chambeshi
Nyika N.P. S.240
Rumphi
Luapula
Mansa
Lake Bangweulu
Bangweulu Sümpfe
Shiwa Ngandu
Chama S.252
Seite 255
Mzuzu
Mpika
North Luangwa N.P.
Chikwa
Lundazi Castle 240
Lavushi Manda N.P.
Lundazi
Luambe N.P.
South Luangwa N.P.
Lukusuzi N.P. S.240
Kasungu N.P.
Kongo
Kasanka N.P.
Ndola
Malawi
Seite 243
Chipata S.239
Kapiri Mposhi
Petauke
Sinda
Katete
Lilongwe
Luangwa
Nyimba
Kacholola
N
Mosambik
Rufunsa
Chongwe
Luangwa Bridge Market 237
Lusaka
Lower Zambezi N.P.
Cabora Bassa Dam
Kafue
Luangwa S.238
Feira
Zimbabwe
Teerstraße
Piste
Nationalpark
Fähre / Ponton
0
50
100 km

Von Lusaka nach Chipata

Lusakas Vororte entlang der Great East Road breiten sich bis zur Abzweigung der Airport Road aus, danach verläuft die Straße durch flaches Farmland. Nach 50 km erreichen Sie die Kleinstadt **Chongwe** mit der letzten Tankstelle bis Nyimba. Etwa 80 km nach Chongwe liegen namenlose Chalets mit Campinggelegenheit an einem Weiher links der Straße (dem Manager sei bisher kein Name eingefallen, hat man uns erklärt). Ab der Tsetse-Kontrolle, 104 km östlich von Lusaka, fahren Sie entlang der Nordgrenze des Lower Zambezi NP ohne es zu bemerken (eine einsame Allradzufahrt in den Park beginnt ca. 200 m nach der Tsetse-Kontrolle, s. S. 139). Ab **Rufunsa**, 164 km von Lusaka entfernt, gibt es bis zum Luangwa River dann kaum noch Ansiedlungen. Die Straße schlängelt sich durch eine malerisch bergige Waldlandschaft und schließlich kurvenreich in das beeindruckende Tal des Luangwa hinab.

Oberhalb der **Luangwabrücke** ist ein bemerkenswertes Dorf entstanden, das hauptsächlich aus Verkaufsbuden für Korbwaren besteht. Zu den Käufern zählen neben Touristen auch Fernfahrer, die die preiswerten Waren später in den Städten verkaufen. Hinter den Korbläden reihen sich Minigasthäuser für die Lkw-Fahrer aneinander. Abends verleihen unzählige Kerzen und Spirituslampen dem Dorf eine besondere Atmosphäre (Bild rechts).

Am Ausgang vom **Luangwa Bridge Market** befinden sich ein Veterinär- und an der Brücke ein militärischer **Checkpoint**. Vor Befahren der Brücke sollte man unbedingt die Verkehrszeichen beachten und warten, bis der Soldat, der aus Langeweile gerne ein paar Worte mit den Fahrern wechselt, das Signal zum Weiterfahren gibt. Die Ufer des breiten, trägen Luangwa sind mit Baobabs bewachsen. Auf etwa 10 km vor und nach der Brücke fallen die ungewöhnlichen Sterkulienbäume, *Sterculia quinqueloba*, mit ihrer markanten silberweißen Rinde auf.

Nach 60 km Fahrt erreichen Sie die Ortschaft **Kacholola** mit dem kolonialen Kacholola Hotel (längst verblasst und geschlossen, aber mit eindrucksvollem Weitblick in die Berge Mosambiks). Kacholola liegt auf halber Strecke zwischen Lusaka und Chipata. Auf der Weiterfahrt ins 40 km entfernte **Nyimba** werden mitunter riesige Bambuskörbe und hölzerne Bettgestelle feilgeboten. Die Besiedlung nimmt wieder zu, die Landschaft wird weitläufiger, den Horizont begrenzen Berge. **Petauke**, die bedeutendste Ortschaft zwischen Lusaka und Chipata, liegt 4 km abseits der Great East Road (die Abzweigung liegt an der BP-Tankstelle). Entlang der Ortszufahrt passiert man ein paar Motels und die Chimwemwe Lodge. Im Zentrum gibt es seit 2007 eine Tankstelle. In Petauke beginnt auch die "Petauke-Road"-Allradzufahrt in den South Luangwa NP (s. S. 244). Übrigens: Petaukes Markt ist der einzige des Landes mit Preisauszeichnungen, seit der Bürgermeister dies 2001 in Holland entdeckte.

Lusaka – Chipata

Gesamtstrecke: 570 km

Fahrzeit: ca. 7 Std.

Zustand: Teerstraße: zunächst gut bis Nyimba, danach viele Schlaglöcher

Tankstellen: Chongwe, Nyimba, Petauke, Katete

Besonderheiten: im Mittelteil malerisch

Unterkunft an der Great East Road

Bridge Camp

Tel. 0977-197456, www.bridgecamp zambia.com. 3 km südlich der Luangwabrücke in Richtung Luangwa-Feira liegt das rustikale Camp deutlich ausgeschildert und leicht erhöht am Westufer des Luangwa. Bar, Pool und Restaurant genießen einen weiten Flussblick, während die Chalets (ab 23 Euro/DZpP und ab 26 Euro/EZ) und der Campingplatz (5 Euro pP) auf Straßenhöhe liegen. Kanufahrten, Wanderungen und größere Ausflüge über Nacht sind im Angebot.

Zulu's Kraal

500 m vor der Petauke-Abzweigung liegt direkt an der Great East Road das vernachlässigte Camp mit einfachen Chalets ab 8 Euro/DZpP, Camping, Bar und spartanischen Duschen/WC. Viel Straßenlärm und Unruhe durch Barbesucher.

Chimwemwe Lodge

Tel. 0966-213705. Die freundlich geführte Lodge an der Ortszufahrt nach Petauke ist die beste Option für eine Übernachtung: Schönes Restaurant, saubere Chalets (ab 40 Euro/Nacht) und Campinggelegenheit mitten drin für 5 Euro pP (bisher nur spartanische Sanitäreinrichtungen und wenig Platz für Camper).

Abstecher nach Luangwa-Feira

Vom bunten Markt an der Luangwabrücke führt eine gut ausgebaute Piste am Westufer des Luangwa entlang nach Süden. Die Strecke verläuft durch eine Tiefebene voller Baobabs, Palmen und Sterkulienbäume. Die ansässigen Senga produzieren Unmengen von Bastmatten, die im ganzen Land Abnehmer finden. Nach 64 km erreicht man eine Tsetse-Kontrolle (hier könnte man rechts auf sehr einsamer Allradpiste in die Rufunsa GMA und den Lower Zambezi NP fahren). Nach ins. 90 km endet die Straße in Luangwa-Feira am **Dreiländereck** Sambia, Mosambik und Zimbabwe an der Mündung des trägen Luangwa in den breiten Sambesi. Im ruhigen Dorf findet man ein Resthouse und eine Gedenktafel am Sambesiufer gegenüber der Polizeistation.

Vermutlich lebten schon um 1546–1600 Portugiesen am gegenüberliegenden Luangwaufer und gründeten dort die Enklave Zumbo. Danach verfiel die Siedlung, doch 1725 hatten sich erneut **portugiesische Händler** nieder gelassen. Sie errichteten am Westufer einen Markt- und Umschlagplatz, auf portugiesisch "Feira". Dieser Name bürgerte sich rasch als Ortsbezeichnung ein. Eine große **Sklavenroute** verlief damals über Feira. Zum Ende des 18. Jh. lebten rund 200 portugiesische Familien an der Luangwamündung. Dann aber entstanden neue Handelsrouten und der Blütezeit in der heißen Niederung folgte ein rascher Niedergang in wirtschaftlicher Bedeutungslosigkeit. Als der Senga-Chief Mburuma 1804 Zumbo attackierte, flüchteten die meisten Händler nach Feira. 7 Jahre später überfiel der Senga-Chief erneut die Portugiesen. Nach dem dritten Angriff und der Zerstörung von Feira und Zumbo verließen die Europäer 1836 den Ort und zogen sich vom Luangwa zurück.

Bild oben: Bastmatten in Luangwa-Feira

David Livingstone besuchte 20 Jahre später die Ruinen von Feira, und bald danach drangen die Briten vor. Die BSAC erklärte Luangwa-Feira 1901 zu einem Verwaltungssitz. Seine Bedeutung wuchs zunächst wieder, weil es genau an einer aufstrebenden **Handelsroute** zwischen Tanganjika und Südrhodesien lag. Die Rinderpest hatte im südlichen Afrika den Viehbestand dahin gerafft. Nachschub erhielten die Farmer aus Ostafrika. Die **Rindertreks** zogen damals von Abercorn/Mbala längs durch das Luangwa Valley, das frei von Tsetsefliegen war. Um 1910 hatten in Feira zwei Hotels ihre Pforten für die zahlreichen Durchreisenden geöffnet. Doch wieder sollte die Blütezeit nur kurzer Dauer sein. Ab 1915 breiteten sich die beißwütigen Tsetsefliegen, Überträger der Schlafkrankheit, im Luangwatal aus, und führten zum jähen Ende der Rindertreks. 1925 folgte der Bau der Great East Road und besiegelte endgültig das Schicksal Luangwa-Feiras. Der abgelegene, klimatisch so ungesunde Ort geriet in Vergessenheit.

Weiterfahrt nach Chipata	Auf der Weiterfahrt nehmen pittoreske Felsformationen, malerische Dörfer und die allgemeine Abholzung stetig zu. Von **Sinda** nimmt man nur das einfache Sinda Motel wahr. 75 km östlich von Petauke liegt die Kleinstadt **Katete** mit Hospital, Tankstelle, einigen Läden und Übernachtungsgelegenheit im New Mphangwe Motel (Bungalows für 15 Euro, Tel. 0216-253211) und dem Tikondane Missions-Gästehaus (6 Euro/DZpP, www.tikondane.org, Tel. 0216-252122), wo für Touristen auch "Cultural Safaris" organisiert werden.
Ausreise nach Mosambik	Von Katete führt eine Schlagloch-gesäumte Teerstraße zur 55 km entfernten Grenze nach Mosambik (täglich von 06.00-18.00 h geöffnet, Visa sind erhältlich). Die 284 km lange, bergige Fahrt bis Tete verläuft auf Teerstraße (keine Tankstelle unterwegs).

Chipata

Chipata liegt in hügeliger Umgebung auf gut 1000 m Höhe. 1898 gründete der britische Regierungsbeauftragte F. C. Worringham die Siedlung, um von hier aus die Aktionen der BSAC zu kontrollieren. Er nannte sie "Fort Jameson" nach dem Mann, der 1890 die Rebellion der Ngoni niedergeschlagen hatte. Schon bald wurde Fort Jameson die Hauptstadt Nordostrhodesiens, und entwickelte sich als wichtigste Stadt im Osten zum Zentrum des Baumwollanbaus. Heute bietet die Provinzhauptstadt dem Reisenden gute Versorgungsmöglichkeiten mit Hotels, Banken und einem großen Hospital (Tel. 0216-222411). Starker islamischer Einfluss und die Nähe zum bevölkerungsreichen Malawi sind überall in der lebhaften Stadt spürbar.

Zum städtischen Markt gelangt man über die Straße zwischen der Polizei und dem Municipal Council. Die erste Straße rechts hinter dem Markt führt zum Bus Terminal, wo die Fernstreckenbusse nach Lusaka und Lilongwe abfahren.

Chipatas größter Supermarkt, der Shoprite, liegt direkt an der Hauptstraße, vom Ortszentrum in Richtung Malawi stadtauswärts. Decken Sie sich hier noch einmal gut ein, ehe Sie in das Luangwatal aufbrechen, wo es fast keine Versorgungsmöglichkeiten mit Frischwaren gibt.

Wer Campinggasflaschen auffüllen möchte, findet Afrox-Gas schräg gegenüber der Total-Tankstelle am Ortseingang von Lusaka kommend links.

Ausreise nach Malawi

20 km östlich Chipata liegt der stark frequentierte Grenzübergang nach Malawi. Als einziger Grenzposten Sambias ist er 24 Std. täglich geöffnet. Im Zollgebäude befindet sich eine kleine Wechselstube. Die Beamten beider Grenzposten fragen Durchreisende von Zeit zu Zeit nach einem Gelbfieber-Impfnachweis, obwohl dies eigentlich nicht erforderlich ist. Außerdem sind an beiden Grenzposten Agenten von Autoversicherern stationiert, die die Versicherungspolicen der Einreisenden auf ihre Gültigkeit hin überprüfen wollen. Ihre Gebühren für eine Kurzzeitversicherung von einem Monat liegen meistens deutlich höher als bei den städtischen Versicherungsbüros, z. B. in Lusaka, Chipata oder Lilongwe.

Die Chipata-Region ist die Heimat der selbstbewussten **Ngoni**. Die traditionellen Rinderzüchter bevorzugen Hochplateaus; nie siedeln sie in heißen Niederungen. Zwei Besonderheiten fallen in ihren Dörfern auf: Sie verwenden riesige runde, geflochtene Maisspeicher und praktizieren eine spezielle Hausbauweise. Die Lehmhütten haben weit vorgezogene Dächer, die mit zusätzlichen Pfosten abgestützt werden.

Unterkunft in Chipata

Wildlife Society Campsite
Tel. Lusaka 0211-254226 (S. 131). Kleiner Campingplatz im Ortszentrum unter der Verwaltung der Wildlife Society, der aber auch Nichtmitgliedern offen steht. Um dorthin zu gelangen, biegt man auf Höhe der Caltex-Tankstelle bei der Post am blau-weißen Schild ab. Ca. 4 Euro pP.

Pine View Guest House
Tel. 0216-222143, Fax 221633. Einfaches Etablissement in Chipata, das Übernachtung im Schlafsaal (5 Euro), Zimmer (10 Euro/DZpP) und Campinggelegenheit (3 Euro) bietet. Zufahrt gegenüber dem Shoprite (beschildert).

Mama Rula's B&B
Andrea Breytenbach, Tel. 0977-768021, E-mail: mamarula@iwayafrica.com, www.mamarulas.com. Beliebter Treffpunkt der Traveller und Overlander: Ansprechende B&B-Lodge mit Pool, großer rustikaler Bar, Internetcafé und einem weitläufigen, gepflegten Campingplatz. Anfahrt: 4 km in Richtung Mfuwe, dann rechts 2 km (gut beschildert). Preise: Zimmer im Gästehaus-Trakt ab 20 Euro/DZpP, einfache Zimmer 10 Euro pP, Camping 5,50 Euro pP.

Katuta Lodge & Campsite
Tel. 0216-221210, E-mail: katutalodge@iwayafrica.com, www.katutalodge.com. Rund 9 km außerhalb Chipatas direkt gegenüber dem Airport in Richtung Mfuwe gelegen, bietet die Katuta Lodge 20 Zimmer ab 10 Euro/DZpP und 13 Euro/EZ sowie Campinggelegenheit im Garten für 7 Euro pP. Mit Pool und Restaurant.

Die berüchtigte Great East Road...

In der frühen Kolonialzeit verband Fort Jameson (Chipata), die Hauptstadt Nortostrhodesiens, als Verbindung zur Außenwelt lediglich ein Fußweg nach Tete (Mosambik), über den alle Waren und Lasten von afrikanischen Tenga Tenga Trägern herangeschleppt werden mussten. Später wurden die Träger durch Ochsengespanne ersetzt und viele Jahre danach entstanden erste Erdstraßen nach Limbe in Nyasaland, die auch von Automobilen befahren werden konnten. Nach Westen jedoch, zu den anderen Zentren Nordrhodesiens, blieb die Wildnis nahezu unberührt. Von Broken Hill (Kabwe) bis Fort Jameson war man zu Fuß oder bestenfalls per Rad mindestens einen Monat unterwegs. Wollte jemand von Livingstone nach Fort Jameson, so reiste er gewöhnlich lieber auf dem schnelleren Umweg über Südrhodesien, Portugiesisch-Mosambik und Nyasaland dorthin. Erst 1925 traute man sich nach umfangreichen Untersuchungen den schwierigen Bau einer Straße zu. 300 Soldaten schlugen jahrelang Schneisen durch die unwegsame, bergige Landschaft. Die Luangwabrücke wurde erst 1934 fertiggestellt. Aber dennoch blieb die Great East Road ein Abenteuer, weil nach Regenfällen angeschwollene Flüsse die Etappe leicht zu einer 14-Tage-Reise ausdehnten. Breit ausgebaut und asphaltiert wurde die Great East Road erst nach der Unabhängigkeit Sambias. 14 Tage oder länger braucht heute niemand mehr für die Fahrt von Lusaka nach Chipata; ein mitunter strapaziöser, zeitraubender Tagestrip sind die 570 km aber geblieben. Zur Zeit ist die Straße zwischen Lusaka und Nyimba überwiegend gut in Schuss, danach mehren sich die Schlaglöcher, und besonders zwischen Petauke und Chipata muss man zahlreichen Straßenschäden und Löchern ausweichen.

Lukusuzi Nationalpark

Am Osthang des Luangwatals dehnt sich dieser Nationalpark über 2720 km² aus. Vom Hochplateau führt eine sehr verwaschene Allradspur durch den Park am Luangwa hinab, ansonsten existiert keinerlei Infrastruktur. Wildtiere halten sich in dem bergigen Gelände vor allem in der Regenzeit auf, wenn die Bäche und Flüsse Wasser führen.

Lundazi Castle

Die verrückte Idee, hier ein Hotel im Stil eines normannischen Schlosses zu errichten, stammte von Errol Button, der eigentlich nur den Auftrag hatte, ein Government Resthouse auf halbem Wege zwischen dem Luangwatal und den Nyikabergen zu bauen. Man ließ ihn gewähren, solange er den finanziellen Spielraum einhielt. Das Resultat war in jedem Falle beachtlich. Rundbögen, Türmchen und Zinnen schmückten den verwinkelten Ziegelbau, im großzügigen Schlossgarten waren Bänke zwischen Blumenbeeten und Teichen aufgestellt. Nach der deutschen Märchenfigur taufte Button sein Hotelschloss "Rumpelstilzchen".

Von Chipata nach Norden

Am Ortsrand von Chipata zweigt vor dem Welcome-Bogen die Straße nach Lundazi und Mfuwe ab. Sie gabelt sich nach 8 km; die rechte Piste führt nach Lundazi. **Lundazi** bietet sich als Grenzübergang nach Malawi an (s. S. 286), bietet kleine indische Läden, eine Tankstelle und das originelle, aber extrem einfache Lundazi Castle Hotel (Tel. 0216-280173).

Hier führt ein Weg direkt in das Luangwatal hinab. Die Allradpiste zweigt nach dem Hotel links ab (am Stausee vorbei). Steinige, einsame Abfahrt durch die Lumimba GMA, im Tal wird die Piste sandig. An der Chitungulu School trifft man auf die Sandpiste zwischen Mfuwe und Chama (s. S. 252).

Die weiterführende, dem Grenzverlauf nach Norden folgende Strecke heißt im Volksmund "Sable Transport Road". Nach 113 km zweigt links die Chama-Piste ab (34 km, S. 252). Geradeaus passiert man nach 92 km die unbeschilderte, schmale, ausgewaschene Piste zur malawischen Grenze in Katumbi (der neue sambische Grenzposten Myombe liegt aber noch 25 km nördlich davon). Folgt man der Sable Transport Road weiter, gelangt man schließlich nach Isoka (S. 210).

Nyika Plateau Nationalpark

Das Nyika Plateau liegt größtenteils in Malawi, nur 80 km² davon befinden sich auf sambischem Staatsgebiet. Beide Länder haben Nationalparks auf dem durchschnittlich 2000 m hohen Plateau eingerichtet. Sambias 3,15 km² kleiner Park ist nur von Malawi aus zugänglich, daher folgt eine detaillierte Beschreibung im Malawi-Teil ab S. 290.

Das Luangwa Valley

Das 15 500 km² große Luangwatal birgt einen der größten Schätze der afrikanischen Natur. Der vollkommen naturbelassene Fluss verläuft zu Füßen des mächtigen Muchinga-Escarpments, welches als Teil des Ostafrikanischen Grabenbruchs eine natürliche Barriere darstellt. Diese abgeschiedene Wildnis bot einst einer unermesslichen Anzahl an Wildtieren sicheren Lebensraum. Noch immer beherbergt das Tal, in dem 40 000 Kunda in traditionellen Dörfern leben, ein Naturparadies. Doch auch das traurige Kapitel der Wilderei ist untrennbar mit ihm verknüpft.

Die **Wilderei** hat im Luangwatal eine lange Geschichte: Bereits im 19. Jahrhundert wurden Elefanten und Flusspferde durch die Jagd fast ausgerottet. Daher leitete die BSAC noch vor der Jahrhundertwende erste Schutzmaßnahmen ein, z. B. verbot sie die Jagd auf Hippos. Um die gefährdeten endemischen Thornicroft's-Giraffen zu schützen, wurde 1904 als erstes Schutzreservat der "Luangwa Game Park" eingerichtet, aber schon sieben Jahre später wieder aufgelöst.

Die Elefanten vermehrten sich nun so stark, dass sie den ansässigen Kleinbauern Probleme bereiteten. Man engagierte sog. "White Hunter" um aggressive Elefanten zu schießen. Die Arbeit der White Hunter war durchaus gefährlich. Einer von ihnen wurde von einem Löwen, und ein anderer von einem Elefanten getötet.

1938 entstanden die Wildreservate South Luangwa, North Luangwa und Lukusuzi. Im darauffolgenden Jahr trat **Norman Carr** seinen Dienst als White Hunter an (er sollte später "Vater des Tierschutzes im South Luangwa" genannt werden, siehe S. 251). Sein Engagement für den Naturschutz bezog die umliegenden Dörfer mit ein. Chief Nsefu überredete er 1949, einen Teil seines Landes in ein privates Wildreservat, den Nsefu Sektor, umzuwandeln, und dafür Dörfer umzusiedeln.

In den 1970er Jahren wurden im Bereich des South Luangwa Allwetterstraßen und Brücken gebaut und die Tierreservate zu Nationalparks erklärt. Doch gleichzeitig setzte erneut die **Wilderei** ein. Und diesmal wurde mit modernen Schusswaffen für den internationalen Markt gewildert. Das Ausmaß war dramatisch: Während 1975 noch rund 8000 Nashörner im Luangwatal lebten, wurden sie in den nächsten 12 Jahren völlig ausgerottet. Das Horn wurde teurer als Gold gehandelt. Drei Viertel der fast 100 000 Elefanten im Luangwatal wurden in nur 10 Jahren abgeschossen. Expertenschätzungen zufolge wurden Ende der 1970er Jahre allein im Luangwatal **täglich** 20 Elefanten und

2 Nashörner getötet. Eine ähnlich erschreckende Bilanz wiesen alle Naturschutzgebiete Sambias auf. Die Nationalparkbehörde war hoffnungslos überfordert. Zu wenig Geld floss in Ausbildung und Ausrüstung der Wildhüter. 1980 brachte die unabhängige Organisation **"Save the Rhino Trust"** (SRT) finanzielle Unterstützung durch den WWF. Spenden aus aller Welt wurden erwartungsvoll für die Scouts und Ranger verwendet. Doch der große Optimismus wurde enttäuscht. Die Scouts waren 20 Tage im Monat zu Fuß auf Streife unterwegs. Nur mit Jagdgewehren ausgerüstet, die sie allein zum Selbstschutz einsetzen durften, blieben sie den schwer bewaffneten Wilderern unterlegen. Bei einem Schusswechsel gab es für die Scouts kaum eine Rechtsgrundlage. Diese Ungleichheit führte immer wieder zu Verletzten und demoralisierte die Wildhüter. Auch lag der Verdienst eines Scouts bei etwa 30 US-Dollar im Monat, wohingegen die Wilderer zum Teil astronomische Profite erzielten. Dennoch konnte der SRT in den ersten 8 Jahren seiner Tätigkeit 1500 Wilderer verhaften sowie 500 Waffen, 58 Nashornhörner und 1260 Elefantenstoßzähne beschlagnahmen. Die Wilderer agierten nur noch in kurzen, eiligen Aktionen und wagten keine Camps mehr im Tal zu errichten.

Zu dieser Zeit verfügte der SRT über 73 Scouts und viele Wildlife Ranger, die in 4 Einheiten aufgeteilt waren. Jeweils 5 Scouts gingen mit mehreren Trägern auf Patrouille. Aus Mangel an Funkgeräten waren sie praktisch ohne Verbindung zur Außenwelt unterwegs. Sehr schwierig war es, Mittels- und Hintermänner im Elfenbeinhandel zu erwischen.

Das Inkrafttreten des Internationalen **Handelsverbots** für Elfenbein im Jahre 1989 entzog der Wilderei endlich den Absatzmarkt. Für die Nashörner vom Luangwa kam dies zu spät; die Elefanten haben gerade noch einmal eine Chance bekommen. Ihr Bestand hat sich in den 90er Jahren deutlich erholt. Doch 1997 wurde das Handelsverbot für Elefantenprodukte auf der CITES-Konferenz in Harare schon wieder zurückgestuft. Tierschützer beklagen seither ein erneutes Aufflammen der Wilderei, weil Elfenbein auf den internationalen Märkten wieder offiziell in Erscheinung tritt.

Als hilfreiche Unterstützung gegen die Wilderei schätzt man den expandierenden Safaritourismus ein. Je mehr Touristen eine Region besuchen, um so unbequemer wird es für Wilderer. Leider ist der Tourismus im Luangwatal ein Saisongeschäft, und während der Regenzeit verlassen auch die meisten ansässigen Weißen das Tal. Zu dieser Zeit bleibt die Wildnis eben doch fast ohne Kontrolle. Im 2004 sind z. B. trotzdem über 30 Elefanten gewildert worden.

South Luangwa Nationalpark

Die Straße von Chipata nach Mfuwe ist meistens eine schreckliche Wellblechpiste, obwohl sie von Zeit zu Zeit gegradet wird – zuletzt im Sommer 2007

Allradzufahrt über Petauke siehe S. 244

Der South Luangwa NP zählt zu den großartigsten Nationalparks Afrikas und ist unbestritten ein "Muss" für Tier- und Naturfreunde während einer Sambiareise. Die parkähnliche Weitläufigkeit entlang des Luangwa ermöglicht hervorragende Tierbeobachtungen. Auf den Sandbänken des trägen Flusses sonnen sich Flusspferde und Krokodile, auf den saftigen Überflutungsmarschen grasen in aller Ruhe Pukus und Impalas. Die sanfte Schönheit dieser Szenerie und die beeindruckende Tierwelt haben sich längst herumgesprochen und das Luangwatal berühmt gemacht.

Anreise

Die meisten Besucher reisen per **Flug** an. Der kleine "Masumba International Airport" liegt 25 km südöstlich von Mfuwe (die Straße dorthin ist asphaltiert). Regelmäßige Flugverbindungen bestehen nach Lusaka, Livingstone, Kasama, Kitwe und Ndola. Größere Safariunternehmen setzen Charterflüge ein. Air Malawi offeriert Flüge zwischen Lilongwe und Mfuwe.

Auf dem **Landweg** erfolgt die Hauptroute von Chipata. Von Lusaka kommend zweigt am Ortseingang von Chipata vor dem Welcome-Bogen die Straße in Richtung Lundazi ab. Nach 8 km gabelt sie sich, nach Mfuwe muss man sich hier links halten. Auf der breiten Piste sind nur die steilen Passagen zwischendurch geteert. Anfangs ist die Region noch stark besiedelt und es wird viel Tabak angebaut. Das steilere Mittelstück ist einsam und bietet grandiose Ausblicke; doch je näher man dem Luangwa kommt, desto dichter wird auch wieder die Besiedlung. Im Tal werden sehr schöne runde Bastmatten und Körbe hergestellt und in ganz Sambia vertrieben. Ungefähr nach 68 km Fahrt zweigt an einer Gabelung ein Weg zum Kauluzi Gate im Nsefu Sektor ab (S. 250), der jedoch nicht mehr befahrbar ist. Nach insgesamt 107 km trifft man auf die Teerstraße zwischen Mfuwe Airport und weitere 20 km danach auf den Haupteingang in den South Luangwa NP an der Mfuwe Bridge. **Mfuwe** heißt das zügig wachsende Dorf vor dem Hauptzugang in den Park. Mittelpunkt ist die **Tankstelle** (Vorsicht: Benzin geht mitunter wochenlang aus; geöffnet Mo-Fr 07:30-16.30 h, Sa 07.30-12.00 h), daneben liegt der kleine Freiluft-Gemüsemarkt, um den sich einfache Bars und Mini-Läden gruppieren (keine Fleisch- oder Milchprodukte erhältlich). Hier gehen auch täglich gegen Abend die Busse nach Chipata ab. Seinen Biernachschub füllt man u. a. in der Alendo Bar auf (Leergut muss man mitbringen). Fleisch, z. B. "Braai-Packs" zum Grillen, kann man manchmal bei den Lodges kaufen. Mfuwes Lebensmittelangebot ist bescheiden – doch im restlichen Luangwatal gibt es sonst nirgends Einkaufsmöglichkeiten.

Sehenswertes abseits der Safaris

Der **Chipembele Trust**, ein paar KM hinter der Kafunta Lodge an der Piste Richtung Petauke gelegen, macht sich Naturschutz und Aufklärungsarbeit bei Schulkindern zur Aufgabe. Besucher dürfen Projekt und Museum gerne besichtigen, eine Spende ab 4 Euro pP wird erbeten (www.chipembele.org).

Tribal Textiles nennt sich die Batikfabrik nahe der Airport-Abzweigung, wo Besucher die Produktion beobachten dürfen und edle Souvenirs aus Stoff (Kleidung, Dekor) erstehen können.

Für Kulturinteressierte: Das Kunda-Dorf **Kawaza Village** (www.kawazavillage.co.uk) kann man für 16 Euro pP inkl. Mittagessen besuchen bzw. für 56 Euro mit VP im Dorf nächtigen. Mit traditioneller Küche, Unterhaltungsprogramm (Tänze, Musik) und Teilnahme am afrikanischen Dorfleben. Das Dorf liegt an der Zufahrt zum Nsefu Sektor (beschildert).

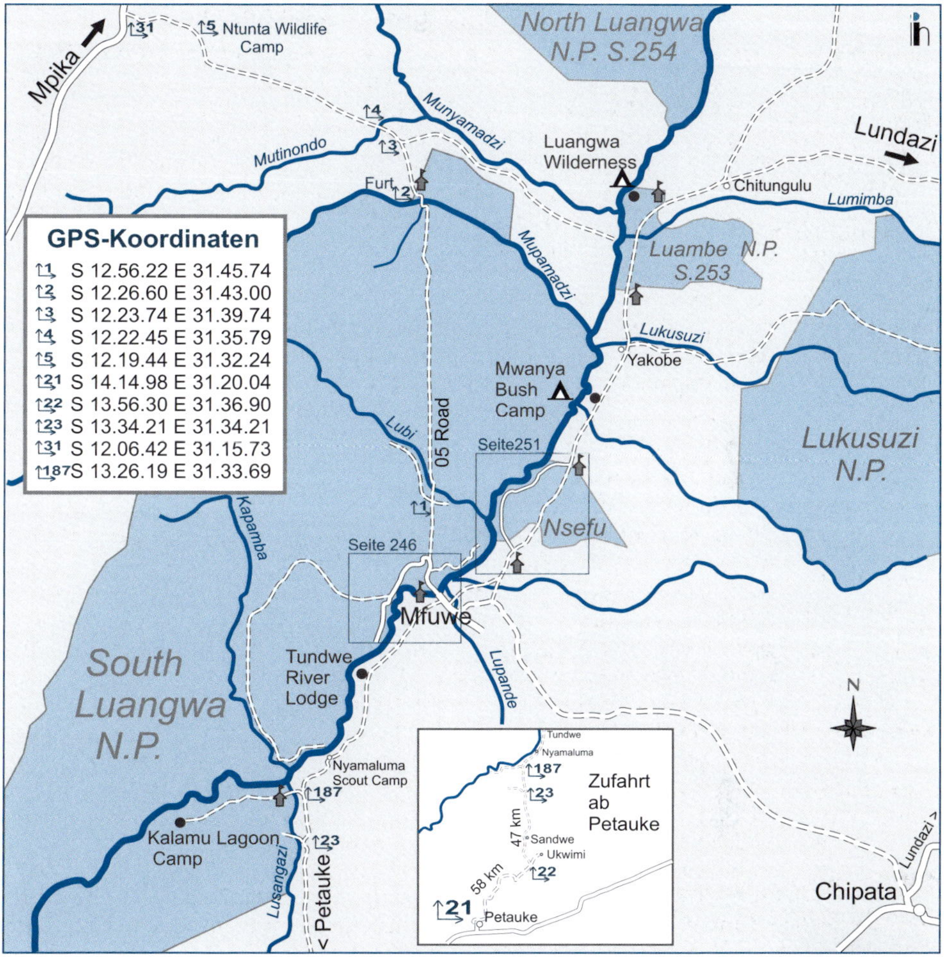
Mpika
1 31
1 5 Ntunta Wildlife Camp
North Luangwa N.P. S.254
Munyamadzi
1 4
Mutinondo
1 3
Luangwa Wilderness
Lundazi
Chitungulu
Lumimba
Furt 1 2
Mupamadzi
Luambe N.P. S.253
GPS-Koordinaten
1 S 12.56.22 E 31.45.74
2 S 12.26.60 E 31.43.00
3 S 12.23.74 E 31.39.74
4 S 12.22.45 E 31.35.79
5 S 12.19.44 E 31.32.24
21 S 14.14.98 E 31.20.04
22 S 13.56.30 E 31.36.90
23 S 13.34.21 E 31.34.21
31 S 12.06.42 E 31.15.73
187 S 13.26.19 E 31.33.69
Lukusuzi
Yakobe
Mwanya Bush Camp
Lubi
05 Road
Seite251
Lukusuzi N.P.
Kapamba
1 1
Nsefu
Seite 246
Mfuwe
Tundwe River Lodge
Lupande
South Luangwa N.P.
N
Nyamaluma Scout Camp
1 187
Kalamu Lagoon Camp
1 23
Lusangazi
< Petauke
Tundwe
Nyamaluma
1 187
1 23
Zufahrt ab Petauke
47 km
Sandwe
Ukwimi
1 22
58 km
1 21
Petauke
Lundazi >
Chipata

Infos für den Nationalpark

Mit 9 050 km² erstreckt sich der Park zwischen dem etwa 1100 m hohen Muchinga-Escarpment und dem 600 m tiefer gelegenen Luangwafluss. Der GMA-Schutzgürtel, der den Nationalpark umschließt, ist noch dreimal größer. Der Park ist zwar ganzjährig zugänglich, viele Lodges sind aber nur während der Trockenzeit von Mai bis Oktober/November geöffnet. Der Nsefu-Sektor ist meist erst ab Juni zugänglich.

Gesundheit: Tsetsefliegen kommen theoretisch in allen Waldgebieten vor, jedoch nicht im gesamten Tal, sondern regional begrenzt. Die Malariavorsorge sollte im tiefliegenden Luangwatal ganzjährig ernst genommen werden.

Es gelten folgende **Eintrittspreise**: 20 US$ für Residents aus Sambia und SADC-Staaten und 25 US$ für internationale Touristen auf gebuchten "Packages", 30 US$ für individuell reisende Touristen (für Kinder stets die Hälfte). Pkws mit ausländischen Kennzeichen kosten 15 US$, mit sambischen Kennzeichen 12 600 Kwacha pro Tag. Der Eintritt gilt hier für 24-Stunden. Selbstfahrer müssen den Park bei Sonnenuntergang verlassen, während die Lodges auch Nachtfahrten anbieten dürfen.

MFUWE LODGE 0.5Km
MFUWE MAIN GATE 3.0Km
NORMAN CARR DRIVE.
CAMPS.
KAKULI. 21Km
M'CHENJA. 27Km
KAINGO. 32 Km
LION. 38Km
BIG LAGOON. 46Km
CHIBEMBE PONTOON. 66Km

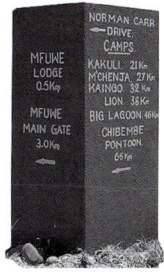

Oben: Wegmarkierung im Park

Bilder oben: Der steile Escarmentabstieg an der Petauke Road erfordert unbedingt Allrad und hohe Bodenfreiheit; Elefantenbesuch im Camp ist nichts Ungewöhnliches im Luangwatal

Die alte "Petauke-Road" nach Mfuwe

Für Reisende aus Lusaka besteht ab Petauke eine reizvolle **Anreisealternative**. Die Strecke ist allerdings nur in der Trockenzeit und mit Geländefahrzeugen befahrbar. Insgesamt ist diese beeindruckende Anfahrt zeitraubend und anstrengend; wer Lusaka–Mfuwe an einem Tag schaffen möchte, muss auf alle Fälle extrem früh starten. Im Ort **Petauke** zweigt die "**Ukwimi Road**" nach dem 2. Funkmast links ab (GPS 21). Die breit ausgebaute Piste führt durch eine dicht besiedelte Region. Noch vor wenigen Jahren handelte es sich um einen unbedeutenden Weg durch Tsetse-verseuchten Busch. Heute ist es eher ein Reihendorf und der Buschwald massiv abgeholzt. Nach 58 km, in denen die Strecke kontinuierlich an Höhe verloren hat, erreicht man eine unscheinbare kleine Gabelung. Wer auf der breiten Straße geradeaus fährt, landet im Ukwimi-Flüchtlingsdorf für Kongo-Flüchtlinge. Um in das Luangwatal zu gelangen, müssen Sie hier dagegen links in die kleine Fahrspur einbiegen, die seit 2007 der Beginn der Talabfahrt ist (GPS 22). Der Abstieg ins Tal beginnt sofort. Die ersten 7,5 km bestehen aus zahlreichen steilen und steinigen Passagen, danach wird die Piste deutlich besser. Nach 17 km durchquert man das Dorf Sandwe, 30 km weiter biegen Sie an der Gabelung nach rechts. Leider entstehen auch hier immer mehr Dörfer, die die Tierwelt zurückdrängen und die alten Wälder vernichten. Konnte man dort vor wenigen Jahren schon die ersten Elefanten und Giraffen sehen, laufen heute Kinder mit "Sweety! Sweety"-Rufen bettelnd auf die Autos zu. Nach 16 km folgt die nächste Gabelung, an der man wieder nach rechts fährt, da man sonst zum Kwena Lagoon Camp in der Luamfwa Censession käme. Nach 7 km passiert man die Malanga School und 19 km weiter (bei KM 90 ab dem GPS-Punkt 22) markiert ein ZAWA-Posten den Beginn der GMA. Ab jetzt befindet man sich in einer "Wildlife Area" und wird mit ein wenig Glück schon bald die ersten Elefanten, Büffel, Kudus, Impalas und Giraffen entdecken. Es öffnet sich der Blick auf den Luangwa und seine Sandbänke. Die Weiterfahrt bis Mfuwe führt nun parallel zum Fluss an diversen Lodges, wie Kafunta, und einem weiteren ZAWA-Posten vorbei, die meiste Zeit aber durch Mopanewald ohne Ausblick auf den breiten Strom. Diese Strecke im Tal litt stark unter der Flut von 2007; es gibt dort zahlreiche Auswaschungen.

Petauke-Mfuwe: insg. 170 km/7-8 Std. Fahrt.

Natur

Der Luangwa zählt zu den unberührtesten Flüssen Afrikas. Steile, kaum zugängliche Berghänge des mächtigen Muchinga-Escarpments schützen das Tal, das der Luangwa auf seinem Weg zum Sambesi durchfließt. Dabei mäandert der breite Strom und verändert ständig seinen Lauf. Jedes Jahr frisst er sich weiter in die sandige Uferböschung. In der Trockenzeit veranschaulichen zahlreiche mitgerissene Baumriesen im trägen Flussbett die tosende Wassergewalt während der Regenmonate. Mehrere Lodges sind im Laufe der Jahre schon vom reißenden Fluss weggespült worden. Alte Flussschleifen, "Oxbow Lagoons", bleiben zuweilen als Tümpel und Lagunen voller Schlingpflanzen zurück. Sanfte, parkähnliche Landschaften mit offenen Grasebenen prägen die Uferzonen, dahinter schließt sich trockener Buschwald an. Typisch sind die mächtigen Leberwurstbäume und Palmen, Baobabs, Leadwood- und Mahagonibäume. Manche dieser gewaltigen Bäume am Ufer sind bis zu 1200 Jahre alt.

Professionelle Jagd in der Lupande GMA

Die Lupande GMA ist das Gebiet um Mfuwe, östlich vom Luangwa und Nationalpark, also die Region der Lodges, Camps und kleinen Dörfer. Rund 40 000 Menschen (Kunda und Bisa) leben hier, die meisten sind im Safarigeschäft tätig. Die Lupande GMA erzielt neben dem Phototourismus hohe Einnahmen aus der professionellen Jagd, die teilweise für Gemeindeausgaben verwendet werden. 2005 wurden hier z. B. 17 Löwen geschossen. Für jedes dieser Tiere erhält die Community 7000 US$. Leoparden sind laut ZAWA 6500 US$ "wert". Büffel, Hippos und Krokodile werden mit jeweils 1000 US$ eingestuft, ein Zebra kostet 600 US$.

Tierwelt

Die Tierwelt ist im Luangwatal überaus artenreich. Tausende Pukus leben im Park. Sie weiden an den fruchtbaren Lagunen, oftmals zusammen mit Impalas, und zeigen wenig Scheu vor dem Menschen. Wasserböcke, Zebras, Kudus und Schirrantilopen zählen zu den häufigen Antilopen im Park. Im Luangwatal endemisch sind das **Cooksons-Gnu** und die **Thornicroft's Giraffe** – sie ist zierlicher als ihre Verwandten und hat ein dunkleres, ausgeprägtes Fleckenmuster, welches sich an den hellen Beinen verliert.

Unzählige Flusspferde und Krokodile liegen träge am Ufer und im Fluss. Mehr als 40 Hippos leben hier pro Flusskilometer, die in der Trockenzeit auch noch stark zusammenrücken müssen. Pythonschlangen, Skorpione, Mangusten, Buschhörnchen und Nilwarane sind hier genauso heimisch, wie Paviane und Meerkatzen, Riedböcke und Ducker, Zebras und Warzenschweine. Legendär sind die riesigen **Büffelherden** des Luangwatals. Die **Elefanten** des Luangwatals geben Rätsel auf: Viele von ihnen bleiben ohne Stoßzähne; eine genetische Anomalität, die auf die heftige Wilderei zurückgeführt wird (von 1973 auf 1989 stieg die Zahl der "Zahnlosen" von 12 auf 38%).

Zu den vertretenen Jägern zählen Löwen, Hyänen und Schakale; seltener auch Wild Dogs und Geparde. **Leoparden** sind hier besonders zahlreich und werden abends außergewöhnlich häufig beobachtet. Sie gelten im Tal als doppelt so stark vertreten wie z. B. im südafrikanischen Krügerpark.

Mehr als **400 Vogelarten** sind bekannt, darunter das Erdbeerköpfchen, Braunmantel-Scherenschnabel, Kapbreitrachen und Fischeulen. Papageien und Schreiseeadler sind häufig, ebenso Goliathreiher, Heilige Ibisse, Afrikanische Löffler und Sattelstörche. Prächtige Kaffernhornraben schreiten

Schon gewusst?
Giraffen kamen im Luangwatal bis 1960 nur am Ostufer des Flusses vor. Erst seit jüngerer Vergangenheit mehren sich einzelne Sichtungen auch am Westufer des Luangwa

Nachts sieht man besonders oft Stachelschweine und Leoparden

Vögel

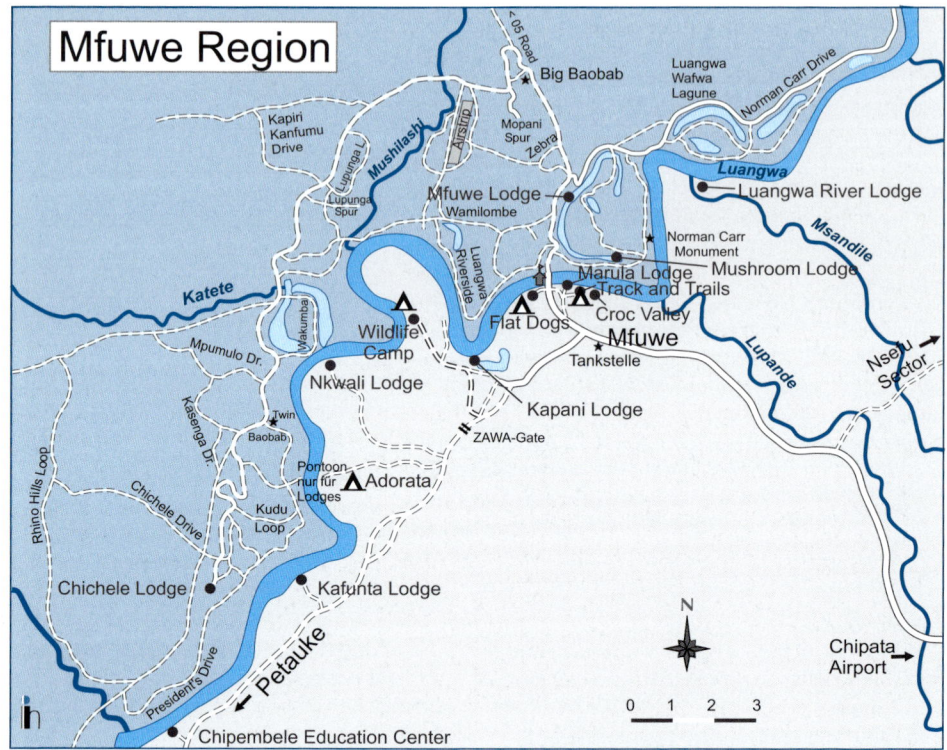

Mfuwe Region

würdevoll im Mopanewald. Scharlachspinte überwintern in riesigen Kolonien an den sandigen Steilufern des Luangwa. Beste Jahreszeit zur Vogelbeobachtung ist die Regenzeit. Die Hot Springs im Nsefu Sektor sind ein echter **Geheimtipp für Ornithologen**, denn neben riesigen Büffelherden halten sich hier riesige Vogelschwärme auf. Hunderte Kronenkraniche auf engem Raum sind keine Seltenheit. Dazwischen Kiebitze, Adler und Ibisse...
Die besten Chancen zur Tierbeobachtung ergeben sich am Luangwa, seinen Lagunen und den zahlreichen baumlosen Grasebenen, wie Zebra Plain, Lundu Plain, Lion Plain und Chifungwe Plain. An der Lungwa Wafwa Lagune halten sich besonders viele Büffel auf, aber auch Wasservögel, wie der seltene Scherenschnabel, Pelikane, Marabus, Schreiseeadler und der stolze Nimmersatt. Nachtaktive Honigdachse, Stachelschweine

und Galagos wird man mit etwas Glück bei Nachtfahrten entdecken. Nächtlicher **Tierbesuch** in den Camps ist keineswegs ungewöhnlich, z. B. grasende Hippos, neugierige Elefanten, oder hungrige Hyänen auf der Suche nach Abfällen. Abseits der Flussläufe, im trockenen Buschwald und schützenden Dickicht, liegt das Revier der Liechtenstein-Kuhantilopen, Pferde- und Rappenantilopen. Aber auch Kudus, Impalas, Paviane und Buschhörnchen spürt man dort auf. Löwen sieht man häufig im Bereich der Chichele Lodge; Elefanten halten sich dagegen auffallend gerne rund um die Mfuwe Lodge auf.

Noch ein **Tipp für Vogelfreunde:** Goldbugpapageien und die hübschen kleinen Erdbeerköpfchen schwirren hier gerne im dichteren Buschwerk umher. Man erkennt sie am leuchtend grünen Federkleid und ihrem eigentümlich rastlosen Flug.

Tipps für die Pirschfahrten

Morning Drives: Frühmorgens bestehen die besten Chancen, Raubkatzen, die nachts gejagt haben, zu entdecken, weil sie sich noch bei ihrem Riss (Kill) aufhalten. Anhaltspunkte, ob Raubtiere mit einem frischen Riss in der Nähe sind, geben z. B. eintrudelnde Geier, die allerdings erst mit einsetzender Thermik fliegen können, oder Hyänen und Schakale. Manchmal verraten frische Tierspuren eine versteckt im Gebüsch liegende Großkatze. Antilopen halten sich morgens noch eher versteckt, dafür veranstalten die Vögel ein um so größeres Spektakel. Mangusten genießen in den ersten Sonnenstrahlen gerne ein wärmendes Morgenbad, selbst Pythonschlangen suchen die Morgenwärme auf offener Straße nach einer kühlen, feuchten Nacht. Unser Tipp: Die Morgenpirschfahrt nach Südwesten unternehmen, dann hat man die Sonne im Rücken.

Tagsüber: Während der Mittagszeit ruhen die meisten Tiere. Manche kommen zum Trinken an den Luangwa und seine Lagunen, ansonsten halten die Tiere Siesta. Am besten macht man es ihnen gleich und verbringt die Zeit mit Fernglas und Vogelkundebuch im Camp.

Afternoon Drives: Die besten Lichtverhältnisse und die schönste Stimmung bringen die letzten beiden Stunden vor Sonnenuntergang, wenn die Hitze nachlässt und die Schatten lang werden. Kurz vor Sonnenuntergang finden sich Paviane in der Nähe ihrer Schlafplätze ein, kehren Warzenschweine zu ihren Erdbauten zurück und schließen sich die Antilopen zu schützenden größeren Herden zusammen. Löwen und Hyänen werden jetzt munter, Elefanten bleiben ungerührt auf Futtersuche. Keine andere Tageszeit drückt das afrikanische Klischee besser aus! Unser Tipp: Zum Sundowner an die Luangwa Wafwa Lagune fahren!

Night Drives: Die Besonderheit von Nachtfahrten liegt darin, Raubkatzen und nachtaktive Tiere zu entdecken, die man sonst nicht zu sehen bekommt. Meist wird fieberhaft nach Leoparden und Wildkatzen gesucht, die im Luangwatal auch fast täglich gesichtet werden. Außerdem stehen die Chancen gut, Stachelschweine zu beobachten. Erdferkel oder Schuppentiere zu entdecken, sind dagegen seltene Höhepunkte. Haben die Safari Guides mit Lichtstrahler und Fernscheinwerfer Besonderheiten, wie eine Großkatze mit frischem Riss entdeckt, fährt der Fahrer hier auch querfeldein durch den Busch. Vorsicht: Elefanten und Flusspferde niemals direkt anleuchten!

Generelle Tipps: Sich den Tieren nie abrupt nähern, weil sie sonst die Flucht ergreifen. Wenn man Ihre Fluchtdistanz akzeptiert, kann es schon mal vorkommen, dass sich neugierige Tiere (z. B. Elefanten, Giraffen, Schirrantilopen) von sich aus dem Auto nähern. Schade wäre es, wenn Sie mit dem festen Ziel, eine bestimmte Tierart zu suchen, auf Game Drive gehen. Die Suche verkrampft sich dann leicht, und viele aufregende Pflanzen und Tiere am Wegesrand bleiben unbemerkt. Es ist meist effektiver, nicht zuviel herumzufahren, sondern an Wasserläufen oder weiten Grasebenen abzuwarten. Auch wenn zuerst nichts zu sehen ist, kann sich die Situation innerhalb weniger Minuten dramatisch verändern. Interessante Zusammenhänge im Verhalten der Tiere untereinander kann man sowieso nur beobachten, wenn man sich viel Zeit dafür nimmt.

Tierbeobachtung im Camp: Lohnenswert ist auch das ruhige Verweilen in den Camps, weil man hier zutraulich gewordenen Tierarten weitaus näher kommt, als dies in der freien Wildnis möglich ist. Das gilt besonders für Vögel, Buschhörnchen und Mangusten, aber auch für Schirrantilopen, Warzenschweine, Elefanten, Flusspferde und Hyänen. Auf diese Weise ergeben sich oft ausgezeichnete Fotochancen. Besonders typisch ist hier nächtlicher Elefantenbesuch. Bitte leuchten Sie die Tiere nicht mit Taschenlampen an, das irritiert und verschreckt Elefanten.

Auf Wandersafari: Man wird sich bei einer Fußsafari in der Regel Wildtieren nicht so weit nähern können wie in einem Fahrzeug, aber dafür stehen ganz andere Eindrücke im Vordergrund. Der Scout kann dem Busch viele seiner Geheimnisse entlocken: er erklärt Tierspuren, zeigt die Plätze, wo ein Tier ein Staubbad genossen oder ein Krokodil seine Eier vergraben hat, kennt Pflanzen und Vögel, kann mit kleinen Hölzern ein Lagerfeuer entfachen etc. Allen Reisenden, bei denen sich Spaß an der Bewegung und die Leidenschaft für die afrikanische Wildnis paaren, kann man eine Walking Safari wärmstens empfehlen. Wer nicht gleich für mehrere Tage in den Busch geht, kann auch eine Art Schnuppertour machen, z. B. eine Morgenwanderung buchen. In Kleingruppen geht man dabei im Gänsemarsch (voran der bewaffnete Guide und ganz zum Schluss ein Scout) durch den Park. Nach ein bis zwei Stunden gibt's eine Teepause mit Gebäck, das eigens mitgebracht wurde. Man trägt Kleidung in unauffälligen Naturfarben und knöchelhohe Schuhe. Sonnenbrille, Sonnencreme und Kopfbedeckung nicht vergessen!

Lodges und Camps im South Luangwa NP

Die meisten Lodges liegen nicht innerhalb des Nationalparks, sondern reihen sich entlang dem südlichen Luangwaufer in der Lupande GMA. Viele unterhalten eigene "**Bush Camps**" innerhalb des Parks, in denen die Gäste während der mehrtägigen Walking Safaris nächtigen (sehr rustikal und nur mit dem Nötigsten ausgestattet). Traditionelle South-Luangwa-Safaris sehen einen ein- bis zweitägigen Aufenthalt in der eleganten Lodge vor, wo man tagsüber und nachts Pirschfahrten im Geländewagen unternimmt, dem sich eine mehrtägige Wandersafari im Nationalpark anschließt.

Die Lodges richten ihr Angebot hauptsächlich an zahlungskräftige Gäste; preiswerte Unterkünfte findet man wenige. Die Übernachtungspreise der Lodges hängen nicht nur von Ausstattung und Komfort ab, sondern auch von ihrer Lage, der maximalen Bettenanzahl und dem Image. In den Preisen schlagen sich zudem die kurze Saison, die aufwändigen Versorgungswege und die große Zahl an hochqualifizierten Guides nieder. Man bemüht sich auf den Lodges deutlich um einen persönlichen Kontakt zu den Gästen und legt mehr Wert auf gute Betreuung als auf Komfort und Masse. Auch erfahrene Afrika-Reisende sind von der hohen fachlichen Qualität dieser Safaris beeindruckt. Dafür sorgt schon eine eigens für das Luangwatal geltende, anspruchsvolle Sonderprüfung, ohne die niemand hier Safaris leiten darf.

Der klassische Tagesablauf in den Lodges

Wecken der Gäste vor Sonnenaufgang. 15 Minuten später "*Tea or Coffee*" und Aufbruch zum *Morning Drive* oder der *Walking Safari*. Nach der Rückkehr gemeinsames stärkendes Frühstück (Corn Flakes, Toast, Eier, Speck, Obst und Marmelade). Gäste, Guides und Lodgemanager sitzen leger beieinander, man spricht sich mit Vornamen an und unterhält sich über die Erlebnisse der Pirschfahrt. Anschließend sitzt man genüsslich im Camp, beobachtet Vögel und liest einschlägige Literatur (Tier- und Pflanzenbücher liegen aus). Das Mittagessen wird durch Trommeln angekündigt, wieder sitzen Gäste und Guides zusammen. Bis 15.30 Uhr ist Freizeit angesagt, in der man ausruht oder am Pool liegt. Dann trifft man sich erfrischt zum *Afternoon Tea* mit etwas Gebäck, und startet kurz danach zum *Afternoon* oder *Night Drive*. Unterwegs wird zum Sonnenuntergang eine Pause eingelegt und der Guide bietet aus der Kühlbox einen *Sundowner* an (meist Bier oder Soft Drinks). Auf der Rückfahrt zur Lodge strahlt der Guide mit einem Scheinwerfer in die Dunkelheit, um nachtaktive Tiere aufzustöbern. Kurze Zeit später rufen die Trommeln zum Abendbuffet. Anschließend genießt man vielleicht noch einen Drink an der Bar oder sitzt am großen Lagerfeuer. Spätestens gegen 22 Uhr sind meistens alle im Bett.

Lodges im Nationalpark

- **Mfuwe Lodge:** The Bushcamp Company, Tel./Fax 0216-245041, www.mfuwelodge.com, E-mail: info@mfuwelodge.com. Luxuriöse Lodge mit 40 Betten in eleganten, großen Stelzenchalets an der wildreichen Mfuwe Lagune. Die Anlage ist von der Hauptpiste im Park einsichtig. All-Inclusive-Preise je nach Saison 235-355 €/DZpP, 320-475 €/EZ.
- **Mushroom Lodge:** Tel. 0216-246117, Fax 245063, E-mail: info@mushroomlodge.com, www.mushroomlodge.com. Neue, moderne Lodge nahe dem Parkeingang mit Internet, Pool, Massage... All-Inclusive-Preise: Chalets ab 220-320 €/DZpP und 220-420 €/EZ.
- **Chichele Presidential Lodge:** Sanctuary Lodges&Camps (Adresse S. 352). Luxusanlage im Kolonialstil auf einem Hügel mit Weitblick. Einsame Lage, sehr elitär, nur 10 Zimmer. All-Inclusive-Preise je nach Saison 340-500 €/DZpP.
- **Puku Ridge:** Sanctuary Lodges&Camps (Adresse S. 352). Nicht weit von der Chichele Presidential Lodge entfernt liegt dieses einfachere, aber auch heimeligere und entspanntere Camp an einer sumpfigen Lagune. All-Inclusive-Preise je nach Saison 300-460 €/DZpP.
- **Tena Tena:** Robin Pope Safaris, (Adresse S. 353). Im herrlichen Nsefu Sektor ein wenig versteckt an einer Lagune gelegenes Camp mit 4 Safarizelten. Nur von Anfang Juni bis Ende Oktober geöffnet. All-Inclusive-Preise: je nach Saison 440-520 €/DZpP und 640-720 €/EZ.
- **Nsefu Camp:** Robin Pope Safaris, (Adresse S. 353). Das älteste Camp Sambias, längst renoviert und stilvoll zum eleganten Luxuscamp ausgebaut. 6 Rondavel in exponierter Lage im Nsefu Sektor. Mai bis Oktober. All-Inclusive-Preise: je nach Saison 440-520 €/DZpP und 640-720 €/EZ.
- **Lion Camp:** Tel. 0027-21-4213226, Fax 4213227, E-mail: info@lioncamp.com, www.lioncamp.com. Luxuschalets am Steilufer des Luangwa. All-Inclusive ab 300 €/DZpP, 380 €/EZ. Juni bis Oktober.
- **Kaingo Camp:** Shenton Safaris (Adresse S. 353). 6 riedgedeckte Chalets mit Aussichtsplattform und Hide gegenüber dem Nsefu Sektor, von Mai bis Oktober geöffnet. Nahebei liegt das **Mwamba** Bush Camp für Walking Safaris. All-Inclusive-Preise: je ab 450 €/DZpP und 650 €/EZ.
- **Mchenja, Luwi, Kakuli, Nsolo Bushcamps:** Norman Carr Safaris, (Adresse S. 353, siehe Kapani Lodge). Saisonale Wandersafari-Camps von Ende Mai bis Anfang November für 400-530 €/DZpP.
- **Kalamu Lagoon Camp:** Wilderness Safaris (Adresse S. 352). Die frühere Luamfwa Lodge im einsamen Südteil des Parks und das nahe gelegene **Kalamu Bush Camp** stehen jetzt unter modernem Wilderness-Management. All-Inclusive-Preise ab 450 €/DZpP und 590 €/EZ.
- **Chamilandu, Kuyenda, Chindeni, Bilimankwe, Kapamba Bushcamps:** The Bushcamp Company (Adresse S. 353), Luxus-Bushcamps für Walking Safaris. All-Inclusive 300-470 €/DZpP, 400-630 €/EZ.

Lodges außerhalb des Nationalparks

- **Kapani Safari Lodge:** Norman Carr Safaris, (Adresse S. 353). Norman Carrs Traditionslodge, ein ganzjährig offenes, schattiges, nostalgisch-edles Camp bei Mfuwe für max. 14 Gäste mit Aussichtsplattform an der Lagune. All-Inclusive-Preise je nach Saison 300-440 €/DZpP und 300-600 €/EZ.
- **Kafunta River Lodge:** Kafunta Safaris, (Adresse S. 353). Luxusanlage mit sehr geräumigen Stelzenbungalows, ringsum liebevoll begrünt und bis ins Detail durchdacht. Wildreiche Region direkt am Luangwa. Mit großzügigem Haupthaus und einladendem Pool. Deutsch-australische Leitung. All-Inclusive-Preise: je Saison 240-340 €/DZpP und 290-410 €/EZ. Ganzjährig offen. Dazu gehört das rustikale **Island Bush Camp** (nur Juni - Oktober, 320 €/DZpP) mit 4 Riedchalets.
- **Tafika Camp:** Remote Africa Safaris, (Adresse S. 353). Camp mit fünf Chalets, in dem Microlight-Flüge angeboten werden. All-Inclusive-Preise ab 450 €/DZpP, EZ-Zuschlag 180 €. Von Juni bis Oktober kommt für Walking Safaris das **Chikoko Trails Camp** mit drei Stelzenchalets hinzu. Tafika unterhält außerdem ein Camp im North Luangwa NP und bietet viele Kombinationen der Camps.
- **Luangwa River Lodge:** Tel. 0216-246031, E-mail: luangwariverlodge@googlemail.com, www.luangwariverlodge.com. Neue modern-luxuriöse Lodge mit 5 Chalets, die nicht ganzjährig auf dem Landweg erreichbar ist. All-Inclusive-Preise je nach Saison 335-480 €/DZpP.
- **Track and Trail River Camp:** Tel. 0216-246020, E-mail: info@trackandtrailrivercamp.com, www.trackandtrailrivercamp.com. Stilvolle Mittelklasselodge nahe Mfuwe unter niederländischer Leitung mit Restaurant, erhöhtem Pool und hübschen Chalets. Preise: All-Inclusive 200-270 €/DZpP und 240-320 €/EZ, bei VP 100-135 €/DZpP, kleiner Campingplatz für 8 € pP (Strom extra).

Nsefu-Sektor

Um von Mfuwe in den Nsefu-Sektor zu gelangen (Allrad erforderlich!), fahren Sie zunächst die Hauptstraße in Richtung Chipata. 6,5 km östlich der Tankstelle zweigt eine kleine Piste nach Norden ab (beschildert). Auf dieser weichen Sandstrecke müssen zwei Flussläufe durchquert werden. Nach 15,3 km erreichen Sie das Milyoti Gate am Nsefu-Sektor. Entlang dieser Strecke geht es auch zu den Camps nördlich des Nsefu Sektors sowie zum Luambe NP mit Weiterfahrt nach Chama oder Lundazi (S. 252ff).

Wenn die beiden erwähnten Flussbette noch nicht durchquert werden können, besteht eine einfachere, unbeschilderte Zufahrt an der Piste nach Chipata. 3 km nach Verlassen der Teerstraße zweigt sie gegenüber einer kleinen Backsteinkirche ab (kurz nach der Chiutika Basic School). Diese Piste trifft 8 km vor dem Milyoti Gate auf die oben beschriebene Route aus Mfuwe.

05 ROAD
NSOLO CAMP
LUWI CAMP
ZEBRA PANS
MOBILE CAMPS
MUCHINGA ESCAR.
MPIKA
→

Anreise über die **Escarpment Road** und die "**05**" von Mpika s. S. 209.

Info: Das Wegenetz im Park

Außer den befestigten Straßen im Bereich Mfuwe-Brücke, Mfuwe und Chichele Lodge, die als Ganzjahresstraßen bezeichnet werden, gibt es nur einfache Pisten, die nach heftigen Regenfällen verschlammen und unpassierbar werden können. Für ausgedehnte Pirschfahrten ist daher ein Allradfahrzeug dringend anzuraten.

- **Nkwali Camp:** Robin Pope Safaris (Adresse S. 353). Am Luangwa gelegenes, rustikaleres Camp, sehr idyllisch und einsam, ganzjährig geöffnet. All-Inclusive-Preise je nach Saison 310-440 €/DZpP, 510-640 €/EZ.
- **Thornicroft Lodge:** Land&Lake Safaris (Adresse S. 354). Neue Mittelklasselodge, deren Eröffnung seit 2 Jahren immer wieder verschoben wird. Jetzt für Juni 2009 geplant mit Einführungspreisen ab 160 €/DZpP.

Camping & Chalets für Selbstversorger

- **Chimfule Lodge:** Tel. 0216-245129, E-mail: chimfulelodge@iwayafrica.com, www.chimfulelodge .com. Ferienhausanlage 4 km vom Mfuwe Airport (nicht am Fluss) mit Pool. Eher für Guides und Einheimische gedacht. All-Inclusive ab 135 €/DZpP, 175 €/EZ.
- **Marula Lodge:** Tel. 0216-46034, E-Mail: marulaluangwa @yahoo.com. Älteres Camp mit Steinchalets, Bar und Pool nahe dem Haupteingang in den Park. Preise: 25 €/ DZpP und 30 €/EZ. Selbstversorgung möglich.
- **Flatdog's Camp:** Tel. 0216-246038, Fax 245025, E-Mail: info@flatdogscamp.com, www.flatdogscamp.com. Lebhafte Anlage direkt an der Mfuwe-Brücke mit Chalets (All-Inclusive ab 160 €/DZpP und 210 €/EZ, bei Self Catering 40 €/DZpP und 52 €/EZ) und Safarizelten (All-Inclusive ab 145 €/DZpP und 193 €/EZ, bei Self Catering ab 28 €/DZpP und 36 €/EZ). Neu 2009: Camping (6 € pP) nicht mehr von Juli bis Oktober möglich! Bar, Restaurant, Pirschfahrten und Walks im Angebot. Vorsicht: Viele Elefanten besuchen das Camp!
- **The Wildlife Camp:** Tel./Fax 0216-246026, E-mail: info@ wildlifezambia.com, www.wildlifecamp-zambia.com. Hölzerne Chalets (All-Inclusive ab 120 €/DZpP und 145 €/EZ, Self-Catering ab 48 €/DZpP und 64 €/EZ), Safarizelte (110-150 €/DZpP und 130-160 €/EZ, Self-Catering ab 20 €/DZpP und 25 €/EZ) sowie ein Campingplatz mit Bar, Pool und Strom in schöner, ruhiger Lage (8 € pP). Pirschfahrten und Buschwanderungen im Angebot.
- **Croc Valley Camp:** Tel. 0216-246074, E-mail: mfucroc@zamtel.zm, www.crocvalleycamp.com. An der alten Krokodilfarm direkt am Luangwa gelegene Chalets (28 €/DZpP, 40 €/EZ, bei All-Inclusive 115 €/ DZ pP, 130 €/EZ) und Campingplatz (4 € pP) unter hohen Schattenbäumen. Mit kleinem Pool, Bar, Restaurant und schönem Blick zum Fluss.
- **Adorata Campsite:** Tel. 0977-815806, E-mail: info@adorata-lodge-zambia.com, www.adorata-lodgezambia.com. Campingplatz und Chalets in einsamer Lage direkt am Luangwa, jedoch nahe der Hochspannungsleitung. Preise: Chalet 65 €/Nacht, Camping 4 € pP, Walks/Drives je 30 € pP. Mahlzeiten erhältlich.
- **Track and Trail River Camp:** siehe S. 249.
- **Mwanya Bushcamp:** siehe Seite 252.
- **Luangwa Wilderness Lodge:** siehe Seite 253.

Nsefu Sektor

South Luangwa National Park

↑**26** S 13.01.73 E 31.55.16
↑**259**S 12.55.83 E 31.59.97
↑**261**S 12.52.78 E 32.01.23
↑**279**S 12.56.48 E 32.02.04

Tafika Camp

Chama

Chikwinda Gate

Mwasauke

Elephant Bend

↑261

Fish Eagle Lagune

Nsumba Drive

Chipata Road

Lion Camp

Salzpfanne

Hot Springs
↑279

Nsefu Camp

↑259

Mutanda Ebene

Kazizizi Lagune

Kauluzi Gate
geschlossen !

Mfuwe Road

Nsefu Sektor

B. Baka Lagune

Lunga Lagune

Kauluzi

Tena Tena Camp

N

Mfuwe ☰ = ↑**26**
Miliyoti Gate

0 1 2 3 km

Wenn es einen Menschen gibt, dessen Name untrennbar mit dem Luangwa Valley verbunden ist, dann kann dies nur **Norman Carr** sein. Der ehemalige "White Hunter" verbrachte fast sein ganzes Leben im Tal und war maßgeblich an den Naturschutzbemühungen beteiligt. Norman Carr leistete Pionierarbeit: Er gründete 1961 nach seiner Pensionierung das erste Safariunternehmen Sambias und führte erstmals Besucher zu Fuß durch den Busch. Die **"Walking Safari"** war damit erfunden! Von Kritikern zunächst als unverantwortlich und gefährlich bemängelt, wurde dieses Modell jedoch rasch derart beliebt, dass es heute weit über die Grenzen Sambias bekannt ist und in vielen Ländern Afrikas kopiert wird.

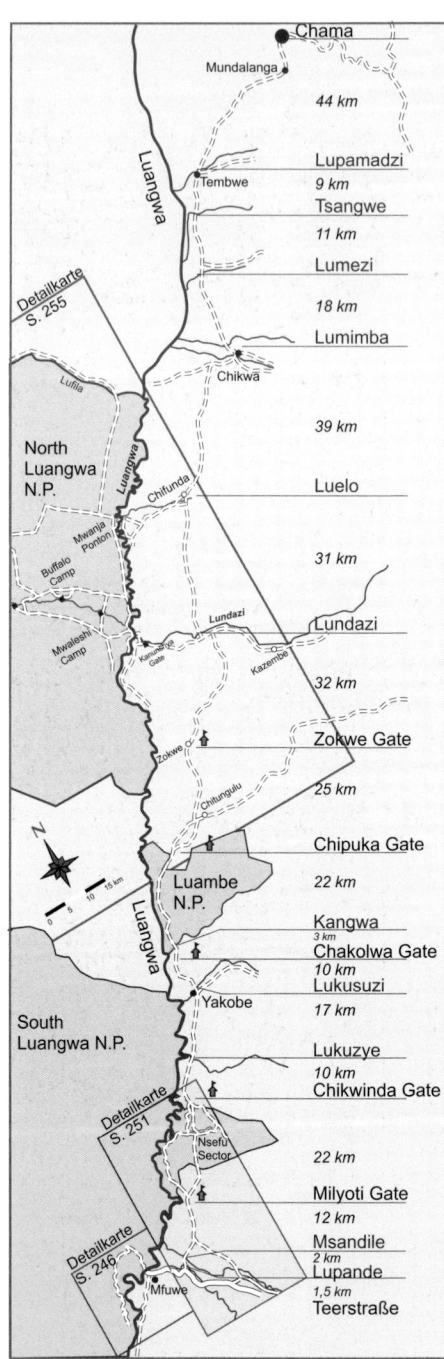

Chama
Mundalanga
44 km
Lupamadzi
Tembwe   **9 km**
Tsangwe
11 km
Lumezi
18 km
Lumimba
Chikwa
39 km
Luelo
31 km
Lundazi
32 km
Zokwe Gate
25 km
Chipuka Gate
22 km
Kangwa
3 km
Chakolwa Gate
10 km
Lukusuzi
17 km
Lukuzye
10 km
Chikwinda Gate
22 km
Milyoti Gate
12 km
Msandile
2 km
Lupande
1,5 km
Teerstraße

Luangwa, Detailkarte S. 255, Lufila, North Luangwa N.P., Chifunda, Mwanja Ponton, Buffalo Camp, Mwaleshi Camp, Lundazi, Kamoyo Gate, Kazembe, Zokwe, Chitungulu, Luambe N.P., Yakobe, South Luangwa N.P., Detailkarte S. 251, Nsefu Sektor, Detailkarte S. 246, Mfuwe

N   0 5 10 15 km

Von Mfuwe nach Chama:
Die Fahrt im Luangwa Valley

Zur Info: Die Fahrtstrecke erfordert **Erfahrung, Orientierungssinn** und ein **zuverlässiges Fahrzeug!** Durchschnittsgeschwindigkeit: 30-40 km/h. Unsere Grafik zeigt nur die markanten Flüsse und Checkpoints, Detailinfos bietet die GPS-CD (S. 397). Auf der ca. 330 km langen, einsamen Allradstrecke dominieren endlose Trockenwälder, unterbrochen von idyllischen Dörfern.

Bereits kurz nach der Teerstraße sind zwei Flussbette zu durchqueren, ehe man auf guter Piste den **Nsefu Sektor** erreicht. Wer keinen Eintritt bezahlt, darf den Sektor nur auf direktem Weg durchfahren. Gegen den kleinen Umweg über die Hotsprings wird aber niemand etwas einwenden.

Nach dem Lukuzye Flussbett trifft man auf die Uferkante des Luangwa (toller Ausblick). In **Yakobe** am Lukusuzi beachten Sie unbedingt die kleine, unscheinbare Abzweigung, sonst landen Sie im Dorf Mwanya. Eine wunderschön lichte Waldlandschaft führt zum **Luambe NP**, wo friedlich grasende Pukus den Reisenden erwarten. Nach dem Chipuka Gate geht es weiter bis Chitungulu und dort bei GPS-Punkt 158 (Map S. 255) links durch Mopanewald in Richtung **Zokwe**. Im Dorf Zokwe weist man Ihnen den Weg nach rechts zum ZAWA-Posten am Zokwe-GMA-Gate. 29 km weiter liegt die Chiweza Schule (GPS 156). Hier hält man sich links, fährt nach 2,6 km wieder rechts und durchquert das breite, leicht sandige Flussbett des Lundazi in einer hübschen Palmenlandschaft. Über die Dörfer **Chifunda** (mit Abzweig Luelo zum North Luangwa NP, S. 254), Zebe, **Chikwa,** Tembwe und Mundalanga gelangt man schließlich nach **Chama** (einfachste Versorgungsmöglichkeiten, kleines Hospital, keine Tankstelle, Anschluss s. S. 240). Wer nach Malawi ausreist, sollte in Chama das Immigration Office aufsuchen.

Info: COMACO, ein Community Project, in dem ehemalige Wilderer Anstellung finden, bietet entlang der Strecke zwei **"It's Wild"-Bushcamps** mit je drei Chalets und Campingflächen in schattiger Uferlage an. **Mwanya** Bushcamp, 15 km nördlich vom Nsefu Sektor, lässt sich besonders gut in eine Safari einbauen. **Chifunda** Bushcamp liegt beim Luelo-Ponton zum North Luangwa NP (S. 256). Die Camp-Attendants sind sehr bemüht, kümmern sich um warme Duschen, Feuer etc. und bieten Walks (12 Euro pP) und Küchendienste an (Verpflegung und Trinkwasser unbedingt mitbringen!). Preise: Chalets 28 Euro pP/Nacht, Camping 8 Euro pP. Kontakt: Mr. Ngoma, Tel. 0211-226082, E-mail: bushcamps@itswild.org, www.itswild.org.

Luambe Nationalpark

Nur 254 km² groß und 22 km breit, stellt der sympathische kleine Park für viele nur eine reizvolle Transitstrecke dar. Dementsprechend wird an den Scout Camps zu beiden Seiten der Durchgangsstraße auch kein Eintritt verlangt. Nachdem ein ehemaliges Touristencamp fast zwei Jahrzehnte stillgelegt war, geriet der kleine Park in Vergessenheit. 1999 wurde das verfallene Camp privatisiert und neu aufgebaut.

Für **Wildtiere** bildet der Park einen Korridor zwischen dem Luangwa und den Bergen im Hinterland, wohin sie sich mit dem Einsetzen der Regenzeit zurückziehen. In der späten Trockenzeit halten sich hier viele Antilopen, Elefanten, Affen und Warzenschweine auf, sind aber deutlich scheuer als im South Luangwa NP. Die seit 2003 engagierten Pächter wollen sich intensiv dem Naturschutz widmen, um dieses idyllische Kleinod zu einem touristischen Anziehungspunkt aufzubessern.

Streckenbeschreibung: 38 km nördlich des Chikwinda Gate am Nsefu Sektor bzw. 85 km nördlich von Mfuwe befindet sich das Chakolwa Gate. Der eigentliche Parkbeginn ist erst 3 km weiter an der Furt durch den Kangwa. Die Fahrspuren im Park sind wegen der Bodenbeschaffenheit die meiste Zeit sehr ruppig und von Elefanten ausgetreten. Bereits nach 22 km verlässt man den Nationalpark am Chipuka Game Camp schon wieder. Der Luambe NP ist aufgrund zahlreicher Furten und wegen seines tückischen Bodenbelags, der berüchtigten "Black Cotton Soil", die nach heftigen Regenfällen vollkommen verschlammt, nur in der Trockenzeit ab Ende Mai/Juni mit Allrad erreichbar.

Luangwa Wilderness Lodge

Luangwa Wilderness Lodge Ltd. (deutsche Leitung undManagement), Tel. BRD 0221-9712079, E-mail: info@luangwawilderness.com, www.luangwawilderness .com. Ein idyllisches, begrüntes Camp mit großen Safarizelten und einem getrennten Campingareal. Sehr einsam am Luangwa gelegen, nur eine riesige Hippoherde residiert hier. Die Lodge bietet sich – wie auch die It's-Wild-Bushcamps – gut an für einen Zwischenstopp auf dem Weg zum North Luangwa NP. Preise: All-Inclusive ab 200 Euro/DZpP und 280 Euro/EZ, bei VP 125 Euro/ DZpP. Camping kostet 12 Euro/pP inklusive einer Conservation Fee und Feuerholz. Die Lodge bietet Bush Walks für 20 Euro pP an; Pirschfahrten für 30 Euro pP, und Night Drives für 35 Euro pP (jeweils ab zwei Personen). Achtung: Wer im Luambe NP nächtigt, muss auch Parkeintritt bezahlen (15 US\$/pP und 15 US\$ pro Fahrzeug); da nur der direkte Transit im Park kostenlos ist.

Bilder oben: Mit dem Luelo-Ponton über den Luangwa; Unten: Mama und ihr Baby haben ein Schlammbad genossen

North Luangwa Nationalpark

North Luangwa ist einer der wildesten Plätze der Welt. Der 4636 km² große Nationalpark, nur wenige Monate im Jahr zugänglich, und zwischen dem steilen Muchinga-Escarpment und dem Luangwa gelegen, bietet Tausenden Wildtieren einen unberührten Lebensraum.

Zufahrt von Nordwesten: 60 km nördlich von Mpika zweigt die beschilderte Zufahrt nach Süden ab (S. 210). Sie führt nach 30 km im Miombowald an eine T-Kreuzung im Dorf Mukungule, an der man links abbiegt (erneut beschildert) und nach 12 km das Mano Gate erreicht. Danach überquert man auf einer kleinen Holzbrücke den Mwaleshi und die Piste windet sich ins Tal hinab. Nach 27 km führt die Piste am Marula-Airstrip vorbei. Von hier aus sind es noch 31 km bis zum Buffalo Camp. Diese Strecke ist eine der leichteren Escarpment-Abfahrten in das Luangwatal.

Zufahrt von Südosten: Fahrt bis zur Chiweza Schule (GPS 156), wie auf S. 252 beschrieben. Hier links halten und 17 km bis zum Kanunshya Gate fahren. Dort sollte man sich nach der Furt durch den Luangwa erkundigen, da diese jedes Jahr an einer anderen Stelle ist. Der Luangwa ist für Profis ab Juni (tiefste Stelle ca. 1 m) durchfahrbar. Ab September ist er nur noch durchschnittlich 30 cm tief mit einer kurzen, 60 cm tiefen Passage. Auf der Weiterfahrt zum Buffalo Camp (ca. 26 km) bildet der Mwaleshi mit seinen sandigen Steiluferkanten eine weitere Herausforderung; er ist aber seichter als der Luangwa.

Zufahrt über Luelo: Für Transitfahrer, die in keinem der Camps gebucht sind, gilt ein eigener Zugang. Bei hohem Wasserstand im Luangwa kommt diese Zufahrt auch allen anderen Besuchern zugute, da hier der Luangwa mit einem handbetriebenen kleinen Ponton überquert wird. Für diese Strecke folgt man der Luangwataldurchquerung bis zum Dorf Chifunda (S. 252), zweigt dann links ab und folgt den Schildern "Luelo", "Mwanja" und "It's wild Bushcamp" (S. 252). Nach 22 km durch lichten Mopanewald erreicht man das Chifunda Bushcamp (S. 256) und den Mwanja Ponton im Luangwa (nur zwischen Juni und Mitte Oktober bei genügend hohem Wasserstand, ansonsten auch hier Furt-Durchquerung). Der Anschlusspiste am anderen Ufer folgt man 1,5 km bis zu einer T-Kreuzung. Transitbesucher müssen sich hier nördlich halten und haben dann die Wahl, entweder direkt zum Mano Camp zu fahren, oder dem Nordost-Bogen entlang des Lufila River zu folgen.

Zur Info: Im Park sind die Strecken halbwegs gut, entlang des Luangwa aber sehr holprig (Büffel- und Elefantenfußabdrücke auf hartem Lehm). Alles in allem ist die Fahrt von Mfuwe in den North Luangwa ein echtes Abenteuer und nur für erfahrene Fahrer geeignet, die die Möglichkeiten ihres Allradfahrzeuges einschätzen können. Die Wassertiefe der Flüsse im Luangwatal variiert von Jahr zu Jahr. Die oben genannten Angaben sind daher als Richtwerte für regenreiche Jahre anzusehen.

Bilder: Impressionen einer Wandersafari am Mwaleshi Fluss

Als Juwel des Parks gilt der **Mwaleshi River**, der das Escarpment in mehreren Kaskaden hinab stürzt und beeindruckend dynamisch dem Luangwa entgegen meandert. An seinem Ufer liegen unter Marula- und Leberwurstbäumen die temporären Safaricamps. Die Flüsse Lukokwa und Mulondoshi trocknen in den Sommermonaten aus und hinterlassen Pools, die den Wildtieren als Tränken dienen. Nach Regenfällen können diese Flüsse ungemein stark anschwellen und weite Flächen überschwemmen. Im Tal herrscht Combretum-Gebüsch vor, das sich stark ausbreitete, als die Mopanebäume in den 1970er Jahren abgestorben sind. Damals hatten 24 000 Elefanten schwere, immer noch sichtbare Vegetationsschäden angerichtet. Die Berge des Escarpments rahmen die Landschaft hier deutlicher ein, als dies im breiteren Talabschnitt des South Luangwa NP der Fall ist.

Die Tierwelt ist überaus artenreich und gleicht der des South Luangwa NP. Der Park ist besonders für seine beeindruckenden Büffelherden berühmt (lt. Zählung 2002 sind es 14 500 Tiere), außerdem leben viele Löwen und andere Raubkatzen in dieser entlegenen Wildnis – die Hyänen vom Mwaleshi haben die fotogene Vorliebe, in den heißesten Monaten stundenlang im kühlenden, flachen Wasser zu baden. Rund 2000 Gnus, 1800 Zebras, 4000 Impalas und 1500 Pukus weiden an den Flussufern. Die stark dezimierte Elefantenpopulation erholt sich langsam wieder und wird heute auf rund 2400 Tiere geschätzt (ein "gesunder" Bestand läge bei 5000 Tieren). In den Flüssen tummeln sich Flusspferde und Krokodile. Einige der Riesenechsen am Mwaleshi sind sogar in der Lage, Löwen die Beute abzunehmen. Stachelschweine sind zahlreich, denn sie lieben die Leberwurstbäume im Luangwatal. Außerdem sind mehr als 350 Vogelarten bekannt. Im Mai 2003 kehrten 5 südafrikanische **Spitzmaulnashörner** in ihr früheres Habitat zurück und leben seither, von 142 Wildhütern rund um die Uhr bewacht und für Touristen unzugänglich, in einem sicheren Gehege. Im Juni 2005 fand die erste Rhino-Geburt seit Jahrzehnten statt, und 2006 kamen 10 weitere Tiere hinzu.

Eintrittspreise: 15 US$ für Residents aus Sambia und SADC-Staaten und 20 US$ für internationale Touristen auf gebuchten "Packages", 25 US$ für individuell reisende Touristen. Der Eintritt gilt für 24 Stunden. Fahrzeuge kosten 15 US$. ZAWA-Officer sind in Mano und beim Mwanja Ponton stationiert. Von Dezember bis April ist der Park geschlossen.

Der streng reglementierte Park wurde in jüngster Vergangenheit auch Individualreisenden zugänglich gemacht. Es ist inzwischen auch erlaubt, im Transit ohne Übernachtung den Park zu durchqueren – dann darf man jedoch das **Wegenetz am Mwaleshi nicht befahren.** Campgäste dürfen keine privaten Pirschfahrten unternehmen. Statt dessen sind ungestörte "**Walking Safaris**" mit erfahrenen Guides angesagt. Schwierig sind diese oft 3-5-stündigen Buschwanderungen im meist flachen Gelände nicht, aber mitunter wegen der Wärme sehr anstrengend.

North Luangwa National Park

GPS-Koordinaten
119 S 11.26.40 E 31.44.31 Teerstrasse
120 S 11.36.50 E 32.00.75 Mano Camp
121 S 11.55.39 E 32.15.60 Buffalo Camp
156 S 12.07.64 E 32.29.36 Schule
152 S 12.02.82 E 32.21.05 Gabelung
158 S 12.25.31 E 32.16.53 Zokwe Turnoff
207 S 11.45.93 E 32.12.58 Abzw. zum Buffalo
209 S 11.59.10 E 32.22.32 T-Junction
455 S 11.51.64 E 32.26.02 Chifunda Bush Camp

Camps und Lodges im North Luangwa NP

- **Natwange Community Camp:** 1 km südlich vom Mano Camp liegen im Wald am Mano River Campingstellflächen mit "Dschungelcharakter", einem schattigen Unterstand mit Betontischen, Toiletten und Duschen für 8 Euro pP (Day Visit 4 Euro). Es fällt kein Parkeintritt für diese Nacht an.
- **"It's Wild" Chifunda Bushcamp:** Community Camp unter Akazien und Leberwurstbäumen am Ostufer des Luangwa beim Mwanya Ponton (GMA) mit Chalets und Camping (siehe S. 252).
- **Buffalo Camp:** Mark Harvey, Shiwa Safaris (Adresse S. 353). Ein Bushcamp mit viel Atmosphäre – kein Luxus, sondern rustikal, leger und naturnah. Preise: All-Inclusive 290 Euro/DZpP, 410 Euro/EZ. Hier wird Individualreisenden auch Self Catering für 90 Euro/DZpP und 125 Euro/EZ angeboten (ohne Aktivitäten, wie Walking Safaris für 16 Euro pP und Night Drives für 30 Euro pP).
- **Mwaleshi Camp:** John Coppinger, Remote Africa Safaris, (Adresse S. 353). Vier Riedchalets für max. 8 Gäste am Mwaleshiufer, von Juni bis Oktober geöffnet. Dieses idyllische Camp lässt sich gut mit dem Tafika Camp (Nsefu Sektor) kombinieren (S. 249). All-Inclusive 420 Euro/DZpP, 510 Euro/EZ.
- **Kutandala Camp:** Rod Tether und Guz Thieme, (Adresse S. 353). Klein aber Fein! Idyllisches, heimeliges Luxuszeltcamp am Mwaleshi mit sehr persönlicher Betreuung für max. 6 Gäste. Von Juni bis Oktober geöffnet. All-Inclusive-Preise ab 440 Euro/DZpP und 560 Euro/EZ.
- **Delia Camp:** Tel. 088216-52073708, E-mail: info@deliacamp.com, www.deliacamp.com. Stelzenchalets mit Ausblick am Ufer des Luangwa; nahebei gibt es auch ein einfaches Wilderness Self Catering Camp (120 Euro/DZpP).
- **Nkalamo Bushcamp:** E-mail: info@nkalamo.com, www.nkalamo.com. Rustikales Self-Catering-Camp am Luangwaufer mit sechs Chalets für 80 Euro/DZpP. (Aktivitäten extra).

Der schwere Kampf um North Luangwa

Im einsamen North Luangwa Park nahm die Wilderei der 1970er und 80er Jahre derart verheerende Ausmaße an, dass das Schicksal der Elefanten besiegelt schien. Am South Luangwa wehrten sich die Tierschützer erbittert gegen den drohenden Exodus der Dickhäuter, aber den unwegsamen Norden überließ man seinem traurigen Schicksal und hatte ihn praktisch abgeschrieben.

Zu dieser Zeit lenkten die US-Forscher Mark und Delia Owens ihre Aufmerksamkeit auf die abgelegene Wildnis, um dort Löwenforschung zu betreiben. Im Oktober 1987 begannen die beiden ihre Arbeit im Park. Mit Entsetzen erkannten sie dabei die ganze Tragödie der Elefantenwilderei und verschrieben sich sofort dem Kampf dagegen.

Es muss in den folgenden Jahren ein verzweifelter Kampf von **David gegen Goliath** gewesen sein. Die Wilderer waren zahlreich und schwer bewaffnet, der Park groß und weitläufig, die wenigen Scouts desinteressiert oder sogar in den Elfenbeinschmuggel verstrickt. Die Männer der umliegenden Dörfer verdingten sich als Träger für die Wilderer und selbst die Behörden hatten teilweise ihre Finger im Spiel. Unermüdlich flog Mark Owens Aufklärungsflüge über den Park, fand oft genug nur mehr die Kadaver der gewilderten Elefanten und nachts die Lagerfeuer ihrer Jäger. Zugleich begannen die Owens eine intensive Aufklärungsarbeit in den Dörfern mit dem Ziel, den Menschen zu vermitteln, dass ein lebender Elefant mehr Wert

hat als ein toter. Ihre Arbeit zeigte lange mehr Rückschläge als Erfolge, Mark Owens schuf sich durch sein beherztes Auftreten viele Feinde.

Eine Besserung zeichnete sich erst 1991 ab, als die Auswirkungen des CITES-Abkommen spürbar wurden. Der Elefant war zur gefährdeten Tierart erklärt und weltweit der Handel mit Elfenbein verboten worden. Sambia förderte nun außerdem den Tourismus stärker. Man erkannte: Touristen bringen Devisen, doch nicht in einen leer gewilderten Park.

Das "North Luangwa Conservation Projekt", unterstützt von der **Zoologischen Gesellschaft Frankfurt**, erhielt nun endlich den notwendigen Rückhalt durch den Staat. Die Wildhüter wurden besser ausgebildet und versorgt, die Truppe verstärkt und die Wege im Park verbessert. Seit 1992 reisen Safariunternehmen mit Touristen für exklusive Walking Safaris in den Park, die Wilderei ist deutlich zurückgegangen. 1996 verließen Mark und Delia Owens überraschend das Land. Die Südafrikaner Hugo und Elsabé Westhuizen ersetzten ihren Platz zunächst, und die deutsche ZGF fördert das Projekt weiter mit 300 000 Euro jährlich. Davon werden u. a. die 500 km Pisten im Park unterhalten, die 142 Wildhüter finanziert und Projekte, wie die Rückführung von Nashörnern, realisiert.

Ihre Erfahrungen im Kampf gegen die Wilderei haben M. und D. Owens in ihrem Buch "Das Auge des Elefanten" anschaulich beschrieben.

Mutinondo Wilderness Camp

Naupensammlerin

Zu Fuß die Stille und Weite genießen

Walking Safari

Würgepflanze

Büffelherde im Mopanegestrüpp

Impressionen aus dem North Luangwa Nationalpark

Mwaleshi Camp

Pirschfahrten sind die Ausnahme

Eindrücke, die an Intensität kaum zu überbieten sind

259

Die Menschen sind der größte Schatz Sambias und Malawis

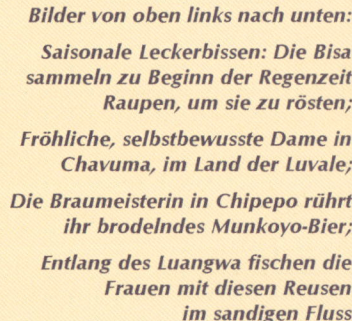

Bilder von oben links nach unten:

Saisonale Leckerbissen: Die Bisa sammeln zu Beginn der Regenzeit Raupen, um sie zu rösten;

Fröhliche, selbstbewusste Dame in Chavuma, im Land der Luvale;

Die Braumeisterin in Chipepo rührt ihr brodelndes Munkoyo-Bier;

Entlang des Luangwa fischen die Frauen mit diesen Reusen im sandigen Fluss

Ein freundlicher Musiker im Kongogrenzgebiet

Schnapsbrennerei, Luangwatal

Bei den Tabwa sind die meisten Wohnhäuser bemalt

Traditionelle Tänze

Umgestürzte Bäume...

...steile Flussbett-Auffahrten

Die berüchtigte "Black Cotton Soil" nach Regenfällen...

LUAMBE NATIONAL PARK

Tüpfelhyäne beim Abendschmaus

Marabus und Geier

Lundamädchen mit Fischkorb

Die Luvale bauen Honigkörbe für die Bienen

Die Jugend liebt Mützen!

Junges Mädchen vom Volk der Lozi

Charmante Marktfrauen

Junge Mutter bei den Lunda

Sonntags in Malawi...

Jugendliche Schönheit in Chifunda

Am Luangwa

Kein anderer Fluss hat so viele Hippos

Spektakuläre Tiererlebnisse

Pirschfahrten im offenen Geländewagen

Thornicroft's Giraffe

Scharlachspint-Kolonie

Elefantenbesuch in der Lodge

Luxus in der Wildnis

Maisverkäufer

Schneiderwerkstatt

Kartoffelernte

Dorf in den Bergen

Malawis Gebirge und Bergplateaus:

Alles klar?

Lower Shire Valley

EXIT

Tropische Paradiese mit gesundem Klima

Traumstrände am Malawisee

Einsame Badestrände

Buntes Malawi 1

Ilala in Monkey Bay

Buntes Malawi 2

Bananenlager

Cape Maclear

Nkhotakota

Fröhliche Menschen

Kalebassenverkauf

In der Trockenzeit

Getrockneter Fisch

Fischer in den Lukanga-Swamps

Cassavastampfen bei den Bisa

Sambias Sümpfe: *Ein faszinierender Lebensraum*

REISETEIL
UNTERWEGS IN MALAWI...

Mzuzu
Lilongwe
Blantyre

DER NORDEN

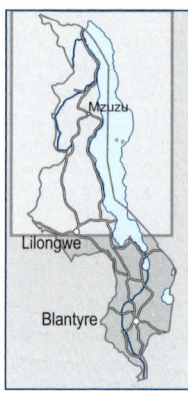

LILONGWE UND DER NORDEN MALAWIS

Den Norden Malawis prägen Hochplateaus, bewaldete Berghänge mit Urwaldresten, Steilküsten und einsame Buchten am Malawisee. Besondere Attraktionen stellen der außergewöhnliche Nyika Nationalpark und die in kolonialhistorischer Hinsicht sehenswerte Livingstonia Mission dar. Ein Besuch des Kasungu Nationalparks oder des Nkhotakota Wildreservats und ein paar erholsame Tage am See runden eine Reise durch den Norden ab.

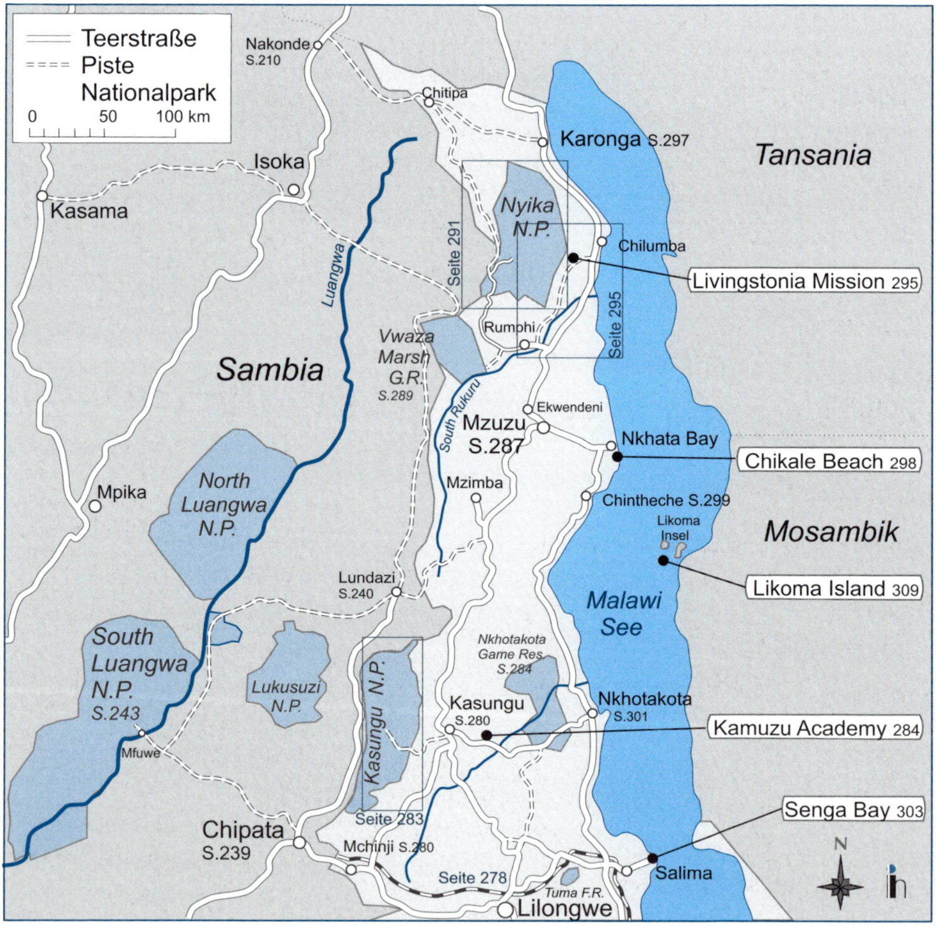

Teerstraße
Piste
Nationalpark
0 50 100 km
Nakonde S.210
Chitipa
Karonga S.297
Tansania
Isoka
Kasama
Nyika N.P.
Seite 291
Chilumba
Livingstonia Mission 295
Seite 295
Luangwa
Rumphi
Vwaza Marsh G.R. S.289
Sambia
South Rukuru
Ekwendeni
Mzuzu S.287
Nkhata Bay
Chikale Beach 298
Mzimba
Mpika
North Luangwa N.P.
Chintheche S.299
Likoma Insel
Mosambik
Likoma Island 309
Lundazi S.240
Malawi See
South Luangwa N.P. S.243
Lukusuzi N.P.
Kasungu N.P.
Nkhotakota Game Res. S.284
Kasungu S.280
Nkhotakota S.301
Kamuzu Academy 284
Mfuwe
Seite 283
Senga Bay 303
Chipata S.239
Mchinji S.280
Seite 278
Tuma F.R.
Salima
Lilongwe
N

Lilongwe

Lilongwe ist eine Stadt, die man nicht unbedingt als afrikanisch bezeichnen möchte. Wie den meisten "nach Plan erbauten" Hauptstädten fehlt ihr besonders im Regierungsviertel und in der Neustadt die pulsierende Eigendynamik alter, gewachsener Städte.

Die zentrale Lage, das angenehme Klima und eine freundliche Bevölkerung gaben im Jahre 1902 den Ausschlag, einen kleinen Verwaltungssitz am Westufer des Lilongweflusses einzurichten. Vier Jahre später ließen sich am Ostufer asiatische Händler und die "African Lakes Company" nieder, und es wurde eine Straße nach Fort Jameson (Chipata) in Nordrhodesien gebaut. Lilongwe entwickelte sich dabei zum landwirtschaftlichen Zentrum für den Tabakanbau. Bis zur Unabhängigkeit Malawis 1964 war seine Bevölkerung auf 20 000 Einwohner angewachsen – eine nette, kleine Stadt.

Präsident Banda erkannte rasch das starke Süd-Nord-Gefälle seines Landes. Er überzeugte internationale Geberstaaten von der Notwendigkeit einer zentralen Hauptstadt, und seine Wahl fiel auf Lilongwe. Baubeginn für sein Projekt, an dem sich vor allem Südafrika finanziell beteiligte, war 1969. Für die Geschäfts- und Regierungsviertel mussten riesige Flächen an Busch- und Waldlandschaften abgeholzt und planiert werden. Die Planer bemühten sich um den Erhalt der ursprünglichen Natur, indem sie Naturreservate und Erholungsgebiete einrichteten. Von Anfang an wurde weitläufig konzipiert. Die verschiedenen Stadtviertel sind heute durch breite Straßen miteinander verbunden, vermischt haben sie sich jedoch nicht.

Sehenswertes

Lilongwe Nature Sanctuary & Wildlife Centre

Das 120 ha große Naturschutzgebiet inmitten der Stadt soll die Flora und Fauna am Lingadzi River erhalten. Es beherbergt einige Antilopen, Affen und Vögel. Spaziergänger sollten ihre Erwartungen an Tierbeobachtungen dennoch nicht zu hoch schrauben. Täglich von 07.30–17.00 h zugänglich, sehr geringer Eintritt.

In Privatinitiative entstand viel später das Wildlife Centre, wo ehemalige Zootiere und andere geschundene Kreaturen ihren Lebensabend verbringen dürfen (z. B. Paviane, Hyänen und ein Leopard). Di-So von 8-16 h geöffnet; Eintritt 840 Mkw inklusive Führung.

Beide Bereiche haben getrennte Zugänge, die jeweils an der Kenyatta Road liegen (mit Parkmöglichkeiten).

Zur Orientierung

Seit 1975 ist Lilongwe die Hauptstadt Malawis mit derzeit etwa 350 000 Einwohnern. Das Stadtgebiet umfasst 585 km² und liegt auf etwa 1000-1100 m Höhe.

Es sind bis heute zwei eigenständige Zentren geblieben. Auf dem Capital Hill befindet sich das **Regierungsviertel**. Nach Süden schließt sich das ruhige und weitläufige **City Centre** an, mit modernen Bürogebäuden, Banken, Botschaften und einer gehobenen Wohngegend. Ein paar Kilometer weiter nach Südwesten liegt an der Kamuzu Procession Road die lebhafte **"Old Town"** mit vielen Restaurants, Läden, Reisebüros etc. Östlich des Lilongweflusses gelangt man in das lebendige, enge, vormals indisch-asiatisch geprägte Stadtviertel und zum ausufernden Markt von Lilongwe. Hier herrscht fast ständig ein **Verkehrschaos**. Lilongwes Altstadt und die Ausfallstraße nach Blantyre fordern von Autofahrern viel Geduld und ein robustes Nervenkostüm!

Reiseagenturen

Die meisten Reisebüros und Safariagenturen in Lilongwe bieten sowohl klassische touristische Serviceleistungen an (Flugreservierungen, Hotelbuchungen), als auch individuelle eigene Angebote. In der Old Town Mall findet man Ulendo Safaris (Ilala-Agent), nahe dem Post Office in der Old Town hat Land & Lake Safaris (vermittelt z. B. Forest Lodges) ein Büro; Luxussafaris offeriert Central African Wilderness Safaris im ADL-House in der Capital City (Mvuu Lodge, Chinteche Inn); die Midlands Travel Agency findet man an der Kamuzu Procession Road in der Old Town und Rainbow Travel im Crossroads Shopping Centre. Kiboko Safaris sind im gleichnamigen Hotel anzutreffen. Adressen: s. S. 354.

Tabakauktionen

Die Luft ist von beißendem Tabakgeruch geschwängert, unverständlicher Singsang hallt von einem Menschengewühl zwischen endlosen Ballen Tabak herüber, alle paar Sekunden setzt sich die Gruppe in Bewegung, gebannte Anspannung auf den Gesichtern der Männer, ab und zu ein Nicken, ein Handschlag, jemand kritzelt schnelle Notizen auf kleine Zettel, während der Mann in der Mitte nicht nachlässt mit seinem immerwährenden Sprechgesang – die meisten Besucher sind fasziniert von dem Schauspiel einer Tabakauktion. Das eingespielte Ritual, mit dem der Auktionator in Sekundenschnelle (pro 100-kg-Tabakballen ca. 5 Sekunden) den Tabak versteigert, macht den Eindruck eines perfekten Chaos, in dem nur Insider durchblicken. Doch die Eile ist geboten, schließlich wechseln hier während der Saison von März/April bis September täglich rund 13 000 Tabakballen ihre Besitzer. Sozusagen berufstypisch ist der monotone Singsang, mit dem jeder Auktionator seine Ware anbietet und den Ungeübte kaum verstehen.

In Lilongwe befinden sich die Tobbaco Auction Floors im Auction Holdings Ltd. Warehouse in der Kenengo Industrial Area im Norden der Stadt (in Richtung Kasungu, beschildert). Auch fachfremde Besucher dürfen sich das Treiben bei den werktäglichen Auktionen während der Saison ansehen (montags bis freitags am Vormittag).

Lilongwe Old Market

Der überquellende Freiluftmarkt befindet sich in der Malangalanga Road im indischen Viertel. Es gibt hier so ziemlich alles zu kaufen – Berge voller Obst und Gemüse, Gewürze, Brote, getrockneten Fisch und Fleisch. Manche Händler verkaufen Werkzeuge und Metalle, in einer Ecke sitzen Schmiede und Metallarbeiter und stellen Öfen her. Selbst ein traditioneller Heiler hat hier seine Praxis. Touristen werden wohlwollend akzeptiert, wobei das chaotische Gedränge sicherlich nicht nach jedermanns Geschmack ist. Nehmen Sie keinerlei Wertsachen mit auf den Markt, fragen Sie die Leute vor dem Fotografieren, und nehmen Sie sich hier vor Langfingern in Acht!

Bilder links: Szenen beim Stadtmarkt von Lilongwe

Restaurants

Einfache indische, libanesische oder koreanische Lokale befinden sich entlang der Kamuzu Procession Road. Darüber hinaus empfehlen wir:
- **Don Brioni's Bistro:** Tel. 09-967482, Mandala Road, Kiboko Town Hotel. Pizza, Pies und vieles mehr in zentraler Lage mitten in der Altstadt.
- **Buchanan's:** Tel. 01-772859. Beliebtes Grillrestaurant in einem idyllischen Garten am Presidential Way stadtauswärts (ruhige Lage, Parkplatz).
- **Mamma Mia:** Tel. 01-758362. Klassischer Italiener in der Old Town Mall mit guter Pizza.
- **Kumbali Lodge:** siehe rechts!

Hotels in Lilongwe

*: Siehe bzgl. der Preise auch S. 364!

- **Sunbird Capital Hotel:** Chilembwe Road, Tel. 01-783388, Fax 781273, E-mail: stl@sunbirdmalawi.com, www.sunbirdmalawi.com. Business-Hotel im Regierungsviertel; ruhig und weitläufig, aber ziemlich nüchtern. 182 Zimmer, ansprechender Poolbereich. Preise: B&B ab 130 €/EZ und ab 72 €/DZpP.*
- **Sunbird Lilongwe Hotel:** Kamuzu Procession Road, Tel. 01-756333/740488, Fax 756580, E-mail: stl@sunbirdmalawi.com, www.sunbirdmalawi.com. Gemütlicheres und zentraleres Schwesterhotel mit 94 Zimmern, Restaurant, Pool. Preise: B&B-Preise ab 90 €/EZ, 56 €/DZpP. *
- **Crossroads Hotel:** Tel. 01-750333, Fax 750336, E-mail: crossroadshotel@malawi.net, www.crossroadshotel.net. Gepflegtes, modernes Hotel im Crossroads Shopping Complex mit 81 klimatisierten Zimmern und Restaurant. Preise: B&B ab 95 €/EZ, 55 €/DZpP. *
- **Lingadzi Inn:** Chilambula Rd. Tel. 01-754143/720644, Fax 720951, E-mail: lingadzi@sdnp.org.mw. Mittelklassehotel in ruhiger Lage beim Nature Sanctuary mit 36 Zimmern, das auch als Ausbildungsbetrieb für Hotelpersonal fungiert. Preise: B&B ab 55 €/EZ, 43 €/DZpP.
- **Korea Garden Lodge:** Tel. 01-753467, Fax 756612, E-mail: info@kglodge.net, www.kglodge.net. Beliebte Lodge mitten in der Old Town mit viel Service, Pool im Garten, Parkplatz und Zimmern ab 12 €/DZpP (sehr einfach, Gemeinschaftsbad) bis 40 €/DZpP (Apartments).
- **Kiboko Town Hotel:** Mandala Road, Old Town nahe Post Office, Tel. 751226, Fax 752682, E-mail: reservations@kiboko-safaris.com, www.kiboko-safaris.com. Stadthotel mit lebhafter Traveller-Atmosphäre und 14 Zimmern. Mit B&B je nach Standard 23-34 €/DZpP und 35-60 €/EZ.
- **Wendels Guest House:** Tel./Fax 01-771771, E-mail: wendels@africa-online.net, www.wendelslodge.com. Familiäres, gepflegtes Gästehaus in der Umodzi Road, Area 12/133 am ruhigen Stadtrand der New Town. Preise: B&B 56 €/DZpP, 77 €/EZ.
- **Annies Lodge:** Tel. 01-794572, Fax 794055, E-mail: annieslodge@globemw.net, www.annieslodge.com. Sehr gepflegtes Gästehaus in der ruhigen Area 10 mit klimatisierten Zimmern und gutem Service. Preise: B&B 32-36 €/DZpP, 56-64 €/EZ, Selfcatering-Suite B&B 48 €/DZpP und 88 €/EZ.
- **Heuglins Lodge:** Tel./Fax 01-795364, E-mail: info@wilderness.mw. Ruhige, edle Lodge von Wilderness Safaris in Area 43, etwas abgelegen und schwierig zu finden. Die Zufahrt zweigt in der Mitte der Blantyre Road gegenüber dem "Blantyre Road"-Schild ab. Preise: B&B 85 €/DZpP, 110 €/EZ.
- **The Sanctuary Lodge & Campsite:** Tel./Fax 01-757120, E-mail: sanctuarylodge@landlake.net, www.thesanctuarylodge.net. Ende 2008 öffnete im Lilongwe Nature Reserve diese Chaletanlage im Stil einer Safarilodge. Mit Restaurant, Pool und zehn ansprechenden Chalets (B&B 70 €/DZpP, 100 €/EZ). Abseits im Buschwald liegt ein einfacher Campingplatz (8 € pP, keine Poolbenützung erlaubt).

Camping & Backpackerlodge

- **Lilongwe Golf Club:** Tel. 01-744349. Campingplatz im städtischen Golfplatz in der Old Town (3 € pP). Umzäunte Wiese, tagsüber relativ ruhig, nachts oft unruhig durch die Nachtwächter. Heiße Duschen und Stromanschluss vorhanden. Vorsicht: es kommen gelegentlich Diebstähle vor.
- **Mabuya Camp:** Tel. 01-754978. E-mail: info@mabuyacamp.com, www.mabuyacamp.com. Klassisch-legere Backpackerlodge mit Snackbar, Internet, beengtem Camping (3 € pP), Dormitory (5 € pP), Zimmern und A-Frames (je 15 €/Nacht). Leider unruhig durch Straßenlärm und viele Overlander.
- **Barefoot Camp:** 10 km außerhalb Lilongwes in Richtung Sambia gelegen, siehe S. 280.
- **The Sanctuary Lodge & Campsite:** Neuer Campingplatz im Lilongwe Nature Reserve, siehe oben.

Ländliche Gästehäuser in der Umgebung von Lilongwe

- **Kumbali Country Lodge:** Tel. 09-963402, E-mail: kumbali@kumbalilodge.com, www.kumbali.com. Capital Hill Diary Farm in Area 44. Lodge mit 13 Zimmern, feinem Restaurant, herrlichem Garten. Ein Tipp für Naturfreunde, aber schwierig zu finden. Preise: B&B für 63-130 €/EZ, 45-80 €/DZpP.
- **Kims Koreana Lodge:** Tel. 01-920251, Fax 725450, E-mail: kimskoreanalodge@hotmail.com, www.kimskoreanalodge.com. Gepflegte Anlage mit Restaurant und Steinchalets (40-65 €/Nacht) direkt an der Straße nach Blantyre, etwa 8 km außerhalb von Lilongwe (kurz vor dem Road Block).
- **Dzalanyama Forest Lodge:** Einsam und idyllisch gelegenes Forsthaus mit 4 Zimmern zur Selbstversorgung ca. 60 km südwestlich der Stadt, für Wanderer oder Ruhesuchende bestens geeignet. Preise: 18 €/DZpP, 20 €/EZ, Transfers ab 80 €, zu buchen bei Land & Lake Safaris (Adresse S. 354).

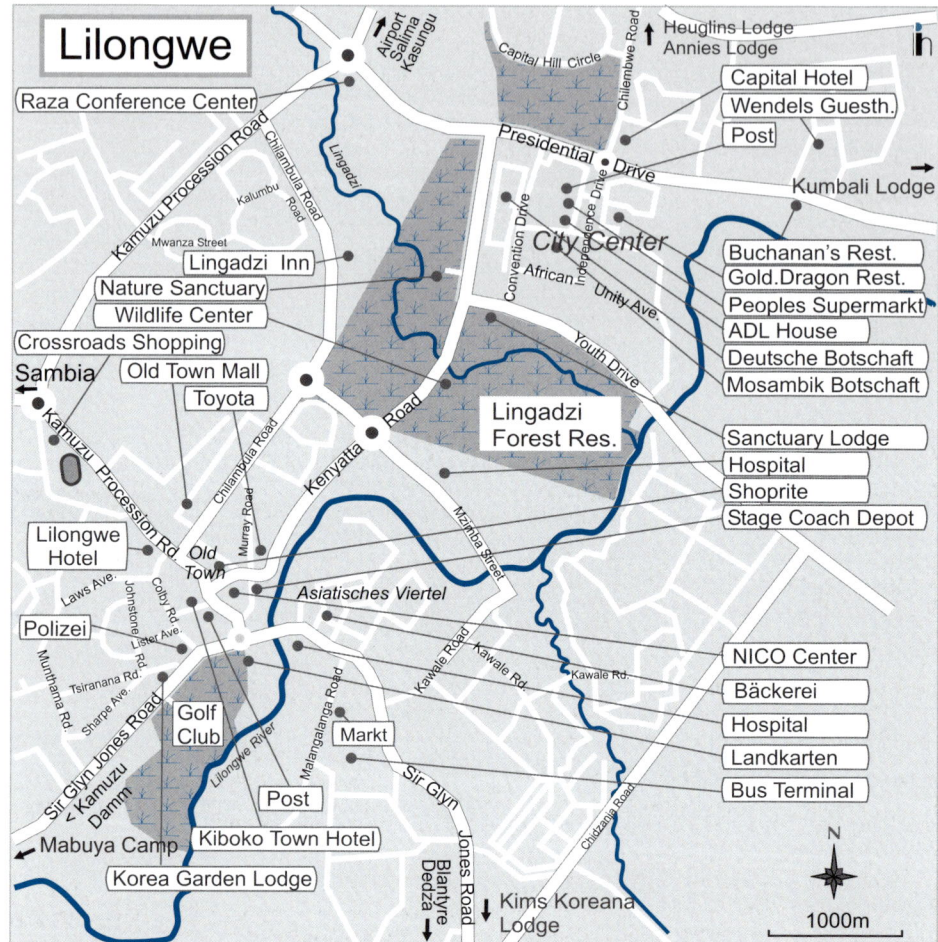

Lilongwe

Raza Conference Center

Kamuzu Procession Road

Chilambula Road

Kalumbu

Mwanza Street

Lingadzi Inn

Nature Sanctuary

Wildlife Center

Crossroads Shopping

Sambia

Old Town Mall

Toyota

Kamuzu Procession Rd

Lilongwe Hotel

Old Town

Polizei

Laws Ave

Johnstone Rd

Colby Rd

Lister Ave

Murum Rd.

Tsirana Rd.

Sharpe Ave.

Sir Glyn Jones Road

Kamuzu Damm

Golf Club

Markt

Post

Mabuya Camp

Kiboko Town Hotel

Korea Garden Lodge

Chilambula Road

Lingadzi

Airport Salima Kasungu

Capital Hill Circle

Chilembwe Road

Presidential Drive

Convention Drive

Independence Drive

African Unity Ave.

City Center

Youth Drive

Kenyatta Road

Chilambidia Road

Mzimba Street

Asiatisches Viertel

Matangalanga Road

Kawale Road

Kawale Rd.

Kawale Rd.

Lingadzi Forest Res.

Sir Glyn Jones Road

Blantyre Dedza

Lilongwe River

Chidzanji Road

Kims Koreana Lodge

Heuglins Lodge
Annies Lodge

Capital Hotel

Wendels Guesth.

Post

Kumbali Lodge

Buchanan's Rest.

Gold.Dragon Rest.

Peoples Supermarkt

ADL House

Deutsche Botschaft

Mosambik Botschaft

Sanctuary Lodge

Hospital

Shoprite

Stage Coach Depot

NICO Center

Bäckerei

Hospital

Landkarten

Bus Terminal

N

1000m

Airlines — Air Malawi: Capital Hotel, Tel. 772132, am Flughafen Tel. 700811. Kenya Airways: Flughafen, Tel. 700267. British Airways: Independence Drive, Tel. 771747. Ethiopian Airlines: Tel. 771002. South African Airways: Capital Hotel, Tel. 772242

Botschaften — • **BRD:** P. O. Box 30046, Convention Drive, Tel. 772555, Fax 770250, Capital City
• **Mosambik:** P.O.B. 30579 (African Unity Ave.), Tel. 774100, Fax 771342, Capital City
• **Sambia:** P.O.Box 30138, Convention Drive, Tel. 772590, Fax 772144, Capital City
• **Südafrika:** Kenyatta Road, Tel. 773722, Fax 772571, Capital City

Banken & Geldwechsel — Mehrere Banken befinden sich an der Kamuzu Procession Road und dem Independence Drive. Freie Wechselstuben bieten meist bessere Umtauschkurse, so z. B. im Nico Centre (Mo-Fr 08.30-16.30 h, Sa 08.30-12.30 h) und im Shoprite, wo US$, Euro, SA-Rand., Brit. Pfund und die Währungen der Nachbarstaaten gewechselt werden). Sonntags stehen Geldwechsler am Nico Centre und Crossroads Shopping.

Buchläden — Findet man im Nico Centre, Capital City Shopping Centre und Capital Hotel. "The Bookworm" in der Old Town Mall verkauft auch alte Bücher und Karten.

Die **Busstation** für Fernstrecken (Expressbusse und InterCity-Busse) liegt gegenüber dem großen Markt an der Malangalanga Road. Hier starten Busse in alle Richtungen ohne feste Abfahrtszeiten (siehe S. 379). Das **Shire-Bus-Line-Depot** (Tel. 726899, E-mail: shirebus@africa-online.net) liegt am **City Terminus** des Stage Coach Depot neben dem PTC in der Kenyatta Road (gegenüber vom Nico Centre). Hier sind Vorausbuchungen für Shire Bus Lines und Expressbusse möglich. Außerdem warten hier auch die preiswerten Minibusse für Fahrten innerhalb der Innenstadt.

Bus Terminal

Buchungsbüro im Capital Hotel: Tel. 01-773388

Kamuzu International Airport (Tel. 01-700766) liegt 26 km nordöstlich von Lilongwe. Als Alternative zu Taxis (ca. 15 Euro) fährt der Flughafenbus für 6 Euro pP in die Stadt.

Flughafen

Department of Forestry: Tel. 01-781000, Chilambula Road (zwischen Old Town und City Centre) bietet Infos für die rund 70 Forstschutzgebiete, z. B. Mulanje, Ntchisi etc.

Forstamt

Afrox Gas: Lilongwe nach Norden verlassen, nach 11 km in Richtung "Central Hatchery" (Straße nach Salima) abbiegen. Die erste Straße links noch ca. 300 m.

Gas Auffüllen

Krankenhaus: Lilongwe Central Hospital, Mzimba Street zwischen Alt- u. Neustadt, Tel. 01-753555. **Med-Labor:** Hope Medical Centre, an der Ausfallstr. nach Blantyre, Tel. 01-727155. **Zahnarzt:** "Family Dental Clinic" im ADL-House, Tel. 01-770853. MARS-**Flugrettungsdienst**: Tel. 01-794036. **Apotheke**: Nico-Centre. Siehe auch S. 362.

Hospital

Falls Sie Ihr Visum verlängern lassen wollen, finden Sie das Büro in der Murray Road, die beim Busdepot von der Kenyatta Rd. abzweigt (Tel. 01-722995).

Immigration

Department of Survey, Old Town, Sir Glyn Jones Road, P. O. Box 120. Hier gibt es Detailkarten aller Regionen des Landes. Ansonsten: The Bookworm, Old Town Mall.

Landkarten

In der Old Town bieten die "PTC Hyperstores" am Independence Drive und im Nico-Centre (Mo-Sa ganztags, So bis 14.00 h) und der Shoprite die breiteste, aber nicht immer frischeste Lebensmittelauswahl. Delikatessen findet man im Shopping Centre Old Town Mall. In der New Town empfiehlt sich "Foodworth" im Bisnowaty Centre in der Kenyatta Road (bei der Total-Tankstelle). Dort gibt es frisches Fleisch und Gemüse, das bei Bedarf auch vakuumverpackt werden kann.

Lebensmittel

Ministry of Tourism, Wildlife & Culture: Tel. 01-775499, Murray Road, neben dem Immigration-Büro. Hier kann man staatliche Unterkünfte und Wanderungen in den Nationalparks reservieren. Anbei ist die Touristeninformation untergebracht.

Tourist Information

Hauptpostamt: Old Town, Kamuzu Procession Rd./Ecke Sir Glyn Jones Rd. Telecom-Büro: City Centre, Robert Mugabe Crescent/Ecke Convention Dr. (neben Oilcome). Öffnungszeiten: Mo-Fr von 08.00–17.00 h. **Internet-Cafés**: Sie sprießen wie Pilze aus dem Boden: z. B. im ADL-House (Independence Dr.), beim Kunsa Café in der New Town, neben dem Hauptpostamt und der Prime Insurance, im Crossroads Shopping Centre, im Capital Hotel und in der Mabuya Backpackerlodge.

Post, Telefon & Internet

Vor dem Post Office in der Old Town breitet sich ein großer offener Straßen-Souvenirmarkt aus und auch auf dem Lilongwe Market kann man preiswerte Andenken erstehen. Die Old Town Mall hat sich zur edlen Touristeneinkaufsmeile gemausert: Qualität und Preise auf hohem Niveau.

Souvenirs

Beim Hauptpostamt und vor den großen Stadthotels stehen Taxis. Innerhalb der Stadt kosten die Fahrten ca. 5-10 Euro (unbedingt vorher aushandeln).

Taxi

Charter Insurance: Kamuzu Procession Road, Old Town (neben "7 eleven", Tel. 01-756105, E-mail: info.charter@oasizgroup.com. Bietet preiswerte Autoversicherungen.

Versicherung

Die mosambikanische Botschaft (Tel. 774100) im City Center stellt Visa innerhalb von 24 Stunden aus. Es gibt Transitvisa, Touristenvisa für ein bis drei Monate und Mehrfachvisa. Bei Sofortausstellung verdoppeln sich die jeweiligen Kosten. Wichtig: 2 Passbilder sind erforderlich. Besuchszeiten: Mo-Fr von 08.00–12.00 h.

Visa für Mosambik

Von Lilongwe nach Mchinji und Sambia

Mchinji liegt 106 km von Lilongwe entfernt an der Grenze zu Sambia und ist auf der gut ausgebauten Straße schnell zu erreichen. Die Gegend ist relativ eintönig, flach und abgeholzt; immer wieder sind größere Aufforstungen in dieser fast durchgehend besiedelten Region zu sehen. Einzige größere Ortschaft auf der Strecke ist **Namitete**, wo die meiste Zeit eine Polizeikontrolle stationiert ist (und gerne nach der Autoversicherung fragt).

Im sambischen Zollgebäude befindet sich eine kleine Wechselstube

Die Kleinstadt **Mchinji**, Malawis Hauptgrenzübergang nach Sambia, wird von bewaldeten Hügeln umrahmt und bietet eine mäßige Versorgungslage mit einfachen Unterkünften, wie das Joe's Motel (Tel./Fax 01-242409), mehreren Tankstellen und zwei Bankfilialen. Der Grenzübergang, 12 km westlich von Mchinji, ist Tag und Nacht durchgehend geöffnet. An der Grenzstation befinden sich Versicherungsagenturen. Anschluss Sambia, Chipata: S. 239.

Camping und Chalets außerhalb Lilongwes

• **Barefoot Camp:** Tel. 01-707346, E-mail: info@barefoot-safaris.com, www.barefoot-safaris.com. Gepflegte Chalet- und Campinganlage rund 10 km außerhalb Lilongwes nahe der Straße gelegen (beschildert). Mit Bar, Internetzugang und einem Workshop. Die Chalets kosten 34 Euro/DZpP und 36 Euro/EZ, Mietzelte 8 Euro/DZpP bzw. 11 Euro/EZ, parzellierter Campingplatz 7,50 Euro pP.

Panoramapiste nach Ntchisi

Kurz nach Lumbadzi an der Straße nach Kasungu zweigt eine malerische Schotterpiste durch die einsamen Berge nach Ntchisi ab, die gelegentlich Ausblicke auf den Malawisee und pittoreske, grau getünchte Dörfer gewährt. Nach 45 km ist die **Ntchisi Forest Lodge** im gleichnamigen Staatsforst ausgeschildert. Das alte Forsthaus wurde privatisiert und gilt heute als Geheimtipp für Ruhesuchende, Wander- und Naturfreunde. Im Haus werden fünf Zimmer mit HP für 72 €/DZpP und 105 €/EZ angeboten. Im Mehrbettraum kostet die Nacht 36 € pP, Camping 4 € pP. Info: www.ntchisi.com, Tel. 09-971748, E-mail: forestlodge@ntchisi.com.

Die Ortschaft **Ntchisi** bietet eine Tankstelle und ein paar einfache Läden. Von hier aus gelangt man weiter nach Malomo an der Strecke Kasungu-Nkhotakota (S. 284).

Von Lilongwe nach Kasungu

Die gut ausgebaute Fernstrecke M1 verlässt Lilongwe im Norden. Nach 11 km zweigt die neue Teerstraße nach **Salima** ab (direkt nach der Polizeikontrolle, Vorsicht: nur unauffällige Ausschilderung nach Salima!) und nach 25 km fährt man am Internationalen Flughafen von Lilongwe vorbei. Viele Ortschaften prägen das Bild. Die Abholzung ist weit fortgeschritten und führt bereits zu deutlichen Erosionsschäden.

Kasungu

127 km nördlich von Lilongwe liegt etwas abseits der Fernstraße M1 zu Füßen eines weithin sichtbaren, pyramidenförmigen Inselbergs die Stadt Kasungu, ein landwirtschaftliches Zentrum im größten Tabakanbaugebiet des Landes. Bescheidene Unterkunft bieten das Kasungu Inn an der Hauptstraße in Richtung Mzuzu (Tel./Fax 01-253306, ca. 8 Euro/DZpP), das einfache Chikambe Motel (B&B 5 Euro/DZpP, 9 Euro/EZ) und das Dumisani Motel (Zimmer mit TV für 5 Euro/DZpP). Kasungu ist Ausgangspunkt für einen Besuch des Kasungu NP. Anschlussstrecke nach Nkhotakota: S. 284

*Bild links: Metzgerei in wackeliger Bretterbude
Bilder rechts: Elefanten haben "Vorfahrt" im Kasungu NP*

Kasungu Nationalpark

Dieser leicht erreichbare Nationalpark bietet eine große Vielfalt an Wildtieren und vermittelt einen guten Eindruck für die typische Busch- und Waldvegetation Süd-Zentralafrikas. Er liegt auf einer rund 1000 m hohen Hochebene direkt an der sambischen Grenze. Schon 1922 wurde die tsetseverseuchte Region, weil für menschliche Ansiedlungen ungeeignet, zum Waldreservat erklärt. Durch die Erfolge neuer Tsetse-Programme konnte die Plage inzwischen deutlich eingedämmt werden, und damit wächst der Siedlungsdruck auf den Park. Er umfasst eine Fläche von 2000 km² und ist nach dem Nyika Nationalpark der zweit größte des Landes.

Info

Der Park ist ganzjährig von 06.00–18.00 h geöffnet, der Eintritt beträgt 5 US$ pro Person und 5 US$ pro Fahrzeug. Höchstgeschwindigkeit im Park: 40 Km/h. Für die meisten Wegstrecken abseits der Hauptpiste zur Lodge ist Allrad empfehlenswert, nach Regenfällen sogar erforderlich.

Unterkunft

• **Lifupa Lodge:** Wildlife Safaris, Dr. Schmalwasser, Tel. 01-254079 und 09-768658, E-mail: lifupa@africa-online.net, www.lifupa-lodge.com. Die staatliche Mittelklasselodge wird seit ein paar Jahren von deutschen Pächtern betrieben. Direkt am Lifupa Damm reihen sich 16 gemauerte und grasgedeckte Chalets aneinander, in deren Mitte sich das ansprechende Restaurant mit Aussichtsterrasse befindet (unserer Ansicht nach der beste Platz im Park für Tierbeobachtungen). Preise: B&B 65 Euro/DZpP und 80 Euro/EZ, VP 88 Euro/DZ pP und 105 Euro/EZ. Transfers ab/bis Kasungu möglich. Die Lodge bietet Pirschfahrten (60 Euro pro Fahrt) und Bush Walks für 12 Euro pP an.

• **Lifupa Camp:** Ein paar Hundert Meter hinter der Lodge liegt ebenfalls am Ufer des Damms ein Camp mit Mietzelten und einfachen Hütten, Sanitäranlagen (heiße Duschen), einem Aufenthaltsgebäude mit Küche (ohne Kochutensilien) und Campinggelegenheit zwischen den Zelten. Ein freundlicher Caretaker heizt das Wasser und sorgt abends für Petroleumlicht. Nachts kommen Pukus bis ins Camp, dafür ist die Vogelwelt tagsüber sehr zurückhaltend. Leider stören abends der Generator und morgens das Krähen der Hähne ein wenig die ansonsten idyllische Ruhe. Preise: Mietzelte 20 Euro pP, Dormitory 12 Euro pP, Camping 6,50 Euro pP. In der Lodge kann man das Restaurant besuchen und Pirschfahrten bzw. Bush Walks buchen.

Unten: Elefantenbegegnung im Kasungu Nationalpark

Ehrliche Tipps für Pirschfahrten

Viele Wege im Park führen durch dichten Busch. 2008 erlebten wir das Wegenetz als fast zugewachsen. Wir empfehlen, nur Pirschfahrten entlang der weniger dicht bewachsenen Wasserläufe zu unternehmen oder sich ruhig am Lifupa-Damm "auf die Lauer" zu legen und abzuwarten. Dort bestehen die besten Chancen, Elefanten, Büffel, Warzenschweine und Vögel am Ufer zu beobachten, weil sich die scheuen Tiere allmählich näher an die Lodge heran wagen (siehe auch S. 247 und 394). Kasungu NP zählt leider nicht zu den Parks, deren Vegetation und Szenerie einen Ausgleich für mangelnde Tiererlebnisse auf Pirschfahrten bieten.

Oben: Lifupa Damm, Mietzelte im Lifupa Camp. Rechts: Restaurant der Lodge

Natur & Tierwelt

Die Vegetation des Nationalparks besteht überwiegend aus Brachystegiawäldern (Miombo) mit einigen sumpfigen Grasebenen (Dambos). Die zum größten Teil flache Oberflächengestalt wird nur im Westen hügelig und steinig. Dort befinden sich verschiedene Höhlen- und Felsmalereien, der "Black Rock" und zwei alte Eisenschmelzöfen. Die landschaftlich ansprechendesten Regionen findet man am Lifupa-Damm, am Lower Lingadzi River und entlang dem Lisanthu-Drive.

Nach der Regenzeit ist der Park fast undurchdringlich dicht bewachsen. Im Mai beginnt das systematische Busch-Abbrennen (Early Burning). Die kleinen Flüsse trocknen aus und lassen sumpfige Tümpel zurück, die in der Trockenzeit in staubige Pfannen und Bachbette abtrocknen.

Die artenreiche **Tierwelt** leidet seit langem unter starker Wilderei. Im Kasungu NP lebte einst die größte Elefantenpopulation Malawis, doch ihre Zahl ist auf etwa 120 verschreckte Elefanten geschrumpft. Zebras sind noch zahlreich vorhanden. Im Lifupa-Damm halten sich knapp 30 Flusspferde und mehrere Krokodile auf, in Ufernähe Pukus und Impalas. Häufig kommen Elefanten und einzelne Schirrantilopen an das Gewässer. Im buschigen Hinterland trifft man auf Kudus, Steinantilopen und Ducker. In den Wäldern des Parks leben Büffel und scheue Pferde-, Rappen- und Elenantilopen, doch die Herden werden durch die Wilderei zunehmend ausgedünnt. Löwen sind schon länger nicht mehr gesichtet worden, dafür sind Leoparden verbreitet und auch ein paar Hyänen streifen durch den Park. Unter den rund 200 bekannten Vogelarten entdeckt man am Lifupa Damm Sattelstörche, Klunkerkraniche, Schreiseeadler, Kiebitze und Reiher.

Besorgniserregend ist das Parkmanagement: Beim Airstrip lebt inzwischen ein ganzes Dorf mit Schule und Workshop, weil die Scouts ihre Familien bei sich haben wollen. 2005/2006 führten britische Soldaten und malawische Wildhüter mitten im Nationalpark gemeinsame Schießtrainings durch (!). Erst langsam erholt sich die Tierwelt davon. Gegen die zunehmende Abholzung der Miombowälder, die per Lkws aus dem Park gebracht werden, geht auch niemand vor.

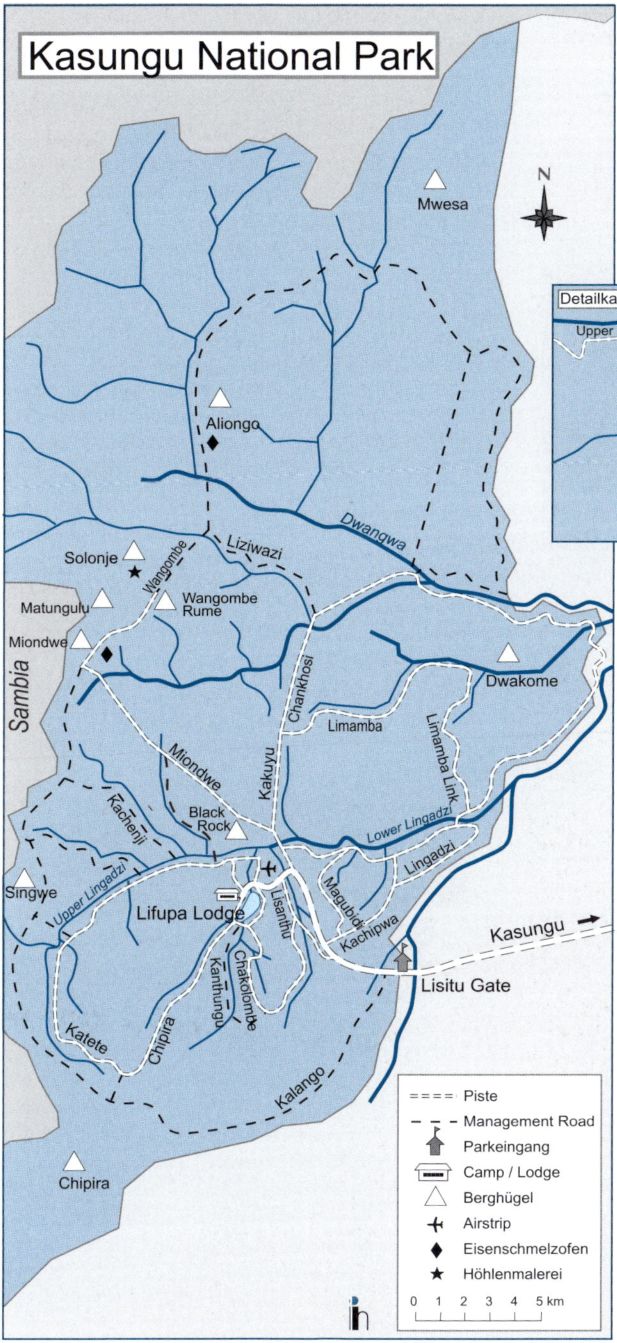

Kasungu National Park

Mwesa

N

WARNING ELEPHANTS HAVE THE RIGHT OF WAY

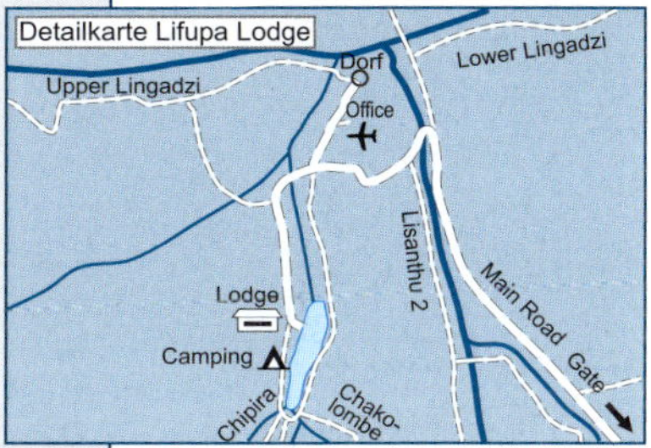

Aliongo

Detailkarte Lifupa Lodge

Upper Lingadzi

Dorf

Office

Lower Lingadzi

Lisanthu 2

Main Road Gate

Lodge

Camping

Chipira

Chako-Tombe

Dwangwa

Solonje

Liziwazi

Matungulu

Wangombe

Wangombe Rume

Miondwe

Sambia

Chankhosi

Dwakome

Limamba

Limamba Link

Miondwe

Kakuyu

Black Rock

Lower Lingadzi

Lingadzi

Singwe

Upper Lingadzi

Kacheji

Lifupa Lodge

Lisanthu

Chakolombe

Kanthungu

Magubidi

Kachipwa

Kasungu

Lisitu Gate

Katete

Chipira

Kalango

Chipira

Zufahrt zum Park: 3 km südlich der Stadt Kasungu zweigt die beschilderte Zufahrt nach Westen ab. Der schmale Teerbelag endet nach 2 km am ehemaligen Präsidentenpalast direkt am Hang eines Inselbergs. Die hier weiterführende breite und kurvige Schotterpiste verläuft durch dicht besiedeltes Gebiet voller Tabakfelder und erreicht nach 35 km den Parkeingang, der täglich von 6-18 h besetzt ist. Zur Lifupa Lodge sind noch 25 km Wellblechpiste zu fahren. Ab Lilongwe dauert die 158 km lange Anreise zur Lifupa Lodge etwa 3 Stunden.

====	Piste
— ┬ —	Management Road
	Parkeingang
	Camp / Lodge
△	Berghügel
┼	Airstrip
◆	Eisenschmelzofen
★	Höhlenmalerei

0 1 2 3 4 5 km

Kasungu – Nkhotakota

Gesamtstrecke: 112 km

Fahrzeit: ca. 2-3 Std.

Zustand: Teerstraße mit Schäden

Tankstellen: unterwegs keine

Besonderheiten: Transit durch das Nkhotakota Wildreservat; wenig Verkehr

Besuch im Chipata Camp

Michael, der freundliche Caretaker, lebt mit seiner Familie im Chipata Camp, wo er sich als Platzwart verdingt. Mit fast kindlicher Begeisterung begrüßt er die seltenen Besucher, bringt Feuerholz und Wasser zum Waschen und Kochen aus der nahen Quelle. Unzählige kleine Kaulquappen schwimmen im Wassereimer. "Don't worry – die sind nicht giftig" beruhigt er seine Gäste; schleppt Pfannen heran und sieht dann interessiert beim Kochen zu. Die Lebensgewohnheiten der Fremden, ihre seltsamen Gewürze und wie sie Fisch zubereiten – das alles findet er komisch und amüsiert sich köstlich.

Michael ist nicht der Einzige, der sich um die Besucher kümmert: Ein bewaffneter Scout wird extra zum Camp geschickt. Er weicht seinen Schützlingen nicht mehr von der Seite und begleitet sie auch am nächsten Morgen überall hin auf Schritt und Tritt.

Der Scout, Michael und seine Familie haben vom Abendessen eine große Portion "Fisch in Bananencurry" abbekommen. Ob es geschmeckt hat, werden sie am nächsten Morgen gefragt. Michael lacht wieder und ruft "I am very fine now!"

Von Kasungu nach Nkhotakota

Die Strecke wurde 2002 asphaltiert. Die nachfolgenden Regenzeiten setzten ihr aber besonders in den Steigungen und Senken der Berghänge zu, so dass riesige Schlaglöcher entstanden.

Von Kasungu führt die Straße zunächst durch eine stark besiedelte, flache Nutzlandschaft, aus der einzelne markante Inselberge ragen, direkt nach Osten. Nach 30 km zweigt eine Straße nach Mthumtama ab, wo Malawis Eliteschule residiert.

Mthumtama: Kamuzu Academy

Nahe seines Heimatdorfes eröffnete der Ex-Präsident Banda 1981 die **Eliteschule** Kamuzu Academy. Britische Lehrer unterrichten hier die begabtesten und betuchtesten Schüler des Landes nach europäischem Vorbild. Breit angelegte Straßen, schöne Gartenanlagen, Blumenbeete und die Straßenbeleuchtung stehen in starkem Kontrast zur ländlichen Umgebung. Als Denkmal gilt der Kachere Tree, unter dem Kamuzu Banda einst seinen ersten Schulunterricht genossen haben soll.

Nach weiteren 28 km erreicht man die Ortschaft **Malomo.** Anschließend wird die Fahrt landschaftlich interessanter. Schon von weitem erkennt man den bewaldeten Chipata Mountain und nähert sich jetzt dem Nkhotakota Game Reserve (Bild links). Dessen unmarkierter Beginn lässt sich leicht am fast nahtlosen Wechsel der bäuerlichen Felder zur natürlichen Waldvegetation erkennen.

Die Straße führt nun mitten durch das Wildresevat. Die Zufahrt zum Chipata Camp am gleichnamigen Berg ist unscheinbar. 3 km später führt die nächste Gabelung zum Mbobo Wildhütercamp (beschildert, das Camp liegt 1 km rechts des Weges). Danach windet sich die einsame Straße durch die bewaldete Bergszenerie zur Tiefebene am Malawisee hinab. Elefantenlosung taucht jetzt immer öfter auf, häufig sieht man Perlhühner und Paviane am Stranßenrand. In diesen Steilstücken liegen die stärksten Straßenschäden. In der trockenen Ebene fährt man dann an Reisfeldern und dem kleinen Chikukutu-See vorbei und trifft an der Tankstelle von Nkhotakota auf die Nord-Süd-Fernstraße am Malawisee (S. 301).

Nkhotakota Wildreservat

Mit 1800 km² ist das Wildreservat das größte und zugleich älteste Malawis. 1935 war zunächst nur ein Waldreservat eingerichtet worden, aber schon 19 Jahre später wurde es in ein Wildschutzgebiet umgewandelt. Bei den malawischen Game Reserves handelt es sich mit Ausnahme des Vwaza GR um kaum erschlossene Schutzzonen, es gibt dort fast keine Straßen. Die klassische Reiseart sind Wandertouren, die von bewaffneten Wildhütern begleitet werden. Einige Gäste kommen auch gezielt zum Fischen. Besuchern zeigt sich das Nkhotakota Game Reserve als eine größtenteils unerforschte, einsame Wildnis.

Natur & Tierwelt

Das Reservat dehnt sich zwischen dem zentralen Hochland und der Tiefebene am Malawisee aus. Die steilen Berghänge sind mit dichten Busch- und Bergwäldern bewachsen, was die Tierbeobachtung erschwert. Vorherrschende Vegetationsformen sind Brachystegia-Wälder (Miombo) und immergrüne Waldzonen mit zahlreichen Raffiapalmen. Am Chipataberg, nahe dem Chipata Camp, findet man noch Reste immergrünen **Montane-Regenwald**es. Mehrere Flüsse, wie Dwangwa und Bua, bewässern die Wildnis, bilden Wasserfälle und strömen schließlich in den See. Hier brüten die begehrten **Mpasa-Fische** *(Opsaridium microlepis)*, eine in Malawi endemische Karpfenart, die in ihrem Verhalten an Lachse erinnern. Sie schwimmen zwischen April und Juni den Bua aufwärts, um dort zu laichen. In dieser Zeit können bis zu 3 kg schwere Exemplare gefischt werden. **Wildtiere** sind zahlreich, aber schwer zu entdecken. Zählungen zufolge leben hier 500-800 Elefanten sowie Büffel, Löwen, Leoparden und Hyänen. Die Wildtierpopulation scheint sich sogar zu vergrößern, weil aufgrund der Unzugänglichkeit des Gebiets relativ wenig gewildert wird. In der Vergangenheit sollen hier mehrere Menschen von Löwen angegriffen und getötet worden sein. Die Furcht vor den menschenfressenden Löwen sei der größte Schutz des Reservats, heißt es.

Infos für Parkbesucher

Zunächst muss man sich beim links beschriebenen Mbobo Game Camp anmelden, das 77 km von Kasungu entfernt ist. Die rund 7 km lange, unbeschilderte Pistenzufahrt zum Chipata Camp liegt 3 km in Richtung Malomo bzw. Kasungu (Allrad empfohlen). Das Camp bietet Campinggelegenheit mit minimalen Sanitäreinrichtungen und einen liebenswerten Caretaker. Seine einsame Lage am Hang des Chipatabergs ermöglicht Wanderungen zu den Urwaldresten an der Bergspitze.

Zufahrt zum Bua Camp: Von der asphaltierten Seeuferstraße zweigt 10 km nördlich von Nkhotakota an der Lozi Secondary School die unbeschilderte Zufahrt zum Bua Camp am Bua River ab (16 km Piste, Allrad empfohlen). Leider wohnen nun Scouts mit Familien und Hühnern in diesem Camp. Sehr einfache Einrichtungen für Camping sind vorhanden.

Preise: Der Tageseintritt beträgt 5 US$ pP, Fahrzeuge mit ausländischem Kennzeichen kosten 3 US$, Fahrzeuge mit malawischen Kennzeichen die Hälfte, Camping 3 US$ pP. Für Wilderness Trails zwischen Chipata und Bua Camp, die den Spuren David Lingstones von 1863 folgen, können am Mbobo Game Camp Führer und Träger engagiert werden. Beste Reisezeit zum Fischen: April bis Juni, zum Wandern: Juli bis Anfang Oktober.

"Nkhotakota Safaris" an der Nkhotakota Pottery & Lodge (S. 301) organisiert neben historischen Ausflügen auch Walking Safaris in das Wildreservat. Halbtagestouren mit Guide und Wildhüter kosten 20 € pP bzw. ab 35 € pP, je nachdem, ob im Auto des Gastes oder der Lodge gefahren wird. Tagestouren werden für 30 bzw. 40 € pP angeboten.

Kasungu – Mzuzu

Gesamtstrecke: 240 km

Fahrzeit: ca. 2,5-3 Std.

Zustand: gute Teerstraße

Tankstellen: nur in Kasungu und Mzuzu

Besonderheiten: malerische Bergstrecke, wenig Verkehr, zumeist einsam

Ausreise nach Sambia

135 km nördlich von Kasungu besteht die Möglichkeit, über eine einsame Waldstrecke via Embangweni nach Sambia auszureisen. Die Straße führt nach Lundazi (68 km) und über eine Allradstraße ins Luangwatal (siehe S. 240 und 252).

Von Kasungu nach Mzuzu

Die 240 km lange Strecke ist sehr gut ausgebaut. Die ersten 70 km führen noch durch das dicht besiedelte Hochland, dann nähert man sich den bewaldeten und staatlich geschützten Miombobergwäldern. 82 km nördlich von Kasungu ist in Jenda eine permanente Polizeikontrolle stationiert, weil die Straße hier direkt die Grenze zu Sambia berührt.

Weiter führt die Strecke durch einsame Bergwälder entlang der rund 2000 m hohen **Viphya-Berge**, in denen gigantische Pinienwälder über mehr als 50 000 ha Fläche angelegt worden sind. Etwa auf halber Strecke nach Mzuzu, 124 km nördlich von Kasungu, liegt abseits der Straße die Luwawa Forest Lodge. Kurz danach gabelt sich die Straße. Links geht es nach **Mzimba**, einem Markt von lokaler Bedeutung, rechts weiter nach Mzuzu. Nach 26 km liegt kurz vor **Chikangawa**, einem

Unterkünfte in den Viphya-Bergen

• **Luwawa Forest Lodge:** Mzimba, Tel. 01-991106/ 342333, www.luwawaforestlodge.com, E-mail: wardlow@malawi.net. Das ehemalige Forest Resthouse unter britischer Leitung ist über mehrere gut ausgeschilderte Zufahrten von der Teerstraße erreichbar (jeweils ca. 8 bis 13 km Piste) und liegt auf frischen 1530 m Höhe idyllisch am einsamen Luwawa Stausee. Vier Chalets und ein Ferienhaus verbinden den traditionellen Stil der Forstbehörde mit afrikanichen Elementen. Bar und Restaurant sind heimelig mit viel Holz gestaltet und bieten schöne Ausblicke. Der kleine Campingplatz im Wald liegt ein paar Hundert Meter abseits und sehr schattig. Ideal zum Mountainbike-Fahren und Wandern, es gibt auch eine kleine Blockhaussauna. Preise: Chalets mit HP 64 Euro/DZpP, Ferienhaus mit Selbstversorgung 95 Euro/Nacht, Camping 4 Euro pP.

• **Kasito II Resthouse:** Sehr einfaches Gästehaus der Forstbehörde, das Zimmer im Haus und Camping auf dem Hof anbietet. Eine originelle Unterkunft für anspruchslose Gäste, die durch den liebenswerten Caretaker Joseph unvergesslich wird. Das zur Kolonialzeit erbaute Haus liegt auf 1740 m Höhe direkt an der Teerstraße (beschildert, rund 1 km südlich des Ortschilds "Chikangawa"). Die Einrichtungen sind einfach (keine Dusche, nur WC), die Küchenbenützung ist frei. Es ist üblich, dass die Gäste alle Lebensmittel mitbringen (auch die Gewürze), die Joseph für sie zubereitet, man kann aber auch selbst kochen. Übernachtung im Haus kostet ca. 4 Euro pP, Camping im Gartenbereich 2 Euro pP.

Oben: Fahrt durch die Viphya-Berge; Luwawa Forest Lodge, Kasito Resthouse

kleinen Holzfällerzentrum, das staatliche Kasito II Resthouse direkt neben der Straße. Nördlich von Chikangawa bieten wuchtige Granitbergkuppen inmitten der grünen **Pinienbergwälder** ein grandioses Panorama. Riesige Forste stehen in krassem Gegensatz zu kahl geschlagenen Kegelberg-hängen. In manchen geschützten Lichtungen hat sich der alte **Bergurwald** wieder ausgebreitet. Paviane aus diesen Wäldern sonnen sich tagsüber auf der Teerstraße.

Malerische Panoramafahrt entlang dem South Viphya Forest Reserve

Mzuzu

Die 1300 m hoch gelegene Provinzhauptstadt (sprich: Msusu) des dünn besiedelten Nordens zeigt sich über-aus beschaulich. Außer ein paar Banken, einem Büro der Nationalparkbehörde, dem Flughafen und diversen Unterkünften hat sie für den Reisenden eigentlich we-nig zu bieten. Doch das angenehme Klima, die freund-liche Atmosphäre und die Versorgungslage (immerhin die beste Infrastruktur zwischen Lilongwe und Tansa-nia, erwarten Sie trotzdem nicht zuviel) rechtfertigen einen Besuch dieser sympathischen Stadt.

Das breiteste **Warenangebot** offeriert der Peoples-Supermarkt direkt an der Hauptstraße von Mzuzu. In der gleichen Straße findet man bei Bedarf eine Versi-cherungsgesellschaft und Banken. Frisches Obst ud Gemüse kauft man am besten auf dem Markt. **Bus-verbindungen:** Es bestehen täglich Verbindungen nach Kasungu (etwa 10 Euro), Rumphi (3 Euro), Karonga (9 Euro) und Nkhata Bay (3 Euro). Fernstreckenbusse fah-ren mehrmals wöchentlich via Karonga nach Iringa in Tansania (ca. 30 Euro). Ein unscheinbares Museum in der Mbelwa Road, die von der Hauptstraße nach Sü-den abzweigt, zeigt wochentags von 08.00-17.00 h eine Ausstellung zur Landesgeschichte (Eintritt frei).

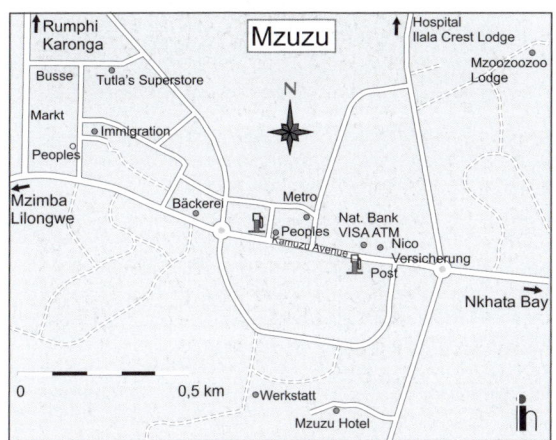

Unterkunft in Mzuzu

- **Flame Tree Village:** Tel. 09-511423 und 01-333053. Die neuen, ruhi-gen und geräumigen Chalets für 25 Euro/Nacht mit Restaurant und Campinggelegenheit für 2,50 Euro pP liegen 6 km südlich von Mzuzu in Lusanghadzi etwa 600 m neben der Teerstraße (beschildert).
- **Sunbird Mzuzu Hotel:** P. O. Box 231, Tel. 01-332622, Fax 332660, www.sunbirdmalawi.com. Ruhiges, gepflegtes Mittelklassehotel mit kli-matisierten Zimmern und WIFI Hotspot Centre. B&B ab 50 Euro/ DZpP und 80 Euro/EZ.
- **Kaka Motel:** P. O. Box 530, Tel. 01-320074, Fax 330352. Einfaches Mo-tel 4 km nördlich Mzuzus in Richtung Rumphi. Gartenanlage mit Chalets, Restaurant, Pool und Not-Camping im Hof. Ab 5 Euro/DZpP.
- **Mzuzu Tourist Lodge:** P. O. Box 485, Tel. 01-332097, Fax 333219. Am östlichen Stadtrand in Richtung Nkhata Bay gelegen mit einfachen Zimmern (B&B ab 10 Euro/DZpP) und Camping für 3 Euro pP (nur eine Notlösung, da in Hanglage und di-rekt an der unruhigen Hauptstraße).
- **Ilala Crest Lodge:** Tel. 01-331843, Fax 334619. Gepflegtes Gästehaus in ruhiger Ortsrandlage hinter dem Hospital in der Jomo Kenyatta Road. Zimmer ab 27 Euro/DZpP.
- **Mzoozoozoo:** Tel. 01-864493. Kleine lebhafte Backpackerlodge mit lässiger Musikbar/Restaurant und Campingmöglichkeit im Gar-ten. Zu ereichen über die Jomo Kenyatta Road, nach der Neu-apostolischen Kirche rechts einbie-gen. Preise: 5 Euro/DZpP, 3 Euro im Dormitory und 2,50 Euro pP für Camping.

Bild oben: Wackelige Holzbrücke im malawischen Hochland

Von Mzuzu nach Norden

Die 64 km lange Straße von Mzuzu nach Rumphi verläuft durch eine hübsche Hügellandschaft, die nach Westen zu immer bergiger wird. Nach 20 km durchfahren Sie den historischen Ort **Ekwendeni** mit prächtiger Missionskriche (siehe unten). 35 km später gabelt sich die Straße. Zum Nyika NP und nach Rumphi biegt man hier links ab (Streckenbeschreibung nach Chilumba und Karonga: S. 297).

Die kleine Ortschaft **Rumphi** bietet eine Bankfiliale und die letzte Tankstelle auf dem Weg zum Nyika Plateau. Von hier aus fahren in der Trockenzeit täglich Busse durch den Nyika Nationalpark nach Chitipa, wo man unterwegs nahe dem ehemaligen Zambian Resthouse aussteigen kann (s. S. 290 ff).

Eine sympathische Übernachtungsgelegenheit bietet das **Matunkha Safari Camp** 3 km außerhalb Rumphis in Richtung Katumbi. Bei diesem niederländischen Waisenhausprojekt können Besucher für 10 Euro pP in Bungalows nächtigen oder campieren (3 Euro pP). Es gibt auch ein kleines Restaurant. Info: www.matunkha.com.

Ekwendeni Mission

1881 hatte die Free Church of Scotland die Livingstonia-Mission nach Bhandawe ins Tongaland verlegt. Wenig später wurde eine erste kleine Außenstelle in Njuyu bei den stolzen Ngoni gegründet. Hier lebte Dr. Elmslie, in Bhandawe praktizierte Dr. Laws. Im Jahre 1887 verschlechterte sich das Verhältnis zwischen den beiden Volksgruppen derart, dass alle Zeichen auf Krieg deuteten und die Missionare mit dem Schlimmsten rechnen mussten. Der Kontakt

untereinander brach ab. Dr. Elmslie versuchte, wenigstens die wertvollen Instrumente und wichtigen Vorräte zu erhalten, indem er nächtelang heimlich nur mit den Händen tiefe Löcher grub und alles darin versteckte. Er zeichnete Pläne, um seine Sachen später wiederzufinden.

Beide Parteien rüsteten tatsächlich zum Krieg. Dr. Laws, der sich im Laufe der Jahre sehr großen Respekt erworben hatte, drängte aber immer wieder auf Versöhnung. Schließlich erklärten sich die offensiven Ngoni zu einer Indaba bereit, d. h. einer Diskussionsrunde der Chiefs und Ältesten. Einen ganzen Tag saß Dr. Laws mit den Ngoni beisammen, um den Krieg abzuwenden. Es stellte sich dabei heraus, dass bei den Ngoni völliges Unverständnis darüber herrschte, dass der Hauptsitz der Mission im Tongaland lag, sahen sie doch die Tonga als minderwertig an. Chief Mtwalo aus der Region um Ekwendeni verlangte für den Kriegsverzicht eine eigene Missionsstaion in seinem Dorf. 1889 wurde deshalb die Mission in Ekwendeni gegründet. Sie wird noch heute von der großen Backsteinkirche mit den schönen Glasfenstern überragt.

Vwaza Wildreservat

Das 970 km² große Wildschutzgebiet liegt 29 km von Rumphi entfernt und ist leicht zu erreichen. Die Zufahrt zweigt 10 km westlich von Rumphi von der Straße zum Nyika NP ab. Die Piste führt über die Nkhamanga-Ebene, einem Tabakanbaugebiet, und erreicht nach knapp 20 km den Eingang direkt am Kazunisee.

Anreise per öffentlichem Bus: In der Trockenzeit besteht eine tägliche Busverbindung von Rumphi über Euthini nach Mzimba. Man verlässt den Bus im Dorf Kazuni und läuft die letzten Kilometer zu Fuß.

Das umzäunte Reservat ist ganzjährig geöffnet, der Eintritt beträgt 5 US$. Das Wegenetz im Park erfordert Allrad. Beliebter als Pirschfahrten sind hier jedoch die "Game Walks" in Begleitung eines Wildhüters (Game Drive ca. 25 US$, Night Drive 20 US$, Walks 5 US$). Ein offenes Wort: Vwaza WR ist ein Kleinod und von fast allen Seiten von Zivilisation umringt. Das Kazuni Camp ist nur 500 m von der Straße entfernt, man hört daher den Autoverkehr.

Natur & Tierwelt

Es dominieren Sumpflandschaften und Grasebenen in der Umgebung des Lake Kazuni, der vom South Rukuru River gespeist wird. Die Wasserläufe sind schilfrig, sanfte Hügel beleben das Bild. Es heißt, das Reservat sei die Heimat von 350 Elefanten, die jedoch nur vereinzelt in deutlich kleineren Trupps gesichtet werden. Einmal hatten wir das Glück, von einer zutraulichen Herde mit Jungtieren direkt im Camp besucht zu werden, im nächsten Jahr sahen wir dagegen nur einzelne Tiere am See. Vermutlich nutzen die Elefanten das Reservat als Durchzugsgebiet. Häufiger sieht man große Büffelherden, die hier als besonders aggressiv gelten. Im Kazunisee leben viele Flusspferde und Krokodile. Außerdem ist das Reservat Heimat verschiedener Antilopen, Wasserböcke, Kudus, Riedböcke und Mangusten, und gilt zudem als Vogelparadies. 2008 wurden sogar Wilddogs gesichtet.

Unterkunft

Bis Ende 2007 unterhielt die Nyika Safari Co. eine Lodge am Kazunisee, die jedoch seither geschlossen ist. Besuchern steht daher nur noch das **Kazuni Camp** (früher Old Vwaza Camp) zur Verfügung. Es bietet einige halboffene Grashütten und Campinggelegenheit. Tagsüber hat man wenig Schatten, aber der Ausblick ist reizvoll und Elefantenbesuche sind auch keine Seltenheit. Die Chalets kosten 12 Euro pP, Camping 4 Euro pP. Einfache Duschen und Toiletten stehen zur Verfügung. Man kann sich auch die mitgebrachten Speisen vom Caretaker zubereiten lassen.

Getränke sind vor Ort erhältlich. Wer abends spät vor dem Schlagbaum ankommt, kann notfalls dort nächtigen.

Links: Elefanten im Vwaza GR;
Hippo am Lake Kazuni;
Chalet im Vwaza Camp

Nyika Nationalpark

"Nyika" heißt Wildnis. Die Wildnis dieses Parks besteht nicht aus dichtem Busch mit unberechenbaren Wildtieren. Die Wildnis der Nyika-Berge ist vielmehr von einer herben, melancholischen Art, wie man sie eher in den schottischen Hochmooren vermuten würde.

Berge, die sich auf 2600 m auftürmen, ein mächtiges Plateau und rauhes Klima erwarten den Besucher. Beim ersten Anblick wirkt die Berglandschaft fremdartig, karg, ja fast abweisend. Die Stille und Leere erscheint nach der Anreise aus der afrikanischen, quirligen und schwülen Gegenwart befremdend. Die meisten Besucher brauchen etwas Zeit, um zur eigenwilligen Zeitlosigkeit auf dem Plateau zu finden.

Die schönste Art, diese Natur und Landschaft kennenzulernen, ist sicherlich das Reiten. Seit Nyika Safaris den Park verlassen hat, ist diese Möglichkeit aber nicht mehr gegeben. Eine fast ebenso schöne Variante ist das Wandern in diesem weiten Naturraum.

Oben: Das Nyika Plateau erinnert fast an eine schottische Kulturlandschaft, wären da nicht immer wieder Abschnitte mit afrikanischen Bergurwäldern

Anreise

43 km westlich von Rumphi gabelt sich die Straße. Links führt sie zur 12 km entfernten Landesgrenze in **Katumbi**, rechts zum 9 km entfernten Thazima Gate, dem 1660 m hoch gelegenen Eingang in den Park. Das Chelinda Camp auf dem Plateau ist von hier noch einmal 60 km entfernt. Die steinige, steile Straße wurde mit deutscher Entwicklungshilfe ausgebessert und ist nun relativ gut befahrbar. Ab Rumphi sollte man mit 4-5 Fahrtstunden rechnen, die Strecke ist gut beschildert. Besucher sollten das Gate bis 16.00 h erreicht haben, da die Ankunft im Chelinda Camp sonst nicht mehr bei Tageslicht gewährleistet ist (man darf notfalls am Gate nächtigen). Alternativ kann man auch von Norden über das Kaperekezi Gate in den Park einreisen. Die Strecke zwischen Thazima Gate und Kaperekezi Gate darf im Transit ohne Eintrittsgebühr gefahren werden (nur bis 15.30 h täglich). Diese Straße zwischen Rumphi und Chitipa befahren Minibusse und in der Trockenzeit auch täglich einmal ein Linienbus. Nichtmotorisierte können sich daher an der Gabelung zum Chelinda Camp absetzen lassen und die restlichen 12 km laufen. **Chelinda**, das Herz des Parks, ist ein ehemaliges Holzfällerdorf inmitten eines Pinienwaldes, in dem die Chalets, ein Campingplatz und eine Jugendherberge liegen. **Im Park** ist für die meisten Wege Allrad zu empfehlen. Manche der in Landkarten verzeichneten Pisten entpuppen sich als Management Roads, die den Wildhütern vorbehalten oder gar unbefahrbar sind. Am besten erkundigt man sich nochmal im Office des Chelinda Camps nach der aktuellen Situation. Zur Info: Die Tankstelle in Chelinda ist stillgelegt.

Eine Info zum **Grenzübertritt** von und nach Sambia: Der Grenzposten in Katumbi ist oft unbesetzt. Zoll/ Immigration sind dann in Mzuzu zu erledigen (vor allem für Einreisende nach Malawi).

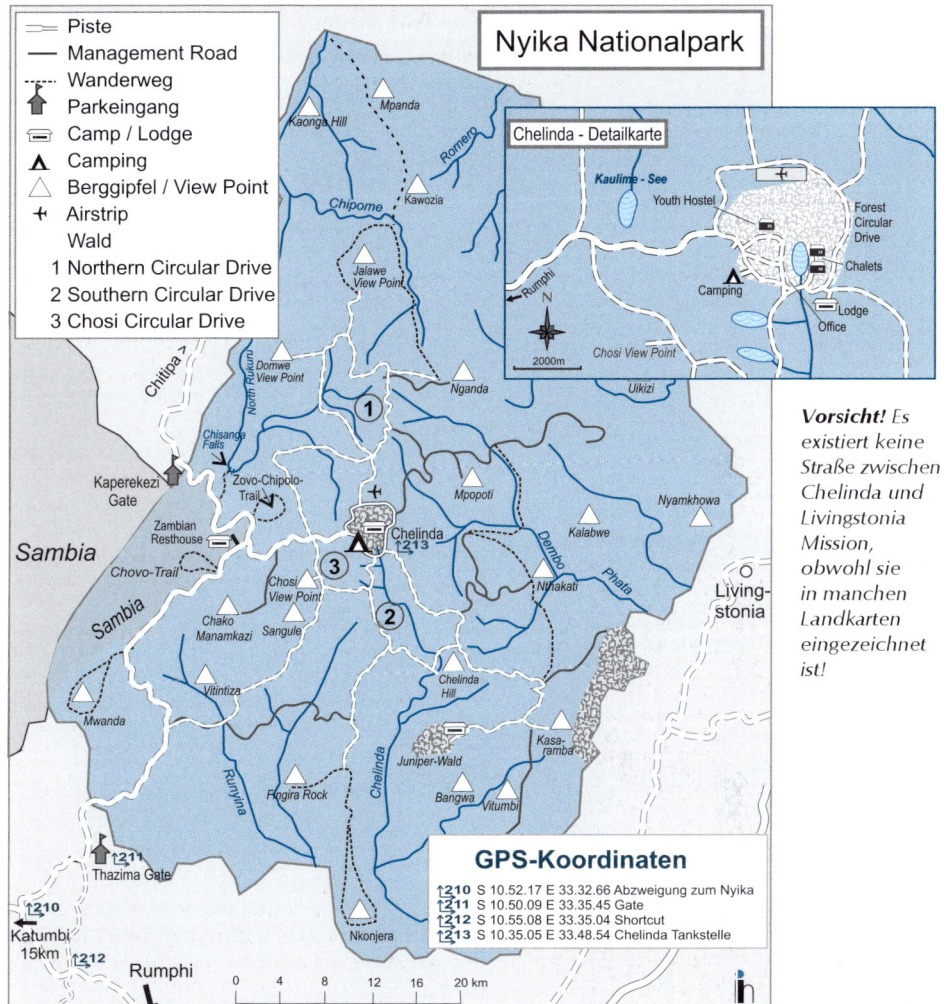

Nyika Nationalpark

Piste
Management Road
Wanderweg
Parkeingang
Camp / Lodge
Camping
Berggipfel / View Point
Airstrip
Wald
1 Northern Circular Drive
2 Southern Circular Drive
3 Chosi Circular Drive

Chelinda - Detailkarte

Kaulime - See
Youth Hostel
Forest Circular Drive
Chalets
Camping
Lodge Office
Chosi View Point
2000m

Mpanda
Kaonga Hill
Romero
Chipome
Kawozia
Jalawe View Point
North Rukuru
Domwe View Point
Nganda
Uikizi
Chisanga Falls
Zovo-Chipolo-Trail
Kaperekezi Gate
Zambian Resthouse
Chelinda
↟1213
Mpopoti
Nyamkhowa
Kalabwe
Sambia
Chovo-Trail
Chosi View Point
3
2
Nthakati
Dembo
Phata
Living-stonia
Sambia
Chako Manamkazi
Sangule
Chelinda Hill
Vitintiza
Chelinda
Kasa-ramba
Mwanda
Juniper-Wald
Bangwa
Vitumbi
Runyina
Fingira Rock
↟1211
Thazima Gate
↟1210
Katumbi 15km ↟1212
Nkonjera
Rumphi

Chitipa

Vorsicht! Es existiert keine Straße zwischen Chelinda und Livingstonia Mission, obwohl sie in manchen Landkarten eingezeichnet ist!

GPS-Koordinaten
↟1210 S 10.52.17 E 33.32.66 Abzweigung zum Nyika
↟1211 S 10.50.09 E 33.35.45 Gate
↟1212 S 10.55.08 E 33.35.04 Shortcut
↟1213 S 10.35.05 E 33.48.54 Chelinda Tankstelle

0 4 8 12 16 20 km

Unterwegs im Nationalpark: Rundfahrten

Bitte beachten Sie, dass die Wege im Park nur gelegentlich ausgebessert und ge-richtet werden. Seit Nyika Safaris den Park verlassen hat und die Luxuslodge ge-schlossen wurde, dürfte des Wegenetz vermutlich noch weniger gepflegt werden.

Nördlich von Chelinda führen Pisten zu den Attraktionen *Nganda Peak*, dem mit 2605 m höchsten Punkt des Plateaus, 30 km von Chelinda entfernt, und *Jalawa Rock*, 34 km von Chelinda. Beim Jalawa Rock muss man vom Parkplatz noch 1 km laufen, um von der Spitze des Berges den herrlichen Ausblick über den in der fer-nen Tiefe liegenden Malawisee zu genießen. Achten Sie auf die verschiedenen Pro-teen und halten Sie nach Klippspringern Ausschau. Gute 40 km südöstlich von Chelinda liegt der *Kasaramba Forest* mit dem gleichnamigen Aussichtspunkt, zu dem

Achtung: Seit 2008 gibt es auf dem Nyika Plateau keinen Sprit mehr! Die Tankstelle von Chelinda steht still.

Tipps und Infos

- Der Nyika NP ist mit 3200 km² das größte und höchst gelegene Schutzgebiet Malawis. 900 km² liegen über 2100 m hoch. Der **Eintritt** beträgt 5 US$ pP/Tag. Fahrzeuge bis 2 t kosten 2 US$/Tag, bis 5 t/5 US$. Nyika ist ganzjährig geöffnet. Benzin und Diesel sind nicht erhältlich.
- Zum **Klima**: In der warmen Jahreszeit bietet Nyika angenehme Tage und frische Nächte, in der kalten Jahreszeit kühle Tage und eisige Nächte (Frost!). In den wärmsten Monaten Oktober/November klettern die Temperaturen gerade mal auf 22° C. Richten Sie sich außerdem ganzjährig auf starken Wind ein.
- Man befindet sich fast ausschließlich über 2000 m **Höhe**. Empfindliche Menschen haben damit evtl. (Kreislauf-)Probleme. Unbedingt warme Kleidung, die auch gegen Wind schützt, mitbringen.
- Der durchschnittliche **Aufenthalt** im Park beträgt 2–4 Tage. Tatsächlich bekommt man erst nach einiger Zeit das richtige Gefühl für die endlose, spröde Weite.
- Man darf zwar allein **wandern**, doch ist es nicht anzuraten. Die Orientierung verliert man in der gleichförmigen Landschaft schnell; plötzliche Wetterumschwünge mit Nebel sind jederzeit möglich. Deshalb sollte man größere Wanderungen nur mit einem Führer unternehmen.
- Die informative **Publikation** "A Visitor's Guide to Nyika National Park" ist manchmal am Thazima Gate erhältlich. Sicherheitshalber besorgt man ihn sich schon vorher in einem Buchladen.
- Am Thazima Gate kann man gelegentlich köstlichen **Nyika Honig** kaufen.
- Die Frauen in Chelinda verkaufen handgemachte **Wachskerzen**, die sie in sehr einfacher Technik herstellen. Die Kerzen brennen sauber und lange.

Sambias Anteil am Nyika Plateau

Die Grenze zwischen Sambia und Malawi verläuft mitten durch den Nationalpark. Das verlassene "Zambian Resthouse" und einige Wege, wie der Chowo Trail, liegen auf sambischen Staatsgebiet. Im Park verweisen jedoch nur sporadische Schilder darauf. Es ist nicht möglich, direkt von Sambia das Plateau zu erreichen, die Zufahrt muss immer über Malawi erfolgen.

ein 2 km langer Fußweg vom Parkplatz aus führt. Auch hier genießt man spektakuläre Ausblicke zum See. Wandert man noch 3 km weiter, offenbart sich ein hübscher Wasserfall. Im dichten *Juniperwald*, rund 44 km südlich von Chelinda, wachsen viele Exemplare der seltenen Bergzedernart *Juniperus procera*. Eine Fundstätte von Steinwerkzeugen, menschlichen Skeletten und Felsbildern liegt nur 22 km südlich von Chelinda: der *Fingira Rock*, an dessen Ostseite eine Felsenhöhle diese historischen Schätze bis zu ihrer Entdeckung hütete. Noch näher am Camp ist *Lake Kaulime*, wo man bei Sonnenuntergang oft Wildtiere beobachten kann. Empfehlenswerte Kurzwanderungen sind der Urwaldpfad *Chowo Forest Trail* (ca. 30 min., 2006 leider zugewachsen) und der Weg zu den *Chisanga Falls* (ca. 90 min.). Fantastische Ausblicke gewährt bei klarer Sicht auch der *Domwe Viewpoint*.

Fischen: Mit einer am Parkeingang erhältlichen Lizenz darf man im Park Forellen fischen, was vor allem bei einheimischen Gästen beliebt ist (nur Fliegenfischen).

Wilderness Trails: Wanderrouten zwischen einem und sechs Tagen Dauer können bei der Nationalparkbehörde in Lilongwe oder vor Ort reserviert werden. Die Routen dürfen nur in Begleitung eines Scouts erwandert werden. Träger fürs Gepäck kann man in Chelinda anheuern. Übernachtet wird zumeist im eigenen Zelt, nur vereinzelt stehen einfache Unterkünfte zur Verfügung. Die beliebteste Tour ist die Wanderung von Chelinda hinab zur Livingstonia Mission, für die man je nach gewählter Route zwei bis vier Tage braucht. Sie kostet ca. 70 Euro für 2 Personen.

Natur & Tierwelt

Nyikas Naturraum besteht in den tieferen Zonen aus artenreichen Laub- und Galeriewäldern (Munondo, Akazien, Mahobohobo), die mit zunehmender Höhe lichter werden. Oberhalb von 2000 m stehen kaum noch natürliche Bäume, der Bewuchs besteht dort eher aus kurzem, widerstandsfähigem Gras, wilden Proteen und allerlei Farnen. Auf dem Plateau wurden vor gut 50 Jahren große **Nadelwälder** (vorwiegend Pinien) angepflanzt. Künstlich sind auch die drei **Dämme**, in denen Forellen gefischt werden. Lediglich Lake Kaulime ist ein natürlicher See. Mehrere Quellen entspringen in den Bergen, kleine Bäche durchfließen die einsame Graslandschaft. An geschützten Berghängen oder Tälern haben sich Reste alter Urwälder erhalten (z. B. Kasaramba und Chowo Forest), die in krassem Gegensatz zu der Strenge der Pinienforste stehen. Durch das Abbrennen der Berghänge ab Juni

– zum Schutz der Urwaldbestände vor selbst entfachten Bränden – wirkt die Landschaft zum Ende der Trockenzeit mitunter trost- und farblos. Erst nach dem ersten Regen ergrünen die weiten Flächen wieder. Dann setzt im November ein besonders schönes Naturschauspiel ein, denn mit dem Gras kommen auch Tausende bunt blühende Blumen. Weit mehr als 100 verschiedene Orchideen, von denen 11 Arten endemisch sind, aber auch Wilde Gladiolen, Irise und alpine Blumen zählen zu den Schönsten.

Die **weite, offene Landschaft** des Parks ermöglicht eine gute Fernsicht. Die Tiere sind leichter zu entdecken als in vielen anderen Parks. Typisch sind die prächtigen Elenantilopen, die in anderen Parks nur selten beobachtet werden können und hier in großen Herden leben. Zahlreich sind auch Burchell's Zebras, Pferde- und Schirrantilopen, Riedböcke, Rotducker, Galagos und Warzenschweine. Zu den Raubtieren zählen Hyänen – sie besuchen nachts manchmal den Campingplatz und suchen nach Essensresten – Schakale und Leoparden. Manchen Quellen zufolge weist der Nyika NP die größte Dichte an **Leoparden** in ganz Afrika auf.

In den tieferen Regionen leben Paviane, Büffel und vereinzelt sogar Elefanten und Löwen. Die meisten Antilopen halten sich nicht ganzjährig auf dem Plateau auf. Die kalte Jahreszeit von April bis September verbringen die Tiere lieber in den Niederungen, wo sie dann kräftigere Nahrung finden.

Ornithologen kommen im Nyika Nationalpark mit 400 registrierten Arten voll auf ihre Kosten. Allein im Camp tummeln sich Streifenpieper, Adler, Schwarzkehlchen und Schildraben. Im hohen Gras entdeckt man den Spiegelwida; und hübscher Gesang verrät Sternrötel. Bergtrogon und Barrat's Buschsänger sind vertreten, außerdem Trauerturteltauben, Bergbartvögel, Stanleytrappen und Rötel-, Stahl- und Perlbrustschwalben Mit Glück entdeckt man auch Lobelien-Nektarvögel oder einen Grünastrild.

Wildtiere sind zahlreich, lassen sich aber fast nur von Weitem beobachten

---

Unterkunft / Camps im Nyika Nationalpark

• **Chelinda Chalets:** Seit das Safariunternehmen Nyika Safari Company Ende 2007 den Park verlassen hat, ist die ehemalige Luxuslodge komplett geschlossen und sind die traditionsreichen Chalets und das Resthaus am Stausee wieder an das Parkmanagement zurückgefallen. Drei der Chalets mit mehreren Zimmern, Küche, Bad und gemütlichem Kamin liegen am Damm, ein Viertes im Wald. Sie bieten einfache, saubere Unterkunft und werden jeweils von einem Caretaker betreut. Das Resthaus mit Mehrbettzimmern liegt ebenfalls am Damm. Die Unterkünfte sind rustikal, Köche bereiten die mitgebrachten Speisen zu, und abends wärmt man sich in der Stube am Kaminfeuer. Preise: Die Chalets kosten etwa 90 Euro pro Tag für bis zu 4 Personen bei Selbstversorgung. Eine Übernachtung im Resthouse kostet ca. 30 Euro pP.

• **Campingplatz:** Der Campingplatz bietet Hanglage mit tollem Ausblick und weist einfache Einrichtungen mit heißen Duschen, überdachten Tischen und Bänken und Feuerstellen auf (Feuerholz wird gestellt, kein Strom vorhanden, aber ein freundlicher Caretaker). Camping kostet 4 Euro pP. Nachts mitunter Hyänenbesuch, tagsüber diebische Schildraben und Schirrantilopen!

• **Juniper Forest Lodge:** Trotz des wohlklingenden Namens handelt es sich hierbei nur um eine sehr einfache staatliche Schutzhütte am Rande des Juniper Forest, rund 43 km südlich von Chelinda, in der Wanderer bei Vorbuchung preiswert unterkommen können.

• **Youth Hostel:** Windgeschütz in einer Waldlichtung liegende Jugendherberge für Schulklassen.

Zambian Resthouse: Die traditionsreiche, einst liebevoll geführte Herberge auf sambischem Staatsgebiet, seit 1997 komplett geschlossen, verfällt leider zusehends.

Zuwurufu - Hängebrücke

Die wohl letzte verbliebene Bambushängebrücke kann man auf halbem Weg nach Livingstonia besuchen. Früher waren solche Hängebrücken in der Nordprovinz häufig, doch nach und nach wurden sie durch Stahl- und Holzkonstruktionen ersetzt. Obwohl die Zuwurufu-Hängebrücke inzwischen durch ein Stahlseil gesichert wird, ist es immer noch faszinierend, über die wackeligen Hängebrücke zu gehen. Sie befindet sich 33 km nördlich der Rumphi-Abzweigung an der M1 und wird durch ein kleines "Tourist Center" markiert. Hier beginnt der Fußweg, der nach 30 m an die "Basket Bridge" führt. Ein Guide wird Besucher dorthin begleiten und anschließend um eine Spende bitten. Von Norden kommend befindet sich die Stelle 9,5 km südlich der Brücke über den South Rukuru (siehe Bild auf S. 269).

Unterkunft in Livingstonia

- **Stone House:** Tel. 01-368223. Im ehemaligen Wohnhaus von Dr. Laws finden Reisende eine einfache Unterkunft mit origineller Atmosphäre (5 €/DZpP). Im Vorgarten wird Camping erlaubt (2 €).
- **Dr. Mkandawires Residence:** Gepflegtes Gästehaus in Ortsmitte mit gutem Seeblick, sauberen Zimmern, umzäuntem Garten. Preis: 5 Euro pP, mitunter wird Camping gestattet.
- **Lukwe Campsite:** Tel. 08-395715, Campingplatz mit Chalets 500 m östlich der Manchewe Falls (mit Wanderpfad dorthin). Ruhig gelegen, kleine Stellflächen, 4 Euro pP.
- **Mushroom Farm:** Tel. 09-652485. www.themushroomfarmmalawi.com. 5 km von Livingstonia in Richtung der Serpentinen bietet die Farm Zimmer ab 12 Euro/DZpP, Mietzelte für 4 Euro und Camping für 3 Euro. Mit Restaurant, sportlichem Ausflugsprogramm und "Abseiling"-Schule.
- Das alte Livingstonia Resthouse ist heute ein Schülerinternat.

Weiterfahrt: Von Rumphi nach Livingstonia

Es stehen zwei Straßen zur Auswahl: Zwischen den Nyika-Berghängen und dem South Rukuru River verläuft eine ungeteerte Piste zur Livingstonia Mission. Sie beginnt vor der Brücke über den South Rukuru und bleibt zunächst immer an dessen westlichem Ufer. Die Landschaft zwischen Nchenachena und Livingstonia ist ausgesprochen attraktiv. Häufiger Steigungsregen an den steilen Berghängen und klare Gebirgsbäche sorgen für üppigen grünen Bewuchs und Urwald mit riesigen Bambusstauden. Über diese Straße erreicht man Livingstonia Mission quasi von hinten (ohne Serpentinenstrecke).

Die andere Route verläuft über die Hauptstraße M1 an der Zuwurufu-Hängebrücke vorbei nach Norden. Die Straße windet sich kurvenreich durch das bewaldete South-Rukuru-Tal. Vor Chiweta steigt sie auf 1100 m an, ehe sie 600 Höhenmeter zum See hin abfällt. Dann geht es direkt am Ufer in der Tiefebene weiter zur Chitimba Bay (S. 296). 75 km nach der Rumphi-Abzweigung erreicht man die berühmte *Longmuir-* oder *Gorode-Road* zur Livingstonia Mission, die mit 20 **Haarnadelkurven** das 800 m höhere Escarpment erklimmt. Die starke Abholzung des Bergurwalds zeigt hier verheerende Folgen, an vielen Stellen war der alte Serpentinenweg regelrecht fort gespült und die Erdstraße steinig und ausgewaschen wie ein Bachbett. 2006 ist die Strecke wieder repariert und ab Kurve 8 sogar betoniert worden. Für Lkws ist die Strecke dennoch nicht zugelassen, es gibt auch keine öffentlichen Verkehrsmittel. Tipp: Alternativ zur Serpentinenauffahrt zweigt die Piste "D30" in den Bergen südlich von Chiweta neben der auffälligen Kohleabraumhalde ins Landesinnere ab und stößt 23 km vor Livingstonia auf die Piste zwischen Nchenachena und der Mission.

Livingstonia Mission

Bei einem Rundgang durch die weitflächige Siedlung fällt sofort auf, wie ordentlich und harmonisch die roten Ziegelhäuser mit den blaugestrichenen Tür- und Fensterrahmen und den herrlichen Veranden einst angelegt wurden. Allein die gewaltige Secondary School erinnert mit ihren Arkaden eher an eine Klosteranlage als an eine Schule. Sehen Sie sich auch das ehrwürdige Gordon Memorial Hospital und den alten Clock Tower an. Nebenan befinden sich das alte Post Office und der kleine Laden von Livingstonia. Heute leben auf dem 6 km² großen Plateau etwa 10 000 Menschen. Man überlässt die alten Gebäude ein wenig ihrem Schicksal, der frische Geist früherer Jahre ist verschwunden. Doch die Fernsicht von hier aus ist beeindruckend wie vor 100 Jahren, und die verbliebene Zeugnisse der Anstrengungen und Ideale der schottischen Missionare stimmen nachdenklich. Da verwundert es, dass dieses Relikt nicht längst als Welterbe unter den Schutz der UNESCO gestellt wurde.

Sehenswert: Manchewe Falls

Rund 5 km unterhalb der Mission liegen versteckt die höchsten Wasserfälle Malawis (Kinder führen Fremde hin). In mehreren bis zu 50 m hohen Einzelfällen stürzen sie über 270 m tief. Man kann in einem Pool baden und die Höhle mit Felszeichnungen direkt hinter dem Wasserfall erforschen.

Livingstonia Mission: **Die Geschichte**

1874 hatte Dr. Laws die erste Livingstonia Mission in Cape Maclear gegründet und sie 7 Jahre später nach Bhandawe verlegt (S. 306 und 299). Weil sich auch diese Station als Malariaherd entpuppte, machte er sich 1894 auf die Suche nach einer neuen, dauerhaften Bleibe. Bei Chilumba ging er vor Anker und entdeckte das unerschlossene Plateau. Zwar war es nur in mehreren Tagesmärschen und mit viel Kletterei zu erreichen, doch war man einmal oben angekommen, bot es einen spektakulären Ausblick und auf 1360 m Höhe ein mildes, gesundes Klima. Der Umzug fand noch im selben Jahr statt. Sein erstes Haus wurde schon in der Nacht seiner Fertigstellung von einem Tornado zerstört. Doch die Missionsstation entwickelte sich und nach 4 Jahren hatte der unermüdliche Doktor schon über 10 000 Patienten behandelt. 1903 erbaute Dr. Laws sein Stone House nach schottischem Vorbild. Er legte 1905 eine Wasserleitung für die Mission und baute die Longmuir-Road zum See. Im selben Jahr erhielt Livingstonia Mission das erste elektrische Licht der Kolonie. 1910 wurde das Gordon Memorial Hospital eröffnet. Der Doktor sah in der Ausbildung der Menschen das wichtigste Mittel zur Hilfe und gründete die seinerzeit beste Schule der Kolonie. Den ersten Einschnitt erlebte die blühende Mission 1914, als bei Kriegsbeginn die Deutschen Karonga angriffen. Nun wurden sehr viele Ärzte und Lehrer an die Front gerufen und die Missionsarbeit lief auf Sparflamme. Auch die Nachkriegsjahre waren hart und entbehrungsreich. Erst ab 1924 erholte sich die Mission. Nach mehr als 50 Jahren in Zentralafrika nahm Dr. Laws 1927 seinen Abschied und kehrte nach Schottland zurück. Er starb am 6. August 1934.

Der strenge und couragierte Dr. Laws war die markanteste Erscheinung unter den Missionaren in Nyasaland. Im alten Stone House ist seit seiner Abreise vieles unverändert geblieben. In einem Teil des Hauses ist heute das **Museum** untergebracht, das eine Ausstellung zur Missionsgeschichte bereithält (Mo-Sa ganztags, So nur nachmittags, geringer Eintritt). Sehenswert ist auch die 1894 im schottischen Stil erbaute **Kirche** mit dem imposanten, bunten Glasfenster, das David Livingstone mit seinen Begleitern Susi und Chuma bei der Ankunft am Nyasasee zeigt. Im Innern der Kirche gelangt man hinter dem Altar in eine kleine angebaute Kapelle (sollte die Kirche verschlossen sein, liegt der Schlüssel im Museum).

Bilder von oben:
Stone House, Livingstonia,
Kirche mit Glasfenster,
Museum in Livingstonia

Von Karonga nach Chitipa

Von Karonga führt eine malerische, 100 km lange Erdstraße in die Berge und über die Nkondeebene nach Chitipa an der sambischen Grenze. Der 1250 m hoch gelegene Ort (hohe Berge und viele Palmen) bietet eine Tankstelle und Unterkunft im Chitipa Inn. Chitipa ist übrigens auch von Rumphi über die Nyika-Berge als Transitstrecke durch den Nationalpark zu erreichen. Die Strecke ist landschaftlich grandios, allerdings sehr einsam und erfordert Allrad (s. S. 290).

Chitipa liegt an der Old Stevenson Road (S. 210 u. 228). Neuerdings verfällt diese historische Route zwischen Chitipa und Nakonde wegen schwerer Erosionsschäden, und die neuen Wege führen von Chitipa nach Tansania (Grenzübergang) und von dort weiter nach Nakonde.

Weiterfahrt: Von Livingstonia nach Norden

Zu Füßen von Livingstonia Mission liegt die Chitimba Bay. Entlang der Fernstraße M1 erreicht man bald danach **Chilumba**, dessen Hafen 6 km abseits der Straße liegt. Es ist ein trostloses Nest, das sich nur sonntags, wenn die Ilala anlegt, mit buntem Leben füllt. Viele Pick-ups erwarten dann die Reisenden.

Die 80 km lange Weiterfahrt nach Karonga verläuft auf einer früher berüchtigten, weil fürchterlich beschädigten Teerstraße. 2002 wurde sie wieder frisch geteert und ist derzeit noch halbwegs intakt. Je weiter man nach Norden kommt, um so stärker verändern sich Vegetation und Menschen, wird der ostafrikanische Einfluss erkennbar. Zwischen den Dornbüschen weiden Zeburinder, Ochsenkarren werden häufiger und viele Frauen tragen bunte Perlenketten.

Karonga

Die nördlichste Stadt Malawis bietet nur einen kleinen Supermarkt, ein Versicherungsbüro, Immigration-Office und die nördlichste Bank Malawis. Es bestehen tägliche Busverbindungen nach Mzuzu (12 €) und zur 50 km entfernten tansanischen Grenze in Mwandenga/Songwe Bridge (1 €).

Die **Grenze nach Tansania** ist täglich von 08.00–18.00 h geöffnet. Tansania ist Malawi um eine Stunde voraus und berechnet für eine Abwicklung nach 18.00 h (Malawi-Zeit 17.00 h) gerne einen "Feierabendzuschlag". Wer hier nach Tansania einreist, erhält das Visum an der Grenze.

Karonga genießt mehrfach **historische Bedeutung**: Für die African Lakes Co. war sie ein wichtiger Handelsplatz zwischen den Seen Lake Tanganjika und Lake Nyasa und sie lag an der geplanten Cape-to-Cairo-Strecke. Karonga war zudem Schauplatz der einzigen Schlacht im Ersten Weltkrieg innerhalb der britischen Kolonie (S. 53) und Stützpunkt des mächtigsten Sklavenjägers in Nyasaland (s. links). Die Umgebung Karongas gab vor einigen Jahren aber auch 100 Mio. Jahre alte **Dinosaurierknochen** frei und 2,5 Mio. Jahre alte Fragmente von Vor- und Urmenschen – eine paläoanthropologische Sensation. Der deutsche Wissenschaftler Prof. Dr. Schrenk, seit vielen Jahren hier tätig, gründete die Uraha Foundation und setzt sich für das **Cultural & Museum Centre** von Karonga ein, in dem Fossilienfunde ausgestellt, Tänze und Bräuche der Bevölkerung vorgestellt und "Historical Tours" angeboten werden. Auch ein Besuch der Old Stevenson Road, der Mbande Hotsprings und der deutschen Kriegsgräber stehen dabei auf dem Programm. Das Museum im Ortszentrum ist täglich von 8-17 h geöffnet (So nur 14-17 h, Eintritt 3 Euro). Infos und Kontakt: Uraha Foundation, Tel. 01-362579, E-mail: uraha@malawi.net, www.palaeo.net/cmck/

Unterkünfte am nördlichen Malawisee: Zwischen Karonga und Chitimba Bay (von N nach S)

Karonga

Ein ehrliches Wort vorab: Karonga glänzt nicht gerade mit reizvollen Unterkünften. Auch eignet sich der Strand wenig zum Baden. Zu den einfachen Übernachtungsplätzen von Karonga zählen:

• **Beach Chamber Motel:** Tel. 01-362534. Das Resort liegt direkt am See 5 km nördlich von Karonga und dürfte die beste Adresse Karongas sein. B&B ab 10 €/DZpP. Mit Restaurant, kein Camping.
• **Mufwa Lodge:** Tel. 01- 362390. Schmuckloses Motel mit Zimmern ab 8 €/DZpP und Camping-möglichkeit im Innenhof der Anlage (3 € pP), am Strand von Karonga gelegen.
• **Club Marina Lodge:** Tel. 01-362391. Die Bungalowanlage am Seeufer von Karonga mit Bar/Restaurant gehört zu den besseren Bleiben in Karonga. Zimmerpreise ab 16 €/DZpP und 20 €/EZ.
• **Safari Lodge:** Tel. 01-362340. Einfache Zimmer (6 €/DZ) zwischen Zentrum und Strand gelegen.
• **Ngara Lodge:** Etwas verwahrloste Chalets und ein einfacher Campingplatz (2 €) in Hanglage. Mit Restaurantbetrieb. Die kleine Anlage befindet sich etwa auf halber Strecke nach Chilumba.

Chitimba Bay

• **Sangilo Sanctuary:** Tel. 09-395203, E-mail: sanctuary@sangilo.net, www.sangilo.net. Die schönste Anlage an der Chitimba Bay liegt etwa 20 km nördlich vom Livingstonia-Abzweig. Sie bietet große Stelzenchalets, ein nettes Restaurant und sehr beengte Campingstellflächen am bewaldeten Uferhang (steile Zufahrt, kaum Wendemöglichkeit). Preise: B&B 40 €/DZpP, 48 €/EZ, Camping 5 € pP.
• **Mdokera's Camp:** Dieses kleine, familiäre Selbstversorger-Camp rund 5 km nördlich von Chitimba bietet einfache Rundhütten am Strand (10 €/DZpP) und Campinggelegenheit für 2 € pP.
• **Chitimba Camp & Lodge:** Tel. 08-387116, E-mail: camp@chitimba.com, www.chitimba.com. Nördlichste Backpackerlodge Malawis mit Zimmern und Chalets und einem großen Camping-und Overlanderplatz unter niederländischer Leitung. Mit Internet, Bar & Restaurant. Es ist hier meistens sehr unruhig durch andere Gäste (viele Overlander). Preise: Zimmerpreise 12-15 €/Nacht, Dormitory 4,50 € pP, Camping 3 € pP plus 1-2 € pro Fahrzeug (je nach Größe).
• **Namiashi Resort:** Restaurant, Bar, Zimmer (8 €/DZpP) und Camping (2 € pP) in guter Strandlage, aber alles schon ein wenig vernachlässigt. Freundlicher Service und viel natürlicher Schatten.

Historischer Rückblick: Sklavenjäger Mlozi in Karonga

"Sultan von Nkondeland" nennt er sich selbst, der legendäre Sklavenhändler Mlozi. Seine Festung hat er mit dicken Mauern und Wällen umgeben, in denen viele kleine Räume versteckt sind. Seit Jahren übt er eine Schreckensherrschaft über die einst fruchtbare, dicht besiedelte Nkondeebene aus. Auf seinen Raubzügen zerstört er die Dörfer, tötet Alte und Schwache, verbrennt das Land und schleppt Tausende in Eisen geschmiedete Sklaven zu den großen Märkten nach Sansibar. Die Nkondeebene verwandelt sich in ein abgestorbenes, notleidendes Land der Toten und Flüchtenden. Auch nachdem Großbritannien Nyasaland zur britische Kolonie erklärt, ignoriert Mlozi die neuen Machthaber und betreibt gnadenlos sein lukratives Geschäft.

Der seit Jahren hier einsam ausharrende Missionar Dr. Kerr Cross muss 1888 seine Station bei Mwiniwanda aufgeben und nach Karonga flüchten, als Mlozi die Mission zerstören lässt. Das gebeutelte Nkondevolk wird 1892 auch noch von den Ngoni überfallen, die 200 Frauen rauben. Als die Nkonde ihre Frauen zurückholen wollen, entsteht daraus ein fürchterliches Blutbad. Das arabische Lager Mlozis kämpft inzwischen mit den Pocken. Mlozi schickt infizierte Sklavinnen zu den Briten nach Karonga, um diese ebenfalls anzustecken.

1895 unternehmen die Briten endlich massive Schritte, um die letzten Sklavenhändler zu stellen. Sie sorgen zunächst im Land der Yao für 'Recht und Ordnung' und greifen im Dezember 1895 mit hunderten Soldaten Mlozi an. Über 700 Nkonde beteiligen sich am Kampf. Nach schweren Kämpfen wird Mlozi gestellt, 600 Sklaven können befreit werden. Die Nkondechiefs verurteilen den gefürchteten Araber zum Tode. Ohne ein Zeichen der Reue nimmt Mlozi das Urteil zur Kenntnis und wird gehängt. Damit gehört das grausame Kapitel der Sklaverei in Nyasaland endgültig der Vergangenheit an.

Mzuzu– Salima

Gesamtstrecke: 346 km

Fahrzeit: ca. 5-6 Std.

Zustand: Straßenschäden bis Nkhata Bay, anschließend gute Teerstraße

Tankstellen: in regelmäßigen Abständen

Besonderheit: viele Einbahnbrücken

Malawis größter Schatz

Der 24 000 km² große See misst an seiner längsten Ausdehnung 575 km und bis zu 85 km Breite. Im Süden bildet der Shire den einzigen Abfluss aus dem riesigen, von 14 Flüssen gespeisten Gewässer. Der **drittgrößte See Afrikas** ist mit bis zu 700 m Tiefe auch der Vierttiefste. Dabei wird er nach Süden immer flacher und fischreicher. Sein Fischreichtum machte den See weltberühmt: Hier spielte sich die **weltweit größte Explosion der Artenentwicklung** ab. Hier leben 10 % aller Südwasserfische und fast 1000 verschiedene Fischarten werden vermutet. 1700 Buntfischarten und 359 endemische Spezies sind bereits registriert. Die Buntbarsche aus der Zichliden-Familie schätzen Aquarianer aus aller Welt.

Der Malawisee böte mit seinen Buchten und dem klaren Wasser ein perfektes Ferienziel, wären da nicht einige Gesundheitsrisiken. Zum einen leben Krokodile und Flusspferde noch in weiten Teilen des Sees. Weitaus weitbreiter ist jedoch die Sorge vor einer Bilharziose-Infektion (S. 359). Eine hundertprozentige Gewissheit, an einem bilharziosefreien Strand zu schwimmen, kann Ihnen eigentlich niemand geben. Es gibt aber zahlreiche Untersuchungen, die darauf hinweisen, dass Bilharziose vor allem an schilfrigen Ufern und rund um die Fischerdörfer verbreitet ist. Einsame Strände mit felsigem oder feinsandigem Ufer ohne Schilf, und Zonen mit kräftigem Wellengang, bieten dagegen gute Chancen, bilharziosefrei zu sein.

Landschaftlich ist der Malawisee im Norden tropischer und die Küste dort mit einsamen, steilen und bewaldeten Berghängen auch beeindruckender.

Fahrt von Mzuzu nach Salima

Eine abwechslungsreiche Panoramastraße, geteert und voller Schlaglöcher, führt von Mzuzu nach Nkhata Bay. Steil schlängelt sie sich das dicht besiedelte Escarpment hinab. Zwischen Bananenstauden, Zitrusfrüchten und Cashew-Bäumen werden Bambusmatten verkauft. Nach 45 km erreicht man einen Polizeikontrollposten an der Abzweigung nach Nkhata-Bay.

Abstecher: Nkhata Bay

Die Lage der Kleinstadt ist traumhaft, ihre Atmosphäre die vieler Hafenstädte: unruhig, aufdringlich und vermüllt. An das einstige Zentrum swahili-arabischer Sklavenjäger erinnern höchstens noch ein paar alte Häuser mit Halbmond-Verzierungen. Inzwischen wurde die Stadt von den Rucksack-Touristen entdeckt und hat sich dieser Zielgruppe verschrieben. Viele Low-Budget-Unterkünfte, Lokale und eine Tauchschule mit Zimmervermietung (Aqua Africa, www.aqua-africa.co.uk) sind in den letzten Jahren entstanden. Ganz Nkhata Bay wirkt wie ein riesiger, chaotischer Straßenmarkt. Die Bucht wird zweimal wöchentlich von der Ilala angelaufen, und eine Fähre verkehrt nach Mbamba Bay am gegenüber liegenden tansanischen Ufer. Bade- und Sonnenfreaks zieht es jedoch eher zum 3 km südlich gelegenen Chikale Beach (siehe S. 300).

Rückblick: Nkhata Bay markiert den nördlichsten Punkt, den David Livingstone erreichte. Er unterlag hier dem Irrtum, das Nordende des Sees erreicht zu haben.

Südlich von Nkhata Bay reihen sich nun schöne Strandabschnitte, Gummiplantagen, Reisfelder, Urwaldreste und Pinienforste aneinander. Entlang der Strecke verkaufen Kinder oft Bälle aus Kautschuk. Nach 40 km kurviger und hügeliger Fahrt erreicht man die herrlichen Sandstrände um Chinteche. Seit die Straße von Nkhata Bay nach Nkhotakota geteert wurde, konnte sich der Tourismus besser entwickeln.

Chinteche

Chinteche bietet feinste, weiße Sandstrände, die durch glatte Felsblöcke aufgelockert werden. Die Region ist angenehm ruhig und preiswert, und ein Ziel für diejenigen, die nicht den Rummel von Nkhata Bay wollen, sondern Entspannung suchen und abends lieber die stillen Fischerboote durch das klare, blassfarbene Wasser ziehen sehen (S. 300).

Rauchsäulen über dem See

An manchen Tagen glaubt man so etwas wie riesige Rauchsäulen über dem Malawisee zu entdecken. Es handelt sich dabei um **Seefliegen** (Chaoborus), die sich zuvor als Larven monatelang unter Wasser aufhalten. Um dort den gefräßigen Fischen zu entgehen, bleiben sie tagsüber 250 m tief in den sauerstoffarmen Regionen des Sees. Nachts tauchen sie auf und ernähren sich vom tierischen Plankton in etwa 50 m Tiefe.

Die harmlosen Büschelmücken treten nur nördlich von Salima auf (besonders häufig in Chinteche). Steht der Wind ungünstig, werden ganze Wolken mit Abermillionen winzigen Fliegen an Land getrieben. Die Malawier wissen sie als Proteinquelle zu schätzen und fangen sie vom Boot aus in Körben ein. Sie verarbeiten diese dann zu einer Art fritiertem Fladen.

Auf der Weiterfahrt via Kande und Katete (Beach Resorts s. S. 300) wird die Landschaft immer flacher und trockener, die Berge treten zurück. 90 km südlich von Chinteche und 60 km vor Nkhotakota kündigen in **Dwangwa** saftiggrüne Zuckerrohrfelder eines der beiden Zuckerzentren Malawis an. Nun ist endgültig kein Urwald mehr zu sehen, statt dessen Aufforstungen mit Pinien und Eukalyptus. Auch die Besiedelung nimmt deutlich zu. 10 km vor Nkhotakota ist eine kleine Zufahrt zum Bua Camp im Nkhotakota Reservat (s. S. 285).

Nkhotakota

Die schläfrige Hafenstadt war einst der bedeutendste Umschlagplatz für Sklaven am Malawisee und zu seiner Zeit vermutlich auch das größte Dorf Zentral- und Südafrikas. Damals wurden jedes Jahr 10 000 Sklaven durch Nkhotakota geschleust. 1863 campte David Livingstone unter einem Baum, der angeblich heute noch steht. Gerne werden die über Hundert Jahre alten Kapokbäume der Stadt und ihr islamisch-arabisches Flair gerühmt, dennoch ist Nkhotakota heute eine verfallene Stadt. Nur die Ilala läuft den einsamen Landungssteg regelmäßig an. Eine Übernachtungsgelegenheit direkt am Hafen bietet das ehemalige Government Resthouse Sitima Inn (Tel. 09-260005). Das renovierte historische Gebäude bietet Zimmer mit Ausblick (B&B 24 €/DZpP, 29 €/EZ), ein Dormitory (8 € pP) und eine schöne Bar. Weitere Unterkünfte mit Badegelegenheit direkt am See findet der Reisende 10 km südlich von Nkhotakota (siehe S. 301). Dort lohnt sich auch ein Besuch bei der Nkhotakota Pottery, einem Ableger der Töpferei in Dedza. Sie bietet neben dem Laden ein nettes Restaurant und Unterkunft. Will man von Nkhotakota nach Kasungu ins Landesinnere reisen, biegt man an der Tankstelle in die Straße nach Westen ein (s. S. 284).

Die weitere Strecke nach Salima verläuft abermals durch sehr flaches, stark besiedeltes und weitflächig abgeholztes Gebiet. Sie führt an der intensiv zur Fischerei genützten **Chia-Lagune** vorbei, wo Vogelfreunde durchaus interessante Beobachtungen machen können. Leberwurstbäume, Baobabs und Baumwollfelder bestimmen nun das Landschaftsbild. Nach gut 100 km trifft man auf die Straße zwischen Lilongwe und Salima (8 km).

Old Bhandawe Mission

10 km südlich von Chinteche liegt der 1881 nach Cape Maclear und vor Livingstonia gegründete zweite Standort der Livingstonia Mission (siehe S. 295 u. 306). Weil Bhandawe mitten im Einzugsgebiet der Sklavenjäger lag, harrten die Missionare hier nur bis 1894 aus. Die denkmalgeschützte Ruine ihrer mächtigen Backsteinkirche steht heute noch

Unterkünfte am Malawisee: Zwischen Nkhata Bay und Salima

Chikale Beach (nahe Nkhata Bay)

Die legeren Strandanlagen am Chikale Beach sind das Traumziel vieler Rucksackreisenden im Norden Malawis. Für Autotouristen und Familien eignen sie sich weniger.

• **Mayoka Village:** Tel. 09-268595, www.mayokavillage.com. Auf der Landzunge zwischen Nkhata Bay und Chikale Beach mit Blick auf den Ort gelegen. Am steilen Hang verteilen sich Stein-, Bambus- und Lehmchalets (10 € pP, mit Bad 16 € pP) und kleine Zeltstellflächen (3 € pP). Am steinigen Ufer (zum Baden ungeeignet) liegt eine Snackbar. Hier ist meistens Party-Time abgesagt!
• **Chikale Beach Resort:** Tel. 01-352338. Ziegelbungalows und Campinggelegenheit direkt am Strand im Nordteil der Chikale-Bucht. Mit Beach Bar und Restaurant, wirkt aber etwas vernachlässigt. Chalets: B&B ab 17 €/DZpP, 21 €/EZ, Camping auf Sandboden, teils schattig, für 2,50 € pP.
• **Njaya Lodge:** Tel. 01-352342, www.njayalodge.com. Idyllische Bambushütten und Steinchalets am Felshang, eine große Bar mit Blick über den See, Restaurant und Camping – die lässige Anlage ist sehr beliebt, was auch am hilfsbereiten, engagierten Management und dem schönen Strand liegt. Preise: Chalets mit eigenem Bad kosten 20 €/DZpP und 25 €/EZ. Übernachtung in einfachen Hütten 10 €/DZpP und 12 €/EZ. Camping im Garten (Zelte) oder auf einer schattenlose Wiese (Fahrzeuge mit Dachzelt und Wohnmobile) kostet 5 € pP.

Tipp: Die 3 km lange Piste von Nkhata Bay zum Chikale Beach ist schattenlos und steil. Nicht Motorisierten sei empfohlen, sich per Boot von Nkhata Bay übersetzen zu lassen. Wer zu Fuß zu Njaya möchte, sollte den Schildern zum Chikale Beach Resort folgen und das kurze Stück über den Strand zu Njaya laufen, denn der Weg oberhalb der Bucht ist viel länger.

Info: Pangolin Tours (Tel. 09-278903, www.pangolin-tours.com), ein deutschsprachiges Reiseunternehmen in Nkhata Bay, organisiert Rundreisen, Patenbesuche und vermietet Geländewagen.

Chinteche

Die weitläufige Chinteche-Region ist eher familiär und spricht ruhesuchende Individualisten an. Am nördlichen Ortsrand liegen kleine, einfache Anlagen, wie London Lodge und Kawiya Kottages. Die schöneren Anlagen folgen von Chinteche bis ca. 5 km südlich der Ortschaft:

• **Flame Tree Lodge:** Tel. 01-357276. Eine ältere, etwas nachlässig geführte Anlage mit weißen Steinbungalows unter alten Bäumen (in denen nachts Galagos turnen). Am schönen, mit Felsen durchsetzten Sandstrand liegt eine neue, gemütliche Bar mit kleinem Restaurant. Preise: B&B ca. 20 €/EZ, 12 €/DZpP, Camping zwischen den Chalets 3 € pP. Direkt nebenan hat die "Kasina Lodge" eröffnet mit wenig attraktiven, schattenlosen Bungalows.
• **Sambani Lodge:** Tel. 01-357290. Chaletanlage mit Restaurant an einem herrlichen Strandabschnitt. Vorwiegend einheimische Gäste (auch Konferenzen). Preise: 8 €/DZpP, 10 €/EZ.
• **Chinteche Inn:** Wilderness Safaris, Tel. 01-994004, Fax 357211, E-mail: chinin@wilderness.mw, www.safariadventurecompany.com, Die hotelähnliche, sehr gepflegte Ferienanlage wird auch gehobenen Ansprüchen gerecht. Als einziges Resort bietet es eine asphaltierte Zufahrt. Außerdem: Schöne, geräumige Zimmer mit Blick auf Garten und weißen Sandstrand, Bar, Restaurant, Bootsverleih, Katamaranfahrten, es werden auch Ausflüge zur Old Bhandawe Mission (S. 299) und Vogelpirschfahrten angeboten. Der angegliederte große Campingplatz bietet eine gepflegte, schattige Wiese, tadellose Sanitäreinrichtungen und eine eigene Bar am breiten Sandstrand. Preise: HP 125 Euro/DZpP und 165 Euro/EZ, Camping 4 € pP.
• **Nkhwazi Lodge:** Jim Davidson, Tel. 09-283708. Nach einigen Km Waldzufahrt gelangt man zu dieser einsamen, von hohen Bäumen umschirmten Anlage am weißen, felsigen Sandstrand. Sie bietet liebevoll gestaltete Stelzenchalets (43 €/Nacht, max. 4 Personen) und idyllisch-schattige Campinggelegenheit auf frischer Wiese (3,50 € pP). Mitten drin thront ein halboffenes Restaurant mit Aussichtsplattform. Fazit: Ein gemütliches, ruhiges Plätzchen in herrlicher Natur.
• **Makuzi Lodge:** Tel. 01-357296, E-mail: makuzibeach@globemw.net, www.makuzibeach.com. Ca. 5 km südlich von Chinteche mit 3 km sandiger Zufahrt liegt diese intime Edellodge in Bhandawe in einer kleinen, uneinsichtigen Bucht. Urlaub vom Feinsten bieten die hübschen Rondavel im ge-

pflegten Garten neben dem stilvollen Restaurant. Den Gästen wird viel geboten: Tauchen, Reiten, Dorfbesuche, Massagen und Yogakurse. Allerdings lassen sich die Betreiber das auch bezahlen. Internationale Gäste zahlen hier für alles einen viel höheren Preis als Residents. Preise: B&B ab 90 €/DZpP, 105 €/EZ. Außerdem gibt es zwei große Campingstellflächen auf einer Wiese für 8 € pP.

Zwischen Chinteche und Dwangwa

· **Kande Beach:** Tel. 01-357376, E-mail: kandebeach@hotmail.com, www.kandebeach.com. Am Kande Beach befindet sich ein großes Resort, das ganz nach den Bedürfnissen der Overlander und Backpacker ausgerichtet ist (2,5 km sandige Zufahrt). Das Campingareal ist eine riesige Sandfläche mit Bambus-Abstelltischen und -Schattendächern (für Lkws passend, wenig Privatsphäre und unruhig). Die betont lässige Bar vor dem herrlich weißen Sandstrand bietet Hängematten, Shop und Internet, dahinter reihen sich unterschiedlichste Chalets und Cabins. Mit Tauchschule und Reitgelegenheit. Preise: Camping 4 € pP, Dormitory 6 € pP, Cabins 9 €/DZpP, Zimmer je nach Ausstattung 17-38 €/DZpP.

· **Ngala Beach Lodge:** Tel. 01-295359. E-mail: info.ngala@iwayafrica.com, www.ngalabeachlodge.co.za. Die Lodge liegt 15 km nördlich von Dwangwa in Ngala (65 km südlich von Chinteche) nur 400 m neben der Straße auf einem kleinen Höhenzug mit Blick auf den palmenbestandenen, flachen Sandstrand. Der See ist hier zum Baden weniger ideal, ein Pool ist in Bau. Bar/Restaurant und die neuen Chalets sind räumlich sehr großzügig gebaut. Jeden Di und Do gibt es frische Holzofenpizza. B&B ab 44 €/DZpP und ab 55 €/EZ. Camping am breiten Sandstrand kostet 3 € pP.

Nkhotakota

Etwa 10 km südlich der Nkhotakota-Zufahrt reihen sich an den Stränden des Sees mehrere Ferienresorts aneinander (zumeist mit eigenen, 4 bis 5 km langen Stichzufahrten, weil es keine durchgehende Piste entlang des Seeufers gibt). Die meisten Anlagen, wie "Fish Eagle Bay", "The Stone Terrasse" und "Mlambe Beach" wirken unfertig oder bereits dem langsamen Verfall preisgegeben, und können kaum mit den Resorts im Raum Chinteche konkurrieren. Hier herrscht häufig starker Wind.

· **Sani Beach Resort:** Tel. 09-260005, www.sanibeachresort.com. 4 km Zufahrt. Die Lage ist gut, aber oft dem Sturm ausgesetzt: Einfache Rondavel und Chalets (16-24 €/DZpP), Dormitory (8 € pP) und Campinggelegenheit (4 € pP) am feinsandigen Strand. Auf der mächtigen Felszunge steht eine Bar.

· **Nkhotakota Safari Lodge:** Tel. 01-751743, www.nyasalodges.com. Ältere Mittelklassechalets unter dem Management der Nkhotakota Pottery 3 km südlich von Sani Beach mit 4 km Zufahrt. Preise: VP 35-52 €/DZpP und 42-66 €/EZ, Camping 3 € pP (beengt). Großes Ausflugsangebot.

· **Nkhotakota Pottery & Lodge:** Tel/Fax: 01-751743, E-mail: nkhotakotapottery@africa-online.net, www.dedzapottery.com. Ableger der Töpferei von Dedza (s. S. 326), 3 km südlich von Sani Beach, mit Töpferladen, hübschem Restaurant/Café am gepflegten Strand (abends bis 22 Uhr geöffnet),

ansprechenden Strandbungalows und einem leider etwas lieblosen Campingplatz, der jedoch heiße Duschen, saubere WCs und einen gemauerten Unterstand mit Strom/Licht bietet. 4 km Zufahrt. Preise: Übernachtung in den Zimmern und Chalets je nach Ausstattung 16-32 €/DZpP und 24-47 €/EZ, Camping kostet 3 € pP.

· **Mlambe Beach Lodge:** Tel. 09-468458. In südlicher Nachbarschaft zur Töpferei auf einem Hügel gelegen, bietet das große, etwas schattenlose Resort Zimmer für 23 €/Nacht und Camping für 4 € pP an (nur sehr einfache Sanitäreinrichtungen).

Mzuzu
Lilongwe
Blantyre

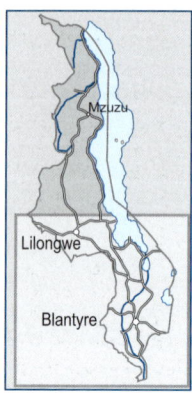

DER SÜDEN

DER LEBHAFTE SÜDEN DES LANDES

Feinsandige Buchten und flache Badestrände dominieren im südlichen Teil des Malawisees. Nicht weit vom See kann man im kleinen Liwonde Nationalpark zwischen Flusspferden und Elefanten nächtigen. Kühlere Bergregionen, die zu herrlichen Wanderungen einladen, wie das Shire-Hochland, das Zomba Plateau und das Mulanje Massiv mit seinen leuchtend grünen Teeplantagen, schließen sich noch weiter im Süden an. Nach Mosambik hin laufen die Berge schließlich in der flachen Elephant Marsh aus.

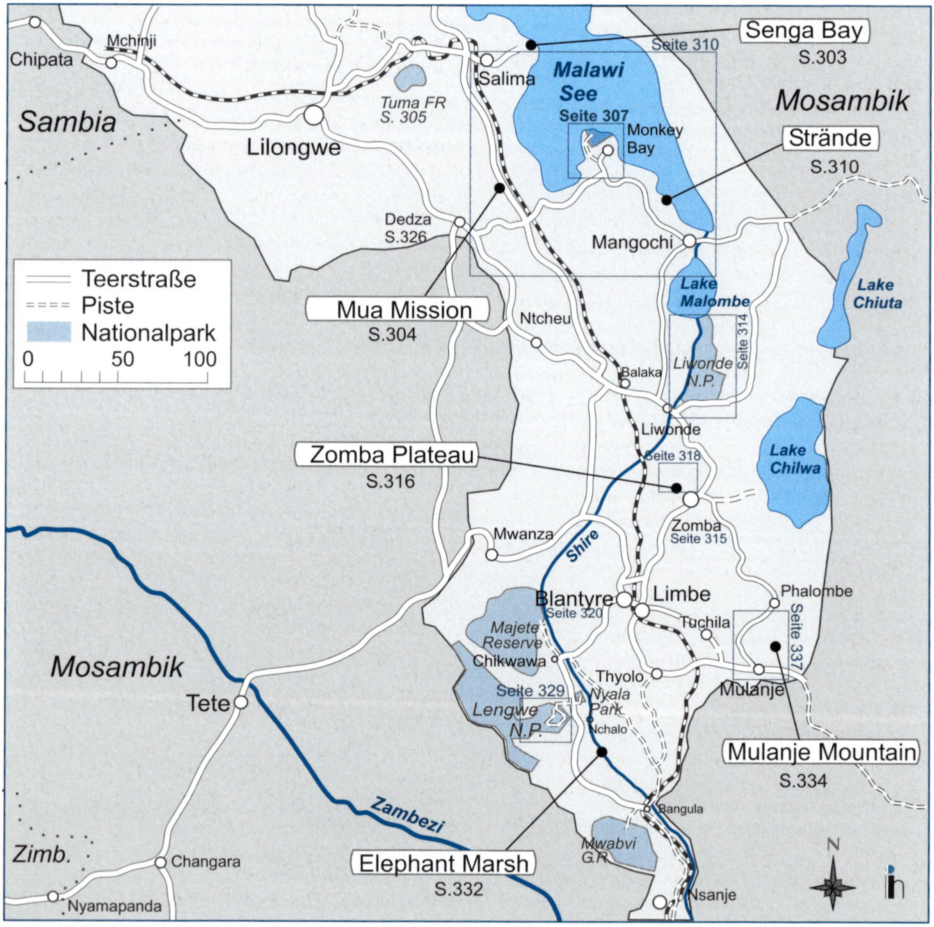

Senga Bay
S.303
Seite 310
Chipata
Mchinji
Salima
Malawi See
Mosambik
Tuma FR
S. 305
Sambia
Lilongwe
Seite 307
Monkey Bay
Strände
S.310
Dedza
S.326
Mangochi
Teerstraße
Piste
Nationalpark
0 50 100
Lake Malombe
Lake Chiuta
Mua Mission
S.304
Ntcheu
Balaka
Liwonde N.P.
Seite 314
Liwonde
Seite 318
Lake Chilwa
Zomba Plateau
S.316
Zomba
Seite 315
Mwanza
Shire
Blantyre
Seite 320
Limbe
Phalombe
Tuchila
Majete Reserve
Chikwawa
Thyolo
Mulanje
Seite 337
Mosambik
Tete
Seite 329
Lengwe N.P.
Nyala Park
Nchalo
Mulanje Mountain
S.334
Bangula
Zambezi
Zimb.
Changara
Mwabvi G.R.
Elephant Marsh
S.332
Nyamapanda
Nsanje
N

Salima & Senga Bay

Beginn der Streck bei Lilongwe: siehe S. 280. Die 100 km lange, gut ausgebaute Teerstraße erlaubt die Anreise an den See in weniger als 2 Stunden, was den Ansturm an Wochenendbesuchern erklärt. Die Kleinstadt **Salima**, noch rund 20 km von den Stränden in Senga Bay entfernt, wird von zahlreiche Bussen aus Lilongwe angesteuert (ca. 4 €). Salima hat wenig zu bieten, von Bedeutung ist vielleicht der täglich geöffnete Superette-Supermarkt.

Die Weiterfahrt zu den Resorts an der **Senga Bay** verläuft durch eine flache Sumpfebene voller Mangobäume und Souvenirstände, die meistens nur an Wochenenden ihre Waren ausbreiten. Schon deutlich vor der kleinen Ortschaft Senga zweigen Stichstraßen zu Ferienanlagen am See ab (gute Beschilderung).

Die erste Abzweigung führt am "Bird & Hippo Sanctuary" und einem Militärcamp vorbei zum Wheelhouse und der **Zichliden-Zuchtfarm**. Die "Fisheries" von Stuart Grant, wo bis zu 250 Buntbarscharten in Becken gehalten werden, kann man mit Führung besichtigen (täglich offen, ca. 1 Euro pP). Nach dem Airstrip beginnen zahlreiche Souvenirstände, dann folgt der Turnoff zum Kambiri Hotel, danach zum Caroline Lake Resort, und später der zu Cool Runnings, das inmitten von Senga liegt. Wer alle Abzweigungen ignoriert, landet nach 22 km am Ende der Teerstraße direkt beim Livingstonia Hotel, dem sich anschließenden "The Steps Campsite" und der Safari Beach Lodge (noch 1 km weiter).

In **Senga Bay** zeigt sich der krasse Gegensatz von reichen Städtern, die den Strand mit eingezäunten Feriencottages vereinnahmt haben, und der armen Dorfbevölkerung. Teilweise sind die Einheimischen vollkommen vom Seeufer abgeschnitten. Die Ferienhäuser reihen sich mit gepflegten Gärten aneinander; dahinter stehen die Hütten des Dorfes auf staubigem Sandboden mit freiem Blick auf die Gartenzäune. Leider mehren sich unangenehme Zwischenfälle, Diebstähle und sogar nächtliche Raubüberfalle durch aufdringliche Jugendliche in Senga Bay. Hier ist erhöhte **Vorsicht geboten** (abends und nachts nicht allein herumlaufen – vor allem nicht als Frau; keine Wertsachen spazieren tragen).

Für die **Rückfahrt nach Salima** kann man den etwa 35 km langen Bogen über Pemba nehmen. Die Sandpiste führt am Wheelhouse und den Sanddünen vorbei durch ein flaches Sumpfgelände voller Baobabs. Wie ein Reihendorf gehen kleine Fischerdörfer bis Salima ineinander über.

Fereienanlagen an der Senga Bay
(eine Auswahl der Unterkünfte)

- **Red Zebra Lodge:** Stuart Grant, Tel. 01-263165, www.lakemalawi.com. Ferienhaus bei der Fischfarm mit sechs Zimmern (mit Ventilatoren) in begrüntem Garten. B&B für 48 €/DZpP, 42 €/EZ.
- **Wheelhouse Marina:** Jose da Costa, E-mail: wheelhouse@mw.celtelplus.com, Tel. 09-960266. Schöne Lage, viel Schatten, eine originelle Stelzenbar im See und sehr lässige Atmosphäre. Rondavel, zum Teil mit Küche, kosten 17-26 €/Nacht, Mietzelte 5 € pP und Camping 3 € pP.
- **Kambiri Hotel:** www.alexanderhotels.net, Tel. 01-263052. Einsames Mittelklassehotel etwas abseits vom Seeufer. B&B ab 37 €/DZpP, 52 €/EZ.
- **Carolina Lake Resort:** Tel. 01-263320, E-mail: carolina.malawi@gmail.com. Mitten in Senga gelegene, lebhafte Mittelklasseanlage mit gepflegtem Strand, großer Restaurant-Terrasse, A-Frame-Chalets ab 13 €/DZpP und doppelstöckigen Bungalows ab 18 €/DZpP mit B&B.
- **Cool Runnings:** Tel. 09-915173, E-mail: coolrunnings@malawi.net. Klein, aber fein: Sehr nette, windgeschützte Gartenanlage mit Campingwiese (3,50 € pP, einfache Sanitäranlagen), Dormitory (7 € pP) und schönen Zimmern (28 €/Nacht). Am Strand liegen Bar und Restaurant.
- **Sunbird Livingstonia Hotel:** Tel. 01-623222, Fax 623452. Das Traditionshaus der Kolonialzeit gehört derzeit zu Sunbird Hotels. Die von Felshügeln eingesäumte Privatbucht bietet einen prächtigen Strand. Das Hotel selbst ist in die Jahre gekommen, der Charme etwas verblichen. B&B ab 52 €/DZpP und 85 €/EZ.
- **The Steps Campsite:** Auf dem Gelände des Livingstonia Hotels genießt der ummauerte Platz einen Traumstrand an der Bucht, die von riesigen Felsen umrahmt wird. Mit großer Strandbar, teilweise Wiese und Bäume, Stromanschluss, vom Ort abgeschirmt. Seit 2008 hier ein Musikfertival stattfand, stehen zahlreiche Strohhütten und Buden auf dem Gelände. Vorsicht: An den Wochenenden strömen etliche Tagesgäste herein. Preise: 5 € pP.
- **Safari Beach Lodge:** Tel. 01-263143, Fax 263007, E-mail: info@safaribeachlodge.net, www.safaribeachlodge.net. 1 km nördlich des The Steps Campsites liegt idyllisch im Wald dieses sehr gepflegte und persönlich geführte Gästehaus mit romantischen Stelzenchalets am Uferhang und Aircon-Zimmern im Haupthaus. Ein kurzer Fußweg führt zum Privatstrand hinab. Niederländische Leitung. Preise: B&B 48 €/DZpP, 70 €/EZ.

Tuma Forest Reserve

An der Straße zwischen Salima und Lilongwe (87 km von Lilongwe bzw. 6 km westlich der Abzweigung nach Nkhotakota) zweigt die beschilderte Zufahrt in dieses nur 164 km² große Forstreservat ab. Das einsame, bergige Waldschutzgebiet schmiegt sich am Rande der Tiefebene an die Berghänge. Eine Vielzahl alter, hoch gewachsener Bäume, zahlreiche Bambusstauden und reizvolle Flussläufe zeichnen das kleine Waldgebiet aus.

Lange Zeit wurde das Reservat kaum betreut und viele Einheimische betrieben hier Raubbau an der Natur. Bäume wurden abgeholzt und verfeuert, die einst reiche Tierwelt mit Fallen gejagt. 1996 übernahm die Wildlife Action Group das Management dieses Forstgebietes. Wege mussten angelegt werden, ein Camp errichtet und Wildhüter auf Patrouille geschickt werden. Nun zeigt das ehrgeizige Projekt deutliche Erfolge. Wildtiere, wie Kudus, Schirrantilopen und Paviane, fühlen sich nun sicher, und regelmäßig werden endlich auch wieder durchziehende Elefanten gesichtet. Neueste Zählungen gehen von 100 Dickhäutern aus, die in Thuma Zuflucht gefunden haben. Es bestehen Pläne, zusammen mit einem örtlichen Reiseveranstalter ein kleines Safaricamp für Walking Safaris zu errichten. Bei Redaktionsschluss war aber noch nichts Konkretes bekannt. Wer sich für einen Besuch des kleinen Reservats oder eine zeitlich begrenzte ehrenamtliche Mitarbeit interessiert, wendet sich an die Wildlife Action Group in Salima, Tel. 09-364637, E-mail: thuma_forest_reserve@yahoo.com, www.wag-malawi.org oder www.wildlife-malawi.org. Tageseintritt, Campinggebühr und das Fahrzeug kosten derzeit je knapp 1,50 Euro pP.

Mua Mission

60 km südlich von Salima liegt eine der interessantesten Missionen Malawis. Durch das Engagement eines Paters mit künstlerischem Gespür entwickelte sie sich zu einer überregionalen Kulturbegegnungsstätte. Pater Boucher gestaltete die Mission in den letzten Jahrzehnten mit viel Liebe zum Detail, indem er die Menschen zur bewussten Auseinandersetzung und Beschäftigung mit ihrer eigenen Kultur aufforderte. So entstand eine Künstler- und Handwerkerwerkstatt. Alle Gebäude wurden mit traditionellen Techniken und Materialien erbaut. Glanzstück ist das **Chamare Museum** der malawischen Kunst (Mo-Sa ganztags von 07.30-16.00 h geöffnet, Eintritt 4,50 Euro). Bereits von außen ist es beachtenswert, ließ doch der Pater die Landesgeschichte an die Außenwand malen (siehe Bilder auf den Seiten 49 u. 71). Nebenan verkaufen Schnitzer und Maler im "**Ku Ngoni Arts & Crafts Centre**" ihre Erzeugnisse. Besuchern stehen Rondavel zum Übernachten zur Verfügung (18 Euro/DZpP, 25 Euro/EZ, Mahlzeiten gibt es für 6 Euro). Kontakt & Info: Tel. 01-262706, E-mail: admin@kungoni.org, www.kungoni.org.

Zur Missionsgeschichte: 1889 waren die ersten vier katholischen "Weißen Väter" ins Land gekommen und hatten sich in Mpondas Dorf bei Mangochi niedergelassen. Sie kapitulierten aber schon nach wenigen Jahren vor der Grausamkeit und Mordlust der vom Sklavenhandel lebenden Yao. 1902 versuchten die Weißen Väter noch einmal, in Nyasaland Fuß zu fassen, und gründeten die Mua Mission. 1927 wurde hier eine Leprastation eingerichtet.

Von Salima nach Mangochi

Die Strecke ist eine malerische "Straße der Baobabs", denn die ungewöhnlichen Bäume finden in diesen heißen Niederungen ideale Lebensbedingungen. Hunderte Baobabs, alle verschieden in Figur und Größe, prägen die ansonsten dünn besiedelte Region. Unterwegs verkaufen die Bauern Strohmatten, um ihren Lebensunterhalt aufzubessern. Nach 60 km lohnt sich ein kurzer Abstecher zur Mua Mission (links).

Gute 2 km nach der Mua Mission erreicht man die erste Abzweigung nach Monkey Bay, die allerdings teilweise auf harter Schotterpiste verläuft. Daher fahren die meisten noch 15 km weiter bis **Golomoti**, wo eine Asphaltstraße durch flache, einsame Flutebenen parallel zum See nach Osten führt. Diese Strecke trifft nach 57 km auf die Straße zwischen Mangochi und Monkey Bay. Die linke Spur führt nach 12 km in die Hafenstadt Monkey Bay (S. 306) und nach Cape Maclear (24 km). Nach rechts abbiegend erreicht man nach 50 km Mangochi. Die Straße verläuft kerzengerade durch eine flache Ebene voller Kokospalmen und Baobabs. Entlang der Küste reihen sich zahlreiche Resorts aneinander, die fast nur zu Ferienzeiten wirklich voll sind, den Rest des Jahres ist es meistens ziemlich ruhig (siehe S. 309).

Abkürzung nach Cape Maclear: In Malembo, 40 km östlich von Golomoti, führt eine schmale, 18 km lange Sandpiste durch kleine Dörfer an der Nankhwali Mission vorbei nach Cape Maclear (siehe Karte auf S. 307). Nur einmal, 1 km südlich der Mission, muss ein Flussbett durchquert werden, ansonsten ist die Strecke problemlos befahrbar.

Mangochi

1891 entstand Ostufer des Shire (sprich: *Schireeh*) der Stützpunkt Fort Johnston, um den Sklavenhandel im Yao-Land zu bekämpfen. Er wurde nach der Unabhängigkeit in Mangochi umbenannt. Die Stadt ist das Zentrum der Yao, ihre Moscheen unterstreichen den starken islamischen Einfluss. Der Ort bietet mehrere Supermärkte, Tankstellen, einen ATM-Bankschalter, eine Afrox-Gasstation und ein modernes Telecom-Office neben dem Museum. Mangochi liegt geografisch genau zwischen Malawi- und Malombesee.

Ausreise nach Mosambik: Eine Teerstraße führt über die Shirebrücke östlich nach **Namwera** und weiter zur Grenze nach Mosambik bei Chiponde (51 km). Busse fahren von Mangochi nach Monkey Bay, Chiponde, Zomba, Blantyre und Liwonde.

Salima – Mangochi

Gesamtstrecke: 184 km
Fahrzeit: ca. 2,5-3 Std.
Zustand: Teerstraßen
Tankstellen: Salima, Mangochi

Sehenswert: Museum of Malawi

Mangochi besitzt ein besuchenswertes natur- und kolonialhistorisches Museum. Besonders interessant ist der Nachbau des Hafens von Monkey Bay mit einer Ausstellung alter Schiffsteile und -Fotografien. Es ist täglich von 07.30–17.00 h geöffnet, kein Eintritt.

Queen Victoria Memorial Tower

Mitten in Mangochi, vor der Brücke über den Shire, steht ein Uhrturm aus dem Jahr 1903. Eine Gedenktafel im Turm erinnert an das schwere Seeunglück der MV Vipya, die 1946 auf dem Malawisee sank und fast 150 Menschen mit in den Tod riss. Daneben hat man eine eiserne Kanone aus dem alten Kanonenboot Guendolen aufgestellt (S. 53).

Monkey Bay

Der beschauliche Ort liegt in einem Naturhafen, der beiderseits von Felsen umrahmt wird. Als militärischer Stützpunkt und Seehafen ist Monkey Bay von Bedeutung. Touristen besuchen den Ort meist nur zur Durchreise nach Cape Maclear (zahlreiche Pick-ups befahren die Strecke) oder um sich auf der Ilala einzuschiffen. Das Buchungsbüro für die Ilala, "Malawi Lakes Services", befindet sich am Hafen (Tel. 01-587361, Fax 587359, Fahrplan s. S. 381). Ferner bietet Monkey Bay einen Superette-Supermarkt und eine Tankstelle, jedoch keine Bank. Zum Übernachten bietet sich Venice Beach Backpackers an (2 km vom Ort entfernt, siehe S. 308).

Lake Malawi Nationalpark: Cape Maclear

Das Naturparadies Cape Maclear lädt zum Träumen und Erholen ein. Seine glühendroten Sonnenuntergänge sind legendär. Weiße Strände heben sich gegen das klare, blaugrüne Wasser ab. Die Bucht ist traumhaft; ein Tauch- und Schnorchelparadies zwischen blanken Felsen. Vorgelagerte, bewaldete Inseln runden das harmonische Bild ab. Zahlreiche Ferienresorts und Campingplätze locken mit Unterkünften aller Preislagen (S. 308).

Vorsicht: Kurvenreiche Wellblech-zufahrt mit viel Verkehr

Die 18 km lange Wellblech-Zufahrt in den Nationalpark zweigt 6 km südlich von Monkey Bay ab und endet im Fischerdorf Chembe, das vom Nationalpark ausgegrenzt wurde. Es verkehren gelegentlich Linienbusse zwischen Blantyre und Chembe mit Stopps in Zomba und Monkey Bay.

David Livingstone hatte die geschützte Bucht nach seinem Freund Thomas Maclear, dem Königlichen Astronom in Kapstadt, benannt. Schottische Missionare wählten sie 1875 zum ersten Standort der Livingstonia Mission. Doch die Bucht hatte zwei Nachteile: Die Malaria forderte in kürzester Zeit fünf Todesopfer, und da schon damals nur das Dorf Chembe in der Nähe lag, konnten nur wenige Menschen missioniert werden. Daher zogen die Missionare 1881 von Cape Maclear nach Bhandawe weiter (s. S. 299). Zurück blieben nur die Gräber der fünf toten Missionare.

1948 eröffnete nach 7jähriger Bauzeit ein Luxushotel an der reizvollen Bucht. Es lief gut an. Ab November 1949 flog der Vorläufer von British Airways sogar von England und Südafrika mit "Flying Boots" an die Bucht (als Stoppover zwischen Southampton und Vaal Dam). Die Flieger konnten 28 Passagiere aufnehmen und landeten direkt auf dem See. Doch schon nach einem Jahr wurde die Flugroute eingestellt. Das Luxushotel war somit nur noch per Boot oder über langwierige, schlechte Straßen zu erreichen. Die Besucher blieben aus und 1951 wurde das schöne Hotel bereits wieder geschlossen. Das Golden Sands Camp, selbst im Verfall, steht heute auf den Ruinen jenes Hotels.

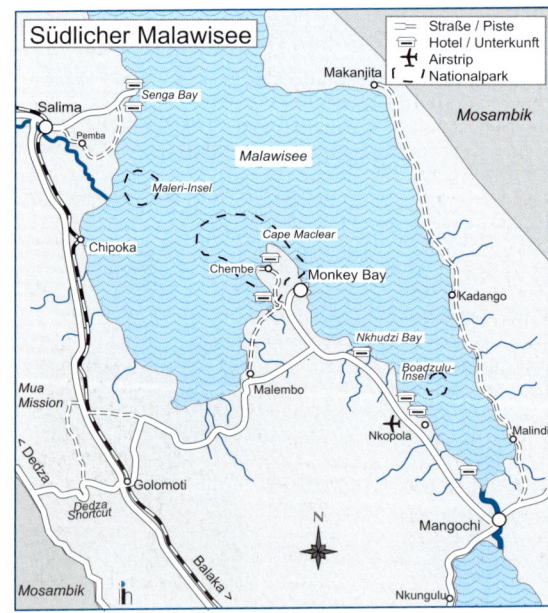

Südlicher Malawisee

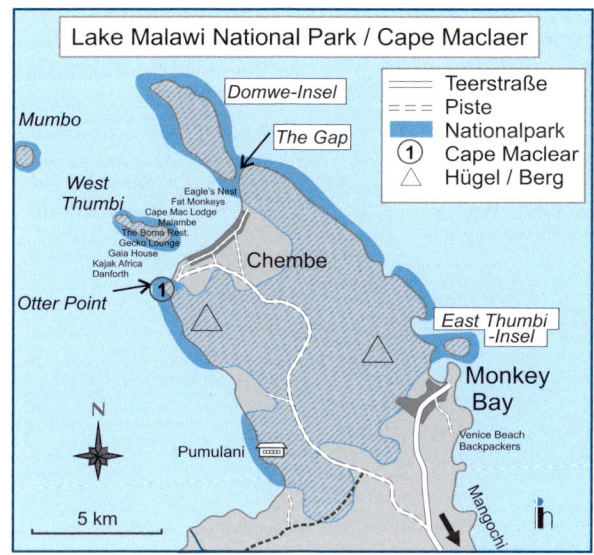

Lake Malawi National Park / Cape Maclaer

Domwe-Insel

Mumbo

The Gap

West Thumbi

Eagle's Nest
Fat Monkeys
Cape Mac Lodge
Melambe
The Boma Rest.
Gecko Lounge
Gaia House
Kajak Africa
Danforth

Chembe

Otter Point

①

East Thumbi -Insel

Monkey Bay

Venice Beach Backpackers

N

Pumulani

Mangochi

5 km

	Teerstraße
	Piste
	Nationalpark
①	Cape Maclear
△	Hügel / Berg

Bilder rechts: Gräber der ersten Missionare;
Der Park wurde als Welterbe eingestuft

Natur und Tierwelt

Schwerpunkt des Parks ist die Unterwasserwelt des Malawisees. Hunderte verschiedene Fischarten, von denen längst nicht alle bekannt sind, haben sich in dem warmen Gewässer entwickelt, ein großer Teil davon ist im Malawisee endemisch. Die Fische leuchten in den buntesten Farben und sind beliebt bei Aquarianern in aller Welt. Der berühmteste unter ihnen ist der **Mbuna**, ein Steinfisch aus der Familie der Zichliden. Der etwa 15 cm große Vegetarier lebt nur in felsigem Terrain. Viele bunte Zierfische kommen nur in bestimmten Regionen oder Buchten des Malawisees vor. So sind im See regional sehr unterschiedliche Varianten entstanden. Bei den **Buntbarsche**n haben sich besonders viele eigenwillige Arten herausgebildet, wie Schuppenfresser, Schnecken- und Wulstlippenbuntbarsche. Hier tummelt sich auch der gelbe, mit schwarzen Längsstreifen gezeichnete Türkisgoldbarsch. Ferner gibt es zahlreiche Tiger- und Katzenfische, Karpfen und eben auch Barsche (der Schmackhafteste heißt Chambo). **Vogelfreunde** können neben dem markanten Schreiseeadler auch Schwarzadler, Seeschwalben, Eisvögel, Ibisse, Kormorane, Reiher und Milane entdecken.

In den bewaldeten, kaum zugänglichen Bergen der Halbinsel leben vereinzelt Leoparden und Klippspringer, selbst Elefanten soll es dort noch geben. Ob dies wahr oder nur ein Wunschtraum ist, lässt sich schwer sagen. Krokodile und Hippos waren einst zahlreich, sind aber stark bejagt und verdrängt worden. Dennoch ist beim Baden stets erhöhte Vorsicht geboten, vor allem spät nachmittags. Mit etwas Glück entdeckt man beim Wandern Warane und muntere Schliefer, viel seltener jedoch die scheuen Fischotter am Otter Point.

Sehenswertes

Otter Point: Vom Strand des Golden Sands Camps führt eine Art Lehrpfad mit Schautafeln über den Felshügel zum Otter Point. Fischotter kann man hier nur mit viel Glück ausmachen. Doch der Platz eignet sich prima zum Schnorcheln und Tauchen, da die Zierfische zwischen den großen, glatten Felsblöcken leben.

Visitor Centre: Beim NP-Eingang befindet sich ein Informationszentrum mit Aquarien und Ausstellungen zur Geschichte der Bucht, der Fischerei und über biologische Zusammenhänge.

Missionsgräber: Direkt am Eingangstor führt ein Fußweg zu den Gräbern der ersten Missionare, die der Malaria erlagen. Die Kreuze und eine Gedenkplatte sind noch erhalten (Bild oben).

Mwala wa Mphini: Die Zufahrtsstraße zum NP führt nach 12,5 km an einem Felsen mit vielen tiefen Rillen vorbei, die durch Naturkräfte entstanden sind (rechte Seite, unauffällig beschildert).

Tipps & Infos für Cape Maclear / Chembe

In Chembe reihen sich Tauchschulen, Beach Bars und Chalet- bzw. Campinganlagen neben einfachen Fischerhütten und Fisch-Trockengestellen. Da viele "Hoteliers" direkt aus Chembe Village stammen, ist die Bevölkerung den Touristen gegenüber aufgeschlossen. So leben hier traditionelle Fischer und sonnenhungrige Urlauber dicht beieinander. Chembe wurde zum Dorado junger Rucksackreisender und geriet wegen des illegalen Konsums von Haschisch und Marihuana ein wenig in Verruf. In den letzten Jahren ist aber eine deutliche Kehrtwende feststellbar. Viele Anlagen wurden verbessert und erweitert; damit sich ein anspruchsvolleres Klientel wohlfühlt. Wer gerne flaniert und auch abends noch außerhalb der eigenen Anlage unterwegs sein möchte, dürfte in Chembe fündig werden. Für das Dorf zahlt sich das aus: Aus den einfachen Fischerhütten sind vielfach Lehmziegelhäuser entstanden, kleine Läden bieten eine größere Lebensmittelvielfalt, und auch der Verkehrsanschluss hat sich verbessert. Die Atmosphäre ist heute in Chembe spürbar angenehmer, als z. B. in Senga Bay und Nkhata Bay. Allerdings: Der Uferbereich von Chembe gilt als Bilharziose-gefährdet.

1980 wurden die Nankhumba-Halbinsel und 12 Inseln zum ersten Frischwasser-Nationalpark der Welt erklärt, um die einmalige Unterwasserwelt zu schützen. 4 Jahre später stufte ihn die UNESCO als **Welterbe** ein. Der Park reicht entlang der Küsten 100 m in den See. Einige Fischerdörfer, wie Chembe, wurden ausgeklammert. Der Zugang zum Nationalpark ist täglich von 06.00–18.00 h geöffnet. Der Eintritt beträgt 5 US$ pro Tag bzw. für 24 Stunden und 2 US$ pro Fahrzeug.

- **Tauchen & Schnorcheln:** Am Otter Point gibt es einen Unterwasserlehrpfad für Schnorchler. Ausgezeichnete Schnorchel- und Tauchgründe bieten auch die vorgelagerten Inseln. Schnorchel können in Chembe ausgeliehen werden. Qualifizierte Tauchschulen im Dorf bieten Anfängerkurse und Profi-Tauchgänge ab 30 US$ pro Tauchgang an.
- **Katamaran:** Katamaranfahrten mit 4 Doppel- und 2 Einzelkabinen auf der Yacht Mufasa offeriert Danford Yachting. Im Angebot sind mehrtägige Kreuzfahrten, Tagestouren und Sunset Cruises.
- **Kajakfahrten & Inselhopping:** Kayak Africa, Tel. 09-942661, www.kayakafrica.net. Mehrtägige Kajakfahrten von Insel zu Insel, mit Tauchen, Schnorcheln und Übernachtung in idyllischen, einfachen bis luxuriösen Zeltcamps, wie **Mumbo Island** und **Domwe Island,** sind ein Highlight dieser Region. Auf der näheren Domwe Island kostet die Nacht im Safarizelt 40 €/DZpP, 48 €/EZ und 16 € pP mit eigenem Zelt, plus 20 € pP Bootstransfer pro Strecke. Das Luxuscamp Mumbo Island wird von Wilderness Safaris vermarktet (S. 354; All-Inclusive für 210 €/DZpP und 250 €/EZ).
- **Wandern:** Folgt man dem Fußweg zu den alten Missionsgräbern, erreicht man nach einer etwa dreistündigen, einsamen Wanderung den höchsten Punkt auf der Nankumba-Halbinsel, den 1143 m hohen Nkunguni Peak, mit spektakulärem Ausblick auf den 670 m tiefer liegenden See.
- **Versorgungstipp:** Lebensmittel vertreibt der kleine Laden an der Gecko Lounge mitten in Chembe. Hier gibt es gefrorenes Fleisch, Milchprodukte, Eis und allerlei Konservendosen. Mitten im Dorf hat 2009 das Restaurant "The Boma" eröffnet.

Unterkünfte am südlichen Malawisee: Von Cape Maclear bis Mangochi

Cape Maclear

- **Golden Sands Camp:** Das einzige Camp im Nationalpark liegt an der besten Stelle von Cape Maclear und gewährt ungemein schöne Ausblicke auf den See. Leider ist die Anlage völlig heruntergekommen und vereinsamt, während sich in Chembe die Touristen tummeln. Es gibt weder fließend Wasser noch Elektrizität, und allmählich stürzen auch die Dächer ein. Hartgesottene können hier campieren.
- **Danforth (Yachting) Lodge:** Tel. 09-960077, www.danforthyachting.com. Familiäres Gästehaus mit nur vier Zimmern im maritim-eleganten Stil von den Betreibern der Mufasa-Katamaranfahrten. Großes Wassersportangebot. Preise: VP kostet 120 €/DZpP, All-Inclusive 180 €/DZpP.
- **Emmanuelle:** Campingplatz am westlichen Dorfrand, bei Redaktionsschluss geschlossen.
- **Gecko Lounge:** Tel. 09-787322, E-mail: simongeckolounge@eml.cc, www.geckolounge.net. Kleine, geplegte Anlage mit zwei Chalets (65 €/Nacht), zwei Zimmern (44 €/Nacht) und einem Dormitory (8 € pP). Mit schönem Strand, nettem Restaurant und Lebensmittelladen (siehe oben).
- **Gaia House:** Tel. 09-374631, www.gaia-house.com. Kleine Backpackerlodge mit Bar-Restaurant, Zimmern ab 10 €/DZpP und 13 €/EZ, Dormitory 8 € pP und Campinggelegenheit für 3 € pP.

- **Cape Mac Lodge:** Tel./Fax 09-621279, E-mail: rogerl@africa-online.net. Hochwertige Anlage in Ortsmitte unter französischer Leitung. Nur 12 Zimmer, ein Pool und das Froggies Restaurant – alles sehr gepflegt, mit freundlichem Service, Ausflugsangebot. Preise: B&B 50 Euro/DZpP und 68 Euro/EZ.
- **Malambe Camping:** Tel. 09-258959, E-mail: malambecamp@africa-online.net. Neuer Campingplatz mit breitem Wassersportangebot, Mietzelten (8 €) und schattenloser Campinggelegenheit (4 € pP).
- **Fat Monkeys Lodge & Campsite:** Tel. 09-948501, www.fatmonkeys.com. Camping unter schattigen Mangobäumen mit einfachen Chalets und Bar. Jugendlich-legere Backpacker-Atmosphäre, freundliche Leitung, schöner privater Strandabschnitt. Camping ca. 4 €, Chalets 6-12 €/DZpP.
- **Chembe Eagle's Nest:** Tel. 09-274371, www. chembenest.com. Neben Danforth Lodge und Cape Mac Lodge die edelste Unterkunft in Chembe in grandioser Randlage mit herrlichem Strand. Die begrünte Anlage mit Safarizelten und Chalets liegt abseits des Trubels am Ostende der Bucht. Der sehr kleine Campingplatz liegt ausgesprochen idyllisch. HP 48 €/DZpP, Camping ca. 4 € pP.
- **Pumulani:** Robin Pope Safaris (Adresse s. S. 353), www.pumulani.com. Neue Luxus-Chaletanlage an der Westküste der Nankhumba-Halbinsel, nicht in Chembe. All-Inclusive ab 270 €/DZpP.

Zwischen Monkey Bay und Mangochi (von N nach S)

Die Strände dieses Uferabschnitts können sich bis auf einige Ausnahmen nicht mit denen in Cape Maclear messen; auch Schnorcheln ist weniger ergiebig, da an den meisten Stränden die Felsen als Lebensraum bunter Zichliden fehlen. Dafür bieten hier viele Resorts hoteleigene Badestrände und liegen isoliert und sehr ruhig. Ihre zentralere Lage erlaubt auch Tagestouren zu den Sehenswürdigkeiten im Süden, wie dem Zomba Plateau und dem Liwonde NP.

- **Venice Beach Backpackers:** Tel. 09-437501, www.venicebeachbackpackers.com. Große Strandanlage 2 km vom Busbahnhof von Monkey Bay entfernt, mit Bar/Restaurant, Zimmern (18 €/DZpP), Dormitory (6 € pP) und Camping im sandigen Innenhof (5 € pP). Schattenlos, viele "Beach Boys".
- **Norman Carr Cottage:** Tel. 01-587316, E-mail: taffy@africa-online.net, www.normancarrcottage .com. Fünf familiäre, gepflegte Ferienhäuser für entspannte Tage in einer kleinen Bucht. Sehr persönliche Leitung, ruhig gelegen. Preise: HP 65 €/DZpP und 88 €/EZ.
- **Nkhudzi Lodge & Camping:** Tel. 09-386669, nkhudzi@webmail.co.za, www.nkhudzilodge.com. Kleines Gästehaus mit ansprechender Strandbar, zwei Bungalows und Campinggelegenheit im blühenden Garten mit Baobabs und Akazien. Sehr schöner Strand, viele Vögel und Paviane in den Felsen hinter der Lodge. Preise: B&B 20 €/DZpP, Camping 4 € pP (keine eigenen Sanitäreinrichtungen).
- **Sun' n' Sand Holiday Resort:** Tel. 01-598073, Fax 598123, www.sunnsand-malawi.com. Sehr große, nüchterne Anlage mit einem Pool in "Olympic Size". B&B ab 44 €/DZpP, 60 €/EZ. Camping 4 € pP.
- **Nanchengwa Lodge:** Tel. 09-274696. Lässige Mittelklasseanlage mit Restaurant, Zimmern und Beach Houses (je nach Ausstattung 19-32 € pP) und Camping für 3 € pP.
- **Boadzulu Lodge:** Tel. 01-594725, E-mail: boadzulu@africa-online.net, www.alexanderhotels.net. Einfache, strohgedeckte Rondavel, zum Teil mit Selbstversorgung, in einer hübschen Gartenanlage. Preise: B&B ab 40 €/EZ und 30 €/DZpP.
- **Club Makokola:** Tel. 01-580244, Fax 580417, www.clubmak.com. Modernes Sporthotel mit feinstem Strand, großem Freizeitangebot und eigenem Airstrip. Eine 70-Zimmer-Bungalow-Anlage im Stil einer feudalen Clubanlage für gehobene Ansprüche. Preise: HP ab 110 €/DZpP und 150 €/EZ.
- **Nkopola Lodge:** Tel. 01-580444, Fax 580420, E-mail: nkopola@sunbirdmalawi.com. Sunbird-Hotel mit 55 klimatisierten Zimmern (ab 48 €/DZpP und 80 €/EZ), schönem Pool und großem Freizeitangebot an der idyllischen Nkopola-Bucht. 1 km entfernt liegt der Campingplatz mit schattigen Grünflächen für Zelte und Parzellen mit Stromanschluss für Caravans (5 € pP inklusive Benutzung der Hoteleinrichtungen). Es gibt im Campingbereich auch Chalets (24 € pP) und Miet-Hauszelte (8 €).
- **Mulangeni Holiday Resort:** Tel. 01-594698, Fax 594768. Große, enge, sterile und ziemlich vernachlässigte Anlage mit Bungalows (B&B 25 €/EZ, 20 €/DZpP) und einfachem Camping am Strand (nur für Zelte á 3 € pP, Mietzelte 10 €). Kaum Schatten.
- **Palm Beach Leisure Resort:** Tel. 01-584564, www.palmbeach-mw.com. Legere Anlage im idyllischen weitläufigen Palmenhain mit viel Wiese. Kleines Fischerdorf nahebei, viele Vögel, mittelmäßiger Strand. Rondavel mit B&B 40 €/EZ und 28 €/DZpP, Self-Catering-Chalet 80 €/Nacht, Camping 6 € pP.

Insel-Abstecher: Likoma Island

Likoma und Chizumulu, die kleine Schwesterinsel, liegen im Norden des Malawisees etwa auf der Höhe von Chinteche, dem mosambikanischen Ufer direkt vorgelagert. Dass sie dennoch zu Malawi zählen, liegt an der britischen Missionstätigkeit, die auf Likoma bereits 1885 begann.

Likoma Island ist nur etwa 3 x 8 km groß (17 km²), überwiegend flach und trocken, da die Insel wenig Regen erhält. Die wenigen Bäume wurden abgeholzt und verfeuert, nur die vielen eindrucksvollen Baobabs blieben erhalten und ein paar Mangobäume wurden angepflanzt. Die nur dünn besiedelte Insel hat viele schöne Strände und Buchten, besonders die Jofuh-Bucht ist sehr beliebt (Vorsicht: es gibt hier noch Krokodile!). Man kann die Insel leicht in einigen Stunden umwandern.

Das imposanteste Gebäude der Insel ist die gigantische neugotische **St. Peter's Kathedrale**, die von 1903 bis 1905 mit 100 m Länge und 25 m Breite in der gleichen Größe wie die Winchester-Kathedrale in England gebaut wurde. Der Überlieferung nach wurde das Kruzifix über dem Altar aus dem Holz jenes Baumes geschnitzt, unter dem David Livingstones Herz nach seinem Tod in den Bangweulusümpfen begraben worden war (siehe S. 215). Das mächtige Backsteingebäude mit den herrlichen Glasfenstern wurde in den 1980er Jahren grundlegend renoviert und zählt zu den beeindruckendsten Bauwerken Malawis.

Anreise

Die meisten Besucher wählen die Ilala zur Anreise, die fahrplanmäßig samstags und dienstags die Insel ansteuert (S. 381). Alternativ bestehen mehrmals wöchentlich Motorbootverbindungen nach Nkhata Bay (ca. 4 Stunden Fahrt). Zwischen den beiden Inseln Likoma und Chizumulu verkehren kleine Boote und Einbäume. Nyassa Air Taxi fliegt mit kleinen Maschinen Touristen nach Likoma (ab 250 € Oneway ab Lilongwe, Tel. 01-761443, www.nyassa.mw).

Reger Einbaumverkehr – von Zeit zu Zeit auch Motorbootverkehr und die Ilala – herrscht zwischen Likoma und Cóbuè an der nahen mosambikanischen Küste (ca. 2 Std. Fahrt per Einbaum). Der kleine Ort wird von einer verfallenen Missionskirche überragt. Tagesausflügler von Likoma dürfen Cóbuè in der Regel unkonventionell besuchen; wer jedoch auf diesem Weg nach Mosambik ausreisen möchte, benötigt ein Visum (siehe dazu S. 376).

Ein Wort zur Geschichte

Bischof Mackenzie von der Universities Mission war der erste Missionar, der dem Ruf Dr. Livingstones nach Zentralafrika folgte. Nach dem traurigen Ende seiner Missionsreise (siehe S. 331) hielt sich die Mutterkirche lange Zeit aus Afrikas Geschicken heraus und schickte erst 1885 wieder Missionare an den See. Nach den schlechten Erfahrungen mit Sklavenhandel, Stammesfehden und Malaria errichteten sie ihre Basis auf der kleinen Likoma-Insel. Den ersten beiden Gefahren gingen sie damit aus dem Weg, doch unter der Malaria litten sie hier noch stärker als alle anderen Missionen Nyasalands. In Durchschnitt starb jeder dritte Missionar in Likoma an der verheerenden Krankheit. Erst 1889 erhielt die Mission Unterstützung durch einen Arzt, und 1901 wurde ein kleines Hospital gegründet. Bei den Insulanern war ein starker Aberglaube lebendig, dem die frommen Missionare lange Zeit nur wenig entgegensetzen konnten. Vor den Augen der Missionare wurden einmal drei Frauen wegen Hexerei bei lebendigem Leib verbrannt. An jener Stelle wurde ab 1903 die pompöse Kathedrale erbaut. Nach einigen Jahrzehnten waren schließlich doch alle Inselbewohner zum Christentum bekehrt worden (so viele waren es ja auch nicht). Damit hatte die Mission die höchste Christianisierungsrate Afrikas erreicht!

Unterkünfte

• **Kaya Mawa**: Wilderness Safaris (siehe S. 354), Tel. 09-318360, www.kayamawa.com. Romantische Luxuslodge, die exponiert auf einer Felszunge zwischen zwei malerischen kleinen Sandbuchten liegt, mit idyllischen Chalets, in denen man die Zeit vergessen kann. Traumhafte Gelegenheit zum Schnorcheln und Segeln. Preise: All-Inclusive ab 255 €/DZpP und 280 €/EZ.

• **Mango Drift**: Tel. 09-746122, E-mail: mailmangodrift@gmail.com, www.mangodrift.weebly.com. Einfache, legere Backpackerlodge mit ein paar Strohhütten, Bar/Restaurant und Campinggelände in einer hübschen Bucht. Die Hütten kosten 6 €/DZpP und 8 €/EZ, Dormitory 4 € pP, Camping 3 € pP. An der mosambikanischen Küste liegt die nur per Boot erreichbare **Mchenga Nkwichi** Lodge mit Chalets mit VP für 200 €/DZpP und 255 €/EZ. Info: www.mandawilderness.org.

Von Mangochi nach Blantyre

Der größte Teil der Strecke führt durch malerische Palmenhaine. Nach knapp 50 km gibt es im Dorf Ulongwe eine kleine Zufahrt zum Liwonde NP (S. 312ff). 23 km weiter trifft man auf die Teerstraße aus Balaka; zahlreiche Souvenirstände säumen die Kreuzung. 3 km weiter breitet sich **Liwonde** beiderseits der Brücke über den Shire aus. Am Westufer liegt die Busstation, am Ostufer der Bahnhof und der größere Ortsteil.

- **Hippo View Lodge**: Tel. 01-542822, Fax 542116, www.hippoviewlodge.com. Sehr große Mittelklasseanlage am westlichen Shireufer unter indischem Management. B&B ab 35 €/DZpP und 46 €/EZ. Großes Terrassenrestaurant.
- **Shire Camp:** Dieses Gelände an der Zufahrt zur Hippo View Lodge ist der Abholpunkt für Bootstransfers zum Liwonde NP. Vorausbuchung bei Wilderness Safaris nötig, ca. 80 US$ Gebühr, Autoparkplatz vorhanden.

Ausreise nach Mosambik: Von Liwonde führt eine Teerstraße nach Namwera. In **Nsanama**, nach 36 km Strecke, zweigt eine Sandpiste parallel zu den Bahngleisen nach Nayuchi ab und erreicht nach 43 km den Grenzposten (Zoll, Immigration, Versicherungsgesellschaft, keine Bank). 2 km weiter liegt die Grenzstation Entrelagos in Mosambik (keine Versicherung/Bank).

Auf der Weiterfahrt nach Zomba nähert man sich nun den Shire Highlands. Die Straße steigt deutlich an und führt parallel zu den Bergen durch eine fruchtbare, landwirtschaftlich genutzte Region nach Süden. Von Zomba (siehe S. 315) liegt Blantyre (siehe S. 320) noch 70 km entfernt. Die abwechslungsreiche Strecke ist zumeist viel befahren und verläuft auf rund 1000 m Höhe. Unterwegs werden viele Tonwaren verkauft.

Mangochi – Blantyre	
Gesamtstrecke: 197 km	
Fahrzeit: ca. 3-3,5 Std.	
Zustand: Teerstraßen	
Tankstellen: Mangochi, Liwonde	

Auf der Weiterfahrt von Mangochi führt die Straße zunächst direkt am Westufer des **Malombesee**s entlang. Der sehr flache See wird vom Shire durchflossen. Seine Ufer sind schilfrig. Gelegentlich lösen sich an der Shiremündung Teile des Ufers und treiben als schwimmende Inseln im See. Um Nkungulu wird besonders intensiv gefischt und die kleinen Silberfische auf großen Trockengestellen ausgelegt. Malombe-, **Chiuta**- und **Chilwasee** sind nicht zum Baden geeignet. Die Region zwischen den drei Seen ist sehr einsam und wird mit Ausnahme des Liwonde NPs kaum von Touristen besucht. Je weiter man sich Mosambik nähert, um so flacher und sumpfiger wird es. Der 650 km² große Chilwasee, der 20 % von Malawis Fischernten einbringt, trocknet in sehr regenarmen Jahren völlig aus. Durch die Unzugänglichkeit bieten die Seen vielen Wasservögeln, wie Reihern, Pelikanen, Flamingos und Enten, wertvollen Schutz.

Mtenga-Tenga – Postmuseum

Kurz nach Namadzi, auf halbem Wege zwischen Zomba und Blantyre, befindet sich auf der rechten Straßenseite ein interessantes, aber unscheinbares Postmuseum (täglich von 07.30–17.00 h, Eintritt frei) mit zahlreichen Fotos, Briefmarken, Objekten und Uniformen aus den frühen Kolonialtagen. Selbst das Originalgebäude steht noch.

Tenga-Tenga hießen die Träger und Postboten der frühen Kolonialzeit. Vier Tage dauerte der Postweg anfangs zwischen den beiden Verwaltungszentren Zomba und Blantyre. Erst 1896 wurden nächtliche Postläufer auf dieser Strecke eingesetzt. In der Mitte des Weges hatte man eine Hütte errichtet (das Museumsgebäude), in der sich die Träger aus beiden Richtungen kommend trafen und einander die Postsäcke übergaben. Nach einer Erholungspause liefen sie dann den gleichen Weg zurück. Diese Vorgehensweise verkürzte den Postweg auf einen Tag. Die Postläufer bekamen eigene Uniformen und waren mit Gewehr oder Speer bewaffnet, um sich gegen die Angriffe wilder Tiere zu wehren. Außer Post und Waren trugen die Tenga-Tenga auch Menschen in Hängematten (Machilas). Bis in die 1930er Jahre wurden Postläufer eingesetzt, danach bekamen sie Fahrräder, und erst nach dem 2. Weltkrieg setzten sich Postautos durch.

Liwonde Nationalpark

Die bezaubernde Flusslandschaft mit Palmen und gelben Fieberbäumen war einst die Heimat von hunderten Elefanten und noch viel mehr Flusspferden. Bevölkerungszuwachs und Wilderei bedrängten diese Wildnis. Manche Tierarten, wie Nashorn, Zebra und Büffel, starben aus. Anderen drohte das gleiche Schicksal. Zahlreiche ausgelegte Tierfallen verwundeten die Tiere unnötig. Die Folge: Die Löwen und Elefanten von Liwonde zählten damals zu den aggressivsten in Zentralafrika, denn sie haben den Menschen lange Zeit nur als gefährlichen Feind erlebt.

Nur wenige besuchten den Park bis Anfang der 1990er Jahre. Das staatliche Camp war vernachlässigt, die Wildhüter unterbezahlt und die Wildtiere sehr scheu. Doch dann wurde mit internationaler Unterstützung – vornehmlich aus Südafrika, aber auch die Frankfurter Zoologische Gesellschaft ist beteiligt – ein **3-Phasen-Projekt** zur Rettung des Parks entworfen:

Bilder rechts: Meerkatze, Mvuu Camp, unten: Elefantenbulle

1. Der Park wurde von einem 117 km langen elektrischen Zaun umgeben.
2. Das Camp wurde privatisiert und zur Luxuslodge ausgebaut.
3. Ausgestorbene Tierarten wurden schrittweise wieder eingegliedert.

Auf diese Weise kam der Park zu zwei Nashörnern, die in einer Art Hochsicherheitstrakt mit 24-Stunden-Bewachung auf etwa 1000 ha Grund leben.

Der Liwonde NP hat heute zahlreiche Besucher und gilt als malawischer Vorzeigepark. Die Mvuu Lodge wird höchsten Ansprüchen gerecht. Auch die Tierwelt erholt sich allmählich. Inzwischen kann man wieder große Elefantenherden und zahlreiche Antilopen in dieser reizvollen Flusslandschaft bewundern. Jedoch – durch Vandalismus sind die Elektrozäune bereits stark beschädigt worden. Einzelne Elefanten sind so in die angrenzenden Dörfer gelangt. Unmut macht sich breit und die illegale Wilderei ist bisher nicht völlig eingedämmt worden.

Anreise: Hauptzufahrt bei Liwonde

Der Haupteingang liegt ca. 6 km östlich von Liwonde und ist im Ort ausgeschildert. Das Mvuu Camp liegt vom Eingangstor noch 25 km entfernt. Es ist von Blantyre in etwa 3 Stunden erreichbar, von Lilongwe in ca. 5 Stunden. Alle Parkwege sind Erdstraßen, und erfordern in der Regenzeit Allrad, mitunter kann man dann das Mvuu Camp auf dem Landweg gar nicht erreichen. Besonders berüchtigt sind die von Elefanten ausgetretenen Sumpfebenen.

Alternativanreise: S. 314

Natur und Tierwelt

Lebensader des landschaftlich so reizvollen Parks ist der Shire. Seine Ufer sind schilfrig, er bildet viele Lagunen. Das Westufer steht voller Palmen, das Ostufer weist die typische Vegetation der heißen Shire-Niederungen auf: Sandböden, Grasebenen und Schwemmland. Nahe dem Ufer stehen viele märchenhaft wirkende, gelbe Fieberbäume, Baobabs, Leberwurstbäume und Euphorbien. Im Hinterland wächst dichter Mopanebusch. Am Shire-Abfluss aus dem Malombesee steht ein besonders beeindruckender uralter Baobab.

Dieser Park bietet **Hippo-Garantie**! Um das Mvuu Camp ("Hippo Camp") halten sich zu jeder Zeit Flusspferde und Krokodile auf. An den Wänden und Zäunen der Lodge sind deutlich die Spuren zu sehen, wenn Hippos ihr Revier auf nächtlichen Spaziergängen markieren. Es bestehen gute Chancen, einige der ca. 800 Elefanten am Flussufer zu beobachten. Auch Wasserböcke, Warzenschweine, Schirrantilopen, Oribis und Impalas halten sich gerne am Ufer auf, wo man außerdem Nilwarane entdecken kann. Es leben ein paar Hyänen und Leoparden im Park. Allerorten turnen flinke Buschhörnchen durchs Gebüsch. Im Mopanewald leben Paviane,

Kudus und Pferdeantilopen. Einst ausgerottete Tierarten, wie Zebras, Büffel und Elenantilopen, wurden 1999 aus dem Kasungu Nationalpark umgesiedelt, um sie hier wieder einzugliedern. Die südafrikanischen Nashörner leben in einem streng bewachten, abgetrennten Bereich, in dem keine Privatpirschfahrten erlaubt sind (nur die Fahrzeuge der Mvuu Lodge dürfen in das Gehege).

370 verschiedene **Vogelarten** sind bekannt, darunter das hübsche Erdbeerköpfchen, eine Papageienart, die in Malawi nur hier vorkommt. Sehr gutes "Birding" bietet direkt das Mvuu Camp.

Unterkunft: Lodge, Safari Camp oder Camping

- **Mvuu Wilderness Lodge:** Central African Wilderness Safaris, Lilongwe, Tel. direkt 01-542135, www.wilderness-safaris.com. Exklusives, abgeschirmtes Luxuszeltcamp. Jedes der fünf Zelte verfügt über eine eigene Plattform am Fluss, auch ein Pool steht den Gästen zur Verfügung. All-Inclusive-Preise je nach Saison 270-350 €/DZpP und 350-430 €/EZ. Ganzjährig geöffnet.
- **Mvuu Camp:** Wilderness Safaris (siehe oben). Zeltcamp, Chalets und Camping mit schöner, großer Bar und Restaurant direkt am Shire, wo meistens einige Hippos dösen. Man gibt sich familienorientiert mit Spielplatz und Babysitterservice. Camper sind etwas ausgegrenzt, da kein Stellplatz mehr am Shireufer liegt. Gute Sanitäreinrichtungen, Gemeinschaftsküche, Pool, aber leider häufig Generatorenlärm. Es sind Bootstouren (unser Tipp!), Pirschfahrten und Wandersafaris im Angebot. Preise: All-Inclusive ab 130 €/DZpP und 195 €/EZ, Camping 8 € pP.
- **Chinguni Hills Lodge:** Tel. 08-838159, www.chinguni.com. Ehemalige Residenz des Parkverwalters, heute eine legere Lodge bei den Chinguni Hügeln. Sie bietet Zimmer im Haus mit Restaurant und günstigem Aktivitätsprogramm, wie Walking-, Kanu- und Nachtsafaris für ca. 12-20 € pP. Die Übernachtung im Zeltchalet kostet ab 20 €/DZpP, 24 €/EZ und 12 € im Dormitory.
- **Nkalango Safari Camp:** Nur 300 m neben der Chinguni Hills Lodge gelegen (gleiches Management), bietet dieses einfache Camp Zeltchalets (12 € pP), Dormitory (8 € pP) und Campingstellflächen am Hang (4 € pP). Mit Gemeinschaftsküche, kein Generator und viel Ausblick in die Ebene.

Alternativ kann man beim Dorf **Ulongwe**, etwa 26 km nördlich von Liwonde an der Straße nach Mangochi, auf die mit "Mvuu Camp" ausgeschilderte schmale Sandpiste abzweigen (nur unscheinbar beschildert). Die Dorfjugend bietet Rucksackreisenden hier Fahrradtaxidienste zum 16 km entfernten **Makanga Wildhütercamp** an, wo man den Eintritt bezahlt und bei Bedarf sein Fahrzeug abstellen kann, denn 2 km weiter geht es per Boot ins Mvuu Camp. Dieser Zugang ist ganzjährig möglich, während der Hauptzugang in der Regenzeit geschlossen wird. Mvuu Camp bietet auch Bootstransfers ab Liwonde.

Beim Makanga Gate befindet sich die **Njobvu Cultural Village Lodge**, wo Touristen für wenig Geld in das malawische Dorfleben eintauchen können (www.njobvuvillage.org).

Allgemeines

Der Liwonde NP ist 550 km² groß und wurde 1973 eröffnet. Er wird im Norden durch den Malombesee und im Süden durch die Bahnlinie begrenzt. Im Westen reichen die Parkgrenzen 1 km über den Shire hinaus, im Osten bis an das Mkongwa-Escarpment. Der flache Park liegt auf 500 m Höhe, nur im Süden gibt es einige Hügel bis 900 m. Die beste Reisezeit ist von Juli bis Oktober (ab September oft sehr heiß). Am Riverside Drive sind oft Elefanten zu sehen, und Wasserböcke mögen die Flussauen unterhalb der Chinguni Hills.

Der Park ist ganzjährig offen, manche Straßen sind während der Regenzeit jedoch unpassierbar. Im Mopanewald gibt es Tsetsefliegen. Der **Eintritt** pro Tag bzw. Übernachtung beträgt 5 US$ pP und 2 US$ pro Fahrzeug. Die Gebühren werden in Kwacha berechnet, deshalb sollte man möglichst entsprechendes Kleingeld bereithalten. Man darf den Park auch beim Scoutcamp im Nordosten verlassen, dort aber nicht einreisen.

Der Game Count von 2007 ergab folgende **Wildtierbestände**:

Spitzmaulnashorn:	8	(Bestände im Rhino Breeding
Büffel:	114	Sanctuary)
Elenantilopen:	68	
Zebras:	69	
Kuhantilopen:	75	
Pferdeantilopen:	300	

Zomba

Zomba ist immer noch eine der schönsten Städte Malawis. Allein die Lage zu Füßen des Plateaus und der Shire Highlands ist fantastisch. Auf 900 m Höhe genießt die ehemalige Kolonialhauptstadt ein ganzjährig angenehmes Klima. Zomba galt einst sogar als eine der charmantesten Hauptstädte des britischen Empire. Man kann dies noch erahnen anhand all der hübschen Kolonialvillen, die mit ausladenden Holzveranden inmitten blühender Gärten stehen. Leider verfallen die herrlichen alten Gebäude zusehends.

• **Annies Lodge:** Tel. 527002, Fax 527805, E-mail: annieslodge @globemw.net, www.annieslodge.com. Stilvolles Gästehaus in einem alten Kolonialgebäude beim Botanischen Garten (beschildert). Die ansprechenden klimatisierten Zimmer kosten mit B&B ab 26 €/DZpP und 40 €/EZ.

Kriegsdenkmal

Am Ortsrand von Zomba steht ein Kriegsdenkmal (Bild unten) zu Ehren der "King's African Rifles", die in zwei Weltkriegen für das britische Empire kämpften.

Botanischer Garten

Der britischen Tradition entsprechend legten die Kolonialherren auch in Zomba einen Botanischen Garten an, der seit Jahren allerdings vor sich hin dümpelt. Ein Naturpfad führt durch den einst berühmten Park.

Schon in den 1880er Jahren war die Region als Sitz einer Mission in Betracht gezogen worden, doch die Nähe zu den Sklavenrouten der Yao und die Gefahren durch Wildtiere verzögerten die Entwicklung zunächst. Hier gab es besonders viele Raubtiere, und die ersten Berichte erwähnen immer wieder Löwenangriffe auf Menschen. 1891 wurde die Siedlung dann doch ein britischer Verwaltungssitz. In den nächsten 15 Jahren entstanden die meisten der Kolonialbauten (das schöne **State House** wurde 1901 gebaut). Bis 1975 war Zomba Hauptstadt des Landes und blieb bis 1994 Parlamentssitz. Heute hat die Universitätsstadt etwa 23 000 Einwohner und wirkt nach wie vor ziemlich beschaulich. Es gibt einen Golfplatz und eine Fischfliegenfabrik. An der Namiwawa Road und um den **sehenswerten Markt** liegen einige einfache Hotels und Restaurants. Dort befinden sich auch das Geschäftszentrum, ein Versicherungsbüro, Avis und eine gute Wechselstube (Cash Point Forex). Diverse Supermärkte, zumeist in indischer Hand, findet man am Kamuzu Highway; frisches Obst und Gemüse kauft man am besten auf dem Markt.

Auch wenn die Kolonialbauten nun baufällig werden, bezeugen sie doch immer noch Zombas nostalgische Atmosphäre

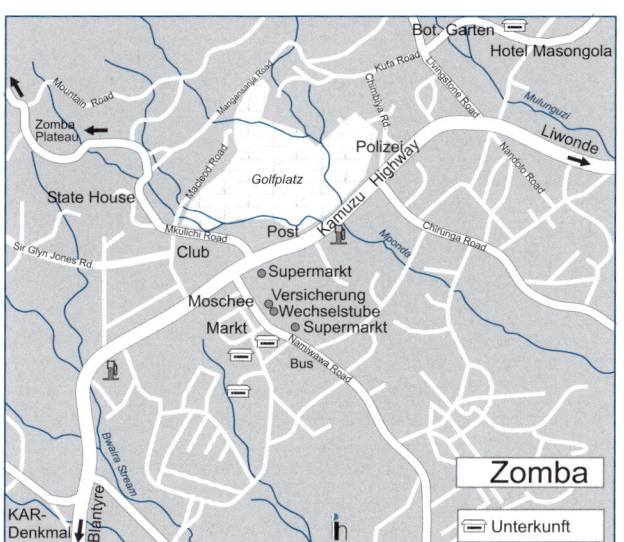

Zomba Plateau

Beliebte Sommerfrische

Frische, kühle Bergwälder, klare Luft und Ruhe sind die Vorzüge des Zomba Plateaus. Ein Netz an Wanderwegen und Aussichtspunkten lädt zum Verweilen ein. Ob im Luxushotel oder auf dem Campingplatz – am Abend wärmt auf jeden Fall ein heimeliges Lagerfeuer vor der heraufziehenden Frische. Besonders in den heißen Monaten ist der Aufenthalt auf dem kühlen Plateau eine willkommene Erholung und Abwechslung von den warmen Niederungen am Malawisee.

Anreise

Die **Auffahrt** beginnt am Kamuzu Highway, gegenüber vom Kandodo-Supermarkt. Die Mukulichi Road verläuft steil und kurvig am State House vorbei und gabelt sich kurz nach dem Sägewerk. Früher ging es links auf der ungeteerten Mountain Road bzw. "Up Road" hinauf und die andere Strecke wieder hinab. Durch den Bau des neuen Mulunguzi Staudamms wurde die Talstrecke zweispurig ausgebaut und geteert, sie ist nun die Hauptstraße zum Plateau. Leider hat die Strecke durch die Baumaßnahmen viel von ihrer spektakulären Atmosphäre verloren. Die tropischen Bergwälder wurden drastisch abgeholzt, die Serpentinen entschärft, die Farne und tropischen Blumen fehlen (noch?) am Straßenrand. Dabei war die Auffahrt früher bereits ein Höhepunkt des Plateaubesuchs.

Nicht Motorisierte müssen per Taxi auf das Plateau fahren (ca. 8 €) oder versuchen, eine Mitfahrgelegenheit zu ergattern

Verschiedene **Wanderpfade** führen von Zomba auf das Plateau, z. B. der *Potato Path*, der seinen Namen nach den Kartoffelträgern erhielt, die landwirtschaftliche Erzeugnisse zum Verkauf von den Feldern im Hinterland über das Plateau tragen (der Pfad trifft beim Visitor Centre auf das Plateau). Vorsicht: Es kommt hier immer wieder einmal zu Überfällen auf einsame Wanderer.

Natur & Tierwelt

Das Plateau war einst von dichten Urwäldern bewachsen. Vor gut 100 Jahren legte man riesige Forste an, die den Urwald zurückgedrängt haben und ein neues Landschaftsbild schufen. Vorzugsweise pflanzte man damals Mexikanische Pinien (*Pinus Patula*), Zypressen (*Cupressus Luscitanica*) und Mulanje-Zedern (*Widdringtonia Whytei*) an. Die neuen Waldlandschaften wirken für Afrika ungewöhnlich "nordisch", vielleicht üben sie deshalb so eine große Anziehungskraft auf die weiße Landesbevölkerung aus. Urwälder findet man heute nur noch entlang der Bäche, in Steilhängen und vereinzelt im Westen des Plateaus. Mehrere Flüsse, wie Mulunguzi und Domasi, entspringen in den Bergen, bilden Wasserfälle und wurden zu Stauseen aufgestaut. Den gigantischen Mulunguzi Stausee errichtete man 1999/2000 direkt unterhalb der **Mandala Falls**. Die Baumaßnahmen, der künstliche See und die ungebremste Abholzung haben den natürlichen Landschaftsraum in diesem Bereich massiv verändert.

Das **Zomba Plateau** ist der nördliche Ausläufer der Shire Highlands und wird von mehreren Bergspitzen umschlossen. Bereits Ende des 19. Jh., als die ersten Forste auf dem Plateau angelegt wurden, forderten weitsichtige Siedler, die reichhaltige Vegetation zu schützen. Deshalb wurde das Plateau schon 1913 zum ersten Waldschutzgebiet der Kolonie erklärt.

Das Reservat umfasst heute 47 km². Genauer betrachtet handelt es sich um zwei Bergplateaus; dem größeren Zomba Plateau und dem weiter nördlich gelegenen Malosa Mountain Naturschutzgebiet mit bis zu 2077 m Höhe. Das touristisch erschlossene Zomba Plateau erreicht **2087 m Höhe**, Hotel und Forest Campsite liegen etwa 1500 m hoch. Das **Klima** ist vergleichsweise kühl, und oft herrscht hier oben dichter Nebel. Die Tage sind meistens angenehm, die Nächte jedoch frisch, von Mai bis August sogar sehr kalt (im wärmsten Monat Oktober schwankt die Termperatur zwischen 9 und 25 Grad).

Früher lebten in der Bergwildnis viele Leoparden, Hyänen und Antilopen. Sie wurden allerdings stark bejagt; Leoparden sind selten geworden und Hyänen vermutlich ausgestorben. Mit viel Glück kann man noch Schirrantilopen, Affen, Schliefer und Otter entdecken. Bezaubernd ist die Vielfalt an bunten Schmetterlingen. Schildraben sind regelmäßige Besucher des Campingplatzes. Adler, Bussarde, Krähen und Uhus lassen sich aufspüren, auch Tschagras, Turakos, Schopfschnäpper und Sägeflügelschwalben. Glanzelsterchen, Sternrötel, Schwarzkehlchen, Schieferschnäpper und Fiskalwürger sind ebenfalls häufige Vögel auf dem Plateau. Typisch sind die kehlige Schreie des seltenen Livingstone-Lourie.

Wanderwege und Sehenswertes

Den ca. 27 km langen Rundweg (Circular Drive) möchten wir wegen der starken Abholzung und der schlechten Piste nicht mehr wirklich empfehlen. Bei klarem Wetter mit guter Fernsicht lohnt sich ein Besuch der Aussichtspunkte **Queen's View** und **Emperor's View**, wo man dann bis zum Chilwasee und dem Mulanje-Massiv blicken kann. Am **Chingwe's Hole**, einem Aussichtspunkt im Westen, blickt man auf Resturwälder und das Shire-Valley. Mehrere Legenden spinnen sich um das eingezäunte, tiefe Loch von Chingwe's Hole: Eine Überlieferung besagt, das Loch sei so tief, dass man kein Ende erreichen könne. Einer anderen These zufolge wurden hier früher Begräbnisse abgehalten. Für die Fahrt dorthin sollten Sie auf alle Fälle ein Allradfahrzeug benützen, so schlecht ist der Pistenzustand stellenweise.

Oben: Garten des Ku Chawe Inn; Holzverarbeitung

317

Oben: Preistafel für moderne Fahrrad-Taxis, an einem Baum am Wegesrand

• **Wanderwege:** Von der Forellenfarm, wo man sich einen Führer nehmen sollte, gibt es schöne Wandermöglichkeiten, z. B. durch schönen Naturwald am Fluss entlang zum Mulunguzi-Damm, oder zu den William's Falls. Vom Mulunguzi-Damm zum Chagwa-Damm führt ein Wanderweg mit einigen Steigungen durch Forstwald. Schön ist auch der Weg zwischen Emperor's View und Songani Lookout. Eine eineinhalbstündige, anstrengendere Tour führt vom Forstbüro zum Chiradzulu-Peak. Der Weg verläuft am Kamm entlang durch gemischte Wälder und bietet immer wieder grandiose Ausblicke.

• **Dämme und Wasserfälle:** In der Nähe des Hotels darf man im Mulunguzi-Damm Forellen fischen, wenn man sich vorher im Hotel eine Lizenz besorgt. Der kleine Chagwa-Damm liegt ruhig und einsam. Relativ leicht zu erreichen sind die Mandala Falls und William's Falls. Die Chivunde Falls liegen weit im Nordosten des Plateaus.

Tipps & Infos

Ein vernachlässigtes **Visitor Centre** nahe dem Ku Chawe Inn hält Angellizenzen bereit und zeigt ein Modell des Zomba Plateaus mit Informationen über Sehenswertes. Hier liegt ein Besucherbuch aus, zudem ist dies der beste Platz, um einen Wanderführer zu engagieren (Preise vorher aushandeln). Auf dem Plateau verkaufen Kinder **Mineralien**, vorwiegend Feldspat und schwarzen Turmalin, die sie aufgelesen haben. Von September bis Oktober bieten sie auch schwarze Beeren, von Oktober bis Dezember gelbe **Waldbeeren** und Erdbeeren an, die auf dem Plateau wild wachsen. Ansonsten gibt es kaum **Lebensmittel** auf dem Plateau. Alternativ kann man im Ku Chawe Inn dinieren oder einen Drink auf der Aussichtsterrasse genießen. Im Hotelshop gibt es Literatur über Zomba und Malawi.

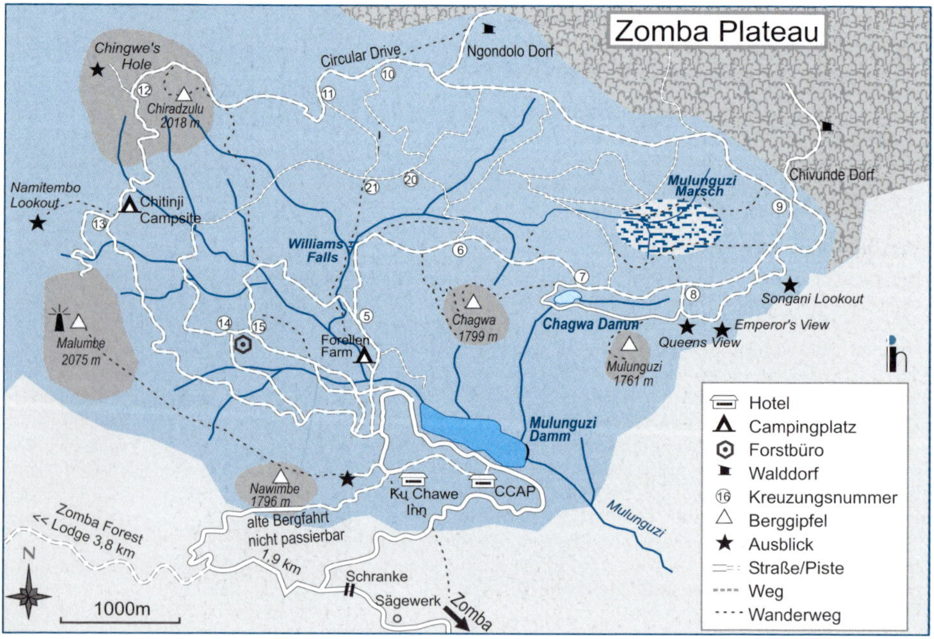

Zomba Plateau

Chingwe's Hole

Circular Drive · · · Ngondolo Dorf

⑫ Chiradzulu 2018 m

⑪ ⑩

Namitembo Lookout · · · Chitinji Campsite

⑬

Williams Falls

⑳ ㉑

Mulunguzi Marsch

Chivunde Dorf

⑨

⑥

⑤ Forellen Farm

⑭ ⑮

Malumbe 2075 m

Chagwa 1799 m

Chagwa Damm

⑦

⑧

Songani Lookout

Emperor's View
Queens View

Mulunguzi 1761 m

Mulunguzi Damm

Nawimbe 1796 m

Ku Chawe Inn

CCAP

Zomba Forest << Lodge 3,8 km

alte Bergfahrt nicht passierbar 1,9 km

Schranke

Sägewerk

Mulunguzi

Zomba

N

1000m

🏨	Hotel
▲	Campingplatz
◎	Forstbüro
◼	Walddorf
⑯	Kreuzungsnummer
△	Berggipfel
★	Ausblick
=	Straße/Piste
----	Weg
· · · ·	Wanderweg

Unterkünfte auf dem Zomba Plateau

• **Ku Chawe Inn:** Tel. 01-514211, Fax 514230, www.sunbirdmalawi.com. Das stimmungsvolle Ferien-hotel von Sunbird Hotels bietet eine herrliche Aussicht, eine attraktive Hotelbar, Zimmer mit eigenem Kamin und einen üppig blühenden Garten. Sehr stilvolle Unterkunft! Im Angebot sind Rundfahrten und Wanderungen. Preise: HP ab ca. 52 €/DZpP und 82 €/EZ.

• **Zomba Forest Lodge:** Tel. 09-200369 und 926122, E-mail: z.f.lodge@mw.celtelplus.com. Das ehe-malige Kolonialhaus befindet sich in einsamer, grandioser Lage auf 1400 m (zur Anreise ist ein eige-nes Fahrzeug notwendig). Im renovierten Haus werden fünf Zimmer mit eigenen Bädern vermietet (HP ab 35 €/DZpP). Dem Koch eilt ein sehr guter Ruf voraus. Es stehen auch Guides für Wande-rungen zur Verfügung.

• **CCAP Cottage:** Tel. 01-522942, 522758, 525525. Die CCAP-Mission in Zomba (hinter der CCAP-Schule) vermietet auf Anfrage ihr Gästehaus nahe dem Ku Chawe Inn. Es bietet drei Zimmer mit Küche und spektakuläre Aussicht. Komplettpreis ca. 60 €/Nacht.

• **Kuchawe Trout Farm Campsite:** Tel. 01-525271. Auf dem Gelände der Forellenfarm liegt in einer Naturwaldlichtung am kleinen Bach idyllisch und windgeschützt der kleine Campingplatz mit über-dachten Bänken/Tischen und guter Wandermöglichkeit. Nur einfache Plumpsklos vorhanden, die heißen Duschen liegen etwas weiter entfernt vom Campingbereich. Leider wird der nette Platz seit Jahren vernachlässigt. Preise: Camping 3 € pP, eine Selfcatering-Blockhütte wird für 10 € pro Nacht vermietet. Keine Bar oder Restaurant vorhanden!

• **Chitinji Campsite:** Tel. 01-915143, Fax 525271. Ein sehr einsamer, 1850 m hoch gelegener Cam-pingplatz mit terrassierten Stellflächen in einer Waldlichtung nahe Chingwe's Hole. Indische Leitung, kein Trinkwasser vorhanden und nur sehr einfache Ausstattung für ca. 3 € pP.

Es sind schon mehrmals Autos von Wanderern, die einsam am Straßenrand parkten, aufgebrochen worden. Auch von vereinzelten Raubüberfällen auf einsame Wanderer wird immer wieder berichtet (deshalb lieber nur mit offiziellem Führer wandern). *Warnung*

Schon gewusst?
Weltweit existieren rund 3500 Schaben-arten. Die flinken Kakerlaken können in einer Sekunde 25 mal die Richtung wechseln und dabei 1,30 m zurücklegen

Links:
Tropische Vegetation mit Farnen und Moosen auf einer Wande-rung auf dem Zomba Plateau

Blantyre und Limbe

Doppelstadt inmitten der reizvollen Berglandschaft

Die beiden Städte Blantyre und Limbe lagen einst 7 km voneinander entfernt, doch mit den Jahren wuchsen beide Orte immer stärker aufeinander zu. Limbe, früher der 1100 m hoch gelegene, ruhige Wohnort der weißen Bevölkerung, ist heute eher ein pittoresker, verschlafener Vorort Blantyres. Viele solcher "Vororte" fressen sich in die Hänge der Berglandschaft, der Kahlschlag ist unübersehbar, und annähernd eine halbe Million Menschen leben heute in der Doppelstadt. Lange Zeit hinkte Blantyres Entwicklung der Lilongwes hinterher. Moderne Supermärkte und Bürokomplexe fand man zuerst in der Hauptstadt. Doch inzwischen hat sich das Blatt gewendet: Blantyre hat nicht nur aufgeholt, sondern Dank besserer Stadtpolitik viel weniger Verkehrschaos und kaum noch fliegende Händler.

Heute zeigt sich Blantyre wieder als "Grande Dame" von Malawi

Stadtgeschichte

Schon gewusst?

Blantyre wuchs schon zu einer Siedlung heran, bevor Städte wie Nairobi, Lusaka oder Johannesburg überhaupt gegründet wurden.

Blantyres Gründungsdatum ist der 23. Oktober 1876, als schottische Missionare unter der Führung von **Henry Henderson** hier ihr Lager aufschlugen. Sie benannten den Platz nach dem Geburtsort von David Livingstone. Die Missionare waren froh, einen klimatisch günstigen Siedlungsplatz gefunden zu haben, der auch weit genug von den Sklavenrouten der Yao und Araber entfernt lag. 1884 überfielen dagegen die kriegerischen Ngoni die Dörfer in den Shire Highlands und hunderte Menschen suchten bei der Mission Zuflucht. Drei Jahre später gab der Londoner Arzt **Dr. Bowie** seine Praxis auf und emigrierte nach Blantyre. Eine Strohhütte wurde sein erstes Hospital. Unglücklicherweise starb der erste Patient, den er dort behandelte. Daraufhin fürchteten sich die Afrikaner derart vor dem Hospital, dass Dr. Bowie fortan in seinem Wohnhaus operieren musste.

Zwischen 1888 und 1891 erbaute Reverend Scott ohne jegliche Architektur-Kenntnisse die beeindruckende St. Michaels and All Angels-Kirche (Bild unten). Sie ist das **Wahrzeichen Blantyres** und markiert den Stadtmittelpunkt. In den Anfangsjahren lebten die Missionare immer im Angesicht des Todes. Ihre Sterberate betrug damals 20 %. Erst als 1897 die Ursache der Malaria entdeckt wurde, konnte diese Rate gesenkt werden.

Eine Tragödie spielte sich 1891 auf der Mission ab: Zuerst starb Henry Hendersons Baby an Diphtherie. Wenige Tage später erlag auch seine Frau der heimtückischen Krankheit. Dr. Bowie, der Bruder von Mrs. Henderson, hatte sich bei dem Versuch, die beiden zu retten, selbst infiziert und schied in kürzester Zeit dahin. Völlig verzweifelt verließen Henderson und Dr. Bowies Witwe die Mission, um nach England zurückzukehren. Doch kaum hatten sie den Sambesi erreicht, erlagen beide der Malaria.

Nach der Befestigung der Straße nach Zomba im Jahr 1893 bekam Blantyre bald auch eine Telegrafenleitung nach Salisbury (Harare). Das erste, den Europäern vorbehaltene Krankenhaus wurde 1897 eingerichtet. Blantyre wuchs nun schnell zur wichtigsten Stadt in der jungen Kolonie. In der Umge-

Ein Bild der Town Hall von Blantyre siehe S. 52!

bung pflanzten die Europäer Kaffee, Baumwolle, Tabak und Tee an. Zwar lag der Verwaltungs- und Regierungssitz in Zomba, doch das gesellschaftliche und wirtschaftliche Zentrum war von Anfang an Blantyre. Leider wurden viele der alten Kolonialbauten in den 1980er Jahren abgerissen. Die wenigen verbliebenen befinden sich überwiegend um die 1903 gebaute Town Hall an der Victoria Avenue.

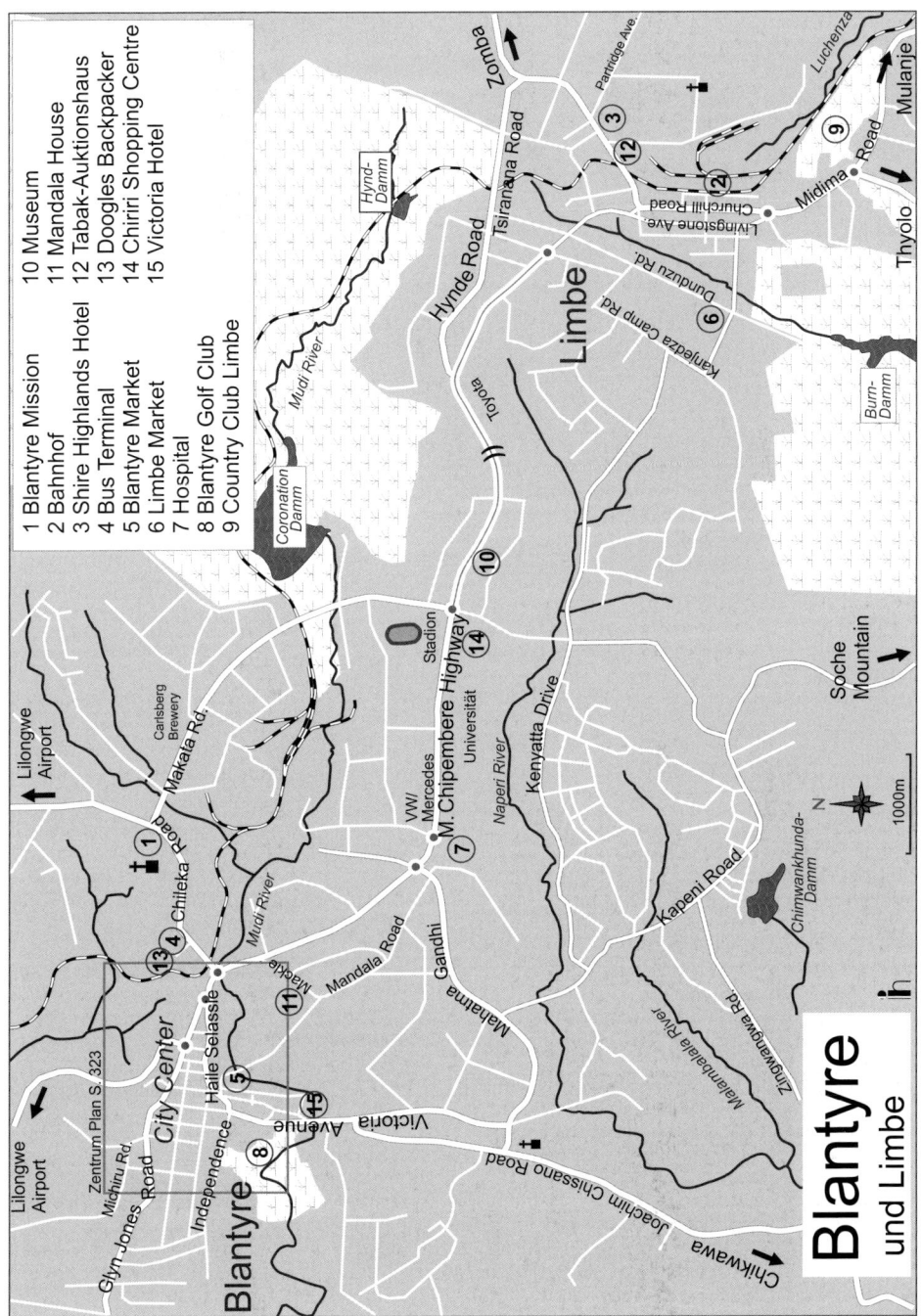

1 Blantyre Mission
2 Bahnhof
3 Shire Highlands Hotel
4 Bus Terminal
5 Blantyre Market
6 Limbe Market
7 Hospital
8 Blantyre Golf Club
9 Country Club Limbe
10 Museum
11 Mandala House
12 Tabak-Auktionshaus
13 Doogles Backpacker
14 Chiriri Shopping Centre
15 Victoria Hotel

Blantyre
und Limbe

Wichtige Adressen von A bis Z

Banken & Geldwechsel
Die Altstadt Blantyres zwischen der Glyn Jones Road und der Haile Selassie Road scheint das Geldzentrum der Stadt zu sein, wo praktisch jede Bank und zahlreiche Wechselstuben vertreten sind. In Limbe gibt es im Zubeda House am Ende des Chipembere Highways (nahe Olcom) eine Wechselstube. Am einfachsten wechselt man aber im Chichiri Shopping Centre (Bank und Wechselstube).

Busse
Zur Info: Stagecoach wurde in Shire Bus Lines umbenannt
Das Büro der Shire Bus Lines, Tel. 01-822313/877045, Fax 670038, liegt am Chipembere Highway gegenüber vom Stadion. Ticketverkauf und Abfahrtsstelle dieser Busse ist an der Hannover Ave. (siehe Plan rechts). Die größte Busstation der Stadt, Wenela Bus Terminus, liegt an der Chileka Road. Hier fahren die Fernreisebusse nach Johannesburg und Harare ab. Nach Zomba, Liwonde, Mulanje und Monkey Bay starten die Busse ab dem Bahnhof in Limbe. Zwischen Blantyre und Limbe verkehren permanent preiswerte Stadtbusse und private Minibusse. Beim Blantyre Clock Tower starten die Bigfoot Express Busse (Tel. 01-916448), die abends nach Lilongwe und Mzuzu aufbrechen.

Bücher
Kleinere Buchläden findet man außer im Chichiri Shopping Centre auch im Mount Soche Hotel und in der Victoria Ave. Einschlägige Literatur und ein sehr interessantes Antiquariat mit Werken aus der Kolonialzeit ist in der Bibliothek der "Society of Malawi" im 1. Stock des Mandala House (S. 324) erhältlich.

Flughafen
Chileka International Airport, Tel. 692454, liegt 16 km nördlich der Stadt. Es verkehren keine Flughafenbusse, Taxis berechnen ca. 15 Euro pro Fahrt.

Gas Auffüllen
Campinggas kann man bei Afrox Gases auffüllen lassen. Zufahrt: Vom Chipembere Highway auf Höhe der Mahatma Ghandi Rd. links in die Johnston Rd. einbiegen.

Hospital & Zahnarzt
Queen Elisabeth Central Hospital: Chipembere Highway, Tel. 01-874333 (Zufahrt von der Mahatma Ghandi Rd.). Adventist Hospital: Robins Rd./Ecke Glyn Jones Road, Tel. 01-820399. Zahnarztpraxis: Hope Dental Surgery, Chichiri Shopping Centre, Tel. 01-876966.

Immigration Office
Das Büro für Visa-Angelegenheiten befindet sich in der Victoria Avenue (siehe Map rechts), in einem großen grauen Gebäude hinter der Town Mall. Öffnungszeiten: wochentags 07.30–12.00 h und 13.00–17.00 h, am Samstag nur vormittags. Tel. 01-823777.

Landkarten
Landkarten kann man im "Department of Survey" in der Victoria Ave., nahe Town Hall, kaufen (Mo-Fr von 07.30–12.00 h und 13.00–16.00 h).

Lebensmittel
Das größte Angebot führt das moderne Chichiri Shopping Centre zwischen Limbe und Blantyre, gegenüber dem Stadium. Hier gibt es alles, was der Reisende sucht: Shoprite Supermarkt, GAME, Apotheke, Zahnarzt, Wechselstube, Bank, Zain-Ofice, Schnellimbiss, öffentliche Toiletten und einen bewachten Parkplatz.

Mietwagen
siehe auch S. 348
• **Avis Rent A Car:** Mataka Road, Tel. 01-870230, Fax 672429. Flughafen-Tel. 692368.
• **Ceciliana Car Hire:** Maselema, Tel. 01-841219 und 843206.
• **SS Rent A Car:** Glyn Jones Rd., Tel. 01-821597, www.ssrentacar.malawi.net.
• **Jambo Africa:** siehe Reiseagenturen, rechte Seite.

Orientierung
Das Zentrum Blantyres beschränkt sich fast auf das übersichtliche Dreieck zwischen der Haile Selassie Road, der Victoria Avenue und der Glyn Jones Road. Dort liegen die viele Geschäfte, Lokale und einige Hotels. Von hier aus führt der breite Masauko Chipembere Highway (früher Kamuzu Highway) nach Limbe. Auf halber Strecke liegt das Einkaufszentrum Chichiri Shopping Centre.

Fluggesellschaften

- **Air Malawi:**
Tel. 01-820811,
Robins Road
- **British Airways:**
Tel. 01-824333,
Victoria Ave.
- **Kenya Airways/KLM:**
Tel. 01-820877,
Mount Soche Hotel
- **Ethiopian Airways:**
Tel. 01-843676,
Finance House
- **SAA:** Tel. 01-820629,
Haile Selassie Road/
Ecke Glyn Jones Road

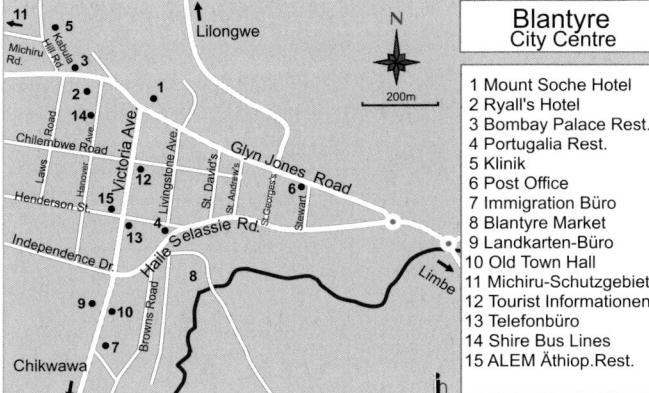

Blantyre
City Centre

1 Mount Soche Hotel
2 Ryall's Hotel
3 Bombay Palace Rest.
4 Portugalia Rest.
5 Klinik
6 Post Office
7 Immigration Büro
8 Blantyre Market
9 Landkarten-Büro
10 Old Town Hall
11 Michiru-Schutzgebiet
12 Tourist Informationen
13 Telefonbüro
14 Shire Bus Lines
15 ALEM Äthiop.Rest.

Post, Telefon & Internet

Das **Hauptpostamt** liegt an der Glyn Jones Road, östlich vom Mount Soche Hotel. Öffnungszeiten: wochentags 07.30–16.30 h, samstags von 08.00–10.00 h und sonntags von 09.00–10.00 h. Telefonieren kann man dagegen im **Telcom-Büro** in der Henderson Street, wochentags von 07.00–16.00 h, samstags von 08.00–14.30 h und sonntags von 09.00–13.30 h. **Internet-Cafés** sprießen auch in Blantyre aus dem Boden, z. B. MalawiNet in der St. Georges Ave., TEKTEL in der Haile Selassie Road, im Chichiri Shopping Centre und bei Doogles Backpackers.

Reise-agenturen

- **Soche Tours & Travel:** Tel. 01-820777, Fax 820440, E-mail: sochetours@ malawi.net.
- **Central African Wilderness Safaris:** Hotel Ryalls, Tel. 01-836961.
- **Jambo Africa:** Tel./Fax 01-823709, E-mail: jamboafrica@africa-online.net, www. jambo-africa.com. Angebote für jeden Geldbeutel, Mietwagen, Transferdienste, Tagesausflüge (z. B. historische Stadttour durch Blantyre).

Restaurants

- **21 Grill:** Elegantes Restaurant mit Internationaler Küche im Ryalls Hotel.
- **La Caverna:** Old Managers House, Mandala Road (siehe S. 324), Tel. 01-871932.
- **L' Hostaria:** Italienisches Restaurant in der Chilembwe Road, Tel. 01-625052.
- **Alem Restaurant:** Äthiopische Küche in der Victoria Ave.
- **Bombay Palace:** Indisches Restaurant in der Altstadt, Hannover Ave., Tel. 08-200200.
- **Game Haven:** Ausflugslokal in der Thyolo Road, siehe S. 333. Tel. 01-09-971287.
- **Gypsy's:** Internationales Restaurant im Mount Soche Hotel. Tel. 01-620588.
- **Portugalia** (ehemals Nando's): Fast Food in der Henderson St./Ecke Haile Selassie Rd.
- **Long Bar:** Die angeblich längste Bartheke der Stadt im Shire Highlands Hotel.

Taxi

Taxis warten vor den großen Hotels oder am Wenela Bus Terminal auf Gäste. Eine Fahrt zwischen Limbe und Blantyre kostet unter 10 Euro und innerhalb Blantyres bis zu 5 Euro (den Preis sollte man unbedingt vorher aushandeln).

Tourist Info

Department of Tourism, P. O. Box 402, Victoria Ave., Tel. 820300, Fax 820947. Öffnungszeiten: wochentags 07.30–12.00 h und 13.00–17.00 h.

Visa für Mosambik

Visa für Mosambik stellt das Konsulat innerhalb eines Tages aus. Es liegt im 1. Stock des Old Mutual Bldg. am Chipembere Highway, nahe der Abzweigung zur Hynde Road, neben dem Post Office (Tel. 01-830559, Zeiten & Details siehe Lilongwe, S. 279).

Werkstatt

Die Werkstatt Kwik Fit beim Ryalls Hotel in der Hanover Ave. hilft sachgerecht bei Fahrzeug- und Reifenproblemen weiter. Tel. 08-900400.

Sehenswertes in Blantyre und Limbe

Blantyre Mission

Die Mission, der älteste Teil Blantyres, liegt zentral an der Chileka Road. Mittelpunkt ist die gewaltige "St. Michaels and All Angels Kirche", die 1891 von Rev. Scott erbaut wurde und unterschiedliche Stilrichtungen aufweist. Scott hatte keine Vorkenntnisse für ein solches Bauvorhaben. Dass die Kirche dennoch so stabil und ausdrucksstark wurde, versinnbildlicht ein wenig die starke Überzeugung der Missionare in jener Zeit (s. Bild S. 320).

Chichiri Museum of Malawi

Sehenswertes Museum

Eine Ausstellung über die Stadt- und Missionsgeschichte, außerdem sind sehr interessante Musikinstrumente, Waffen und kunsthandwerkliche Gegenstände der Völker Malawis zu sehen. Im Garten stehen eine Dampflok von 1904 und eine Dampfmaschine der African Lakes Company von 1897. Das Museum befindet sich in Chichiri am Kasungu Crescent. Es hat täglich von 07.30–12.00 h und 13.00–17.00 h geöffnet, der Eintritt ist frei.

Sehenswertes in der Umgebung

Blantyre liegt in einer sanfthügeligen Berglandschaft eingebettet. Auf die Gipfel Mount Soche (1533 m), Ndirande (1612 m), Chiradzulu (1773 m) und Michiru (1473 m), führen Wanderwege. Auch der Mpingwe Hill bei Limbe bietet schöne Ausblicke.

Am einfachsten zu erreichen ist die **Michiru Mountain Conservation Area** (ca. 15 Minuten mit dem Auto). Man fährt die Glyn Jones Road stadtauswärts und zweigt nach der St. Paul's Kirche erst rechts und gleich danach wieder links in die Michiru Road ein. Nun geht es immer nur geradeaus. Nach 12 km erreicht man das einsame Naturschutzreservat. Es liegt tiefer als die Stadt und in Mopanewäldern. Markierte Naturpfade führen durch die stille Natur, es gibt auch einen Picknickplatz.

Ein anderer Ausflug führt zur ca. 50 km entfernten **Mpatamanga Gorge**. Man fährt von Blantyre in Richtung Mwanza bis zur Bailey-Brücke über den Shire. Hier folgt man auf einem Fußweg dem Shire flussabwärts und erreicht nach etwa 1 km die schmale Schlucht, durch die sich der Fluss zwängt.

Infos: Wer Näheres zu den Wanderungen und Ausflügen rund um Blantyre wissen möchte, wendet sich an die **Wildlife Society of Malawi,** Tel. 01-643502, Fax 643765. In einigen Läden von Blantyre wird auch die informative Broschüre "Day Outings from Blantyre" der Wildlife Society angeboten.

Old Manager's (Mandala) House

Das älteste und erste zweistöckige Gebäude Malawis, 1882 für die Brüder Moir gebaut, war der Hauptsitz der African Lakes Company. "Mandala" wurde der Brillenträger John Moir von den Afrikanern genannt, es bedeutet "spiegelndes Licht". Der Name setzte sich bald so stark durch, dass sich die ALC sogar in Mandala Ltd. umbenannte. Heute beherbergt das liebevoll renovierte "Old Manager's House" im ersten Stock die Society of Malawi (mit großartiger Bibliothek), das Erdgeschoss teilen sich die Kunstgalerie "La Galleria" und das beliebte Tagesrestaurant "La Caverna", wo man angenehm im Freien sitzen kann. Unserer Ansicht nach eine richtig grüne Ruheoase in der Großstadt. Sehr sehenswert, gute Küche, schönes Kunsthandwerk, faszinierende alte Bücher – und sichere Parkmöglichkeit.

Tobacco Auction Floors

In Limbe finden zwischen April und September die großen Tabakauktionen statt. Die Auktionshallen sind an der Churchill Road, nahe dem Shire Highlands Hotel. Tel. 840377.

Brauereibesichtigung

Die Carlsberg-Brauerei in der Makata Road bietet an manchen Nachmittagen Gratisführungen an. Info-Tel. 01-870022 sowie bei der Doogles Backpackers Lodge.

Hotels, Gästehäuser und Camping in Blantyre & Limbe

- **Sunbird Mount Soche Hotel:** Glyn Jones Road, Tel. 01-820588, Fax 820154. Email: mountsoche@sunbirdmalawi.com, www.sunbirdmalawi.com. Bekanntestes 4-Sterne-Hotel der Stadt mit 134 klimatisierten Zimmern. Internationaler Standard, sehr zentral gelegen, schöner Pool und Garten. Internationale Küche, viele Geschäftsreisende. B&B ab 67 €/DZpP, 105 €/EZ.
- **Ryalls Protea Hotel:** Hannover Avenue, Tel. 01-820955, Fax 827000, E-mail: ryalls@proteamalawi.com. Traditionshaus (seit 1921) der 4-Sterne-Kategorie mit viel kolonialem Flair. Klimatisierte Zimmer mit Satellieten-TV, elegantes Restaurant der Spitzenklasse. Preise: B&B ab 75 €/DZpP, 120 €/EZ.
- **Hotel Victoria:** Tel. 01-823500, Fax 824822, www.hotelvictoriamw.com, E-mail: reservations@ hotelvictoriamw.com. Gehobene Mittelklasse mit 50 klimatisierten Zimmern und einem Olympic-Size-Pool an der Victoria Avenue (südlich des Zentrums). Preise: B&B ab 55 €/DZpP, 95 €/EZ.
- **Kabula Lodge:** Tel. 01-621216/621130, E-mail: kabulalodge@yahoo.com, www.kabulalodge.co.mw. Einfaches, familiär geführtes Gästehaus mit Restaurant in einem kolonialen Haus am Kabula Hill, ruhig gelegen mit schöner Aussicht, dennoch zentral. Wahlweise Zimmer mit eigenem oder Gemeinschafts-bad bzw. mit/ohne Küchenblock. Viele junge Gäste. Preise je nach Zimmerart: 12-20 €/DZpP.
- **Jambo House:** Jambo Africa Tours (Adresse siehe S. 354), Tel./Fax 01-823709, www.jambo-africa.com. Sehr ruhig in einer Sackgasse in Kabula Hill gelegenes Gästehaus im alten Kolonialstil. Hübsche Gästezimmer unterschiedlicher Ausstattung und Größe, einladender Pool und herrli-cher Garten, tolle Aussicht und freundlicher Service. Preise: B&B ab 32 €/DZpP und 40 €/EZ.
- **Fishermans Rest:** Tel. 08-836753, E-mail: enquiries@fishermansrest.net, www.fishermansrest.net. Am Stadtrand von Blantyre mit grandiosem Weitblick in die Tiefebene direkt an der Straße nach Chikwawa gelegenes Farmgelände, auf dem ein komplettes Gästehaus für max. 11 Personen und Zimmer im einfachen Cottage bzw. "Bush Tents" vermietet werden. Preise: Gästehaus 145 €/Nacht plus 20 € pP, Cottage und "Bush Tents" je 32 €/DZpP und 40 €/EZ. Im angeschlossenen Tea House gibt es von 9-18 Uhr Speisen und Getränke unter schattigen Bäumen und mit genialer Aussicht.
- **Superior Hotel:** Tel. 01-623700, Fax 621255, /www.superiorhotelsmw.net. Am Stadtrand in Richtung Flughafen gelegen mit 48 klimatisierten Zimmern (mit Zimmerbar und Satelliten-TV), Pool, Tennis, Restaurant. Preise: B&B ab 50 €/DZpP und 80 €/EZ.
- **Dorvic Hotel:** Tel. 01-830854, Fax 830807, E-mail: reservations@dorvichotelmw.com, www.dorvichotelmw.com. Neues Hotel mit 36 Zimmern und Restaurant an der Zalewa Road (Richtung Lilongwe) etwa 3 km vom Stadtzentrum entfernt. B&B ab 47 €/DZpP und 77 €/EZ.
- **Hostellerie de France:** Tel. 01-669626, Chilomoni Ring Road/Ecke Kazuni Close im westlichen Vorort Namiwawa (der Glyn Jones Road stadtauswärts folgen), www.hostellerie-de-france.com. Gepflegte Gartenanlage mit Restaurant, Pool, Zimmern (B&B ab28 €/DZpP), Studios und Apart-ments zur Selbstversorgung (40-80 €/Nacht).
- **Shire Highlands Hotel:** Churchill Road, Limbe. Tel. 01-840055, Fax 840063. www.alexanderhotels.net. Traditionsreiches Kolonialhotel der Mittelklasse in Limbe, mit 37 klimatisierten Zimmern, aber ein wenig nachlässigem Service. Preise: je nach Zimmer ab 33 €/DZpP, 45 €/EZ.
- **Doogles Backpackers Lodge:** Tel./Fax 08-823885 und 08-837615, E-mail: doogles@africa-online.net. Beliebte, zentral gelegene Backpackerlodge im hinteren Bereich des Wenela Bus Terminal in der Chileka Road (gegenüber der Olcom-Tankstelle einbiegen). Viele jugendliche Traveller quartieren sich hier ein. Mit Restaurant, großer lebhafter Bar, Internet-Zugang und schönem Poolbereich, je-doch nur rudimentären Sanitäranlagen. Ein guter Platz, um Traveller in lockerer Atmosphäre zu treffen. Preise: 18 € pro Doppelzimmer mit Bad, 14 € pro Chalet, 5 € pP im Dormitory, 3 € pP für Camping (nur sehr wenig Platz für **Camping**, und nachts ziemlich unruhig, da lange Barbetrieb).
- **Country Club Limbe:** In Limbe an der Midima Road gelegener städtischer Sportclub, der **Camping** am Rande des Sportplatzes anbietet (Warmwasserdusche nicht gewährleistet). Im Morgengrauen weckt hier der Muezzin aus der nahen Moschee! Preis: 4 € pP inklusive Eintrittsgebühr für den Sportclub. Das Restaurant mit dem nostalgisch-britischen Ambiente bietet preiswerte Kost.

Camping: Beide Campinggelegenheiten (Doogles und Country Club Limbe) sind eher Notplätze.

Blantyre – Lilongwe

Gesamtstrecke: 311 km
Fahrzeit: ca. 4 Std.
Zustand: gute Teerstraße
Tankstellen: Balaka, Dedza

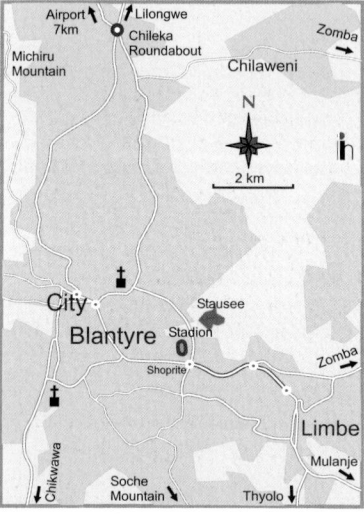

Felsmalereien

Die kaum zugängliche Bergregion um Dedza gilt als eine **Schatzkammer für Felsbildstätten** und beherbergt auf verhältnismäßig engem Raum mehr als 200 Fundorte. 2006 erhob die UNESCO die "Chongoni Rock Art Monument Area" deshalb zum **Weltkulturerbe**. Die interessantesten Fundstätten, die sich 11 km nördlich der Dedza Pottery in einem Forstreservat beim **Chachere Hill** befinden, sind jedoch ohne Führer kaum zu finden. Bei der kleinen Schule vor dem Hill führen Spuren nach links ins Forstgebiet, die sich immer wieder verzweigen und zu Felsbildstätten mit schematischen und naturalistischen Malereien führen, die meisten dieser leicht zugänglichen Felsmalereien sind jedoch vandalisiert.

Infos zur Felsbildkunst und der Möglichkeit, einen ortkundigen Führer zu engagieren: siehe S. 71.

Von Blantyre nach Lilongwe

Die Strecke von Blantyre nach Lilongwe ist sehr gut ausgebaut. Man verlässt Blantyre entlang der Chileka Road in nördlicher Richtung und erreicht nach wenigen Km den Chileka Roundabout. Schräg links geht es zum Flughafen Chileka, geradeaus-rechts über die Zalewa Road nach Lunzu und Lirangwe in Richtung Lilongwe (nicht beschildert).

60 km nördlich von Blantyre erreicht man die Brücke über den Shire mit Polizeikontrollposten. Kurz danach zweigt links die Straße nach Mwanza ab. Die nächsten 70 km führen durch trockenes Tiefland. An der Kreuzung, wo man auf die Straße zwischen Lilongwe und Balaka trifft, und wenig später, an der Abzweigung nach Salima, sind zahlreiche Souvenirstände aufgebaut. Die direkte Verbindung nach Lilongwe verläuft nun entlang der mosambikanischen Grenze in den Bergen über Ntcheu und Fort Mlangeni nach **Dedza**. Die sympathische Kleinstadt mit Bank, Supermarkt, Hospital und Tankstelle liegt auf kühlen 1600 m, umringt von Bergen und Pinienwäldern. Kenner bezeichnen die Bergwelt um Dedza gerne als "Miniatur-Nyika". In der Umgebung wird viel Landwirtschaft, vor allem Kartoffelanbau, betrieben.

Versäumen Sie nicht die bekannte **Dedza-Pottery** am nördlichen Ortsrand zu besuchen, wo Töpferwaren aller Art, ruhige Apartments, Camping (gute Sanitäreinrichtungen und ein Unterstand mit Licht) und Ausflüge angeboten werden. Das Restaurant öffnet abends bis 22 Uhr. Preise: Zimmer für 16-32 €/ DZpP, 24-47 €/EZ, Camping 3 € pP. Tel. 01-223069, Fax 223131, www.dedzapottery.com. Eine herrliche, ruhige Sommerfrische zum Entspannen!

Lilongwe liegt von Dedza 89 km entfernt. Unterwegs ist neben der Straße noch ein Nationaldenkmal zu sehen: die alte Diamphwe-Brücke von 1923.

Unser Tipp: Golomoti-Pass

Südlich von Dedza führt eine kurvenreiche Panoramastrecke das Escarpment hinab: der **Dedza-Shortcut** über den Golomoti-Pass. Die 29 km lange, schmale Teerstraße bewältigt in engen Serpentinen fast 1000 m Höhenunterschied. Die wechselnden Ausblicke bis zum See und die kleinen Dörfer und Felder am Wegesrand sind fantastisch. Zu Beginn der Straße verkaufen Kinder, die "Golomoti-Carvers", selbst gebastelte Holzautos aus Weichholz. Bis vor wenigen Jahren waren es kleine Meisterwerke, die nur von zusammengesteckten Hölzern gehalten wurden. Heute haben die Kinder die Vorzüge von Klebstoff entdeckt.

Von Blantyre nach Nsanje

Man verlässt Blantyre auf der Victoria Avenue, fährt an der katholischen St. Montfort Kirche vorbei und lässt rasch die Stadt hinter sich zurück. Die Panoramastraße windet sich steil und kurvig vom Escarpment in die mehr als 900 m tiefer gelegene Ebene hinab und gibt dabei **imposante Ausblicke** auf den Shire und die flache Tiefebene frei (unterwegs bietet sich die Einkehr im Tea House von Fisherman's Rest an, siehe S. 325).

In der Niederung am Shire River taucht man regelrecht in eine neue Welt ein, völlig verschieden vom dicht besiedelten, fruchtbaren Hochland. Die Luft ist aufgeheizt und diesig, die Landschaft voller Palmen und Baobabs. Nach etwa 50 km Fahrt und mehreren Polizeikontrollen gelangt man zur Brücke über den Shire und wenig später in die Ortschaft **Chikwawa.** Hier zweigt die Zufahrt zum Majete GR ab (S. 330).

Auf der Weiterfahrt nach Süden ändert sich der visuelle Eindruck bald erneut: Endlose leuchtend grüne Zuckerrohrfelder kündigen Malawis größte Zuckerrohrplantage, Illovo Sugar Estate, an. 19 km südlich der Shirebrücke erreicht man eine Kreuzung: Links führt der kleine Weg im Illovo-Gelände zum Nyala Park (S. 331), rechts zum Lengwe Nationalpark (S. 328). Die Hauptstraße hält sich strikt geradeaus und ereicht nach 9 km die Kleinstadt **Nchalo** (Banken, Tankstellen und einfache Versorgung).

Südlich von Nchalo wird der Straßenzustand immer schlechter; außerhalb der Ortschaften wurde der Asphaltbelag gänzlich abgetragen. Man müht sich seither über eine fürchterliche, ruppige Wellblechpiste, unzählige Schlaglöcher zwingen zu langsamer Fahrt. Die Straße verläuft entlang der Elephant Marsh (S. 332), die sich vor allem östlich vom Shire ausbreitet. Nach 30 km, kurz vor **Bangula**, passiert man die Zufahrt zum Mwabvi GR (siehe S. 332). Früher konnte man in Bangula über eine Brücke zum Ostufer des Shire gelangen, doch die Brücke ist vor Jahren eingestürzt und eine Reparatur nicht in Sicht (nur Einbäume bieten noch Transferdienste für Personen).

Von Bangula führt die harte Piste zwischen dem Shire und den alten Bahngleisen durch sehr dicht besiedeltes Gebiet nach **Nsanje** (46 km) und weitere 30 km bis an die Grenze nach Mosambik. Jenseits der Grenze in Mosambik erreicht die Straße nach 40 km bei Vila de Sena den Sambesi.

Blantyre – Nsanje

Gesamtstrecke: 154 km

Fahrzeit: ca. 3-3,5 Std.

Zustand: Teerstraße und Wellblechpiste

Besonderheit: steile, nicht ungefährliche Escarpmentabfahrt; später harte Piste

Tankstellen: Chikwawa, Nchalo

Alte Missionarsgräber

Kurz nach der Shirebrücke weist ein Schild zu den Gräbern zweier Missionare der Zambezi Expedition von 1859–1863 (S. **331**). Sie liegen etwa 1,5 km von der Hauptstraße entfernt. Henry Scudamore und der Arzt, Natur- und Vogelkundler John Dickinson erlagen hier 1863 der Malaria. Nach Dickinson wurde der Schwarzrückenfalke (*Falco Dickin-soni*) benannt.

Die Zuckerherstellung bei Illovo

Das Illovo Sugar Estate unterhält im Shire-Tiefland riesige Zuckerrohrplantagen und beschäftigt je nach Saison bis zu 10 000 Arbeiter. Allein vom Haupteingang bei Nchalo bis zum Sportclub am Shire fährt man 9 km lang durch grüne Felder.

Reife Zuckerrohrfelder werden abgebrannt, binnen 48 Stunden das Zuckerrohr abtransportiert, zerhäckselt und mit Wasser versetzt. Dabei löst sich der Zucker, und die Fasern bleiben als Brennstoff "Bagasse" zurück. Die gewonnene Flüssigkeit wird immer wieder gereinigt und gekocht, bis sie zu Sirup eindickt. Diese braune Zuckermasse wird dann nach Vorgabe der Endabnehmer weiterverarbeitet, z. B. gebleicht.

Das Endabfallprodukt bei der Zuckerherstellung, die zähflüssige, klebrige **Melasse** oder Molasse, dient als Tierfutter und als Straßenbelag auf den Wegen im Sugar Estate. Optisch unterscheidet sich der Belag kaum von Asphalt, er weicht bei Regen aber auf. Befahren Fahrzeuge eine nasse Melassestraße, spritzt das zuckerige Gemisch an die Karosserie – und fördert Rost.

Lengwe Nationalpark

Der kleine Nationalpark gilt als nördlichste Region Afrikas, in der die scheuen Nyala-Antilopen natürlich vorkommen. Zum **Schutz der Nyalas** wurde hier bereits 1928 ein Reservat eingerichtet und 1970 in den Nationalpark umgewandelt, der 887 km² groß ist und sich an die Grenze zu Mosambik schmiegt. Nur der östliche Teil des Lengwe Nationalparks ist erschlossen.

Vegetation

Im Norden des Parks herrschen Trockenwälder vor. Die Dornbusch- und Akaziensavannen der Mitte gehen im Süden in Marsche und Grasebenen über, die zur Regenzeit überflutet werden. Im Westteil, der nahezu wasserlos und unerschlossen ist, wächst vor allem dichter Combretum-Wald. Den östlichen Teil bezaubern schöne Fieberbäume, Baobabs (z. B. im Makanga-Bereich), Palmen und Ebenhölzer.

Die Tierwelt

Größte Attraktion des Parks sind die scheuen **Nyala**-Antilopen. Vor allem männliche Tiere erscheinen ausgesprochen imposant. Eine weitere Besonderheit sind die hier vorkommenden **Moschusböckchen**, auch Livingstone-Suni genannt, sehr kleine Antilopen, die im Dickicht schwer auszumachen sind. Leichter entdeckt man Kudus, Impalas, Schirrantilopen, Warzenschweine, die hübschen Samangoaffen und Paviane. Auch Büffel sind inzwischen wieder zahlreich. Hyänen und Leoparden zeigen sich hier sehr scheu; Löwen und Elefanten kommen gar nicht vor. Über 300 Vogelarten sind bisher registriert worden. In der Trockenzeit, wenn die Tümpel im Süden austrocknen, konzentrieren sich die Tiere stärker auf den Bereich beim Main Hide und der Nyala Lodge.

Bild rechts: Nyalas beim Main Hide

Info: Der Park ist von Mai bis Dezember geöffnet, leidet jedoch zwischen Oktober und Dezember meistens unter großer Hitze. Der Eintritt beträgt 5 US$ pP und 2 US$ pro Fahrzeug (in Kwacha zu bezahlen).

Anreise: Der Park liegt 75 km von Blantyre entfernt, ist leicht zugänglich und gut ausgeschildert. 19 km südlich der Shirebrücke zweigt inmitten von Zuckerrohrfeldern die 10 km lange Zufahrt in den Lengwe NP ab, deren Belag aus dem Zuckerabfallprodukt Melasse besteht (siehe S. 327).

- **Nyala Lodge:** Jambo Africa Ltd., Blantyre (Adresse S. 323), www.jambo-africa.com. Das einstige staatliche Camp wurde 2003 privatisiert und bietet heute als rustikale Mittelklasselodge strohgedeckte Chalets mit Ventilatoren oder Klimaanlage. Der Restaurantbereich ist gemütlich, der Pool eher schmucklos und klein. Preise: VP 92 €/DZpP, 100 €/EZ, B&B 60 €/DZpP, 68 €/EZ.

- **Nyala Lodge Campsite:** Ein paar Hundert Meter abseits der Lodge im Gebüsch gelegener Campingplatz mit einfacheren strohgedeckten Hütten, Mietzelten und Campingstellflächen (wenig Schatten). Preise: Camping kostet 5 € pP, die Mietzelte zusätzlich 4 € pro Tag, Übernachtung in den Hütten 24 €/DZpP bzw. 28 €/EZ (Mahlzeiten können hinzu gebucht werden).

Jambo Tours bietet den Gäste Walking Safaris (10 € pP), Pirschfarten (16 € pP), Tagesausflüge in benachbarte Schutzgebiete und zur Elephant Marsh (S. 332) sowie Abendveranstaltungen im nahe dem Parkeingang gelegenen "Nadkwera Cultural Village" (28 € pP, ab 4 Personen) an.

Busch-Camping im Nationalpark: Man kann auch in einem von sechs entlang dem Mbawala Drive ausgewiesenen "**Bush Camps**" campieren (3 € pP, keine Einrichtungen, beim Gate zu buchen). "BC1" liegt am schönsten.

Beobachtungsstände im Park

Vier sog. "Hides" an den Wasserstellen sollen Besuchern das unauffällige Beobachten scheuer Tiere ermöglichen. Doch es stehen nur noch **Main Hide** und **North Thicket Hide**. Jasi Hide ist schon lange abgebrannt und Makanga Hide verfallen... Main Hide zu besuchen lohnt sich, denn die Wasserstelle suchen täglich viele Tiere auf. Tipp: Am besten direkt nach Sonnenauf- oder kurz vor Sonnenuntergang kommen und sich sehr leise verhalten, um die Wildtiere nicht zu verscheuchen.

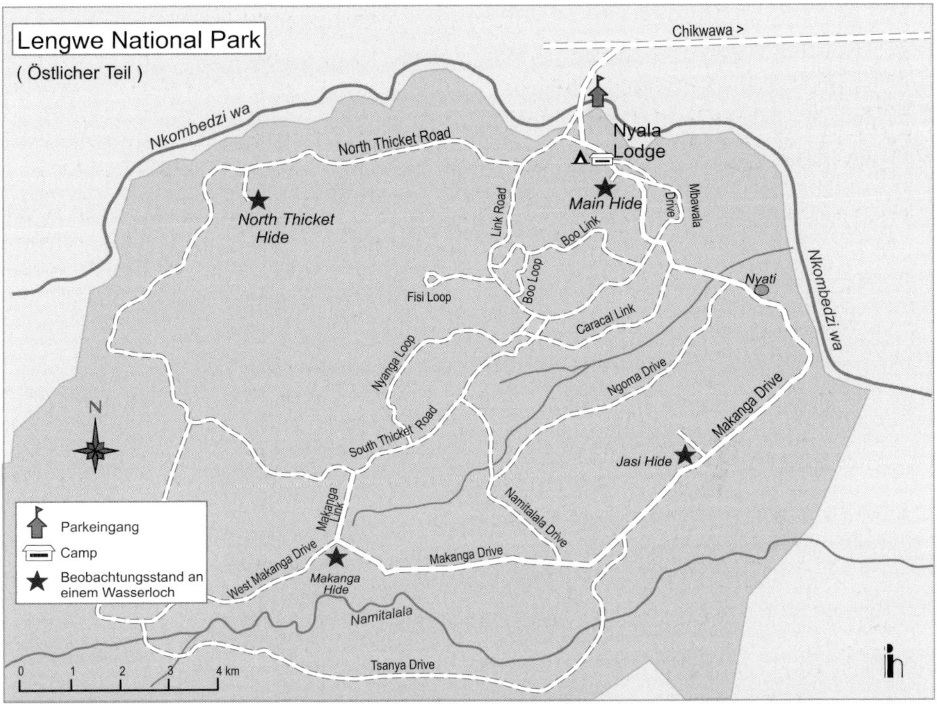

Lengwe National Park

(Östlicher Teil)

Chikwawa >

Nkombedzi wa

North Thicket Road

Nyala Lodge

North Thicket Hide

Main Hide

Link Road

Boo Link

Mbawala Drive

Boo Loop

Nyati

Nkombedzi wa

Fisi Loop

Caracal Link

Nyanga Loop

Ngoma Drive

South Thicket Road

Makanga Drive

Jasi Hide

Namitalala Drive

Makanga Link

West Makanga Drive

Makanga Drive

Makanga Hide

Namitalala

Tsanya Drive

N

Parkeingang

Camp

Beobachtungsstand an einem Wasserloch

0 1 2 3 4 km

Majete Wildlife Reserve

Das Wildschutzgebiet am Shire, der sich hier voller Katarakte und Stromschnellen zeigt, wurde 1955 eingerichtet und umfasst 691 km². Der Staat schützte Majete nur leidlich, und die einst artenreiche Dichte an Wildtieren wurde kontinuierlich geschmälert. Seit 1990 gab es hier keine Elefanten mehr, auch Büffel, Zebras, Pferde- und Elenantilopen verschwanden. Die Behörden gaben das Gebiet schließlich auf und hielten es nur mehr aus landschaftlichen Gründen für schützenswert. Doch wie im Liuwa Plain NP (S. 182) bemühte sich African Parks um einen Pachtvertrag zum Wiederaufbau des Schutzgebietes, der 2003 für 25 Jahre Dauer geschlossen wurde. Eine Bestandsermittlung zu Beginn des Projekts ergab nur kleine Antilopenbestände und wenige Hippos und Krokodile. Ehrgeizig wurden die nächsten Schritte unternommen: das Einsammeln von Tierfallen, Patrouillen gegen Wilderer, eine Elektroumzäunung des Auswilderungsgebietes, die alten Wege zu erneuern. 800 Wildtiere gelangten aus anderen malawischen Parks hierher, darunter 70 Elefanten aus dem Liwonde NP, die sich bis heute auf rund 100 vermehrt haben. Mittelfristig ist auch die "Wiedereinfuhr" von Löwen und Geparden geplant.

Anreise: Der Park liegt 80 km von Blantyre entfernt. Die beschilderte Zufahrt beginnt in Chikwawa (S. 327). Die ersten 3,5 km führen noch auf Teer, danach folgen 15 km ruppige Wellblechpiste (mit "Kapichera" beschildert) bis zum modernen Parkeingang. Im Heritage Centre hinter dem Gate befindet sich eine kleine kulturelle Ausstellung, auch werden hier Souvenirs verkauft.

Tipps für die Pirschfahrt: Mopane, Combretum, Akazien und Brachystegiawälder bilden die typische hügelige Tieflandvegetation, in der sich Elenantilopen, Warzenschweine, Impalas, Kudus, Zebras, Wasserböcke, Nyalas und Rappenantilopen beobachten lassen. Entlang des Shire tauchen verstärkt Baobabs, Fieberbäume und Palmen auf. Das eher kleine Wegenetz im Park sollte wegen der vielen Flussbetten und Furten nur mit Allrad befahren werden. Die Wege führen leider selten nah am Shire vorbei, so dass man nur an wenigen Stellen einen Blick auf die herrliche Szenerie am Fluss erhascht (z. B. am Nyala Loop). Am Mvuu Spot am Shire ruhen Hippos zwischen den Felsen. Die scheuen acht Spitzmaulnashörner halten sich meistens weit im Süden des Reservats auf, südlich des Mwambezi Rivers. Vorsicht: Die Elefanten zeigen sich noch schreckhaft. Die Kapichira- bzw. Livingstone Falls, 1 km vom Parkeingang und direkt unterhalb der Staumauer gelegen, bilden die südlichste Barriere des Shire, wo Livingstone 1859 seine erste Forschungsfahrt abbrechen musste. Das felsige Flussbett des Mkurumadzi ist ganzjährig wasserführend.

Preise: Conservation Fee/Eintritt: 3000 MKw pP (etwa 15 €) und 200 MKw pro Fahrzeug (wird pro Einreise, nicht pro Tag berechnet). Kinder bis 12 Jahre zahlen die Hälfte. Am Gate lassen sich geführte Bush Walks (8 € pP), Game Drives (20 € pP) und "Elephant Tracking" (20 € pP) reservieren. Alle Gebühren sind nur bar zahlbar in Malawi-Kwacha, Euro, US$ oder SA-Rand. Weitere Informationen bietet die Website von African Parks Limited: www.majete.org.

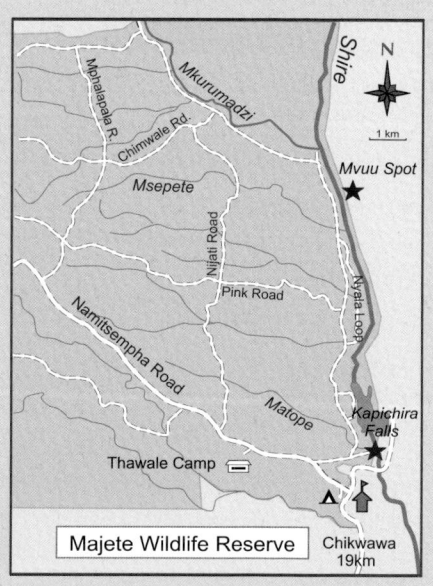

- **Thawale Bush Camp:** Mit dem Thawale Camp an einer künstlichen Wasserstelle ist den Betreibern ein ansprechendes Mittelklasse-Safaricamp mit Zeltchalets und einer sehr großen Boma gelungen. Die geräumigen Safarizelte mit Dusche/WC blicken alle zur abends beleuchteten Waserstelle. Preise: Vollpension kostet je nach Ausstattung 50-70 €/DZpP und 58-80 €/EZ.
- **Community Campsite:** Der Campingplatz mit Bar, zwei Unterständen für Zelte und guten Sanitäreinrichtungen, wurde etwas unglücklich positioniert: 400 m vom Eingang, direkt neben Zaun und Straße in einer leichten Senke. Preise: 3,50 € pP, die Unterstände kosten zusätzlich 2,50-3,50 €.

Majete Wildlife Reserve

Tipp: Das Wildgehege Nyala Park

Klein, aber fein: Auf dem 400 ha großen, naturbelassenen Gelände innerhalb des Illovo Sugar Estates werden seit vielen Jahren zahlreiche Antilopen und andere Wildtiere gehalten. Zunächst nur von Mitarbeitern und Schulklassen besucht, mauserte sich der kleine Park mit den **wild-romatischen Fieberbäumen** allmählich zu einem echten Geheimtipp für ruhesuchende Touristen und Campingfreunde. Elf größere Säugetierarten lassen sich bei der Pirschfahrt entdecken, vor allem zahlreiche Nyalas, aber auch Zebras, Gnus, Kudus, Wasser- und Buschböcke, Giraffen und sogar Blesböcke. Die herrliche, dichte Tieflandvegetation bietet zahlreichen Vögeln idealen Lebensraum. Tagesbesuchern stehen Picknickplätze mit festen Tischen und Schattendach zur Verfügung, außerdem gibt es einen kleinen, versteckten Campingplatz unter einem Baobab. Der Eintritt beträgt 1,50 € pP, 2 € pro Fahrzeug und 2,50 € pP für Camping (mit kalter Dusche und Spültoilette). Zufahrt: siehe S. 327.

David Livingstones "Zambezi Expedition"

Nach seiner Afrikadurchquerung von 1853–1856 ist der Missionar David Livingstone in England ein berühmter Mann. Auf seiner zweiten Forschungsreise wird er deshalb von der Regierung unterstützt und von mehreren Wissenschaftlern begleitet. Die "Zambezi Expedition" reist mit dem offiziellen Auftrag, einen schiffbaren Weg nach Zentralafrika zu finden.

Weil die Cahora Bassa Stromschnellen des Sambesi eine unüberwindbare Barriere darstellen, konzentriert sich die Expedition auf die Erforschung des unbekannten Shire. Zu Livingstones Begleitern zählen sein Bruder und die Ärzte Dr. Kirk und Dr. Meller. Mit Kirk unternimmt Livingstone wochenlange Fußmärsche, und gemeinsam erblicken sie im Herbst 1859 bei Mangochi erstmals den Malawisee. Livingstone ist von den Manganja beeindruckt, die ihre Dörfer mit Euphorbien einzäunen und geschickte Handwerker sind. Die Frauen tragen viel Schmuck, spitzgefeilte Schneidezähne und die Pelele, einen Oberlippenring aus Bambus, Zinn oder Elfenbein. Die Expedition entdeckt zwar Seen und Gebirge, doch wieder keinen schiffbaren Fluss. Auch der Shire hat oberhalb des Dorfes Chibisa (Chikwawa) unzählige Stromschnellen. Livingstone reist deshalb zurück an den Sambesi und kommt erst 1861 wieder an den Shire. Im Manganjaland ist inzwischen Krieg ausgebrochen. Mit Entsetzen erkennt er, dass seine Reiseberichte den Sklavenhändlern den Weg geebnet haben. Statt der bebauten Felder nun überall Zerstörung, Not und Plünderung. Ständig verfangen sich Leichen in den Schaufelrädern des Dampfschiffes "Pioneer". Immer wieder begegnen ihnen Sklavenkarawanen und Menschen auf der Flucht.

Auf dieser Fahrt begleiten ihn die ersten Missionaren der schottischen Universities Mission. Livingstone bringt sie nach Magomero, wo sie unter der Führung von Bischof Mackenzie die erste Missionsstation gründen. Die unerfahrenen Missionare lassen sich bald in den Krieg zwischen Manganja und Yao hineinziehen. Alle Missionare kämpfen außerdem mit Malaria und dem Schwarzwasserfieber. Als im Land eine Hungersnot ausbricht und die Mission nicht mehr versorgt werden kann, gehen den Missionaren Chinin und Nahrung aus. Bischof Mackenzie und drei Missionare sterben am Malariafieber, die Überlebenden geben die Mission auf und flüchten an den Sambesi.

Im selben Jahr erliegt auch Livingstones Frau der Malaria, die ihm nachgereist war. Der Unglücksfaden reißt nicht ab, auch die Expeditionsmitglieder Richard Thornton, Dr. Dickinson und Scudamore sterben nach schweren Malaria-Attacken. 1863 ruft England die glücklose Expedition zurück. Einsam und verzweifelt, angesichts des zerstörten Landes, das er zurücklassen muss, kehrt Livingstone nach Europa heim. Wenige Jahre später tritt er seine letzte Reise nach Afrika an (siehe S. 215).

*Dr. Mellers **erste Malaria-Statistik** von 1859 belegt die verheerende Auswirkung der Krankheit bei Weißen: Die 10 europäischen Expeditionsteilnehmer waren durchschnittlich 20 % der Reisezeit malariakrank. 4 von ihnen starben, 3 kehrten krank zurück. Die 10 Träger von den Komoren waren nur 3 % der Zeit krank, die 19 Einheimischen sogar nur 1 % der Reisedauer. Kein einziger Afrikaner starb an Malaria.*

Mwabvi Game Reserve

Die abgelegene Wildnis des 135 km² großen Mwabvi Game Reserves ist weitgehend unerschlossen und nur schwer zugänglich. Keine natürlichen Grenzen schützen das winzige, lange Zeit extrem vernachlässigte Reservat. Das unebene Gelände ist von dichtem Mopanewald bedeckt (viele kleine Fliegen). Doch es besteht Hoffnung für das Kleinod: Seit 2007 engagiert sich "Project African Wilderness" (PAW) hier und versucht sich am Wiederaufbau.

Neue Schilder entlang der Zufahrt, ein großes Basis Camp (Chipembere) und ein offizielles Gate am Parkeingang erwecken einen beflissenen, seriösen Eindruck. Etwa 3 km nach dem Gate wurde zwischen Felsen leicht erhöht das **Migudu Camp** angelegt. Es bietet eine riesige Aussichtsplattform, klaustrophobische Duschen und Toiletten und in etwa 100-150 m Entfernung sechs isolierte Campingstellflächen mit Wasserhahn, Mülltonnen und Grillstellen. Durchaus stimmungsvoll am Abend. Aber das große Manko dieses Parks sind die fehlenden Wildtiere. Nach Aussage der Scouts beherbergt der Park ein paar scheue Büffel, Rappenantilopen, Kudus und Impalas. Besucher bekommen aber eher nur Paviane, Papageien und Tokos zu Gesicht. Zahlreiche Fußgänger und Radfahrer durchqueren dagegen den Park (als Transitroute zwischen den Dörfern und sogar nach Mosambik). Da es keine Rundwege, sondern nur zwei Allradstichstraßen im Park gibt, sind Pirschfahrten wenig attraktiv. Preise: Eintritt: 5 US$ pP und 1 US$ pro Fahrzeug, jeweils einmalig zu zahlen. Camping im Migudu Camp: 5 US$ pP. Zahlbar in US$ oder MKw. Infos: www.projectafricanwilderness.com

Anreise: Mwabvi GR liegt an der mosambikanischen Grenze weit im Süden Malawis, rund 135 km von Blantyre. Kurz vor Bangula zweigt die beschilderte 8 km lange Piste in das Schutzgebiet ab.

Geisterstadt Chiromo

In den ersten Jahren der Kolonisierung war Chiromo nicht nur ein europäischer Stützpunkt im Inneren Afrikas, sondern das Eingangstor nach Nyasaland schlechthin. Die gängige Anreise erfolgte damals mit Booten vom Indischen Ozean den Sambesi flussaufwärts bis an den Shire, dem man dann nach Norden folgte. In Chiromo gingen die meisten der Reisenden an Land. Doch dann geriet Chiromo immer mehr ins Hintertreffen. Das ungesunde Klima, die neuen Verkehrswege – im Zuge der Zeit versank die koloniale Stadt einfach in Bedeutungslosigkeit und verfiel. Seit die Brücke über den Shire fehlt, ist Chiromo endgültig zur Sackgasse mutiert. Heute läuft man mit einem beklemmenden Gefühl an den verlassenen, vor sich hin dämmernden Gebäuden vorbei.

Abstecher: Elephant Marsh

Im flachen Lower Shire Valley liegen weite Überflutungsmarschen und Sumpfebenen. Zwischen Schilfgras und Palmen fallen Baobabs und leuchtend gelbe Fieberbäume auf. Die Szenerie wirkt bezaubernd weitläufig, nur fern im Hintergrund erhebt sich in matten Farben das Escarpment. David Livingstone entdeckte hier 1859 Hunderte von Elefanten. Heute lebt kein einziger mehr in der Elephant Marsh, der letzte wurde bereits kurz nach 1900 getötet. Die Region beheimatet aber noch Hippos, Krokodile und gilt als **Vogelparadies**.

Anreise: Seit die Shirebrücke zwischen Bangula und Chiromo weggespült wurde, kann man die sich östlich des Shire River erstreckende Elephant Marsh nur noch über Thyolo und Thekerani oder über die kleine "East Bank Road" erreichen.

East Bank Road: Kanjedza liegt ca. 45 km südlich von Blantyre und wenige KM vor der Shirebrücke bei Chikwawa. Die Sandpiste führt durch kleine Dörfer (Singano, Masenjere) entlang der Berge und trifft nach 50 km nahe der Muona Mission auf die von Thyolo kommende Straße. Hier geht es rechts weiter in Richtung Chiromo. Nach 10 km Fahrt bzw. 3,5 km vor der alten Bahnstation Makhanga erreicht man bei einer Moschee die Zufahrt zu James Fisheries (verblichenes Schild "Fisheries Landing Mchacha"). Dorfbewohner führen Besucher zur Landestelle (nochmal 3 km), wo man einen Bootsausflug organisieren kann.

Thyolo-Bergstraße: Diese kurvenreiche Panoramastrecke windet sich steil die Berge hinab (sie ist nach Regenfällen vermutlich nur mit Allrad befahrbar). An der Muona Mission trifft man auf die East Bank Road (siehe oben).

Von Limbe (Blantyre) nach Mulanje

Zwei Straßen führen von Limbe nach Mulanje: Die Thyolo-Road erreicht als bestens ausgebaute Panoramastraße nach 41 km den Ort **Thyolo** (sprich: Tscholo), der inmitten von Teeplantagen mit Blick auf das Mulanje-Bergmassiv in den Bergen liegt. Tee- und Macadamia-Plantagen wechseln einander ab, dazwischen sind Waldbestände mit riesigen Bäumen, Eukalyptuspflanzungen und Palmen. Teepflücker vertiefen sich in die mühselige Arbeit – eine malerische Fahrt.

Tea Factory Tour: Kurz vor Thyolo liegt das Satemwa Tea Estate (rechts), wo Besucher einer Führung durch Plantage und Fabrik beiwohnen können (8 € pP, allerdings wird hier nur in der Regenzeit geerntet). Andere Teeplantagen, wie Lujeri Estate, bietet die Tour für 8 € pP ganzjährig an. S. 338

Thyolo liegt fast 1000 m hoch. Die beschauliche Kleinstadt hat eine Post- und Bankfiliale, eine Tankstelle und einen beeindruckenden Fahrrad-Taxistand zu bieten. Kurz nach dem Ort wechselt die tropische Szenerie und geht in eine reizlose, massiv abgeholzte Ebene über, einen Ausläufer der Phalombe Plain. Man hält direkt auf den markanten Mulanje Mountain zu. 47 km nach Thyolo erreicht man Chitakali und nahezu übergangslos die Kleinstadt Mulanje. Jetzt tauchen auch wieder Teeplantagen und tropische Bäume, wie Flammenakazien und Jacaranda, auf.

Alternative Strecke: Die Midima Road verläuft von Limbe über Thuchila nach Mulanje. Sie ist zwar streckenmäßig etwas kürzer, aber nur teilweise geteert und landschaftlich weniger reizvoll als die Fahrt über Thyolo. Linien- und Minibusse bedienen beide Strecken.

Mulanje

Die Lage zu Füßen des gewaltigen Mulanje Bergmassivs im größten Teeanbaugebiet Malawis, umringt von riesigen, leuchtend grünen Teeplantagen, ist durchaus spektakulär. Aufregendes zu bieten hat Mulanje allerdings nicht. Das auffälligste Gebäude ist der moderne Krankenhauskomplex. Der Ort bietet einfache Supermärkte, ein Internetcafé, eine Bank und die Pizzeria Basilico an der Abzweigung nach Likhubula (S. 336).

Ausreise nach Mosambik: 28 km östlich von Mulanje endet die Teerstraße im Grenzort Muloza. Die Grenze ist täglich von 06.00-18.00 h geöffnet, und es herrscht meistens reger Betrieb. Im mosambikanischen Städtchen Milange befinden sich eine Tankstelle, Bankfiliale und eine kleine Pension. Ab hier besteht Weiterreisemöglichkeit nach Quelimane, der Provinzhauptstadt am Indischen Ozean.

Limbe – Mulanje

Gesamtstrecke: 89 km
Fahrzeit: ca. 1,5-2 Std.
Zustand: gute Teerstraße
Besonderheit: Panoramastrecke
Tankstellen: Thyolo, Mulanje

Unterkünfte im Teeparadies

• **Game Haven Lodge:** Tel. 09-971287, Fax 01-712417, E-mail: gamehaven@broadbandmw.com. Elegantes, gediegenes Ausflugslokal und Chalets (B&B für 75 € pP) auf einem Farmgelände rund 10 km von Limbe in Richtung Thyolo mit 2 km Zufahrt. Sehr ruhig und nobel, etwas streng und gedämpft.

• **Satemwa Tea Estate:** Tel. 01-473256, www.satemwa.com. Wohnen im ehemaligen Kolonialhaus des Plantagenbesitzers! Auf dem Tea Estate kurz vor Thyolo werden drei Ferienhäuser zur Selbstversorgung angeboten (Chawani, Magara und Satemwa). Vorausbuchung ist notwendig. Preise: 80-100 €/Nacht.

• **Lujeri Lodge:** Tel. 01-460227, E-mail: richard@lujeri.com. Gästehäuser zur Selbstversorgung im gleichnamigen Tea Estate am Mulanje-Südhang für 130-160 €/Nacht. Wochentags kann man auch einzelne Zimmer für 40 €/ DZpP und 48 €/EZ mieten.

• **Kara O'Mula Country Lodge:** Tel. 01-466515, www.karaomula.com. Gästehaus und Chalets im herrlichen Garten mit Pool. Für Genießer: sehr gepflegt, ruhig und idyllisch. B&B ab 21 €/ DZpP und ab 33 €/EZ.

• **Mulanje View Motel:** Tel. 01-466245. Einfache Zimmer ab 8 € direkt in Mulanje mit Restaurant.

• **Mulanje Golf Club:** Auf dem umzäunten Gelände des 2 km östlich von Mulanje nahe der Straße gelegenen Sport Clubs wird Camping für 5,50 € pP angeboten. Mit Pool, Restaurant, Duschräumen und einer schattigen Wiese.

• **Likkhubula:** Unterkünfte s. S. 336.

Mulanje Bergmassiv

Aus der flachen Phalombe Plain (600–800 m) ragt das schroffe, steile Granitmassiv des Mulanje wie ein mächtiger Felsen. Mulanje Plateau liegt auf etwa 2000 m Höhe, die einzelnen Gipfel erreichen **bis zu 3002 m** (Sapitwa-Peak, **der höchste Berg Zentralafrikas**). An sich ist die Bezeichnung "Plateau" schon etwas irreführend, weil es sich keinesfalls um eine Hochebene handelt, sondern zahlreiche Bergspitzen und Kuppen aus dem Massiv ragen. Die Ost-West-Ausdehnung beträgt etwa 30 km und von Nord nach Süd 25 km. Im Nordosten trennt eine schmale Spalte, der "Fort Lister Gap", den Mchese Mountain vom restlichen Bergmassiv ab.

Natur

Mulanje-Zedern wachsen in 300 Jahren bis zu 46 m hoch

Bis 1500 m Höhe besteht die Vegetation aus **Brachystegiawäldern**. Darüber beginnt eine Zone aus sog. Protea-Buschwerk und Strauchgewächsen. Teile immergrünen Regenwaldes bedecken die Berghänge. Auf über 2000 m ist Grasland die typische Vegetationsform. Der Berg ist die Heimat der **Mulanje-Zeder** *(Widdringtonia Whytei)*, die als das Edelste unter den Weichhölzern gilt. Weitflächige Pinienforstpflanzungen bedecken das Plateau. Bemerkenswert sind hier die vielen **Wildblumen**. Aloen, Begonien, Lobelien, Proteen und Gladiolen wachsen zahlreich, als Besonderheit gilt auch die Mulanje-Iris *(Morea Schimperi)*.

Tierwelt

Bild unten: Dziwe wa Nkalamba Falls

Die Tierwelt ist weniger artenreich. Der Wanderer wird kaum mehr als ein paar Hasen, Schliefer, Klippspringer und Ducker bemerken. Die unterschiedlichen Landschaftszonen bieten jedoch einen idealen Lebensraum für eine Vielzahl von **Vögeln**. In den Wäldern leben Zimttauben, Gurney's Grunddrosseln, Sternrötel, Bergastrilde und Rotschwingenstare. Das Grasland bevorzugen die Graubülbül, Trauerzistensänger, Gelbbauchastrilde, Schwarzkehlchen und Shelleys-Frankoline.

Wandern & Bergsteigen am Mulanje Bergmassiv

- **Saison:** Die beste Zeit: Mitte Mai bis Ende September. Zwischen Mai und August muss mit Nachtfrost gerechnet werden, ab Oktober wird es zu heiß. Von Mai bis Juli besteht die beste Fernsicht, aber auch die Gefahr des "Chiperoni" (bis zu 5 Tage lang dichter, feuchter Nebel).
- **Ausrüstung:** Schlafsack, Sonnenschutz, warme Kleidung, Kompass/GPS, Taschenlampe, Landkarten, gutes Schuhwerk, Notfallapotheke, Lebensmittel (schon in Blantyre besorgen!).
- **Unterkunft / Berghütten:** 8 Berghütten mit Kochgelegenheit stehen Wanderern zur Verfügung (Kamin, Tische, Stühle, Bettgestelle), die max. als 5–6 Wegstunden voneinander entfernt liegen. Chambe Hut (1860 m/max. 16 Pers.), Lichenya Hut (1840 m/max. 30 Pers.), Thuchila Hut (2000 m/max. 25 Pers.), Chinzama Hut (2150 m/max. 12 Pers.), Sombani Hut (2080 m/max. 8 Pers.), Madzeka Hut (1820 m/max. 12 Pers.), der neue Chisepo Hut (max. 15 Pers.) und der kleine Minunu Hut (8 Pers.). Alle Berghütten werden von Caretakern betreut, die ein kleines Trinkgeld fürs Feuer schüren, Abspülen etc. erwarten. Die Hütten sollten beim Forstbüro in Likabula vorreserviert werden. Camping ist im Mulanje-Schutzgebiet verboten, wird aber direkt neben den Berghütten gestattet. Bei der CCAP Mission in Likabula kann man die CCAP-Berghütte am Lichenya Plateau reservieren. Tipp: Tiyende Pamodzi Adventures organisiert Bergtouren inklusive Bergführer, Träger, Verpflegung und Übernachtung. Info & Reservierung: www.cholemalawi.com.

Tageswanderungen

Ohne auf dem Plateau zu übernachten, kann man zwei schöne Tageswanderungen unternehmen: Der **Chambe-Plateau-Weg** führt an den Likabula Pools und dem Wasserfall vorbei in etwa 4 Stunden zur Chambe-Hütte. Wenn man für den Rückweg den **Chapaluka-Weg** wählt, lässt sich aus der Wanderung ein Rundweg machen. Der 4-stündige **Lukulezi-Weg** zur Thuchila-Hütte beginnt beim Tinyade Tea Estate (traumhafte Ausblicke auf die Berggipfel).

Plateau-Besteigung

- Folgende Touren beginnen am Likabula-Forstbüro: Chambe-Plateau- und Chapaluka-Weg zur Chambe-Hütte (je 3–4 Stunden), Lichenya-Weg zur Lichenya-Hütte (teils sehr steil, ca. 4 Std.)
- Am Tinyade Tea Estate, zwischen Chambe und Phalombe: Lukulezi-Weg zur Thuchila-Hütte in 4 Stunden und der Lukulezi-Ruo-Weg zur Chinzama-Hütte in 5 Stunden (teils durch Urwald).
- Am Fort Lister Forest Depot: Sombani-Weg zur Sombani-Hütte in 3 Stunden.
- An der Muloza Mission: Malosa-Weg zur Madzeka-Hütte (5 Std., wird von Holzträgern benützt).
- Am Lujeri Tea Estate: Little-Ruo-Weg zur Madzeka-Hütte (3 Stunden durch Regenwald) und der Big-Ruo-Weg zur Chinzama-Hütte (6 Stunden, dieser Weg beginnt an der Hydro-Kraftstation).
- Von Mulanje aus: Boma-Weg zur Lichenya-Hütte in 5 Stunden. Beim Mulanje District Rest House führt eine Straße nach 1 km zu einem Parkplatz. Der Weg ist schwer zu finden.

Plateau-Wanderungen: Von Hütte zu Hütte

Von einer Hütte zur nächsten sind die Wanderungen nicht sehr steil. Die meisten Strecken erfordern 4–6 Std. Fußmarsch. Von der Chambe- zur Thuchila-Hütte läuft man z. B. gemütlich in 5 Std.

Gipfelbesteigungen

Von allen Hütten stehen Gipfeltouren zur Auswahl, die jedoch teilweise steil, steinig und dürftig beschildert sind. Sie sind daher nur für geübte Bergsteiger mit einheimischem Führer zu empfehlen.
- **Chambe-Hütte:** Chambe-Peak (2538 m, 3 Std., mittelschwer), Sapitwa-Peak (2998 m, 7 Std., anspruchsvoll, anstrengend)
- **Thuchila-Hütte:** Nandalanda-Peak (2590 m, 2–3 Std., mittelschwer), Khuto-Peak (2757 m, 4 Std., anstrengend), Dzole-Peak (2715 m, 5 Std., mittelschwer), Nakodzwe-Peak (2964 m, 5 Std., anspruchsvoll), Sapitwa-Peak (2998 m, 7 Std., anspruchsvoll, anstrengend)
- **Chinzama-Hütte:** Chagaru-Peak (2660 m, 3 Std., steil, mittelschwer), Chinzama-Peak (2663 m, 3 Std., mittelschwer)
- **Sombani-Hütte:** Chinzama-Peak (2663 m, 3 Std., mittel), Namasile-Peak (2685 m, 3 Std., mittel), Masasa-Peak (2453 m, 4 Std., mittel), Matambale-Peak (2642 m, 4 Std., anspruchsvoll)
- **Lichenya-Hütte:** West Peak (2892 m, 5 Std., mittelschwer), South Peak (2637 m, 5 Std., mittelschwer)
- **Madzeka-Hütte:** Manene-Paek (2650 m, 5 Std., schwer)

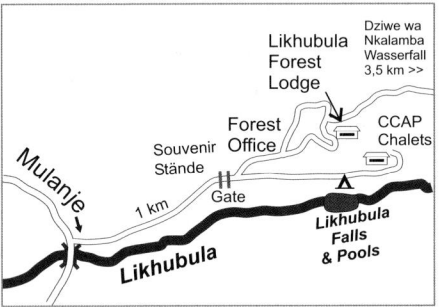

Abstecher: Likhubula

Die Straße von Mulanje über Phalombe nach Zomba wird derzeit ausgebaut und geteert (Fertigstellung für August 2009 geplant). Diese Straße, die der Westflanke des Bergmassivs nach Norden folgt, beginnt an der Pizzeria Basilico bzw. gegenüber dem Superette von Mulanje und ist bisher noch nicht beschildert.

Nach 10 km überquert man den Likhubula River. Direkt danach weist ein Schild nach rechts zur Forstbehörde und den Likhubula Pools. Nach 1 km Piste erreicht man zahlreiche Souvenirstände und die Schranke zum Mulanje Mountain Forest Reserve. Seit Mai 2008 wird hier Eintritt verlangt: 100 MKw pP und 200 MKw pro Tonne Gewicht des Fahrzeugs, einmalig pro Eintritt. Hinter dem Gate gabelt sich der Weg. Rechts gelangt man zu den Likhubula Pools und dem Campingplatz der CCAP Mission, links steigt die steinige Piste an zum Forest Office, der Forest Lodge und den Berg hinauf zum Dziwe wa Nkalamba-Wasserfall. Das Forstbüro ist Hauptausgangspunkt für die meisten Wanderungen; hier werden die Berghütten reserviert, Bergführer und Träger engagiert. Die meiste Zeit halten sich junge Männer vor dem Gebäude auf, die sich als Guides oder Träger anbieten wollen.

Likhubula Pools

Die Likhubula Pools entpuppen sich als Badegelegenheit im klaren Gebirgswasser vor der grandiosen Bergkulisse (Vorsicht: glatte, rutschige Felsen). Der beliebte Spot liegt ganz nah beim Campingplatz des Missionsgeländes. Leider waschen die Einheimischen gerne ihre Wäsche in den Pools, was den Eindruck für Besucher dann etwas trübt.

Dziwe wa Nkalamba-Wasserfall

Eine steile, ziemlich ausgewaschene Allradpiste führt in die Berge hinauf. Man parkt nach 3,5 km bei GPS S 15.56.20 E 35.31.14. Ein Fußpfad führt zum 400 m entfernten, imposanten Wasserfall (an der Weggabelung unterwegs rechts halten). Unterhalb des einsamen Wasserfalls kann man in felsigen Pools wunderbar schwimmen.

Weiterfahrt: Von Likhubula nach Phalombe

Auf der Weiterfahrt erreicht man wenig später den Marktflecken Chambe. Die Teeplantagen weichen langsam zurück und die Landschaft wird allmählich trockener. Nach dem Thuchila River (sprich: Tschutschila) liegen am Berghang das Thuchila Estate der Mulli Brothers und die Lukulezi Mission, wo die Wanderrouten zu den Berghütten Thuchila und Chinzama beginnen. **Phalombe** ist die größte Ortschaft am nördlichen Bergmassiv und katholischer Missionssitz.

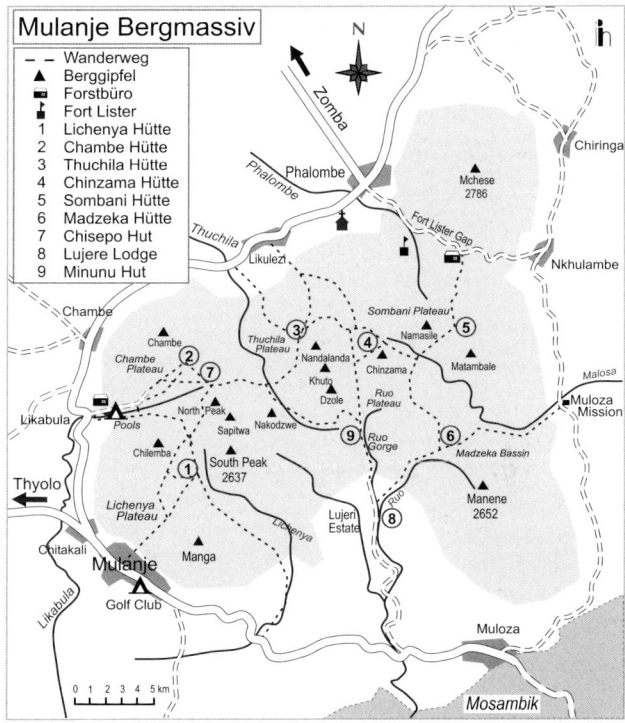

Mulanje Bergmassiv

- – – Wanderweg
- ▲ Berggipfel
- ▣ Forstbüro
- ⛨ Fort Lister
- 1 Lichenya Hütte
- 2 Chambe Hütte
- 3 Thuchila Hütte
- 4 Chinzama Hütte
- 5 Sombani Hütte
- 6 Madzeka Hütte
- 7 Chisepo Hut
- 8 Lujere Lodge
- 9 Mununu Hut

Rundfahrt: Rund um das Mulanje Bergmassiv

In Phalombe zweigt gegenüber der neuen Teerstraße nach Zomba eine schmale Piste zum Forstreservat und dem "Fort Lister Gap" ab. Diese 13 km lange Piste führt durch den schmalen Spalt zwischen Mount Mchese und Mount Mulanje nach Nkhulambe. Die Strecke ist steil und steinig. Knapp 2 km nach Phalombe erreicht man das Tor zum Forstreservat. Nach weiteren 2 km zweigt eine unbeschilderte Piste rechts ab. Sie endet nach wenigen Hundert Metern an einer Lichtung vor einem Flussbett. Folgt man zu Fuß dem kleinen Weg, erreicht man nach ca. 1 km Fort Lister. Im 19. Jh. führte eine bedeutende Sklavenroute zwischen dem Yao-Land und dem Indischen Ozean durch diesen engen Spalt. 1893 errichteten die Briten ein Polizeifort am Fort Lister Pass, um die portugiesischen Sklavenkarawanen abzuwehren. Nach der Abschaffung des Sklavenhandels wurde Fort Lister 1902 aufgegeben. Die Ruine und drei Gräber stehen heute einsam und überwuchert im Busch. Im Dorf Nkhulambe biegt man rechts nach Muloza ab (32 km). Auf der nun folgenden Strecke müssen fast 30 Bäche und Flüsse auf unzähligen kleinen Holzbrücken überquert werden. Nicht alle sind in gutem Zustand, sicherheitshalber sollten Sie sich vorher in Nkhulambe oder Muloza nach der Befahrbarkeit erkundigen. Anstelle der Teeplantagen durchfährt man hier Maisfelder und viele freundliche Dörfer mit Mangobäumen. Die Piste verläuft zwischen dem Bergmassiv und den weiten Ebenen Mosambiks bis Muloza, wo sie auf die Teerstraße aus Mulanje trifft.

Literatur-Tipp!

"Vorstoß ins Innere" von Laurens van der Post (Diogenes Verlag, 1995). Die Geschichte einer wahren Tragödie im Mulanje-Massiv

Bild links unten: Badende Kinder an den Likhubula Pools

Tipps & Infos für Wanderer

Informationen rund ums Bergsteigen im Mulanje Massiv erhält man beim Forest Department bei Likhubula: Forest Officer in Mulanje, Tel. 01-467718. Äußerst hilfreiche Auskünfte erteilt die Website des "Mountain Club of Malawi": www.mcm.org.mw. Als informatives Buch für Bergsteiger empfiehlt sich der "Guide to the Mulanje Massif" von Frank Eastwood.

Gebühren: Einmaliger Eintritt 100 Mkw pP und 200 Mkw pro Tonne Gewicht bei Fahrzeugen. Bergsteiger zahlen außerdem 700 MKw pro Übernachtung in einer Berghütte bzw. 400 MKw für Camping auf dem Bergplateau. Das Parken von Fahrzeugen beim Office kostet 100 Mkw pro Tag. Träger: 1000 Mkw pro Tag, Bergführer 1300 Mkw pro Tag. Vor jeder Bergwanderung muss man sich bei der Forstbehörde in Likhubula anmelden, was der eigenen Sicherheit dient. Wer keine Berghütte vorab reserviert hat, kann es hier in der Regel ohne Schwierigkeiten nachholen. Für einfachere Bergwanderungen von Hütte zu Hütte reicht es aus, einen Träger anzuheuern, der zugleich die Funktion eines Führers übernimmt. Fachkundige Bergführer sind vor allem für Gipfelbesteigungen notwendig. Wer von Fort Lister das Massiv besteigen möchte, kann auch dort im Forstbüro Träger und Bergführer anheuern. Offene Feuer sind nirgendwo auf dem Bergmassiv erlaubt und alle Pflanzen streng geschützt. Über 1200 m Höhe gilt das Wasser der Bäche als trinkbar.

Warnung: Ohne Führer besteht auf den nur wenig markierten Pfaden im Bergmassiv durchaus die Gefahr, sich zu verirren. Auch unvorhergesehene Wetterwechsel mit eisigen Nebeln und Dauerregenfällen, in denen Bäche zu reißenden Flüssen anschwellen, sollten nicht unterschätzt werden. Zwischen Mai und Juli gibt es oft frostige Nächte.

Teeplantagen am Mulanje Bergmassiv

1891 begann hier die Teeproduktion Afrikas: Der Missionsgärtner Henry Brown pflanzte einige Teesträucher, kaum ahnend, welche Bedeutung dies noch für die Zukunft des Landes spielen sollte, denn Höhenlagen um 1000 m gelten für die Teeproduktion als niedrig. Doch der Mulanjeberg sorgt für ein überraschend günstiges Klima mit viel Regen und Feuchtigkeit.

Das immergrüne Strauchgewächs Tee wird in Reihen gepflanzt und mannshoch gestutzt (sonst würde die Pflanze bis zu 15 m hoch wachsen). Tee treibt das ganze Jahr und wird häufig ganzjährig geerntet. Dabei werden die neuen Triebe von Hand gepflückt und aussortiert, sodann getrocknet und anschließend zerrissen und aufgerollt, wobei die Zellwände einreißen und Zellsaft austritt. Die Gerbstoffe oxidieren und färben die Blätter kupferfarben bis braun. Diesen Prozess, der dem Tee sein feines Aroma gibt, nennt man "fermentieren".

Qualität und Charakter eines Tees werden neben der Herkunft auch an der Blattgröße gemessen. Je gröber der Tee, um so feiner und beständiger ist sein Aroma. Die edelsten sind die Blatt-Tees, dann kommt der "Broken", der aus gebrochenen Blättern besteht. Krümeliger Tee (er wird in Europa überwiegend für Teebeutel verwendet) heißt "Fanning". In Malawi werden keine Blatt-Tees produziert und in den Läden fast nur Fannings angeboten. Sie sind sehr intensiv, kräftig und vollmundig, da sich das Aroma schnell entfalten kann, verlieren es jedoch auch rasch. Teetrinker, die sich in Malawi mit preisgünstigen Tee eindecken wollen, sollten diesen nicht zu lange lagern (nur wenige Monate).

Die malawischen Tees werden vorwiegend unbehandelt und unverpackt auf dem Weltmarkt angeboten und erst in London, Hamburg und anderswo verpackt bzw. vermischt oder aromatisiert. Daher treten diese Tees selten als Malawi-Tee auf, obwohl sie auf dem europäischen Markt einen bedeutenden Platz einnehmen. Fabrikbesuche: siehe S. 333.

SERVICE-TEIL

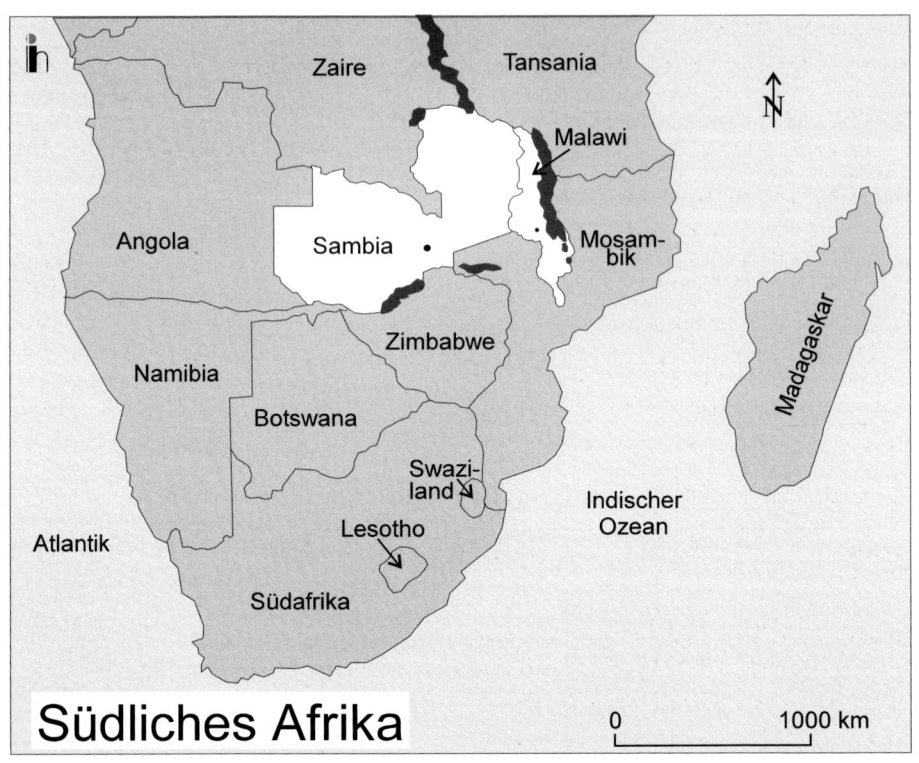

Zaire · Tansania · Malawi · Angola · Sambia · Mosam-bik · Zimbabwe · Namibia · Botswana · Swazi-land · Lesotho · Indischer Ozean · Atlantik · Südafrika · Madagaskar

Südliches Afrika

0   1000 km

Sambia und Malawi in Kürze

	Sambia	**Malawi**
Staatsname:	Republik Sambia	Republik Malawi
Staatsform:	Präsidiale Republik (seit 1964)	Präsidiale Republik im Commonwealth of Nations (seit 1966)
Staatsoberhaupt:	Levy Mwanawasa	Dr. Bingu wa Mutharika
Gesamtfläche:	752 614 km², 9 Provinzen, 52 Bezirke	118 484 km², 3 Regionen, 28 Distrikte
Nachbarländer:	Kongo, Tansania, Malawi, Mosambik, Angola, Zimbabwe, Botswana, Namibia	Sambia, Tansania, Mosambik
Bevölkerung:	ca. 11,7 Mio. Einwohner	über 13,9 Mio. Einwohner
Bev.-wachstum:	ca. 1,7 % pro Jahr	ca. 2,4 % pro Jahr
Bev.-dichte:	13,6 Einwohner pro km²	95,5 Einwohner pro km²
	im Vergleich: BRD 217 Einw./km²	
Hauptstadt:	Lusaka, ca. 1,6 Mio. Einwohner	Lilongwe
Landessprache:	Englisch, sowie 80 weitere Sprachen	Chichewa, Amtssprache: Englisch

Das Klima in Sambia

Sambias tropisch-semihumides Klima wird durch seine Höhenlage abgemildert. Diesem Umstand verdankt es seinen Beinamen *"The Air-Conditioned State"*. Auf dem zentralen Hochplateau liegt der Jahresmittelwert bei 21°C, in den ganzjährig heißen Flussniederungen bei bis zu 25°C (heißeste Orte Sambias: Sesheke und das Luangwatal).

Die Niederschläge werden hauptsächlich durch Feuchtwinde am Indischen Ozean verursacht und steigen von 600-800 mm im Süden auf 800-1000 mm im Norden an. Sambia hat nur eine jährliche Regenzeit. Sie beginnt im Norden eher und dauert dort auch länger an.

Man unterscheidet **drei Jahreszeiten**:
- die kalte und trockene Jahreszeit von Mai bis August mit Temperaturen von 15-27°C, wobei die Nächte bis nahe der Frostgrenze abkühlen können. Im August kühlt es z. B. in Lusaka nachts bei 80 % Luftfeuchtigkeit auf bis 7° C ab, erreicht aber mittags oft 30° C.
- die heiße und trockene Jahreszeit von September bis November, mit Temperaturen von 24-32°C.
- die warme und feuchte Jahreszeit von November bis April, die klassische Regenzeit, gerne "Emerald Season" oder "Green Season" genannt. Sie dauert im äußersten Norden rund 190 Tage/Jahr, etwa von Anfang November bis Mitte April. Im Süden des Landes setzt sie erst Anfang Dezember ein und dauert bis März (durchschnittlich 120 Tage).

Weitere Klimatabellen und Infos zur Reisezeit siehe S. 342-345!

Klimatabellen (durchschnittliche Mittelwerte)

Stadt	Lusaka	Livingstone	Kasama	Ndola
kältest. Monat (Juni)	min. 7,7° max. 24,2°	min. 6,5° max. 25,2°	min. 9,6° max. 24,6°	min. 6,4° max. 24,3°
wärmst. Monat (Oktober)	min. 17,8° max. 35,0°	min. 18,9° max. 34,5°	min. 16,5° max. 31,1°	min. 16,8° max. 31,6°
Höhenlage	1154 m	986 m	1384 m	1270 m

Maximale Luftfeuchtigkeit und Temperaturen im Luangwatal

Jahreszeit	Luftfeuchte	morgens	mittags	frühabends
Mai-August	55 %	9-12° C	28-30° C	25-28° C
Sept./Oktober	44%	17-20° C	37-42° C	33-36° C
Dez.-April	72 %	18-20° C	30-34° C	28-32° C

Lusaka	Jan	Feb	Mar	Apr	Mai	Jun	Jul	Aug	Sep	Okt	Nov	Dez
Tageshöchst-temperatur	26	26	26	25	23	23	23	25	29	31	29	27
Tagestiefst-temperatur	17	17	17	15	12	8	9	12	15	18	18	17
mittlere Tagestemp.	21	21	21	20	18	16	16	18	22	24	23	22
Tage ohne Regen	10	11	16	27	30	30	31	31	30	28	19	14

Service & Infos

Das Klima in Malawi

Das Klima weist aufgrund der stark strukturierten Oberflächengestalt deutliche Unterschiede auf. Der Norden des Landes erhält mit mehr als 1500 mm jährlich deutlich mehr Regen als der Süden, der im Mittel unter 1000 mm Regen liegt. Die große Wasserfläche des Malawisees beeinflusst das Klima und begünstigt regelmäßige Regenfälle. Besonders an den Südosthängen der Berge fällt Steigungsregen ab. Dagegen leiden die im Regenschatten liegenden Gebiete, wie das Shiretal im Süden und einige Uferzonen, unter häufiger Trockenheit.

Nicht selten entsteht eine föhnartige Wetterlage, die von empfindlichen Personen als unangenehm empfunden wird. Andererseits wirken sich die jahreszeitlichen Schwankungen, insbesondere in den heißen Monaten, weniger krass aus als in Sambia. Eine Ausnahme bildet hier das Shiretal, wo im Oktober/November Temperaturen bis zu 49° gemessen werden. In diesen Wochen sinkt die Nachttemperatur am See und den Niederungen nicht unter 24°.

Das zentrale Hochland, wo auch die großen Städte liegen, weist ein gemäßigtes Klima auf mit Durchschnittswerten von 18-22°C. In den kühlen Monaten werden hier die Nächte sehr frisch. Die Gebirge haben einen Mittelwert von 15,6°C.

Eine Besonderheit im malawischen Klima stellt der sog. *Chiperoni* dar. Der Chiperoni ist eigentlich ein Berg in Mosambik, südöstlich von Mulanje gelegen. Von hier aus brauen sich in der Trockenzeit manchmal dichte Wolkenbänder zusammen, die nach Südmalawi ziehen und das Land mit einem kühlen Nebel bedecken.

Wie in Sambia unterscheidet man die drei Jahreszeiten Regenzeit (Dezember bis April), kühle (Mai bis August) und heiße Jahreszeit (September bis November). Die Regenzeit beginnt in Malawi jedoch im Süden, nicht im Norden.

Weitere Klimatabellen und Infos zur Reisezeit: siehe folgende Seiten!

Klimatabellen (durchschnittliche Mittelwerte)

Stadt	Karonga	Dedza	Zomba	Blantyre
Juli	max. 26,6°	max. 18,7°	max. 22,2°	max. 23,4°
Oktober	max. 31,0°	max. 24,9°	max. 29,8°	max. 31,3°
Jahresmittel	24,2°	17,7°	21,3°	22,4°
Höhenlage	500 m	1500 m	950 m	1100 m

Lilongwe	Jan	Feb	Mar	Apr	Mai	Jun	Jul	Aug	Sep	Okt	Nov	Dez
Tageshöchsttemperatur	27	27	27	27	26	24	24	25	26	30	30	27
Tagestiefsttemperatur	17	17	16	13	10	8	6	8	10	15	18	18

Malawisee	Jan	Feb	Mar	Apr	Mai	Jun	Jul	Aug	Sep	Okt	Nov	Dez
Tageshöchsttemperatur	30	30	30	29	28	26	26	28	31	33	33	31
Sonnenstunden	6,6	6,7	7,7	8,4	9,0	8,5	8,3	9,0	9,6	9,7	8,6	6,7
Wassertemperatur	27	28	27	26	24	22	21	22	24	26	27	27

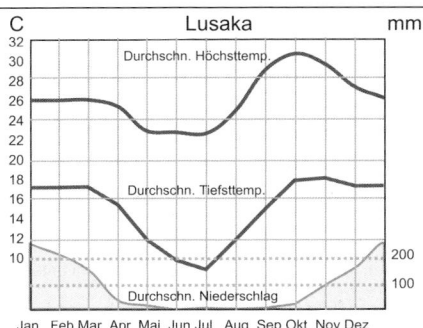

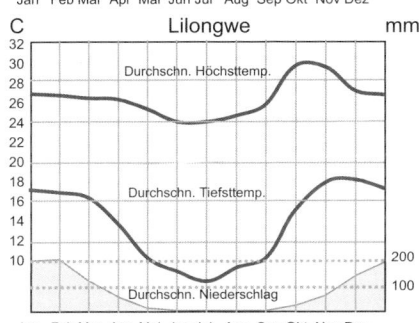

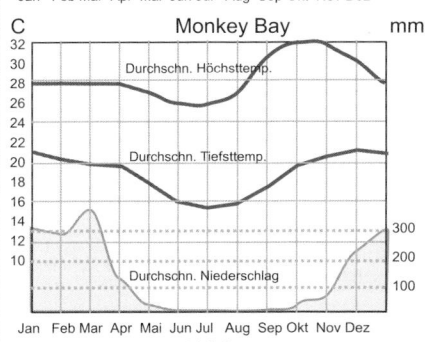

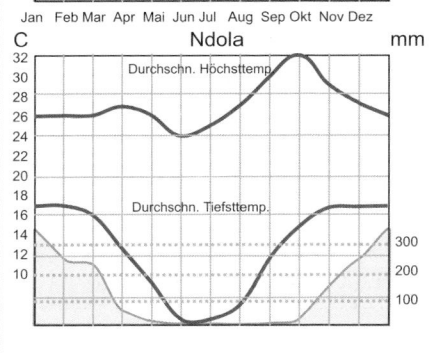

Die Wahl der Reisezeit

April/Mai bis Juli

Die Monate direkt nach der Regenzeit zeichnen sich durch angenehme Temperaturen aus. Die Tage sind warm (ähnlich den mitteleuropäischen Sommertagen); doch die Nächte können je nach Höhenlage bis an die Frostgrenze abfrischen, besonders in den kältesten Monaten Juni und Juli. Die Luftfeuchtigkeit ist mit 40–90 % noch relativ hoch. Landschaftlich ist dies eine attraktive Jahreszeit, da anfangs noch alles saftig grün ist. Die Viktoriafälle haben Hochwasser, und es ist ab Mai die richtige Zeit für einen Besuch der Bangweulusümpfe und aller tiefliegenden Gebiete. Andererseits wird die Tierbeobachtung durch oft noch hoch stehendes Gras erschwert. Manche Straßen sind nach der Regenzeit in sehr schlechtem Zustand und erst ab Ende Mai/Juni befahrbar.

August bis November

Für Safaris eignen sich die trockenen und heißen Monate von Ende August bis in den November am besten. Die Tiere kommen jetzt mitunter nahe an die Camps heran. Ab Oktober treiben die Bäume wieder und geben der ausgedörrten Landschaft frische Farbe. Die Viktoriafälle führen jetzt allerdings weniger Wasser; Sümpfe und Marsche liegen auf weiten Strecken trocken. Die heißen Nächte am Malawisee werden durch leichte Winde abgemildert, doch das Tiefland um den Shire (Liwonde NP, Elephant Marsh) und den unteren Sambesi (Lower Zambezi NP) wird ab Oktober nahezu unerträglich heiß. In dieser Zeit bietet es sich an, hochgelegene Übernachtungsplätze aufzusuchen. Je nach Einsetzen der Regenzeit schließen viele Camps und sogar manche Nationalparks zwischen Anfang November und Ende Dezember bis März/April ihre Pforten. Allerdings sind November und Dezember beliebte Reisemonate für das Nyika Plateau (Blütenpracht), den Liuwa Plain National-park (Gnu-Wanderungen) und vor allem für den Kasanka NP (Flughunde-Kolonien).

Dezember bis März/April

Die Regenzeit beginnt je nach Region und Saison zwischen Oktober und Dezember und endet im März/April. Manche Regionen, wie z. B. das Zambezi Valley, erhalten kaum Regen. Andere stehen dagegen völlig unter Wasser und sind wochenlang unpassierbar (Westsambia, Bangweulusümpfe). Auf alle Fälle wird das Reisen in der Regenzeit eingeschränkt. Andererseits sind Februar, März und April Monate mit geradezu atemberaubender tropischer Fülle und Pracht. Der Malawisee ist häufig aufgewühlt und sturmgepeitscht. Dennoch hat der Tourismus am See im Dezember wegen der regionalen Schulferien Hochsaison.

Service & Infos

Service & Infos

Übersicht: Reisezeit

Monat	Reisewetter	Besonderheiten
Januar, Februar	Viel Regen, einzelne Sonnentage, gemäßigte Temperaturen bei hoher Luftfeuchtigkeit. Beweglichkeit eingeschränkt, viele Pisten aufgeweicht	Sog. "Green Season": üppige Vegetation, wenig Wildlife, sehr gutes Birding durch mehrere Hundert Zugvogelarten. Viele Safaricamps geschlossen (vor allem die abgelegenen), Lower Zambezi NP und Mfuwe Region im South Luangwa NP sind dennoch in der Regel erreichbar.
März, April, Mai	Regenschauer im März, die bis Mai enden. Gleichzeitig Temperaturrückgang. Flüsse, Seen und Sümpfe haben jetzt Hochwasserstand. Gras steht sehr hoch. Pisten oft noch unbefahrbar	Beste Zeit für die Bangweulusümpfe: Shoebill und andere Wasservögel, Moorantilopen etc. halten sich direkt am Shoebill Camp auf. Ebenso klasse: Hochwasser an den Viktoriafällen. Überall noch tropische Vegetation, ab Mai Herbstlaub. Ideal für alle tief liegenden Gebiete, wie Majete WR, Lengwe NP, Liwonde NP, Lower Zambezi NP.
Juni, Juli	Winter: Kühle, aber durchweg sehr sonnige Monate. Kein Niederschlag, kalte Nächte (Frost in hohen Lagen). Laub fällt ab. Pisten trocknen ab, werden nach und nach repariert	Start der Hochsaison für Safaris. Alle Parks und alle Camps sind offen. Gute Wildbeobachtungen, da keine dichte Vegetation mehr. Sehr klare Luft, gute Lichtverhältnisse. Angenehme Temperaturen in allen tief liegenden Gebieten. Sehr kalt auf Plateaus und Bergen. Ideal für alle tief liegenden Gebiete, wie Elephant Marsh, Majete Wildlife Reserve und Lengwe NP im Lower Shire Valley sowie Liwonde NP, Lower Zambezi NP und das Luangwatal.
August, September, Oktober	Temperaturen steigen wieder an und erreichen Maximum im Oktober ("Suicid Month"). Beste Straßenbedingungen. Kein Regen, aber viel Wind und Dunst. Vegetation oft trostlos trocken. Hervorragende Tierbeobachtungen	Kleinere Flüsse und Tümpel trocknen aus und das Wild konzentriert sich nahe verbleibenden Wasserquellen auf engerem Raum, weshalb diese Saison trotz der ansteigenden Hitze für Wildbeobachtungen geradezu ideal ist. August/September sind prima Monate für Walking Safaris. Am Malawisee liegen die Luftfeuchtigkeit im Oktober bei 50-65 %, die Tagestemperaturen bei 30-34° C und die Nachttemperaturen zwischen 20 und 26° C.
November, Dezember	Gewaltige Wolkenstimmungen, erste regionale Gewitter und Regen, die Abkühlung bringen. Danach lange Sonnenperioden, daher Straßenverhältnisse meist noch passabel. Vegetation ergrünt. Zugvögel treffen ein.	Übergang vom trocken-heißen zum feucht-milden Klima, gerne mit heftigen Wolkenbrüchen einhergehend. Safarigebiete mit "Black Cotton Soil" werden unpassierbar, viele Camps schließen. Flutgebiete und Sümpfe sind anfangs noch staubtrocken. Größtes Highlight: Im Kasanka NP sammeln sich mehrere Millionen Flughunde. Außerdem ist Blütezeit auf dem Nyika Plateau.

Tipp: Auf S. 404 finden Sie eine
Übersichtstabelle der Nationalparks

Reiseroutenplanung

Eine vernünftige Routenplanung sollte vor Beginn der Reise stehen. Es gilt, zunächst die Hauptinteressen auszuloten (Naturerlebnisse und Tierbegegnungen oder eher Kultur? Aktiv sein mit Wandern und Tauchen oder eher viel Erholung?), alsdann die richtige Reisezeit und Reiseart herauszufinden.

Die klassischen Kennenlernrouten für erstmalige Besucher von Sambia und Malawi sind der Süden Sambias – von den Viktoriafällen über Lusaka zum Lower Zambezi NP und South Luangwa NP – und in Malawi der See zwischen Monkey Bay und Nkhata Bay, der Liwonde NP, Zomba und Mulanje. Diese Gebiete weisen nicht nur eine verhältnismäßig gute Infrastruktur sondern auch ein etabliertes touristisches Netz auf und lassen sich daher verhältnismäßig gut bereisen.

Beide Länder miteinander zu kombinieren bietet sich geradezu an. Sambia und Malawi ergänzen sich hervorragend: Sambia ist wilder, einsamer, fremdartiger; Malawi dagegen auf engem Raum landschaftlich abwechslungsreicher und bietet den herrlichen See.

Einen Erholungsaufenthalt am Malawisee oder geruhsame Tage an den Viktoriafällen legt man am besten an das Ende der Tour.

Unser Rat: Planen Sie sehr großzügig. **Selbstfahrer unterschätzen oft die mitunter sehr beschwerlichen Straßenbedingungen und nehmen sich viel zu lange Tagesetappen vor.** Planen Sie Puffertage ein. Viele Mietwagenfahrer „radeln" in wenigen Wochen Tausende Kilometer herunter, die viel Geld kosten und doch im Nachhinein wenig in Erinnerung bleiben. Die meisten Plätze sind einfach viel zu schön, um sie nur im schnellen "Vorbeifahren" zu genießen!

Ein abwechslungsreiches Programm empfehlen wir, weil drei Wochen Dauersafari auch den größten Tierfreund ermüden, wenn nicht zwischendrin Kontrastprogramm eingeplant wird. In einem Nationalpark sollte man aber immer mindestens zwei Nächte bleiben, in großen Parks wie Kafue und South Luangwa sogar länger.

Wir haben einige Schwerpunkte zusammengestellt:

Schwerpunkt Safari: die sambischen Parks im Luangwa Valley sowie Kafue NP und Lower Zambezi NP. Etwas preisgünstiger, aber weniger spektakulär: Liwonde NP, Lengwe NP und Kasungu NP in Malawi.

Schwerpunkt Vögel: Bangweulusümpfe, Lochinvar NP, Blue Lagoon NP sowie überhaupt alle Nationalparks.

Schwerpunkt Natur: Viktoriafälle, Sambesital, Luangwatal, Tanganjikasee, Nyika Plateau, Mulanje Bergmassiv, Malawisee, Mutinondo Wilderness, Lumangwe Falls, Zomba Plateau, Bangweulusümpfe.

Schwerpunkt Kultur: Gesamtes West- und Nordostsambia, alle speziellen Feste, Kalene Hill Mission, Mua Mission, Livingstonia Mission.

Schwerpunkt Wandern: Nyika Plateau, Zomba Plateau, Mount Mulanje, Mutinondo Wilderness, Walking Safaris in den Parks.

Schwerpunkt Fischen: Sambesi, Kafue, Malawisee, Tanganjikasee, Karibasee.

Schwerpunkt Aktivreisen: Tauchen im Malawisee, Rafting an den Viktoriafällen, Kanufahren im Lower Zambezi NP, Wandersafaris im Luangwatal, Reiten in Mutinondo Wilderness, Katamaranfahrten im Malawisee.

Reiseart: Wahl des Verkehrsmittels

1) Eigenes Auto oder Mietwagen?

Autoreisen sind für die Länder im südlichen Afrika sicherlich die ideale Reiseart: man ist unabhängig, kann auch die abgelegenen Regionen besuchen, in den Nationalparks auf Pirschfahrten gehen und dabei beliebig Gepäck und Proviant zur Selbstversorgung aufnehmen. Vor allem für Touren in abgelegene Gebiete Sambias und für die meisten Nationalparks ist das eigene Gefährt fast unerlässlich. Langzeitreisende verschiffen ihre afrikatauglich-gerüsteten Fahrzeuge von europäischen Häfen nach Afrika (z. B. Durban, Kapstadt, Walfish Bay, Mombasa) und reisen in der Regel mit einem „Carnet de Passage" (siehe auch S. 377). Dieses für eine zollfreie vorübergehende Einfuhr erforderliche Dokument des heimatlichen Automobilclubs kann alljährlich erneuert werden. Damit steht dem Reisen durch verschiedene Länder Afrikas mit eigenem Fahrzeug nichts im Wege.

Da nur wenigen Besuchern vergönnt ist, im eigenen Fahrzeug Afrika zu bereisen, kommt dem **Mietwagen** eine besonders große Bedeutung zu. **Allradfahrzeuge** sind verhältnismäßig teuer in der Anmietung. Vor der Entscheidung, einen normalen Pkw oder einen Allrad zu mieten, sollte stets die Routenplanung stehen. Für Malawi und Teile Sambias benötigt man nicht unbedingt ein Allradfahrzeug. Aus unseren Routenbeschreibungen im Reiseteil wird ersichtlich, bei welchen Strecken Geländefahrzeuge notwendig oder zu empfehlen sind. Wer sich hauptsächlich auf Hauptstraßen bewegt, kommt auch mit einem deutlich günstigeren Pkw zurecht. Dagegen sind für Touren in die sambischen Nationalparks und für die meisten sambischen Pisten Allradfahrzeuge ratsam oder notwendig. Außerdem gibt ein vierradbetriebenes Fahrzeug auch ein sicheres Gefühl auf Pisten, selbst wenn die Strecke auch mit einem normalen Pkw befahrbar wäre.

Tipps und Infos: Worauf Mietwagenfahrer achten sollten

• **Mietvoraussetzungen**: Das Mindestalter beträgt je nach Mietwagenanbieter 21–25 Jahre. Voraussetzung sind der nationale und ein Internationaler Führerschein sowie der Besitz einer Kreditkarte, mit der die Kaution hinterlegt wird.

• **Versicherungen**: Die Haftpflichtversicherung (Third Party Insurance) ist zwingend vorgeschrieben. Zusätzlich werden in der Regel eine Unfallversicherung (Personal Accident Insurance) und eine Diebstahlversicherung (Theft Protection) abgeschlossen. Außerdem wird eine freiwillige Voll- oder Teilkaskoversicherung (Collision Damage Waiver) angeboten.

• **Fahrzeugausrüstung**: Der Mietwagen sollte unbedingt mit zwei Ersatzrädern und Ersatzbenzinkanistern ausgestattet sein. Ferner gehören folgende Gegenstände ins Auto: Wagenheber, Radmutterkreuz, Elektrokompressor oder Handpumpe für die Reifen, Spaten, Starthilfekabel, Abschleppseil/Bergegurt, Werkzeugkasten und Fahrzeughandbuch. Als Ersatzteile bzw. Betriebsmittel sollten ein Keilriemen, Bremsflüssigkeit, Motoröl und ggf. Schläuche mitgeführt werden.

• **Fahrzeugcheck bei Abholung**: Wagenheber vorhanden?; Allradantrieb ok?; Kupplung und Bremsen auf ihre Funktionsfähigkeit prüfen; Bereifung des Fahrzeugs, Wasserstand, Batterie und Ölstand checken.

• **Bei Vertragsabschluss zu klären**: Wie verhält sich der Vermieter bei Pannen; inwieweit besteht ein Rückholservice; schließt die Versicherung irgendwelche Regionen/Gebiete aus, und welche Schäden, z. B. an der Windschutzscheibe, sind abgedeckt? Nicht vergessen: Lassen Sie sich für etwaige Grenzüberschreitungen ein schriftliches Permitt Ihres Vermieters ausstellen.

• **Bei Vertragsabschluss schriftlich verankern**: etwaige vorhandene Fahrzeugschäden, damit man nicht später dafür zur Verantwortung gezogen wird; die aktuelle Kilometerzahl; ggf. Einwegmieten; ggf. Erlaubnisschein für Grenzübertritte und entsprechende Versicherungsunterlagen.

Bitte beachten Sie ferner die Hinweise für alle Autofahrer, S. 389ff und für den Grenzübertritt mit Mietwagen, S. 377

Preisbeispiele für Mietwagen in Sambia (je Mietdauer)   = *grobe Richtwerte*

Wagentyp	bis 6 Tage	bis 14 Tage	bis 21 Tage	über 21
Toyota Corolla 1.3	38	33	30	28
Toyota Hilux 4x4	75	70	67	64
Landrover Defender*	110	102	95	92

(* = inkl. unbeschränkte Freikilometer, 2 Dachzelte und Campingausstattung)

Die Preise der Toyota-Beispiele gelten in Euro pro Tag inklusive 500 Freikilometer. Ein Chauffeur kostet bei den meisten Anbietern zwischen 20 und 35 Euro/Tag.

Preisbeispiel: Einen Toyota Hilux 4x4 inklusive 2 Dachzelten, Zusatztank und Campingausstattung bietet z.B. „Campers Corner" ab Südafrika für ca. 600 Euro/Woche bei 28 Tagen Mietdauer und 200 Frei-KM pro Tag. Jeder weitere KM schlägt mit rund 0,30 Euro zu Buche. Für die Genehmigung, den Mietwagen nach Sambia und Malawi auszuführen, bezahlt man dort einen Aufpreis. Wer den Wagen in Victoria Falls übernehmen möchte, muss außerdem 240,00 Euro zusätzlich bezahlen. Einwegmieten ab/bis Livingstone kosten je nach Anbieter bis 500 Euro Zuschlag. Die Angebote beinhalten meistens eine Teilkaskoversicherung mit 4600,00 Euro Selbstbehalt, den man gegen Zuschlag reduzieren kann.

In **Malawi** werden kleinere Pkws ab ca. 42 Euro angeboten (Mietdauer mind. 7 Tage/200 Freikilometer pro Tag). Geländefahrzeuge, wie z.B. Nissan Patrol oder Landcruiser, kosten etwa 150 Euro pro Tag.

Wo mieten?

Wir empfehlen, auf jeden Fall bereits vor Reiseantritt einen Wagen zu reservieren. Dies ist oftmals preiswerter und zudem sicherer, weil der gewünschte Wagen dann auch vorhanden ist, als wenn man sich auf das Glück verlässt, vor Ort einen Mietwagen auszuwählen. Man kann den Mietwagen entweder bei den Mietwagenagenturen in Sambia und Malawi oder in den südlichen Nachbarländern buchen (Südafrika, Namibia), die ein deutlich größeres Angebot aufweisen.

Bei europäischen Reiseanbietern mieten: Europäische Mietwagenanbieter, die Mietwagen für Sambia und Malawi offerieren, sind schwer zu finden. Wir empfehlen die Fa. **Nature Trekking:** Armin & Petra Bischoff GbR, Hauptstraße 29, D - 73110 Hattenhofen. Tel. 07164-14261, Fax 07164-909460. E-mail: service@nature-trekking.com; Internet: www.nature-trekking.com. Große Auswahl an Camping(Allrad)fahrzeugen.

In Sambia und Malawi mieten: Mietwagen werden in folgenden Großstädten angeboten: Lilongwe, Blantyre, Lusaka, Livingstone und Ndola (Adressen siehe im Reiseteil, Seiten 126, 156, 197, 323). Die meisten Mietwagenagenturen bevorzugen es, die Fahrzeuge mit Chauffeur zu vermieten. Sie hatten bisher vornehmlich mit Geschäftskunden zu tun und öffnen sich den Belangen und Wünschen von Individualtouristen erst zögerlich. Immerhin werden nun aber auch schon Fahrzeuge mit Dachzelten und Campingausstattung angeboten.

In Sambia:

- **Juls Car Hire:** Lusaka, Libala Road, Kalundu, Plot 5507. Tel. 0211-293972, Fax 291246, E-mail: julscar@zamnet.zm, Internet: www.julscar.com (Allrad-Mietwagen und Minibusse mit und ohne Fahrer).
- **Avis Car Hire:** Lusaka, Holiday Inn Hotel, Church Road Tel. 0211-251652, Fax 252201. Am Flughafen Tel. 0211-271303, Fax 271262, Internet: www.avis.com (Pkws für den städtischen Bereich und für Geschäftskunden)
- **Imperial Car Rentals (Voyagers Rentals):** Lusaka, P. O. Box 37609, Suez Road, nahe Holiday Inn. Tel. 0211-253082, Fax 253048, am Airport Tel. 0211-271221, Fax 271239, in Livingstone Tel. 0213-322753, Fax 320277, E-mail: travel@voyagers.com.zm, Internet: www.voyagerszambia.com (Vertretung für Europcar, Imerial Car Rentals und Vertrieb von Safari-Fahrzeugen mit Dachzelten)
- **Limo Car Hire:** 21, Lilayi Road, Tel. 0211-278628, Internet: www.limohire-zambia.com, E-mail: limohire@zamnet.zm, (Dachzelt und Campingausstattung erthältlich).
- **Taiwo Car Hire:** Lusaka, 5772 Great East Road, Kalundu, auf Höhe der Uni. Tel. 0211-291283, Fax 291248, E-mail: taiwo@iconnect.zm, Internet: www.taiwo.co.zm (Pkws, Minibusse und Allradfahrzeuge mit und ohne Fahrer)

Service & Infos

347

- **Sepiso Car Rentals:** Lusaka, Cairo Road, P.O.Box 38506, Tel. 0211-220388, Fax 225462, E-mail: enquiries@sepisocarhire.com Internet: www.sepisocarhire.com (Pkws, Minibusse und Allradfahrzeuge)
- **4x4 Hire Africa** (ehemals **Livingstone 4x4 Hire**): P/Bag 393, Lusaka, Manda Hill, Tel./Fax 0211-254096, E-mail: info@4x4hireafrica.com, Internet: www.4x4hireafrica.com Allradverleih (Landrover) mit Campingausstattung, seit 2004 unter deutscher Leitung.
- **AJ Car Hire & Tours:** Livingstone, Tel./Fax 0213-322090, Liso House, Mosi-oa-Tunya Road, E-mail: maycom@zamnet.zm

In Malawi:

- **Sputnik Car Hire:** Lilongwe, P.O.Box 2315, Tel. 00265-01-758253, Fax 722093. Am Flughafen Tel. 700676/760001, Fax 761578 und im Capital Hotel Tel. 771013, Fax 758256. Internet: www.sputnik-car-hire.mw Etabliertes, großes Unternehmen, das Pkws, Minibusse und Toyota 4x4 mit und ohne Fahrer anbietet.
- **Avis Rent-A-Car:** Lilongwe und Blantyre vertreten: Flughafen Lilongwe: Tel. 700223, Fax 672429, Meridien Hotel, Lilongwe: Tel. 671495 , Fax 672429, Downtown Lilongwe, Chilambula Road Tel. 756105. Flughafen Blantyre: Tel. 692368, Blantyre, Victoria Ave.: Tel. 622719, Fax 672429 E-mail: reservations@avis.co.za, Internet: www.avis.co.za/Malawi Der international tätige Autoverleiher hat in Malawi Pkws mit und ohne Fahrer im Angebot.
- **SS Rent-A-Car:** Lilongwe, Kamuzu Procession Road, Tel. 751478 und in Blantyre, Glyn Jones Rd., Tel. 821597, 822836, Fax 825074. Internet: www.ssrentacar.com Ältester und größter Mietwagenverleiher Malawis mit Sitz in Blantyre und Zweigstellen in Lilongwe, am Lilongwe Airport und an der Nkopola Lodge.
- **Ceciliana Car Hire:** Blantyre, Maselema, Tel. 01-643206, Fax 640225. In Lilongwe: Tel. 01-756284, Fax 756052, E-mail: ceciliana@malawi.net
- **Jambo Africa Ltd:** Mount Soche Hotel, Glyn Jones Road, Blantyre, Tel/Fax: 01-823709, E-mail: jamboafrica@africa-online.net, Internet: www.jambo-africa.com. Reiseveranstalter, der Pkws und Geländewagen anbietet.
- **Pangolin Tours:** Nkhata Bay, Tel. 09-278903, E-mail: info@pangolin-tours.com, Internet: www.pangolin-tours.com. Pajero-Vermietung, nur mit Fahrer.

In Südafrika und Namibia mieten:

Vielfältiger ist das Leihwagenangebot in Südafrika und Namibia. Vor allem komplett mit Campingausrüstung und Dachzelt ausgestattete Allradfahrzeuge sind dort eher zu bekommen. Beachten Sie jedoch, dass erst ein Teil der Mietwagenagenturen eine Ausreise nach Sambia und (noch schwieriger:) nach Malawi gestattet, und dafür mitunter besondere Gebühren anfallen.

- **Kessler Car Hire:** Namibia, Windhoek, Tel. 00264-61-256323, Fax 256333, E-mail: kessler@iafrica.com.na, Internet: www.kessler.com.na (es sind Fahrten nach Sambia, Malawi und Mosambik erlaubt)
- **Buffalo Campers:** P. O. Box 536, 2162 North Riding, Johannesburg, Südafrika. Tel. 0027-11-7041300, Fax-Durchwahl 4625266. E-mail: campers@buffalo.co.za, Internet: www.buffalo.co.za (erlaubt Fahrten nach Sambia, nicht aber nach Malawi)
- **4X4Camper:** Rolf Burkhardt, Tigerpoort, Pretoria, SA. Tel./Fax 0027-82-8888438. E-mail: 4x4camper@gmx.com, www.4x4camper.de, (dt. Leitung, erlaubt Fahrten nach Sambia und Malawi).
- **Maui:** 173 Tulbagh Road, Kempton Park, Johannesburg, SA. Tel. 0027-11-3961445, Fax-Durchwahl 3961757, E-mail: maui@iafrica.com, Internet: www.maui-rentals.com (Sambia ja, aber nicht Malawi).
- **Bushlore:** P. O. Box 552, Randburg, SA. Tel. 0027-11-7925300, Fax 7923930, E-mail: info@bushlore.com, Internet: www.bushlore.com (erlaubt Fahrten nach Sambia und Malawi).
- **Asco Car Hire:** Windhoek, Tel. 00264-61-233064, Fax 232245, E-mail: info@ascocarhire.com, Internet: www.ascocarhire.com (dt. Leitung)
- **Campers Corner Rentals:** P. O. Box 48191, Roosevelt Park 2129, Südafrika. Tel. 0027-11-7879105, Fax 7892327. E-mail: campers@iafrica.com; Internet: www.campers.co.za

2) Motorrad & Fahrrad

Sambias Distanzen zwischen den Städten sind enorm, aber dafür gibt es wenige Bergstrecken und das Verkehrsaufkommen ist dünn. Motorradfahrer kommen gut zurecht, doch für Fahrradfahrer eignet es sich nur eingeschränkt. Das kleine Malawi bietet durch die unterschiedlichen Höhenlagen reizvolle Panoramastrecken, wie sie Motorradfahrer genießen. Hier ist aber dafür der Verkehr dichter und erfordert durch die vielen Menschen und Tiere am Straßenrand erhöhte Aufmerksamkeit.

Auf Afrikas Straßen gilt das Recht des Stärkeren – der kleinere Verkehrsteilnehmer hat stets auszuweichen. Als Zweiradfahrer ist man dabei zwangsläufig immer an letzter Stelle und sollte entsprechend vorsichtig sein.

Service & Infos

3) Reisen mit öffentlichen Verkehrsmitteln: Busse, Bahn und per Anhalter

In Ländern, die ein niedriges Verkehrsaufkommen und nur wenige in Privatbesitz befindliche Autos haben, kommt dem preiswerten öffentlichen Verkehr eine besonders wichtige Bedeutung zu. Mit öffentlichen Verkehrsmittel reisen vor allem jüngere europäische Touristen und natürlich die Einheimischen. Der große Vorteil vom Reisen mit öffentlichen Verkehrsmitteln liegt neben den deutlich günstigeren Preisen in der Nähe zu Land und Leuten. Auf langen Busfahrten oder im Zug schließen viele Reisende Bekanntschaften und gewinnen Einblicke in den Alltag ihres Gastlandes. Allerdings fordert diese Reiseart auch erhöhte Flexibilität von den Besuchern. Längere Wartezeiten in der Mittagshitze, überfüllte Fahrzeuge, Reifenpannen auf einsamer Strecke oder eintönige Fahrten gehören in Afrika nun mal dazu. Besonders für Sambia muss man aber betonen, dass beim Reisen mit öffentlichen Verkehrsmitteln viele Naturschönheiten und Wildgebiete gar nicht zugänglich sind.

Per Bus: In beiden Ländern verkehren Fernstreckenbusse entlang der Hauptstraßen sowie zahlreiche Regional- und Minibusse auf Kurzstrecken und innerhalb von Städten. Bei den Fernstreckenbussen unterscheidet man komfortable Expressbusse, die mit fester Platzvergabe und wenigen Stopps auf bestimmten Routen zwischen den Großstädten verkehren, und die preiswerteren landestypischen Überlandbusse. Busse fahren in der Regel nach festen Fahr- und Streckenplänen, die privaten starten Minibusse dagegen dann, wenn sie voll sind. (Detaillierte Infos siehe ab S. 379)

Für Touristen sind **Expressbusse** aus vielerlei Hinsicht vorzuziehen: sie lassen sich vorab reservieren, sind zügig und bequem, bieten eine Sitzplatzgarantie und gewähren ein relativ hohes Maß an Verkehrssicherheit. Diese Vorteile rechtfertigen den höheren Preis. **Minibusse** bzw. Sammeltaxis kommen besonders im städtischen Nahverkehr zum Einsatz. Sie unterliegen keinen festen Fahrrouten oder Abfahrtszeiten. Die Fahrtziele werden von den Kassierern, die in den Minibussen mitfahren, an den Haltestellen ausgerufen. Man bezahlt einen Festpreis und quetscht sich auf die überfüllten Sitze. Es geht dabei meistens ziemlich eng und unbequem zu.

Per Bahn: In Sambia wird die Achse von Livingstone über Lusaka und Kapiri Mposhi nach Tansania von Touristen genutzt. In Malawi kommt eigentlich nur der Bahnverbindung von Blantyre/Limbe über Nayuchi nach Cuamba in Mosambik eine gewisse Bedeutung zu. (Detaillierte Infos siehe ab S. 379)

Per Anhalter: Weltweit besteht ein gewisses Sicherheitsrisiko, zu Fremden in ein Fahrzeug zu steigen, welches ansteigt, wenn man alleine (noch dazu als Frau) reist, sich in einsamen Gegenden aufhält, die Landessprache nicht versteht oder der Fahrer alkoholisiert ist. Deshalb sollte stets vorgezogen werden, im öffentlichen Bus zu reisen. Nebenstraßen (besonders in Sambia) haben oft so wenig Verkehr, dass der Anhalter stundenlanges Warten einkalkulieren muss.

Einheimische LKW-Fahrer verlangen oft die gleiche Gebühr für die Mitfahrgelegenheit, wie sie in einem Bus zu bezahlen wäre. Auch Privatfahrer freuen sich über einen Unkostenbeitrag.

Service & Infos

Bild oben: Näher geht es nicht – Camping in der Wildnis Sambias

4) Die organisierte Reise mit einer Reiseagentur

Die Möglichkeit, sich einem Safariunternehmen anzuschließen, setzt in der Regel eine höheres Reisebudget voraus. Viele sambische Agenturen haben sich darauf spezialisiert, dem Reisenden ein individuelles Programm anzubieten. Diese Exklusivreisen haben natürlich ihren Preis. Es sind keine Safaris wie in Kenia, wo sieben Minibusse um ein Löwenrudel stehen und in jedem acht Touristen sitzen. In kleinen Gruppen oder auch allein erleben Sie hier statt dessen Ihre maßgeschneiderte Reise.

Als kostengünstige Alternative sind Campingrundreisen per Lkw, wie sie fast überall im südlichen Afrika angeboten werden, inzwischen auch in Sambia und Malawi verbreitet (man nennt sie hier "**Overlander**"). Doch dafür reist man im Overlander fast nur entlang der geteerten Hauptstraßen und bekommt die eigentlichen Highlights meistens gar nicht zu sehen (oder muss dazu extra Safariausflüge bzw. Pirschfahrten buchen).

In Malawi bestehen im Grunde die gleichen Möglichkeiten wie in Sambia; das Angebot reicht vom rustikalen Campingurlaub bis zur Luxuslodge. Hier würde sich vielleicht die Kombination aus einer organisierten Safari, der selbst organisierten Schifffahrt auf dem Malawisee und einem anschließenden Erholungsaufenthalt am See empfehlen.

Beide Länder werden auf dem europäischen Reisemarkt angeboten (Adressen-Auswahl siehe rechts). Preisinformationen zu Pauschalangeboten siehe S. 364.

Umschlagfotos

Vorderseite:	Büffelherde im South Luangwa NP
Rückseite:	Szenerie entlang der Petauke Road; Begegnung bei Chiundaponde
Seite 1:	Ochsentransport bei den Lozi
Seite 2:	Luelo Ponton, Luangwa River beim North Luangwa NP

Bildnachweis

Fotos von Jürgen Tiefenthaler: Seiten 34 u., 83 M., 91 re., 103 o., 106, 109 li., 113 o., 114 u., 115 o., 116 zweites Bild von u., 117, 144, 181, 305. Von Marc Gorry: S. 261 u. re. Von Christoph Greil: S. 265 o. li. Alle anderen Fotos: Manfred Vachal, Ilona Hupe.

Service & Infos

Name/Adresse von Reiseanbietern in Deutschland und der Schweiz	Angebote	Kategorie: Luxus, Mittelklasse oder preiswert
Travel Team Africa: Adolph-Roemer-Str. 25, 38678 Clausthal Zellerfeld, Tel. 05323-93710, Fax 937119, www.travelteam.de	Allgemeine Angebote zum südlichen Afrika	M
Afrikareisen Eggestein: 37075 Göttingen, Goßlerstr. 35, Tel./Fax 0551-3793750, www.unterwegsinafrika.de	Rundreisen, Campingsafaris, Mietwagen im südlichen Afrika	M
Jacana Reisen: Willibaldstr. 27, 80689 München, Tel. 089-5808041, Fax 5808504, E-mail: jacana@t-online.de, www.jacana.de	Hochwertige Reisen und Unterkünfte	M, L
Out of Africa: Fürstenrieder Str. 217, 81377 München, Tel. 089-71940401, Fax 71940403, E-mail: outofafrica@t-online.de	Hochwertige Reisen und Unterkünfte	M, L
Livingstone Tours: Albrecht Gorthner, Mühlwiesenstr. 3, 72555 Metzingen, Tel. 07123-920943, Fax 920944, E-mail: livingstone.tours@t-online.de, www.livingstone-tours.de	Autorundreisespezialist für Malawi und Ostsambia	M
Outback Africa: Am Südhang 10, 08645 Bad Elster, Tel. 037437-53804, Fax 53805, www.outbackafrica.de	Erlebnisreisen in Sambia und Malawi	M
Geo Tours: Bernd Spreckels, Schopstr. 17, 20255 Hamburg, Tel. 040-4919832, Fax 4903227, www.geo-tours.de	Ausgefallene Expeditionen und Safaris	M
Hauser Exkursionen: Marienstr. 17, 80331 München, Tel. 089-23500630, Fax 2913714. Internet: www.hauser-exkursionen.de	geführte Wanderreisen und aktive Safaris	M
Afrika Tours Individuell: Sonnenstr. 32, 80331 München, Tel. 089-646983, Fax 6422755	Rundreisen, Vermittlung von Lodges/Camps	M, L
Uhambo E Africa: Siegesstr. 1, 30175 Hannover, Tel. 0511-284940, Fax 2849444	Rundreisen, Vermittlung von Lodges/Camps	M, L
Rotel Tours: Postfach, 94100 Tittling, Tel. 08504-4040, Fax 4926, www.rotel.de (Reisebusse mit Schlafkojen)	Busreisen im berühmten „rollenden Hotel"	M
Shamiso Tours: www.shamisotours.com. Deutsches Reiseunternehmen, jedoch mit Sitz in Zimbabwe.	Campingrundreisen im südlichen Afrika	P/M
Jambo Tours: Langenscheiderstr. 40c, 59846 Sundern-Langenscheid, Tel. 02935-79191, Fax 79192	Rundreisen unterschiedlicher Art in Malawi	M
African Special Tours: Gronauer Weg 31, 61118 Bad Vilbel, Tel. 06101-583053, Fax 583054, www.ast-reisen.de	Rundreisen und die Vermittlung von Lodges	M, L
Karawane Reisen: Postfach 909, 71609 Ludwigsburg, Tel. 07141-28480, Fax 284825, www.karawane.de	Rundreisen und Safaris im südlichen Afrika	M, L
Abendsonne Afrika: Zur unteren Mühle 1, 89290 Buch, Tel. 07343-929780, Fax 929781, www.abendsonneafrika.de	Rundreisen und Lodges im südlichen Afrika	M/ L
Zingg Event Travel: Langmoosstr. 16. CH-8135 Langnau am Albis, Schweiz, Tel. 0041-1-7092010, Fax 7092050, www.zinggsafaris.ch	Reisen nach Sambia, Zimbabwe und Botswana	M/ L
Africon Tours: Auf dem Rödchen 43, 65582 Diez, Tel. 06432-88326. www.africontours.de	Rundreisen und Safaris in Afrika	M/L
Knecht Reisen: Rohrerstr. 100, 5001 Aarau, Schweiz, Tel. 0041-62-8347131, Fax 8347100, www.knecht-reisen.ch	Hochwertige Reisen und Unterkünfte	M/ L
Gebeco GmbH: Holzkoppelweg 19, D-24118 Kiel, Tel. 0431-54460, Fax 5446111, www.gebeco.de.	Rundreisen und Safaris im südlichen Afrika	M
Windrose Fernreise GmbH: Neue Grünstr. 28, 10179 Berlin, Tel. 030-2017210, Fax 030-20172117, www.windrose.de	Rundreisen und Safaris im südlichen Afrika	M
Diamir Erlebnisreisen: Loschwitzer Str. 58, 01309 Dresden, Tel. 0351-31 20 77, Fax 31 20 76, www.diamir.de	Rundreisen und Safaris im südlichen Afrika	M/ L
Reiseservice Afrika: Bauseweinallee 4a, 81247 München, Tel. 089-8119015, Fax 8112753, www.reiseservice-africa.de	Rundreisen und Safaris im südlichen Afrika	M/ L
Lernidee Erlebnisreisen: Eisenacher Straße 11, 10777 Berlin, Tel. 030-7860000, Fax 7865596, www.lernidee.de	Erlebnisreisen in Sambia und Malawi	M / L
DUMA Reisen: Ulmer Str. 355, D-70327 Stuttgart, Tel. 0711-8386580, Fax 8386582, www.duma-naturreisen.de	Rundreisen und Safaris in Afrika	M/ L

Service & Infos

Name	Adresse	Internet	Camps/Lodges bzw. Reiseangebot	Preis-klasse
Wilderness Safaris	P. O. Box 651171, Benmore 2010, South Africa, Tel. 0027-11-8841453	enquiry@wilderness.co.za www.wilderness-safaris.com	Lodges im Kafue NP und im South Luangwa NP, Lodges in Livingstone, Rundreisen	Luxus
Bush Buzz Safaris	10 Nangwenya Road, Rhodes Park, Lusaka Tel. 0211-256827	info@bush-buzz.com www.bush-buzz.com	Safaris aller Art, Buchung von Camps/Lodges	Mittel bis Luxus
Sanctuary Lodges & Camps	P./Bag X 45, Maun, Botswana. Tel. 00269-6862688, Fax 6863526	southernafrica@ sanctuarylodges.com www.sanctuarylodges.com	Lochinvar NP: Lechwe Plains, South Luangwa: Chichele Lodge, Puku Ridge Lodge	Luxus
Karibu Safaris	Südafrika, Durban, Tel. 0027-31-5639774, Fax 5631957	karibusa@iafrica.com karibu@karibu.co.za www.karibu.co.za	Lower Zambezi NP: Camps Kiambi & Kiubo, Kanusafaris am Sambesi Campingrundreisen per Lkw	Mittel
Safari par Excellence	Livingstone Tel./Fax 0213-320606, Fax 320609, in Zimbabwe: P.O.Box 5920, Harare. Tel. 14-443409, Fax 14-495020	E-mail Sambia: safpar@zamnet.zm zaminfo@safpar.com www.safpar.com	Kanusafaris am Sambesi, Rafting an den Viktoria-fällen, The Waterfront Lodge, Kayila & Mwambashi Lodges im Lower Zambezi NP	Mittel bis Luxus
Tongabezi	Livingstone, P/Bag 31, Tel. 03-324450, Fax 324483	reservations@ tongabezi.com www.tongabezi.com	Tongabezi Lodge, Lower Zambezi NP	Luxus
SUN-International	Südafrika, Johannesburg Tel. 0027-11-7807878, Fax 7807061 BRD: 61440 Oberursel, Tel. 06171-63600, Fax 636090	suninternational@sunint.de www.suninternational.com	Luxushotels an den Viktoriafällen	Luxus
Drifters	P. O. Box 48434, Roosevelt Park 2129, Cape Town, SA Tel. 0027-11-4861224, Fax 0027-11-4861237	res@drifters.co.za www.drifters.co.za	Campingrundreisen per (Allrad-)Lkw	Preis-wert
Chundukwa Safaris	Livingstone, P.O.Box 60748 Tel. 03-324006 Fax 03-324452	chundukwa@zamnet.zm	Reitsafaris, Touren in den Kafue NP (Südteil), Chundukwa Tree Lodge	Mittel
G&G Safaris	Grant Cumming, Lusaka, Tel. 0211-261588, Fax 262683	info@chiawa.com www.chiawa.com	Chiawa Camp im Lower Zambezi NP	Luxus
Puku Pan Lodge	P.O. Box 36281, Tel. 097-780080 und 01-26308, Fax 01-263083	info@pukupan.com www.pukupan.com	Puku Pan Lodge im Kafue NP	Mittel

Service & Infos

Name	Adresse	Internet	Camps/Lodges bzw. Reiseangebot	Preis-klasse
Kasanka Trust	P.O.Box 850370, Tel. Lusaka 01-224457, Fax 253439, Sat-Phone 00873-76-2067957	info@kasanka.com www.kasanka.com	Kasanka NP, Shoebill Island Camp, Lake Waka Waka Camp	Preis-wert bis Mittel
Peter Fisher	Peter Fisher, Ikelenge, Sat-Phone: 00871-682-345488	www.nchila-wildlife-reserve.com	Nchila Wildlife Reserve, Ikelenge	Preis-wert bis Mittel
Kiambi Safaris	Tel. 0966-655878	info@kiambi.co.za www.kiambi.co.za	Kiambi Lower Zambezi Lodge	Mittel
Robin Pope Safaris	P.O.Box 80, Mfuwe, Tel. 02162-46090, Fax 246094	info@robinpopesafaris.net www.robinpopesafaris.net	Nsefu Lodge, Tena Tena Lodge, Nkwali Lodge, Walking Safaris	Luxus
Remote Africa Safaris	John Coppinger, Mfuwe Tel. 02162-45018, Fax 45059	tafika@remoteafrica.com www.remoteafrica.com	Tafika Camp/South Luangwa, Mwaleshi Camp/North Luangwa NP	Luxus
Gwembe Safaris	P. O. Box 630162, Choma Tel. 0213-220021, Fax 20054	gwemsaf@zamnet.zm www.gwembesafaris.com	Gwembe Safari Lodge, Choma.	Preis-wert
Shiwa Safaris	Mark Harvey, Shiwa Ngandu, Tel. 0976-970444, Fax 0211-229262	kapishya@shiwasafaris.com www.shiwasafaris.com	Kapishya Lodge, Buffalo Camp/North Luangwa NP, Walking Safaris	Mittel bis Luxus
Inbound Africa Marketing	Südafrika Tel. 0027-11-7877790 Fax 7877700	inbound@iafrica.com	Kasaba Bay Lodge/Sumbu NP, Lion Camp/South Luangwa	Luxus
Shenton Safaris	Derek Shenton Tel. 0216-245064, 0215-326188, 0216-12290146	info@kaingo.com www.kaingo.com	Kaingo Camp/South Luangwa Mwamba Bush Camp	Mittel bis Luxus
Kutandala	Rod & Guz Tether www.kutandala.com	info@kutandala.com www.kutandala.com	Kutandala Camp/North Luangwa NP	Luxus
Bushcamp Company	P. O. Box 91, Mfuwe, Tel. 0216-246041	www.bushcamp company.com	Bushcamps im South Luangwa NP, Mfuwe Lodge	Luxus
Chachacha Backpackers	161 Mulombwa Close, P. O. Box 31300, Lusaka. Tel./Fax 0211-222257	info@chachachasafaris .com, www.chachacha safaris.com	Mobile Safaris für Backpacker, Kanutrips	Preis-wert
Norman Carr Safaris	P. O. Box 100, Mfuwe Tel. 0216-246015 Tel./Fax 0216-245025	kapani@normancarrsafaris.com www.normancarrsafaris.com	Kapani Lodge, Walking Safaris	Luxus
Kafunta Safaris	Tel. 062-46046, 00871-762068427	kafunta@luangwa.com www.luangwa.com	Kafunta Lodge Luangwa Valley Safaris	Luxus

Service & Infos

Name	Adresse	E-mail/Internet	Angebot	Preis-klasse
Central African Wilderness Safaris	Lilongwe, P.O.Box 489, Capital City, Tel. 01-771153/ 771393, Fax 771397	www.wilderness-safaris.com	Chinteche Inn, Mvuu Lodge/ Liwonde NP, Heuglins Lodge, Safaris/Rundreisen	Mittelklasse bis Luxus
Kiboko Safaris	Tel. 01- 751226, Fax 752682 P/Bag 295, Lilongwe	kiboko@malawi.net www.kiboko-safaris.com	Kiboko Town Hotel Lilongwe, Campingtouren im Lkw in Malawi und Ostsambia	Preiswert
Land & Lake Safaris	P.O.Box 2140, Mandala Road (Old Town) Lilongwe, Tel. 01-757120, Fax 754560,	info@landlake.net www.landlake.net	Forest Lodge, Marula Lodge/ Sambia, Rundreisen, Wandertouren	Mittelklasse
Ulendo Safaris	P.O.Box 30728, Lilongwe. Tel. 01-754950, Fax 756321	info@ulendo.net, www.ulendo.net	Agent für die Ilala (Linienschiff), South Luangwa NP- Safaris	Mittelklasse
Tiyende Pamodzi Adventures	P.O Box 267, Mulanje, Tel. 01-467737	www.cholemalawi.com hikemulanje@africa-online.net	Likhubula Forest Lodge, Bergtouren am Mulanje	Mittelklasse
Soche Tours	P.O.Box 2225, Blantyre, Tel. 01-820777, Fax 820444	www.sochetours.mw sochetours@malawi.net	Safaris und Hotels	Luxus
Rukuru Safaris	Nkhata Bay,Tel. 01-352342, Fax 352365	www.africanet.com/ rukuru/welcome.htm	Touren zum Nyika Plateau	Preiswert - Mittel
Pangolin Tours	Nkhata Bay, Patrick & Debbie Rybnikar, Tel. 09-278903	info@pangolin-tours.com, ww.pangolin-tours.com	Rundreisen im Norden	Mittel
Jambo Africa Ltd.	P. O. Box 2279, Blantyre Tel./Fax 01-823709	www.jambo-africa.com jamboafrica@africa-online.net	Nyala Lodge (Lengwe NP) Day Trips zu Teeplantagen	Mittel
Barefoot Safaris	P/Bag 357, Lilongwe, Tel./Fax 01-707346	www.barefoot-safaris.com	Safaris und Rundreisen, Camp bei Lilongwe, Mwabvi GR	Mittel

Örtliche Agenturen für besondere Wünsche

Bungee Jumping:
African Extreme Bungi: P.O.Box 60353, Livingstone, Tel. 0213- 324156, Fax 324157, E-mail: extreme@zamnet.zm

Microlighting:
Batoka Sky: Livingstone. Tel. 0213-321830, Fax 0213-321539, E-mail: mole@zamnet.zm

Remote Africa Safaris: Remote Africa Safaris, Mfuwe, Tel. 0216-245018, Fax 0216-245059, E-mail: tafika@remoteafrica.com.

Reiten:
Chundukwa Adventure Trails: P.O.Box 61160, Livingstone, Tel. 0213-324452, Fax 324006, E-mail: chundukwa@zamnet.zm.

Hausboote:
Gwembe Safaris, P.O.Box 630162, Choma. Tel. 0213-220021, Fax 032-20054, E-mail: gwemsaf@zamnet.zm.
Hooligan: Siavonga. Tel. 0211-262281, Fax 250342
Houseboat Holidays: P.O.Box 33565, Lusaka. In Siavonga Tel. 511269, Fax 511188.

Kanu-Safaris:
Safari Par Excellence. Tel./Fax 0211-321320, E-mail: atd@zamnet.zm oder P.O.Box 5920, Harare. Tel. 14-720527, Fax 14-722872, E-mail: safpar@global.co.za
G&G Safaris, Tel. 0211-261588, Fax 262683, E-mail: info@chiawa.com
Karibu Safaris: Durban, South Africa, Tel. 0027-31-5639774, Fax 5631957, E-mail: karibusa@iafrica.com, Internet: www.karibu.co.za
Bundu Adventures: Industrial Road, P.O.Box 60773, Tel. 324407, Fax 324406, E-mail: zambezi@zamnet.zm
Makora Quest: Livingstone. Tel. 0213-321679, Fax 0213-320732. E-mail: quest@zamnet.zm

River Rafting:
Bundu Adventures: Industrial Road, P.O.Box 60773, Tel. 324407, Fax 324406, E-mail: zambezi@zamnet.zm
Makora Quest: Livingstone. Tel. 0213-321679, Fax 0213-320732. E-mail: quest@zamnet.zm
Safari Par Excellence. Tel./Fax 0213-321320, E-mail: zaminfo@safpar.com oder P.O.Box 5920, Harare. Tel. 14-720527, Fax 14-722872, E-mail: safpar@global.co.za

Die Unterkünfte: Hotel, Lodge oder Camping

Sambia: Nahezu flächendeckend findet man einfache **Hotels** und **Herbergen** ("Rest House") mit Zimmern ab 10 Euro. Mittelklasseunterkünfte sind seltener. Dagegen bieten die Großstädte Firstclasshotels zu entsprechenden Preisen. In touristisch erschlossenen Regionen und Wildgebieten (Nationalparks) zeigt sich ebenfalls diese Lücke im mittleren Preissegment. Entweder handelt es sich um elegante Safarilodges mit Übernachtungspreisen bis 400 Euro oder um Backpackerunterkünfte (Pensionen für jugendliche Rucksackreisende) und Campingplätze. Bungalows zur Selbstversorgung oder Frühstückspensionen (Bed&Breakfast) kommen erst ganz allmählich in Mode.

Viele **Campingplätze** Sambias weisen einen guten Standard auf (Sanitäreinrichtungen mit Heißwasser, teilweise Küchenblock und Unterstand gegen Regen, Schattenplätze, Pool, Bar und Restaurant). Die Preise betragen meistens 5-8 Euro p.P. Campingplätze in Wildgebieten sind in der Regel nicht umzäunt. In Ortschaften ohne Campingplatz kann man auf Anfrage im Hof oder Garten kleinerer Hotels campieren und deren Sanitäreinrichtungen benützen.

Malawi: Hier ist die Situation ähnlich, wenngleich es deutlich mehr Angebote im günstigen und mittleren Preissegment gibt. Die Preise liegen im Allgemeinen niedriger als in Sambia. Entlang des Malawisees werben zahlreiche Campingplätze und einfache Strandanlagen um Gäste. Camping kostet hier 3-5 Euro, die Übernachtung in Buschhütten oder Lehmchalets ab 8 Euro.

Info: Im Reiseteil beider Länder werden die Unterkünfte jeweils vorgestellt und mit Adressen und Preisen genannt.

Camping-Tipps: Campingbedarf, wie Stühle, Kocher, Kochgeschirr, Gaslampen etc. gibt es im Kaufhaus GAME, Manda Hill Shop. Centre, Lusaka. Wer seine Reise in Namibia, Botswana, Zimbabwe oder Südafrika beginnt, findet entsprechende Läden in den jeweiligen Hauptstädten. In Malawi sind Campingartikel dagegen kaum zu bekommen. Viele Campingfreunde benützen robuste **Paraffin-Lampen**, die warmes Licht spenden, welches nachtaktive Insekten weniger anlockt als z. B. grelle Neonröhren. Paraffin (wird in Sambia Kerosin genannt) kann man an Tankstellen auffüllen; es empfiehlt sich, einen Vorrat von mehreren Litern dabei zu haben. Camping ist für Afrikatouren mehr als eine preiswerte Alternative. Die **afrikanische Wildnis** mit ihren nächtlichen Geräuschen und der ihr eigenen Atmosphäre lässt sich nicht vom städtischen Hotel aus, sondern nur in freier Natur erleben. Mit der eigenen Campingausrüstung ist man zugleich auf der sicheren Seite: findet man einmal kein Übernachtungsquartier, kann man getrost fast überall sicher campieren. In ländlichen Regionen besonders in Sambia wird es als normal angesehen, dass Reisende sich abends einen Platz zum Campieren suchen. Da auch die Einheimischen für Besorgungen oder Verwandtenbesuche oft tagelang (zu Fuß) unterwegs sind, kennt man allerorten das Bedürfnis nach einem Schlafplatz. Während Einheimische in den Dörfern unterkommen, ist bei durchreisenden Weißen das **Wildcampen** üblich. Niemand wird Anstoß nehmen, man muss eher mit der Bitte rechnen, möglichst nahe beim Dorf zu bleiben (weil es dort am sichersten sei). In abgelegenen Regionen empfinden es viele Menschen sogar als Ehre, wenn ein Tourist höflich um die Erlaubnis für's Wildcampen bittet.

Safari Lodges & Camps

Unter einer klassischen afrikanischen Lodge versteht man eine kleine Anlage aus riedgedeckten Chalets oder Bungalows, die sich locker um einen halboffenen zentralen Aufenthaltsraum – Boma genannt – gruppieren (bei den neueren Camps ersetzen oft hochwertige Safarizelte die Bungalows). Die Lodges werden kunstvoll, aber rustikal aus natürlichen Baustoffen gefertigt (viel Holz und Rietgräser finden Verwendung) und liegen einsam und idyllisch in der Wildnis. Für nur 10-20 Gäste konzipiert schaffen die engagierten Manager und ihre zahlreichen Helfer mitten im Busch ein perfektes Klischeebild, lassen den uralten Traum von der Romantik Afrikas wahr werden. Hier dreht sich alles um die Natur und die Tiere, werden die Gäste mit Aufmerksamkeit verwöhnt und umsichtig an die „Gefahren Afrikas" heran geführt, ohne dabei je auf die komfortable, bisweilen auch elitäre Umgebung verzichten zu müssen. So relative Exklusivität hat ihren stolzen Preis, denn auch die kostenintensiven Transportwege in die Wildnis und der hohe Personalaufwand für wenige Gäste schlagen im Preis nieder. Dabei bleiben die Anlagen eher zweckmäßig und die kulinarischen Freuden gut bürgerlich; Luxuseinrichtungen und meterlange Buffets sollte man nicht erwarten. Neben den stationären Lodges werden auch mobile Zeltcamps errichtet. Einmal in der Lodge angekommen, kann man kaum noch Geld ausgeben. Üblich ist das All-Inclusive-System (Vollpension, alle Aktivitäten inklusive). Unterschiede gibt es bei den Getränken, dem Wäschedienst (Laundry) und der An- und Abreise (Transfers), die teilweise inklusive sind, manchmal aber auch extra abgerechnet werden.

Reisen mit Kindern

Generell spricht nichts gegen Reisen in Sambia und Malawi mit Kindern, wie es viele dort lebende Familien und Südafrikaner praktizieren. Allerdings reisen Familien mit Kindern fast immer mit einem Auto, was sie unabhängig macht und großzügig Proviant und Gepäck mitzunehmen ermöglicht. Diese Vorteile wiegen bei Kleinkindern um so stärker, denn die Versorgung mit kleinkindgerechten Lebensmitteln oder Windeln ist außerhalb der Großstädte sehr dünn.

Afrikaner sind ausgesprochen kinderfreundlich und begegnen ihnen überall geduldig und liebevoll. Nicht von der Hand zu weisen ist jedoch die medizinische Lücke, die in diesen Ländern klafft. Eine intensive Gesundheitsvorbereitung und gute Reisekrankenversicherung, möglichst auch der Abschluss einer Flugrettungsversicherung, ist anzuraten. Ferner sollte man sich bewusst machen, dass Kinder in Wildgebieten viel stärker gefährdet sind als Erwachsene (Paviane oder Hyänen attackieren Kinder eher als Erwachsene). Zahlreiche Lodges und Camps in den Nationalparks (vor allem Sambias) nehmen aus Sicherheitsgründen und wegen der Unruhe, die Kinder erzeugen, keine jüngeren Kinder (unter 12 Jahren) auf.

Zur Info: Auf S. 404 finden Sie eine Übersichtstabelle der Nationalparks

Frauen allein unterwegs

Alleinreisende Frauen können in Sambia und Malawi in der Regel unbeschwert reisen, wenn sie sich an gewisse Standardverhaltensweisen halten: Die Kleidung nicht aufreizend wählen, sondern z. B. die Beine bedeckt halten und auf einen freizügigen Ausschnitt verzichten, der irrtümlich falsch verstanden werden könnte. Nur tagsüber unterwegs sein, nächtliche Fahrten oder Spaziergänge meiden und möglichst nicht per Anhalter fahren, vor allem nicht auf einsamen Strecken. Bei Männerbekanntschaften Zurückhaltung üben und sich eher reserviert geben. Diese Regeln gelten im Grunde weltweit. Sambia und Malawi haben – wie fast alle Länder Schwarzafrikas – eher einen guten Ruf bei alleinreisenden Frauen, da hier die Toleranz und Achtung gegenüber fremden Frauen auch ohne männlicher Begleitung hoch ist. Einheimische weiße Frauen leben hier oft ein sehr selbstständiges Leben, indem sie resolut Farmen bewirtschaften, rustikale Fahrzeuge steuern und als Arbeitgeber auftreten. So hat sich das Bild der selbstbewussten (weißen) Frau in Afrika verankert und erleichtert die Stellung ihrer Geschlechtsgenossinnen auf Reisen. Erfahrene weibliche Afrikareisende erfinden beim Small Talk mit Einheimischen dennoch gerne einen Ehemann und Kinder, die nur gerade abwesend sind, wodurch die Situation für Afrikaner viel mehr allgemeinverständliche Normalität erhält, als die Geschichte einer selbstbewussten emanzipierten Single-Frau. Denn Familie und Mutterschaft gelten unangefochten als wichtigste Eckpunkte im Leben jeder Frau.

Hilfreiche (Touristen-) Informationsstellen

Zambia National Tourist Board
(Tourist Information)
c/o Botschaft von Sambia
Axel Springer Straße 154a, 10117 Berlin
Tel. 030-2062940, Fax 030-20629419
Internet: www.zambiaembassy.de
Sprechzeiten: Mo-Fr 09.00-13.00 h und 14.00-16.00 h

Zambia National Tourist Board
Century House, Cairo Road
P.O.Box 30017, Lusaka – Zambia
Tel. 00261-211-229087/229088/229089/229090
Fax 00260-211-225174, E-mail: zntb@zamnet.zm

Malawi Tourist Office
c/o Malawi High Commission
33 Grosvenor Street,
Mayfair, GB-LONDON W1X 4QT
Tel. 0044-20-84555624, Fax 0044-20-32351066
E-mail: malawihighcom@btconnect.com
www.malawihighcom.org.uk

Ministry of Tourism, Wildlife & Culture
Murray Road, Lilongwe 3 – Malawi
Tel. 00265-771073/775499
Fax 00265-770650
E-mail: tourism@malawi.net

Umfangreiche Information erhält man über das Internet. Auf der Website www.hupeverlag.de veröffentlichen wir ausgewählte Links zu informativen Sambia- oder Malawi-Websites.

Reiseausrüstung

Persönliche Dokumente

Das wichtigste Dokument ist der gültige **Reisepass**. Packen Sie außerdem den **Internationalen Impfpass** und ggf. den **Internationalen Führerschein** ein. Von allen Dokumenten sollte man immer **Kopien** dabei haben und an getrennten Plätzen verwahren. Flugtickets nicht vergessen und wichtige Rufnummern für Notfälle (die Servicenummern der Kreditkarten, Reiseschecks, Auslandskrankenversicherung). Es empfiehlt sich, nur einen Teil der Reisekasse in Bargeld mitzunehmen (Nähere Infos zur Reisekasse siehe S. 366).

Kleidung

Generell ist in den Tropen angenehme Baumwollbekleidung angebracht. Man kleidet sich eher sportlich und salopp. Auf Safaris in Wildgebieten trägt man das klassische „Safari-Outfit" in Khaki- und Naturfarben und knöchelhohe, bequeme Lauf- oder Wanderschuhe. Am Strand des Malawisees sind bequeme Freizeitkleidung und Sandalen oder Badeschlappen üblich. Auf alle Fälle sollte man neben der leichten Sommerkleidung auch einen dicken, wärmenden Pulli oder eine warme Jacke einpacken. Regenschutz, Sonnenhut und Badebekleidung dürfen auch nicht fehlen. Nur in den Firstclasshotels und eleganten Restaurants der Großstädte wird nach Sonnenuntergang der sog. Formal Dress erwartet, d. h. lange Hose und möglichst Jackett und Krawatte für Herren.

Afrikanerinnen tragen keine Shorts oder Miniröcke. Während der Oberkörper mit einem Trägerhemd bereits anständig bekleidet ist, sollten die Beine zumindest bis zu den Knien bedeckt bleiben. An den Stränden, in Wildgebieten und touristischen Orten hat man sich zwar längst an Touristinnen in kurzen Hosen gewöhnt, doch in den Städten oder auf dem Land bilden nackte Frauenbeine einen eher ungewohnten Anblick. Daher ist es geschickter, in der Öffentlichkeit jenseits von Strand & Safari knielange Hosen oder weite Röcke und Kleider zu tragen.

Sonstiges

Fotoausrüstung mit Ersatzbatterien und genügend Filmen, Ladegerät für Kameraakkus, Fernglas, Sonnenbrille, Kopfbedeckung, Taschenlampe, Feuerzeug, Taschenmesser, Flaschenöffner, Wasserflasche, Nähzeug, Adapter für Steckdosen, Wörterbuch, Landkarten, Reiseführer, Lesestoff, Reiseapotheke, ggf. Ersatzteile, ggf. Mikropur (Tabletten oder Pulver) zur Entkeimung des Trinkwassers, ggf. Zelt, Schlafsack und Moskitonetz (für die Tropen empfohlene Maschenweite: 1,2x1,2 mm bzw. 180-200 mesh/square inch).

Geschenke & Mitbringsel

Es ist meist sinnvoller, Geschenke zu verteilen, als Geld zu geben. Lassen Sie aber möglichst Süßigkeiten weg. Schenken Sie lieber Dinge, die in Afrika nützlich sind: An erster Stelle der Beliebtheitsskala stehen Schuhe und Kinderkleidung. Danach kommen Kleidung aller Art (evtl. am Ende der Reise einen Teil des Gepäcks zurücklassen?) und Schreibstifte. Männer freuen sich über Zigaretten, Fahrradflickzeug, Taschenmesser, Taschenlampen. Zündhölzer und Feuerzeuge sind sinnvoll, Salz ist auf dem Lande immer wieder gefragt. Alte Brillen können Sie in einer Mission abgeben. Englischsprachige Bücher und Zeitschriften, Armbanduhren und verschließbare Behälter sind beliebt. Frauen freuen sich über Nähzeug und Taschenspiegel; Kinderherzen erobern Sie mit Malutensilien und (Fuß-)Bällen!

Verteilen Sie Geschenke bitte nicht wahllos. Es gilt stets abzuwägen zwischen einer möglicherweise sogar beschämenden, peinlichen Situation für den Beschenkten und sinnvoller Hilfsbereitschaft. Auch sollte man bedenken, dass allzu freigiebiges Schenken die Bettelei fördert. Deswegen ist ausgerechnet das beliebte Beschenken von Kindern wenig sinnvoll: Nicht selten verzichten Kinder auf den Schulbesuch, wenn sie die Touristen als einträgliche Geldquelle entdeckt haben. Damit entsteht ein nicht beabsichtigter Kreislauf. Wer einem Kind etwas Gutes tun möchte, sollte seine Mutter beschenken.

GPS-Satellitennavigation

Grundsätzlich sind unsere beschriebenen Touren aufgrund der detaillierten Routen- und Wegebeschreibungen auch ohne GPS-Ausrüstung (Satellitennavigationsgerät) machbar. Dennoch erweisen sich die GPS-Geräte zur Absicherung bei anspruchsvollen, einsamen Routen, zur Orientierung in der Wildnis als auch zum Auffinden abseits gelegener Orte als ungemein nützlich. Wir veröffentlichen daher zahlreiche eigens ermittelte Koordinaten (im Text bzw. auf den Landkarten). Alle GPS-Angaben folgen dem Kartendatum WGS 84. Zur Vereinfachung haben wir die letzte Ziffer gerundet. Geringfügige Abweichungen von ca. bis zu 30 m sind aufgrund von Messungenauigkeiten nicht auszuschließen.

GPS-Daten-CD: Für Extremtouren in Sambia bietet diese Daten-CD auf 110 Seiten eigens ermittelte GPS-Daten, Detailskizzen und zusätzliche Extremroutenbeschreibungen. Detaillierte Informationen zu den Inhalten finden Sie auf den Seiten 414 bis 416 sowie im Internet: http://www.hupeverlag.de/Sambia_Malawi/GPS-CD_Sambia/gps-cd_sambia.html

GESUNDHEITSVORSORGE

Service & Infos

Auch die schönste Reise ist verdorben, wenn man unterwegs krank wird. Bevor Sie nach Afrika reisen, sollten Sie deshalb an einen **Besuch beim Tropenarzt** denken, besonders wenn es sich um Ihre erste Reise ins tropische Ausland handelt.

Zu einer rundum gesunden Afrikareise gehört zunächst auch eine „**gesunde" Lebenseinstellung**. Medien und umsatzorientierte Apotheker zeichnen gelegentlich ein überzogenes Bild von den Gefahren Afrikas. Ein gesunder Mensch mit intaktem Immunsystem wird auch in Afrika mit allerlei Bakterien und Viren fertig bzw. kommt auf einer durchschnittlichen Reise mit vielem gar nicht in Berührung. Auch die psychische Einstellung und das Zutrauen in den eigenen Körper sind von Bedeutung. Viele Krankheiten lassen sich durch ein **vernünftiges, vorbeugendes Verhalten** vermeiden. Dazu zählen: Sich vor zu starker Sonneneinstrahlung schützen, täglich auf genügend Flüssigkeitszufuhr achten (über den Durst hinaus trinken, damit der Urin stets hell gefärbt ist), auf Nahrungsmittel von zweifelhafter Herkunft verzichten, kein ungefiltertes Wasser zu sich nehmen (auch nicht zum Zähneputzen), selbst kleine Wunden ernst nehmen, für ausreichend Schlaf sorgen, bei Unpässlichkeit und Magenproblemen Ruhepausen einlegen, krassen Temperaturunterschieden mit angemessener Kleidung begegnen und nur gut durchgebratenes Fleisch zu sich nehmen. Darüber hinaus sollte man sich natürlich unbedingt über typische Krankheiten des tropischen Afrika informieren und entsprechend vorbeugen. Das zentrale Thema Nr. 1 ist sicherlich die Frage nach der Malariagefahr und -vorsorge.

Malaria

Malaria ist eine Blutinfektion, die durch den Stich der infizierten, weiblichen Anopheles-Mücke übertragen wird. Während die Mücke Ihr Blut abzapft, dringen die Malariaparasiten in die Blutbahn und wandern in die Leber. Dort vermehren sie sich, werden von Zeit zu Zeit ausgeschüttet (Fieberattacke) und zerstören die roten Blutkörperchen. Es gibt **vier Malariaarten**: Malaria Tertiana, Malaria Quartana, Malaria Ovale und Malaria Tropica. Die drei ersten Arten verbleiben in der Leber und können bei Nichtbehandlung zur chronischen Erkrankung führen. Lebensgefährlich und leider auch die häufigste Erkrankung in Afrika ist die **Malaria Tropica**. Wenn die

Diagnose rechtzeitig gestellt und behandelt wird, ist jedoch jede Malaria heilbar. Pro Jahr werden in der BRD rund 900 "importierte" Malariainfektionen gemeldet, wovon ein großer Teil im tropischen Afrika erworben wurde. In beiden Ländern tritt Malaria landesweit vor allem in niedrigen Höhenlagen auf. Während und direkt nach der Regenzeit ist das Risiko einer Malariaerkrankung deutlich größer als zum Ende der Trockenzeit. **Der beste Schutz vor Malaria ist die Vorbeugung**: Mückenstiche vermeiden, unbedeckte Hautstellen mit Insektenschutzmitteln einreiben (von Zuhause mitbringen oder vor Ort besorgen), Moskitospiralen verwenden, abends hautbedeckende helle Kleidung tragen, sich in moskitogeschützten Räumen aufhalten und unter einem Moskitonetz schlafen. Moskitonetze werden in hochwertigen Lodges und Hotels gestellt, auch bei gemieteten Dachzelten gehören sie zur Ausstattung. Vorsichtige bringen sich eines von Zuhause mit (siehe S. 357).

Zur medikamentösen Vorbeugung (**Prophylaxe**) wird von deutschen Ärzten die Einnahme von Mefloquin (Lariam) empfohlen (hoher Schutz vor Malaria Tropica, aber nur bis zu 3 Monate lang anwendbar, da starke Nebenwirkungen und oft auch Unverträglichkeit), die WHO empfiehlt eine Kombination aus Chloroquin (Resochin) und Proguanil (Paludrine). Für Kurzzeitreisen bis zu 4 Wochen gibt es auch das teurere Medikament Malarone, welches ähnlich guten Schutz bietet wie Lariam, aber deutlich weniger Nebenwirkungen verursacht. Andere Reisende (vor allem Viel- und Langzeitreisende) bevorzugen, auf medikamentöse Vorbeugung zu verzichten, und dafür ein Stand-By-Präparat mitzunehmen, welches bei malariaverdächtigen Symptomen eingenommen wird. Dazu eignen sich Medikamente wie Malarone und Lariam. Seit einiger Zeit stehen auch die Heilmittel Artenam und Riamed zur Verfügung. Näheres zum Thema Malaria finden Sie außerdem auf unserer Homepage www.hupeverlag.de. Die Entscheidung über die Art der Prophylaxe muss aufgrund der Reisezeit, des konkreten Reiseziels, der Reisedauer und auch des jeweiligen Reisestils individuell – am besten nach Absprache mit einem **versierten Facharzt** – getroffen werden. Das größte Malariarisiko besteht zwischen Januar und April, das geringste zwischen Juli und Oktober. Eine Prophylaxe bietet keinen 100%igen Schutz; doch eine trotzdem ausbrechende Malaria verläuft dann meistens etwas flacher. Leider vergrößert eine Prophylaxe aber auch das Risiko der Spätdiagnose, weil die Erreger schlechter im Blut identifizierbar sind. Der goldene Weg wurde also noch nicht gefunden, was die Malaria angeht, und erfordert eine eigenverantwortliche Entscheidung des Reisenden.

Kommt es zu einer **Malariainfektion**, treten die ersten Symptome 8 bis 20 Tage nach dem Mückenstich auf. Typisch sind vor allem hohe Fieberanfälle, die nach einigen Stunden wieder abklingen. Weitere Symptome sind Kopf- und Gliederschmerzen, schweres Krankheitsgefühl, aber auch Brustschmerzen und Schüttelfrost-Schwitzanfälle. Einzige sichere Diagnose ist der Nachweis von Parasiten im Blut. Die örtlichen Krankenhäuser sind meistens rasch in der Lage, eine Malariainfektion zu diagnostizieren. Generell wird hier pragmatisch gehandelt nach dem Motto: jedes unklare Fieber gibt Anlass zu Malariaverdacht, bis das Gegenteil bewiesen ist. Folglich schreitet man im Zweifelsfall lieber auch ohne „Beweis" zur Malariabehandlung, als durch lange Untersuchungen Zeit zu verlieren. Da eine Prophylaxe das Ausbrechen der Malaria unter Umständen nur verzögert, kann es auch noch Wochen nach der Rückkehr aus den Tropen zur Erkrankung kommen. Wenden Sie sich deshalb bei fiebrigen Krankheitsanzeichen gleich an einen Tropenfacharzt, um eine mögliche Fehldiagnose zu vermeiden. Sicherheitshalber sollten Sie bei Krankheitsfällen Ihren Arzt auch noch nach Monaten auf die zurückliegende Urlaubsreise aufmerksam machen.

Bilharziose

Bilharziose ist eine chronische Infektionskrankheit, die man sich weltweit in tropischen Gebieten in stehendem oder leicht fließendem Süßwasser mit Uferbewuchs einhandeln kann. In dieser Umgebung lebt eine spezielle Wasserschnecke, die als Zwischenwirt der Erreger fungiert. Als torpedoförmige Zerkarien lösen sie sich von der Wasserschnecke, um im Wasser menschliche Haut aufzuspüren und unbemerkt zu durchbohren. Über die Venen nisten sie sich im Darm oder der Blase ein und wachsen zu Würmern heran, die bis zu 15 Jahre lang überleben können. Die Symptome einer chronischen Infektion sind Fieber, Schwachheit und erst sehr spät blutiger Urin. Bei Touristen wird eine Erkrankung meistens erst bemerkt, wenn routinemäßig nach einer Fernreise eine Untersuchung beim Facharzt gemacht wird (die Antikörper sind aber erst mehrere Wochen nach der Infektion erkennbar). Die recht unkomplizierte Behandlung besteht heute aus einer Einmaldosierung mit dem Medikament Biltricide. Um eine Schistosomiasis-Infektion zu vermeiden, sollten Sie nicht in stehenden oder nur schwach fließenden Gewässern baden. Grundsätzlich können alle Gewässer im südlichen Afrika bilharziosegefährdet sein. Der Malawisee galt lange Zeit als bilhariosefrei, doch diese These ist nicht mehr haltbar. Dennoch tritt der Erreger immer nur örtlich an bestimmten Uferbereichen auf; nicht im offenen, tiefen Gewässer und nicht an Uferabschnitten, wo die Wirtsschnecke nicht vorkommt. Eine verbindliche Aussage, welche Bereiche unbedenklich sind, kann aber auch vor Ort niemand treffen.

In Sambia wird man als Tourist kaum mit dieser Krankheit konfrontiert, weil es nicht üblich ist, in den Seen und Staudämmen zu baden. Dagegen ist die Bilharziose in Malawi ein ständiges Thema. Ob man aus Sorge vor dieser Krankheit einem Bad im Malawisee widersteht oder lieber die kühle Erfrischung dort genießt, wo die Strände als nicht gefährdet gelten (von Dörfern entfernt, nicht schilfrig), und sich nach der Reise beim Facharzt testen lässt, muss jeder Reisende selbst entscheiden.

Gelbsucht / Leberentzündung

Hepatitis A wird durch mangelnde Hygiene und infizierte Nahrungsmittel (Wasser, Salate, Obst) übertragen. Die Leberinfektion ist nicht lebensbedrohlich, aber langwierig in der Ausheilung. Die schwerwiegendere, seltenere Hepatitis B (Serumhepatitis) wird dagegen durch direkten Blutkontakt oder den Austausch von Körperflüssigkeiten übertragen. Neben den allgemein gültigen Vorsorgemaßnahmen besteht die Möglichkeit einer passiven Immunisierung gegen Hepatitis A für einige Monate durch die Injektion von Immunglobulinen (Stärkung des Immunsystems).

Daneben gibt es eine aktive Immunisierung durch den Impfstoff Twinrix. Dies ist eine Doppelschutzimpfung für Hepatitis A und B. Es handelt sich dabei um eine Dreifachinjektion (die zweite Injektion nach 1 Monat, die dritte nach 6 bis 12 Monaten), die zwar teuer ist (pro Injektion ca. 70 Euro), aber bis zu 10 Jahre 100% igen Schutz gegen beide Krankheitsformen gewährt.

Gelbfieber

Gelbfieber ist eine schwere, häufig tödlich verlaufende Virusinfektion der Leber. Sie wird durch die Aedes-Stechmücke übertragen. Die Inkubationszeit beträgt 3 bis 6 Tage, die Symptome sind Erbrechen, Kopf- und Gliederschmerzen, hohes Fieber, Schüttelfrost und innere Blutungen. Für Touristen besteht nur ein geringes Infektionsrisiko, hauptsächlich in Dschungelgebieten. Lt. WHO gilt Westsambia noch als Gelbfiebergebiet, während die übrigen Regionen Sambias sowie das restliche Südliche Afrika und Malawi gelbfieberfrei sind. Durch die sehr empfohlene Schutzimpfung sollte man sich bei Reisen in gefährdete Gebiete sicherheitshalber vor der Krankheit schützen (10-Jahres-Schutz). Außerdem ist bei Einreise aus einem Infektionsgebiet (z. B. Ost- und Zentralafrika) nach Sambia und Malawi die Schutzimpfung vorgeschrieben und wird teilweise bei der Einreise an den Landesgrenzen überprüft. Malawi verlangt manchmal sogar bei der Einreise aus Mosambik den Impfnachweis, obwohl Mosambik als gelbfieberfrei gilt.

Cholera

Die Bazillus-Infektion überträgt sich durch unzureichende Hygieneverhältnisse und unsauberes Wasser. Sie gilt als Armutskrankheit. In sehr unterentwickelten Lebensbereichen (Slums) breitet sie sich schnell als Epidemie aus, in hygienisch einwandfreier Umgebung kommt sie praktisch nicht vor. Die Symptome sind starker Durchfall mit Erbrechen und Bauchkrämpfen, die Behandlung erfolgt mittels Antibiotika. Die Schutzimpfung gilt als umstritten, wenig wirksam und hat unangenehme Nebenwirkungen. Das Infektionsrisiko eines Touristen wird daher auch nur auf 1:500 000 geschätzt.

Weitere Krankheiten

Tollwut ist eine lebensgefährliche Infektion, die durch den Biss eines infizierten Tieres auf den Menschen übertragen wird. Der beste Schutz ist Vorbeugung. Tollwutbefallene Tiere verhalten sich auffällig: Zahme Haustiere werden aggressiv und scheu, Wildtiere wirken ungewöhnlich zahm. Sich vorbeugend gegen Tollwut zu impfen, wird vor allem Tierpflegern und Tierärzten in betroffenen Ländern angeraten.

Seit einigen Jahren ist die **Tuberkulose** wieder auf dem Vormarsch, weil sie eine typische Folgeerkrankung bei Aidspatienten ist. Eine Übertragung kann nur bei lang anhaltendem Kontakt und geschwächtem Immunsystem erfolgen, daher gelten Urlauber als wenig gefährdet.

Typhus ist eine Infektionskrankheit, die auf ähnliche Weise wie die Cholera ausgelöst werden kann. Es gibt eine Schluckimpfung mit Impfschutz von einem halben Jahr.

Vor **Polio, Diphtherie** und **Tetanus**, gefährlichen Krankheiten, die in Europa ebenso vorkommen, sollte man sich auch ohne Afrikareise alle 10 Jahre per Impfung schützen (also die Grundimmunisierung auffrischen).

Durchfall gehört zu den häufigsten Krankheitserscheinungen bei Fernreisen. Es handelt sich in den meisten Fällen um harmlose Reaktionen des Körpers (z. B. bei ungewohnter Nahrung, Klimabelastungen) oder um bakterielle Infektionen (z. B. bei unreinem Wasser). Viel trinken! Normaler Reisedurchfall verschwindet nach zwei bis vier Tagen, sonst ist ein Arztbesuch notwendig.

Aufgrund der hohen **Aids**-Rate im südlichen Afrika sollte man sich hier mehr denn je vor einer Übertragung der Immunschwächekrankheit in Acht nehmen. Geschlechtsverkehr mit Unbekannten birgt ein hohes Risiko, sich dabei selbst zu infizieren. Eine Übertragung durch Mükkenstiche ist nicht bekannt, auch durch normale soziale Kontakte kann man sich nicht anstecken. Die Gefahr geht allein vom Austausch von Körperflüssigkeiten aus, durch Geschlechtsverkehr, Bluttransfusionen oder infizierte Nadeln und Spritzen. Landesweit werden im medizinischen Bereich normalerweise sterile Einwegspritzen verwendet, vorsichtshalber kann man auch einige Spritzen von zu Hause mitbringen. Blutkonserven werden zwar seit Jahren auf Aids getestet, doch ist nicht abschätzbar, wie strikt die Kontrollen sind.

Viel schneller als man erwartet, handelt man sich auch in Afrika eine **Erkältung** ein. Meist werden die starken Temperaturrückgänge in der Nacht unterschätzt oder zu exzessiv von Klimaanlagen Gebrauch gemacht.

Meningokokken-Meningitis: Der eitrigen Hirnhautentzündung, einer bakteriellen Tröpfcheninfektion, die in Mosambik und anderen Ländern Schwarzafrikas von Zeit zu Zeit epidemieartig auftritt, lässt sich durch eine Schutzimpfung begegnen. Die Krankheit kann im schlimmsten Fall rasch zum Tode führen und muss schnellstens mit Penicillin behandelt werden. Die einmalige Schutzimpfung mit Totimpfstoff wirkt für 3 Jahre. Lt. dem Münchner Tropeninstitut wird Touristen eine Schutzimpfung aber nur im Falle einer aktuellen Epidemie angeraten.

Erkrankungen mit dem **Ebola-Virus** treten immer wieder als örtlich begrenzte Epidemien in West- und Zentralafrika auf (1995 in Zaire, 2000 in Uganda, jedoch noch nie in Malawi oder Sambia). Für Reisende besteht grundsätzlich nur ein sehr geringes Risiko, da die Übertragung ausschließlich bei engem Kontakt mit infektiösen Ausscheidungen erfolgt.

Die **Schlafkrankheit,** eine Trypanosomen-Infektion, die gelegentlich durch die **Tsetsefliege** (*Glossina species*) übertragen wird, bricht bei Menschen nur sehr selten aus und führt erst nach Monaten bis Jahren zu schweren Krankheitserscheinungen. Eine Infektion ist daher sehr unwahrscheinlich. Aber die schmerzhaften Stiche der Tsetsefliege können sich manchmal entzünden und stark anschwellen (evtl. Antibiotikasalbe mitnehmen). Schutz vor den aggressiven Tsetsefliegen bietet angepasstes Verhalten: helle Kleidung, Insektenschutzmittel verwenden, wenig Bewegung, Rauch (Rauchen oder Moskitospiralen aufstellen). Tsetsefliegen sind in Sambia und Malawi vor allem in den tief liegenden Wildschutzgebieten anzutreffen; in Städten, Ortschaften, Bergregionen und auf Lichtungen praktisch gar nicht. Sie treten nur tagsüber auf.

Malawi: Werbung für ein Hustenmedikament, an eine Hauswand gemalt.

Schlangenbisse

Viele Menschen fürchten sich übertrieben stark vor Schlangenbissen. In der Regel wird man kaum einer Schlange begegnen, da sie rechtzeitig die Flucht ergreift. Sollte es dennoch zu einem Schlangenbiss kommen, den jede Schlange nur zur Verteidigung ausführt, wäre es von großem Vorteil, die Schlange zu identifizieren. Nur wenige Schlangen Sambias und Malawis sind für den Menschen lebensgefährlich giftig, und ihr Gift wirkt auf unterschiedliche Weise. Kobras, Mambas, Trugnattern und Vipern sind im südlichen Afrika mit etwa 40 Arten vertreten, von denen einige harmlos, andere gefährlich bis tödlich giftig sind. Außer der Puffotter flüchten alle Schlangen, sobald man sich ihnen nähert und greifen nur im Verteidigungsfall an. Ein Großteil aller tödlichen Unfälle passiert durch die sehr träge **Puffotter**, deren Gift eine zellenzerstörende Wirkung hat, weil sie sich anstelle zu flüchten bewegungslos zu tarnen versucht. Kommt man ihr unbemerkt zu nahe, greift sie schließlich an. Kobras und die Schwarze Mamba haben dagegen ein fatales Nervengift; und das Gift von Boomslang und Vipern wirkt hemotoxisch (es wird die Blutgerinnung zerstört). Falsche Behandlungsmethoden können ein Schlangenbissopfer mitunter mehr gefährden als der eigentliche Biss. Am wichtigsten ist es, das Opfer ruhig zu stellen, damit sich die Blutzirkulation verlangsamt. Der Patient sollte viel Flüssigkeit zu sich nehmen. Ggf. können in Erste-Hilfe-Geübte bei dem betroffenen Körperteil eine Stauung anlegen (frisches Blut kann in den gebissenen Körperteil fließen, infiziertes Blut aber nicht zum Herzen zurück). Laien dürfen die Wunde nur vorsichtig säubern (nicht aufschneiden oder aussaugen!), verbinden und möglichst kühl halten. Nun gilt es, den Verletzten schnellstmöglich in eine Klinik zu bringen. Schlangenserum auf Reisen mitzunehmen empfiehlt sich schon aus organisatorischen Gründen nicht (es muss konstant gekühlt werden) und kann auch nur eingesetzt werden, wenn die Schlange eindeutig identifiziert wurde. Dies wiederum ist in den meisten Fällen sehr schwierig, da Giftschlangen in den verschiedenen Lebensstadien in zahlreichen Farbvariationen auftreten. **Als grobe Richtlinie:** Schlangen mit Querstreifen oder Ringelmuster sind eher giftige Arten, längs gestreifte Schlangen dagegen eher harmlos. Schlangen, die ihren Oberkörper aufrichten und drohend „fauchen" sind meist den gefährlichen, sehr giftigen Arten zuzurechnen. Giftige Vipern, zu denen auch die Puffotter zählt, erkennt man am kurzen, dicken Körper und einem dreieckigen Kopf.

Auch die nachtaktiven **Skorpione** greifen nur an, wenn sie sich bedroht fühlen. Sie scheinen in windigen Nächten aktiver zu sein als bei Windstille. Rund 100 verschiedene Arten kommen im südlichen Afrika vor. Der Stich ist für gesunde Erwachsene nicht lebensbedrohlich, aber sehr schmerzhaft. Um zu vermeiden, dass ein Skorpion auf nächtlicher Wanderung es sich im warmen Schuh gemütlich macht, lässt man grundsätzlich keine Schuhe im Freien stehen bzw. klopft sie vor dem Anziehen aus. Bei Walking Safaris kann man sich evtl. **Zeckenbisse** einhandeln. Dagegen – und gegen Schlangen und Skorpione – schützen hohe Schuhe bzw. Stiefel und Socken.

Verhalten bei Biss- und Stichwunden

Die meisten Schlangenbisse sind nicht tödlich. Die Bissstelle schmerzt und schwillt an. Wenn viel Gift injiziert wurde, kommt es zu Übelkeit, Erbrechen, Kopfschmerzen und Herzjagen. Panikreaktionen und Schockzustand sind oft gefährlicher als das Gift selbst, daher ist oberste Priorität: Ruhe bewahren! Wenn man die Schlange nicht identifizieren kann, gilt als grobe Faustregel:

• **Bissstelle stark geschwollen und schmerzhaft:** Vermutlich ein Blut- und Gewebegift; eher Puffotter/Viper (Vgl. Bild S. 111). Keine Stauung anlegen, sofort zum Arzt.

• **Kaum Schwellung oder Blutung, unscheinbare Wunde:** Vermutlich ein Nervengift; eher Kobra/Mamba. Oberhalb der Bisswunde sofort Stauung anlegen (frisches Blut kann in den gebissenen Körperteil fließen, infiziertes Blut aber nicht zum Herzen), notfalls abbinden. Sofort zum Arzt, es zählt jede Stunde!

Sonstige Maßnahmen: Wunde mit desinfizierender Lösung reinigen. Sog. Schlangensets (kleine Sauggeräte zum Absaugen der Wunde) eignen sich zur Anwendung innerhalb der ersten fünf Minuten nach dem Biss. Niemals eine Wunde mit dem Mund absaugen! Betroffenen ruhig stellen, er sollte möglichst viel trinken.

Notfall-Vorsorge

Um im Falle eines (Not-)falles im Ausland versicherungstechnisch abgedeckt zu sein, sollte jeder Reisende eine **Auslandskrankenversicherung** abschließen. Sie wird von zahlreichen Versicherern angeboten, die Jahresgebühren sind mit rund 10 Euro sehr günstig. Vergleichen Sie aber vor Abschluss die Leistungen. Wichtig für Afrikareisende sind ein kostenloser **Rückholservice** und die Erstattung möglichst hoher **Bergungskosten**. Gerade bei den Bergungskosten haben viele Reisende, die sich ausreichend versichert glauben, eine klaffende Lücke. Denn die Bergung/Evakuierung eines Verletzten aus der abgelegenen Wildnis kann teuer werden, wenn man sich vorstellt, dass der Einsatz von Kleinflugzeug oder Helikopter erforderlich werden kann.

Wer vor Ort medizinische Leistungen in Anspruch nimmt, muss die Kosten zunächst selbst begleichen und reicht nach Rückkehr die ausführliche Rechnung des Arztes bei der Versicherung ein (auf der Rechnung muss neben der Adresse des Rechnungstellers der Name des Patienten, das Datum, die Behandlung und die Währung vermerkt sein). Bei stationärem Aufenthalt in einem Krankenhaus ist der Versicherer sofort zu informieren. In solchen Fällen werden die Kosten meistens direkt zwischen der Versicherung und dem Krankenhaus abgerechnet.

Um sich gegen solche unkalkulierbaren Kosten abzudecken, kann man sich zusätzlich für die Reisedauer bei einem lokalen Versicherer (**Flugrettungsdienst**) anmelden. In Sambia und Malawi übernehmen MARS und MedRescue die Bergung Verletzter mit firmeneigenen Kleinflugzeugen und Krankenwagen. Mitglieder können im Bedarfsfall eine Evakuierung per Funk oder Mobiltelefon anfordern. Viele Lodges und örtliche Reiseagenturen versichern ihre Gäste pauschal bei einem dieser Anbieter, daher lohnt es sich, bei Reisebuchung danach zu fragen. Adressen von MARS und Medrescue siehe S. 130 und 279. Infos dazu finden Sie auch im Internet unter www.marsmalawi.com und www.ses-zambia.com

Genereller Hinweis: Da sich die empfohlenen medizinischen Vorsorgemaßnahmen jederzeit ändern können, raten wir, etwa 6-8 Wochen vor Reiseantritt bei einem Tropenfacharzt bzw. den **Tropeninstituten** in Berlin (Tel. 030-301166), München (089-21803517), Heidelberg (Tel. 06221-562905), Tübingen (Tel. 07071-2060), Leipzig (Tel. 0341-9724971) oder Hamburg (Tel. 040-311820) nach aktuellen Informationen zu fragen. Für Österreich: Wien, Tel. 01-40490360, für die Schweiz: Basel, Tel. 061-2848111. Reisemedizinische Informationen im **Internet**: www.fit-for-travel.de, www.reisevorsorge.de, www.meine-gesundheit.de
Literaturtipp: „Wo es keinen Arzt gibt" von David Werner, Reise KnowHow Verlag

Reiseapotheke

(Vorschläge zum Inhalt einer Notfallapotheke gemäß Bayerischem Gesundheitsamt)

Beschwerden	Substanz (Medikament)
Fieber, Entzündung, Schmerzen	Paracetamol, Acetylsalicylsäure (Aspirin)
Insektenstiche	diverse Repellentien, Chlorphenoxamin-Creme, Antibiotikasalbe
Kreislaufanregung	Etilefrin, Norfenefrin
Durchfall	Elektrolyt-Glukose-Präparate, Hefe-Präparate, Loperamid (Imodium)
Erbrechen & Übelkeit	Metoclopramid (Paspertin)
Bauchkrämpfe	Butylscopolamid
Augenentzündung	Tetrazyklin-Augentropfen
Harnwegsinfektionen	Antibiotika, Nieren-Blasentee
Malaria	siehe S. 342
Ohrenentzündung	Acetylsalicylsäure (Aspirin), Phenazon

Außerdem: Kleine Schere, Sicherheitsnadeln, Rasierklinge, Fieberthermometer, Pinzette, Pflaster, Verbandszeug, Desinfektionsmittel, ggf. Allergie- und Magentabletten, Magnesiumpräparat, evtl. Einwegspritzen und alle Medikamente, die Sie regelmäßig einnehmen.

Service & Infos

Wie man auf Reisen gesund bleibt

Essen & Trinken

Ein bekanntes Sprichwort zur Ernährung in tropischen Gefilden lautet: „Cook it, boil it, peel it – or leave it"; zu deutsch: Was du nicht kochen oder schälen kannst, solltest du nicht essen. Mit dieser strikten Einstellung, die quasi alle frischen, nicht schälbaren Salate und Früchte verbietet, liegt man gewiss im sicheren Bereich. Aber so streng muss man es nicht angehen. Sehr gründlich in sauberem Wasser gewaschene Lebensmittel dürfen durchaus auch dann auf den Speisezettel, wenn sie sich nicht schälen oder vorher kochen lassen. Unsere eigene Erfahrung: der Verzehr von frischem Obst und z. B selbst zubereiteten Salaten hat bisher nie zu gesundheitlichen Beschwerden geführt.

Viele Reisende meiden außerdem frische Eier. Unserer Erfahrung nach sind die Eier aus den städtischen Supermärkten unproblematisch; von Eiern, die auf offenen Märkten stundenlang in der Sonne liegen, sollte man die Finger lassen. Beim Fleisch gewöhnt man sich an, es stets gut durchgebraten zu verzehren. Wer sich selbst versorgt, achtet beim Einkauf auf Frische und Geruch der Waren und verzichtet im Zweifelsfall lieber.

Die Herkunft der Lebensmittel ist freilich nicht erkennbar beim Besuch von Restaurants. Hier gilt die Regel: Riecht es gut aus der Küche? Hat das Lokal Besucher oder ist es leer? Muss man hier warten, bis die Speisen serviert werden (ein Zeichen für frische Zubereitung), oder kommt das bestellte Gericht augenblicklich? Empfehlungen oder Warnungen von anderen Touristen sind präventiv hilfreich.

Wasser – Gefahrenquelle Nr. 1

Mindestens so vorsichtig wie beim Essen sollte man bei der Wahl des Trink- und Brauchwassers sein, weil man sich über verunreinigtes Wasser am schnellsten Krankheiten einhandeln kann. Leitungswasser ist in beiden Ländern für daran nicht gewöhnten europäischen Organismus nicht unbedenklich trinkbar. Es sollte stets abgekocht bzw. durch Zugabe von Micropur-Pulver oder -Tabletten entkeimt werden. Für den täglichen Wasserbedarf wird in den Großstädten stilles Mineralwasser in handlichen Plastikflaschen verkauft, nicht jedoch auf dem Lande. Die Umsicht mit dem Wasser darf freilich nicht beim Zähneputzen vernachlässigt werden. Es gilt: nur Mineralwasser oder gereinigtes Wasser darf in den Mund gelangen!

Man verzichtet also auch strikt auf Eiswürfel in kühlen Getränken – ganz egal, wo man sich aufhält. Ebenso lässt man die Finger von Speiseeis. Auch wenn es einen gut durchgefrorenen Eindruck macht, könnte es zwischenzeitlich schon angetaut gewesen sein. Die notwendige durchgehende Kühlkette ist in tropischen Ländern wie Sambia und Malawi nicht unbedingt gewährleistet. Ein wichtiger Rat ist jedoch von den Tropen vollkommen unabhängig: Viel trinken! Wer Durst verspürt, hat eigentlich schon einen Mangel, den der Körper anzeigt – gesund ist, stets so viel zu trinken, dass sich kein Durstgefühl einstellt. Deswegen sollte man auch immer eine gefüllte Trinkflasche bei sich haben.

Gefahren durch Wildtiere

Die Wahrscheinlichkeit, mit einem tollwütigen Tier in Kontakt zu kommen, mag gering sein. Um sie auszuschließen, sollte man unbekannte Tiere nicht anfassen oder füttern. Hautverletzungen durch Tierbisse können sich auch ohne **Tollwutgefahr** leicht infizieren, sie müssen daher besonders sorgfältig ausgewaschen werden.

Begegnungen mit **Schlangen** sind viel seltener, als Touristen glauben, da die Reptilien fast immer frühzeitig die Flucht ergreifen, sobald sie durch die Bodenvibration eine Störung spüren. Kommt es dennoch zu einer unerwarteten Begegnung, verhält man sich möglichst ruhig, zieht sich langsam zurück und gibt der Schlange damit Gelegenheit, ihrerseits rasch die Flucht zu ergreifen (s. S. 361). Vorsicht beim **Feuerholzsuchen**: Äste immer erst mit dem Fuß anstoßen, da sich in Astlöchern gerne **Skorpione** aufhalten.

Wie man sich in Wildgebieten gegenüber Elefanten, Raubkatzen und anderen Tieren verhält, wird auf S. 394f beschrieben. Die größte gesundheitliche Gefahr geht allerdings tatsächlich von den unscheinbaren Insekten aus. Das Risiko einer Malariainfektion ist bei nachlässig angewandten Vorsichtsmaßnahmen ungleich größer, als das, irgendwelchen Krokodilen, Löwen oder wütenden Elefanten über den Weg zu laufen!

Ufer, Strand und Wasser

Eigentlich sollte man sich angewöhnen, in Afrika **niemals barfuß** zu laufen. Zum einen kommen immer wieder einmal Sandflöhe vor, die zwar nicht gefährlich sind, aber lästig in der Ausheilung, wenn sie ihre Eier unter der Fußsohlenhaut ablegen. Außerdem riskiert man sonst unliebsame Verletzungen durch Dornen etc.

Flussufer und Tümpel können theoretisch stets von **Krokodilen** bewohnt sein. Krokodilattacken auf Touristen sind glücklicherweise selten, denn der Kraft und Reaktionsschnelligkeit dieser Panzerechsen sind Menschen in der Regel nicht gewachsen. Allen Gewässern nähert man sich daher mit Vorsicht, erkundigt sich evtl. bei den Einheimischen nach möglichen Wildtieren und badet dort nicht ahnungslos! **Flusspferde** sind seltener und auffälliger als Krokodile. Für Kanufahrer stellen sie eine Gefahr dar, da sie mitunter Boote und Menschen angreifen, die sich ihrem Territorium nähern.

Bitte beachten Sie: Die Währungssprünge im Zuge der globalen Finanzkrise seit Herbst 2008 können unterjährig zu stark schwankenden oder abweichenden Preisen vor Ort führen. Zahlreiche Hoteliers und Dienstleister weisen ausdrücklich auf die Möglichkeit von Preisänderungen (in jede Richtung) hin.

RUND UMS GELD

Reisekosten & Preisgefüge

Die Reisekosten variieren je nach Reiseart so stark, dass eine generelle **Kostenveranschlagung** nicht möglich ist. Im Reiseteil werden alle anfallenden Kosten genannt (Unterkünfte, Verkehrsmittel, Eintritte etc.). Je nach eigenem Reiseplan lässt sich so eine realistische Kostenplanung erstellen.

Anreise: Die Flugpreise variieren je nach Saison und Fluggesellschaft enorm, hier lohnt es sich, in Reisebüros nach Sondertarifen zu fragen. Im Durchschnitt kostet ein günstiger Flug in der Touristenklasse zwischen 600 und 1000 Euro. Pauschalreisen werden im deutschsprachigen Raum ab rund 1400 Euro angeboten, nach oben sind keine Grenzen gesetzt. Flugkosten innerhalb der Reiseländer werden auf S. 378 beschrieben.

Hotels: Insgesamt liegen die Preise für Unterkünfte in Sambia hoch, in Malawi besteht eine breitere Auswahl auch günstiger Übernachtungsmöglichkeiten. Für elegante Hotels oder romantische Lodges muss man in beiden Ländern mindestens 160 Euro pro Tag ansetzen, häufig deutlich mehr. Dies ist sicherlich mit ein Grund, warum Campingtouren und Chalets zur Selbstversorgung so beliebt sind. Für Camping sollte man in Sambia ca. 5-10 Euro pro Tag veranschlagen, in Malawi die Hälfte. Alle Unterkünfte, wie Lodges, Hotels, Campingplätze und Gästehäuser, werden mit Adresse und Preisinformation im Reiseteil genannt. Zum **Verständnis unserer Preisangaben** bei den Unterkünften: "100 Euro/DZpP" bedeutet Preis pro Person im Doppelzimmer; "100 Euro pro DZ" ist dagegen ein Zimmerpreis. Bei einigen Luxuslodges oder Firstclasshotels (z.B. Sunbrid-Hotels in Malawi, Sun Hotels in Livingstone) besteht eine extrem gedehnte Preispolitik. Diese Hotels vergeben teilweise zu günstigen Raten Zimmer an Reiseveranstalter, verlangen aber gleichzeitig bei Individualanfragen deutlich höhere Preise. Dieser Umstand erschwert eine realistische Preisangabe. Wir empfehlen, insbesondere im Hochpreissegment genaue Preisvergleiche zwischen den Anbietern anzustellen und speziell in Malawi ebenso zu prüfen, ob 17,5 % Surtax und 5 % Service Charge im Angebot enthalten sind oder noch zusätzlich berechnet werden.

Leider ist auch in Sambia und Malawi bei hochwertigen Touristenunterkünften eine **zweigleisige Preispolitik** verbreitet. Mittel- und Luxusklasse-Lodges berechnen Ausländern (Foreigners) zum Teil gesalzene Preise, während für die gleichen Leistungen Einheimische (Local Residents), im Land lebende Ausländer (Residents) und Besucher aus den Nachbarstaaten (Regional Residents) deutlich weniger bezahlen. Dieses diskriminierende Preismodell wird damit begründet, Europäer würden mehr verdienen als die schwarzem und weißen Bürger im südlichen Afrika. Wer die Staffelpreispolitik nicht unterstützen möchte, findet meist alternative Hotels und Lodges im Mittelklassebereich, die ihren Service zu den gleichen Preisen für alle Gäste anbieten. Einfachere Hotels, Campingplätze und die meisten Ferienhäuser haben einheitliche Preise. In Nebensaisonzeiten (manchmal „Green Season" genannt) kommt es vor, dass die teuren Lodges auch Europäern eine Resident-Rate anbieten.

Ein Wort zu den sog. **All-Inclusive-Preisen** der exklusiven Safarilodges: Diese beinhalten Vollpension, oftmals inklusive aller (auch alkoholischer) Getränke, Pirschfahrten und Ausflüge nach freier Wahl (in der Regel zwei 'Activities' pro Tag), teilweise auch der Transfers und der NP-Gebühren. Hier sollte man genau erfragen, was das jeweilige All-Inclusive-Angebot abdeckt. Im Vergleich zu den Vollpensionspreisen erscheint der Zuschlag für die Activities in manchen Fällen recht hoch; ein genauer Vergleich erscheint sehr ratsam.

Vor Ort werden gerne sog. **Packages** angeboten, die einen mehrtägigen Aufenthalt in einer oder mehreren Lodges der gleichen Agentur inklusive der An- und Abreise aus Lusaka, Livingstone oder Lilongwe beinhalten. 4 Nächte auf einer Lodge im Kafue NP mit Flugtransfer aus Lusaka kosten etwa 1800 Euro, 10 Nächte in Lodges im Kafue und South Luangwa NP rund 3800 Euro (jeweils All-Inclusive). Alternativ werden Campingsafaris per Lkw (Drifters, Karibu, Kiboko etc.) zu deutlich niedrigeren Preisen angeboten: 4 Tage South Luangwa NP ab/bis Lilongwe für 310 Euro, 10 Tage durch Malawi und Ostsambia für 600 Euro bzw. 21 Tage für 950 Euro. Diese

Touren bieten jedoch nur wenig Luxus; es wird in einfachen Zelten genächtigt, die Verpflegung ist zweckmäßig, Mithilfe beim Aufbau und Teamgeist werden vorausgesetzt.

Verkehrsmittel: Mietwagen sind in Afrika nicht billig. Vor allem für Allradfahrzeuge muss man mit hohen Kosten kalkulieren (siehe S. 347). Dazu fällt der **Treibstoffpreis** ins Gewicht, der in Sambia derzeit bei 0,80-1,10 Euro liegt, in Malawi bei ca. 1,20 Euro. Nützt man aber die Möglichkeit, mit einem entsprechenden Mietwagen sich selbst zu versorgen und auf Campingplätzen zu nächtigen, spart diese Reiseart bei den Gesamtkosten viel ein. Wer sich für das Reisen mit öffentlichen Verkehrsmitteln entscheidet, kann entweder preiswert mit Bussen, Sammeltaxis und der Eisenbahn reisen oder die deutlich teureren Inlandflüge benützen (siehe S. 378).

Info: Preisauszeichnungen in diesem Buch

Wir haben die meisten Preise in Euro genannt, um eine rasche Kalkulation zu ermöglichen und etwaige inflationsbedingten Wechselkursschwankungen auszugleichen (als **Wechselkurs** wurden 1 Euro = 1,26 US$ angesetzt). Gebühren, die in US$ bezahlt werden müssen, wie z. B. Visakosten, haben wir auch in US$ ausgewiesen.

In beiden Ländern orientiert man sich stark am US-Dollar. Die meisten Beträge sind vor Ort dennoch in der jeweiligen Landeswährung zu begleichen. Eine Ausnahme bilden Firstclasshotels, die ihre Rechnungen in sog. „harter Währung" (bevorzugt US$) ausstellen. Campingplätze und einfachere Hotels/Unterkünfte kann man meistens wahlweise in Landeswährung oder US$ bezahlen,

hier sollte man einfach den jeweils günstigeren Kurs nehmen. Nationalparkgebühren kann man in beiden Ländern in der Landeswährung oder US$ bezahlen (Ausnahme: Lower Zambezi NP). Bei Zahlung in US$ bekommt man aber meistens keine US-Dollar als Wechselgeld zurück.

Die Landeswährungen

Sambia

Währungseinheit ist der *Sambische Kwacha* (sprich: Kwatscha). 1 Kwacha entspricht 100 Ngwee. Es gibt Münzen zu 5, 10 und 20K (die jedoch aufgrund des Währungsverfalls nicht mehr im Umlauf sind), und Noten zu 20, 50, 100, 500, 1000, 5000 und 10 000 Kwacha. 2003 kamen Noten zu 20 000 und 50 000 Kwacha hinzu. Der Wechselkurs beträgt im März 2009 ca. 7050 ZMK für 1 Euro bzw. 5500 ZMK für 1 US$. **1 Euro = 1,26 US$.** Aktuelle Wechselkurse veröffentlichen wir monatlich bei den "News" auf unserer Homepage www.hupeverlag.de.

Die Einfuhr der Landeswährung ist verboten; Einfuhr von Fremdwährung unbeschränkt möglich, muss aber deklariert werden. Heben Sie alle Umtauschbelege auf, für den Fall, dass Sie bei der Ausreise danach gefragt werden sollten oder überzähliges Geld zurücktauschen wollen.

Malawi

Währungseinheit ist der *Malawi Kwacha*. 1 MK entspricht 100 Tambala. Malawi kämpft mit einer hohen Inflation. 2002 wurden deshalb neue Noten über 500 MK eingeführt. Wechselkurs 03/2009: 180 MK für 1 Euro, 140 MK für 1 US$. Die Einfuhr der Landeswährung ist erlaubt, die Ausfuhr nur bis zur Höhe von 3000 MK. Aktuelle Wechselkurse: siehe Malawi-News auf www.hupeverlag.de.

Anerkannte Devisen & Zahlungsmittel

Devisen

US-Dollar sind überall die bekannteste Einheit und beliebteste Währung, in Südsambia und Malawi ist auch der südafrikanische Rand bekannt. Der Euro wird von den Banken und den meisten Wechselstuben inzwischen ebenso anerkannt. Vor allem in Malawi und Sambias Touristenzentren ist er begehrt. Devisenbestände in anderen Währungen lassen sich nur in den Provinzhauptstädten wechseln.

Wir empfehlen, Bargeldbeträge in US$ und Euro aufzuteilen, um für alle Eventualitäten gerüstet zu sein. Aber **Vorsicht**: US-Dollar-Noten aus alten Beständen (vor 1995) werden aufgrund der vielen Fälschungen zunehmend unbeliebter und teilweise auch von Banken nicht mehr angenommen! In Sambia kommt es vereinzelt auch vor, dass Noten mit kleinem Wert (1 bis 20 US$-Noten) abgelehnt oder nur zu einem schlechteren Wechselkurs angenommen werden.

Kreditkarten

Noch ist der Einsatz von Kreditkarten (vorzugsweise VISA, weniger Mastercard) in Sambia und Malawi auf bestimmte Bereiche im touristischen und Luxussektor beschränkt. Per Kreditkarte kann man in Firstclasshotels, Luxuslodges, Reise- und Mietwagenagenturen, diversen Boutiken, Kunstgalerien, Restaurants und Läden der Großstädte bezahlen. Nicht jedoch bei Tankstellen, Nationalparkzugängen oder den Unterkünften und Restaurants der Kleinstädte. Vorsicht bei Kreditkartenzahlung: Viele Hotels verlangen bis zu 5 % Zuschlag.

Mit einer Kreditkarte **Bargeld abzuheben**, wird von Jahr zu Jahr einfacher. In Städten und touristischen Zentren weitet sich das Netz der ATM-Schalter kontinuierlich aus (bei den Banken und in Shopping Centren). Aber die Sache hat einen Nachteil: Oft wird der Maximalbetrag pro Transaktion beschränkt, z. B. auf 1 Mio. Kwacha in Sambia und 20 000 Kwacha in Malawi. Größere Geldsummen sollte man also anderweitig besorgen bzw. wechseln können. Außerdem sollte man sich nie ausschließlich auf ATM-Schalter verlassen – sonst hat man bei einem "Out of Order"-Signal ein Problem.

Bei Verlust der Kreditkarte: Sperren von Kreditkarten können Sie weltweit unter Tel. +49-116116.

Reiseschecks

Reiseschecks lassen sich weniger leicht umtauschen als Bargeld. Sambische Wechselstuben lehnen Schecks in der Regel ganz ab oder bieten einen deutlich schlechteren Wechselkurs, während die Wechselstuben in Malawi häufiger Reiseschecks annehmen. In beiden Ländern erhält man sowohl bei Banken als auch Wechselstuben für Bargeld meistens einen besseren Wechselkurs als für Reiseschecks. In Sambia kommt hinzu, dass Schecks oft nur gegen Vorlage der Kaufbelege akzeptiert werden.

Geldwechsel in Sambia und Malawi

Standard Chartered und Barclay's Bank sind am besten auf den Devisenumtausch eingerichtet. In Sachen Kompetenz und Gebühren stechen sie alle anderen Banken üblicherweise aus. Eine Ausnahme bildet die National Bank in Malawi, die in der Regel besonders günstige Raten offeriert. In größeren Städten und touristischen Regionen wird der Geldumtausch zügig abgewickelt, im wenig besuchten Landesinneren kann sich daraus allerdings auch eine längere Aktion entwickeln. Stromausfälle oder fehlender Kontakt zur Zentrale, um die aktuellen Wechselkurse zu erfahren, können das Vorhaben bei kleinen Filialen erheblich verzögern. Am besten vermeidet man häufiges Wechseln und tauscht in den Provinzhauptstädten rechtzeitig genügend ein.

Neben den Banken etablieren sich an touristischen Orten Wechselstuben, die bedeutend professioneller und zu längeren Öffnungszeiten Bargeld wechseln. Auch die Umtauschraten sind bei Wechselstuben häufig etwas attraktiver als bei den Banken.

Schwarzmarkt: Vor allem an den Hauptgrenzen und in grenznahen Städten beider Länder werden für Bargeld (US$, Rand) bessere Raten als bei den Banken geboten. Achtung: Dieser Vorgang ist offiziell illegal! Es besteht auch ein nicht zu unterschätzendes Risiko, dabei betrogen zu werden. Dennoch geschieht der Schwarzmarkthandel mitunter sogar vor den Augen des Gesetzes, wie z. B. direkt an den Grenzübergängen.

Aufbewahrung des Geldes

Die großen Geldbeträge trägt man am sichersten direkt und unsichtbar am Körper (Bauchgürtel, Brustbeutel etc.) und hält stets einen kleineren Betrag griffbereit in einer Geldbörse. So muss man nicht vor Zuschauern an sein Geldversteck und könnte die Geldbörse im Falle eines Raubüberfalls bereitwillig aushändigen. Vor Ort nimmt man zur Verwahrung der persönlichen Dokumente und Finanzen falls vorhanden den Hotelsafe in Anspruch (Geld niemals unbewacht im Zimmer zurück lassen). Autoreisenden bieten sich zahlreiche knifflige Versteckmöglichkeiten, die dem Handschuhfach unbedingt vorzuziehen sind!

Handeln - die Kunst des Feilschens

Supermärkte, Restaurants und die meisten Geschäfte haben Festpreise. Aber auf den Märkten wird der Preis von Lebensmitteln, Souvenirs und Andenken aller Art oftmals ausgehandelt. Das ist gängige Praxis und für die Beteiligten in aller Regel eine Art Volkssport. Feilschen ist also kein Zeichen von Geiz, sondern sozusagen des Käufers Verpflichtung. Die Preise sind sehr variabel und hängen von der Tagesstimmung und der aktuellen finanziellen Situation des Händlers ab. Die meisten Afrikaner sind äußerst geschickte Kaufleute, die eine Menge Show bei den Verhandlungen einsetzen und viel Menschenkenntnis beweisen.

Wi eviel man jeweils vom angebotenen ersten Preis herunter handeln kann, lässt sich nicht pauschal sagen. Die oft empfohlene Richtlinie, nach der der reelle Preis ca. 50-70 % des ersten Angebots beträgt, halten wir für irreführend. Sie mag in touristischen Regionen ihre Berechtigung finden, wo die Preise durch ahnungslose Urlauber teilweise astronomisch in die Höhe schnellen. Man kann in einer Stadt den 10fachen Preis des reellen Wertes genannt bekommen und an der nächsten Straßenecke plötzlich den ehrlichen Einheimischenpreis erhalten, der kaum noch Spielraum für das Handeln lässt. Hier hilft einfach nur Fingerspitzengefühl. Am besten fragt man verschiedene Händler auf unterschiedlichen Märkten nach den Preisen für die begehrte Ware und prägt sich das Preisgefüge ein. So erhält man mit der Zeit eine Vorstellung vom Preisniveau. Unserer Erfahrung nach neigen Männer stärker zum Fordern überhöhter Preise als Frauen. Wenn man auf dem Markt nach dem Einkauf vom Gemüsehändler noch ein, zwei Produkte gratis „obendrauf" erhält, ist dies oft ein Zeichen dafür, dass er mit Ihnen ein gutes Geschäft gemacht hat. Der Fairness halber gibt er Ihnen noch etwas dazu. Alles in allem gilt es, den schwierigen Mittelweg zu finden zwischen dem pedantischen Geizkragen, der den Afrikanern die Freude, an einem ahnungslosen Touristen ein wenig besser als sonst zu verdienen, nicht gönnt, und dem naiven Grünschnabel, der sich unverhältnismäßig stark „übers Ohr hauen lässt".

Kunsthandwerk & Souvenirs

Wenn Sie geschickt handeln wollen, brauchen Sie Zeit, ein wenig Schauspielkunst und möglichst Routine im Ritual des Feilschens. Sie sollten sich immer erst einen Preis nennen lassen. Setzen Sie nun Ihren Preis deutlich niedriger an, als Sie zu zahlen bereit sind, denn jetzt wird zwischen dem geforderten und Ihrem gebotenen Preis weiter verhandelt. Der Händler wird die Hände über dem Kopf zusammen schlagen, Empörung zeigen und von seinem Ruin jammern. Spielen Sie mit, markieren Sie den Desinteressierten, und wenn Sie zu zweit sind, kann Ihr Partner durch scheinbares Drängeln zum Weitergehen die Verhandlungen beschleunigen. Nähern Sie sich langsam an die Summe, die Sie zu zahlen bereit sind, an. In der Hochsaison, bei einigermaßen gesicherter Nachfrage, handelt es sich schwieriger. Da stellt sich ein Händler eher die Frage, ob er das begehrte Stück bei geringerem Profit abgibt, oder ob er lieber auf den nächsten Touristen wartet, der vielleicht viel mehr dafür zu zahlen bereit ist.

Oben: Ein kunstvoll geschnitzter Hocker

Sie werden vermutlich nicht erfahren, ob Sie einen ordentlichen Preis bezahlt haben, oder ob sich der Händler insgeheim ins Fäustchen lacht. Man kann aber davon ausgehen, dass ein Händler nur dann verkauft, wenn er noch etwas daran verdient, denn Verluste wird er freiwillig nicht machen. Ein guter Kaufabschluss ist der, bei dem beide anschließend zufrieden sind.

WICHTIGE HINWEISE UND ADRESSEN

Service & Infos

Einreisebestimmungen: Sambia

Deutsche, Österreicher und Schweizer benötigen für die Reise nach Sambia ein **Visum**. Das Visum wird direkt bei der Einreise ausgestellt, kann aber auch schon vorab in Berlin beantragt werden (für Deutsche, Österreicher und Schweizer). Dazu werden die Antragsunterlagen gegen einen frankierten Rückumschlag bei der sambischen **Botschaft in Berlin** angefordert oder von deren Website downgeloadet (http://www.zambiaembassy.de). Zwei ausgefüllte Antragsformulare, zwei Passbilder, der gültige Reisepass oder Kinderausweis, ggf. eine Buchungsbestätigung des Reisebüros, die Visagebühr in bar oder im Voraus per Überweisung sowie ein Einschreiben-Freiumschlag für die Rücksendung der visierten Pässe (die noch mind. sechs Monate über den gewünschten Zeitraum hinaus gültig sind) müssen dann an die Botschaft geschickt werden. Die Bearbeitung dauert etwa eine Woche. Die Visagebühren betragen Euro 40,00 für eine einmalige Einreise, Euro 70,00 für die zweifache und Euro 130,00 für die mehrmalige Einreise.

Touristenvisa werden aber auch **direkt** und vollkommen **unkompliziert bei der Ankunft** am "Immigration"-Schalter ausgestellt (Single und Double Entry). Multiple-Entry-Visa können allerdings nur die sambischen Vertretungen im Ausland und die Immigrationsbehörde direkt ausstellen, nicht jedoch die Beamten an den Landesgrenzen.

Die Gebühren für die Visaerteilung bei Ankunft:

Single Entry	50 US$
Double Entry	80 US$
Multiple-Entry	80 US$
Transitvisum	50 US$ (max. 7 Tage)
Day Tripper	20 US$

Ein Tipp für Flugreisende: Da manche Fluggesellschaften die Modalitäten der Touristenvisa bei Einreise nicht richtig in ihrem Computersystem vermerkt haben und beim Einchecken das Visum des Fluggastes im Pass überprüfen wollen, sollte man bei Flügen nach Sambia stets zwei Passbilder griffbereit haben, um sie ggf. beim Check-In, wenn danach gefragt wird, vorzuzeigen. In Sambia werden aber keine Passbilder für das Ausstellen eines Visums gebraucht. Dort will man nur die entsprechenden Gebühren in US-Dollar cash.

Auch wer auf dem Landweg nach Sambia einreist, erhält das Visum ohne Schwierigkeiten an den Landesgrenzen. In Siavonga und Livingstone besteht zudem die Möglichkeit eines „Day Trippers" (Tagesvisum). Die aufwändige Prozedur eines Visaantrags über die Botschaft in Berlin ist also nicht notwendig.

Im Januar 2008 wurden zwei Visa-Varianten abgeschafft, die viele Touristen bis dahin nützen konnten:
1) "Visa Waiver", mit denen Touristen, die in Sambia eine Safari oder Lodge gebucht hatten, das Touristenvisum gratis erhielten, wurden grundsätzlich gestrichen.
2) Das gleiche gilt für das preiswerte Re-Entry-Visum, mit dem man zu sehr geringen Gebühren Sambia für maximal sieben Tage verlassen und ohne neuem Visum wieder einreisen konnte. Beide Visa-Erleichterungen gibt es nicht mehr.

Einreisebestimmungen: Malawi

Für Reisen nach Malawi brauchen Deutsche mit gültigem Reisepass bei einem Aufenthalt bis 90 Tage kein Visum. **Österreicher und Schweizer brauchen ein Visum**, das sie **vorab** bei der Botschaft in Berlin beantragen sollten, da es sonst bei der Ankunft Schwierigkeiten geben kann, weil in Malawi die Visaausstellung an der Grenze nicht üblich ist. Mitunter genehmigen die Grenzer Touristen nur zwei Tage "temporäre Aufenthaltsbewilligung", in denen sie in der nächsten Provinhauptstadt das Visum besorgen müssen.

Grundsätzliches für beide Länder

Bei der Einreise gewähren die Grenzbeamten zunächst höchstens 30 Tage Aufenthaltsdauer, manchmal sogar kürzer (z. B. in Livingstone). Versuchen Sie schon bei der Einreise eine möglichst lange Aufenthaltsdauer in den Pass gestempelt zu bekommen. Wer länger im Land verbleiben möchte, als bei der Einreise gewährt wurde, muss sich die Aufenthaltsgenehmigung unbedingt in einem der Immigration-Büros in den Provinhauptstädten verlängern lassen, was in der Regel unkompliziert und kostenfrei ist, aber mitunter zeitraubend. In Sambia kann man diese Verlängerung auch nur zeitnah zum Ablauf der gewährten Aufenthaltsdauer erhalten, also nicht mehrere Tage im Voraus sondern möglichst tagesgenau.

Der Reisepass muss noch mindestens sechs Monate Gültigkeit über den geplanten Aufenthalt hinaus haben.

Heben Sie stets den Zahlbeleg der Visakosten auf, besonders bei Double Entry-Visa. Die Grenzbeamten wollen sie bei der zweiten Einreise manchmal sehen.

REPUBLIC OF ZAMBIA   FORM 1

ENTRY DECLARATION FORM

WELCOME TO ZAMBIA   *[Section 10(2)]*
PLEASE PRINT

Surname_____   Forename_____

Place of Birth_____   Date of Birth ___/___/___

Sex ☐ Male ☐ Female   Nationality_____

Passport number_____   Date of Issue ___/___/___

Date of Expiry ___/___/___

Number of persons travelling on your passport: Male ☐   Female ☐

Country of residence   Occupation

Arrived from_____

Mode of travel ☐ Air-flight Number ☐ Road ☐ Rail

Purpose of entry ☐ Holiday ☐ Sport ☐ Study ☐ Business ☐ Citizen ☐ Transit
☐ Resident ☐ Employment

Duration of Visit   Money to be spent in Zambia

Address in Zambia_____

Type of accomodation arranged

☐ Hotel/Lodge ☐ Guest House ☐ Friends ☐ Other

_____   Date ___/___/___

Signature

FOR OFFICIAL USE ONLY

H/quarters File No. _____

Place of Issue:_____ *Self*   *Wife*

Date Stamp   Date of Issue:_____

Zambian authority: _____

Document: produced: _____

Signature of Immigration Officer

Bei der Ankunft in Sambia auszufüllende Einreisekarte

Service & Infos

Achtung: Gelbfiebernachweis

Offiziell ist nur bei der Einreise aus einem Gelbfieber-Infektionsgebiet (Zentral- und Ostafrika) ein **Gelbfieber-Impfnachweis** vorgeschrieben. Dennoch haben in den vergangenen Jahren manchmal Grenzbeamte beider Länder den Nachweis einer solchen Impfung verlangt (2007 und 2008 kam dies kaum noch vor). Auch Südafrika fordert gelegentlich den Nachweis bei Reisenden, die aus Sambia und Malawi nach Südafrika einreisen.

Nur sehr selten wird bei der Einreise in eines der beiden Länder nach ausreichenden Geldmitteln oder dem Rückflugticket gefragt.

Zollbestimmungen

Bei der Einreise nach Sambia oder Malawi müssen theoretisch alle Devisenbestände (in Sambia bei Werten über 5000 US$) beim Zoll deklariert werden; in der Praxis wird dies aber kaum noch verlangt.

Autofahrer benötigen einen Internationalen Führerschein, die Fahrzeugpapiere und ein Carnet de Passage oder sie lassen sich beim Zoll eine vorübergehende Einfuhrgenehmigung ausstellen (siehe detaillierte Infos auf S. 377). Jagdwaffen, Boote und Haustiere unterliegen strikt der Genehmigungspflicht, ehe sie eingeführt werden dürfen (vor allem bei Flugeinreise).

Diplomatische Vertretungen in Europa

Sambia:

Botschaft der Republik Sambia
Konsularabteilung
Axel Springer Straße 154a
D–10117 Berlin
Tel. 030-2062940, Fax 030-20629419
E-Mail: zambianbonn@t-online.de
Internet: www.zambiaembassy.de
Sprechzeiten: Mo-Fr 09.00-16.00 h

Unter der deutschen Adresse firmiert auch das sambische Informationsbüro *Zambia National Tourist Board.*

Botschaft der Republik Sambia
8 Via Ennio Quirino Visconti
I–00193 ROMA – Italia
Tel. 0039-6-97613035
Fax 0039-6-36088824

Malawi:

Botschaft der Republik Malawi
Konsularabteilung
Westfälische Str. 86
D–10709 Berlin
Tel. 030-8431540
Fax 030-84315430
E-mail: malawiberlin@aol.com
Sprechzeit: Mo-Fr 10.00-15.00 h

Honorarkonsulate von Malawi in Deutschland:
• Herr Rudi Ernst Karl Bieller, Butzenmannweg 7/1, Esslingen, Tel. 0711-374164, Fax 3705308, zuständig für Ba-Wü und Hessen
• Herr Manfred Mehr, Elbchaussee 419, 22609 Hamburg, Tel. 040-8810100, Fax 88913223, zuständig für HH, HB, Niedersachsen, Schleswig-H.

Malawi High Commission
33 Grosvenor Street, Mayfair, GB-LONDON W1X 4QT
Tel. 0044-20-84555624
Fax 0044-20-32351066
E-mail: malawihighcom@btconnect.com
www.malawihighcom.org.uk
Unter der Londoner Adresse firmiert auch das Malawi Tourist Office.

Konsulat von Malawi
40, Rue du Rhone, CH – 1204 Genf
Schweiz
Tel. 0041-22-8610640/3108273
Fax 0041-22-3110314

Diplomatische Vertretungen in Afrika

Sambia:

Botschaft der Bundesrepublik Deutschland
P.O.Box 50 120, United Nations Avenue,
Stand 5209, Lusaka - Zambia
Tel. 00260-211-250644/251259/251262
Notfall-Tel. 0977-773000, Fax 00260-211-254014
E-mail: info@lusaka.diplo.de
Internet: www.lusaka.diplo.de
Öffnungszeiten: Mo-Fr 09.00-11.30 h, in dringenden Fällen Mo-Do 07.30-17.00h, Fr 07:30-13:30 h

Honorarkonsulat der Schweiz
5124 Lumumba Road, Lusaka
Tel. 00260 -211-223838/ 227824, Fax 00260-211-226551

Botschaft der Republik Österreich
Mutende Road, Woodlands
P.O.Box 310994, Lusaka, Tel. 00260-211-260407

Malawi:

Botschaft der Bundesrepublik Deutschland
Convention Drive (Capital City), P.O.Box 30046
MG-Lilongwe 3, Malawi, Tel. 00265-1-772555,
Notfall-Tel. 09-950015, Fax 00265-1-770250
E-mail: info@lilongwe.diplo.de
Internet: www.lilongwe.diplo.de
Öffnungszeiten: Mo-Fr 09.00-12.00 h, in dringenden Fällen Mo-Do 07.00-16.00h, Fr 07:00-13:00 h

Konsulat der Schweiz
Churchill Road, Chilembwe House (1st floor)
P/Bag 550, Limbe – Malawi, Tel./Fax 00265-1-641376

Österreich unterhält keine Botschaft in Malawi. Zuständig ist die Botschaften in Zimbabwe. Nicht-deutschen EU-Bürgern ist in Notfällen auch die deutsche Botschaft in Lilongwe behilflich.

Botschaft von Österreich
6 th Floor Globe House, 51 Stanley Avenue
Harare - Zimbabwe, Tel. 00263-4-704600

Europäische Union
European House, Capital City
P.O.Box 30102, Lilongwe 3 - Malawi
Tel. 00265-1-773199, Fax 00265-1-773534

Auswärtiges Amt:
Werderscher Markt 1, 11013 Berlin
Tel. 03018-170, Fax 03018-173402
www.auswaertiges-amt.de

Service & Infos

Gefahren auf Reisen – die persönliche Sicherheit

Wer eine Reise in exotische Länder unternimmt, stellt sich irgendwann auch die Frage nach dem möglichen Sicherheitsrisiko eines solchen Unternehmens. Deshalb haben wir uns entschlossen, die Rubrik "persönliche Sicherheit" als eigenen Punkt anzusprechen. Schließlich ist Unkenntnis die Hauptursache für dieses diffuse, unwohle Gefühl vieler Leute, bevor sie sich ins „dunkle Afrika" wagen. Was man in südeuropäischen Urlaubsländern als Begleiterscheinung akzeptiert (Autoaufbrüche, Diebstahl), wird in Afrika gerne mit strengeren Maßstäben bewertet.

Sambia und Malawi gelten als **sichere Reiseländer** mit einer ausgesprochen gastfreundlichen Bevölkerung. Leider ist aber auch hier eine im ganzen südlichen Afrika spürbare Zunahme der Gewaltbereitschaft erkennbar. Die einst so ausgeprägte Hemmschwelle, gegen Europäer Gewalt anzuwenden, sinkt in der ganzen Region langsam ab. Doch im gesamtafrikanischen Vergleich – ja im weltweiten Vergleich zu sog. „Drittweltstaaten" und insbesondere zu Südafrika – nehmen sich beide Länder ausgesprochen positiv aus.

Der klassische **Diebstahl** ist sicherlich das größte Risiko, dem Reisende in Sambia und Malawi ausgesetzt sind. Der unauffällige Gelegenheitsdiebstahl ohne Gewaltandrohung, der schnelle Klau, das ist die häufigste Form der Schädigung. Also kein aggressiver Angriff, sondern ganz einfach ein unbemerktes Verschwinden von Hab und Gut. Um die Situation besser einzuschätzen, sollte man sich einmal in die Einheimischen versetzen. Für die meisten Afrikaner ist ganz einfach jeder Tourist steinreich. Schon der Umstand, sich eine Reise um die halbe Welt um des Reisens Willen leisten zu können, weist jeden Tourist als reich aus. Allein die Summe, die ein Tourist bei sich hat, ist mehr Geld, als die meisten Afrikaner jemals verdienen werden. Es ist also vollkommen unsinnig zu glauben, dass man als Jugendlicher mit alten Klamotten und einem schmalen Reisebudget weniger zur Zielscheibe potentieller Diebe wird, als ein wohlhabender Urlauber. Seien Sie sich bewusst, dass Sie auffallen, wo immer Sie auftauchen und möglicherweise Begehrlichkeiten wecken, um diesen durch umsichtiges Verhalten vorzubeugen. Touristen sind weltweit leicht erkennbare und ziemlich gut kalkulierbare Opfer, denn sie sind in der Regel ortsunkundig, häufig gutgläubig und fast immer unbewaffnet.

Vor allem im Gedränge auf Bushaltestellen und Märkten ist oberste Vorsicht vor geschickten Langfingern geboten. Auf Märkte geht man also ohne jegliche Wertsachen, ohne größere Bargeldbestände, Schlüssel und Dokumente. An den Bushaltestellen haben Rucksackreisende meistens ihr gesamtes Gepäck dabei und können sich in dieser Situation nur durch Aufmerksamkeit und vorausschauendes Verhalten schützen. Auch typische Touristenecken erhöhen das Risiko, Opfer von Taschendiebstahl zu werden. Steht ein Hotelsafe zur Verfügung, verwahrt man alle Dokumente und die größeren Geldbestände dort. Wer seine Wertsachen mit sich führen muss, sollte diese grundsätzlich direkt am Körper tragen. Dazu eignen sich versteckte Bauchgurte noch besser als Brustbeutel, weil diese leichter erkannt werden. Man kann das Geld auch in mehrere Einzelposten aufteilen. Auf keinen Fall darf man sein Versteck in der Öffentlichkeit zeigen. Deswegen hält man stets eine Geldbörse bereit mit ausreichend Geldmitteln für den Tag. Sollte diese gestohlen werden, ist der Verlust nicht allzu hoch. Alle verzichtbaren Wertsachen bleiben sowieso gleich zu Hause, denn sie haben auf Reisen in Afrika nichts verloren.

Bewaffnete Überfälle sind in beiden Ländern glücklicherweise ausgesprochen selten. In Traveller-Kreisen wird oft vor Lusaka gewarnt. Unseres Erachtens nach sind die Städte Johannesburg, Harare oder Nairobi für Touristen deutlich riskanter als irgend ein Ort in Sambia oder Malawi. Richtig ist, dass die potentiell größten Gefahren in den anonymen Großstädten lauern. Diese weltweite

Oben: Direkt an der Fallkante der Viktoriafälle warnt dieses Schild vor dem Baden wegen der Krokodile!

Erscheinung trifft auch auf Sambia und Malawi zu. Man sollte sich angewöhnen, in afrikanischen Großstädten nachts nicht mehr unterwegs zu sein, zumindest nicht zu Fuß. Ferner meidet man einsame Wanderungen. Wer jemals Opfer eines offenen Raubangriffs wird, sollte sich sofort bereitwillig von seinen Wertsachen trennen. „Lieber 5 Minuten lang ein Feigling, als ein Leben lang tot" lautet ein weises Sprichwort. Wer in solchen Fällen vorgesorgt hat, die Wertsachen am Körper trägt und griffbereit einen einigermaßen gefüllten Geldbeutel aushändigen kann, hat gute Chancen, nur den Geldbeutel mit einer verschmerzbaren Geldmenge zu verlieren.

Die Gefahr eines **Autodiebstahls** betrifft nur einen Teil der Reisenden. Vor vermeintlichen Überfällen schützen sich Autofahrer, indem sie grundsätzlich nicht nachts fahren und auch nicht anhalten, wenn irgend jemand am Straßenrand gestikuliert (außer der Polizei natürlich). Vorsichtige Autofahrer verschließen Türen und Fenster bei Fahrten innerhalb der Großstädte. Größer ist die Gefahr eines heimlichen Autodiebstahls. Es gilt: Fahrzeuge werden grundsätzlich nirgends unbewacht abgestellt! In allen Großstädten muss man einen wirklich sicheren Parkplatz finden oder lässt das Auto nicht unbewacht

zurück. Ältere Fahrzeuge oder seltene Automarken sind nicht besonders attraktiv für Autodiebe (im Gegensatz zu neuen Luxuskarossen, wie BMW und Mercedes, oder Toyota-Allradfahrzeugen), werden aber dennoch mitunter aufgebrochen und ausgeraubt, besonders wenn viel Reisegepäck im Wageninnern zu erkennen ist. So sehr der Rucksacktourist auf seinen Bauchgurt und Rucksack aufpassen muss, hat der Autofahrer eben sein Fahrzeug zu hüten.

Verkehrsunfälle gehören besonders zum Risiko derer, die viel mit Sammeltaxis und Bussen unterwegs sind. Meistens handelt es sich um Reifenpannen oder Motorprobleme, wenn die Fahrt am Straßenrand unterbrochen wird. Vorsicht ist geboten, falls ein Fahrer offenkundig angetrunken ist. Stehen Bus und Sammeltaxi zur Wahl, würden wir in der Regel aus Gründen der Verkehrssicherheit den Bus vorziehen. Wer selbst mit einem Auto unterwegs ist, legt am besten die deutsche Mentalität ab, sein Recht durchsetzen zu wollen. Hier hat das größere und stärkere Fahrzeug Recht. In Zweifelsfall ist die missachtete Vorfahrt schließlich viel weniger schlimm als ein Unfall, den man hätte vermeiden können (siehe auch unsere Autofahrertipps auf S. 389f).

Es kursieren verschiedene Geschichten von sambischen **Polizeikontrollen**, die einzig zum Ziel hätten, den Touristen Geld abzunehmen. Unserer persönlichen Erfahrung nach, die wir seit nunmehr 21 Jahren in Sambia sammeln durften, sind solche Berichte häufig stark überzogen und oft auf ein Fehlverhalten des Reisenden zurückzuführen. Auf den Hauptstraßen gibt es regelmäßig Verkehrskontrollen und vor allem im Copperbelt, entlang der Great North Road (rund um Mpika) und an der Great East Road (bei Rufunsa) werden Ausländer gerne bevorzugt überprüft. Aber immer haben wir nach Vorzeigen der Dokumente unbehelligt weiterreisen können und notfalls mit geduldigem Diskutieren die Situation gemeistert. Sambische Polizisten und Soldaten reagieren empfindlich auf arrogantes oder provokatives Verhalten bei Weißen, insbesondere Südafrikanern. Deshalb ist ratsam, bei Kontrollen höflich, freundlich, auch humorvoll, aufzutreten, nicht aber kleinlaut und ängstlich oder gar verärgert und herablassend. Bitte beachten Sie hierzu auch unsere Erläuterungen zu den Verkehrskontrollen auf S. 391.

In **Malawi** sollte man sich hüten, Vorkasse zu leisten, wenn jemand auf der Straße Bustickets oder Ausflugstouren, wie Bootstrips etc. feilbietet. Man bezahlt immer erst an Ort und Stelle! Ferner kommt es vor, dass bei Schnorchelausflügen am Malawisee die Bootsführer das Gepäck der Touristen durchwühlen, während diese die Unterwasserwelt bestaunen. Davor schützt man sich, indem man keinerlei Wertsachen auf den Ausflugstrip mitnimmt. Einsame Wanderer sind in der Vergangenheit auf dem Zomba Plateau und der Serpentinenstraße zur Livingstonia Mission belästigt und beraubt worden. In Senga Bay sollte man nachts nicht allein zu Fuß unterwegs sein, weil hier ebenfalls Überfälle vorkommen.

Was das eingangs angedeutete Vermeiden von Begehrlichkeiten angeht, ist als **Verhaltensregel** für alle Situationen zu verstehen: Man protzt nicht mit seinen Werten, zeigt nicht freizügig prall gefüllte Geldbeutel oder edle Kameraausstattungen herum. Lieber verstaut man die teure Kamera in einem unauffälligen Stoffbeutel, der Unkundigen nicht den Wert des Geräts vermittelt.

Kriminologen wissen längst, dass es einen bestimmten **Opfertypus** gibt, der Gewaltdelikte magisch anzuziehen scheint, während andere Personen sicher und unbelästigt gleiche Situationen erleben können. Potentielle Opfer wirken unsicher, ängstlich und schwach. Für den Reisenden heißt dies, sich möglichst immer zuversichtlich und selbstbewusst zu geben. Man strahlt aus, die Situation im Griff zu haben. Vor allem alleinreisende Frauen sollten sich dieses Verhalten zu eigen machen. Erfahrene Reisende gehen sogar in fremden Städten, wo sie die Orientierung verloren haben, so weit, nicht hilflos mit dem Stadtplan durch die Gegend zu laufen, sondern nur von Zeit zu Zeit unauffällig nach Weg und Ziel zu forschen. Provokantes Gehabe und Zurschaustellung körperlicher Leistungskraft sind auch nicht der richtige Weg, vielmehr geht es darum, unauffällig selbstbewusst aufzutreten.

Die persönliche Sicherheit kann natürlich auch durch **eigenes Fehlverhalten** beeinträchtigt werden. Beim Reisen in unterentwickelten Ländern sollte man immer im Gedächtnis behalten, wie verheerend z. B. ein Sportunfall enden kann. Tauchen, Klettern und Motorrad fahren ist nur etwas für Geübte! Anfängererfahrungen macht man lieber zu Hause, wo etwaige Unfälle sachgerecht behandelt werden können. Selbst harmlose Unfälle, wie Verstauchungen oder Knochenbrüche, beenden rasch eine lang ersehnte und teure Fernreise. Bitte beachten Sie, dass der Malawisee, wie auch alle anderen Gewässer dieser Länder, kein Planschbecken ist, das ungetrübte Badefreuden garantiert. Unfälle mit Krokodilen und Flusspferden sind zwar selten, dennoch ist Vorsicht geboten. Am besten erkundigt man sich jeweils vor Ort nach der aktuellen Situation. Zum Risiko einer Bilharziose-Infektion siehe Seiten 299 und 359.

In die Rubrik „Fehlverhalten" gehört auch der Drogenkonsum. Besitz, Handel und Konsum von **Drogen** sind in beiden Ländern illegal. Dennoch können sich Interessierte Marihuana u. ä. an einigen Stränden entlang des Malawisees beschaffen. Wer jedoch erwischt wird, hat die Aussicht auf einen langen Aufenthalt im afrikanischen Knast und nur wenig Hilfe seiner Botschaft zu erwarten.

Alles in allem empfinden wir persönlich das Reisen in Sambia und Malawi als sicher und angenehm. Wer sich an die empfohlenen Sicherheitsvorkehrungen hält und stets mit offenen Sinnen reist, sich auch nicht scheut, auf den eigenen Instinkt zu vertrauen, der wird mit großer Wahrscheinlichkeit sicher durch diese Länder reisen.

"United Global Peace Index" 2008: Von 140 Ländern liegen Sambia an 53. und Malawi auf 73. Stelle in der Liste der "friedlichsten Länder der Welt" (die USA nur auf Platz 97).

ANREISE NACH SAMBIA UND MALAWI

Internationale Flugverbindungen

Die beiden Hauptstädte Lusaka und Lilongwe werden von einer Reihe internationaler Fluggesellschaften angesteuert. Die Flugpreise variieren zum Teil beträchtlich je nach Saison und Fluggesellschaft. Häufig kann man günstige Flugtickets auch bei renommierten Airlines ergattern. Auskunft bieten das Internet und Flugreisebüros.

Nach Sambia ab Europa

British Airways fliegt mehrmals wöchentlich von London über Nacht "nonstop" nach Lusaka, und bietet dazu Anschlussflüge ab vielen europäischen Flughäfen an. Die Rückflüge von Lusaka finden jeweils am Folgetag tagsüber statt. Seit 2004 fliegt BA auch mehrmals wöchentlich via Johannesburg nach Livingstone (die innerafrikanische Strecke Johannesburg-Livingstone wird mit der BA-Tochter Comair durchgeführt).

KLM fliegt ab Amsterdam täglich nach Nairobi/Kenia und bietet mehrmals wöchentlich Weiterflüge mit **Kenya Airways** (unter KLM-Flugnummer) nach Lusaka. Anschlussflüge ab allen deutschen Flughäfen.

Lufthansa (LH) und **South African Airways** (SAA) bieten im Verbund tägliche Nachtflugverbindungen von Frankfurt und München nach Johannesburg, von wo aus am nächsten Tag mit SAA nach Lusaka weiter geflogen wird.

Ethiopian Airlines (ET) bietet mehrmals wöchentlich Flüge ab Frankfurt nach Addis Abeba/Äthiopien mit passenden Weiterflügen nach Lusaka an. Pluspunkt: ET gewährt in der Eco-Klasse mit 45 kg ein außergewöhnlich hohes Freigepäck.

Nach Malawi ab Europa

KLM bietet mehrmals pro Woche bei den Flügen Amsterdam-Nairobi Weiterflüge nach Lilongwe (mit Kenya Airways), mit Anschlüssen an allen deutschen Flughäfen.

Lufthansa und **South African Airways:** Bei den täglichen Flügen nach Johannesburg (ab Frankfurt oder München, siehe links), besteht auch die Weiterreisemöglichkeit nach Lilongwe und Blantyre.

Ethiopian Airlines (ET) bietet mehrmals wöchentlich Flüge ab Frankfurt nach Addis Abeba/Äthiopien mit passenden Weiterflügen nach Lilongwe an (siehe oben).

Flugverbindungen innerhalb Afrikas

Ein relativ dichtes Flugnetz verbindet heute die Großstädte im Südlichen Afrika. Drei so genannte afrikanische Drehkreuze sind von Bedeutung, wie sich schon aus obigen Angaben erkennen lässt:

Addis Abeba in Äthiopien mit der Heimatfluglinie Ethiopian Airlines (ET), die neben anderen Fluglinien häufige Verbindungen zwischen Addis Abeba und Lusaka bzw. Lilongwe anbietet.

Nairobi: Die Hauptstadt Kenyas ist Sitz der Kenya Airways (KQ), die im Verbund mit KLM (KL) zahlreiche afrikanische Strecken bedient, darunter auch regelmäßig nach Lusaka und Lilongwe fliegt.

Johannesburg: Die südafrikanische Metropole ist nicht nur Drehpunkt für SAA (SA), sondern auch tägliches Ziel für die meisten renommierten Airlines, z. B. Lufthansa, Emirates, British Airways, Swiss. Weiterflüge mit günstigem Durchgangstarif bieten sich an nach Lusaka, Livingstone, Lilongwe oder Blantyre.

Darüber hinaus bestehen Flugverbindungen zwischen Lusaka und Dar-es-Salaam, Lagos, Bujumbura, Harare, Maputo und Lubumbashi. Ndola wird von Harare, Johannesburg und Windhoek angeflogen. Zwischen Livingstone und Johannesburg fliegen mehrmals wöchentlich **Comair** (MN, Tochtergesellschaft von BA) und **Zambian Airways** (Q3). Diese sambische Fluggesellschaft bedient mehrmals wöchentlich die Strecken Johannesburg – Ndola und Johannesburg – Lusaka sowie 5 mal pro Woche Harare – Lusaka. **Nationwide** (CE) fliegt ebenfalls täglich die Strecke Johannesburg – Livingstone – Lusaka und retour.

Internationale Flüge bietet **Air Malawi** (QM) von Blantyre nach Johannesburg, Durban und Dar-es-Salaam sowie von Lilongwe nach Lusaka, Harare, Johannesburg, Nairobi und Dar-es-Salaam. Von großer touristischer Bedeutung ist die Strecke Lilongwe–Mfuwe im South Luangwa NP, die jedoch nur von Zeit zu Zeit angeboten wird.

Anreise auf dem Landweg

Nach Sambia auf dem Landweg reisen

Von Tansania

Per Bahn: Die TAZARA (Tansania-Zambia-Railways) bietet zweimal wöchentlich Direktverbindungen mit dem "Mukuba Express" und dem "Kilimanjaro Express" von der Dar-es-Salaam TAZARA-Station nach New Kapiri Mposhi (2 km vom Ort Kapiri Mposhi). Die Fahrtdauer beträgt 2 Tage, die Grenzformalitäten bei Nakonde werden im Zug erledigt, Speisewagen vorhanden. Preise: 1. Klasse Schlafwagen ca. 40 Euro, 2. Kl. Liegewagen 21 Euro, 3. Kl. Sitz 13 Euro (mit Studentenausweis ermäßigt). Abfahrt von Kapiri Mposhi: Di/Fr um 17.35 h, ab Dar-es-Salaam Di/Fr um 16.00 h. Vorreservierung: Tazara House, Dedan Kimathi Rd., Lusaka, Tel. 0211-220646/222280, E-mail: tazaralusaka@zamtel.zm, in Kapiri Mposhi Tel. 0215-271148/-271020. Info: www.tazara.co.tz.

Jeden Mo fährt ein langsamerer Standardzug von Kapiri Mposhi zum Grenzort Nakonde und dienstags zurück.

Per Schiff: Am Tanganjikasee besteht die Möglichkeit, per Schiff nach Mpulungu, Sambias einzigem Hafen, zu reisen. Die *Tanzania Railways Corporation* verfügt über zwei Motorschiffe, die MV Liemba und die MV Mwongozo. Die MV Liemba verkehrt wöchentlich zwischen Bujumbura/Burundi, Kigoma/Tansania und Mpulungu, die MV Mwongozo verkehrt nur unregelmäßig. Die Liemba gilt zudem als das komfortablere Schiff. Sie bietet dreierlei Klassen, wobei die 3. Klasse nicht zu empfehlen ist. Die 1.Klasse beinhaltet Unterkunft in Doppelkabinen, die 2.Klasse in Vierbettkabinen.

Fahrpreise: Mpulungu - Kigoma (2 Tage): 1.Klasse/ 50 Euro, 2.Klasse/40 Euro. Mpulungu - Bujumbura (3 Tage): 1.Klasse/70 Euro, 2.Klasse 55 Euro. Autoverschiffung von Mpulungu nach Bujumbura kostet 90 Euro + Hafengebühren. Planmäßige Ankunft der MV Liemba in Mpulungu ist Freitag vormittags, die Abfahrt am selben Tag gegen 17.00 h. Häufige Reparaturen und Verzögerungen bringen den Fahrplan gerne durcheinander. Weitere Infos S. 230.

Von Mosambik

Es gibt nur zwei Grenzübergänge. Der wichtigere zwischen Katete/Chanida und Cassacatize in Richtung Tete (insg. 339 KM) wurde asphaltiert und bietet gute Straßenbedingungen. Durchgehende öffentliche Verkehrsmittel sind nicht vorhanden, aber auf beiden Seiten kann man mit Sammeltaxis und Lkws weiterkommen.

Die Grenze Luangwa/Zumbo liegt an der Mündung des Luangwa in den Sambesi. Eine Überfahrt ist bisher nur per Einbaum möglich. Von und nach Zumbo bestehen auch keinerlei öffentliche Verkehrsmittel und nur sehr schlechte Straßenverbindungen.

Von Zimbabwe (und Südafrika)

Drei Grenzübergänge existieren: Chirundu/Chirundu, Victoria Falls/Livingstone, Kariba/Siavonga. Ein weiterer in Luangwa-Feira/Kanyemba ist für die Zukunft geplant. Von wirtschaftlich größter Bedeutung ist die Grenze in Chirundu, die die beiden Hauptstädte Lusaka und Harare verbindet. Ab Harare fahren täglich Expressbusse nach Lusaka. Die Preise liegen je nach Busausstattung bei 17-50 Euro, die Fahrzeit dauert bis zu 10 Stunden. Expressbusse zwischen Lusaka und **Johannesburg**/ Südafrika werden von TransAcacia und Trans-Zambezi angeboten (pro Strecke ca. 50 Euro). Unterwegs werden Stopps in Chirundu, Harare, Beitbridge und Pietersburg eingehalten. Gefahren wird bei beiden Gesellschaften in hochwertigen Reisebussen mit Videounterhaltung und Getränkeservice. Infos siehe S. 130.

Die Grenze an den Viktoriafällen ist ein Naturschauspiel und landschaftliches Ereignis. Sie wird daher vor allem von Touristen frequentiert, die teilweise auch nur als Tagesbesucher die Gegenseite besuchen. Der Übergang läuft entsprechend unkompliziert ab (Beschreibung S. 167). **Translux**-Reisebusse bedienen die Strecke Johannesburg–Pretoria-Beitbridge-Masvingo-Harare-Lusaka derzeit mehrmals wöchentlich um 09.00 h ab dem Johannesburger Park City Bahnhof, Ankunft am Folgetag gegen 11.00 h in der Cairo Road beim Farmer's House; und die Gegenrichtung ab Lusaka um 12.00 h (häufig wechselnde Fahrtage; Infotelefon in Johannesburg Tel. 0027-11-7743333, Lusaka Tel. 0211-228682). Preis ca. 45 Euro pro Strecke. Info: www.translux.co.za. **Intercape Mainliner** hat seine Fahrten nach Sambia 2005 eingestellt.

Der kleinste Grenzverkehr findet zwischen Siavonga und Kariba direkt entlang der Staumauer des Karibasees statt. Beide Ortschaften sind touristisch erschlossen und bieten auch Nichtmotorisierten einfache Weiterreisemöglichkeiten. Eine empfehlenswerte Grenze, um die langen Warteschlangen von Chirundu zu vermeiden, s. S. 134.

Von Botswana

Die einzige Grenze zwischen beiden Ländern – die sich lediglich für ein paar hundert Meter am Sambesi berühren – liegt in Kazungula. Zwischen Sonnenauf- und Sonnenuntergang pendeln zwei Motorfähren zwischen beiden Uferseiten. Seitdem Zimbabwe weniger von Touristen besucht wird, hat dieser Grenzübergang deutlich mehr Zulauf. Die Abwicklung verläuft auf beiden Seiten freundlich und unkompliziert. Die Gebühren der Überfahrt müssen auf sambischer Uferseite in südafrikanischem Rand oder US$ bezahlt werden. Siehe dazu auch S. 188.

Nichtmotorisierte Touristen können für die 60 km lange Strecke zwischen Sambisch-Kazungula und Livingstone evtl. eine Mitfahrgelegenheit ergattern oder auch per

Sammeltaxi fahren. Auf botswanischer Seite ist die Weiterreise unkompliziert, es herrscht reger Verkehr ins nahegelegene Kasane, einem touristischen Zentrum.

Von Namibia

Die einzige Landesgrenze zwischen Namibia und Sambia liegt in Katima Mulilo (wie in Kazungula oder Chirundu heißen hier beide Uferseiten Katima Mulilo). Es bestehen keine öffentlichen Verkehrsmittel von und zu diesem Grenzübergang. Vorsicht: Versäumen Sie nicht, bei dieser Einreise die Immigration aufzusuchen. Immer wieder greifen Polizeikontrollen Touristen ohne Einreisestempel aus Katima-Mulilo auf – das kostet hohe Strafgebühren. Weitere Infos: siehe auch S. 188.

Grenzübergang zwischen Sambia und Malawi

Die wichtigste Grenze zwischen beiden Ländern ist Chipata/Mchinji (30 km östlich von Chipata bzw. 12 km westlich von Mchinji). An dieser Grenze wird ggl. der Nachweis einer Gelbfieberimpfung verlangt. Auch neigen die Autoversicherungsgesellschaften hier zu überhöhten Gebühren: Bei der Einreise nach Malawi wird gerne versucht, bei Touristen mit Geländefahrzeugen einen höheren „Commercial Car"-Tarif zu berechnen. Es gibt zahlreiche Busverbindungen zwischen Lusaka, Chipata und Lilongwe (S. 130).

Ein weiterer Grenzübergang liegt zwischen Lundazi und Embangweni (S. 240 und 286). Diese Grenze wird jedoch nur schwach frequentiert und bietet auch keine regulären öffentlichen Verkehrsmittel.

Noch einsamer wird es an den Grenzen Chiri/Katumbi (S. 240) und Nakonde-Nyala/Chitipa (S. 210, 228 und S. 297). Diese beiden Strecken, an denen der jeweilige sambische Grenzposten häufig nicht besetzt ist, sollten nur von erfahrenen Reisenden mit Allradfahrzeugen befahren werden. Der sambischen Grenzposten bei Nyala/Chitipa ist derzeit ganz geschlossen, daher müssen die Grenzformalitäten (Immigration und Zoll) in Isoka oder Nakonde abgewickelt werden.

Tipp zum Geldwechsel: An den meisten Landesgrenzen ist es kaum möglich, legal Geld zu wechseln, da die Banken nur in Städten vertreten sind und es auch fast keine Wechselstuben gibt. Am besten besorgt man sich schon vorab etwas Geld in der jeweiligen Landeswährung, um ggf. kleine Gebühren bei der Einreise zahlen zu können.

Zur Info: Es breitet sich leider die Praxis aus, bei der Einreise nach Sambia ca. 10 000 Kwacha "Council Levy" bzw. "Community Levy" von Ausländern zu kassieren (so z.B. in Sesheke, Kazungula, Siavonga und Nakonde). Die Gebühr wird jedoch unregelmäßig erhoben.

Nach Malawi auf dem Landweg reisen

Von Mosambik

Per Bus: Einzige Grenzstation zwischen Malawi und Mosambik, die von Fernstreckenbussen bedient wird, ist Mwanza/Zóbuè am Tete-Run. Minibusse verkehren außerdem zu den Grenzübergängen Dedza/Ulongwe, Mulanje/Milange, Nayuchi/Entrelagos und Chipote/Mandimba. Bei allen Grenzen muss man die Grenze zu Fuß überqueren und anschließend ein neues Sammeltaxi ergattern. Malawis südlichste Grenze in Nsanje/Vila Nova da Fronteira eignet sich nur für Selbstfahrer, weil hier kaum Verkehr existiert.

Per Bahn: Von Liwonde fahren gelegentlich Züge zur Grenzstation Nayuchi, und ein Gegenzug kommt von Cuamba nach Entrelagos, dem mosambikanischen Grenzposten. Die 2 km Niemandsland zwischen beiden Zügen und Grenzposten muss man zu Fuß laufen (siehe S. 311). Nach Cuamba in Mosambik gelangt man mit dem täglichen 3-Klassenzug von Nampula und Nacala. Diese Bahnstrecke zählt zu den besonderen Empfehlungen für Zugfreunde, weil sie durch eine Bilderbuchlandschaft führt.

Die Bahnverbindung zwischen Blantyre und Beira am Indischen Ozean wurde eingestellt.

Per Schiff: Eine mögliche Anreisevariante stellt der Malawisee dar. Das Linienschiff **Ilala** fährt wöchentlich zwischen Monkey Bay und dem Norden des Sees. Freitags und samstags läuft die Ilala die malawischen Inseln Likoma und Chizumulu an. Fahrplan siehe S. 381. Direkt gegenüber der Inseln, auf dem mosambikanischen Festland, liegt die Ortschaft Cobué. Dorthin zu gelangen, um sich nach Likoma übersetzen zu lassen, ist allerdings abenteuerlich (kein öffentlicher Verkehr).

Von Tansania

Die einzige Landesgrenze nach Tansania liegt bei Mwandenga/Songwe Bridge am Nordende Malawis, 127 km südlich von Mbeya, und wird mit Minibussen angefahren. Bitte beachten: Zwischen Tansania und Malawi besteht eine Stunde Zeitdifferenz. Von der Grenze fahren Minibusse nach Karonga (50 km). Zwischen diesen Ortschaften existieren bisher keine Geldwechselmöglichkeiten oder Tankstellen (siehe auch S. 296). Anreise per Schiff ab Mbamba Bay: Das Schiff "Songea" fährt gelegentlich nach Nkhata-Bay.

Von Zimbabwe

Malawi grenzt nicht direkt an Zimbabwe, doch bestehen entlang dem legendären „Tete-Run" regelmäßige Busverbindungen zwischen Zimbabwe und Malawi. Fernstreckenbusse bedienen die Verbindung von Harare nach Blantyre via Tete in Mosambik.

Service & Infos

Anreise per Mietwagen oder eigenem Auto

Für die Einreise mit einem Fahrzeug verlangen die sambischen bzw. malawischen Behörden folgende Dokumente:

Der Fahrer muss zusätzlich zum nationalen einen **Internationalen Führerschein** und den **Internationalen Zulassungsschein** mit sich führen. Als Zolldokument wird bei ausländischen Fahrzeugen das Carnet de Passage (stellt der ADAC, Am Westpark 8, 81373 München, aus) anerkannt. Wenn dieses nicht vorliegt, stellt der Zoll an der Grenze eine zeitlich limitierte **Importlizenz** für das Fahrzeug aus, die „Temporary Import Permit", kurz TIP, heißt. Ferner ist für alle Fahrzeuge eine **Haftpflichtversicherung** (Third Party Insurance) abzuschließen. An den Hauptgrenzstationen sind Agenten der Versicherungsgesellschaften stationiert, andernfalls sollte man in der nächstgelegenen Provinzhauptstadt die Versicherung abschließen. Die Gebühren sind nach Gewichtsklassen gestaffelt und in einheimischer Währung zahlbar. In beiden Ländern sind die Versicherungsgebühren an den Grenzfilialen oft höher als bei den Versicherungsgesellschaften in den Städten.

Wer gleich mehrere Länder mit dem Auto bereisen möchte, sollte sich die neue **COMESA-Haftpflichtversicherung** besorgen, die es bisher fast nur in den Hauptstädten gibt. Hierbei lassen sich individuell die COMESA-Staaten auswählen, für die eine Versicherung abgeschlossen wird (z. B. Sambia, Malawi, Zimbabwe, Tansania, Kenya, Uganda, nicht aber Botswana und Mosambik). Sie kostet bei 30 Tagen Gültigkeit ca. 15 US$ pro Land, bei 120 Tagen rund 30 US$ pro Land und wird auch "Yellow Card" genannt.

Sambia: Die Pkw- und Kombi-Versicherung kostet an der Grenze rund 17-25 Euro/Monat.

Malawi: Eine 30 Tage gültige Haftpflichtversicherung kostet an der Grenze ca. 23 Euro für Pkws, 28 Euro für Geländewagen und 38 Euro für Minibusse (Stand 2008). Sog. „Commercial Cars" sind erheblich teurer. Landcruiser- und Minibusfahrer erreichen meist erst nach längerer Diskussion die Einstufung als Privatfahrzeug (hartnäckig bleiben!). In Lilongwe und Blantyre ist die gleiche Versicherung günstiger zu bekommen. Hier sind auch kürzere Versicherungsdauern möglich, z. B. nur für eine Woche.

Malawi verlangt bei der Ein- und Ausreise mit Fahrzeugen zusätzlich eine Abwicklungsgebühr (**Proceeding Fee**) in Höhe von 75 MK. Wer kein malawisches Geld hat, muss diese Gebühr in US$ bezahlen. Mitunter wird die Proceeding Fee erlassen bzw. nicht eingefordert. Für Commercial Cars, worunter in Malawi auch mit einem Lkw reisende Touristen fallen, wird eine **Road Tax** erhoben, deren Höhe sich nach der geplanten Fahrtstrecke innerhalb Malawis richtet. Betroffenen empfiehlt sich deshalb, nur kurze Fahrstrecken anzugeben, z. B. von Mchinji nach Lilongwe anstelle von Mchinji nach Karonga.

Sambia verlangt seit 01.04.2006 eine **Carbon Tax** für nicht-sambische einreisende Fahrzeuge, deren Höhe sich nach dem Motorhubraum bemisst. Bis 2000 ccm 100 000 Kwacha, 2000-3000 ccm 150 000 Kwacha, über 3000 ccm 200 000 Kwacha, Motorräder 50 000 Kwacha. Gültig immer für das laufende Kalenderjahr.

Etwaige besondere Angaben zu einzelnen Grenzübergangsstellen finden Sie jeweils im Reiseteil.

Infos für Mietwagenfahrer

Mietwagenfahrer sollten unbedingt vorab mit dem Vermieter abklären, ob die Einreise nach Sambia bzw. Malawi gestattet und versicherungstechnisch abgedeckt ist. Der Vermieter muss die Zollpapiere, eine Einverständniserklärung (Letter of Authorization), die Internationale Zulassung und ggf. die Versicherungsunterlagen dem Fahrer aushändigen. Der Grenzzöllner stellt bei der Einreise ein Temporary Import Permit aus (S. 346).

Öffnungszeiten der Grenzübergänge

Die Landesgrenzen beider Staaten sind täglich von 06.00 h–18.00 h geöffnet. Ausnahmen:

Chipata-Mchinji (Sambia-Malawi)	24 Std. täglich	
Katima Mulilo (Sambia–Namibia):	08.00-19.00 h	
Luangwa-Feira/Zumbo (Sambia-Mosambik)	08.00-15.00 h	(nur Einbaumverkehr)
Dedza/Ulongwe (Malawi-Mosambik)	08.00-18.00 h	
Victoria Falls Bridge (Sambia-Zimbabwe)	08.00-20.00 h	
Siavonga-Kariba (Sambia-Zimbabwe)	06.00-20.00 h	

Änderungen jederzeit möglich.

TRANSPORT VOR ORT

Das Inlandflugnetz

In beiden Ländern sind Inlandflüge sowohl beim Linien-als auch im Charterverkehr verhältnismäßig teuer. Während die Flugabwicklung in Sambia relativ routiniert funktioniert, kommt es in Malawi immer wieder zu Doppel-oder Überbuchungen von Flügen und kurzfristigen Flugänderungen. Es ist daher sinnvoll, etwaige Flüge kurz vor dem Flug noch einmal rückbestätigen zu lassen. Die Flüge werden in der Regel in harter Währung, bevorzugt US$, ausgewiesen und können per Kreditkarte bezahlt werden.

Sambia:

Im großflächigen Sambia werden Inlandflüge im Geschäfts- und Tourismusbereich stark eingesetzt. Unter den lokalen Fluggesellschaften ist als größte nationale Airline mit dem einzigen überregionalen Flugnetz aus der Roan Air die Zambian Airways hervorgegangen.

Kontaktadresse Zambian Airways:
• Lusaka International Airport: Tel. 00260-211-271230, Stadtbüro: 256586, Fax 256589
• Ndola Airport Office: Tel. 0212-621466
• Mfuwe Airport Office: Tel. 0216-245060

Das Drehkreuz für Inlandflüge bildet Lusaka. Zambian Airways bietet ab Lusaka täglich mindestens einen Flug von und nach Kitwe sowie 6 x pro Woche von/nach Mfuwe und Ndola und zweimal wöchentlich von/nach Livingstone. Darüber hinaus offerieren Mitbewerber zusätzliche Flugtage und weitere Verbindungen, wie zwischen Lusaka und Kasama, Mansa oder Chipata. Die gängigste Touristenroute Livingstone – Lusaka – Mfuwe wird in der Saison in beiden Richtungen täglich bedient.

Malawi: Air Malawi bedient die Flughäfen in Karonga, Mzuzu, Likoma Island, Salima, Lilongwe, Club Makokola/Mangochi und Blantyre. Die staatliche Fluggesellschaft bietet neben dem Liniennetz auch Charterdienste an. Alternativ bietet die Flugchartergesellschaft Nyassa Air Taxi, Tel. 01-761443, www.nyassa.mw, ihre Dienste an.

Charter: Charterfluggesellschaften bieten in beiden Ländern vor allem touristisch relevante Flugstrecken an. Teilweise haben sie feste Routen und Termine ausgeschrieben, z.B. nach Mfuwe und Livingstone, steuern aber auch individuell gewünschte Ziele an. So bieten in Sambia die Airlines Aiwaves Zambia, Proflight und Avocet derzeit zahlreiche touristisch relevante Verbindungen an. Bei Interesse wendet man sich entweder direkt an die Gesellschaft (zahlreiche Adressen im Reiseteil) oder an die örtlichen Reisebüros.

Ungefähre Preisbeispiele:	One Way in Euro
Lusaka - Kitwe oder Ndola	60,00
Lusaka - Mfuwe	120,00
Lusaka - Kasama	130,00
Lusaka - Chipata	130,00
Lusaka - Livingstone	110,00
Lusaka - Jeki (Lower Zambezi NP)	80,00
Livingstone - Mfuwe	170,00
Lilongwe – Likoma	250,00
Mzuzu - Likoma	180,00
Lilongwe – Nyika	200,00
Lilongwe - Mfuwe	220,00

Bahnverbindungen

Die Bahnverbindungen spielen für den Personenverkehr in beiden Ländern nur eine vergleichsweise untergeordnete Rolle.

Sambia hat zwei Hauptbahnstrecken:

• Die TAZARA zwischen Tansania und Kapiri Mposhi (Beschreibung siehe S. 375), ein effizientes, beliebtes Verkehrsmittel zur Reise von und nach Tansania.

• Die Zambia Railways Strecken zwischen Livingstone und dem Copperbelt/Kitwe via Lusaka. Die Züge von ZR sind einfach, meist überfüllt, häufig verspätet und bieten weder Trinkwasser noch Speisewagen. Es gibt drei Beförderungsklassen: Die 1. Klasse wird mit 2–4 Personen pro Abteil belegt, die 2. Klasse mit 3–6 Personen. Auf den gleichen Routen verkehren zahlreiche Fernstreckenbusse mit gehobener Ausstattung und viel geringerer Fahrtzeit, die daher von den meisten Touristen und Einheimischen bevorzugt werden.

Infos zu Abfahrtszeiten und Preisen für die Strecken ab Lusaka siehe S. 130, für die Bahnfahrten ab Livingstone siehe S. 156.

In **Malawi** bestehen für das Reisen im Land keine relevanten Bahnverbindungen. Die Auslandsstrecke von Balaka über Nayuchi nach Cuamba in Mosambik wird auf S. 376 beschrieben.

Busverbindungen

Abgesehen von den modernen Expressbussen, die einen hohen Wartungsstandard aufweisen, muss man bei Busreisen in Sambia und Malawi immer mit Verzögerungen und unvorhergesehenen Zwischenfällen rechnen. Sei es eine Reifenpanne, die zur Zwangspause zwingt, oder gar ein Federbruch oder Motorproblem – Busse am Straßenrand, die Passagiere wartend im Gras verteilt, bis ein Ersatzbus kommt, das gehört in beiden Ländern durchaus zum Alltagsbild.

Sambia: Seit der Privatisierung des Personenverkehrs gibt es zahlreiche Busgesellschaften mit einem breiten Angebot vom modernen Expressbus und dem klassischen Überlandbus bis hin zu den überfüllten Minibussen bzw. Sammeltaxis. Zwischen Großstädten, wie Lusaka–Livingstone, Lusaka–Chipata und Lusaka–Kitwe/Ndola verkehren mehrmals täglich sowohl Linienbusse, die in vielen Orten Stopps einlegen und meistens überfüllt sind, als auch Expressbusse, die sich durch zügige Fahrt fast ohne Haltestellen, mit Sitzplatzgarantie und modernem Komfort auszeichnen. Auch die Verkehrssicherheit dieser Busse ist viel höher. Abgelegenere Städte, wie Mongu, Mbala, Mwinilunga etc. werden nur von den klassischen

Überlandbussen bedient; Expressbusse beschränken sich auf die gängigen Hauptrouten. Fernstreckenbusse können im Allgemeinen beim jeweiligen städtischen Bus Terminal vorreserviert werden, teilweise aber erst einen Tag vor Abreise. Die Preise sind vergleichsweise moderat und liegen bei 10-16 Euro für Lusaka–Livingstone, 12 Euro für Lusaka–Chipata bzw. 33 Euro für Lusaka–Mbala. Expressbusse sind allerdings etwas teurer.

Innerhalb der Städte und im ländlichen Bereich übernehmen zahlreiche Sammeltaxis und private Minibusse den öffentlichen Transport. Die Preise sind ähnlich den Bussen niedrig, der Fahrkomfort lässt meistens zu wünschen übrig; nicht selten teilen sich mehr als 10 „Passagiere" die Ladefläche eines Pick-up's oder sitzen fast 20 Personen in einem Minibus von der Größe eines VW-Busses.

Malawi: Das Busnetz ist in Malawi relativ dicht. Weil das breite Angebot auch von einem Großteil der Bevölkerung genützt wird, herrscht meistens starker Andrang. Unter den verschiedenen Busunternehmen Malawis dominiert **Shire Bus Lines** (früher Stagecoach). Unter diesem Namen stehen verschiedene Transporttypen zur Auswahl. Das Pendant zu den sambischen Expressbussen sind hier die Coachline-Busse. In diesen „Luxury Busses" sind Sitzplatzreservierung, Klimaanlage und Softdrinks während der Fahrt selbstverständlich.

Ein landesweites Netz entlang der Hauptstraßen befahren die InterCity- und Expressbusse Malawis. Diese preisgünstigeren Varianten sind einfacher ausgestattet und halten an verschiedenen Haltestellen entlang der Fahrtstrecken, dennoch geht es auch hier relativ geordnet zu.

Regionalstraßen werden dagegen mit privaten Sammeltaxis und klassischen Überlandbussen befahren, die in der Regel heillos überfüllt und voll beladen sind. In solchen Bussen muss man sich einen Sitzplatz erst mühsam erobern (Abfahrt ist erst, wenn der Bus voll ist).

Nur die Coachline und Expressbusse können vorreserviert werden, was sich in Anbetracht der starken Nachfrage auch dringend empfiehlt. Reservierungen werden entweder beim Shire Bus Lines (Stagecoach) Office (siehe Reiseteil S. 279 und 322) oder in diversen Reisebüros oder Firstclasshotels entgegen genommen.

Shire Bus Lines: Tel. 01-877045 (Blantyre) und 01-822313 (Lilongwe), E-mail: shirebus@africa-online.net. Busfahrpreise: Fahrtstrecken bis 100 km ca. 2-4 Euro, bis 300 km Strecke ca. 13-15 Euro.

Unterwegs im eigenen oder Mietwagen

Genaue Informationen für das Autofahren in Sambia und Malawi siehe S. 389f. Informationen rund um Mietwagen siehe S. 346f.

Schiffsverkehr auf dem Malawisee

Die **Ilala** fährt in wöchentlichem Rhythmus mit festem Fahrplan von Monkey Bay bis in den Norden des Malawisees und stellt für viele Fischerdörfer entlang der Nordküste die einzige Verbindung zur Außenwelt dar. Das Schiff ist seit 1951 im Dienst und kann 100 Tonnen Fracht und 360 Passagiere aufnehmen. Meistens ist es berstend voll mit Menschen, Tieren und Gepäck.

Es werden drei verschiedene Klassen angeboten, und man kann in der 1. Klasse durchaus von einer kleinen Kreuzfahrt sprechen. Luxus darf man nicht erwarten, doch eine vernünftige Verpflegung, ein großes Sonnendeck mit einer Bar, einen Salon und saubere, zweckmäßige Kabinen. Die schönste Kabine ist die *Owner's Cabin* mit herrlicher Aussicht und eigenem Bad. Die 6 Standardkabinen verfügen über zwei Betten, ein Waschbecken und gemeinsame Dusche/Toilette. Im Fahrpreis ist Frühstück enthalten. Deutlich günstiger reist man in den niedrigen Klassen, hat dann aber keinen Zugang zum Deck und muss sich seinen Sitzplatz selbst erkämpfen.

Die wenigen Kabinen sind immer stark gebucht, eine frühzeitige Reservierung ist daher anzuraten. Dafür stehen zwei Adressen zur Verfügung: entweder direkt bei der Reederei in Monkey Bay oder bei Ulendo Safaris in Lilongwe (S. 354), einem offiziellen Agenten für die Ilala. Fahrpreise werden in Malawi-Kwacha abgerechnet. Sollten alle Kabinen belegt sein, besteht die Möglichkeit auf den Bänken des Oberdecks zu nächtigen.

Buchungsbüro der Reederei: **Malawi Lake Services**, Ilala-Bookings, P.O.Box 15, Monkey Bay. Tel. (00265-1-587311, Fax 587203/587731. E-mail: Ilala@malawi.net

Fahrzeiten und Preise siehe Tabelle rechts. Doch Vorsicht: Die Ankunfts- und Abfahrtszeiten ändern sich häufig durch Ladeverzögerungen, zeitraubende Reparaturen oder andere Unwägbarkeiten.

Das zweite Frachtschiff **Mtendere** fährt nur noch unregelmäßig im südlichen Teil des Malawisees und verfügt über eine 2. und 3. Klasse. Häufig liegt sie auch zur Reparatur in Monkey Bay.

Bitte bedenken: Der Malawisee ist berüchtigt für mitunter ganz plötzlich auftretende Stürme, die den See in einen unruhigen Ozean mit meterhohen Wellen verwandeln können. Dabei sind schon viele Reisende seekrank geworden. Die ruhigsten Monate sind von März bis Mai.

Fahrplan der Ilala

HAFEN	ANKUNFT	ZEIT	ABFAHRT	ZEIT
Monkey Bay			Freitag	10:00
Chipoka	Freitag	13:00	Freitag	16:00
Nkhotakota	Samstag	00:00	Samstag	02:00
Metangula (M)	Samstag	06:00	Samstag	08:00
Cóbuè (M)	Samstag	12:00	Samstag	13:00
Likoma	Samstag	13:30	Samstag	18:00
Chizumulu	Samstag	19:30	Samstag	22:00
Nkhata Bay	Sonntag	01:00	Sonntag	05:00
Usisya	Sonntag	07:30	Sonntag	09:30
Ruarwe	Sonntag	10:15	Sonntag	11:15
Tcharo	Sonntag	12:00	Sonntag	13:00
Chilumba	Sonntag	17:00	Montag	01:00
Tcharo	Montag	05:00	Montag	06:00
Ruarwe	Montag	06:45	Montag	08:00
Usisya	Montag	08:45	Montag	10:30
Nkhata Bay	Montag	12:45	Montag	20:00
Chizumulu	Montag	23:00	Dienstag	02:00
Likoma	Dienstag	03:15	Dienstag	06:15
Cóbuè (M)	Dienstag	07:00	Dienstag	08:00
Metangula (M)	Dienstag	12:00	Dienstag	14:00
Nkhotakota	Dienstag	17:30	Dienstag	19:30
Chipoka	Mittwoch	03:30	Mittwoch	07:30
Monkey Bay	Mittwoch	10:30		

(M) = Häfen in Mosambik

Bild links: die Ilala läuft in Nkhata Bay ein

Fahrpreise für einfache Fahrtstrecken

Von Monkey Bay nach:	Owner's Cabin	Standard Kabine	Decksplatz
Nkhotakota	90,00 Euro	57,00 Euro	
Nkhata Bay	105,00 Euro	75,00 Euro	
Likoma Island	110,00 Euro	72,00 Euro	40,00 Euro
Chilumba	180,00 Euro	115,00 Euro	
Nkhata Bay bis Likoma	42,00 Euro	35,00 Euro	12,00 Euro

REISE-TIPPS

für den Alltag in Afrika

➤ 1.) Begegnung mit den Menschen

Natürlich können Sie in Afrika auf Safari gehen und Ihre zwischenmenschlichen Kontakte zur einheimischen Bevölkerung auf das Bezahlen von Rechnungen beschränken. Sie reisen unbeschwert und behalten Ihre vorgefertigte Meinung vom schwarzen Menschen. Aber es wäre schade und eine vertane Chance.

Wenn Sie nach Sambia und Malawi kommen, werfen Sie besser gleich alle bisherigen Vorstellungen über Bord, Sie werden es sowieso irgendwann tun. Denn wenn Sie mit offenen Ohren und Augen auf die Menschen zugehen, werden diese Sie immer wieder in Erstaunen versetzen. Sie werden vermeintliche Widersprüche entdecken und Dinge, die wir für unmöglich halten. Sie begegnen der Armut und Menschen, die trotzdem strahlen und lachen. Sie können sich die Haare raufen über den Gleichmut, mit dem die Menschen Wälder abbrennen oder wertvolle Straßenbaumaschinen, die vielleicht nur einen Platten haben, vor sich hin rosten lassen. Gleichzeitig aber werden Sie die afrikanische Fähigkeit bewundern, mit bloßen Händen in die Glut des Lagerfeuers zu fassen oder fieberkrank viele Kilometer weit zum nächsten Krankenhaus zu laufen. Sie können darüber verzweifeln, warum in Afrika Wasserhähne schon mal quer eingebaut und Schlaglöcher einfach mit Teer ausgepinselt anstatt aufgefüllt werden, aber Sie werden über andere Dinge schmunzeln. Und ganz bestimmt werden Sie auch nachdenklich, wenn Sie die geballte Lebensfreude und verhaltene Neugier in den Kinderaugen sehen.

Selbstverständlich sind nicht alle Orte gleich. Je einsamer es wird, je weiter entfernt von Touristenzentren und Städten Sie sich aufhalten, um so beeindruckender und ehrlicher werden die Begegnungen. Wenn Sie sich trauen, locker und natürlich auf diese Menschen zuzugehen, wird man Sie nicht abweisen, sondern höflich und freundlich behandeln. Wenn Sie sich als Gast in einem fremden Land verhalten und den Menschen gegenüber Respekt zeigen, wird man Ihnen ebenso begegnen. Scheuen Sie sich nicht, Ihr Interesse für das Leben der Menschen zu zeigen! Doch tun Sie es mit Worten und Gesten – nicht sofort mit der Kamera.

Bitte berücksichtigen Sie, dass Afrikaner ein anderes, in mancher Hinsicht freieres Verhältnis zur Zeit haben als wir Mitteleuropäer. Vermeiden Sie außerdem belehrende politische Diskussionen, und versuchen Sie statt dessen, durch Fragen und Zuhören neue Dinge zu erfahren.

In ländlichen Regionen Sambias werden Weiße vielfach respektvoll mit "Bwana" und "Mama" angesprochen, und der traditionelle Gruß beinhaltet ein dreifaches Händeschütteln. Im bevölkerungsreichen Malawi treten die Menschen oft selbstbewusster und neugieriger auf als in Sambia. Wer in ländlichen Regionen unterwegs ist, hört manchmal Kinder fröhlich "Musungu" rufen (das bedeutet Weißer, Fremder).

Typisch für beide Länder ist die liebenswerte Angewohnheit der Einheimischen, sich zu bedanken, nachdem sie Ihnen einen Gefallen oder eine Auskunft gegeben haben.

Anhand zahlreicher Leserzuschriften und Anfragen, die wir durch die vorangegangenen Auflagen dieses Reiseführers erhalten, fällt uns auf, dass viele Reisende, die bisher ausschließlich in Namibia, Botswana oder Südafrika unterwegs waren, eine Scheu vor Sambia und Malawi haben. Man kann diese Länder in der Tat nicht miteinander vergleichen. Spätestens nördlich des Sambesi liegt das echte, "real" Afrika und Weiße sind in deutlicher Unterzahl. Wer bisher nur in den eben genannten Ländern unterwegs war, mag womöglich durchaus anfangs Schwierigkeiten mit der Umstellung haben. So sind Sambia und Malawi nicht für Leute geeignet, die auch in Afrika nur Kontakt zu Weißen suchen. Die Reaktionen vieler Reisenden decken sich aber mit unserer persönlichen Ansicht: Besonders in Sambia sind die direkten Begegnungen des Reisenden mit der einheimischen Bevölkerung einer der **größten Höhepunkte** der Reise und können nicht genug gelobt werden. Es gibt nicht viele derart gastliche und herzliche Reiseländer.

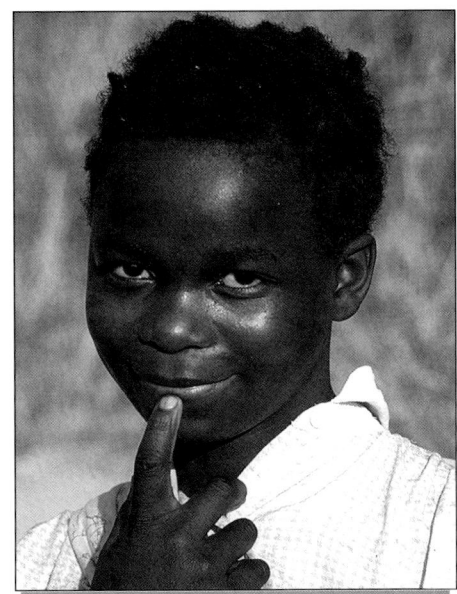

Verhaltenstipps

Jenseits der Safarigebiete und Badestrände ist **ordentliche Kleidung** ein Zeichen des Respekts gegenüber dem Gastland. Offenkundig wohlhabende Touristen – denn wer sich einen Urlaub leisten kann, ist für Afrikaner reich – in zerrissener, verdreckter oder nachlässiger Kleidung wird mit Unverständnis zur Kenntnis genommen. In der afrikanischen Gesellschaft ist es üblich, die persönliche wirtschaftliche oder soziale Stellung mit sichtbaren Attributen zu unterstreichen; durchaus auch, um sich als gebildeter oder erfolgreicher Bürger von der großen Masse abzusetzen. Ein Schullehrer, Doktor oder Staatsbeamter wird stets auf eine tadellose Erscheinung wert legen. Lumpen sind hier etwas für Bettler und Arme; wer es zu etwas gebracht hat, zeigt dies mit sauberer, modischer Kleidung. Deshalb ist den Menschen ein allzu lässiges Auftreten von Touristen unbegreiflich.

Frauen stoßen darüber hinaus auch an gesellschaftliche Kleidergrenzen. Zwar sind nackte Arme und Schultern völlig unproblematisch, dafür sollten die Beine einer Frau bis zum Knie bedeckt sein. Es bringt Ausländerinnen, die sich nicht an diese Kleiderordnung halten, nirgendwo in Bedrängnis oder peinliche Situationen, vielmehr haben sich die Menschen an Touristinnen in Safarishorts gewöhnt, empfinden die „Nacktheit" aber als unpassend.

Ein richtiges Tabu sind **Zärtlichkeiten** zwischen Mann und Frau in der Öffentlichkeit. Eng umschlungene Touristenpaare fallen auf, wirken in der afrikanischen Kultur unanständig. Wenig Anstoß erregt dagegen, wenn befreundete Männer (keine Homosexuellen, die gesellschaftlich nicht anerkannt werden) Händchenhalten. Homosexuelle und Lesben leben in Afrika weitgehend inkognito. Politik und Gesellschaft empfinden die gleichgeschlechtliche Liebe noch als höchst peinliche (und mitunter sogar als ansteckende) Krankheit.

Touristen und das **Fotografieren** gehören zusammen. Wo immer Touristen in Afrika auftauchen, wollen sie die exotische, wilde Welt auf Zelluloid bannen. In manchen Regionen stellen sich die Menschen begeistert in Pose, um mit auf das Bild zu kommen. Anderswo sind sie stolz und fühlen sich geehrt, wenn man sie fotografieren möchte. Es gibt aber auch Menschen, die nicht fotografiert werden wollen. Dies ist unbedingt zu respektieren.

Sprachschwierigkeiten sind kein Argument, um mangelnde Kontaktbereitschaft zu erklären. Wer sich Mühe gibt, wird ohne Worte auskommen und den Menschen ein Lächeln abringen. Es gibt Leute, die können ohne eine gemeinsame Sprache miteinander kommunizieren. Afrikaner zeigen die Bereitschaft dazu fast immer, während wir diese Spontaneität und Situationskomik kaum je gelernt haben. Versuchen Sie ungeniert, sich mit Gesten verständlich zu machen. Eine große Hilfe können Fotos, Bilder und Bücher darstellen.

➤ 2.) Die sprachliche Verständigung

Muli Bwanji und Zikomo

Mit Englischkenntnissen kommt man schon ganz gut durch Sambia und Malawi. Niemand wird von einem Touristen Kenntnisse in Bemba, Kaonde oder Tonga erwarten. Er kann aber viel Sympathie ernten, wenn er mit ein paar Worten oder Grußformeln in der Sprache seiner Gastgeber sein Bemühen um eine Verständigung zum Ausdruck bringt.

Die meisten Afrikaner sind **ausgesprochen sprachgewandt**. Sie wachsen von klein auf in Regionen auf, in denen mehrere lokale Sprachen verbreitet sind. Hinzu kommt eine europäische Amtssprache (meistens die der ehemaligen Kolonialmacht). Nicht selten können die Menschen daher vier oder fünf Sprachen sprechen und verstehen.

Es gibt unter Sambias rund 80 Sprachen und Dialekten **7 Hauptsprachen**: Bemba, Kaonde, Lozi, Lunda, Luvale, Nyanja und Tonga. Ihre regionale Verbreitung lässt sich anhand der Karte erkennen. Eine dieser Sprachen wird praktisch überall im Land verstanden. In Malawi hat sich **Chichewa** als Volkssprache durchgesetzt, das wiederum sehr eng verwandt ist mit Nyanja, der Sprache Ostsambias.

Deutsch	Bemba	Kaonde	Lozi	Lunda	Luvale	Nyanja	Tonga
Hallo	Shani	Mutende	Sha	Halo	Ngachilihi	Bwanji	Wabonwa
Wie geht's?	Uli Shani?	Mujipyepi?	Mucwani?	Munahandi mwane?	Munayoyo mwane?	Muli Bwanji?	Muli buti?
Es geht gut.	Ndi Bwino	Njitu Bulonga	Napila	Nidi chachi wahi	Nguli kanawa	Ndili Bwino	Ndikabotu
Danke	Natotela	Na santa bingi	Nitumezi	Tunasakilili	Tunasakwilila	Zikomo	Twalumba
Bitte	Mubwai	Mwane		Mwani	Mwane	Pepani	
Goodbye*	Shaleenipo	Shalaipo	Musiyale hande	Shalenuhu	Salenuhomwane	Pitani Bwino	Muchale kabotu
Sorry	Njeleleeniko	Kubulanda	Niswabile	Sole	Ngukonekelenuko	Pepani	Chabija
Wo...?	Kwi...?	Kwepi...?	Kai...?	Kudihi...?	Kulihi...?	Kuti...?	Nkuli...?
Wie...?	Shaani...?	Nanyi jishinda?	Cwani...?	Munjila nye...?	Ngachilihi...?	Bwanji...?	Mbubuti...?
Wann...?	Lilali...?	Kimyeka...?	Lili...?	Impinji nye...?	Lwola muka...?	Liti...?	Ndilili...?
Was ist das?	Cinshi ici?	Kika kye?	Kine se...?	Chumanyi ichi?	Chumamukechi?	Nichiani ichi?	Nchinzi echi?
Wer...?	Naani...?	Nanyi...?	Ufi...?	Hinyi...?	Hiya...?	Ndani...?	Nguni...?
Ich möchte...	Ndeefwaya...	Nasaka...	Nibata...	Nakenji...	Ngunazange...	Ndifuna...	Ndayanda...
ja	Emukwai	Eee	Eeni	Eng'a	Eyo	Inde	Ee
nein	Awee	Ine	Batili	Nehi	Pimbi	Ai / iyai	Pepe
1	Cimo	Kamo	Kalikanwi	Chimu	Chimwe	Imodzi	Komwe
2	Fibili	Tubiji	Totubeli	Yiyeda	Vivali	Awiri	Tobile
3	Fitatu	Tusatu	Totulalu	Yisatu	Vituta	Atatu	totatwe
4	Fine	Tuna	Totune	Yiwana	Viwana	Anai	Tone
5	Fisaano	Tutanu	Totuketalizoho	Yitanu	Vitanu	Asanu	Tosanwe

*) Beim Abschied wird meist das englische "Goodbye" verwendet.

Service & Infos

Einige sprachliche Besonderheiten beider Länder:

• Häufig hängen Afrikaner ein betontes "i" an englische Begriffe ('Impalasi', 'AIDSI', 'Lioni')

• "R" und "L" werden oft vertauscht. So hört man statt "bread" ein "blead", aber auch "Jellican" statt dem "Jerrycan".

• Auf dem Land werden manchmal auch Touristinnen mit "Mr." angesprochen.

• Bei Geldbeträgen steht das Wort "Bin" für die Zahl Tausend. 5000 Kwacha werden dann "5 Bin" genannt.

• Mit "Thank you" schließen viele Dialoge ab, es wird sehr oft ausgesprochen.

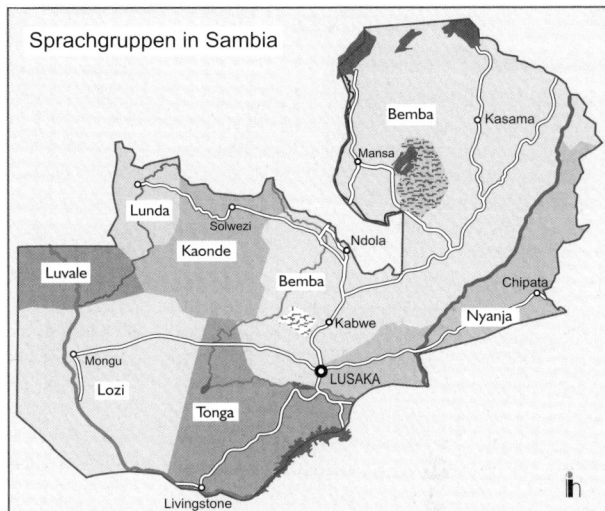

Sprachgruppen in Sambia

Glossar: Typische Ausdrücke & Begriffe im südlichen Afrika

Ablution Block	Sanitäreinrichtung (auf einem Campingplatz)
A-Frame Chalet	Chalet mit dem langgezogenen Spitzdach, wie ein „A"
Attendant	Hauspersonal, Platzwart
B&B	Bed and Breakfast, Frühstückspension
Biltong	Trockenfleisch in Streifen, Spezialität aus Südafrika
Boerewors	„Burenwurst", fettreiche, würzige, gerollte Grillwurst
Boma	Haupthaus, zentraler Mittelplatz, regionales Stadtzentrum
Braai	Grillen, Barbecue
Bush	Wildnis
Caretaker	Aufseher, Platzwart bzw. Hausmeister
Dam	Stausee, Wasserreservoir
Escarpment	Steilabbruch eines Höhenzugs oder Plateaus
Four Wheel Drive	Allradantrieb
Fullboard	Vollpension (VP)
Game Drive	Pirschfahrt zur Wildbeobachtung
Game Park	Wildpark
Gate	Eingangstor
Gorge	Schlucht
Guide	Reiseleiter, Safari-Leiter
Hide	Beobachtungsstand
full full	bedeutet „sehr voll" (Steigerung), auch „now now" gebräuchlich
any time from now	irgendwann, wann auch immer
just now	jetzt bestimmt dann bald...
Kill	Riss eines Raubtieres
Kraal	traditionelle, umschlossene Wohneinheit
Lift	Mitfahrgelegenheit
Mealie-Meal	Maismehl
Overlander	Touristen-Lkw auf Campingsafari
peri peri	sehr scharf (Peperoni)
Rondavel	runde Hütte/Ferienhaus
Tea Garden	einfaches Gartenlokal
Township	Wohnviertel für Schwarze
Warden	oberster Wildhüters eines Parks
Robot	Ampel (anstelle von Traffic lights)
Self Catering	Selbstversorgung (z. B. im Chalets)

➤ 3.) Essen und Trinken in Afrika

Die Versorgung der Touristen

Die Küche ist reichhaltig und gut, aber keine ausgefeilte Spezialitätenküche. Gern wird gegrillt, was man im südlichen Afrika 'Braai' nennt (ein Afrikaans-Ausdruck). Das Fleisch ist meist von sehr guter Qualität. Kartoffeln und Reis werden viel gegessen, Nudeln etwas seltener. In Malawi und an den großen sambischen Seen bekommt man frischen Fisch.

Das Frühstück fällt mit Ei, Speck, Bohnen und Toast recht üppig aus. Die Mittagsmahlzeit ist etwas kleiner, dafür wird abends meist mit mehreren Gängen oder Buffet diniert. Als Dessert werden tropische Früchte, süße, englische Cakes und Puddings gereicht.

Die **traditionellen afrikanischen Gerichte** Nshima bzw. Shima (Maisbrei), getrocknete Kapentafische aus dem Karibasee und geröstete Mopanewürmer werden manchmal als Spezialitäten in Hotels und Lodges angeboten. Biltong ist ein getrocknetes Wild- oder Rindfleisch, das als Zwischenmahlzeit beliebt und eine Spezialität Südafrikas ist. Vereinzelt wird Krokodilfleisch angeboten, das besser schmeckt als man vermutet, und Wildgerichte, wie Impala Stew, Büffelbraten, Elen- und Zebrasteak.

Die **Getränke**: Tee wird nach englischen Maßstäben zubereitet und schmeckt ausgezeichnet. Kaffee ist auch überall zu bekommen. Tagsüber haben sich Softdrinks, wie Sprite und Coke, durchgesetzt. Ein beliebtes, sehr erfrischendes alkoholfreies Getränk ist der Rock Shandy, der zu gleichen Teilen aus Sodawasser und Schweppes Limonade besteht. Ansonsten trinkt man Bier. Die einheimischen Sorten heißen in Sambia *Castle*, *Mosi* und *Rhino*. In Malawi trinkt man das helle, herbe "Green" oder das dunkle "Brown" (Carlsberg mit grünem oder braunem Label). In beiden Ländern sind außerdem Importbiere aus Südafrika verbreitet. Die wenigen einheimischen Weine entsprechen kaum europäischen Ansprüchen und sind eher süß. Ausgezeichnete Weine aus Südafrika werden in Hotels und größeren Supermärkten angeboten, haben aber ihren Preis. An der Bar trinkt man ebenfalls Bier, Whiskey oder Liköre, wie z.B. Amarula. Malawi produziert eigenen Gin, Brandy und Kaffeelikör. Kohlensäurehaltiges Wasser heißt übrigens Soda Water, und unter Mineral Water versteht man ein stilles Wasser. Die Marke "Bwino" aus Malawi ist sehr gut.

Gute indische Lokale kann man in den Städten finden. Probieren Sie doch einmal die heißen, dreieckigen *Samosas* als Snack! Brot kennt man fast nur in Form von Weißbrot. Restaurants und Lokale sind günstiger als in Deutschland, besonders in Malawi kann man gut und dabei preiswert essen.

Buffets werden zum Festpreis angeboten, Kaffee oder Tee am Ende der Mahlzeit sind darin eingeschlossen. In Restaurants hat der **Kellner** üblicherweise kein Geld bei sich. Statt dessen geht er mit dem Geld zur Kasse und bringt wenig später das Wechselgeld zurück.

Einheimische Kost

Die einheimische Küche sieht freilich anders aus: In vielen Familien gibt es morgens, mittags und abends Nshima, ein Maisbrei. Abwechslung bringt oft nur die Beilage (Fleisch, Soße, Gemüse oder Fisch). Diese Beilagen heißen zusammengefasst Relish. Kohl, Tomaten, Zwiebeln, Bananen und Mangos ergänzen die Küche. Zu trinken gibt es meist nur Wasser. Das Lieblingsgetränk der Afrikaner ist Bier. In den Dörfern wird Bier noch aus Mais, Hirse oder Honig hergestellt. **Chibuku**, ein einfaches Maisbier, kann man fast in allen Ortschaften bekommen. Es wird in Papptüten verkauft, die aussehen, wie unsere Milchtüten zu Hause. Auf den Märkten findet man oft getrocknete Raupen.

Die Situation für Selbstversorger

In den großen Städten beider Länder ist das Lebensmittelangebot sehr gut (von Süden nach Norden abfallend). Die südafrikanische Lebensmittelkette Shoprite hat in den meisten Provinzhauptstädten Sambias Filialen eröffnet und damit das Lebensmittelangebot deutlich angehoben. Obst und Gemüse aus der Region sind landesweit auf den Märkten zu bekommen. Das Angebot variiert ganz nach Saison. In Regionen mit einem indischen und weißen Bevölkerungsanteil ist das Angebot viel reichhaltiger (Salatgurken, Kopfsalat, Auberginen, Pilze), als in rein afrikanischen Landesteilen (im Extremfall nur Tomaten, Erdnüsse und Zwiebeln). Importierte Dosen mit Gemüse, Obst, Gulasch etc. gibt es in den größeren Supermärkten. Frische Milchprodukte sind in ländlichen Regionen Sambias und ganz Malawi schwer zu bekommen. Fleisch sollte man gezielt in den Städten auf Vorrat kaufen. Die kleinen Landmetzgereien sind nicht jedermanns Sache und bieten nicht immer hochwertige Waren bzw. eine gesicherte Kühlung. Wer sich am Malawisee mit Fisch durchschlagen möchte, sollte seine Kaufbereitschaft am besten schon am Vortag bekannt machen. Es spricht sich schnell herum, dass Touristen Fisch kaufen möchten, und die Fischer kommen am nächsten Morgen mit ihrem Fang vorbei.

Folgende Städte bieten eine gute Lebensmittelversorgung: In Sambia Lusaka, Livingstone, Mazabuka, Choma, Mongu, Chipata, Kabwe, Chingola, Solwezi, Ndola, Kitwe, Mansa und Kasama. In Malawi Lilongwe, Blantyre/Limbe, Zomba und (eingeschränkt) Mzuzu.

So kocht man Nshima:

2 Tassen Wasser werden mit einem halben Teelöffel Salz zum Kochen gebracht. Dann wird 1 Tasse Mealie Meal (Maismehl) eingerührt und lange geschlagen (das ist die eigentliche Kunst). Den Topf vom Herd nehmen und, falls möglich, zur Verfeinerung ein wenig Butter beigeben. Klingt einfach, ist aber für Ungeübte ganz schön schwer zu bewerkstelligen!

Buschküche – Kochen am offenen Feuer

Kochen am offenen Feuer macht Spaß und bietet echte Lagerfeuerromantik. In Sambia und Malawi gibt es zwar in den Nationalparks kaum "Braai-Plätze" (Grillvorrichtungen), wie in Südafrika, Namibia oder Zimbabwe, dennoch erfreut sich auch hier das Kochen und Grillen am Lagerfeuer großer Beliebtheit. Private Campingplätze sind meistens auf diese Art des Kochens eingestellt und bieten Feuerstellen oder Grillgestelle.

Leider können wegen der großen Hitze und dem starken Verrußen zum Kochen keine normalen Töpfe und Pfannen verwendet werden, sondern man benötigt schweres, hitzebeständiges **Kochgeschirr**, wie z. B. die Emailletöpfe der Fa. Kango (sind in größeren Supermärkten, wie Shoprite, erhältlich).

Als **Grundausstattung** für ein erfolgreiches Kochen am Lagerfeuer empfehlen wir: Einen mittelgroßen Topf, eine Pfanne, Bratenwender, Arbeitshandschuhe zum Anfassen der heißen Töpfe, Grillrost (wird ebenfalls in großen Supermärkten verkauft), Grillanzünder, Feuerzeug, Alufolie.

Feuerholz: In beiden Ländern wird in der Regel an vielen Orten Feuerholz direkt am Straßenrand verkauft. Alternativ sammelt man selbst tagsüber trockene Äste und Zweige in waldreichen Gegenden am Wegesrand (kein frisches Holz abschlagen!). Offenkundig per Axt abgeschlagene und zum Trocknen liegengelassene Äste gehören jedoch den Einheimischen. Nur Holz, welches knackt, brennt auch gut; biegsames Holz ist noch zu feucht. Idealerweise hat man auch einen Sack Grillkohle dabei. Wenn Sie Feuer machen, beachten Sie bitte die Gefahr von Buschbränden.

Tipps für die Lagerung

Als Vorratsbehälter eignen sich verschraubbare Plastikdosen. Tiefkühlbeutel schützen die Kühlbox vor tropfendem Fleisch, denn erfahrungsgemäß sind die Plastikfolien stets undicht. Obst und Gemüse lagert man am Besten in einem halboffenen Naturkorb.

Ein paar Tipps für die weitere Küchenausstattung

Dinge, die man besser von zu Hause mit bringt:

Ihre bevorzugten Gewürze, wie Salatkräuter, Paprikagewürz, Pfeffer
Hochwertigen (Balsamico)-Essig,
Fertigsoßen und Fertigsuppen (gibt es vor Ort, schmecken aber ungewohnt)
Cappuccino/Espresso-Portionspackungen, Trinkschokolade
Kartoffelpürre-Pulver, abgepackte Fertigkuchen (z.B. hitzebeständige Sorten von Bahlsen in Alufolie verpackt), abgepacktes Schwarzbrot (Pumpernickel), Müsliriegel, Vitamintabletten für Getränke
evtl. Gulaschkonserven, bzw. Schmalzfleischkonserven, die man verfeinern und zu Nudeln oder Reis servieren kann
Streichwurst in Frühstücksportionen, Speck und Rauchfleisch verpackt, evtl. H-Sahne für feine Soßen

Dinge, die man gut vor Ort besorgen kann:

Currymischungen und andere indische Gewürze
Grillsoßen, Tee, löslicher Kaffee, Milchpulver
Speiseöl, Zucker, Nudeln, Reis, Marmelade und Honig

*Bild oben:
Germsquashes sind
eine beliebte
Kürbisart im
südlichen Afrika, die
wie Kartoffeln 20
Minuten gekocht
oder in Alufolie in
der Glut gegrillt
werden. Das
faserige Fruchtfleisch schmeckt
leicht gesalzen ganz
hervorragend*

Service & Infos

Service & Infos

Anregungen für die Buschküche

- Eier mit Speck und Zwiebeln, besonders schmackhaft mit Bratkartoffeln
- Steak (T-Bone oder Lende) gegrillt, mit gekochten Germsquashes (Kürbisart, siehe S. 387) und Kartoffeln in Alufolie, dazu etwas Butter
- Mais–Thunfisch–Salat: Mais- und Thunfischkonserven gibt es vor Ort (darauf achten, dass man nicht Cream-Mais-Dosen, sondern körnigen Mais kauft). Dazu Zwiebeln und, falls verfügbar, grüne Paprika. Gewürzt mit Salz, Pfeffer, etwas Öl, Zitronensaft oder Essig
- Afrikanischer Farmersalat aus geraspeltem Weißkraut und Karotten
- Reisfleisch: Reis, Zwiebel, Paprika, Frühstücksspeck (Bacon) oder Rindfleisch, Mais, Tomaten (evtl. aus der Dose). Gewürzt mit Knoblauch, Paprika, Chillies
- Afrikanisches Gulasch: Kartoffeln, Paprika oder Bohnen, viele Zwiebeln, Tomaten und Fleisch. Kräftig würzen mit Knoblauch, Chillies, Paprika
- Nudelreste (Spaghetti) eignen sich gut mit Salz, Pfeffer und Butter abgeröstet zum Frühstück
- Gegrillte Hähnchenteile mit Gemüserisotto
- Hühnertopf mit Kartoffeln, Zwiebeln, Paprikaschoten, Tomaten, Knoblauch, Oregano, Thymian und Basilikum

- Weißbrot: Schmeckt besser, wenn man es am Feuer kurz aufröstet. Besonders gut als Knoblauchbrot zum gegrillten Steak
- Maiskolben: Kochen bis sie weich sind, mit Salz, Pfeffer und Butter servieren
- Gurkensalat ist immer eine erfrischende Beilage
- Als Zwischenmahlzeit eignet sich Käse mit Salzgebäck
- Zum Frühstück: H-Milch mit Getreideprodukten (Corn Flakes etc.)
- Banane in Butter und Honig gebacken
- Germsquashes und Butternut: Weit verbreitete afrikanische Kürbisarten, sehr lange auch ohne Kühlung haltbar, die ca. 20 Min. gekocht werden müssen (zuvor halbieren und die Kerne entfernen). Anschließend leicht salzen oder mit Zimt bestreuen. Passen gut zu Kartoffeln und Fleischgerichten (siehe Bild S. 371).

Wichtig! Damit das Essen nicht zum Reinfall wird: Prüfen Sie vor dem Kochen stets das Wasser auf Verunreinigungen und möglichen Eigengeschmack.

Oben: Ein typischer sambischer Dorfkiosk, hier in Kasempa.

4.) Tipps & Infos für Autofahrer

Fahren im Gelände macht Spaß! Sandige Flussbette zu durchqueren, Allrad und Differenzialsperren einzusetzen und den Wagen über einfachste Holzbrücken zu lenken, gehört für viele zu den Höhepunkten einer Afrikareise. Bevor man sich auf das große Abenteuer stürzt, sollte man sich jedoch mit den Tricks und Tücken vertraut machen.

Verkehrsregeln

- Höchstgeschwindigkeit in Ortschaften: 46 km/h, außerhalb v. Ortschaften: 100 km/h, in Nationalparks: 40 km/h.
- In beiden Ländern besteht Anschnallpflicht und herrscht Linksverkehr. Missachtung der Anschnallpflicht wird mit hohen Bußgeldern geahndet.
- Es gilt trotz Linksverkehr die Rechts-vor-Links-Regel.
- Es besteht striktes Alkohol- und Telefonierverbot beim Autofahren (es drohen hohe Bußgelder!).
- Jedes Fahrzeug muss zwei Warndreiecke mitführen und in Sambia müssen Reflektorstreifen vorne und hinten angebracht sein (vorne weiß/hinten rot).
- Kreisverkehr: In den Städten gibt es anstelle von Kreuzungen manchmal „Circles/Roundabouts". Die Fahrzeuge im Kreisverkehr haben Vorfahrt gegenüber denen, die in den Kreisverkehr einbiegen wollen.
- Einspurige Teerstraßen: Bei Gegenverkehr weicht jeder mit dem linken Reifen auf die linke Schotterspur aus.
- Wenn an einer Kreuzung jede Zufahrtsstraße ein Stoppschild hat, darf der zuerst losfahren, der als Erster die Kreuzung erreichte.

Checkliste für Ersatzteile & Werkzeug

Ersatzteile: 2 Ersatzräder, Starthilfekabel mit Klemmen, Sicherungen, Keilriemen, Zündkerzen, Ölfilter, Treibstoff-Filter, Motoröl, Zündkontakte/Verteilerfinger
Bergungshilfen: Bergegurt/Abschleppseil, Spaten/Axt, Schäkel
Werkzeug für Reifenpannen: Radmutterkreuz, Wagenheber, Holzunterlage, 12-Volt-Kompressor oder Handluftpumpe, Reifenflickzeug, Reifendruckprüfer
Sonstiges Werkzeug: Draht, Isolierband, Stromkabel, Schlauchschellen, Schrauben & Muttern, Gummischlauch, Klebstoff, Dichtmasse, Kriechöl, Spanngurte, Taschenlampe, Batteriemessgerät

Allgemeine Wartungsmaßnahmen

Wer mit einem Auto durch Sambia oder Malawi reist, sollte zumindest Grundkenntnisse der Fahrzeugtechnik beherrschen, um kleinere Pannen selbst beheben zu können. Zu den regelmäßigen anfallenden Wartungsmaßnahmen zählen:

- Bremsen und Reifenzustand regelmäßig prüfen. Eine Reifenpanne bei hoher Geschwindigkeit kann bei Schlauchreifen verheerende Auswirkungen haben.
- Luftfilter regelmäßig überprüfen und ggf. ausklopfen.

Afrikaspezifische Ratschläge

In Afrika legen viele Fahrer bei Pannen **statt Warndreiecke**n Zweige an den Straßenrand und verhindern ein Abrollen des Fahrzeugs durch das Unterlegen von **große**n **Steine**n. Diese bleiben oft auch dann noch liegen, wenn das hängengebliebene Fahrzeug schon fort ist.

Auf Überlandstraßen sind viele Lkws, Busse und Fahrzeuge mit **hohe**r **Geschwindigkeit** unterwegs. Die langen, geraden Strecken durch eintönige Buschlandschaften verführen zum Rasen. Viele schwere Unfälle durch unerwartete Schlaglöcher, Wildwechsel, riskante Überholmanöver und Ausbrüche durch Schleudern lassen sich auf überhöhtes Tempo zurückführen. Rechnen Sie bei Gegenverkehr immer mit überhöhter Geschwindigkeit und einem übermüdeten Fahrer, der womöglich auch Kurven schneidet. Außerdem scheint auf den Fernstraßen das Recht des Größeren zu gelten: Busse und Lkws beanspruchen oft mehr als die Hälfte der Fahrbahn. Als kleineres Fahrzeug muss man immer defensiv fahren und vorsichtig ausweichen können.

Planen Sie nicht zu **lange Tagesetappen**. Pistenfahrten strengen an, eintönige Teerstraßen ermüden – in beiden Fällen lässt die Reaktionsfähigkeit nach.

Wenn der **Motor** zu **überhitzen** droht, hilft es, das Warmluftgebläse einzuschalten.

Legen Sie die typisch deutsche Autofahrermentalität ab und führen Sie sich stets vor Augen, welch verheerende Folgen ein Autounfall in der Wildnis Afrikas haben kann – auch wenn man eigentlich Recht hatte(!).

Wenn Sie noch keine **Geländeerfahrung** haben, tasten Sie sich vorsichtig an die ungewohnten Bedingungen heran, damit das Abenteuer Spaß macht und nicht zum teuren Lehrstück wird!

Nach Regenfällen sind nasse Erdstraßen oft gefährlich glitschig. Auch manche Zufahrten zu Fähren sind steil und rutschig und daher immer vorsichtig zu befahren.

Geländefahrten ermüden stärker, da sie die volle Konzentration erfordern. Außerdem ist der Spritverbrauch höher, besonders im Sand.

Vorsicht bei **Schlaglöchern**: Manchmal werden diese nur mit Teer ausgepinselt, anstatt wirklich ausgefüllt. Vor allem können Schlaglöcher jederzeit unvermutet auftreten; Warnhinweise sind selten.

Besondere fahrtechnische Anforderungen

Im Sand steckengeblieben?

Unsere Erfahrung: Bereits mäßiges Reduzieren des Reifendrucks (vorne um 30 %, hinten um 50 %) hilft auf Tiefsandstrecken enorm. Wer stecken bleibt, weil er nicht im richtigen Gang war: erst zurücksetzen, dann die Fahrt im niedrigen Gang fortsetzen.

Bei Feststecken im Sand ist folgendes zu tun:
1) Schaufeln (vor den Reifen; wenn der Wagen aufsitzt auch unter dem Fahrzeug), bei Bedarf auch die Mittelspur vor dem Wagen etwas abtragen
2) Reifendruck auf ca. 0,8-1,0 bar reduzieren
3) falls möglich zurücksetzen, um den Wagen freizustellen
4) wenn vorhanden, Mitfahrer anschieben lassen
5) sobald ein Reifen durchdreht stoppen! Erneut Sand schaufeln.
6) falls vorhanden, Differentialsperre(n) zuschalten
7) notfalls Wagen an einer Seite hoch bocken und Sandblech oder Hölzer unterlegen
8) zügig mit Anschieben, Allrad und Sperren durchfahren
9) anschließend Reifendruck wieder erhöhen, da sonst Dornen und Wurzeln die Reifen aufschlitzen

Wasserdurchquerungen

Bevor man sein Auto in überspülte Furten oder Tümpel lenkt, sollte man die Fahrspur untersuchen. Vorausgehend und mit einem Stecken kann man ertasten, ob der Untergrund fest ist und wie tief das Wasser wird. Schließlich durchquert man die Wasserstelle im Allradmodus zügig, aber ohne Hast. Hauptsächliche Gefahr ist ein Steckenbleiben inmitten des Gewässers, wodurch Wasser in den Motor dringen und diesen beschädigen könnte.

Im Zweifelsfalle kehrt man besser um und verzichtet auf das feuchte Abenteuer.

Fahren auf Schotterpisten (Gravel Road)

Wellblech-Rüttelpisten sind zwar nervenzerreißend, aber am sichersten ganz langsam zu fahren. Nur Fahrer mit ausreichend Pistenerfahrung dürfen sich in höhere Geschwindigkeitsbereiche vorwagen. Geschwindigkeiten über 80 km/h sind lebensgefährlich! Schlechte Stoßdämpfer wirken sich auf Schotterpisten besonders fatal aus. Der Wagen kann blitzartig ausbrechen und unkontrollierbar werden. Nicht selten kommt es zu Überschlägen. Halten Sie auf allen Pisten immer genügend Abstand zum Vordermann und verzichten Sie auf riskante Überholmanöver bei schlechter Sicht. Es besteht erhöhte Steinschlaggefahr beim Überholen und bei Gegenverkehr.

Fahren auf Erd- und Sandpisten

Bei Fahrten auf kleinen Pisten durch dichten Busch ist auf spitze Wurzeln und Baumstümpfe achtzugeben, die im Nu die Reifen aufschlitzen können. Ähnliches passiert auch bei Dorngestrüpp. Querrillen und tiefe Löcher erlauben oft nur langsames Fahren. Nach Regenfällen sind Erdstraßen oft gefährlich glitschig.

Schlammstrecken befahren

Im Gegensatz zum Tiefsandfahren sollte man bei Schlammstrecken den Reifendruck nicht reduzieren. Evtl. kann man die Spuren mit Ästen auslegen. Schlammstellen befährt man mit kontrolliertem Anlauf. Vermeintlich abgetrocknete Schlammpassagen können unter der trockenen Oberfläche immer noch weich sein. Außerhalb der Regenzeit sind Schlammstellen glücklicherweise selten.

Verkehrskontrollen

Verkehrskontrollen kommen entlang der Fernstrecken regelmäßig vor. Meist handelt es sich dabei deutlich markierte Halteposten, an denen alle Fahrzeuge kurz stoppen und erst auf ein Nicken oder Winken des Beamten weiterfahren dürfen. Oftmals werden die Fahrzeuge und Fahrer aber auch auf die Verkehrssicherheit und die Vollständigkeit der Dokumente überprüft. Einige Polizisten haben offenkundig eine Vorliebe oder besondere Neugier für Ausländer und nehmen sich für deren Kontrolle besonders viel Zeit.

Wer in eine Kontrolle gerät, wird meistens zuerst nach den entsprechenden Dokumenten gefragt (in Sambia typischerweise nach dem Reisepass mit Visum und der Fahrzeugversicherung, in Malawi eher nach der Versicherung und dem Internationalen Führerschein). Ferner wird kontrolliert, ob die Insassen auf den Vordersitzen angeschnallt sind, die Reflektoren angebracht sind oder nach den beiden obligatorischen Warndreiecken gefragt. Hartnäckige Kontrolleure führen sogar einen Lichtfunktionstest durch. Wenn alle Papiere in Ordnung sind und man sich auch keinem Vergehen schuldig gemacht hat und nicht zu schnell gefahren ist, gibt es keinen Grund, irgendwelche Bußgelder zu fordern. Die meisten Polizisten verhalten sich sogar ausgesprochen korrekt gegenüber Touristen. Sollte man jedoch an misstrauische oder auf ein Vergehen lauernde Polizisten stoßen (diese fragen am liebsten gezielt nach den beiden Warndreiecken und der Kfz-Versicherung), empfehlen sich folgende Verhaltensweisen: Jedem Beamten gegenüber verhält man sich freundlich, höflich und zurückhaltend, wodurch er sich als Respektsperson anerkannt fühlt. Dann kann es

helfen, sich als europäischer Tourist zu erkennen zu geben. Europäer stehen in beiden Ländern in deutlich höherem Rang als z. B. Südafrikaner, und als Tourist gilt man sozusagen als harmloses Geschöpf. Fragt ein Polizist hartnäckig nach einem Dokument, welches man nicht vorzeigen kann oder ist er dabei, eine „Verkehrsgefährdung" zu entdecken, wie ein beschädigtes Blinklicht, so empfiehlt sich als erfolgversprechende Methode, den Beamten in ein freundliches Gespräch zu verwickeln und abzulenken. Ob die Straße ebenso schlecht weiter geht oder endlich besser wird, wo die nächste Tankstelle kommt, wann es hier zuletzt geregnet hat und ob er schon einmal deutsche Touristen getroffen hat... Je mehr man fragt, um so schneller bringt man die Situation in eine lockere Gesprächsatmosphäre. Gut kommt an, wenn man das Land und seine Bewohner lobt. Wer dem Beamten sympathisch ist, den lässt er einfach schneller weiterfahren. Tatsächliche Verkehrsvergehen berechtigen die Beamten natürlich zur Ahndung und müssen bezahlt werden.

Sollte es zur Bußgeldzahlung kommen, sind alle Beamten verpflichtet, sich namentlich auszuweisen, eine Quittung auszustellen, und sie dürfen nur Beträge in der lokalen Währung verlangen. Weigern Sie sich, ohne Quittung Geld zu bezahlen! Wenn US$ verlangt werden, ist dies ein Zeichen polizeilicher Wegelagerei und illegal.

Wir blicken inzwischen auf 29 Jahre Autofahren in Afrika zurück, ohne jemals an einer Verkehrskontrolle Bußgeld gezahlt zu haben. Wer mit ordentlichen Papieren und einem verkehrssicheren Fahrzeug unterwegs ist, kann auch die wenigen unangenehmen Kontrollposten erfolgreich meistern.

Typische Gefahren für Autofahrer

Nachtfahrten: Fahren Sie grundsätzlich nicht nachts. Besonders die Hauptstraßen gelten wegen des hohen Risikos, bei schlechter Sicht Menschen oder freilaufende Tiere zu überfahren, als gefährlich. Auch Straßenschäden, wie Schlaglöcher oder unbefestigte Seitenränder, sind im Dunkeln kaum zu erkennen.

Wildtiere: Wildwechsel ist praktisch überall außerhalb der Städte möglich, außerdem stellen zahlreiche Nutztiere am Straßenrand und sogar mitten auf der Fahrspur ruhend eine erhebliche Kollisionsgefahr dar. Aufgeschreckte Hühner gehören in ländlichen Regionen zur Tagesordnung. Dagegen schützt nur langsames, vorausschauendes Fahren!

Hochstehendes Gras auf Pisten: Wenn das Gras nach der Regenzeit auf dem Mittelgrad kleiner Pisten sehr hoch steht, kann es den Kühler verstopfen und zur Motorüberhitzung führen. Als Schutz kann man Gaze-Netze vor den Kühler spannen. Zudem verfängt sich das Gras am Fahrzeugboden und kann durch den heißen Motor oder Auspuff zur Selbstentzündung führen (siehe Bild links).

Fahrradfahrer: Vorsicht bei Fahrradfahrern: viele fahren in der Straßenmitte oder zu zweit nebeneinander und registrieren von hinten kommende Fahrzeuge erst sehr spät. Dann weichen sie mitunter unkontrolliert aus. In unklaren Situationen besser rechtzeitig hupen.

Fahren im Konvoi: Wenn man mit zwei Fahrzeugen unterwegs ist, muss der Hintermann stets aufpassen, ob Passanten, Fahrradfahrer oder Tiere, die vor dem ersten Wagen ausgewichen sind, nicht plötzlich wieder zur Straßenmitte laufen, weil sie das zweite Fahrzeug nicht wahrgenommen haben.

Wichtige Autofahrer-Hinweise für Sambia und Malawi

Die **Treibstoffversorgung** ist in Malawi flächendeckend und in Sambia entlang der Hauptstraßen gut. Für sehr abgelegene Touren in Sambia (z. B. Westsambia) sollte man eine Reichweite von 1000 km einplanen. **Treibstoffpreise**: Malawi: einheitlich ca. 1,20 Euro/l Benzin und 1,10 Euro/l Diesel. Sambia: 0,75-1,00 Euro/l Diesel und 0,80-1,10 Euro/l Benzin (in abgelegenen Regionen bis zu 25 % mehr). Bleifrei ist in beiden Ländern flächendeckend erhältlich. Der **Straßenzustand** sowohl der Asphaltstrecken als auch der Erd- und Schotterpisten kann sich in beiden Ländern rasch ändern. Er ist vor allem abhängig von der Reisezeit und von Dauer und Ausmaß der letzten Regenzeit. Die Regenmonate zwischen Dezember und April setzen den meisten Straßen massiv zu. Es entstehen Schlaglöcher, brechen Randstreifen ab, steiniger Untergrund wird freigelegt und Schlammstellen können auftreten. Mitunter schwellen die Flüsse so stark an, dass sie Brücken wegspülen oder Wegstrecken überfluten. Nach der Regenzeit müssen diese Schäden wieder repariert werden und Wege und Furten allmählich wieder abtrocknen (was in sumpfigen Gebieten bis in den Juni dauern kann). Da ist es ein wenig Glückssache, welche Straßen den Vorrang bekommen und zuerst „gegradet" oder ausgebessert werden. Zum Ende der Trockenzeit, vor dem nächsten Regen, sind die meisten Straßen wieder mehr oder weniger in Ordnung gebracht worden. Nun kommt hinzu, dass für größere Instandsetzungen und Ausbauprojekte einzelner Strecken in der Regel internationale Finanzhilfen gesucht werden. Welche Straße dabei wann in den Genuss sachgerechter Erneuerung kommt, ist nicht voraussehbar. Wir können bei den Streckenbeschreibungen im Reiseteil daher nicht für die Richtigkeit der Angaben garantieren. Vielmehr handelt es sich um Bedingungen, die wir bei unseren Recherchen auffinden und um Erfahrungen aus 29 Jahren Reisen in diesen Ländern. Wir raten grundsätzlich, sich vor ausgefallenen Touren und schwierigen Strecken vor Ort nach der Befahrbarkeit zu erkundigen! Die Einheimischen, z. B. Bus- und Lkw-Fahrer oder Tankwarte, wissen erstaunlich gut Bescheid! **Straßenkarten für Sambia und Malawi**: Unser Kartograph Manfred Vachal hat eine zuverlässige Zambia Road Map mit 164 GPS-Daten publiziert (S. 403, 416). Die Karten für Malawi orientieren sich mitunter noch an alten Vorgaben. Teilweise sind dort Straßen verzeichnet, die nicht mehr befahrbar sind, dafür fehlen neue Strecken. Am besten ist die Karte Mosambik-Malawi, Reise-Know-How Verlag 2004. Bei allen von uns in diesem Reiseführer erstellen Karten legen wir Wert auf **reale Straßenverhältnisse**. Nicht mehr befahrbare Straßen zeichnen wir auch nicht ein. Auf neue Straßen verweisen dafür im Reiseteil und auf den Karten. **Achtung**: Viele Pisten erlauben nur eine Durchschnittsgeschwindigkeit von 30 km/h, "gute Pisten" in der Regel auch nicht mehr als 45-50 km/h. Bitte unbedingt bei der Planung berücksichtigen!
Bitte beachten Sie auch die Hinweise auf S. 414.

Verhalten von Tieren auf der Fahrbahn

Bei Überlandfahrten ist stets mit Tieren auf den Straßen zu rechnen.

Esel werden ihrem Ruf gerecht und bleiben teilweise stoisch mitten im Weg stehen.

Rinder entfernen sich nur langsam. Als Herdentiere folgen sie einander, in der Regel ist ein Abbremsen notwendig.

Ziegen entfernen sich meistens rechtzeitig zum nächstgelegenen Straßenrand. Vorsicht jedoch bei jungen Ziegen.

Hunde können Autos schlecht einschätzen und entfernen sich häufig zu spät von der Fahrbahn.

Hühner rennen panisch davon, drehen aber gerne während der Flucht wieder um, um zurück auf die Straße zu rennen.

Affen rennen schon in weiter Entfernung davon.

Besonderheit: Geländefahrzeuge

Allradmodus (4x4)

Bei den meisten Geländewagen kann man zwischen dem normalen 2-Rad-Antrieb und dem Vierradantrieb wählen. Durch einen einfachen Riegelmechanismus werden auch die Vorderräder angetrieben. Man schaltet den Allradmodus nur bei Bedarf dazu, weil das Fahren mit 4x4-Antrieb deutlich mehr Treibstoff verbraucht. Bei Fahrzeugen mit manuellen Freilaufnaben empfiehlt es sich, bei abwechslungsreichen Wegstrecken, wo sich Allradpassagen mit normal befahrbaren Abschnitten abwechseln, die Freilaufnaben auf die Position „Locked" einzustellen. Bei schneller Fahrt auf guten Straßen müssen die Naben dagegen immer auf „Free" eingestellt sein (also auf reinen 2-Rad-Antrieb).

Zusätzlich wird zwischen „4 WD High" und „4 WD Low" unterschieden. „Low" bezeichnet eine Getriebeuntersetzung zum Anfahren in extrem steilem Gelände oder zum Befreien aus Tiefsand und Schlamm. Die Übersetzung **„High"** wird für das konstante Fahren im Allradantrieb verwendet.

VW-Allradbusse (Synchro) haben einen integrierten Allradmodus, der sich bei Bedarf automatisch zu- und abschaltet.

Differenzialsperren

Das kurzfristige Einsetzen der „Diff Locks" verhindert erfolgreich das Durchdrehen einzelner Räder und kann in kniffligen Situationen wahre Wunder wirken. Bei starken Steigungen im Gelände, bei Schlamm oder Tiefsand geben die Sperren dem Fahrzeug manchmal gerade den nötigen Halt, um sich aus der Problemsituation zu befreien. Differentialsperren dürfen jedoch nur kurz eingesetzt werden, denn sie machen das Fahrzeug schwer manövrierfähig. Das Lenken ist stark eingeschränkt, und mit den vorderen Sperren ist quasi nur noch ein Geradeausfahren möglich.

Achtung Mietwagenfahrer: Da es unterschiedliche Allradsysteme gibt, ist es wichtig, sich beim Mietwagenanbieter vor Antritt der Reise kundig zu machen.

Ein Allrad funktioniert nicht, wenn die Freilaufnaben auf „Free" oder „Unlocked" stehen!

Bild links:
"Tyre Mending" am Wegesrand
in der Nähe von Mpulungu

Wenn der Busch brennt...

Buschbrände gehören in Sambia und Malawi zum Alltagsbild. Es beginnt direkt nach der Regenzeit mit dem sogenannten "**Early burning**". Durch den nächtlichen Feuchtigkeitsniederschlag und eventuell noch auftretende kleine Regenschauer wächst erneut frisches Gras auf der abgebrannten Fläche. Das "**Late burning**" zum Ende der Trockenzeit soll wiederum gewisse Bäume zum frühzeitigen Ausschlagen bringen und die mit trockenem Gras bestandenen Flächen frei machen, um bei den ersten Regenschauern den frischen Graswuchs zu beschleunigen. In den Nationalparks wird häufig vorgegeben, die Feuer wären von Wilderern gelegt worden, um die Tiere aus ihren Verstecken zu treiben. Sowohl in Sambia wie auch in Malawi werden aber gezielt wegen der oben genannten Gründe **Buschbrände** von der Parkverwaltung gelegt. Dass das Feuer zu Afrika gehört, kann man leicht an den Bäumen erkennen. Fast alle Baumarten sind schwer entflammbar, manche brauchen sogar das Feuer, um ihre Samenkapseln zu öffnen.

Wer im September die öden, abgebrannten Waldflächen sieht, kann sich kaum vorstellen, dass die gleiche Landschaft wenige Monate später in tropisches Grün verwandelt wird. In der afrikanischen Tradition haben die Brände jedoch noch mehr Funktionen. Sie reduzieren Ungeziefer, vertreiben Schlangen und ermöglichen Feldanbau (Brandrodung für Wanderfeldbau wird immer noch angewandt). Kein Afrikaner wird versuchen, einen Buschbrand zu löschen, es sei denn, die eigenen Hütten sind bedroht. Leider werden aber auch Urwälder in Brand besetzt, deren Ökosystem nicht an regelmäßige Brände gewöhnt ist. Viele Nadelhölzer in den Forstgebieten vertragen kein Feuer. Und das alljährliche **Abbrennen der Wälder** ist auch nicht zu vergleichen mit den periodischen natürlichen Buschbränden. Die Böden sind überstrapaziert, bilden keinen Humus, erodieren. Die Artenvielfalt sinkt nachhaltig, und Jungvögel finden keinen Schutz mehr im Laub.

Für den Touristen sind die Brände in den seltensten Fällen wirklich bedrohlich. Die Feuer fressen sich langsam durch die Landschaft. Es verbrennen aber nur das Gras und das Unterholz mit dem Laub der Bäume. Nur wenige Bäume fangen richtig Feuer. In der Regel kann man an einem Buschbrand problemlos zügig vorbeifahren, denn der Feuerstreifen ist nur wenige Meter breit. Dahinter qualmt es noch, gelegentlich hat ein umgestürzter Baum Feuer gefangen und kokelt noch mehrere Tage weiter.

➤ 5.) Unterwegs in den Nationalparks: Wie verhält man sich in der Wildnis?

Verhaltenstipps

Auf Safari möglichst farblich dezente **Kleidung** tragen (Naturfarben, keine knalligen Farbtöne; dunkle Farben ziehen Tsetsefliegen stärker an als helle Töne). Sonnenschutz und Kopfbedeckung nicht vergessen!

Bei **Pirschfahrten** und im Camp verhält man sich möglichst leise und defensiv. Lassen Sie sich nicht täuschen; wenn Sie keine Tiere sehen, heißt das nicht, dass Sie nicht selbst genau beobachtet werden!

Ganz, ganz wichtig: **Niemals** im offenen Zelt oder unter freiem Himmel schlafen! Raubtiere greifen keine geschlossenen Zelte an. Dagegen führt leichtsinniges Verhalten, wie Schlafen im unverschlossenen Zelt, leider immer wieder zu Todesfällen, weil Raubkatzen Schlafende aus dem offenen Zelt zerren können.

Lassen Sie über Nacht keine **Nahrungsmittel** im Freien liegen und deponieren Sie diese auch nicht im Zelt, sondern ausschließlich im Fahrzeug. Nachts können die Gerüche Hyänen und Elefanten anlocken, tagsüber richten Meerkatzen und Paviane Chaos an, um an die begehrten Nahrungsmittel zu gelangen. Hyänen zerbeißen übrigens auch Kühlboxen und Schuhe.

An **Flussufer**n ist immer erhöhte Vorsicht geboten wegen der Krokodile (außer im Nyika Nationalpark).

Versorgung: In keinem der Parks sind Lebensmittel und Treibstoff erhältlich. Auch Pannendienste, Wechselstuben und öffentliche Verkehrsmittel sucht man vergebens. Man ist folglich auf sich allein gestellt und sollte auf entsprechende Ausrüstung und großzügige Reserven (vor allem bei Sprit und Wasser) achten.

Vogelfreunde kommen oft direkt in den Camps und Lodges auf ihre Kosten. Viele Vögel haben sich an die Anwesenheit der Menschen gewöhnt und kommen nahe heran. Das gleiche gilt auch für Erdhörnchen, Mangusten, Warzenschweinen etc.

Wenn man mehrtägig von einem **Scout** der ZAWA eskortiert wird (in den unerschlossenen sambischen Parks), ist es üblich, dass man den Scout voll verköstigt.

Wildtier-Gefahren: Alle Tiere haben eine Fluchtdistanz, die man nicht unterschreiten darf. Reizen oder provozieren Sie sie nicht! Sollte es trotzdem einmal zu unliebsamen Begegnungen kommen, ziehen Sie sich langsam und ruhig zurück, auf keinen Fall rennend. Einzelne Büffel können sehr aggressiv und gefährlich sein, ebenso Elefantenkühe mit Kälbern (siehe rechts).

Joggen Sie niemals im Busch und entfernen Sie sich nicht allein vom Camp oder Auto. Achten Sie ganz besonders auf kleine Kinder, deren Rennen oder Schreien Raubtiere reizen könnte.

Buschbrände können im trockenen Gestrüpp durch kleinste Funken ausgelöst werden. Lagerfeuer sind vor Verlassen des Camps daher stets sorgfältig zu löschen. Vorsicht auch mit Zigarettenkippen!

Sammeln Sie **Feuerholz** rechtzeitig und nur von bereits abgestorbenen Bäumen/Ästen. Treten Sie vor dem Aufheben gegen die Äste, um etwaige **Skorpione** zu verscheuchen. Gehen Sie sparsam mit dem Feuerholz um.

Hilfsbereitschaft im Busch ist eine generelle, manchmal lebensrettende Grundregel. Es sollte selbstverständlich sein, sich gegenseitig in der Wildnis bei Pannen oder Krankheitsfällen zu helfen.

Schlangen wird man wenige sehen. Fest auftreten lässt die Erde vibrieren, so dass sich fast alle Schlangen rechtzeitig zurückziehen (außer der Puffotter, die sehr träge ist). Besten Schutz gegen Bisse und Stiche von Schlangen, Skorpionen, Spinnen oder Zecken bieten feste, knöchelhohe Schuhe. Eiserne Regel: Im Busch niemals barfuß laufen! Siehe dazu auch S. 361 und 373.

Bilder rechts von oben:
"Buschdusche" im Lower Zambezi NP,
weißer Kot von Hyänen,
ein Pavian plündert ein unbewachtes
Camp an den Viktoriafällen

In den Nationalparks wurden zum Schutz der Natur, Tierwelt und seiner Besucher verschiedene Regeln aufgestellt:

Für **Autofahrer:** Höchstgeschwindigkeit ist 40 km/h, querfeldein Fahren und Fahren nach Sonnenuntergang ist nicht erlaubt. Tiere haben generell Vorfahrt.

Dass man seinen **Abfall** überall dort, wo keine Abfallbehälter zur Verfügung stehen, selbst wieder mitnimmt, sollte selbstverständlich sein.

In den Nationalparks darf man **nach Sonnenuntergang** nicht mehr unterwegs sein und auch nicht allein zu Fuß laufen (außer im Nyika Nationalpark).

Tiere und Pflanzen sind geschützt. Füttern und Belästigen der Wildtiere ist streng verboten.

Service & Infos

Ungeschützte Begegnung mit Wildtieren

Elefanten: Handelt es sich um eine Herde mit Kälbern, der man zu nahe gekommen ist, ist sofortiger langsamer Rückzug angesagt, hier besteht höchste Gefahr! Bullen sind weit weniger aggressiv und selbstsicherer. Elefantenattacken passieren meist, weil der Mensch die Körpersprache des Elefanten nicht richtig eingeschätzt hat. Fächelnde Ohren und ein schwingender Rüssel sind noch keine Gefahr. Ein verärgerter Elefant legt die Ohren an und den Rüssel nach unten. Spätestens wenn dunkle Feuchtigkeit aus der Drüse zwischen Augen und Ohren tritt, wird es ernst und es ist mit einem Angriff zu rechnen. Fordern Sie sie nie heraus, denn wütende Elefanten laufen deutlich schneller, als ein Mensch flüchten kann.

Büffel: Die bulligen Tiere sind in Gemeinschaft sehr viel friedfertiger als alleine. Größere Herden flüchten meist vor dem Mensch, ein Einzelgänger zögert jedoch nicht, sofort in Angriff überzugehen. Bei unerwarteten Begegnungen sofort den Rückzug antreten, notfalls auf einen Baum flüchten!

Flusspferde: Kanuten müssen sich vor ihnen sehr in Acht nehmen, Fußgänger begegnen ihnen kaum. An Land grasende Hippos sind nicht aggressiv, außer, wenn sie ihren Fluchtweg abgeschnitten wähnen. Also sich nie zwischen einem Hippo und seinem Gewässer aufhalten!

Löwen: Für alle Großkatzen gilt: Der natürliche Trieb, davon zu rennen, ist die schlechteste Wahl in einer prekären Situation. Wenn Sie Löwen begegnen, sofort stehenbleiben und dann einen langsamen Rückzug einleiten. Bleiben Sie als Gruppe eng beisammen, zeigen Sie weder Angst noch Aggression. Sollte es zu einem Angriff kommen, versuchen Sie die Tiere mit Lärm und drohenden Bewegungen abzuschrecken.

Ärzte und Apotheken

Nur in den Städten besteht eine gute Versorgung durch Krankenhäuser, Ärzte und Apotheken. In ländlichen Regionen gibt es Krankenstationen, in Notfällen kann man sich auch an Missionsstationen wenden. Vielfach fehlt es in beiden Ländern an Medikamenten, auch ist die Krankenversorgung nicht flächendeckend gewährleistet. Reisende sollten eine Notfallapotheke und Medikamente, die sie regelmäßig brauchen, mitnehmen. In ernsten Fällen sollte man sich nach Südafrika oder nach Hause evakuieren lassen (vor der Reise eine gute Auslandskrankenversicherung abschließen, siehe S. 130 und 362). Medizinische Behandlung und Medikamente werden in Sambia und Malawi direkt abgerechnet, müssen also vom Patienten beglichen werden. Nach der Rückkehr kann man diese Ausgaben von der Versicherung einfordern. Dafür muss die Rechnung mit Adresse der Klinik oder des Arztes, Name des Patienten, Datum, Währungseinheit und der Diagnose und Behandlung versehen sein. Die Behandlungskosten liegen in der Regel deutlich unter denen in Westeuropa.

Airporttax

In beiden Ländern werden bei internationalen Abflügen Fluggastgebühren erhoben (Sambia: 25 US$, Malawi: 30 US$) , bei nationalen Abflügen 8 US$ in Sambia und 1-2 US$ in Malawi, die bar in US-Dollar bezahlt werden müssen. Alle (Rück)-Flüge müssen 1-3 Tage vor Abflug bei der Fluggesellschaft rückbestätigt werden. Telefonnummern siehe im Reiseteil.

Betteln

Von Zeit zu Zeit kommt es vor, dass Kinder oder Erwachsene, manchmal sogar Polizisten und Beamte, Touristen anbetteln. Der Bettelei muss niemand nachgeben, man kann in beiden Ländern auch höflich nein sagen, ohne dass jemand verärgert reagiert.

Eintrittspreise der Nationalparks

Sambia

Nach offizieller Aussage gelten die Eintritte pro Tag (06.00-18.00 h). Doch zumindest bis 2007 wurde in den Luangwa-Parks und vielen anderen die 24-Std.-Regel praktiziert. Die Auslegung, ob die Gebühren pro Tag oder für 24 Stunden gelten, wird leider von Park zu Park situationsbedingt und nach Verhandlungsgeschick entschieden.

Eintrittspreise pro Person und Tag:

Die Eintrittspreise der vier am besten vermarkteten Parks richten sich nach der Herkunft der Besucher.

R = Residents und SADC-Bürger auf Package-Tour
P = Internationale Touristen auf Package-Tour
S = Selbstfahrer/Individualreisende

Lower Zambezi NP:	R:20 US$ / P : 25 US$ / S : 30 US$
South Luangwa NP:	R:20 US$ / P : 25 US$ / S : 30 US$
North Luangwa NP:	R:15 US$ / P : 20 US$ / S : 25 US$
Mosi-oa-Tunya NP:	R: 5 US$ / P : 10 US$ / S : 15 US$
Kafue NP:	R:15 US$ / P und S: 20 US$
Luambe NP:	R:10 US$ / P und S: 15 US$
West Lunga/Blue Lagoon:	R: 5 US$ / P und S: 10 US$
Sumbu/Kasanka/Lochinvar:	R: 7 US$ / P und S: 10 US$i
Liuwa Plain NP:	für alle: 40 US$
in allen anderen Parks:	5 US$
Camping (außer Liuwa):	5 US$ pP/Nacht
Camping Liuwa Plain:	10 US$ pP/Nacht

Kinder und Jugendliche erhalten 50% Nachlass auf die Eintrittsgebühren (bis 5 Jahre sind sie gratis).

Fahrzeuge bis 3 T:

Sambische Kennzeichen:	12 600 Kwacha pro Tag
Ausländische Kennzeichen:	15 US$ pro Tag
über 3 T Eigengewicht:	30 US$

Malawi

Eintritt:	5 US$ für 24 Std.
Lizenz zum Fischen:	4 US$
Fahrzeuge:	
Malawische Kennzeichen:	1 US$/Tag
Ausländische Kennzeichen:	2 US$Tag bis 2 Tonnen
	5 US$Tag bis 5 Tonnen
	10 US$Tag über 5 T.
Camping:	unterschiedlich
Staatl. Chalets:	6-10 US$ pro Person/N.

Die Kinderermäßigung beträgt 50% für 12-18-jährige, jüngere Kinder sind frei.

In beiden Ländern sind die Gebühren für Einheimische und im Land lebende Ausländer deutlich niedriger. Wer mit einem Pauschalarrangement in einen Nationalpark reist, muss dort nicht mehr den Eintritt bezahlen, wenn dieser im Reisepreis inbegriffen ist. In beiden Ländern können die Gebühren in der jeweiligen Landeswährung oder in US$ bezahlt werden, müssen aber beim Eintrittsgate in bar beglichen werden (keine Schecks, keine Kreditkarten, auch keine Wechselgeldrückgabe in US$).

Service & Infos

Entfernungen

Siehe Tabellen auf Seite 405

Feiertage

Sambia

01. Januar	Neujahr
März	Tag der Jugend
März/April	Karfreitag bis Ostermontag
01. Mai	Tag der Arbeit
25. Mai	Afrika-Freiheitstag
Erster Montag	Heldentag und Tag der
und Dienstag im Juli	Einheit
Erster Montag/August	Tag der Bauern
24. Oktober	Unabhängigkeitstag
25. Dezember	Weihnachten

Malawi

01. Januar	Neujahr
16. Januar	John Chilembwe Day
03. März	Tag der Märtyrer
März/April	Karfreitag bis stermontag
01. Mai	Tag der Arbeit
14. Juni	Freedom Day
06. Juli	Tag der Republik
17. Oktober	Muttertag
21. Dezember	Tag des Baumpflanzens
25. Dezember	Weihnachten

Schulen, Banken, Ämter und Behörden haben an Feiertagen geschlossen. Die meisten Supermärkte und Tankstellen ebenfalls, manche öffnen aber auch vormittags. Fällt ein Feiertag aufs Wochenende, wird er am folgenden Montag nachgeholt (nach der britischen Methode).

Ferienzeiten

Die Schulferien sind von Provinz zu Provinz, ja manchmal selbst innerhalb einer Stadt verschieden. Die 'Großen Ferien' sind etwa zwei Monate lang und liegen zwischen Juni und September. Zur Weihnachtszeit sind etwas kürzere Ferien von ca. 4 Wochen.

Fotografieren

Die besten Lichtverhältnisse zum Fotografieren bieten die Monate von Ende der Regenzeit bis in den August. Für die diesige Luft, die ab August/September einsetzt, empfiehlt sich der Einsatz eines Polfilters. Auch leisten UV-Filter gute Dienste, und bei Sonnenuntergang- oder Teleaufnahmen erzielt man mit einem Stativ gute Ergebnisse. Menschenaufnahmen gelingen am Besten mit Blitzlicht (auch bei Tage). Die schönsten Aufnahmen entstehen morgens oder spät nachmittags, wenn die schräg stehende Sonne alles in ein sanftes Licht taucht.

Wir empfehlen, ausreichend Filmmaterial und Ersatzbatterien mitzubringen. Vor Ort sind diese Dinge nur in größeren Städten zu bekommen und darüber hinaus möglicherweise überaltet. Ferner sollte man auch an entsprechenden Staub- und Hitzeschutz für die Fotoausrüstung denken. Wasserdichte Schutzbehälter sind ebenfalls sehr nützlich (am Malawisee, beim Besuch der Viktoriafälle etc.).

Zum Thema Fotomotive: Öffentliche Einrichtungen, wie Häfen, Bahnhöfe, Flughäfen, Regierungssitze sowie alle militärischen Fahrzeuge, Personen und Gebäude dürfen nicht fotografiert werden. Zwar lockern sich die Bestimmungen zusehends, doch sollte man im Zweifelsfalle unbedingt erst um Erlaubnis fragen, ehe man solche Objekte ablichtet.

An dieser Stelle möchten wir auch daran appellieren, umsichtig und erst nach erteilter Erlaubnis Menschen zu fotografieren. Die meisten Afrikaner lassen sich gerne fotografieren, wenn man sie höflich fragt. Ein Nein muss man aber ebenso akzeptieren. Der ab und zu auftauchenden Forderung, für das Foto zu bezahlen, sollte man nicht nachgeben, sondern lieber auf die Aufnahme verzichten. Erinnerungsfotos sind freiwillige Geschenke, die beide Beteiligten ehren, aber kein Geschäft. Eine riesige Freude macht man den Fotografierten, wenn man später einen Abzug der Bilder schickt. Leider wird dies aber allzu oft versprochen und nicht eingehalten. Bieten Sie dies also nur an, wenn Sie auch ernsthaft dazu bereit sind. Wer eine Sofortbildkamera dabei hat, erntet helle Begeisterung, wenn man einen Abzug davon verschenkt.

GPS

GPS-Daten für Sambia auf CD: S. 357, 414 und 416. Diese Sambia-GPS-CD ist eine Ergänzung zum Buch für Reisende, die abgelegene Touren in die Wildnis planen. Sie beinhaltet auf Recherchen ermittelte Wegpunkte, zusätzliche Extremstreckenbeschreibungen, Tracks und weitere detaillierte Landkarten bzw. Wegskizzen, die den Rahmen dieses Reiseführers deutlich sprengen würden.

Grenzen

Grenzöffnungszeiten und Infos zur Grenzabwicklung siehe "Anreise auf dem Landweg", S. 377. Die Landesgrenzen werden jeweils im Reiseteil beschrieben.

Hotelpreise

Allgemein orientiert man sich hier am US$. Daher werden viele Preise, vor allem in den Hotels mit „Europazuschlag" (siehe S. 364), in der amerikanischen Währung ausgezeichnet. Die Zahlung kann meistens auch in anderen harten Währungen und teilweise auch in Kwacha erfolgen.

Alle Unterkünfte (Hotels, Pensionen, Campingplätze und Lodges) werden im Reiseteil beim jeweiligen Ort genannt. Eine Übersicht der Lodges, die zu einem Unternehmen gehören, bieten die Tabellen auf S. 352ff.

Internet

Auf der Website www.hupeverlag.de veröffentlichen wir regelmäßig alle touristisch relevanten, die beiden Länder betreffenden Neuigkeiten oder Änderungen und nennen zahlreiche ausgewählte Links zu anderen Websites. Darüber hinaus bieten wir einen kostenlosen Email-News-Service an (Anmeldung auf unserer Website möglich). Die Internetadressen der Reiseanbieter und örtlichen Hotels oder Resorts werden im Reiseteil genannt.

Gerade in den afrikanischen Ländern, die so oft unter schlecht funktionierenden Telefonleitungen leiden, bildet das Internet eine hervorragende und viel genützte Kommunikationsform. Die meisten Reiseanbieter, Hoteliers oder Campingplatzbesitzer sind inzwischen über das Internet erreichbar. Internetcafés sind derzeit aber noch auf wenige touristische Orte bzw. die Großstädte beschränkt und werden jeweils im Reiseteil genannt. Backpackerunterkünfte bieten zunehmend auch einen Email-service für Reisende an.

Jagdsafaris

Zwischen Mai und Oktober werden in verschiedenen Game Management Areas in Sambia professionelle Jagdsafaris durchgeführt. Kontaktadressen und Informationen (Gebühren, Lizenzen und Zollvorschriften) erhält man bei: Professional Hunters Association of Zambia, P.O.Box 30106, Lusaka. Tel. 0211-211644, Fax 0211-226736, oder beim Büro der ZAWA in Chilanga (siehe Lusaka). In Malawi werden aktuell keine Jagdsafaris angeboten.

Kleidung

siehe Ausrüstung, S. 357 und 383.

Landkarten

In beiden Ländern sind Landkarten, Stadtpläne und Pläne der Nationalparks außerhalb der Hauptstädte nur schwer zu bekommen. Wer spezielle Detailkarten sucht, besorgt sich diese vor Ort im Department of Survey (Adressen siehe Lusaka, Lilongwe und Blantyre). Wer vor der Reise Landkarten beziehen möchte, wendet sich am besten an Geo-Spezialbuchläden. Die neue Zambia Road Map mit GPS-Daten gibt es auch direkt beim Hupe Verlag. Bitte beachten Sie auch S. 393 und 403.

Mahlzeiten

siehe Praxistipps S. 386.

Maße und Gewichte

Heutzutage sind in beiden Ländern die metrischen Maße und Gewichte üblich. Ältere (britische) Landkarten oder Bücher verwenden aber noch die englischen Maßeinheiten. Umrechnungshilfen:

1 mile	=	1,609	km
1 foot	=	30,480	cm
1 square mile	=	2,590	km²
1 gallon (brit.)	=	4,546	l
1 acre	=	40,470	a

Die Formel zur Umrechnung von Fahrenheit in Grad Celsius lautet:

Fahrenheit minus 32, multipliziert mit 5, dividiert durch 9 ergibt den Wert in Grad Celsius.

F	32	41	50	59	68	77	86	95
C	0	5	10	15	20	25	30	35

Öffnungszeiten

Einheitliche Öffnungszeiten existieren nicht, aber grobe Richtlinien (nähere Angaben findet man im Reiseteil):

Sambia

Banken:	Mo-Fr:	08.15-12.45 h
	oder	08.30-14.30 h
	teilw.Sa	08.15-11.00 h
Geschäfte:	Mo-Fr:	08.15-ca.12.30 h
	und	14.00-17.00 h
	Sa:	08.00-12.00 h

Große Supermärkte:
Mo-Sa oftmals durchgehend bis 19.00 h, manche auch sonntags vormittags oder ganztags.

Ämter/Behörden:	Mo-Fr:	08.00-12.30 h
	und	14.00-17.00 h

(haben teilweise nachmittags für den Publikumsverkehr geschlossen)

Malawi

Banken:	Mo-Fr:	08.00-13.00 h
		(ggl. auch bis 14.00 h)
in großen Städten z. T.	Sa:	08.00-11.00 h
Geschäfte:	Mo-Fr.	07.30-12.00 h
	und	13.30-17.00 h
	Sa:	07.30-12.00 h

Öffnungszeiten der Grenzen siehe S. 377.

Service & Infos

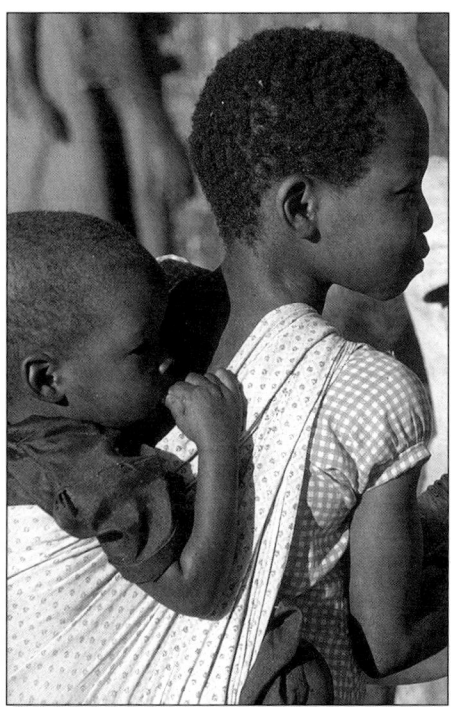

Post

Die Post ist in beiden Ländern unter der Woche ganztägig (ca. 08.00-16.30 h) geöffnet; am Samstagvormittag ebenfalls und in manchen Orten sogar sonntags für etwa zwei Stunden. Nähere Infos siehe Reiseteil. Die Gebühren für Briefe und Postkarten nach Europa sind in beiden Ländern sehr niedrig, der Service ist zuverlässig, solange keine dicken Briefe, die Wertsachen oder Geld enthalten könnten, verschickt werden.

Preiswerteste Variante von Briefsendungen stellen die Aerogramme dar. Luftpostbriefe nach Europa sind etwa eine Woche unterwegs, wenn man sie in größeren Städten zur Post bringt. An abgelegeneren Orten kann es ein Vielfaches länger dauern.

Tipp: Lassen Sie sich doch eine Auswahl der schönen Briefmarken – begehrte Sammlerobjekte – zeigen!

Preise, Geld und Währung

Aktuelle Wechselkurse veröffentlichen wir monatlich auf der Website www.hupeverlag.de.
Zum allgemeinen Preisgefüge siehe S. 364, zu den gängigen Zahlungsmitteln und Währungen S. 365f.

Reiten

Reiten können Touristen im Nyika NP, auf dem Zomba Plateau sowie auf diversen Wildfarmen, wie Lilayi Lodge bei Lusaka und Chundukwa Tree Lodge bei Livingstone.

Sicherheit & Gefahren

Siehe dazu „Persönliche Sicherheit", S. 371f

Souvenirs

Klassische Souvenirs sind z. B. die hervorragenden Korbflechtarbeiten (Körbe, Matten, Untersetzer) und Holzschnitzereien (Tierfiguren, Masken). In Südmalawi ist die Schnitzkunst besonders verbreitet. Hier findet man aus Ebenholz gefertigte Stühle, Lampenfüße und viele wohlgeformte Schalen. Wer sich für das Handwerk und Alltagsgegenstände interessiert, wird auf den Märkten und am Straßenrand beeindruckende Dinge entdecken (Hackbeile, Musikinstrumente, Reusen und Blechöfen). In Touristenzentren stehen kunsthandwerkliche Läden mit einem reichhaltigen Angebot zur Verfügung.

Service & Infos

Stromversorgung

220/240 Volt Wechselstrom (englische 3-Pol-Stecker werden benötigt; Adapter mitbringen). In vielen Safarilodges besteht kein Stromanschluss, manchmal wird dann nur abends ein paar Stunden ein Generator eingesetzt. Daher gehört bei allen Safaris eine Taschenlampe ins Gepäck. Zum Aufladen von Videoakkus ist ein Ladegerät für den Anschluss ans Auto-Bordnetz vorteilhaft.

Taxi

In Sambia müssen die Preise immer ausgehandelt werden, da es keine Taxameter gibt. In Malawi haben nur die Taxis der großen Städte einen Taxameter. Die Preise variieren stark, je nach Region und Verhandlungsgeschick. Als grobe Richtlinie kann man in touristischen Zentren von ca. 5 Euro für 10 km ausgehen. Malawische Taxifahrer erwarten ein kleines Trinkgeld.

Telefon

Überseetelefongespräche: Ferngespräche von Festnetzen aus sind in beiden Ländern teuer (mind. 5 Euro, in Hotels deutlich mehr). Die deutsche Vorwahl aus Sambia lautet 0049, aus Malawi 10149.

Für Gespräche von Europa nach Sambia lautet die **Länderkennung** 00260, für Malawi 00265. In Malawi gilt landesweit die Ortsvorwahl "01" vor der sechsstelligen Teilnehmernummer (bei Auslandsgesprächen die "0" weglassen). In Lilongwe beginnen die Rufnummern mit einer „7", in Blantyre mit „8", teilweise auch noch mit „6".

Sambia führte Ende 2007 **neue Vorwahlnummern** ein. Beim Festnetz wurde „21" dem Area-Code hinzugefügt. Statt „01" für Lusaka, gilt nun „0211". Die regionalen Festnetz-Vorwahlnummern in Sambia lauten:

Chipata/Mfuwe	0216	Livingstone	0213
Choma	0213	Lusaka	0211
Kabwe	0212	Mansa	0212
Kasama/Mbala	0214	Mongu	0217
Kitwe/Ndola	0212	Siavonga	0211

Sambias Cellphone-Nummern haben ebenfalls eine zusätzliche Ziffer im jeweiligen Vorwahlcode erhalten. Die Vorwahl „095" lautet jetzt „0955", „096" wurde zu „0966", „097" zu „0977", „098" zu „0988" und „099" zu „0979".

Handys: In Malawi empfängt man mit dem deutschen D2-Netz, E-Plus und O2 in allen größeren Ortschaften. Beim Verschicken von SMS gibt es eine Besonderheit: man wählt als deutsche Vorwahl 0049, für's Telefonieren dagegen 10149. Österreich und die Schweiz haben keine Roaming-Verträge mit Malawi. Tipp: Man kauft vor Ort eine Zain-Chipkarte für ca. 2 Euro plus gewünschter Gebührenkarte. SMS funktionieren damit aber nicht.

Sambia hat bisher keine Verträge mit den Netzen D1, O2 und D2, wohl aber mit E-Plus abgeschlossen. Empfang mit D2-Netz hat man in Livingstone (aus Zimbabwe) und in Kazungula (aus Botswana) und Sesheke (aus Namibia). ZAIN Zambia baut sein Netz entlang der Bahnlinie zwischen Livingstone und dem Copperbelt sowie im restlichen Land in Provinz- und Distriktstädten permanent aus. Auch hier besteht die Möglichkeit, per Zain-Chipkarte zu telefonieren (siehe Malawi).

Trampen

Trampen ist vor allem in Malawi recht populär und meist unproblematisch. Teilweise wird dort eine Fahrtkostenbeteiligung erwartet (bei afrikanischen Fahrer). In Sambia gestaltet sich das Trampen wegen des dürftigen Verkehrs und den langen Strecken schwieriger (s. S. 349).

Trinkgeld

Ein kleines Trinkgeld wird überall erwartet, wo jemand einen besonderen Service oder eine Gefälligkeit leistet. Ist in Restaurants der Service im Preis enthalten (als 10 %ige Service Charge), wird meistens nur ein wenig Wechselgeld am Tisch liegen gelassen. Ansonsten sind 5-10 % in Restaurants sicherlich die Obergrenze, üblicherweise rundet man den Betrag leicht auf. Die Höhe des Trinkgelds sollte sich stets nach der erbrachten Leistung und den Landesverhältnissen richten, also der Situation angemessen bleiben. Führen Sie sich den monatlichen Durchschnittslohn von 30-70 Euro vor Augen, um einen passenden Weg zu finden.

Touristeninformation

Die wenigen örtlichen Touristeninformationsstellen werden im Reiseteil genannt, Ansprechpartner in Europa auch auf S. 356. Die Möglichkeiten, über das Internet Informationen aller Art einzuholen, werden permanent verbessert, doch nicht alle Sites sind verlässlich. Auf der Website www.hupeverlag.de veröffentlichen wir zahlreiche ausgewählte Links von informativen Internet-Seiten.

Wandern

Sowohl klassisches Wandern und Bergsteigen (in Malawi: Nyika Plateau, Zomba Plateau, Mulanje Massiv) als auch geführte Wandersafaris im Busch (in Sambia: vor allem im Luangwa Valley) werden angeboten. Näheres im Reiseteil.

Wasser

Leitungswasser sollte nie pur getrunken, sondern entweder abgekocht oder gefiltert werden. Sehr nützlich sind Mikropurtabletten oder -pulver, die das Wasser enteimen.

In den Städten wird Mineralwasser in Plastikflaschen zwischen 0,3-5,0 l verkauft (nicht auf dem Lande!). Wer keine Infektion durch verunreinigtes Wasser riskieren möchte, deckt sich damit ein. Bitte beachten Sie auch die eingehenden Erläuterungen rund um das Trinkwasser in Afrika auf S. 363.

Zeitungen

Tages- und Wochenzeitungen, wie "Times of Zambia" und die unabhängige "The Post" in Sambia oder "Daily Times" und "Malawi News" in Malawi werden an den Hauptstraßen der Großstädte und in Läden verkauft.

Monatlich werden die englischsprachigen Afrikamagazine "New African" und "African Business" veröffentlicht, vierteljährlich erscheint das informative BBC-Produkt "Focus on Africa" (in malawischen Supermärkten erhältlich). Ausländische Zeitungen und Zeitschriften werden nur wenige eingeführt und sind auch nur in guten Stadthotels zu bekommen (allerdings keine deutschsprachigen). Aktuelle Informationen für Touristen in Sambia enthält das Monatsheft "Lusaka Lowdown", welches in städtischen Supermärkten für ca. 2 Euro erhältlich ist (siehe auch im Internet: www.lowdown.co.zm).

Zeitverschiebung & Tageslicht

In beiden Ländern gilt MEZ + 1 Stunde. Während der mitteleuropäischen Sommerzeit besteht also kein Zeitunterschied, im Winterhalbjahr sind uns Sambia und Malawi um eine Stunde voraus.

Tageslicht herrscht im Juni/ Juli zwischen ca. 06.30 und 17.30 h (11 Sonnenstunden), und im Dezember von etwa 05.30-18.30 h (13 Sonnenstunden). Sonnenauf- und -untergang erfolgen rasch mit kurzen Dämmerungszeiten.

Zoll

Alle Gegenstände des persönlichen Bedarfs können zollfrei eingeführt werden. Dazu zählen, neben Kleidung und Toilettenartikeln auch die Fotoausrüstung mit Filmen, Videokamera, Fernglas, Reiseschreibmaschine, Kofferradio, Kinderwagen, Sport- und Campingausrüstung.

Außerdem dürfen zollfrei mitgeführt werden:

In **Sambia** 200 Zigaretten oder 450 g Tabak und eine Flasche Spirituosen.

In **Malawi** 200 Zigaretten oder 225g Tabak, sowie 0,75 l Spirituosen, 1 l Wein und 1l Bier.

Jagdwaffen dürfen nur mit Lizenz eingeführt werden, der Besitzer muss sich mit einem Waffenschein ausweisen. Für Haustiere wird neben der Tollwutimpfung ein amtstierärztliches Zeugnis verlangt.

Für die Heimreise: Die EU-Reisefreigrenzen bei der Rückkehr aus Afrika lauten: Bei der Einreise dürfen pro Person 200 Zigaretten, 2 l Wein, 1 l Spirituosen, 50 g Parfüm und 500 g Kaffee zollfrei eingeführt werden. Es besteht Einfuhrverbot für alle Fleischprodukte aus afrikanischen Ländern.

Achtung bei **der Einfuhr von Trophäen** und geschützten Produkten (alle Elefantenprodukte, Reptillederprodukte, Schildkrötenteile, Muscheln etc.): Vor Ort ist eine Ausfuhrgenehmigung erforderlich, um Trophäen legal aus dem Land zu exportieren. Aber trotz dieser afrikanischen Ausfuhrgenehmigung macht man sich wegen des Artenschutzgesetzes sehr schnell bei der Einfuhr solcher Produkte in die EU strafbar! Vorsicht ist vor angeblich echten CITES-Zertifikaten geboten (Ausfuhrgenehmigungen), die manche Händler ausstellen, denn diese werden vom EU-Zoll nicht anerkannt, wenn es sich um streng geschützte Produkte handelt.

Weitere Informationen zum Thema Artenschutz und Zoll erhalten Sie im Internet unter www.ofd-nuernberg.de (Oberfinanzdirektion Nürnberg) und www.bfn.de (Bundesamt für Naturschutz, Konstantinstr. 110, 53179 Bonn, Tel. 0228-95430, Fax 0228-9543470).

Links: Mit solchen geflochtenen Körben betreiben die Frauen im Luangwa Valley Fischfang

Service & Infos

Literaturverzeichnis

(e) = englischsprachig   (d) = deutschsprachig

Geschichte

• Sampson, Richard (1956): "They came to Northern Rhodesia", Cape Town, SA. (e)
• Wotte, Herbert (1973): "David Livingstone", Brockhaus, Leipzig. (d)
• Ki-Zerbo, Joseph (1981): "Die Geschichte Schwarz-Afrikas", Fischer Verlag, Frankfurt. (d)
• Pakenham, Thomas: "The Scramble for Africa". 1991. Avon Books, New York. (e)
• Ansprenger, Franz: "Politische Geschichte Afrikas im 20. Jh.", 1992, Beck'sche Reihe. (d)
• Phiri, D. D.: "Malawians to Remember – John Chilembwe" (1976), Longmans, Malawi. (e)
• "From Nyassa To Tanganyika, The Journal of James Stewart 1876-1879",Central Africana, Blantyre. (e)
• Iliffe, John (1997): "Geschichte Afrikas", Beck Verlag (d)
• Sardanis, Andrew (2003): "Africa. Another Side of the Coin", I. B. Taurus, London (e)

Reise- und Naturführer

• Stuart-Mogg, David (1994): "A Guide to Malawi", Blantyre. (e)
• Eastwood, Frank (1988): "Guide to the Mulanje Massif", Lorton Communications, S.A. (e)
• Ted Sneed (1998): "Lake Malawi's Resorts", Lilongwe (e)
• "Visitor's Giude to Malawi", 1995, Southern Book Publishers, South Africa. (e)
• "Visitor's Giude to Zambia", 1995, Southern Book Publishers, South Africa. (e)
• Hülsbömer/Belker (1995): "Malawi", Stein-Verlag, Kronshagen. (d)
• Mwanza, Ilse (2005): "Guide to little-known Waterfalls of Zambia", ISBN 9982-9952-0-0, Eigenverlag Lusaka.

Kunst

• Schaedler, Karl-Ferdinand (1997): "Afrikanische Kunst", Heyne Verlag, München. (d)
• Trovell/Nevermann: "Kunst im Bild, Afrika und Ozeanien". Naturalis Verlag, München. (d)
• Schaedler, Karl-Ferdinand (1988): "Africana". Battenberg Verlag, München. (d)
• Förster, Till (1988): "Kunst in Afrika". DuMont. (d)

Wirtschaft

• Länderbericht Sambia (1995): Statistisches Bundesamt, Wiesbaden. (d)
• Länderbericht Malawi (1992): Statistisches Bundesamt, Wiesbaden. (d)
• Axel Drescher (1998): Sambia, Perthes Länderprofile, Gotha. (d)

Kultur

• Tremmel, Michael: "The People Of The Great River",1994, Mambo Press, Gweru. (e)
• Explizit: "Frauen in Afrika" (1993): Horlemann Verlag, Bad Honnef. (d)
• Gronemeyer, R. (1991): "Der faule Neger", RoRoRo Verlag, Reinbek. (d)
• Lindgren & Schoffeleers (1995): "Rock Art and Nyau Symbolism in Malawi", Department of Antiques. (e)
• B. W. Smith (1997): "Zambia's Ancient Rock Art", Livingstone. (e)
• "Heritage of Malawi", Department of Antiques, Malawi. (e)
• Juwayeyi & Phiri (1992): "The State of Rock Art in Malawi", Montfort Press, Limbe. (e)
• King, M. und E. (1992): "The Story of Medicine and Disease in Malawi", Blantyre. (e)
• Salaun, Rev. Fr. N. (1993): "Chichewa - Intensive Course", Lilongwe. (e)
• "Ku-Omboka Ceremony", (1993), Zambia Educational Publishing House, Lusaka. (e)
• Schmidt, Bruno (2001): "Message from the Past. The Rock Art of Eastern an Southern Africa". Stone Watch (e)
• Tembo, Mwizenge: Mythologie der Afrikaner, Athenaion Verlag, Kettwig. (d)
• Kangende, Kenneth (2001): "Zambian Myths and Legends of the Wild", Minta Publishers, Zambia. (e)

Literatur

• "Afrikanissimo - Ein Lesebuch", Piper Verlag München, 1994 (d)
• Lamb, David (1991): "Afrika, Afrika". Kyrill und Method Verlag, München. (d)
• Van der Post, Laurens (1995): "Vorstoß ins Innere", Diogenes Verlag, Zürich. (d)

Verschiedenes

• Phillipson, D. W. (1972): "National Monuments of Zambia", Ndola. (e)
• Dick Hobson (1996): "Tales of Zambia", Zambia Society Trust, London. (e)
• Ese, Kristin (1996): "Historical Guide to Livingstone Town", Livingstone Tourism Association, Zambia. (e)

- Norman Carr: "Kakuli", CBC Publishing, Harare. (e)
- Vera Garland (1996): "Ryalls –A Woman and her Hotel", The Society of Malawi, Montfort Press, Limbe (e)
- Fisher,M. (1991): "Nswana - The Heir", Ndola. (e)
- Fisher, S. (1992): "Ndotolu", Ikelenge/ Sambia. (e)
- Holub, Dr. Emil (1890): "Reisen im südlichen Afrika in den Jahren 1883-7", Wien. (d)
- Fisher, K. (1994): "Lampposts to Searchlights", Sambia
- Christina Lamb (1999): "The Africa House", Penguin Group, London. (Shiwa Ngandu) (e)
- Bruchmann, Rainer (1997): "Schuckmannsburg". Kuiseb-Verlag, Windhoek, Namibia. (d)
- Owens, Mar & Delia: "The Eye of the Elephant" (1993), Houghton Mifflin Company, USA. (e)
- Fraser Darling (1960): "Wildlife in an African Territory", Oxford University Press, London (e)

Natur & Tierwelt

- Main, Michael (1990): "Zambezi - Journey of a River". Southern Book Publishers, South Africa. (e)
- Phillipson, D. W. (1975): "A Handbook to the Victoria Falls Region". Longman Group, Harare. (e)
- Palgrave, Keith Coates (1993): "Trees of Southern Africa", Struik-Verlag, Cape Town (e)
- Sinclair, Ian (1996): "Field Guide to the Birds of Southern Africa", Struik-Verlag, Cape Town, SA. (e)
- "Säugetiere Afrikas" (1977): BLV Bestimmungsbuch, München. (d)
- "Pflanzenreich der Tropen" (1981): Schröder Verlag, Leichlingen. (d)
- "Field Guide to the Larger Mammals of Africa" (1997): Struik-Verlag, Cape Town. (e)
- Field Guide: "Snakes and other Reptiles", 1996, Struik-Verlag, Cape Town. (e)
- F. M. Benson (1977): "The Birds of Malawi", Montfort Press, Limbe. (e)
- "Butterflies of Zambia", Pinhey & Loe, (e)
- "Wild Flowers of Malawi" (1975), Moriatry, Cape Town (e)
- Judy Carter (1987): "Malawi: Wildlife, Parks and Reserves", Mac Millan, Johannesburg. (e)
- "Zomba Mountain – A Walkers' Guide" (1975): K. E. Cundy, Montfort Press, Limbe. (e)
- Williams, John (1973): "Die Vögel Ost- und Zentralafrikas", Parey-Verlag, Hamburg (d)
- "The Nature of Zambia" (1988): IUCN, Gland/ CH. (e)
- "Common Birds of Zambia" (1990): The Zambian Ornithological Society, Lusaka. (e)
- "Fifty Common Trees of Zambia", D. B. Fanshawe, Ministry of Natural Resources and Tourism, Lusaka. (e)
- "Zambian Birds" (Field Guide), Dylan R. Aspinwall, Carl Beel, Lusaka. (e)
- "Guide to the Reptiles, Amphibians and Fishes of Zambia", Wildlife Enviroment Society of Zambia, Lusaka. (e)
- Mike Coppinger (1991): "Zambezi–River of Africa", Struik Publishers, Cape Town. (e)
- Frandsen, Robin: "Säugetiere des südlichen Afrika" (1993): Sandton, South Africa. (d)
- Smithers, Reay: "Land Mammals of Southern Africa" (1996): Southern Book Publ., SA. (e)
- Stuart, Christ & Tilde: "Field Guide to the Mammals of Southern Africa" (1989): Struik-Verlag, Cape Town. (e)
- Lindsay, Gordon: "Roberts' Birds of Southern Africa" (1996), CTP Book Printers, Cape Town. (e)
- "Field Guide to Roberts' Birds of Southern Africa" (1996), CTP Book Printers, Cape Town. (e)
- Newman, Kenneth: "Birds of Southern Africa" (1994): Macmillan, UK. (Tipp: Sehr empfehlenswert!) (e)
- Sinclair, Ian: "Birds of Africa" (2003): Struik-Verlag, Cape Town. (e)
- Sinclair, Ian: Sasol Birds of Southern Africa (2002): Struik Publishers, Cape Town. (e)
- Barlow, T. & Wisniewski, W.: "Kosmos Naturreiseführer Südliches Afrika" (1998): Kosmos Verlag (d)

Landkarten für Sambia und Malawi

Zambia Road Map: (1:1 500 000) mit 164 GPS-Daten, Ilona Hupe Verlag, 2006, www.hupeverlag.de

Michelin-Karte 955: "Afrikas Süden", 1:4 Mio., Michelin, Paris (zuverlässig, aber grob)

Russische Generalstabskarten (1:500 000 und 1: 200 000) c/o Fa. Därr, München (überaltet, in kyrillisch).

Mosambik-Malawi: Reise-Know-How Verlag, 2004, 1:1 2000 000 (aktuellste Malawi-Karte)

International Travel Maps: Zambia, 1:1,500 000, und **Malawi**, Kanada (relativ gut, leicht erhältlich)

Hildebrand's "Travel Map": Southern Africa, 1:2,5 Mio., Karto+Grafik, Frankfurt (nicht zuverlässig)

Malawi: Malawi Government, 1:1 Mio., Department of Surveys, Blantyre. (zuverlässig und detailliert, jedoch nur vor Ort erhältlich)

Series of Malawi: Government, 1:250 000., Department of Surveys, Blantyre. (zuverlässig und detailliert, jedoch nur vor Ort erhältlich)

Republic of Zambia: Government Printer, 1:1,5 Mio., Surveyor – General, Lusaka (gute Sambiakarte, aber vergriffen), und 1:250 000, Surveyor – General, Lusaka (detailliert, jedoch nur vor Ort erhältlich)

Service & Infos

Park	Zugänglichkeit G= ganzjährig/T = temporär S = Straße, F = Flug, B = Boot	Unterkünfte C=Camping L = Lodge	Erschließung für den Tourismus	Beurteilung
Sambia				
South Luangwa NP	G S+F	L+C	JA (gut erschlossen)	sehr sehenswert
North Luangwa NP	T S+F (Juni-Oktober)	L	JA (nur Juni-Oktober)	sehr sehenswert
Luambe NP	T S	L+C	JA (nur 1 Camp)	typischer Transitpark
Lukusuzi NP	T	-	-	Park ist aufgegeben
Nyika NP	G S+F	-	JA (auf Malawi-Seite)	Sambia-Teil sehr klein
Sumbu NP	G F+B	L	JA (derzeit nur 1 Lodge)	kein Straßenzugang mehr
Mweru Wantipa NP	G S	-	-	Park ist aufgegeben
Lusenga Plain NP	G S (eingeschränkt)	-	-	Park ist aufgegeben
Isangano NP	-	-	-	Park ist aufgegeben
Lavushi Manda NP	G S	-	-	typischer Transitpark
Kasanka NP	G S+F	L+C	JA (gut erschlossen)	sehr sehenswert
Kafue NP	G S+F (eingeschränkt)	L+C	JA (partiell erschlossen)	sehr sehenswert
Lochinvar NP	G S+F	L+C	JA (gut erschlossen)	sehr sehenswert
Blue Lagoon NP	G S+F (eingeschränkt)	L+C	JA (nur 1 Camp)	Park im Wiederaufbau
Lower Zambezi NP	G S+F+B (eingeschränkt)	L+C	JA (gut erschlossen)	sehr sehenswert
West Lunga NP	T S	-	JA (praktisch unerschlossen)	in Vergessenheit geraten
Liuwa Plain NP	G S+F	C	JA (partiell erschlossen)	sehenswert
Sioma Ngwezi NP	G S	-	- (praktisch unerschlossen)	Park im Wiederaufbau
Livingstone Game Park	G S	- (aber in der Nähe)	JA (voll erschlossen)	kleiner Wildpark
Malawi				
Kasungu NP	G S+F	L+C	JA (nur 1 Camp)	sehenswert
Nkhotakota GR	G S	C	JA (wenig erschlossen)	sehenswert
Vwaza GR	G S	L+C	JA (gut erschlossen)	sehenswert
Nyika NP	G S+F	L+C	JA (gut erschlossen)	sehr sehenswert
Lake Malawi NP	G S+B	L+C	JA (gut erschlossen)	sehr sehenswert
Liwonde NP	G S+B+F	L+C	JA (gut erschlossen)	sehr sehenswert
Majete GR	T S	L+C	JA (fast unerschlossen)	in Vergessenheit geraten
Lengwe NP	G S	L+C	JA (nur 1 Camp)	sehenswert
Mwabvi GR	G S (eingeschränkt)	-	- (fast unerschlossen)	in Vergessenheit geraten

Entfernungstabelle

Sambia

	Lusaka	Livingstone	Chirundu	Chipata	Ndola	Mwinilunga	Mongu	Kasama	Mbala	Kabwe	Mpika
Lusaka	–										
Livingstone	473	–									
Chirundu	132	493	–								
Chipata	560	1028	691	–							
Ndola	316	789	448	871	–						
Mwinilunga	869	*1285	1001	1424	574	–					
Mongu	584	538	716	1139	900	774	–				
Kasama	853	1326	985	1419	769	1322	1437	–			
Mbala	1003	1476	1135	1558	919	1472	1587	150	–		
Kabwe	132	605	264	687	184	737	716	721	871	–	
Mpika	642	1115	774	1197	558	1111	1226	211	361	510	–
Nakonde	1025	1495	1157	*1580	941	1532	1609	594	198	893	383

(* = via Lusaka)

Malawi

	Blantyre	Nyika Plateau	Chintheche	Kasungu	Lilongwe	Livingstonia	Mangochi	Monkey Bay	Mulanje	Mzuzu	Salima
Blantyre	–										
Nyika Pl.	915	–									
Chintheche	550	282	–								
Kasungu	439	453	357	–							
Lilongwe	311	592	492	127	–						
Livingstonia	783	44	304	404	543	–					
Mangochi	191	824	569	344	245	775	–				
Monkey Bay	253	877	570	305	206	819	63	–			
Mulanje	66	927	645	505	378	878	251	314	–		
Mzuzu	676	189	93	240	367	140	516	477	742	–	
Salima	269	559	277	173	103	510	184	133	335	346	–
Zomba	64	799	517	413	286	750	127	189	125	650	243

Service & Infos

Service & Infos

Service & Infos

Service & Infos

Service & Infos

LANDKARTEN

Service & Infos

413

Ein offenes Wort

Die Straßenzustände speziell in Sambia werden in der Travellerszene leidenschaftlich diskutiert. In diesem Zusammenhang möchten wir betonen, dass es sich hierbei um ein armes Entwicklungsland im subtropischen Afrika handelt, folglich harte Klimabedingungen herrschen (alljährlich massive Straßenschäden in der Regenzeit) und entprechende Straßenreparaturmaßnahmen nur unzureichend, unregelmäßig und häufig zeitlich verzögert erfolgen!

Allein in Sambia existiert ein offizielles Straßennetz von 38 763 km. Davon sind etwa 8200 km geteert, ferner gibt es noch ein paar Tausend Kilometer so genannte "All weather Roads". Alle anderen Strecken sind sowieso abenteuerlich: ausgewaschene und steinige Erdstraßen, tiefsandige Pisten, Feldweg-ähnliche Fahrspuren. Autofahren in Sambia ist also in aller Regel anspruchsvoll, anstrengend und zeitraubend. Es ist dabei müßig, Schlaglöcher einzeln aufzuzählen und zu diskutieren, in vielen Stunden eine Strecke zu schaffen ist. Das hängt nämlich nicht nur von der Piste, sondern auch entscheidend vom Reisemonat, dem Fahrzeug und dem Fahrer ab.

Rechnen Sie immer damit, dass in abgelegenen Gebieten ein Baum quer über der Straße liegt, eine Brücke weggespült wurde, die Fähre nicht in Betrieb oder die Piste einfach zugewachsen ist. Erwarten Sie nicht zuviele Wegweiser, denn die sind Mangelware. Schilder aus Holz werden von Termiten gefressen oder fallen Bränden zum Opfer; Metallschilder lassen sich wunderbar zu afrikanischen Alltagsartikeln umarbeiten.

Wir geben uns viel Mühe, genaue Informationen zu liefern. Aber auch wir können nicht voraussagen, wann Tankstellen keinen Sprit haben, Supermärkte abbrennen, Grenzer neue Gebühren verlangen oder Lodges in den Luangwa stürzen. Manchmal sind die Lebensmittelregale frisch aufgefüllt, ein andermal heißt es nur "maybe tomorrow". Manch einer hat Probleme bei Polizeikontrollen, andere genießen den Smalltalk mit den Beamten. Wenn die Kinder „sweetie, sweetie" rufen, kann man sich belästigt fühlen oder einfach nur freudig zurückgrüßen. Letztendlich liegt es an jedem selbst, wie er die Eindrücke und Erfahrungen bewertet.

Und nicht umsonst heißt es: "Zambia, the real Africa"

Sambia-Offraod-CD mit GPS-Daten

Die GPS-Daten-CD richtet sich speziell an Offroad-Fahrer, die den Komfort schätzen,
Wegpunkte direkt über den PC in ihr GPS-Gerät zu laden.

Die CD beinhaltet 59 PDF-Seiten mit Detailkarten, Streckenbeschreibung und GPS-Daten zu
folgenden Regionen in Sambia und Malawi:

Westsambia und Sioma NP
Umgebung von Zambezi: Chinyingi Hängebrücke
Lake Mwange und Fahrt zum Lungwebungu (Westbank)
Livingstone Memorial und Lake Waka Waka
Kasanka NP
Lower Zambezi Nationalpark
Lower Zambezi Nationalpark: Chakwenga Road (mit Track)
South Luangwa NP: Nsefu Sektor, Escarpmentstrecke „O5"
Fahrt durchs Luangwa Tal (Längsdurchquerung mit Track)
South Luangwa NP-Zufahrt: Petauke Road (mit Track)
North Luangwa NP: Zufahrten, Furten, Camps, Transit durch den Park (mit Track)
Zufahrt zum Nyika Plateau (Malawi) über Katumbi (mit Track)
Von Lusaka zum Blue Lagoon NP und nach Namwala
Nördliche Kafue Flats mit Blue Lagoon NP (mit Track)
Bangweulu Wetlands: Zufahrt zum Shoebill Camp und Nsobe Camp
Nordostsambia: Wasserfälle rund um den Lusenga Plain NP
Ikelenge: Hillwood Farm und Kalene Hill
Copperbelt und der Sunken Lake
Malawi: Vwaza GR und Livingstonia Mission (mit Track)
Kafue Nationalpark (gesamtes Gebiet)
Region Kaingu Lodge und Puku Pan Lodge (mit Track)
Kafue Nationalpark: Ngoma Region, Chunga Gebiet
Kafue Nationalpark: Lufupa Region, Busanga Plains
Kafue NP-Zufahrt: von Mumbwa nach Kasempa
Kafue NP-Zufahrt: Fahrt über Mulobezi zum Kafue NP (mit Track)
Kafue NP-Zufahrt: Fahrt von Itezhi-Tezhi nach Namwala (mit Track)
Tabellarische Liste von fast 500 GPS-Punkten

Zusammen mit den gezeichneten Karten und den GPS-Daten gibt es für jede Strecke eine sehr
detaillierte Wegbeschreibung, denn: Ein GPS-Punkt ohne genaue Karte oder Beschreibung ist
nutzlos.

Um einen möglichst realistischen Eindruck über die fahrerischen Herausforderungen zu
vermitteln, wurde die CD noch mit mehr als 50 weiteren Seiten ergänzt: Reiseberichte und
Pistenfotos.

Die Offroad-GPS-Daten-CD ist nur direkt beim Verlag erhältlich (www.hupeverlag.de),
nicht im Buchhandel. Weitere Infos und eine Leseprobe finden sie unter:
http://www.hupeverlag.de/Sambia_Malawi/GPS-CD_Sambia/gps-cd_sambia.html

Weitere Afrika-Reiseführer aus dem Ilona Hupe Verlag

Verlässliche, aktuelle Literatur für anspruchsvolle Reisende

Service & Infos